Londres
1785

Pidansat de Mairobert, Mathier-François

Les efforts de la liberte du patriotisme contre le despotisme du Sieur de Maupeou, Chancelier de France

Tome 6-5

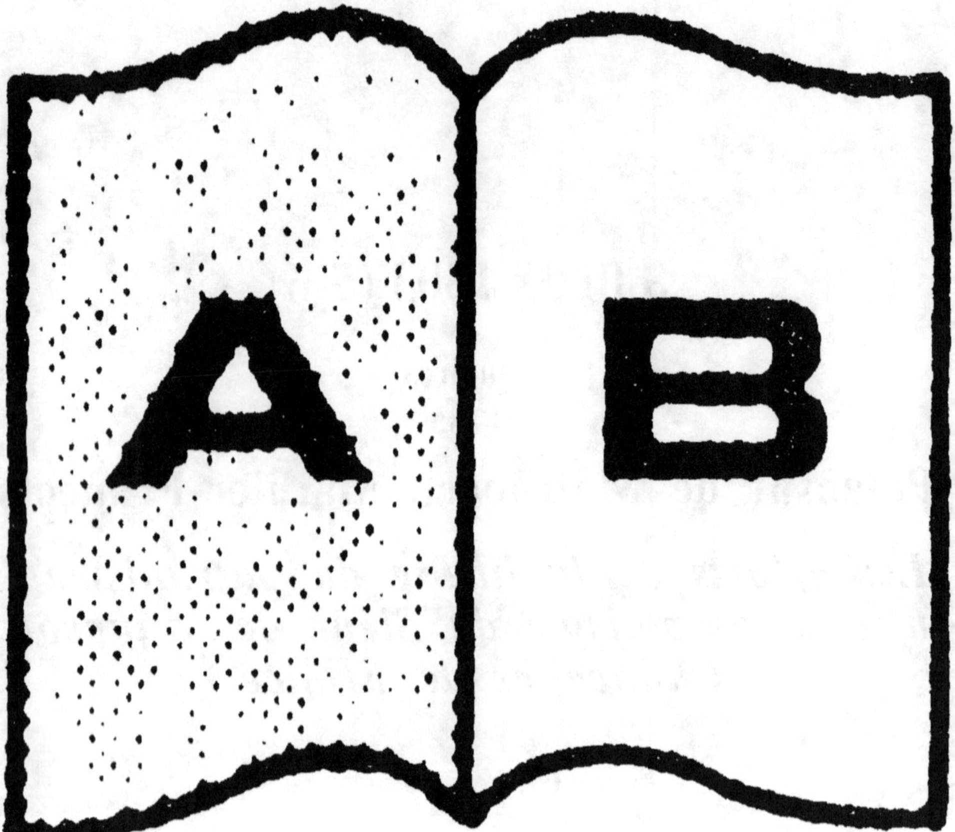
A
B

LES EFFORTS
DE
LA LIBERTÉ & du PATRIOTISME,
CONTRE
LE
DESPOTISME
Du S[r] DE MAUPEOU, Chancelier de France,

OU
RECUEIL
Des Écrits Patriotiques publiés pour maintenir

L'ancien Gouvernement Français.

TOME CINQUIEME.

A LONDRES.

M. DCC. LXXV.

LETTRE
A UN AMI DE PROVINCE,
Sur la liquidation des Offices.

M.

VOUS êtes surpris que Monsieur le Chancelier exige comme une condition préalable au rappel des Exilés, la liquidation de leurs Offices. Vous ne pouvez concevoir quel avantage il en espere : il vous semble même qu'il est de l'intérêt du Gouvernement de ne pas la solliciter, puisqu'il se trouve dispensé par le défaut de liquidation de payer l'intérêt de la finance. Vous regardez comme une inconséquence d'éteindre des Offices, de supprimer un Corps entier de Magistrats, & de témoigner de l'inquiétude, parce que les Officiers supprimés ne présentent point la quittance de finance.

Vous avez raison ; & dès qu'on a commencé à parler des instances réitérées faites pour engager les Magistrats à cette démarche, j'ai fait les mêmes raisonnemens que vous. Effectivement, que le Roi rembourse ou ne rembourse pas ; que l'Officier destitué de fait se présente pour le remboursement, ou ne se présente pas, cela doit être parfaitement égal pour quiconque est persuadé que la destitution est valide. Cependant le Chancelier insiste sur cette liquidation. Demande-t-on quelque adoucissement par un changement d'exil, point d'autre réponse, sinon, il *faut faire liquider.* Un fils fait solliciter par des personnes de la plus haute considération, la permission de venir fermer les yeux à un pere mourant, on répond impitoyablement, *il faut faire liquider.* Un état d'infirmité & de langueur force de demander un déplacement : la réponse est toujours, *il faut faire liquider.* Il semble que *ce défaut de liquidation embarrasse & gêne* : peut-être même a-t-on été assez imprudent pour le dire.

Je répéte donc avec vous, Monsieur, comment peut-on être gêné par des gens qui sont réputés n'être plus que des particuliers sans autorité, sans fonction, sans Jurisdiction, sans Office ? Voilà un problême qui n'est pas aisé à résoudre. Avant de vous en proposer la solution, je crois qu'il ne sera pas inutile de faire préluder quelques réflexions sur la nature des Offices.

On a toujours distingué l'Office de la finance. Avant la vénalité on ignoroit, & il y a toute apparence qu'on n'imaginoit pas que des hommes qui sacrifient leur temps & leur santé pour obliger leurs Concitoyens, fussent obligés de financer pour avoir le droit de se consacrer au service de l'Etat. Le malheur des temps, de plus grands inconvéniens ont fait imaginer un établissement de finance. (M. le Chancelier fera sans doute connoitre au Public l'heureux changement introduit dans la finance de l'Etat, qui fait qu'il peut se charger de tous ces remboursemens.) Peu importe : il plaît au Prince de *détruire* la vénalité, & même de donner des appointemens aux Officiers. Ce changement n'en opere aucun sur les Offices ni sur les Officiers, car l'Office est le droit d'exercer une fonction de judicature dans tel & tel ressort, sur telles ou telles matieres. Ce droit en lui-même ne peut pas s'acheter ; il doit être donné au mérite & aux talens, parce que lui seul peut posséder ce droit. Si donc le besoin de l'Etat exige que ceux qui ont ce mérite & ces talens, contribuent par une finance à subvenir à ses besoins, parce qu'ils possédent de grands biens dans l'Etat, on ne peut pas dire qu'ils ont acheté ce droit, parce qu'il n'est pas de nature à se donner à prix d'argent ; c'est au Prince ou au Chef de l'Etat à conférer ce droit au mérite. La finance doit tout au plus être regardée comme une condition qu'on exige du Récipiendaire. Ce seroit avoir une idée indigne d'une fonction aussi auguste, que de penser qu'elle s'achetât à prix d'argent.

La ſuppreſſion de finance ne change donc rien à l'Office. Elle ne change rien dans l'Officier comme Officier, comme revêtu du droit de juger & de prononcer ſur la vie & l'honneur de ſes Concitoyens : elle ne produit qu'un changement dans ſa fortune, ce qui eſt purement acceſſoire & indépendant de ſon Office.

Qu'on ſupprime ou qu'on augmente la portion congrue des Curés ; qu'on attache à la dignité Epiſcopale des revenus, ou qu'on les ſupprime ; que ces revenus ſupprimés, on oblige les Curés & les Evêques de payer à l'Etat une finance pour poſſéder ces dignités ; tout cela ne changera rien au titre ; ce ſera toujours le droit de conduire les ames à Dieu. Il eſt vrai que les uns & les autres exerceroient ce droit avec un déſintéreſſement digne de nos éloges ; mais le droit, la juriſdiction, le titre ſeroient préciſément ce qu'ils ſont à préſent, qu'il y a des revenus conſidérables attachés à ces fonctions. Le titre n'en ſeroit pas moins inamovible ; & la deſtitution ne pourroit avoir lieu, comme à préſent, que pour cauſe de délit énoncée dans le Droit Canon.

Cela s'applique de ſoi-même aux Offices de Judicature ; & il n'y a pas d'autre moyen de prouver l'*inamovibilité* des bénéfices, que celui qu'on emploie pour prouver l'*inamovibilité* des Offices.

Que penſez-vous que diroient les Evêques & autres Bénéficiers, ſi le Roi de France mécontent d'eux tous s'aviſoit de ſupprimer tous leurs revenus ; & afin de ſe débarraſſer de tous ceux qui ſeroient en place, diſoit au Pape : tous les bénéfices de mon Royaume ſont vacans, parce que de titres avec revenus, j'en ai fait des titres ſans revenus ; ainſi je vais vous préſenter d'autres ſujets à qui vous conférerez le droit ſans revenus, de conduire les ames ?

Vous riez ſans doute de cette idée : c'eſt cependant la petite invention ingénieuſe du Chancelier, pour ſe débarraſſer des Magiſtrats intégres qui lui déplaiſent. Elle eſt des plus commodes. Aujourd'hui on éteint des Offices avec finance ; par ce moyen on deſtitue tous les Officiers : demain on éteindra les Offices ſans finance ; & les Officiers feront pareillement destitués. Et ce qui est de plus ingénieux encore, c'est que les Offices n'en feront pas *moins inamovibles*. Voilà *comment les nouveaux sont inamovibles comme les anciens*. Oh la jolie invention ! Les Richelieu & les Colbert ont-ils rien imaginé de semblable ! Je conçois aisément à présent comment il délivre le Prince *des épines des Compagnies*.

Je crois cependant qu'il se défie un peu de son secret, & qu'il a quelque peur des Revenans ; car comme vous l'avez remarqué, à quel propos insisteroit-il tant sur la *liquidation* ? Je pense donc qu'il ne croit pas la destitution bien légale, & que son dessein, en engageant à cette liquidation, est de la faire valoir contre ceux qui la donneroient, comme un consentement tacite à leur destitution. Et ce tour ne seroit pas maladroit de sa part. Car il pourroit dire à ceux qu'il auroit séduit : l'Edit qui ordonne la liquidation, est relatif à celui qui ordonne la suppression ; ce sont même deux articles d'un même Edit. Le Roi ne rembourse que parce qu'il supprime : vous avez accepté le remboursement, par conséquent vous avez consenti à la suppression. Celle-ci est le motif du remboursement ; sans elle il n'auroit pas lieu : il est clair, ajouteroit-il, que vous avez consenti à la suppression, en consentant au remboursement.

Je ne vois pas trop comment on se tireroit de ce raisonnement. Effectivement la *liquidation* peut être ordonnée ou parce que l'Office est entiérement supprimé ; alors la *liquidation* est de droit ; ou parce que l'Office subsistant, on dispose de la finance, alors l'Officier doit être remboursé. Dans le second cas, un Officier peut faire liquider, ou ne le pas faire, il n'est pas moins Officier ; mais dans le premier, où la *liquidation* est l'effet de la *suppression*, il est constant que de consentir à l'une c'est consentir à l'autre ; parce que l'Edit qui ordonne la liquidation, ne l'ordonne que pour cause de suppression.

Il y a quelques jours que me trouvant avec un des plus savans & des plus respectables Magistrats exilés, la conversation tomba sur cet objet. L'Edit de suppression du Parlement de Bordeaux y donna occasion. Il prit donc cet Edit, & me fit remarquer les deux articles, dont le premier est : *Nous éteignons & supprimons*, &c. ; & le second, *les anciens Officiers seront tenus de liquider*, &c. Puis il m'ajouta : » Si quelqu'un s'avisoit de faire liquider, voici le propos que » lui tiendroit le Chancelier : vous avez fait *liquider* » en vertu de l'Edit qui vous l'ordonne ; mais cet Edit » n'ordonne le remboursement que pour ceux qui étoient » Officiers & ne le sont plus. Vous avez donc consenti » à n'être plus Officier : vous avouez donc que vous » n'êtes plus ce que vous étiez, puisque vous vous » mettez au nombre de ces *anciens* que le Prince a » déclarés n'être plus ses Officiers.

Que pourroit-on répondre à ce raisonnement ? Rien du tout, lui répondis-je, cela me paroît évident, & je l'ai toujours pensé. Puis il continua : je suis persuadé d'après ces principes, que *faire liquider*, c'est reconnoître la légitimité de l'Edit de suppression ; c'est avouer la vérité des accusations intentées dans l'Edit de Décembre 1770 contre la Magistrature ; accusations qui y sont présentées comme un motif de suppression ; c'est renoncer au droit d'*inamovibilité* ; c'est souscrire au droit chimérique attribué au Souverain de pouvoir destituer à son gré des Officiers sans forfaiture & sans cause ; c'est porter préjudice à la Protestation des Princes & des autres Ducs & Pairs, qui ont pris avec tant de générosité la défense du Parlement, & qui ne manqueroient pas d'y renoncer eux-mêmes, si jamais les Magistrats exilés souscrivoient la légitimité de leur proscription. Oui, j'ose le dire, cet article seul anéantiroit toutes les démarches généreuses que nous avons faites jusqu'à présent. Et le Chancelier en est si persuadé, qu'il le regarde comme capable d'effacer tout le passé, & de mériter la révocation de l'exil. La raison en est claire : on vous exile, parce que vous refusez de reconnoître dans le Prince le droit de destituer à son gré ses Officiers, (& quant au Parlement de Paris, parce qu'il refuse de regarder la volonté arbitraire du Souverain comme la Loi suprême). Vous ne pouvez rentrer en grace, que *vous ne reconnoissiez* ce droit. Souscrire à l'Edit en faisant liquider, c'est approuver l'exercice de ce droit : il n'y a donc plus de cause d'exil ; & tout le public dira avec raison en apprenant le retour d'un Exilé, qu'il a par cet acte si desiré, reconnu les prétentions du Chancelier énoncées dans l'Edit.

Je lui dis que je ne croyois pas qu'il fût possible de se refuser à toutes ces conséquences. Cependant, ajoutai-je, n'y auroit il pas une maniere de faire la quittance de finance, qui ne porteroit aucun préjudice aux droits des Magistrats ?

Par exemple, ne pourroit-on pas y insérer, » que » desirant d'entrer dans les vues de Sa Majesté sur la » vénalité des Charges & le plan d'une justice rendue » gratuitement, on se présente au remboursement ; » que c'est le seul motif qui engage à cette démarche ; » protestant d'ailleurs contre toute induction contraire » aux droits des Magistrats & à l'inamovibilité d'un Of» fice dont on se regarde toujours comme titulaire. »

Il me répondit que cette *réserve expresse* jointe au motif d'entrer dans les vues du Prince sur la gratuité de la justice, pourroit à certains égards, mettre à l'abri les droits de la Magistrature ; mais que jamais le Chancelier n'accepteroit une pareille quittance, qu'elle seroit trop opposée à ses prétentions, puisqu'au lieu d'un consentement tacite à la suppression, elle renfermeroit une protestation authentique & non équivoque contre toute atteinte portée à l'*inamovibilité.* C'est ce qui rend toute liquidation impraticable ; celle qui se feroit sans réserve du titre, parce que jamais aucun Magistrat ne consentira à sa propre destitution ; celle qui seroit avec réserve, parce que le Chancelier la regarderoit comme un nouveau crime.

J'observerai qu'il y avoit plusieurs de MM. ses Confreres dont l'exil étoit si rigoureux, & la santé si foible, que tôt ou tard ils succomberoient à la tentation, & que le danger imminent où ils se trouveroient pourroit justifier leur acquiescement à la liquidation.

Il me répondit que ceux dont je parlois étoient les

plus éclairés & les plus généreux; qu'il n'en vouloit d'autre preuve que le traitement que le Chancelier leur faisoit éprouver ; que si par un effet de la foiblesse humaine (ce qu'on ne doit pas présumer, vu leur fermeté), la crainte de la mort leur arrachoit un consentement, ce seroit une victoire peu honorable pour le Chancelier ; & que d'ailleurs on ne pourroit jamais tirer avantage d'un acte donné dans de pareilles circonstances : c'est, ajouta-t-il, le cas du *metus cadens in constantem virum* qui, quand il est bien prouvé, anéantit tous les actes civils dont il a été le mobile.

Vous voyez, Monsieur, que cette conversation est précisément la réponse à votre Lettre : j'ai toujours pensé comme ce respectable Magistrat ; mais son suffrage n'a pas peu contribué à m'affermir dans ce sentiment.

Il est encore une autre considération, qui seule pourroit empêcher les Magistrats de *faire liquider* ; mais que je n'ai eu garde de proposer à ce Magistrat, parce qu'elle est au dessous d'une ame qui agit par des vues si nobles & si patriotiques : c'est le peu d'apparence que le remboursement ait lieu ; & s'il avoit lieu, la certitude qu'il se feroit en *papier*. Ce papier en tombant entre leurs mains, perdroit une partie de sa valeur ; & bientôt après au premier vouloir du Contrôleur-Général, la perdroit peut-être toute entiere. Il n'y a pas un Financier qui ne dise hautement à qui veut l'entendre, qu'il ne donneroit pas dix mille liv. d'une liquidation d'Office.

De plus, tout ceci ne seroit-il pas le prélude d'une opération de finance couverte du beau nom d'*intérêt public*, de *justice gratuite*, de *non-vénalité ?* car le public prétend que le plan est de rembourser toutes les Charges, celle de la Marine, & autres, comme celles de Judicature, en papier qui perdra les trois cinquiemes, & quelques mois après, de vendre de nouveau en bons deniers comptans toutes ces Charges. Par ce moyen le Chancelier & le Contrôleur-Général seront contens : le premier aura satisfait sa vengeance contre toute la Magistrature : le second aura réussi à trouver une centaine de millions qui ne lui auront rien coûté.

Malheureuse Nation condamnée au supplice des Danaïdes. Elle verse continuellement dans un tonneau qui ne se remplit jamais ! (*)

Vous me demandez des nouvelles : à l'instant j'en apprends une qui est la plus singuliere, la plus étrange, & la plus incroyable. Il y a trois à quatre jours qu'un particulier conférant avec le Chancelier, celui-ci lui dit fort sérieusement : *Dieu bénit ma besogne, elle se consolide chaque jour*. Notre homme se donna bien de garde de témoigner sa surprise ; mais il n'eut rien de plus chaud que d'en faire part à un ami en arrivant chez lui. Jusqu'ici, lui dit-il, j'ai cru que le Chancelier ne *croyoit pas en Dieu* ; mais il vient de me dire que *Dieu benissoit sa besogne.*

En vérité, mon ami, je commence à espérer que notre délivrance est prochaine : il n'est pas possible d'insulter d'une maniere plus outrageante la Divinité. Après avoir insulté depuis huit mois la Nation entiere, il s'en prend à présent à Dieu, & ose attribuer à sa bénédiction le succès de ses indignes manœuvres, des voies obliques, des calomnies atroces, des délations achetées à prix d'argent, qu'il a employées, & qu'il emploie tous les jours.

J'ai l'honneur d'être, *&c. &c. &c.*

Paris ce 18 Septembre 1771.

(*) Maire du Palais.

M. d'Ormeſſon, Préſident à Mortier du Parlement, ayant appris que le Roi avoit demandé à M. ſon frere, Intendant des Finances, pourquoi il ne remettoit pas ſes proviſions, ajoutant Sa Majeſté qu'il y avoit dans cette conduite de la ſubtilité, de petites fineſſes, *a écrit au Roi la Lettre ſuivante pour juſtifier ſa conduite.*

SIRE,

Ce que Votre Majeſté a eu la bonté de dire à mon frere il y a peu de jours, ſemble m'offrir l'heureuſe occaſion de faire parvenir juſqu'à Elle-même le très-humble hommage de mes ſentiments. Je ſuis pénétré de ceux qui ont toujours animé mes peres ; l'amour de l'honneur & du devoir, la ſoumiſſion la plus entiere à mon Souverain. Depuis 34 ans que Votre Majeſté m'a fait la grace de me revêtir de différents Offices, dont les fonctions m'ont ſouvent approché de ſa Perſonne, j'ai joint à ces premiers ſentiments, cette vive & profonde reconnoiſſance qu'inſpirent ſes bienfaits, & cet attachement reſpectueux qu'on reſpire ſans ceſſe auprès d'Elle.

Voilà, Sire, quels ont été toute ma vie les ſeuls mobiles de ma conduite ; voilà ce qui m'a toujours dicté le langage auquel Votre Majeſté a daigné quelquefois prendre confiance, comme à celui d'un cœur qui eſt zélé pour ſes vrais intérêts. Elle n'ignore pas que je ſuis incapable de ces crimes pour leſquels les Loix dépouillent les Magiſtrats de leurs Offices : je ne ſuis pas non plus aſſez ingrat pour abandonner volontairement une dignité que je tiens, Sire, de votre choix, gage honorable des bontés ; titre glorieux de dévouement à votre ſervice ; elle ne ſauroit ceſſer d'être chere & ſacrée pour moi juſqu'au dernier de mes jours.

Votre volonté, Sire, a été que les Offices n'euſſent plus de finances à l'avenir ; j'y ai obéi en faiſant liquider celle de ma charge : tout le monde ſait que la vénalité est un établissement arbitraire qui, formé par une taxe, s'abolit par le seul remboursement, & qui ne tient ni à la stabilité des Offices, ni à l'essence des Corps de Magistrature. Mais on ne sait pas moins, j'ose le dire, que je n'eusse jamais consenti de porter atteinte à l'une ou à l'autre.

C'est cependant, Sire, pour opérer leur destruction, c'est pour la consommer par un acte de notre propre main, qu'on veut nous contraindre à cette remise de nos provisions, qui ajoute à la liquidation, dans *ses effets*, ce qu'elle ne renferme point dans son principe, & ce que jamais la mienne n'a pu renfermer dans son intention.

Il semble d'abord que cette remise ne soit qu'un acte passif & muet qui n'exprime aucun engagement; mais on nous feroit bientôt sentir qu'on le tient pour un acte équivalent aux démissions les plus volontaires & les plus solemnelles, & pour une abdication formelle de tout droit de réclamation contre la perte de notre honneur & de notre état.

Que de réflexions, Sire, j'aurois ici à mettre sous les yeux de Votre Majesté; si je ne craignois, en intéressant sa justice, de fatiguer son attention! Qu'il me soit permis au moins de lui faire remarquer que si l'acquiescement à notre destitution, auquel on essaie de nous contraindre, pouvoit être un acquiescement juste, valable & légal, on n'auroit pas besoin de nous faire violence par des conditions subtiles & inattendues; de nous en imposer par toutes les voies de l'autorité, de nous embarrasser par un circuit d'actes indirects & forcés. On ne manqueroit pas de le demander ouvertement; on le laisseroit donner librement; on nous proposeroit sans détour une formule d'engagement précis & authentique.

Vous voyez, Sire, qu'on ne l'a pas même tenté: il n'en faut pas davantage pour faire appercevoir à V. M. ce qu'un cri général lui annonceroit, s'il pouvoit percer jusqu'à Elle, que de livrer nous-mêmes nos provisions; de porter sur nos propres titres une main perfide & meurtriere; ce seroit non-seulement nous surprendre cruellement nous-mêmes, mais tenter de tromper un Roi qui ne veut que ce qui est juste, & dont le cœur paternel ne desire que le bonheur de ses Sujets.

Il n'y a, Sire, qu'un intérêt aussi sacré pour nous, qui puisse forcer tant de Magistrats éclairés, vertueux & vénérables, de préférer l'exil, la disgrace, les incommodités, & je le dis les larmes aux yeux, la mort même. Tous dispersés qu'ils sont, un mouvement commun les unit pour servir Votre Majesté ; il les réunjroit bien plus volontiers pour lui plaire, s'il leur étoit possible.

Un ancien Magistrat, accusé aujourd'hui, Sire, avec quelques-uns auprès de Votre Majesté, *de subtilités & de petites finesses*, mais conduit comme eux dans ces tems difficiles par une longue habitude de servir V. M. avec franchise, ose ici lui parler le langage de la fidélité. Nous ne balancerons jamais à sacrifier nos fortunes & nos vies pour le service de Votre Majesté ; & nous ne ferons jamais non plus aucun acte qui ne soit l'expression de la vérité ; qui ne soit celle d'un amour invariable pour l'honneur & le devoir : qui ne soit enfin celle de ces sentiments aussi inhérents à notre existence, que le zele pour les intérêts de V. M., le respect profond & le parfait dévouement avec lequel je suis.

SIRE,

DE VOTRE MAJESTÉ,

Le très-humble, très-obéissant très-fidele & très-soumis serviteur & sujet,

D'ORMESSON DE NOYSEAU.

A Orly, le 2 Mai 1772.

M. d'Ormesson a envoyé copie de cette lettre à Monseigneur le Duc d'Orléans & à Messieurs de la Vrilliere & d'Aiguillon.

LE POINT DE VUE,

OU

LETTRES de M. le Prés. . . . . à M. le Duc de N. . . . .

PREMIÈRE LETTRE.

ENFIN, M. le Duc, vous commencez donc, de votre aveu, à ouvrir les yeux; & tous les événements dont nous sommes les tristes témoins depuis quinze mois, événements si inouis, si effrayants, que la postérité aura peine à croire, vous paroissent enfin trouver leur solution dans ce que je crois avoir toujours soutenu être le mot de l'énigme, *les Jésuites*. Vous n'êtes pas le seul, au reste, qui ayez long-temps refusé d'admettre cette ouverture: vous vous rappellez que dans certaines Assemblées du Parlement, où vous avez été dans le cas d'assister, ces dernieres années, quelqu'un laissa entrevoir *ce mot*, comme étant seul la clef de nos malheurs; mais cette idée, que tous ceux qui refléchissent, avouoient tout bas, fut rejettée avec mépris par les uns, & presque avec indignation par d'autres: la plupart la regarderent comme une idée bizarre, qui approchoit même d'une sorte de fanatisme, qui veut voir les Jésuites par-tout. Encore actuellement il semble qu'on hésite, quand il s'agit de les nommer. Les écrits qui se sont multipliés, ou ne les voient pas dans nos troubles, ou n'osent les indiquer s'ils les voient, ou enfin les laissent appercevoir si foiblement, qu'ils semblent craindre d'être taxés d'indiscrétion ou d'esprit de parti. Je n'appréhende point,

Monsieur, ce reproche en les attaquant à visage découvert, si j'acheve de vous convaincre que les Jésuites sont en premier les vrais auteurs de la déplorable situation où nous nous trouvons ; que les autres causes n'y ont eu part que comme des agents secondaires, qui souvent eux-mêmes n'ont pas connu l'impulsion secrette qui les mettoit en mouvement : que cette solution seule nous explique d'une maniere satisfaisante toutes les intrigues dont nous sommes les victimes, & nous donne le dénouement aisé, palpable, de démarches, qui, à des yeux peu attentifs, pouvoient paroître contradictoires.

Je n'aurai besoin, pour y réussir, que de suivre un enchaînement de faits, quelques-uns publics, d'autres moins connus, à la vérité, mais très-certains, auxquels je joindrai quelques réflexions courtes, qui en seront les conséquences nécessaires & irrésistibles.

Je commence par des faits préliminaires, dont la connexité, très-réelle avec les troubles actuels, est plus éloignée ; & je viendrai ensuite à ceux qui y sont plus prochainement liés.

Dans l'exposé des faits que j'ai à vous présenter, je ne remonterai pas plus haut que les brouilleries de 1753 à 1754 : les troubles qui agitoient alors si violemment toute la France, paroissoient n'avoir pour objet que des disputes Ecclésiastiques ; mais ces disputes elles-mêmes étoient l'ouvrage des Jésuites, qui sans s'embarrasser de la Religion, employoient le fantôme du Jansénisme pour écraser leurs ennemis, en les couvrant de ce masque odieux. Or, qu'étoient dans le vrai ces ennemis ? ce qu'il y avoit de mieux dans l'Eglise & dans l'Etat, les Ecclésiastiques les plus savants & les plus pieux ; les Corps les plus estimables, les hommes les plus réguliers dans toutes les conditions : ils faisoient ombrage aux Jésuites, & il falloit les écraser. Le Parlement de Paris l'avoit très-bien senti dès l'origine ; & quoiqu'il eût à se reprocher de n'avoir pas à cet égard rempli son devoir dans toute son étendue ; qu'il eût trop souvent employé les palliatifs au lieu des vrais remedes, les négociations où il falloit de la fermeté ; cependant il avoit toujours soutenu jusqu'à un certain point, des citoyens qui méritoient toute sa protection : mais malgré ses trop foibles efforts, les vexations avoient continué : l'excès du mal lui ouvrit les yeux ; & quand il vit que le fanatisme étoit porté jusqu'à refuser ignominieusement les Sacrements à ceux qui y avoient le plus de droit, il sentit qu'il falloit aller à la source du mal ; enlever aux Jésuites ce qui leur servoit de prétexte pour exercer leur tyrannie; attaquer au moins indirectement ce décret de Rome, signal funeste de discorde, & l'instrument de si odieuses persécutions : c'est ce qu'il fit par son Arrêt du 18 Avril 1752. Les Jésuites comprirent alors qu'il falloit diriger toutes leurs batteries contre le Parlement, qu'ils savoient très-bien ne pas les aimer : ils mirent donc en mouvement tous leurs partisants : ils souleverent leurs dévots : ils vinrent à bout de persuader au Ministere, non pas seulement que la Religion étoit en danger (on se seroit moqué de cette terreur) mais que l'autorité Royale étoit compromise par des Arrêts du Conseil, dont on ne tenoit aucun compte : que le Parlement vouloit être le rival du Prince, & toutes ces imputations extravagantes tant répétées depuis, qu'on a réussi enfin à faire adopter au Roi, parce que rien n'est plus aisé que de séduire les Princes, quand on les prend par l'endroit sensible de l'autorité. Le Parlement fut donc jugé coupable, & exilé en 1753. Les personnes qui réfléchissent, ne douterent nullement alors que ce ne fussent les Jésuites seuls qui attaquoient le Parlement, & qui vouloient le détruire. Aussi n'y eut-il point de colonie d'exilés, où on ne mît cette persuasion comme la base de la conduite qu'on auroit un jour à tenir. On sentit la nécessité indispensable d'attaquer les Jésuites, de les punir du trouble même qu'ils causoient dans l'Eglise & dans l'Etat ; & on étoit assez unanimement d'accord que si on n'alloit pas jusques-là, on laisseroit subsister le foyer des divisions qui renaîtroient infailliblement, tant que ces hommes dangereux ne seroient pas dévoilés, & mis hors d'état de nuire.

Je ne mets pas du nombre de ceux qui avoient ces vues sages & vraiment patriotiques, M. de Maupeou pere. Il étoit attaché de longue-main à la Société, & avoit eu très-grande part aux troubles qu'on vouloit pacifier : mais comme il n'étoit pas possible que les choses demeurassent sur le pied où elles étoient, & qu'on n'avoit pas encore imaginé qu'il fût possible d'anéantir *la Cour de France*, il fallut en venir à une conciliation ; & M. de Maupeou voulut en avoir l'honneur : il fit faire la Déclaration de 1754, qu'il auroit pu avoir un an plutôt s'il l'eût voulu. Enfin elle fut dressée ; mais l'enrégistrement souffrit de grandes difficultés. Nombre de Magistrats vouloient profiter de la circonstance favorable pour procurer à l'Eglise de France une paix nécessairement liée à la tranquillité de l'État. Pour cela il falloit écarter totalement la pierre d'achoppement; faire rentrer la Bulle de Clément XI dans l'oubli dont jamais elle n'eût dû sortir ; remettre tout à sa place comme s'il n'y eût point eu de guerre depuis trente ans ; rappeller les exilés que les Jésuites avoient fait proscrire ; rétablir ce qu'ils avoient détruit, & prendre des mesures efficaces pour les mettre dans l'heureuse impuissance de troubler davantage la tranquillité publique. Mais ce n'étoit pas là ce que vouloient les Jésuites ; & M. de Maupeou, forcé de se prêter à un accommodement, étoit trop leur ami pour souffrir qu'on lui donnât une extension aussi nécessaire. Aussi toutes les fois qu'il fut question de ces conditions, les rejettoit-il comme absurdes ; on n'en parloit jamais au Palais, qu'il ne rompît la séance ou qu'il ne marquât un mécontentement tel que la plupart n'osoient pas insister. D'ailleurs l'intérêt personnel n'est pas banni des Délibérations les plus importantes : on vouloit finir : la plupart étoient fort aises de recouvrer leur état ; & on crut la paix faite parce qu'on étoit revenu d'exil. Le Roi étoit content, parce qu'on lui avoit persuadé qu'il n'avoit fait que confirmer la Déclaration de 1730 : le Parlement étoit satisfait, parce que son chef ne cessoit de répéter insidieusement, qu'étant le dépositaire de la Loi, chargé de faite exécuter la Déolaration, il seroit le maître de l'expliquer, de lui donner toute l'extension qu'elle devoit nécessairement avoir pour qu'elle operât des effets utiles : on se laissa donc persuader ; on enrégistra, & on se crut tranquille de part & d'autre.

Mais ce n'étoit gueres connoître la persévérante & infatigable méchanceté des Jésuites. Ils ameuterent les Evêques leurs affiliés : ceux-ci qui étoient peu contents d'un accommodement qui les forçoit de reculer, s'éleverent contre la Loi du silence & recommencerent les troubles en 1755. Enfin le Parlement eut recours au moyen qu'il auroit dû employer dès 1714. Il fit interjetter appel *comme d'abus de toute exécution de la* Bulle *Unigenitus.* Les Jésuites clabauderent : M. de Maupeou n'eut garde de leur manquer : il témoigna en Cour être mécontent de l'Arrêt, & quoiqu'il eût été rendu de concert avec lui, il le fit casser par un Arrêt du Conseil. C'étoit pour le Parlement un coup de canon à poudre ; aussi ne s'écarta-t-il pas de la ligne qu'il s'étoit tracée : il se livra à l'examen des décrets de la Sorbonne sur cet objet ; ils parurent si absurdes que le premier Président lui-même (M. de Maupeou) en fut convaincu. On sentit la nécessité de casser tous ces décrets ; & ce qu'il est bon de savoir, c'est que l'Arrêt fut dressé de concert avec M. le Cardinal de la Rochefoucaud, qui faisoit quelquefois, par crainte, la volonté des Jésuites, mais qui au fond ne les aimoit pas, parce qu'il les connoissoit, & qu'il est impossible de les connoître & de ne les pas haïr.

Alors les Jésuites & tous leurs partisans virent bien qu'il falloit un coup violent qui fît renaître la guerre, mît le Parlement aux prises avec la Cour, forçat l'un de désobéir, & l'autre à se croire dans la nécessité de sévir. De là ce Lit de Justice de 1756, où un prétendu *Réglement de discipline* fut le prétexte de la querelle. (C'est la nouvelle méthode de commencer les hostilités, à-peu-près comme les Puissances qui veulent entrer en guerre, & qui se font une querelle d'Allemand sur un bateau pris, &c).

Le Parlement ne pouvant obéir, & ne voulant pas résister, ne crut point trouver d'expédient plus modéré, plus honnête, plus respectueux, que de donner ses démissions. Jamais occasion ne fut plus belle pour

établir

établir le systême Jésuitique, & le faire triompher. Aussi ne la manquerent-ils pas. Ils profiterent de l'absence forcée du Parlement, pour tenter le coup le plus hardi, le plus exécrable. Vous sentez que je parle de l'affreux événement du 5 Janvier 1757 : & c'est malgré moi que je rappelle une époque aussi amere pour les cœurs Français; mais elle entre nécessairement dans la suite des faits sur lesquels je suis obligé de fixer votre attention. D'un côté, les Jésuites espéroient se mettre à couvert, comme n'ayant pas lieu alors d'être mécontents du Gouvernement, faire retomber l'odieux de cet horrible attentat sur ceux qui avoient à se plaindre de la Cour. Ils comptoient bien y faire entrer le Parlement; répandre des soupçons sur plusieurs de ses membres, comme ils l'ont fait dans leurs misérables brochures. D'un autre côté, ils étoient pleinement assurés de la protection du Successeur, comme leur étant totalement dévoué : & après quelques moments de fermentation, peut-être des bruits sourds qui les auroient nommés, ils espéroient profiter de leur crime. Damien est arrêté ; rien n'étoit plus naturel que de lui faire subir l'instruction la plus éclairée : tout le Parlement le desiroit; les démis offroient de rentrer pour instruire le procès. Mais trop de lumiere eût mis les Jésuites à découvert : mettant donc en mouvement leurs partisans secrets, qui ne pensoient qu'à les couvrir, & ceux mêmes qui, sans penser aux Jésuites, n'étoient occupés qu'à empêcher une publicité que le Gouvernement croyoit avoir quelque intérêt d'empêcher, ils obtinrent que l'examen fût concentré dans un Tribunal estropié, composé des Pairs, qu'on eut cependant bien voulu écarter, & des Membres du Parlement, qui étoient sous la main du Premier Président. Ces précautions ne suffisant pas encore pour écarter des yeux trop attentifs & trop clairvoyants ; au moment qu'on y pensoit le moins, sans motif, sans même aucun prétexte, on exile seize Membres du Parlement ; on ne veut pas même commencer les informations, qu'ils ne soient sortis de Paris, & on déclare qu'on ne sauroit penser à leur rappel, que Damien n'ait été exécuté.

Malgré toutes ces précautions, les traces qui menoient sur les pas des vrais coupables, étoient trop marquées pour ne pas les appercevoir (les Jésuites.) On le vit avec horreur, & dès ce moment on pensa efficacement à les en punir. Il fallut d'abord finir la querelle avec le Parlement; parce que, les Jésuites de côté, elle étoit sans objet. On ne pouvoit se dispenser de le rétablir; le Ministre le sentoit & le vouloit: mais il vouloit en même-temps écarter M. de Maupeou, qui, sacrifiant son Corps, son honneur à l'intérêt de ses amis, avoit rompu deux ou trois conciliations. Le Roi lui-même fut convaincu, que tant qu'il resteroit en place, il n'y auroit jamais de paix. Mais il vit ce qui l'intéressoit tout autrement, ce qu'on avoit voulu sur-tout lui cacher (les Jésuites) dans l'affaire de Damien; & il conçut dès-lors contre eux cette indignation qui s'est manifestée dans la suite, quoiqu'avec la modération la plus inouie. Mais remarquez, je vous prie, quelle différence entre le fondement de cette persuasion du Prince, de la Nation entiere, & ces soupçons vagues, hazardés imprudemment contre quelques Membres du Parlement par les Jésuites & leurs suppôts. Personne n'a été tenté de les adopter; les Magistrats se sont fortement élevés contre; & le Roi lui-même a respecté leur délicatesse, en attestant hautement leur innocence. Pour les Jésuites, on les a accusés nommément, constamment en pleine assemblée des Chambres, en présence des Princes & des Pairs: un Parlementaire les a inculpés comme ayant eu part à ce détestable attentat; des Ecrits publics les ont convaincus d'être entrés dans cet affreux complot, sans que personne l'ait trouvé mauvais, sans que les coupables eux-mêmes aient osé réclamer; s'élever contre la calomnie; demander justice contre le dénonciateur. Enfin la certitude du crime a été portée jusqu'à la démonstration, par l'événement qui l'a suivi, la dissolution de la Société. Le Parlement y est enfin parvenu: & malgré les obstacles que le Gouvernement lui-même y a formés; malgré les intrigues les plus multipliées & les plus puissantes de la part des Jésuites de robe-courte, cet événement, qu'à peine on a cru possible après son exécution, s'est trouvé facile dans le Parlement de Paris, au grand étonnement du Roi, du Parlement lui-même, de la Nation, & de tout l'Univers.

Cette juste sévérité, adoptée bientôt par les autres Parlemens, a porté à la Société le coup mortel dont il est à présumer qu'elle ne se relevera jamais ; mais dont elle a voulu se venger sur les Parlemens, dans l'espoir que peut-être elle se rétabliroit sur leurs ruines. Mais leur marche a été très-sourde d'abord, très-cachée ; ils n'ont dressé que des batteries qui ne paroissoient pas devoir opérer un aussi grand effet ; ils n'ont paru former que des complots qui ne devoient nullement aboutir à une aussi étonnante révolution. Mais ils s'y préparoient par des intrigues éloignées ; des communications très-secrettes ; des mines profondes qui devoient éclater dans leur tems. Tout ceci demande un développement de faits très-importans, & dont on n'a bien saisi la chaîne que par l'événement. Ce sont ceux que je vous ai dit être prochainement liés à la révolution présente. Je les remets à une seconde Lettre.

J'ai l'honneur d'être,

ce 25 Février 1772.

SECONDE LETTRE.

M.

DANS le nombre assez considérable de faits que je pourrois réunir, je m'arrête à quelques-uns qui sont plus décisifs, qui découvrent mieux le but des Jésuites, & que je vais vous retracer en peu de mots.

1°. Les Jésuites, chassés de France & de Portugal, comprirent qu'ils n'avoient d'autre ressource que de se fortifier dans les Etats qui nous environnent, & de se distribuer dans les différens cantons du Royaume, de maniere à y soutenir la confiance de leurs partisans, à les entretenir dans la persuasion qu'ils n'étoient pas perdus sans ressource. En même tems leur politique artificieuse se ménageoit auprès des Puissances & des personnes en place, des appuis, des créatures; qui, (sans qu'on pensât à éclairer leurs démarches) étoient occupés de leurs intérêts, qui étoient chargés de les instruire de tout, de saisir les ouvertures favorables, de préparer de loin des incidens dont ils pussent ensuite tirer parti. Et si je ne craignois que vous ne vissiez dans ce que je pourrois vous dire à cet égard, des conjectures hazardées & sans fondement, je vous ferois suivre la conduite de chacun des Ministres; entrer dans leur cabinet; observer les Subalternes quelquefois les moins accrédités en apparence, & vous reconnoîtriez qu'il n'est peut-être aucun de ces Ministres, même de ceux qui étoient les plus opposés à la Société, qui n'ait eu dans ses Bureaux, dans ses entours, des liens qui les ont attachés aux Jésuites, sans même qu'ils aient pu les soupçonner.

2°. Les Jésuites, obligés de quitter les Colleges en 1762, avoient le plus grand intérêt de conserver sur l'éducation de la jeunesse, une influence qu'ils sentoient leur être absolument nécessaire. Ne le pouvant pas eux-mêmes, ils virent qu'ils le pourroient par les Evêques, qui leur avoient donné des preuves non équivoques de l'attachement le plus marqué & le plus aveugle en 1761. Dès-lors ils firent jouer tous les ressorts possibles pour leur faire donner la plus grande part dans la formation des Bureaux de ces nouveaux Colleges. Mais ce projet lui-même pouvoit éprouver de très-grandes contradictions; aussi y eut-il une réclamation vive dans le Parlement. Plusieurs Magistrats firent observer que c'étoit remettre entre les mains des Jésuites ce qu'on avoit voulu leur ôter; qu'à la vérité il étoit juste de laisser aux Evêques l'enseignement de la Religion, & l'inspection sur tout ce qui y a rapport; mais que l'étude des sciences prophanes, du Latin, du Grec, n'intéressoit nullement leur ministere ; que les Régens d'un College étoient des *Précepteurs publics* ; & que comme les peres & meres sont les maîtres de choisir des *Précepteurs particuliers* pour leurs enfans, sans que les Evêques s'en mêlent, les Villes devoient être également les maîtresses de pourvoir leur jeunesse des Régens convenables ; de veiller sur leurs appointemens, leur discipline : & les Evêques de leur côté se remuerent & gagnerent M. De l'Averdy, qui avoit un rôle principal dans l'affaire des Jésuites. Pour en imposer davantage, on prit la forme d'un Édit qui arriva au moment qu'on y pensoit le moins. Cet Édit subjugua les réclamations ; il paroissoit difficile de le refuser : on fit peur aux uns ; on persuada aux autres que c'étoit une sorte d'approbation, de la part des Evêques, de l'Arrêt du Parlement qui avoit exclus les Jésuites des Colleges. L'Édit fut donc enrégistré, & les Jésuites en recueillirent un très-grand avantage, dont ils n'ont fait que trop d'usage par leurs Partisans dans la plupart de ces nouveaux Colleges ; mais ils s'en proposoient un bien plus grand, en cas d'un rappel dont ils n'ont jamais désespéré ; c'étoit de trouver dans ces Bureaux où les Evêques domineroient, une facilité beaucoup plus grande pour un rétablissement, qui, sans cela, pourroit éprouver de très-grandes difficultés.

3°. Un autre événement auquel ils ne paroissoient avoir aucun intérêt, fut encore, sans même qu'on le soupçonnât, le fruit de leurs intrigues, parce qu'il pouvoit leur être utile. On persuada à M. de l'Averdy qu'il pourroit rendre le plus important service à l'Université de Paris : elle desiroit depuis long-tems la réunion des Boursiers des petits Colleges ; c'étoit un plan formé anciennement par M. Rollin, & qu'il eût exécuté avec plus de fruit dans des tems où il y auroit eu plus de ressources. On parut vouloir donner à M. de l'Averdy le mérite de l'exécution ; mais la formation de cette nouvelle machine n'étoit pas aisée : on lui insinua qu'il falloit, pour y réussir, mettre M. l'Archevêque de Reims, comme Grand-Aumônier, à la tête de cet édifice. Il fut jugé le représentant de tous les Fondateurs & Patrons Ecclésiastiques. On ne pouvoit mieux servir les Jésuites ; son homme de confiance étoit l'Abbé le Gros, l'homme le plus intriguant, le plus propre à entrer dans les vues de la Société. Par-là, les Jésuites conservoient médiatement une très-grande influence dans les principes d'éducation de ce College : ils étoient sûrs d'en écarter, sous prétexte de Jansénisme, tous ceux qui auroient été capables d'y introduire quelque goût du bien ; & peut-être même poussoient-ils leurs vues plus loin, & s'étoient-ils flattés, dans le cas d'un changement de fortune, en rentrant dans leur College, d'y conserver tous ces Boursiers, de les élever dans leurs maximes, & d'avoir pour eux dans le Clergé des Dioceses pour lesquels on les éleve, & où ils se répandent ensuite, un grand nombre de disciples, toujours prêts à prendre parti pour eux.

4°. Au milieu du soulevement général qui avoit éclaté contre les Jésuites, ils n'avoient pas trop osé remuer, ni agir directement pour eux-mêmes. Cependant en 1762 ils tenterent aux Etats de Bretagne d'exciter une réclamation en leur faveur. M. le Duc d'Aiguillon présidoit à cette assemblée ; & quoiqu'il n'osât pas trop les protéger ouvertement, il ne leur avoit pas paru défavorable. L'affaire fut agitée avec vivacité ; les amis de la Société furent mal accueillis ; la personalité s'en mêla ; l'épée fut même tirée par quelques Gentilshommes, & cette affaire pouvoit avoir les plus terribles suites. M. de la Chalotais en fut averti à Rennes : il conçut d'abord toute l'importance de cette premiere tentative ; sa sagacité lui fit voir du premier coup d'œil le feu passer des Etats de Bretagne à ceux de Languedoc ; il voulut donc prévenir l'incendie, & l'éteindre dans son principe : il fit un requisitoire court, mais énergique, à la Chambre des Vacations. L'Arrêt qui s'ensuivit eut son effet, & amortit tout ce feu qui par ses soins ne fut qu'un feu de paille.

Les Jésuites en furent outrés. M. d'Aiguillon, déja jaloux de l'autorité qu'avoit le Procureur-Général, & dont il avoit éprouvé les effets, en fut également piqué : dès ce moment il fit cause commune avec eux ; & les Jésuites gagnerent dans cette affaire de lier le Commandant, par intérêt personnel, à leur vengeance contre M. de la Chalotais : sa perte fut dès-lors jurée. Il sollicitoit la survivance de sa place pour son fils, la concurrence de l'exercice pour lui-même ; le Commandant avoit protesté qu'il ne l'auroit jamais. Il l'obtint malgré lui : nouveau motif de ressentiment, mais qu'il fallut étouffer, parce qu'il n'étoit pas aisé de rien tenter du vivant de Mad. de P. : elle connoissoit M. de la Chalotais ; l'estimoit, & auroit voulu le faire Chancelier. On étoit ennuyé de M. de Lamoignon, qui s'étoit compromis pour soutenir les Jésuites que le Roi connoissoit mieux que lui. Ceux-ci mirent tout en œuvre pour écarter M. de la Chalotais : ils eurent le secret d'intéresser ceux-mêmes qui ne les aimoient pas, à qui on persuada que les démarches du Procureur-Général avoient été trop éclatantes ; qu'il étoit d'ailleurs peu propre à se prêter à certaines manœuvres qui exigent qu'on n'ait pas un excès de délicatesse. M. de Maupeou, pere, étoit connu pour être moins difficile ; les amis de la Société l'indiquerent comme un homme à ressources, & il fut choisi. Vous comprenez bien que dans ces premiers momens de faveur, il caressa M. de la Chalotais, que la Dame estimoit ; que son fils en fit autant. Mais il falloit servir les Jésuites au tems de l'élevation, & bien-tôt il sera sacrifié à ceux qui vouloient immoler la victime contre laquelle ils étoient furieux.

5°. La tentative mal combinée, qui avoit échoué aux Etats de Bretagne, ne découragea point les Jésuites ; mais ils comprirent qu'il falloit attendre, laisser passer l'émotion trop universelle contre l'Institut, se ménager des incidens dont ils pussent tirer parti, & s'y prendre autrement pour les faire réussir. Les affaires de l'Etat se brouillerent en 1763. M. Bertin, alors Contrôleur-Général, (qui ne se douta nullement qu'il n'étoit que l'instrument d'un projet qu'il n'avoit pas même réfléchi,) proposa, pour des affaires de finance, d'opérer sur le Parlement la révolution dont nous sommes aujourd'hui témoins. Il se rappellera sûrement que ce projet fut sifflé comme absurde ; qu'on le regarda comme une entreprise de Dom Quichotte absolument impossible : il demanda à quitter la partie. Comme le Parlement, par sa juste résistance, avoit eu la plus grande part au peu de succès de ces projets de finance, on imagina qu'il étoit prudent de mettre un Conseiller au Parlement dans la place du Contrôleur-Général. Vous concevez qu'on jetta les yeux sur M. de l'Averdy. J'aime à croire qu'il ne l'avoit ni desiré ni sollicité; mais la suite fit voir que les Jésuites (qui n'auroient certainement pas pensé à lui dans un autre temps) avoient auprès de lui un crédit, dont il étoit le premier à ne pas croire qu'il fût la victime. Ils crurent que le moment étoit venu de faire solliciter vivement par le Roi de Pologne & d'autres Puissances, non un retour, cela eût été fou, mais une existence quelconque en France. Le prétexte dont on se servit pour obtenir une Loi qui fût universelle, étoit la division entre les Parlemens. Les uns vouloient les expatrier, d'autres reculoient; on varioit sur le serment, sur sa forme. D'un autre côté, on flatta M. de l'Averdy & M. de Choiseul, que par cet Edit le Roi lui-même ratifieroit l'opération des Parlemens. Cependant l'affaire étoit difficile : on fut long-temps à chercher une tournure; on la combina très-secrettement, parce qu'on vouloit cacher cette mauvaise besogne à ceux du Parlement qui auroient pu éventer la mine, & prévenir la séduction. L'affaire fut ainsi tramée pendant les vacances de 1764 : elle eut pu enore échouer à la rentrée, sans quelques petits maneges employés à propos pour écarter adroitement de la délibération les Membres du Parlement, qui sûrement auroient porté la lumiere dans cette œuvre de ténebres. Mais on saisit le moment où plusieurs n'étoient pas encore de retour de la campagne : on affecta de n'en point avertir quelques-uns ; d'autres le furent trop tard. L'Edit fut présenté subitement le premier Décembre : & la même année vit, (ce que la postérité regardera comme un problême insoluble) les Princes & les Pairs qui avoient renouvellé en Juillet, à l'assemblée des Chambres, l'engagement pris par le Parlement de regarder comme traîtres à la Patrie ceux qui tenteroient de solliciter le retour des Jésuites, venir s'en sans douter eux-mêmes (à commencer par vous M. le Duc) enrégistrer en Décembre un petit Edit par lequel le Roi, en paroissant détruire l'Institut, permettoit à ceux qui y étoient engagés, de rester en France. Ce fut un coup de parti pour les Jésuites & leurs amis; ils firent semblant tout haut d'être mortifiés de cette opération du Gouvernement; mais ils en triompherent tout bas, & ils se proposerent bien d'en tirer un avantage singulier dont je vous parlerai tout-à-l'heure.

60. Un des premiers fruits que les Jésuites retirerent de l'Edit, fut de rentrer dans chaque Diocese, auprès des Evêques qui avoient été obligés de s'en séparer. Il étoit tout simple qu'alors ils employassent leurs artifices ordinaires dont on est toujours dupe, quoiqu'à chaque fois on en connoisse la méchanceté & les effets funestes. Ils se donnerent comme les défenseurs de la Religion; comme n'ayant pour ennemis que des réfractaires aux décisions de l'Eglise. En réchauffant ces querelles ecclésiastiques qui commençoient à s'assoupir, & qui avoient été leur grand cheval de bataille, leur but étoit de faire diversion; de renouveller la persécution contre ceux qui avoient si bien dévoilé leur turpitude; & sur-tout d'exciter des troubles, persuadés qu'il n'y auroit de ressource pour eux que dans la fermentation qu'ils auroient fait naître. Ils trouverent dans l'Episcopat des hommes, ou assez bornés pour croire que réellement les Jésuites s'intéressoient à la Religion, ou assez ambitieux pour espérer que leur crédit pourroit encore au moins médiatement leur être utile, ou enfin qui tenoient à eux, par les liens de la reconnoissance du bien qu'ils en avoient reçu, & de la crainte du mal qu'ils pouvoient encore faire. Les uns devinrent chefs d'émeute, & battirent la caisse; les autres suivirent & furent entraînés par l'esprit du Corps, le goût du Despotisme; & tous n'étoient que les instrumens des Jésuites, ou avec connoissance ou en aveugles. Les cabales commencerent aux Assemblées provinciales de

1765 ; l'incendie se communiqua à l'Assemblée générale du Clergé de la même année. Delà, ces *Actes* célebres par les assertions les plus hasardées, par des maximes dont en tout autre temps l'Episcopat auroit rougi, par la manie de troubler l'Eglise de France, en perpétuant une hérésie imaginaire, épouvantail de petits enfans, & qui n'avoit de réel que les ravages qu'il avoit causés. Ces actes éprouverent de la résistance, une réclamation ; les Jésuites y comptoient bien, & ils auroient été très-fâchés qu'il n'y en eût pas. Il falloit que le Gouvernement s'en mêlât, & pour cela que l'affaire fît sensation, eût de l'éclat ; que le Parlement réprimât ces nouvelles entreprises ; que le tout occasionnât une sorte de scission avec la Cour, & cela arriva effectivement. Le Conseil parut protéger des actes que dans le fond il désapprouvoit ; il mit les armes entre les mains des fanatiques qu'il vouloit cependant faire taire, & voulut arrêter les Parlemens dont il eût dû reveiller l'activité. Heureusement ce fracas se dissipa ; la fermeté des Parlemens rendit impuissante cette tentative dont les Jésuites auroient fait un nouveau symbole de catholicité, & malgré leurs clameurs, ces actes sont tombés dans l'oubli & le mépris dont ils étoient dignes.

7°. Un des grands artifices des Jésuites pour faire oublier la cause ignominieuse de leur destruction, & préparer les voies de quelque rétablissement, étoit de persuader que tout autre motif que leurs forfaits avoit déterminé le Gouvernement : ils imaginerent donc un projet capable de faire prendre racine à cette opinion. Et ce qui prouve la profondeur de leur politique, est qu'ils la firent adopter par tous hommes qui n'étoient nullement disposés à les servir ; qu'ils trouverent le secret d'y faire concourir tous les intérêts réunis, en paroissant n'y avoir eu rien le leur, & se réservant même de déclamer contre cette entreprise. Ce projet fut la réforme prétendue des Ordres religieux. Ils avoient pour cela leur homme dans l'Evêque d'Orléans : celui-ci n'aimoit pas les Jésuites, mais ils connoissoient assez l'avarice de ses valets pour les flatter par l'espoir d'unir à sa personne & d'incorporer à ses amis les dépouilles des Moines. Ce plan d'ailleurs étoit propre à flatter le respect du Roi pour la Religion : on relevoit même son autorité, en lui faisant entendre qu'il seroit plus puissant quand il auroit plus de nominations : M. de Choiseul, ami de l'Evêque d'Orleans, trouvoit le moyen de servir & de récompenser ses créatures : on empêchoit la réclamation des Evêques par la perspective des réunions. Mais plus que tout cela, les Jésuites y gagnoient, de persuader qu'en les anéantissant, on avoit eu pour but d'attaquer l'Etat religieux ; qu'on avoit commencé par eux, mais pour aller plus loin ; que leurs prédictions à cet égard étoient vérifiées par l'événement, & que leurs ennemis n'étoient que les fauteurs secrets de la nouvelle Philosophie, des gens fonciérement ennemis de la Religion. Il est vrai que ces projets se sont peu-à-peu allés en fumée ; & au fond, il falloit que l'esprit de vertige se fût emparé de ces réformateurs, qui auroient eu plus besoin de discipline, que de donner le ton de réforme : & leur besogne, dont on a été obligé de suspendre la vivacité, n'a eu pour effet que de persécuter les Moines les plus riches, que d'entamer ceux qui étoient moins amis de la Société, & d'en détruire quelques-uns entiérement (*).

8°. Enfin les Jésuites, qui avoient préparé de loin leurs batteries, crurent qu'il étoit temps à la fin de 1765 de commencer à exécuter leurs projets de vengeance contre les instruments de leur destruction : ils crurent devoir débuter par M. de la Chalotais ; & cela étoit juste ; personne ne les avoit plus décriés que lui par son Requisitoire lu en Cour avec avidité : il avoit fait ensuite échouer en Bretagne leurs intrigues aux Etats ; & d'ailleurs ils avoient pour le perdre plus de facilités, par la réunion des circonstances. Madame de Pompadour étoit morte, M. de la Chalotais n'avoit plus d'appui, & se trouvoit avoir contre lui la Société toute entiere, le Duc d'Aiguillon, les Maupeou, créatures des Jésuites, & la cabale puissante de leurs dévots. Il étoit question de

(*) Les Camaldules, les Grammontains réformés.

détacher de lui les Ministres qui l'estimoient ; cela eût été difficile à tout autre qu'à des Jésuites, pour qui le faux & la calomnie sont un jeu, entrent même en principe de conscience, dès qu'il est question de perdre leurs ennemis. On imagina donc les billets anonymes qu'on devoit mettre sur son compte. M. de Saint-Florentin y étoit personnellement offensé : M. Del'Averdy écrivit avoir trouvé M. de la Chalotais opposé à quelqu'un de ses projets de Finance ; comme il étoit crédule, on échauffa sa bile : il ne fut pas difficile de lui persuader que M. de la Chalotais étoit violent, étourdi, & capable dans un moment d'ivresse, d'une témérité incroyable. Le Roi qu'on outrageoit dans ces billets, fut piqué au vif, & entra dans un transport qui n'étoit pas le sien. Messieurs de Choiseul étoient désolés, déconcertés ; mais il fallut céder aux impressions personnelles du Roi ; ils obtinrent qu'au moins on fît un procès en regle. D'abord on créa une commission à l'Arsenal, qui ne dura que deux jours ; le Parlement cria contre cette injustice, & on renvoya l'affaire aux deux Chambres. On exigeoit du Parquet de décréter le prétendu auteur des Lettres, sur un simple procès verbal de vérification d'Experts. Mais le Procureur-Général le refusa ; la Tournelle dit que ce n'étoit pas l'usage, & le Rapporteur déclara qu'il ne pouvoit s'y prêter, sur-tout vis-à-vis gens comme Messieurs de la Chalotais. L'affaire traînoit en longueur, & le Roi se fâchoit, comme ne pouvant obtenir justice à Paris d'une injure à lui personnellement faite. De là le parti de faire arrêter tous les complices avec l'éclat que tout le monde sait, le 11 Novembre 1765, & la commission nommée pour les faire juger à Saint-Malo. C'étoit tout ce que les Jésuites desiroient, comme le seul moyen d'accabler l'innocent. Aussi en triompherent-ils tout haut, avec une indécence qu'ils ne dissimuloient pas. Et tandis que M. d'Aiguillon, qui dans cette affaire étoit réuni avec eux, commandoit les Juges, suivoit l'instruction, répandoit la terreur, les Jésuites cabaloient, subornoient des témoins, tenoient des assemblées secrettes à Rennes, à Saint-Malo, dans toute la Province. Que le Commandant les appuyât alors, qu'il autorisât ces conventicules clandestins, est un point sur lequel il n'élevera pas même de doute, & dont il ne se lavera jamais; parce que c'est un délit impardonnable dans un Commandant d'avoir protégé ces hommes pervers, dans un temps où le Roi, les Parlements, la Nation entiere s'étoit élevée contr'eux, & où ils méditoient la révolution d'Espagne, dans laquelle toute la Maison regnante a pensé être enveloppée. Enfin ce trop fameux procès enlevé à la Commission, repris à Rennes, continué à la Bastille, fut terminé, comme vous le savez, de cette maniere bizarre, qui, en laissant Messieurs de la Chalotais dans l'oppression, attestoit leur innocence à toute l'Europe. La postérité jugera mieux que nous ces événements réunis; nous sommes trop près d'eux; ils nous offusquent; mais l'éloignement les présentera dans leur vrai point de vue, & fera voir un tableau bien affligeant de ce que peut la séduction sur les Princes & sur leurs Ministres même les mieux intentionnés.

9°. Tandis que M. de la Chalotais échappoit, comme par miracle, aux funestes projets des Jésuites, l'esprit d'ensorcellement les transportoit au point d'imaginer qu'ils pourroient exterminer en Espagne toute la famille Royale. Une expulsion entiere fut la récompense de cette affreuse conspiration. La France en fut étonnée, & personne n'imagina d'abord qu'on pût prendre part aux actes du Roi d'Espagne, lorsque le Parlement de Paris se trouva porté, presque sans y penser, à les chasser de nouveau par son Arrêt du 9 Mai 1767. Mais chose inouie! les Jésuites, qui auroient dû être regardés comme l'horreur de l'Univers, avoient repris crédit en France; le Gouvernement ne soutint pas cette démarche du premier Parlement; les autres ne s'y prêterent qu'avec peine, étant perpétuellement harcelés par ces Religieux dont on étoit investi. Ceux de Paris passerent en Bretagne où ils étoient maîtres du terrein par la dispersion du Parlement. Ils avoient réussi à le brouiller avec la Cour, à lui faire substituer un fantôme dévoué à leurs intérêts, au lieu de cet auguste Tribunal qui les avoit proscrits; & ils n'étoient occupés de rien moins que du projet hardi d'anéantir les Parlements, de les remplacer par des simulacres méprisables, qui ne devoient être formés que de leurs créatures ; se réservant ensuite de les faire concourir, quand le moment favorable seroit venu, à leur entier rétablissement. Si cette entreprise vous paroît gigantesque, incroyable, c'est que vous ne connoissez pas les Jésuites, leurs ressources, les intelligences qu'ils avoient su se ménager ; combien ils étoient assurés de faire servir tous les plans différents à leur intérêt personnel ; faire concourir à un même dessein les hommes les plus opposés entr'eux, & que chassés par-tout, abhorrés encore davantage, ils avoient eu le secret de se conserver des protecteurs & des gens secondant leurs vues, comme s'ils avoient été dans la plus haute faveur.

Pour réussir, il leur falloit d'abord à la tête de la Magistrature un homme plus hardi que M. de Maupeou pere : ils avoient leur homme dans le fils, dont le caractere étoit plus analogue à leurs desseins, & dont toutes les circonstances réunies favoriserent alors l'ambition. Il falloit se débarrasser de M. Del'Averdy, qui demeurant Ministre, pourroit déranger leur plan ; ils semerent la défiance entre M. d'Aiguillon & lui au point de les brouiller, & de faire servir le Duc à déplacer le Contrôleur-Général. Enfin la grande difficulté étoit d'écarter le Ministre qui avoit le plus contribué à leur destruction ; & toute leur intrigue fut dirigée vers ce but, dans lequel ils étoient merveilleusement secondés par leurs affiliés, par les torts apparents de celui qu'ils vouloient perdre, par les intérêts les plus compliqués qui se confondirent, où enfin les agents les plus étrangers les uns aux autres se trouverent réunis.

La circonstance ne pouvoit pas être plus favorable pour eux. Le procès du Duc d'Aiguillon mettoit les Parlements aux prises avec la Cour. Il suffisoit d'attiser le feu de la division, rendre la conciliation impossible, forcer le Ministere de reculer & d'abandonner l'accusé, ce qui ne paroissoit pas proposable ; ou accabler les Parlements, ce qu'ils présentoient comme beaucoup plus facile. Le croirez-vous, Monsieur ? dans presque tous les Parlements, à Toulouse en particulier, les avis les plus forts contre la Cour, les partis les plus vigoureux étoient proposés par les amis des Jésuites, qui peut-être ignoroient le terme où on les poussoit, mais que ces Peres mettoient en œuvre pour aigrir le Gouvernement contre la Magistrature, & hâter par là sa ruine. On répéta alors de toutes parts au Roi que les Parlements étoient une épine dont il falloit se débarrasser; qu'ils mettoient continuellement des entraves aux volontés les plus justes; que leur esprit républicain étoit venu à un excès qu'il n'étoit plus possible de tolérer. On flatta les Ministres de l'espoir de ne plus se voir barrés dans leur administration, de n'être plus exposés à des remontrances éternelles, quelquefois à des résistances persévérantes qui déconcerterent le despotisme. M. de Maupeou voyoit avec transport le moment où il pourroit se venger des mortifications très-méritées qu'il avoit plusieurs fois essuyées dans sa Compagnie. Les émissaires des Jésuites profitant du moment de fermentation, mirent en jeu tous les ressorts de la politique, de la calomnie, du fanatisme; & enfin la destruction du Parlement fut résolue par M. de Maupeou, qui savoit bien le moyen d'y faire consentir le Roi: il ne falloit pour cela que mettre le Parlement dans le cas d'une résistance nécessaire; la présenter ensuite sous la face la plus odieuse, pour déterminer le Prince à le punir. C'est sur ce plan que l'Edit de Décembre 1770 fut dressé, présenté & rejetté. De là tous ces événements dont nous éprouvons les terribles effets; car du premier Parlement à tous les autres la marche étoit aisée; un seul raisonnement bien court, justifioit toutes les violences. Tous les Parlements sont coupables du même crime que le Parlement de Paris. Ils se prétendent *un*: peu importe que les Ordonnances le disent textuellement; c'est un crime qu'il faut punir: ils se croient liés à la constitution fondamentale de l'Etat, c'est un vieux préjugé qu'il faut détruire. Le Parlement de Paris a été écrasé pour avoir osé dire que le Roi étoit soumis aux Loix, dont il a juré l'observation. Les autres Parlements en disent autant; il faut également les anéantir, & faire passer cette faulx de destruction sur toutes les Provinces du Royaume. Ce raisonnement politique suffisoit pour faire impression sur la multitude, qui voit, mais qui ne raisonne pas, quand elle verroit frapper également tous les Membres de ce vaste Corps de Magistrature qui font profession des mêmes principes.

Il me semble, Monsieur, par l'analyse de tous ces faits que je viens de vous abréger, que leur enchaînement devroit suffire pour convaincre que les Jésuites sont en premier les grands moteurs de la révolution dont nous ignorons le terme ; que ceux qui y ont concouru, n'ont été que leurs instruments, quelquefois sans le savoir ; que par-tout ils y jouent un rôle, ou principal quand ils pouvoient paroître, ou subalterne quand ils ont eu intérêt de se cacher. Mais s'il vous restoit encore quelque doute sur cet article, je crois pouvoir le dissiper par les réflexions que j'ajoute aux faits ; & qui porteront jusqu'à l'évidence de la démonstration ce que j'ai avancé de la liaison de la cause aux effets. Ce sera la matiere de la prochaine Lettre.

J'ai l'honneur d'être.

Ce 29 Février 1772.

TROISIEME LETTRE.

M.

JE ne mettrai dans ces Réflexions d'autre ordre que celui où elles se sont présentées à mon esprit, par une progression d'idées qui s'éclairent successivement.

Premiere Réflexion. Elle a pour objet la maniere dont les Jésuites sont venus à bout de faire détruire leur Institut en France : & ceci est un rafinement de leur plus profonde politique, dont ils savoient bien qu'ils tireroient un jour des conséquences décisives. Les Jésuites avoient été attaqués en 1760, jugés en 1762, chassés en 63 & 64, tout cela étoit juridique ; il n'y avoit qu'à suivre cette forme légale & non sujette à abus,

abus, parce qu'il étoit plus sûr pour le Roi de ne point s'en mêler directement. Mais les Jésuites avoient grand intérêt qu'on ne suivît pas persévéramment cette marche réguliere, & ils aimoient mieux que l'autorité immédiate du Roi y fût pour quelque chose. Ils trouverent moyen de faire insinuer à M. de L'Averdy & à quelques Parlementaires (qui s'imaginerent avoir créé eux-mêmes cette idée) qu'il falloit que le Roi, sans aucune relation directe ou indirecte avec les procédures du Parlement, anéantît *proprio motu* un Corps au moins toléré par les deux Puissances, & vivement protégé dans ce moment par le Clergé. Par-là les Jésuites faisoient établir le principe contre lequel on réclame aujourd'hui; ils consolidoient ces maximes qui n'étoient entrées que dans la tête des fauteurs du despotisme, que le Roi peut, par lui seul, écarter, détruire les Corps qui lui paroissent incommodes dans son Etat. Ils comptent bien un jour s'en servir pour eux-mêmes; mais ils ont commencé par les employer contre les Parlemens. Puisque le Roi, ont-ils dit, peut, par l'impression seule de son pouvoir, dissoudre un établissement qu'il n'a pas proprement formé, mais qu'il a seulement admis, il pourra, à bien plus forte raison, dissoudre le Parlement qu'il a lui-même créé, établi, qui semble ne tenir son être que de lui. Ils n'ont point perdu de vue un seul instant ce projet, & voilà notre procès. Rentrés en France, en changeant seulement un peu la forme de leur habit, & ayant repris sous un autre nom leur existence, leurs liaisons, ils ont fait filtrer ces idées par leurs partisans qui étoient en grand nombre : ils ont trouvé toutes les facilités possibles dans les préjugés des Ministres. Les maximes mêmes que revendiquerent, lors de l'affaire de Rennes & de Pau, ceux qui défendoient les droits de ces grands Corps de Magistrature liés si essentiellement à la Monarchie, leur ont servi admirablement; ils ont suggéré qu'il étoit important de sapper les fondemens de ces maximes; d'établir le droit par le fait, & prouver par un coup d'éclat que le Roi avoit le pouvoir d'anéantir sans formalité ces Compagnies, regardées comme inamovibles par celui même qui l'auroit fait. Vous avez vu l'exécution de ces principes du Despotisme Oriental, Mais les Jésuites n'ont pas eu l'intention d'en demeurer là, & ils comptent bien un jour employer contre la Nation l'autorité du Souverain. Ils montreront aisément que le Roi, qui a été compétent pour détruire l'Institut, l'est également pour le rétablir sans le concours des Loix & malgré leurs réclamations. Leurs forfaits sont trop récens, trop connus du Monarque qui nous gouverne, pour qu'ils osent le tenter actuellement : mais puissent nos neveux n'être pas témoins de ce funeste abus de la Souveraine autorité !

Seconde Réflexion. Pour prouver que ce sont les Jésuites qui sont les promoteurs & les instigateurs de nos troubles, il ne faut que voir les acteurs employés pour exécuter ces plans de destructions, sans parler de M. d'Aiguillon, dont la querelle a commencé au milieu des Etats où il étoit question de protéger les Jésuites, & qui n'a pu s'élever que sur la ruine des Corps qu'il a fallu bouleverser pour leur imposer silence; un des principaux est le sieur Bastard, dont on ne peut trop connoître l'esprit & l'éducation. Né dans le Jésuitisme, fils d'un pere savant, mais d'un esprit brouillon, & ardent à 80 ans sur ces matieres, plus qu'un homme de 20 ans, il avoit été chargé par feu M. le Dauphin, de soutenir & conserver les Jésuites à Toulouse, & il montroit treize Lettres de ce Prince qui l'autorisoient à tout pour parvenir à ce but. Il seroit aujourd'hui Chancelier, si ce Prince eût vécu ; & probablement les Jésuites qui lui avoient procuré sa confiance, le destinent à remplacer celui-ci dont ils seront bien-tôt las : on crut nécessaire d'ôter à M. Bastard la premiere Présidence, pour rétablir la paix dans la Province ; & qui le crut ? M. de Maupeou lui-même, qui devenu Chancelier, dit à qui voulut l'entendre, » que c'étoit la premiere chose qu'il » avoit à faire, & que le Parlement de Toulouse ne » pourroit avoir une assiette tranquille, tant que M. » Bastard seroit en place ; que c'étoit une mauvaise » tête à qui il falloit ôter l'autorité dont il avoit abu-

» sé ; que lui Chancelier devoit ce service à la Ma-
» gistrature, de déplacer un homme qui lui avoit fait
» autant de tort. » Et c'est ce même homme que M. de Maupeou produit aujourd'hui pour aller renverser les Corps de Magistrature au gré des Jésuites ses maîtres, à qui il est tout dévoué, dont il suit toutes les impressions. On lui associe, au refus du Duc de Duras, le Duc de Filtjames, (chose inouie après ce qui s'étoit passé à Toulouse) avec cette différence que M. de Filtjames est un honnête homme prévenu, & que M. Bastard est un homme violent & peu délicat sur les moyens de parvenir. En sous-ordre est le sieur Calonne, Procureur-Général pour les Jésuites contre M. de la Chalotais, qui les a servi comme s'ils l'eussent payé, & qui a paru leur sacrifier, sans déguisement, son honneur & ses lumieres. C'est lui qui est employé pour détruire Metz, & qui espere être recompensé par l'Intendance de Lorraine ou d'Alsace. Ajoutez à ceux-là les Flesselles, les Esmangart, les. . . Vous les connoissez, & vous savez ce que je pourrois dire sur chacun d'eux.

Troisieme Réflexion. Ce qui doit faire rougir tous les Coopérateurs de l'anéantissement des Parlemens, c'est la maniere différente dont on les a traités, ce qui entre dans la structure des squelettes qu'on leur a substitués ; où l'on voit si clairement la griffe Jésuitique, que cette idée saisit toute personne réfléchissante : & je suis persuadé que l'impression en deviendra si vive, qu'elle culbutera définitivement ceux qui en sont les auteurs.

Comme les démarches du Parlement de Rouen contre les Jésuites avoient été les plus vigoureuses ; qu'ils n'y avoient point de partisans ; que pas un Membre n'a voulu avoir la lâcheté de se déshonorer gratuitement, on l'a totalement anéanti, contre les droits les plus sacrés, les plus étroitement liés à la réunion de cette Province à la Couronne.

Il en a été de même du Parlement d'Aix, qu'on a remplacé par des automates, ou une Chambre des Comptes. On vouloit sur-tout en éloigner entiérement M. de Castillon, ce puissant adversaire des Jésuites ;

& M. de Monclar, qui les avoit si bien disséqués. M. de Maupeou avoit le plus grand intérêt de réduire à l'inaction un homme éclairé, qu'on avoit fait travailler pour Avignon, dans la crainte qu'il ne fût occupé pour Versailles, dont on a étouffé l'ouvrage dans sa naissance, de peur qu'il ne donnât trop d'éclat à l'Auteur, & qu'on a renvoyé dans sa Province, afin qu'il ne prît pas à la Cour.

Pour Toulouse, l'affectation est si grossiere, qu'il est clair qu'on n'a pas même pensé à la dissimuler. En conservant le nom de Parlement, on a écarté tous ceux qui avoient été opposés à M. Bastard, & on n'a laissé que ses partisans & ceux des Jésuites, afin qu'ils trouvent place nette à Toulouse, & que dans une Ville qui leur a été très-attachée, où ils ont encore beaucoup de partisans, ils n'y aient plus que des Protecteurs; qu'ils trament à deux cens lieues du Gouvernement tous les complots & toutes les conjurations dont ils sont capables, & dans lesquelles ils feront entrer aisément le Peuple, par la crainte seule de leur pouvoir.

A Rennes, on n'a proscrit les Magistrats les plus respectables, que parce qu'on les craignoit: on a formé le Parlement des restes les plus méprisables de l'ancien, des Chefs des assemblées clandestines des Jésuites, de ceux qui avoient fomenté les troubles, les cabales contre M. de la Chalotais. Il est vrai qu'ils sont voués au mépris public, en discorde contre eux, ne cessant de s'injurier, & que dans des jours plus heureux la Compagnie saura bien s'en débarrasser.

Suivez les Conseils Supérieurs, c'est la même manœuvre, la même touche. A Lyon, c'est M. de *Flesselles*, qui avoit été en Bretagne le Commis de M. d'Aiguillon, & le Valet des Jésuites, qui est à la tête du Tribunal. A Blois, c'est M. de *Saint-Michel*, très-humble Serviteur des Jésuites à Marseille, & qui s'étoit fait chasser pour eux. A Poitiers, ce sont les *Filleau*, anciennes créatures des Jésuites, connus pour la noire imposture de Bourg-Fontaine. A Clermont, ce sont uniquement les proches, les parens, les alliés, les amis des Jésuites, tous dévoués à la Société. Je ne parle pas de tant d'autres placés ailleurs, convaincus de friponnerie, de mauvaise foi, qui ont trouvé auprès de M. de Maupeou appui, protection, dignité. Il les faut tels aux Jésuites, des gens sans ame, pour qui la conscience soit un mal vuide de sens, qui soient prêts à tout, & qu'ils sont toujours sûrs de tenir dans leur dépendance par le double lien de la crainte & de l'espérance.

D'après ces détails, M. le Duc, me répéteriez-vous encore, comme vous me le disiez il y a quelque temps, qu'il y a de fortes présomptions contre les Jésuites, mais que ce ne sont pas encore des preuves. » Tournez-vous donc, vous dirois-je, vers ces simu-» lacres qui tiennent la place des Parlemens ; voyez » tous ces masques, examinez-les tous, & jugez si » les Jésuites eux-mêmes en auroient mis en place qui » leur pussent être plus dévoués. »

Et remarquez, s'il vous plaît, leur attention suivie de ne faire mettre dans les places quelconques, même étrangeres à la Magistrature, que des gens de cette trempe vile, parce que jamais ils ne s'opposeront à leurs manœuvres ; un *Linguet* construit dans le moule de l'ingratitude, dont les premieres lignes ont injurié ces hommes respectables, qui avoient fourni aux frais de son éducation ; tête paradoxale, faite pour mettre la tête des clochers en bas, & nous faire estimer les Regnes de Tibere & de Néron plus que ceux de S. Louis & de Louis XII ; un *Moreau*, élevé, dit-on, par les Jansénistes, qui les sert comme M. de Maupeou la Magistrature, protégé originairement par le Duc de Choiseul, qu'il paie de la plus tendre reconnoissance ; dissertateur de la Cour, Ecrivain pour de l'argent, Bibliothécaire de Madame la Dauphine, qui le chassera comme mauvais train, quand elle en aura le pouvoir, comme M. de Provence chassera Linguet après qu'il aura mis la zizanie dans toute sa maison. Et que dirois-je, ou plutôt que ne dirois-je pas de tant d'autres substitués à ceux qui avoient puisé dans leur naissance, leur éducation, leurs études, le principes qui font les Magistrats. Osons espérer que tout ceci est l'illusion passagere d'un rêve ; qu'à la fin la vérité se fera jour ; que les passions s'amortiront ; & que les factions cessant, la probité, l'honneur, pourront reprendre le dessus.

Quatrieme réflexion. Si du traitement fait aux Parlemens entiers nous passons à la maniere dont, en abusant du nom du Roi, on a sévi contre les Membres en particulier, on sera de plus en plus convaincu que tout y est marqué au coin de la vengeance personnelle des Jésuites; & que dans chaque ressort ceux qui ont été les plus maltraités sont ceux qui leur étoient le plus notoirement opposés. Vous savez assez le détail des vexations qu'ont éprouvé les Exilés de Paris ; mais ce que vous ne savez probablement pas, c'est que leurs séjours sont des lieux de délices en comparaison des retraites assignées aux Parlementaires des Provinces crayonnées par la Société. Un de ceux-là entr'autres, dont le mérite est en proportion de la haine de ses persécuteurs, Conseiller de Toulouse, est dans une misérable cabane, au haut d'une montagne, dont il ne peut descendre, attendu son âge, & où il n'auroit aucun secours pour la vie, si les habitans de la circonférence, touchés de l'inhumanité de ce traitement, ne lui apportoient de quoi vivre physiquement, dans un lieu où il n'a pour toute société que la compagnie d'un Meûnier. A Bordeaux, excepté un seul qui est dans une ville du ressort, tous les autres sont dans des villages obscurs dont on ne connoissoit pas l'existence, parce qu'il a fallu satisfaire la vengeance des Jésuites pour le zele que cette Compagnie avoit témoigné contre eux. Voilà ce qu'on appelle exercer l'autorité du Roi & rendre justice en son nom à ses sujets. Qu'y a-t-il, par exemple, de plus révoltant que le traitement fait à M. de Monclar, un des plus mal logés du Parlement d'Aix? M. de Monclar, que le Roi lui-même a comblé de bontés & d'éloges, qui vient de réunir Avignon à la Couronne, qui a travaillé pendant des années pour constater les droits du Roi; qui seul a dirigé la formation des Tribunaux &

les plans de finance dans cette nouvelle partie de la France ; c'est cet homme qu'on disgracie, qu'on dépouille, qu'on bannit ; mais n'en soyez point étonné, ce même homme a par son éloquence, terrassé les préjugés les plus invétérés de sa Nation, abattu les Jésuites, convaincu les Etrangers, étonné l'Univers ; il a résisté aux instances les plus vives de feu M. le Dauphin dans l'affaire des Jésuites ; a montré une vertu au-dessus des espérances les plus séduisantes, & a servi sa Patrie au préjudice de l'avenir le plus brillant qui lui étoit promis ; il étoit juste qu'il en fût puni. Il ne faut que ce coup d'œil pour couvrir de honte ceux qui ont eu la bassesse de se dégrader jusqu'à être les vils exécuteurs du ressentiment Jésuitique. La disgrace de ces grands hommes MM. de Monclar, de la Chalotais, &c. jette sur tout ceci une lumiere qui ne permet plus de se dissimuler les auteurs de tous nos troubles. Quand on voit que les coups ne sont appuyés que sur ceux qui ont le mieux éclairé l'Univers sur cette ténébreuse Société, on comprend évidemment qu'il n'a été question que de la venger ou de la servir ; que d'éloigner les obstacles à son rétablissement ; que de faciliter à ses Membres les moyens de s'assembler, comploter, conjurer dans les Provinces, en n'y laissant que des gens, ou protecteurs de leurs complots, ou indifférens à leurs démarches, de peur d'être eux-mêmes emportés par le torrent : le masque tombe alors : ce prétendu Héros, qui s'est donné dans ses préambules d'Edit, comme voulant opérer une révolution utile à la Nation, s'évanouit, & ne paroît plus que ce qu'il est, l'ennemi du Prince & de la Patrie, le Protecteur de ceux qui renversent les Etats & assassinent les Rois.

Cinquieme Réflexion. Celle-ci est fondée sur l'axiome *cui prodest scelus, is fecit.* Oh ! pour le coup, si cet adage est vrai, le problême sur la cause de nos maux est tout résolu. Au milieu de la consternation universelle, il est notoire que les Jésuites seuls y ont gagné. Le Parlement étoit à peine dispersé, qu'on les a vu accourir en foule à Paris comme dans une Ville prise d'assaut, & livrée à leur pillage. Ils y occupoient déja les Chaires, donnoient des Retraites avec éclat; & leurs Émissaires ne manquoient pas de répandre, que c'étoit sous le nom de M. l'Abbé---- les Peres un tel & un tel. Il y avoit même des projets pour les rétablir dans leur maison du Noviciat, en déguisant un peu leur nom & leur état. Il est vrai que cette précipitation étoit imprudente, & leur a nui. Ils ont réveillé trop vivement l'attention des Puissances voisines; & leurs Protecteurs ont été obligés de reculer; il a fallu quitter Paris, mais avec l'espérance de revenir, en s'y prenant avec plus de dextérité.

En attendant, ils jouissent plus tranquillement ailleurs des fruits de leur victoire sur l'ancienne Magistrature. Ils avoient été déclarés incapables de posséder aucun Bénéfice; d'être employés aux fonctions du Ministere; mais cette tache ne pouvoit pas subsister devant des Tribunaux formés de leurs créatures. Ils ont présenté Requête au prétendu Parlement de Toulouse, par laquelle, sous ce prétexte chimérique, que leurs pensions ne sont pas payées, ils demandent de pouvoir posséder des Bénéfices; arrêt qui leve leur incapacité, & les déclare habiles à en être pourvus; & cela dans le même moment où l'Impératrice-Reine, qui ne les a pas encore chassés, défend d'en conférer aux Jésuites, même sécularisés.

A Clermont, le Chapitre a nommé Chanoine un Pere de Féligonde sans exiger aucun serment; & on espere placer de même ses trois autres freres, aussi Jésuites, qui lors des Arrêts du Parlement, s'étoient refugiés en pays étranger. On a tenu quelque tems cette nomination secrette, dans la crainte d'ordres de la Cour; mais le nouvel Intendant s'est chargé de la faire réussir, comptant sur son crédit & celui du Lieutenant Civil de Paris, beau-frere du Jésuite. Même traitement aux sieurs de Vernine, Jésuites de profession, reçus sans serment, mais freres de l'Avocat-Général actuel, qui n'a même accepté que pour cela l'ignominie de cette place. Ainsi voilà de quoi meubler pour du tems le Chapitre, & même le Conseil Supérieur, dans lequel on multipliera les Clercs. A Aurillac, un Jésuite s'est fait nommer à une place de Communaliste : contestation en conséquence ; les premiers Juges, qui n'ont vu dans ce pourvû qu'un Jésuite, & qui sont assez simples pour croire que les Loix qui les proscrivent doivent être exécutées, ont annullé cette nomination. Appel au Conseil Supérieur de Clermont. Ledit Conseil a consulté le Chancelier ; & on espere bien qu'il pourra infirmer la Sentence, & que le Jésuite aura sa place.

Je ne parle pas des Paroisses où on les emploie ; des Couvents qu'ils inondent, & qui ne peuvent presque plus avoir d'autres Chapelains ; & je n'ai voulu que vous présenter une esquisse des fruits que les Jésuites ont retiré des derniers événements, & vous demander s'il est possible après cela de se dissimuler l'influence qu'ils y ont eue, quand on y joint sur-tout cette considération, que dans toutes les Provinces, M. de Maupeou n'a d'approbateurs que les partisants des Jésuites ; que tous unanimement applaudissent à ses cruelles opérations ; qu'ils ne dissimulent pas leur joie ; que la *satisfaction* vantée par les gazettes se borne aux amis de la Société ; ce qui doit ouvrir les yeux à tous ceux qui ne sont pas volontairement aveugles sur la source empoisonnée des maux qui nous inondent.

Sixieme Réflexion. Ce que je viens d'observer donne lieu à une nouvelle réflexion ; c'est que l'espece de prestige qui empêche de voir la cause du mal, ou la réserve bizarre qui fait qu'on ne la montre pas, est une des plus grandes causes de sa perpétuité. Les Corps réclamants n'ont pas osé nommer les véritables auteurs de cette effrayante catastrophe. On ne s'en cachoit pas dans les conversations publiques & particulieres : s'agissoit-il de les nommer, de les désigner ? on ne le croyoit ni nécessaire ni opportun. On craignoit d'être flétri de la note puérile de Jansénisme, en indiquant trop clairement la Société, seule intéressée à prolonger nos maux, & à les porter à l'extrémité. Cette timidité qui a gagné tous les Corps, dont les Princes mêmes ne sont pas exempts, & qu'ils regardent comme une affaire de hauteur & de mépris convenables à leur naissance & à leur dignité, a empêché la lumiere d'approcher du Trône, & de se communiquer à tous ceux qui auroient eu intérêt d'être éclairés. Les Jésuites en ont tiré cet avantage de pouvoir dire dans les pays étrangers qu'ils n'étoient pour rien dans ces brouilleries ; qu'on n'auroit pas manqué de les en accuser s'ils avoient été coupables. Et comment n'auroient-ils pas réussi au dehors, puisqu'au dedans même ils sont venus à bout de le persuader ; puisqu'on a vu jusqu'à des Parlementaires hausser les épaules, quand on parloit de l'*intérêt des Jésuites*, de la vengeance de ce corps, des manœuvres souterreines de ces gens formidables ? Est-il étonnant qu'on ait fait adopter ces préjugés au Roi lui-même, qui auroit été en garde plus que personne, s'il avoit pu appercevoir une intrigue liée par ceux qu'il ne peut s'empêcher de regarder comme ses ennemis personnels ? Que faudroit-il donc dire au Roi ? Sire » les Jésuites ont attenté à votre vie ; vous » avez jugé leur destruction nécessaire ; vos Parlements » vous ont rendu le service de les chasser, sans même » que vous ayez paru les approuver : si vous vous étiez » tenu ataché à vos Parlements, qui ont défendu votre » personne contre les *Jésuites du Royaume*, & votre » autorité contre ceux du dehors, votre regne auroit » été paisible. Mais ces ennemis cruels n'ont pas pu » demeurer tranquilles ; ils ont trouvé des correspon- » dants secrets dans votre famille, dans votre intérieur ; » jusques dans vos plaisirs. Tantôt on s'est couvert du » voile de la Religion pour vous séduire ; tantôt on a » employé le charme de la volupté pour vous entraîner. » On vous a peint vos Parlements comme ennemis de » votre autorité, tandis qu'ils n'étoient que les défen- » seurs de votre Couronne. Les Membres qui ont veillé » avec le plus d'attention sur la conduite & les intrigues » de vos meurtriers, sont ceux qui ont été peints avec » les couleurs les plus noires à vos yeux. Ces préjugés » n'étoient encore rien, si on ne consommoit une ré- » volution générale sur laquelle il fut impossible de re- » venir. Il a fallu mettre auprès de votre personne les » esprits les plus violents ; réunir dans le Ministere les

» hommes les plus capables de suivre avec intrépidité
» des vues adaptées au caractere du Jésuitisme. Sous le
» voile d'une division apparente, ils les ont réuni dans
» un intérêt commun, de porter tout à l'extrême. Votre
» Majesté s'est trouvée tellement investie, que nulle
» autre connoissance n'a pu lui parvenir, que celle qui
» étoit suggérée par ces Ministres réunis. Les cris, les
» plaintes, les murmures du citoyen écrasé n'ont pu
» approcher du Trône, & on n'a plus parlé que de sa-
» tisfaction générale, tandis que la Capitale & les Pro-
» vinces gémissent sous le poids du plus dur esclavage.

Heureux le Royaume, s'il y avoit un Grand qui fût assez généreux pour percer le voile à travers lequel tout le monde voit, excepté le Souverain qui y a le plus grand intérêt ! Alors la lumiere gagnant de proche en proche, le Dauphin sentiroit tout le danger d'un Etat fondé uniquement sur la force, où les Militaires chassent les Ministres des Loix & évacuent les Tribunaux, & où, sous l'autorité d'un Grand, ils pourroient ensuite évacuer le Trône comme on évacue le Palais. Les Enfans de France, les successeurs à la Couronne, comprendroient quel intérêt ils ont que le Gouvernement soit réglé par les Loix, qu'il existe un Corps national, défenseur des droits du Prince, & de ceux des Sujets : les Princes du Sang verroient que les familles les plus nombreuses pouvant dépérir, il leur importe infiniment que des Compagnies liées à la constitution de la Monarchie, conservent leurs droits ; que l'Etat, qui est leur héritage, leur patrimoine, prospere ; que les Loix s'y conservent, parce qu'autrement la force seule décideroit, & que tout dépendroit du sort d'un combat. Si on ne se hâte de porter ce flambeau qui éclaire tout, on comprendra, mais trop tard, ce qu'on n'aura pas voulu voir, quand il étoit possible d'y apporter le remede. Les Puissances plus éclairées verront combien ces *secrets conservés dans le cœur Royal* des Souverains de France, d'Espagne, de Portugal, *ont été nuisibles* à la manifestation des vérités qui auroient prévenu nos malheurs ; & les Compagnies de Magistrature rougiront enfin d'avoir été conduites jusqu'à l'immolation ; sans avoir osé nommer ceux qui étoient les seuls auteurs de leur destruction.

Septieme & derniere Réflexion. Conclurai-je donc de tout ceci que les choses sont perdues sans ressource? Non assurément. Cette œuvre de ténebres est l'œuvre des Jésuites ; & c'est pour cela même qu'il est impossible qu'elle réussisse. La main de Dieu est déclarée contre eux : elle agit lentement, parce qu'elle est éternelle ; mais elle les écrasera : il ne faut qu'une pierre détachée de la montagne pour renverser ce colosse de fanatisme & de perversité. Que le Pape annonce à l'Univers, (& il en a de bonnes preuves & bien multipliées,) que les Jésuites ont entrepris de culbuter les Etats dont ils ont été chassés : qu'ils ont attenté à la vie du Roi de Portugal : qu'ils ont conspiré contre la Maison regnante d'Espagne : qu'ils excitent en France les troubles actuels „ & qu'ils veulent se venger sur la Magistrature qui a découvert leur secret ; on sera forcé de se rendre à l'évidence : on croira tout ce que le Pape dira, tout ce que l'Espagne répétera après lui ; & les plus hauts protecteurs des Jésuites en France seront couverts de confusion. Voilà ce que je vois, ce que j'espere, ce qui me paroît assuré.

Mais en formant des vœux pour cet heureux dénouement, défions-nous de cette impatience secrette, qui veut voir trop promptement la fin des maux, de ces négociations, qui, sous prétexte de revoir les Parlements, n'opéreroient qu'une paix plâtrée, comme en 1755 & 1757. Il faut une paix solide qui assure tous les grands intérêts qui sont compromis : ceux du Saint-Siege, dont les prérogatives sont oubliées, faute d'un usage légitime & sage : ceux des Successeurs à la Couronne, dont les droits sont ébranlés par les dernieres secousses : ceux de tous les Princes de l'Europe, à qui il importe infiniment qu'on démasque les véritables auteurs des troubles : ceux des Corps de Magistrature, nécessaires pour donner de la consistance à l'Etat, & pour établir une confiance dont on sent encore la nécessité. Les replâtrages de 55 & 57 se ressentoient des équivoques & des restrictions mentales des négociations : il faut les bannir, aller à la source du mal, achever de faire connoître une Société trop connue par ses crimes, & en faire disparoître jusqu'aux ruines. Les délais du Pape à cet égard peuvent être nécessaires : Dieu veuille qu'il aille jusqu'au bout : qu'il fasse éclater la lumiere qui s'accroît, & qu'il ne soit pas arrêté au milieu de sa course, par gens qui ne manquent gueres leur coup !

J'ai l'honneur d'être, *&c. &c. &c.* . .

Ce 9 Mars 1772.

LETTRE

DU SIEUR SORHOUET

AU SIEUR DE MAUPEOU.

MONSEIGNEUR,

J'ESPEROIS que les opprobres dont vous m'avez rassasié, me vaudroient l'expiation de mes crimes, & me serviroient de mérites pour l'éternité ; mais la source de mes malheurs est d'avoir été aveuglé par Votre Grandeur. Aujourd'hui je vois, pour la premiere fois, la vérité pure dans la sombre région des morts. Je la vois, elle me suit, elle me persécute, elle fait mon tourment. Tout ce qui est sous mes yeux me la présente; tout ce qui m'environne me le répéte : mon arrivée en ces lieux la fixa pour jamais autour de moi : chaque ombre que vous avez précipitée dans le noir Cocyte, exerce sur moi ses fureurs, en attendant qu'elle les épuise sur vous. J'étois votre *Correspondant* sur terre, & je suis votre *Représentant* dans les enfers.

Quel cri épouvantable, Monseigneur, quand je parus! Il retentit de tous les coins du Royaume ténébreux : la foule innombrable d'ombres fugitives accourut, » & suspendit, à mon occasion, sa course » errante. » Je fus excédé de questions ironiques sur vos grands projets qui renversent tout; sur votre Code qui confond tout; sur votre justice gratuite qui ruine tout; sur ces Juges rebours à tout; sur ces exils qui révoltent tout; sur ces liquidations ordonnées, exigées, laissées à volonté, reprises, confisquées, & qui ne remboursent personne, &c. &c. & alors commença mon éternelle & déchirante confusion.

Je reconnus à leur air honteux & consterné, plusieurs de mes semblables. Agens comme moi de vos funestes plans, ils me fuyoient comme pour diminuer leur supplice, & ils augmentoient le mien.

Depuis cet instant, je vole avec inquiétude sur leurs traces : toujours prêt à les atteindre, & toujours m'échappant : encore leur criois-je, si pour mon soulagement je savois que Monseigneur a profité de mes dernieres réflexions, & qu'il a prévenu le sort qui lui étoit préparé! Encore si.... Je poussois ces longs gémissemens, lorsque s'est tout-à-coup présentée à moi l'ombre effrayée de mon ingénieux ami, de mon cher confrere l'*Abbé Petit de Bellaunay*; il étoit reconnoissable à la taille, à la démarche, & aux vestiges dégoûtans de la maladie dont je lui connois le germe.--- Je ne sentis point à sa vue ce plaisir qu'éprouvent deux amis qui se rencontrent dans des contrées lointaines : sa venue me paroissoit d'un mauvais augure : pour moi j'avois eu des raisons de quitter la partie; mais un jeune Abbé, un aspirant aux dignités promises, qui n'avoit pignon sur rue que depuis la derniere Pâque, & qui s'y étoit établi en vrai inamovible, étoit à mes yeux le premier courier de sa troupe ambulante. Je brûlois cependant du desir de lui en demander des nouvelles; & la crainte d'en apprendre, me faisoit hésiter : il vouloit se soulager en m'en apprenant, & il demeuroit oppressé. Est-ce donc, lui dis-je enfin, que mon ami le vertueux FLEURY est chassé, comme sa Grandeur l'en menaçoit? Est-ce que l'on a trouvé un successeur à ce pauvre SAUVIGNY? Est-ce que M. CORPS est parvenu à se faire Maître des Requêtes, suivant ses vœux? Est-ce que DE BONNAIRE auroit été, pour cette fois, démasqué, & tous les MANGOTS mis en honneur? Je l'avoue, la place ne seroit plus tenable avec tous ces *enfans de la balle*, que notre Doyen nous a prié en grace *de recevoir à compte, puisque l'on en admettoit tant d'autres*. Oh! me répondit-il, d'un ton humilié, » il est » quelque chose de ce que vous croyez; mais il en » est de bien plus affreuses que vous n'imaginez pas... » Ce scélérat FLEURY s'est fait l'homme d'affaires, » le voleur en titre de l'*original Brunoy*; il calcule » publiquement les profits immenses qu'il y a fait; » & comme s'il faisoit l'apprentissage du vil métier » de Courtier, auquel il ne tardera pas d'être réduit, » il vient de manœuvrer d'une part la vente de la terre » même de Brunoy, pour un morceau de pain, » dont il aura la chapelure; & de l'autre, l'achat » d'un hôtel de cent mille écus dans Paris, sous le » nom de la *Baronne de Stadth*, qui n'est autre que » lui ou environ; c'est toujours son même penchant » à la fausseté: Louis XV en étoit outré, & le pu- » blic nous juge sur échantillon. »

» La bonne politique auroit voulu qu'aucun de nous » n'eût hasardé dans ce moment-ci sa réputation, car » elle est devenue solidaire dans notre Corps: & ne » voilà-t-il pas ce MANGOT, si sot, que des Moines » chez qui il avoit pris l'habit, l'ont chassé vitement » comme bouche à charge, & qui, graces à notre » imbécile Doyen, échange fait aussi-tôt de la cuculle » de Célestin contre le chaperon de Magistrat, s'en va » noblement avec sa *chere mere* marchander des fagots » au chantier; les toiser, disputer pour un bâton, » & crier qu'on lui manque, parce que par la *grace » du Roi il est Conseiller au Parlement. Eh bien! par » la mienne*, replique le Marchand impatienté, *vous » êtes encore un JEAN-F....*, & chacun répé- » tant la replique, nous confond tous sans cesse avec » la race des *Magots*.

» Ce glorieux GIN, bouffi de plus de moitié depuis votre absence, a fait rire encore trop à nos » dépens ; il se faisoit gloire hautement de donner » pour maîtresse des graces, Madame de *Sauvigny* à » sa femme mal-apprise : *faites donc un peu la Conseillere*, disoit sechement dans sa premiere leçon, » la maîtresse à son éleve.... Je ne finirois pas si je » vous contois les aventures qui se sont multipliées, » & du compere DÉSIRAT qui loue des remises & » qui ne les paie point ; & de DUMOUCHET, qui le » plus mal-à-propos du monde, met sa Charge de Belesme en vente, en criant à tue-tête aux passans & » à son protecteur FLEURY, qu'il est venu ici *avec son frere le Chevalier*, A CELLE FIN *d'avoir l'honneur d'être toujours Conseiller au Parlement*...... » Tandis que d'un autre côté il s'est établi Marchand » de vin en gros & en détail ; Frippier, prêteur à la » petite semaine, &c. &c. &c. ; mais ce malheureux » GOEZMANN a mis le comble !....

» Plus mal-adroit encore qu'un de nos Confreres de » la classe de Bretagne, qui l'autre jour avouoit tout » bonnement, que ne pouvant vivre avec ses gages, » il s'étoit arrangé de maniere à faire de sa place un » accroissement de revenu annuel de 6000 livre GOEZMANN a fait un Procès à ceux qui lui imputoient le » même savoir faire ; & la chose vue de près a tourné » à sa confusion & à celle de quelques Présidens & » Conseillers. Il a éte convaincu de n'avoir pour protecteurs, pour amis, pour défenseurs, pour solliciteurs, que le plus mauvais train de Paris : puis, » son histoire & la nôtre, écrite par l'inimitable & » unique BEAUMARCHAIS, est devenue la fable de » toute l'Europe.... »

En cet endroit, je suppliai l'Abbé de suspendre sa cruelle narration ; les étouffemens me reprenoient : & si je n'avois pas habité le pays de l'immortalité, Monseigneur, je crois que je serois mort une deuxieme fois.

Mais, lui dis-je, vous ne me parlez presque point dans tout votre récit, de Monseigneur de MAUPEOU : il semble qu'il ne prenne plus d'intérêt à ses chers enfans, sans, ou qu'ennuyé de leurs honteux excès, il ait pris le parti de les traiter avec la même indifférence que ses propres parens.

» Quoi donc, repliqua, avec feu, mon confrere, ne » m'avez-vous pas deviné à demi-mot ? Je voulois vous » faire plutôt entrevoir vos malheurs & la vraie cause de » ma présence à vos côtés, que vous l'apprendre ; mon » silence est réfléchi ; faut-il donc que je ne vous épar- » gne aucunes douleurs ? Ah ! .. que ne suis-je il y a » long-temps descendu sur ces bords, je jouirois de vo- » tre heureuse ignorance, & je ne vous communique- » rois pas de funestes lumieres... Non, Monseigneur » a fait ce qu'il a pu pour lui & pour nous ; le chef- » d'œuvre de son industrie eût été de découvrir l'*antre* » de cet Auteur maudit de la *Correspondance* ; de saisir » les *dépôts* & leurs Propriétaires ; de lier l'accusation » de quelque Grand, pris sur le fait, à notre Tribunal, » & d'instruire son Procès en Cour garnie de Pairs. » Cette profonde idée a été essayée plus d'une fois : on » a mis à prix des têtes cheres ; & sans les dogues d'un » grand Prince, on auroit trouvé dans ses serres chaudes » ce que Monseigneur y vouloit faire mettre adroite- » ment pour l'y reprendre en regle... Mais tout s'est » tourné contre nous-mêmes, & nous succomberons » percés de nos propres armes... ». Cette sortie me mit tout hors de moi. La curiosité rassembla autour de nous une immensité d'ombres dont les regards attentifs & variés furent un redoublement de maux : » & puisque » vous ignorez le reste, continua-t-il, je ne vous tairai » rien : sachez donc que LOUIS XV est en ces lieux, » & qu'avec ce Prince la face du monde est changée ; » nos colonnes les *du Barry*, les d'*Aiguillon*, les *Boysnes* » sont disparus ; un nouveau TÉLÉMAQUE a pris les » rênes de l'Empire, & a appellé auprès de lui un vrai » MENTOR. Malheureusement son antique expérience » est ennemie par nature des systêmes modernes, & sa » trop rigoureuse philosophie n'admet comme utile en » matiere même politique, que ce qui est vrai, juste & » conséquent.

» Nous n'avions, mon vénérable *Sorhouet*, rien tant

» à craindre qu'un pareil homme. Ses premiers conseils
» ont été de préférer la Loi à la puissance, la soumission
» raisonnée à l'obéissance aveugle, & des Magistrats sans
» cesse remontrant à un Tribunal dévoué par goût &
» par constitution : alors l'édifice de Monseigneur a été
» en péril. En habile entrepreneur il avoit encore des
» ressources : c'étoit de discréditer le dangereux favori ;
» de mettre en opposition les intérêts de son sang avec
» ceux de l'Etat ; d'affoiblir la confiance du Prince en
» suspectant les vues du Ministre, & de faire servir l'hor-
» reur même du Roi pour l'intrigue, & son penchant
» naturel vers la justice & l'équité, à l'accomplissement
» de nos vœux. Rien n'a été épargné : tous les ordres
» & tous les sexes s'y sont employés ; mais notre enne-
» mi commun est resté, semblable au rocher que les
» flots couvrent de leur écume & qui les voit se briser
» & mourir à ses pieds.

» Cependant si nos espérances ne furent pas alors en-
„ tiérement remplies, notre existence n'éprouvoit point
„ d'atteintes réelles. Monseigneur avoit toujours son
„ ascendant supérieur à tout, & un moment lui *suffisoit*
„ *pour détruire les impressions & l'œuvre de la journée*,
„ du moins nous le répétoit-il sans cesse pour nous en-
„ courager peut-être.... Plût à Dieu que Sa Grandeur
„ se fût invariablement tenue sur cette défensive hono-
„ rable ; mais la terre & les enfers se sont conjurés con-
„ tre nous. Le démon de la calomnie s'est emparé de
„ Monseigneur, lui a mis un bandeau sur les yeux, l'a
„ précipité dans des excès incroyables ; il a souillé sa
„ cause par ses moyens même de défense, & la justice
„ divine & humaine a été nécessairement intéressée à
„ commencer l'exécution de ses vengeances. Le ci-de-
„ vant Organiste de la Ciotat (1), ses protecteurs &
„ subalternes célébroient jusques-là les grands exploits
„ de Monseigneur, & de ses panégyristes : ils sont de-
„ venus ses accusateurs & ses témoins. Monseigneur a
„ été pris dans ses propres lacets : il a été tout-à-coup
„ terrassé comme un autre Aman par le regard terrible

[1] Marin le Gazetier.

„ d'Affuérus & de la vertueuſe Eſther. Peu s'en eſt „ fallu qu'il n'eût déja la même fin : puiſſe-t-il l'éviter „ un jour ! La colere du Prince eſt le rugiſſement du „ lion, & ſa patience cauſe de l'effroi... L'ame la plus „ parfaitement contradictoire à celle de Monſeigneur a „ été choiſie pour lui ſuccéder ; & le public exalté par „ je ne ſais quel enthouſiaſme, a ſignalé par les excès de „ ſa joie le renvoi de Monſeigneur & de ſon fidele & „ vertueux TERRAY.... O jour à jamais déſaſtreux ! „ O nuit cruelle ! Le temple de la Juſtice fut profané „ par les danſes indécentes & les cris confus d'un peuple „ échauffé. Les Membres de ce Sanctuaire reſpectable „ devinrent le jouet de la foule tumultueuſe. Les places „ publiques furent autant de théatres d'extravagance & „ d'impiété. La fureur ſe fabriqua des *effigies* (2), & „ s'épuiſa ſur elles. *On vit*, ainſi que l'ont atteſté Noſ„ ſeigneurs les Evêques, *en ces moments des mouve„ ments excités dans le Peuple ; ... des moyens d'argent „ prodigués pour le diriger vers le Palais dans le temps „ de ſes ſéances. Le deſſein ſecret d'opérer, s'il étoit „ poſſible, un coup de force pour intimider l'autorité „ Royale, dégoûter les Magiſtrats, ou les diſſiper par „ des inſultes.... Qui put alors reconnoître cette Cour „ des Rois, devenue une place de guerre ! Et quel hom„ me ſage ne craignit pas pour l'avenir les ſuites d'un „ pareil attentat ! Ces Magiſtrats, ces Officiers en un „ mot qu'un* SIECLE ENTIER NE POURROIT RE„ PRODUIRE POUR DES CIRCONSTANCES PA„ REILLES, ... *ſe ſont vus chargés d'injures, de „ malédictions, coups de poing, coups de bâton, & trai„ tés comme des coquins.* (3)

» Le brave Préſident de Nicolaï fut coëffé d'un fruit » moëlleux, qui l'inonda d'un ſuc, hélas, trop allé» gorique. (4)

[2] Le Sieur de Maupeou fut roué, & l'Abbé Terray pendu en effigies au poteau de la Juſtice de l'Abbaye de Sainte Genevieve, le...... Septembre.

[3] MES IDÉES, ou Mémoire des Evêques, &c, au Roi, contre le retour des Parlements, Septembre 1774.

[4] Un melon fut lancé à ſa face.

» Mangot revint se présenter à nous l'œil ensan-
» glanté, & faisant maintes grimaces, d'une apostro-
» phe qu'il venoit de recevoir. M. le P. P. entendit
» à ses oreilles, *Tue*, *Tue*, & faillit de mourir par
» évacuation.
» Ce fanatisme effrayant s'est aussi-tôt communiqué
» de la Métropole aux extrémités des Provinces les
» plus éloignées; & par-tout nos Adhérans ont été
» exposés aux plus humiliantes épreuves.
» Nous avons toutefois *affronté l'anathême*, *nous*
» *avons osé exercer nos sublimes fonctions parmi les*
» *traits de la calomnie la plus envenimée*, & *au mi-*
» *lieu d'une armée ennemie, par-tout distribuée, qui*
» *n'a songé nuit & jour qu'à notre perte.* (5)
» Nous devions sans doute notre premiere existen-
» ce à M. de Maupeou; mais une fois créés par lui,
» nous étions les enfans adoptifs de l'autorité; notre
» Pere temporel manquant, nous en avions une mul-
» titude de spirituels qui le suppléoient. Aussi de tous
» les coins de la France sont accourus auprès de nous
» les Prélats du *siecle dix-huitieme* ( ): leur nombre
» eût suffi pour former un Concile général. Ils se sont
» émus, assemblés, agités; ils ont vu, comme de
» raison, en nous, les protecteurs de leurs *libertés*,
» les consolateurs de l'Eglise de France que nos pré-
» décesseurs, leurs *Rivaux*, (7) *persécutoient toujours*
» *dans ses Sacremens & ses Ministres* (8): & ils ont
» tiré la juste conséquence que c'en *étoit fait de la Re-*
» *ligion, si le vieux Parlement* revenoit exercer sa ty-
» rannie sur leurs actions, & gêner leur salutaire in-
» dépendance.
» La Politique la plus déliée a fait passer en même
» tems à notre service le fameux Représentant d'une
» illustre Nation: (9) il sembloit, par prudence, par
» état & par caractere, devoir nous être à jamais con-

[5] Mes Idées, &c.
[6] Oraison Funebre, par M. de Senez.
[7] *Ibid.*
[8] Mes Idées.
[9] M. le Duc d'Aranda, Ambassadeur d'Espagne.

» traire ; mais il s'est fait subitement, par un bon-
» heur inespéré, dont nous serons, quel qu'en soit
» le succès, éternellement reconnoissans ; il s'est fait
» notre bruyant apologiste, & le plus ardent accusa-
» teur des *anciens*. On dit qu'en cela il a mieux ser-
» vi nos intérêts, que ceux de sa Couronne, dont
» il revele trop les chimériques prétentions. Mais qu'im-
» porte, s'il nous est sauvé ; ... Un moment est
» arrivé où l'effort combiné des Grands & des petits,
» des femmes & des Evêques, des Moines & des
» valets, donnoit, au bout de trois mois, le specta-
» cle intéressant d'une seconde révolution. M. DE
» BEAUMONT (1) avoit juré sur sa part de Pa-
» radis, qu'*il mettroit tout en œuvre pour empêcher le*
» *retour de ce vieux Corps*.... Les IDÉES de Mgr.
» ont été mises en ordre ; mais il falloit que tous les
» Prélats eussent le zele du nouvel Archevêque de
» Cambrai, l'ardeur de celui de Paris, la véhémence
» de l'Evêque du Mans, &c., & la différence de tem-
» pérammment en a mis dans les sentimens. L'œuvre a
» été divisée, malgré la sagesse des mesures & la pré-
» cision des avis de Mgr. le Chancelier, la scission
» des délibérans a donné lieu au mépris de leurs dé-
» libérations ; & contre tout espoir & toute vraisem-
» blance, notre ruine a été confirmée par les moyens
» qui devoient nous en préserver. Il sera désormais
» impossible de réunir à la fois plus de ressources,
» d'efforts & de personnes ; cinquante Evêques, leurs
» plus illustres pénitentes, trois mille Jésuites, une
» liste infinie de subalternes, ... & tout cela à pure
» perte... ! Aussi dès ce moment Mgr. qui avoit
» reçu d'un air de héros la nouvelle de sa disgrace,
» a changé de couleur & de dispositions. La maladie
» épidémique a gagné ses amis.... La plus effroya-
» ble perspective se découvre. Ce qui s'est passé à l'ins-
» tant de sa disgrace, n'est qu'une foible image de ce
» qui nous attend à la nôtre : déja tous les secours se
» changent en poisons ; chaque instant est un pas qui

(1) Christophe de Baumont, Archevêque de Paris.

» nous approche de l'échafaud... Le seul aspect m'a
» suffoqué en route.... »

L'infortuné Abbé prononça ces derniers mots d'un ton qui fit retentir tout le rivage, & il disparut pour s'enfoncer dans les plus profondes cavernes, où une lumiere perpétuellement importune, & un remords éternellement rongeur le poursuivent sans relâche.

Voilà donc, Monseigneur, l'accomplissement de mes prédictions, votre sort est d'autant plus affreux que vous avez à vous reprocher d'avoir méprisé les conseils qui devoient vous en garantir, & de vous être, par une témérité sans égale, livré pieds & mains liés, au juste courroux de vos plus terribles adversaires.

Maintenant que votre ame n'est plus distraite par l'agitation de l'intrigue, par le tourbillon des affaires, & par l'alternative des craintes & des espérances, elle doit appercevoir en frémissant toute l'étendue & la profondeur des plaies qu'elle a volontairement causées à sa Patrie. Le sang des Bourbons outragé par vos calomnies, vos libelles & vos attentats. Trente mille Familles qui demandent leur état & leur fortune anéantis ; leurs enfans & leurs parens morts de chagrin ou de misere. Quinze cens Magistrats qui sollicitent justice contre des destitutions sans motifs ; des exils sans cause, choisis par la fureur, maintenus par la rage, au mépris de la décence, des Loix, & de l'humanité. Dans le silence absolu de votre retraite, Mgr. vous devez entendre les clameurs même de cette foule de misérables que vous avez séduits & trompés, qui vous avez dévoués sciemment à l'indignation publique, qui ont sacrifié leur honneur à vos infideles promesses, & qui aujourd'hui marqués au sceau d'une honteuse réprobation, fuiront en vain sur la face de la terre, reconnoissables par tout, livrés impunément à la colere du premier passant ; & encore une fois, de l'aveu trop indiscret de vos bons amis les Evêques & les Jésuites, *chargés en tous lieux, d'injures, de malédictions, coups de poing, coups de bâton, & traités comme des coquins.* (12)

[12] Mémoire des Evêques, intitulé *Mes Idées*.

Il n'y a plus lieu à la plaisanterie, Monseigneur : je vous l'avois annoncé ; ils se sont rencontrés ces cœurs assez honnêtes & sensibles, pour instruire le Monarque de ce que vous aviez tant d'intérêt à lui cacher. La Providence qui gouverne la France, a été touchée de ses malheurs, & s'est lassée de vos iniquités ; vous vous êtes creusé le précipice où vous êtes : & qui sçait si ce n'est pas là le commencement de vos douleurs ? Imaginez la Nation entiere qui demande vengeance de la dérision avec laquelle vous l'avez insultée pendant quatre ans..... Représentez-vous la Majesté Royale que vous avez compromise de toutes les manieres, en la rendant le jouet & l'agent de vos ressentimens personnels, de vos absurdes variations, de vos plans contradictoires, le fléau des vrais Citoyens ; & la Protectrice de tous les scélérats que vous avez ralliés à votre service.....

Souvenez-vous que quand j'ai osé vous en faire la représentation, vous m'avez répondu avec ironie : *Eh ! que veux-tu que je fasse ? de quels autres gens puis je me servir ?*.. Ce seul propos est accablant pour vous ; il décele toute l'horreur de vos projets, toute l'infamie de vos desseins. Un systême politique qui ne peut s'exécuter & se maintenir que par des frippons, & dont l'oppression de tous les honnêtes gens de tous les Ordres, le bouleversement de tous les Tribunaux, la violation de toutes les Loix sont l'effet nécessaire ; un tel systême est l'opprobre de la nature & de la raison. Si le calomniateur d'une Nation auprès de son Roi, fut jugé digne de mort, jugez vous même de sang froid, si vous le pouvez, ce que mérite l'Auteur du systême que vous avez osé essayer à l'aide du fer & du feu... En cet état, le retour des Loix & de leurs vrais Ministres doit vous glacer d'effroi. La vengeance personnelle leur est inconnue, sans doute : mais le moindre des Sujets que vous avez écrasé ne peut-il pas relever la tête ; présenter sa plainte à la Justice rendue à son libre cours ; & ce foible anneau ne peut-il pas être le premier d'une longue chaîne, qui du trône à la chaumiere *embrassant l'ensemble* de vos forfaits, vous accablera légalement de son poids ?.:

La plus cruelle expérience m'a appris que j'étois prophete à votre sujet, sans m'en douter; mais jusqu'ici je vous ai offert les remedes après les maux; & en ce jour votre position est sans ressource. Il n'y a pas un lieu sur la terre qui doive, qui veuille, & qui puisse vous receler. Les furies sont à jamais attachées à votre être; & l'exercice des vengeances divines & humaines sur votre tête criminelle, est enfin la douce consolation de tous les malheureux, dont comme d'un autre Néron, les tourments ont fait vos délices.....

Une grande rumeur qui s'éleve, me fait vous abandonner à votre désespoir. Peut-être vais-je encore être instruit de nouvelles iniquités de vous & des vôtres. C'est le sage GANGANELLI qui passe dans la fatale barque, & que l'on s'apprête sur ces bords à dédommager des insignes persécutions dont il a l'air d'être la victime.

Des bords du Styx, ce.........
Septembre 1774.

Après la chûte du Maupeou & du Terray, c'est-à-dire, pendant les vacances de 1774, la sacrée & honorable personne GIN, *Membre inamovible du Tripot très-amovible, prévit que le Bailliage Maupeou, déja ébranlé par le contre-coup, tomberoit comme son créateur : il prit la liberté de jetter sur le papier quelques belles phrases, en maniere de Mémoire, pour prouver que* LOUIS XVI *auroit tort de rappeller le Parlement, & d'expulser les Intrus. Mais n'ayant pu trouver à faire imprimer ce qu'il appelloit son chef-d'œuvre, il se contenta d'en faire courir dans le public quelques copies manuscrites, en affectant un air de mystere, pour répandre plus d'intérêt.*

On pourra voir dans la réponse suivante le cas que l'on doit faire du Mémoire, de son Auteur, & de tout ce dont il est, a été, ou sera capable de faire.

RÉPONSE

AU MÉMOIRE DE GIN.

Expellam te de Statione tua & de Ministerio tuo deponam te. Isaïe ch. 22

Je vous chasserai de votre Poste, & je vous déposerai de votre Ministere.

LA Prophétie d'Isaïe est déja accomplie, mon cher GIN : l'infame Maupeou & l'abominable Terray sont chassés du rang où ils étoient, & ils sont déposés de leur Ministere. L'autre Prophétie ne tardera pas à s'accomplir.

Restituam vobis judices vestros ut fuerint priùs, & Consiliarios vestros sicut antiquitùs.

Je vous rendrai vos Juges, comme ils étoient auparavant, & vos Conseillers, comme autrefois.

Je sais, mon cher cœur, que vous & les vôtres, qui vous croyez les Ministres essentiels de la chose publique, redoutez l'instant fatal où vous allez être livrés à la haine publique ; mais Isaïe l'a dit, & Isaïe n'est point un menteur : le public le desire & le demande avec empressement, & le public n'est pas un sot.

Vous devez savoir, ami GIN, (*) vous qui êtes l'Orateur de votre troupe, & le génie du Tripot, que la force peut tout détruire pour un temps ; mais que tôt ou tard la justice & la vérité triomphent : vous le voyez, & l'exemple en est récent : le Maupeou & le Terray sont f..... Ce n'est peut-être pas tout ; un bras vengeur est levé sur eux, & Isaïe a dit : *Deus conteret scelestos & peccatores simul* : Dieu brisera les scélérats & les pécheurs tout ensemble. En honneur, je ne voudrois point être aussi près qu'ils le sont de la potence, & je rougirois d'avoir été le bras adulateur de l'un ou de l'autre ; déja le peuple les a jugés : vous avez frémi du bruit des pétards, des fusées, des cris de joie ; vous avez tremblé des supplices préparés à ces monstres, vous avez eu raison ; vous êtes leur ouvrage ; vous êtes leurs très-humbles valets ; vous êtes leurs créatures : les méchans tremblent toujours. *Væ qui condunt leges iniquas & scribentes injustitiam scribunt* : malheur à ceux qui établissent des Loix iniques, & dont les écrits respirent l'injustice. C'est encore Isaïe qui le dit : il faut convenir que cet Isaïe avoit l'esprit bien prophétique. Si vous faites bien, avant que d'abdiquer la Magistrature, vous le ferez brûler avec la Correspondance au pied du grand es-

(*) Tout le monde n'est pas obligé de savoir que M. Gin, troisieme du nom, est un peu crâne, qu'il joue très-bien le distrait, l'affairé, l'empressé, l'important ; qu'étant Avocat il n'a jamais su faire quatre pieces d'écriture, mais qu'il a composé une petite Brochure assez platte, à laquelle il a donné le titre pompeux de l'*Eloquence du Barreau* ; qu'il l'a fait imprimer pour apprendre à ses Confreres & à tout le Public qu'il étoit Secretaire du Roi, & qu'en conséquence il croit fermement que les plus célebres Orateurs de nos jours, même ceux de l'antiquité, sont de très-petits garçons vis-à-vis de lui, & doivent lui céder le pas.

ealier ; & pour rendre la chose plus touchante, vous ne feriez pas mal d'y jetter aussi quelqu'uns de vos Membres.

On dit, mon cher cœur, qu'avant que de partir, vous venez de forger un beau Mémoire pour vous opposer à la rentrée des anciens Magistrats, & que ce Mémoire est le dernier effort de votre faux génie ; par ma foi, je m'en réjouis, & je trouve que cela est très-sagement fait. Pourquoi en effet rappeller les anciens Magistrats ? Ne sont-ils pas dignement remplacés. Pourroient-ils compter parmi eux des Jurisconsultes comme vous, mon cher cœur ? comme le Compere ...... & autres ? Qu'ils vantent tant qu'ils voudront leur Saint-Fargeau, vous vous vanterez d'avoir le Président Nicolaï qui est un puits de science, l'exemple de la décence, des mœurs, de l'honnêteté.

On m'a dit, mon cher cœur, que dans votre beau Mémoire vous vous appuyez sur l'Edit de Louis XI. Mais mon poulet, si le pauvre Auteur de la Correspondance vivoit encore, il vous diroit que cet Edit n'a été rendu que pour rétablir les Officiers qu'il avoit destitués par surprise & importunité, & que vous n'êtes pas dans le cas ; il vous diroit, que si malgré cet Edit, les autres ont été destitués, vous autres Inamovibles pouvez l'être aussi, il vous diroit même que vous devez l'être ; & pour le prouver, il vous opposeroit cet Edit de Louis XI, parce que les anciens n'ont été destitués que par surprise, que vous êtes des intrus qui ne devez pas vous appliquer le bénéfice d'une Loi dont vous avez méconnu la sainteté, il vous diroit encore de bien belles choses, & c'est ici le cas de vous applaudir de lui avoir donné l'échelle.

Ce qui sur-tout dans ce Mémoire m'a paru mériter des éloges, c'est cette obéissance aux ordres du Roi dont vous faites parade, & dont vous tirez la conséquence, que vous êtes ses bons & fideles serviteurs, & par opposition, que les anciens sont désobéissans & déloyaux Sujets. Conviens, mon bijou, que tu as eu bien du plaisir à composer cette brillante partie du Mémoire : je parie que Breuzard & Bilheu, à la lecture ; ont battu des mains ; j'en sais bien la raison, c'est qu'ils sont aussi sots que toi. Mais, de bonne foi, dis moi, mon cher cœur, pour que Gin, pour que Desirat, &c. puissent dire, ne nous renvoyez pas, Sire, & ne nous punissez pas de l'obéissance servile que nous avons eue pour votre ayeul ; il faudroit que Gin, que Desirat & les autres eussent reçu des ordres d'entrer dans la troupe ; or certainement, ni Gin, ni Breuzard, ni les autres n'ont jamais reçu un pareil ordre : tu le sais très-bien, mon bijou, pourquoi donc mentir, pourquoi vouloir en imposer ? M. de Miromesnil, sans doute, ne vous connoît pas tous, il ne sait pas que vous ne vous êtes enrôlés dans le Régiment Berthier, que pour être les Ministres de l'injustice & de la vengeance du Maupeou, il ne sait pas que vous êtes des traitres, des intrus, des parjures ; il ne sait pas que les trois mille livres de gages ont été le puissant appas qui a excité votre noble obéissance, il vous dira comme Isaïe, *iniqui sunt cœtus vestri, avertam oculos meos à vobis, manus enim vestræ sanguine plenæ sunt.* Vos assemblées sont iniques ; je détournerai mes yeux de dessus vous, car vos mains sont pleines de sang.

Vous avez la modestie de dire dans votre Mémoire que vos jugemens sont bons, que le public en est content, que l'ancien Parlement ne jugeoit pas mieux. Oh ! pour le coup, mon cœur, je n'y tiens pas. Eh ! pauvre Auteur de la Correspondance, que ne pouvez-vous rendre à ces Messieurs, en termes énergiques, ce que le public pense d'eux & de leurs jugemens, de la gratuité de leur justice, du désintéressement de leurs Secrétaires, de l'honnêteté de leurs Suppôts ? Que de belles choses il ajouteroit à celles qu'il a déja dites ; mais, mon bijou, ton Maupeou, oui ton Maupeou lui-même te riroit au nez ; & c'est à M. de Maurepas, c'est à M. de Miromesnil que tu oses dire de pareilles absurdités.

Vous ne devez pas être renvoyés, dites-vous, parce que Louis XV a dit, ou plutôt qu'on lui a fait dire *je ne changerai jamais* ; mais, pauvre imbécille, sûrement il ne changera jamais, il est tout changé, ton Maupeou est changé, vous serez tous changés; parce que tel est le sort des choses humaines, parce que l'injustice ne peut toujours durer, parce que l'ordre naît du désordre, parce qu'enfin il temps que Louis XVI répare le scandale & les maux du précédent Gouvernement, parce que le regne de la Justice est arrivé, parce que la Nation n'est plus dans l'esclavage, parce que les tyrans ne sont plus, & que Louis XVI veut rendre son peuple heureux; or il ne peut l'être sans Loix, sans Justice : *recedite à me omnes qui operaminè iniquitatem* : retirez-vous de moi, vous tous qui commettez l'iniquité.

Ce que tu as fait de mieux, mon cher cœur, c'est d'avoir mystérieurement fabriqué ton Mémoire, de l'avoir donné dans le secret du mystere; mon ami, du mystere : garde-toi de laisser échapper une copie de ce beau Mémoire; car s'il faut que le public le connoisse, tu es perdu. Souviens-toi de l'illustre Sorhouet, le pauvre homme a été tant baffoué, que sa petite tête s'est perdue, & qu'il est allé de vie à trépas; pareil sort te seroit réservé : ce vilain public est si méchant, qu'il trouveroit, & qu'il prouveroit même que ce Mémoire, chef-d'œuvre de ton éloquence, n'a pas le sens commun, qu'il est mal écrit, faux dans les principes, faux dans les conséquences, faux comme son Auteur. J'en ai une copie, je suis trop ton ami pour l'envoyer à la Correspondance, & tu peux compter sur ma discrétion. Pour te prouver même à quel point je t'estime, je veux engager M. d'Aligre à te faire son Orateur pour la rentrée, & comme ton éloquence est déja fort connue au Barreau, ne pouvant plus prononcer les oracles de la Justice, je te ferai faire quelques beaux sermons, quelques discours de rentrée, même des discours d'académie; avec cela, tu pourras te dédommager des 3000 livres que tu vas perdre; il est heureux pour toi d'avoir des talens, car il y a bien de tes Confreres qui ne gagneront pas si heureusement leur vie.

Sans doute l'illustre Garde des Sceaux de France a

été touché de ton beau Mémoire ; sans doute il vous a tous rassurés sur les bontés du Roi : il est bon en effet, Louis XVI. Il aime ses Sujets ; il veut qu'ils soient heureux ; il ne veut regner que par les Loix ; pour cet effet je t'annonce moi qui ne suis pas Isaïe, qu'à la St. Martin la troupe inamovible sera congédiée à la très-grande satisfaction du public, & pour la plus grande gloire du Roi, que l'ancien Parlement rentrera en tout honneur & gloire, que le public s'en réjouira, qu'il illuminera, qu'il tirera des fusées, des pétards, & qu'ensuite les Maupeou, les Terray fauteurs & adhérens seront honnis, baffoués, turlupinés, vilipendés, & peut-être pis.

Restituam vobis Judices vestros, ut fuerint priùs, & consiliarios vestros, sicut antiquitùs.

SUPPLÉMENS

A LA GAZETTE DE FRANCE.

N° I.

Du Vendredi 18 Octobre 1771.

CE qui a été dit au sujet des liquidations, à l'article de Paris, est si flatteur pour le Sieur de Maupeou, Chancelier de France, que la modestie l'a empêché de laisser rendre un compte exact de toutes les circonstances de cette opération, il est juste de ne rien ravir de sa gloire. Le présent supplément fera connoître dans toute leur étendue les succès de son industrie, en donnant les noms, l'âge & les qualités de ceux qui se sont fait liquider.

Présidents.

1. Le sieur d'Aligre, Premier Président, à qui le Chancelier a eu l'honnêteté de proposer l'alternative, d'être renfermé à Pierre-Encise, ou de se faire liquider *volontairement*, a choisi ce dernier parti. Au reste, ce n'est pas une finance qu'il a eu à faire liquider, c'étoit un simple brevet de retenue, du genre de ceux qui s'accordent quelquefois à un Officier long-temps après sa réception dans l'Office, & qui peuvent s'acquitter par le Roi, avant qu'il en sorte.

2. Le sieur d'Ormesson, en faveur de qui le Chancelier avoit eu la bonté d'obtenir un nouvel ordre du Roi le vendredi 11 de ce mois, qui lui défendoit de recevoir personne, & de sortir de son Château d'Orly, a craint

avec juste raison une prison encore plus févere, & a préféré de suivre *volontairement* l'exemple du sieur d'Aligre. Il prie ses Parents & ses amis de ne pas l'imiter : il a en tant que de besoin fait sa protestation.

3. Le sieur Bochard de Saron a pris enfin le même parti, d'après les obsessions lumineuses de l'illustre M. d'Aguesseau son beau-pere.

4. Quant au sieur Pinon, c'est par erreur que la Gazette a annoncé sa liquidation : la vérité est, que depuis trois mois le sieur Chancelier le fait travailler sans cesse pour y réussir.

5. C'est encore par erreur que la Gazette a annoncé que le sieur de Gourgues s'est fait liquider *volontairement* ; c'est la Dame sa femme à qui la finance de l'Office appartient en totalité, qui a présenté les titres de sa finance ; le sieur de Gourgues au contraire est obstiné à ne pas remettre ses Provisions.

6. C'est encore par erreur, que la Gazette de France annonce que le sieur de Maupeou s'est fait liquider *volontairement* : il en a l'entiere obligation au sieur Chancelier son pere qui lui a subtilisé ses Provisions, & a eu l'attention de se faire rembourser en especes sonnantes d'or & d'argent ayant cours, le tout pour donner à la France un exemple de son entiere soumission aux loix du Royaume qui ne tiennent pour remboursement valable & licite, que le remboursement effectif.

7. C'est encore par erreur que la Gazette a donné pour *volontaire* la démission du sieur Joly de Fleury. Le Chancelier avoit fait ameuter tous ses créanciers, & notamment le sieur d'A. . . qui l'avoit menacé de le saisir jusques dans ses meubles. Il a fait ainsi que le sieur d'Ormesson sa protestation.

Conseillers.

Grand'Chambre.

1. L'Abé Boucher âgé de 85 ans, & qui se ressent du nombre des années.

2. Le Prêtre de Lézonet âgé de plus de 80 ans, apoplectique, proche parent du sieur Château-Giron, Lieutenant

tenant dans la Troupe légere des Inamovibles, Compagnie de Berthier.

3. Beze de Lys, monument de l'infirmité humaine. Il a recouru en vain après ses titres trop-tôt livrés par son agent.

Clercs.

4. L'Abbé Bory (ce n'est pas sa coutume de penser comme les autres)

5. L'Abbé Gayet de Sansales, ami du sieur Archevêque de Paris. Il s'est fait aux vacances de 1770 Chef du Conseil des Finances, aux gages de 3000 l. de M. de Brunoy. Le Parlement en auroit fait justice sans les troubles qui n'ont pas permis de s'occuper des affaires des particuliers.

6. L'Abbé de Pernon, forcé de céder aux menaces de son pere & de son oncle le sieur Le Prêtre, lesquels ont été menacés eux-mêmes de perdre leur charge de Trésorier, s'ils n'envoyoient point d'une façon, ou d'une autre, les quittances de finance de cet Abbé.

7. L'Abbé de Fourmestreaux. Le sieur de Maupeou lui a témoigné de grandes obligations un certain jour où avec lui il s'agissoit de dénoncer les faits & gestes du Premier Président. Il est juste que cet Abbé se mette à portée qu'on les reconnoisse, pendant que cela se peut.

8. L'Abbé Barbier d'Ingreville, cerveau un peu timbré, Abbé d'argent-court, fort empressé de pouvoir permuter son Abbaye contre toute autre.

9. L'Abbé de Bougainville, errant de gîte en gîte : on ne sait si son actuel n'est pas le Fort-l'Evêque, ou quelque Maison de force, où plusieurs causes auroient pu le conduire.

Enquêtes & Requêtes. Laïcs.

10. Le Maistre de S. Peravy. Quoique reçu depuis vingt ans, il est encore mineur, procédant sous l'autorité de la plus impérieuse des meres.

11. Thomé, homme incapable. Après sept ans d'absence du Palais, il a eu l'idée de se faire Maître des Requêtes ; le Chancelier lui en a donné l'agrément.

12. Berthelot de la Villeurnoy, créature appartenante au sieur Duc de Richelieu, âgé de 23 ans.

13. Dudoyer de Vauventrier, sorti depuis deux ans de la Chambre des Comptes où il avoit servi 20 ans.

14. Coupard de la Botterie, âgé de 21 ans, gendre du sieur de la Charmotte, homme de confiance du Chancelier.

15. Roslin, âgé de 20 ans, à qui son pere, Fermier Général, a promis le fouet à son retour de Hollande, s'il ne sacrifioit son honneur à l'ambition paternelle.

16. Cordier de l'Aulnay, petit drôle, âgé de 21 ans, ex-Mousquetaire.

17. Fumeron, âgé de 21 ans, fils du Commis de la Guerre.

18. Lallemant le Coq, âgé de 20 ans, son vieux tuteur le fait liquider malgré lui, disent les uns, ou disent les autres, parce qu'il est mort il y a quatre mois.

Sortis du Parlement.

19. D'Ormesson, jeune, Maître des Requêtes.

20 Le Jay, Maître des Requêtes depuis deux ans, & qui a besoin d'argent pour payer ses loyers.

21. Megret d'Etigny, Trésorier de l'extraordinaire des Guerres.

Acquéreurs d'Offices qui n'ont jamais été reçus.

22. Nicolaï, Lieutenant en la troupe des Inamovibles à qui le Roi avoit refusé constamment les Provisions de Conseiller au Parlement.

23. Fossard de Rozeville.

24. De Borda.

Successions.

25. Les héritiers Berger de Ressye.

26. Les héritiers Guillemot de Freval.

27. Le Bas du Plessis, reçu honoraire il y a deux ans.

Récapitulation des Conseillers liquidés.

Hors d'âges.	2 ou 3.
Sous âges, (espece de mineurs selon plusieurs Coutumes)	9.
Abbés.	6.
Sortis.	3.
Non-entrés.	3.
Morts, ou Honoraires.	3.
Total des liquidés volontairement.	27

C'est enfin une erreur, quand la *Gazette* a annoncé 46 Offices liquidés au Grand Conseil, par la raison assez plausible qu'il n'y existe que 36 Offices.

On doit aussi tenir pour incertain le nombre des liquidés de la Cour des Aides, où l'on n'en connoît que 14, encore dans les 14, compte-t-on sept ou huit Inamovibles.

La suite aussi-tôt après la premiere Gazette qui donnera une nouvelle liste des liquidés, s'il y en a : le Public n'attendra pas.

Nº II.

Du 8 Novembre 1771.

LISTE DES NOUVEAUX LIQUIDÉS.

MM.

Le Pelletier de S. Fargeau. Il s'en étoit rapporté à l'avis de ses parents qui ont décidé sa liquidation, au risque qu'on l'accuse d'avoir du haut & du bas.

Le Pelletier de Rozambo s'est cru trop jeune pour aller contre l'exemple de ses anciens.

Lemée âgé de quelque quatre-vingt-dix ans ne subsiste que d'une malheureuse pension de mille écus : sa charge appartient à ses créanciers.

Pasquier, se trouve réduit à trois ou quatre mille l. de rente, a perdu presqu'entiérement la vue dans son exil : il a déclaré au mois de Janvier que l'affaire une fois finie. il ne remettroit jamais les pieds au Palais.

Et plusieurs autres. On suspendroit son jugement sans la véracité connue de M. le Chancelier.

Nous voudrions présenter au lecteur une liste mieux fournie, mais la sincérité, *loi* vraiment *fondamentale* de la Gazette, *loi que nous sommes dans l'heureuse impuissance de changer*, ne nous permet pas d'y ajouter la moindre chose. D'un autre côté, nous desirons *pourvoir aux besoins du moment* *, & remplir d'une façon quelconque le vuide de notre Feuille, à l'exemple de l'illustre M. Marin. *A ces causes*, nous allons mettre sous les yeux du Public la piece suivante. Nous pouvons dire avec confiance que nous la tenons de bonne part, & qu'elle est toute aussi vraie que la liquidation du Président de Gourgues ; celle des 46 Offices du Grand-Conseil, & la satisfaction des différentes Provinces à la suppression de leurs Parlements.

Conversation familiere de M. le Chancelier avec le sieur le Brun. De Mercredi 13 Novembre 1771, sept heures du matin.

(*C*. M. le Chancelier. *B*. le sieur le Brun).

B. Monseigneur, je ne suis arrivé qu'à minuit, & j'ai respecté comme de raison, le sommeil de votre Grandeur.

C. Pourquoi revenir si tard, mon bijou, tu m'as inquiété ?

B. Non content d'assister à la Messe Rouge, j'ai voulu savoir des nouvelles du *Gala* : c'est une partie de la Fête, & même essentielle, au jugement des Inamovibles.

C. Oh Oh ! Les Inamovibles ; Tu es un petit coquin.

B. Monseigneur, je connois votre façon de penser sur leur compte.

C. Ils sont bons pour ce que j'en veux faire : on ne les a mis là qu'en passant.

B. Tant pis, dans une vingtaine d'années ce seroient des hommes à peu près comme les autres.

C. Le terme est court.

B. Je l'ai fixé à vue de pays sur le changement qu'on y remarque déja.

C. Du changement en mieux !

(*) *Edit du Roi pour réunir Rouen au Parlement de Paris.*

B. Ouï, M. & très-considérable depuis le paiement de leurs gages.

C. Tu leur as trouvé l'air un peu plus honnête ?

B. Je ne dis pas cela.

C. La contenance moins gauche ? *B*. Non.

C. Les façons moins basses ? *B*. Non.

C. Quel est donc ce mieux dont tu parlois ?

B. Certain air étoffé que je ne leur avois point encore vu : aussi commencent-ils à se mettre dans leurs meubles. On dit que les trois quarts ont à présent des Robes rouges en propriété.

C. Courage.

B. Avec cela, M. ils ne s'oublioient point, comme font la plupart des gueux revêtus : si vous saviez comme ils étoient modestes, comme ils baissoient les yeux devant le Public, comme ils s'anéantissoient devant l'Archevêque & l'homme aux cuillers d'argent, qui vouloit absolument lui céder le pas.

C. Le nigaut, le butor !

B. J'avoue que ce n'est pas l'usage; mais en vérité le Prélat méritoit quelque distinction extraordinaire : il faisoit les choses de si bonne grace, il témoignoit tant de satisfaction, tant de bienveillance pour le nouveau Parlement.

C. Autre sot. Il croit que j'ai beaucoup de zele pour sa Bulle & pour les Jésuites.

B. Je dois vous dire un mot du repas. Chacun sait de quelle maniere MM. ont officié pendant six mois chez leur Premier Président. Les plats disparoissoient & les bouteilles se vuidoient en un moment. La Pimbêche jettoit les hauts cris. Cette fois mes gens avaloient moitié moins goulument, ils se servoient de cuillers & de fourchettes : bref ils mangeoient leur picotin avec une sorte de décence & de propreté ; pour le vin, même réforme. Ils avoient à quatre heures les yeux presqu'aussi grands, les jambes presqu'aussi fermes, la tête presqu'aussi fraîche qu'à deux. Je parle du gros de la troupe, sauf une demi-douzaine d'exceptions.

C. Excusez du peu.

B. Entr'autres, M. Dumouchet : celui-là en tenoit passablement, il étoit..... vous m'entendez.

C. Que de mystere ! Il étoit ivre n'est-ce pas ?

B. Eh ! oui, M. ivre comme un pataut, comme un cocher, comme un porte-faix ; je l'ai vu tout à mon aise. Il loge, ou pour me servir de son expression, *il reste* dans la rue S. Eloy, rue bien différente de cette rue Champ-fleury ; rue honnête, rue peuplée de gens vraiment utiles à la république des savetiers. J'y passois ayant affaire dans le quartier : la premiere chose que j'y vois, c'est votre Dumouchet qui regagnoit son manoir très-lentement. Un jeune homme qu'on m'a dit-être son fils, lui donnoit le bras. Ce fils, Monseigneur, est un gas de bonne mine, un gas bien bâti, un maître gas. Le pauvre diable avoit une peine infinie ; son pere vouloit à chaque instant baiser la terre, ou hanter la muraille ; du reste le cœur gai. Il disoit entre ses dents, bon gueuleton, bonne torche, bonne franche-lipée ; mon petit Dumouchet, mon poulet, mon cœur, en avois-tu de pareilles à Bellesme ? *Diable m'emput* (*) la S. Martin est une jolie chose.

C. Finiras-tu ? Je n'ai pas envie de rire.

B. Ma foi, Monseigneur, je ne sais pas pourquoi les Parlemens sont détruits, les Princes éloignés de la Cour, les Présidens liquidés. Voyez encore les Avocats : j'allois y venir quand vous m'avez interrompu. Cent cinquante ont prêté le serment, & les autres, à ce que m'a dit le gros Procureur-Général, se feront inscrire au Greffe : tout vous réussit à souhait : un autre ne se sentiroit pas de joie, & vous, Monseigneur, vous êtes plus morne qu'à l'ordinaire. En public vous affectez un air calme & serein : mais dès que vous êtes libre, la face de votre Grandeur s'allonge ; vous devenez sombre, pensif, mélancolique.

C. On le seroit à moins.

B. Attendez, je crois en deviner la cause.

C. Voyons, qu'imagines-tu ?

[*] *Jurement ordinaire de M. Dumouchet, au lieu de* Diable m'emporte : *M.* Diable m'emput, *est le seul nom sous lequel il soit connu dans la moitié de sa Province du Perche.*

B. Que vous n'êtes pas sans inquiétude pour M. votre fils le Président, le Colonel. Le Régiment qu'il a eu de plein saut, fait crier les Militaires, gens bizarres, intraitables, qui ne se paient nullement de beaux préambules, de beaux discours, de beaux principes sur l'autorité royale quand il s'agit d'un passe-droit. S'ils alloient lui chercher noise, & l'obliger de mettre l'épée à la main ! J'en tremble, M. j'en frémis : à plus forte raison vos entrailles paternelles en sont-elles émues.

C. Que veux-tu dire, avec tes entrailles ; est-ce que je me soucie d'un grand benêt qui n'a jamais su que mentir ? Ce que j'ai fait à l'occasion du Régiment, crois-tu que je l'aie fait pour ses beaux yeux ? Non, mon cœur, c'est pour moi. J'ai voulu persuader que mon crédit est sans bornes, & le Parlement abîmé sans ressource. Que m'importe qu'il vive ou qu'il meure ? Va, mon cœur, c'est le moindre de mes soucis.

B. Il me vient une autre idée : pour remplir les nouvelles places, il a fallu donner une infinité de Provisions *gratis*. Si cela dure, adieu le revenu du Sceau. Ne seroit-il pas bien malheureux que vous fussiez la premiere victime de nos opérations, & *du Patriotisme éclairé* qui les a dictées.

C. Bon, que tu es simple : n'est-il pas facile de réparer la breche avec une Ordonnance de comptant ? Je pourrois même faire quelque chose de mieux, sans qu'il y eût le mot à dire. Car enfin chacun doit être payé à proportion de son travail ; & certes je me donne vingt fois plus de tourmens que mes prédécesseurs.

B. Vous êtes toujours bien avec Madame du Barry ?

C. Oui, mon cœur, je l'appelle ma petite cousine ; j'assiste réguliérement à sa toilette ; je fais la Cour à Zaimore, & cela me réussit à merveille. Elle me croit le meilleur de ses amis, elle ne se doute pas que j'aspire au premier Ministere ; encore moins que je veuille la perdre, elle & son Duc d'Aiguillon, pour rester seul en possession du crédit.

B. Je suis au bout de mon rollet.

C. Eh bien ! ce qui m'inquiéte, c'est l'histoire des liquidations : il y a dix ou douze jours qu'elles ne vont plus.

B. Rien de si simple. Il en est des liquidations comme d'un autre casuel ; aujourd'hui beaucoup, demain rien, ensuite cela reprend. C'est la réflexion que me faisoit pas plus tard que hier l'Abbé Bouchaut, l'aigle du nouveau Parlement ; un homme qui entend les affaires, puisqu'il faisoit celles du Curé de S. Sulpice ; un homme d'ailleurs tout à son métier ; car depuis qu'il juge sur les Fleurs de Lys, son Confessional chomme, les pratiques se sont envolées, je ne sais pourquoi. Il appuyoit son raisonnement d'un exemple : mon pere le Fossoyeur, disoit-il ingénument, éprouvoit bien cela. Quelquefois il avoit trois ou quatre beaux enterremens à faire, quelquefois pas un.

C. Peste soit de l'animal & de sa comparaison. Je te dis, moi, qu'elles sont arrêtées, & peut-être pour toujours ; je ne parle pas d'un Fumeron âgé de 20 ans, fils d'un Commis de la guerre ; d'un Boulogne, & de 20 autres de même âge, dont les peres, gens du Conseil ou de Finance, sont tous dans ma main. Je ne pouvois manquer de les avoir tôt ou tard, & je compte bien encore sur une douzaine de pareille trempe. Je parle de bonnes têtes, de celles dont l'exemple est d'un certain poids. Voilà ce qu'il faut, mais ce sont là précisément ceux qui font la sourde oreille.

B. Quoi, M. après l'exemple des Présidens ? Car je les tiens pour liquidés : M. de Gourgues ne l'est pas, mais c'est comme s'il l'étoit, puisqu'on l'a mis dans la Gazette. Reste donc ce Lamoignon, un franc étourdi, un drôle qui n'a point de considération. Les Présidens ont beau dire que vous les avez pressés, tourmentés, menacés, qu'en même tems vous leur faisiez souffler indirectement que c'étoit l'unique moyen de vous perdre ; qu'on attendoit la fin de vos opérations pour en démontrer le vuide. Tout cela est vrai, Monseigneur, & je ne saurois y penser sans admirer l'excellence de votre politique. Mais où est la preuve ? le fait reste, & les circonstances qui pourroient y donner un vernis de contrainte ou de surprise, ne sont nullement constatées. Je ne parle ni de ces bruits semés adroitement, que tous les liquidés reviendront à

Paris; qu'on en formera un Parlement ou bien une Cour des Pairs; ni du soin qu'on a pris d'étaler pompeusement dans une premiere Gazette vingt-sept Conseillers liquidés, outre les Présidens; & dans une seconde, les noms de MM. de S. Fargeau, de Rozambo, Pasquier & Lemée, avec cette addition qui ne prête point du tout à la critique, & *plusieurs autres*; ni des listes à la main, ni d'une infinité d'autres ressorts tout à fait ingénieux.

C. Le croirois-tu, mon cœur, les finesses que tu admires, tournent aujourd'hui contre moi? L'histoire de M. de Gourgues a fait beaucoup de bruit; les listes à la main se sont trouvées peu exactes, &c... les gens en ont conclu que tout est mensonge dans cette affaire. Pour comble de malheur, les brochures se sont mises de la partie: elles m'ont désolé, sur-tout un diable de Supplément à la Gazette, avec sa distinction d'*hors d'âge*, *sous âges*, *non reçus*, & les notes scandaleuses sur quelques-uns de mes bons amis. De là, mille colibets contre les pauvres liquidés, *liquidés disloqués*, que sais-je? Tout Paris se moque d'eux & de leur démarche. On s'est mis dans la tête que c'est abandonner honteusement les Princes, & sacrifier son honneur, pour un chiffon de papier; que la promesse de la liberté n'est qu'un leurre, que je rappellerai sept ou huit gredins sans conséquence pour affrioler les autres, & non pas cent-soixante-douze personnes qui clabauderoient par-tout, & qui auroient des prises continuelles avec leurs successeurs: enfin que j'ai grand besoin de la liquidation, puisque je la presse si vivement, & qu'en tenant ferme, on me joueroit un vilain tour. Mais le pis, c'est qu'on a découvert ma botte secrette, mon admirable projet pour légitimer le nouveau Parlement, & ramener les Princes.

B. Est-il possible?

C. Je ne m'en suis ouvert qu'aux Présidents. Je leur ai demandé leurs vieilles Provisions, & j'en ai substitué d'autres sur démission (c'est ainsi que j'appelle la liquidation de MM. tels & tels Présidents à l'ancien Parlement.) Je comptois en user de même pour les Conseillers; je les aurois pourvu sur démission des Conseillers liquidés, mais j'attendois qu'il y en eût beaucoup. Alors j'aurois fait revenir le petit nombre des non-liquidés; le Roi tenoit un Lit de Justice dans lequel je déclarois en son nom qu'il les reconnoît pour le vrai Parlement concentré en eux par la démission de leurs Confreres; qu'il regarde comme non avenu tout ce qui s'est passé depuis le mois d'Avril; mais qu'étant nécessaire de pourvoir aux Offices vacants, il en a revêtu ceux qui ont remplis leurs fonctions en leur absence. Là-dessus mes gens se présentent avec de nouvelles Provisions bien en regle; on procéde dans le Lit de Justice à leur réception: les voilà bien & duement Conseillers au Parlement. Huit jours après, j'envoie à cent lieues tous ces non-liquidés; & mon Parlement demeure composé comme il est à présent. Mais avec cette différence qu'il est bien légal, & que les Princes même auroient bien de la peine à la méconnoître: ensuite j'aurois tâché de l'épurer peu à peu, & d'y mettre des gens plus honnêtes. Faut-il que l'indiscrétion de ces Présidents renverse tous mes desseins! Jugez le bel effet que cela va produire pour la liquidation.

B. J'ignorois ce fâcheux incident.

C. Je ne conçois pas comment je ne t'en avois pas déja fait part. Mais ce coup m'a si fort étourdi, que dans les premiers moments j'étois absolument hors de moi; c'étoit l'unique moyen de gagner les Princes; menaces, promesses, tout a blanchi. Je leur ai fait pendant le voyage de Compiegne les propositions les plus avantageuses; *néant.* Ils m'ont répondu froidement qu'ils ne pouvoient rien écouter, que cent-vingt Membres du Parlement ne fussent liquidés; qu'alors ils verroient ce qu'ils auroient à faire. Je me suis retourné; j'ai enlevé d'un trait de plume à M. le Duc d'Orléans six cents mille livres de rente. Qu'est-ce que cela a produit? Le Retranchement du 5e de sa dépense. Je n'ai pas mieux réussi avec le Prince de Condé. Il a vendu son ancien Hôtel sur la foi de Lettres Patentes, bien & duement enrégistrées au vieux Parlement, qui transportoient la substitution sur le Palais Bourbon; il a même reçu huit cent mille livres sur le prix. Qu'ai-je fait? J'ai lâché un petit

Arrêt du Conseil, qui annulle les Lettres Patentes & l'enrégistrement, & par une suite nécessaire, rompt le marché. Il faut rendre les 80000 liv. chose très-difficile, après d'énormes dépenses où l'ont jetté ses bâtimens. Il n'avoit qu'à fléchir, comme je lui aurois tendu la main! Point du tout : il aime mieux passer l'hyver à Chantilly, sans tenir aucun état. Il n'y a pas jusqu'à cet enragé de Prince de Conty (quel autre nom donner au faiseur de maudites Protestations?) qui s'entête à vouloir mourir de faim plutôt que de céder. Car enfin ses pensions font presque tout son bien : elles ne sont point payées ; il en est de même de ce que le Roi lui doit pour l'achat de la Terre de *Senonche*, & du *Duché de Mercœur*; & avec cela il demeure ferme comme un roc : il n'y a pas moyen d'en venir à bout.

B. Ce que je vois de mieux à faire, c'est de nier hardiment le fait des nouvelles provisions : & d'engager les Présidens à le nier aussi, peut-être que ce bruit tombera, & que les liquidations reprendront leur cours. Au pis aller, Monseigneur, on s'en passera, & des Princes aussi. Votre besogne est furieusement avancée : elle se consolidera d'elle-même.

C. A d'autres, mon cœur, ne me berces point de pareilles chimeres. *Tout mon but est d'écarter du Trône* les réclamations, & de fermer la bouche aux Princes, les seuls qui ne se taisent pas encore devant moi. Pour ce qui est de mon ouvrage en lui-même, j'en connois le fort & le foible; je n'en augure rien de bon : le temps qui affermit toutes choses, ne fera que l'ébranler. Crois-tu que des Villes peu commerçantes, qui n'ont d'autre ressource que leur Parlement, s'accoutumeront à mourir de faim par la destruction de leur Parlement, ou par le démembrement de son ressort? Crois-tu que la Bretagne ait jamais confiance dans ces Ifs, qu'elle détestoit, recrutés aujourd'hui de 5 ou 6 autres polissons : & la Provence dans une Chambre des Comptes qui n'entend rien aux affaires civiles & criminelles? La Normandie, jalouse de sa Coutume & de son Echiquier, verra-t-elle d'un œil tranquille ce Corps vraiment national anéanti, & ses causes jugées en dernier ressort par un Tribunal étranger, ou par un vil amas de canaille, sous le titre de Conseil Supérieur ? J'ai cassé tous les Parlemens, il est vrai. J'ai trouvé dans leurs débris de quoi élever des fantômes que je leur ai substitués; & quels fantômes ! Toulouse est réduite à 33 Juges, dont 6 n'ont pas de voix. En Bourgogne, je comptois sur une quarantaine, & le lendemain de l'installation il ne s'en est trouvé au Palais que 25, & ce nombre diminue tous les jours, & quand ils resteroient, puis-je compter sur un ? Non, mon cœur. Voudront-ils rester toute leur vie chargés de la haine de leurs concitoyens ? Pourquoi ? pour se réduire eux-mêmes à la condition d'un Bailliage, pour troquer la propriété de leurs Charges contre une créance imaginaire sur un fisc insolvable, & des rétributions peu considérables, mais certaines, contre des gages qu'on cessera de leur payer, dès qu'on cessera de les craindre ? Ne jetteront-ils pas un coup d'œil vers leur premiere existence ? Ne désavoueront-ils pas tout ce qui s'est fait à leur égard, comme l'ouvrage de la violence ? Ne chercheront-ils pas à se renouer avec l'ancienne Magistrature, avec cette chaîne antique qui se perd dans la nuit des temps ? Et s'ils le font, où en suis-je ? Comment les remplacer ? En Province, les sujets sont plus rares, & cependant on y est plus difficile sur la naissance. Je sais mieux que personne que l'argent vient à bout de tout : mais où le trouver cet argent ? Si tous les Parlemens coûtoient autant à proportion que celui de Paris, l'Etat n'y suffiroit pas. Si je les supprime pour y substituer des Conseils Supérieurs, c'est porter la rage dans tout le Royaume, & précipiter une funeste révolution. Ne dis pas que ce sont là des terreurs paniques : elles commencent à se vérifier. Déja Bordeaux redemande ses Confreres ; Grenoble enfile le même chemin, & déclare hautement qu'il est toujours le même, qu'il se croit par les mêmes arrêtés, qu'il tient aux mêmes principes. Puis-je douter que les autres n'en fassent autant, qu'ils ne cédent au cri de l'honneur, joint à celui de l'intérêt ? les Etats, ces grands Corps qui gênent le Despotisme, ne voient-ils pas que leur destruction est une suite nécessaire de mon projet? Les démarches que j'ai faites pour m'emparer de la Charte aux Normands, ne mettent-elles pas mes intentions dans un assez beau jour ? Le peuple même ne sentira-t il pas que les motifs, par lesquels j'ai tâché de l'amadouer, sont de pures illusions : que les Parlemens n'étoient pas cause de la cherté du pain, puisque cette cherté continue après leur destruction : que mes opérations n'ont pas pour but la félicité publique, puisqu'elles augmentent la tyrannie des Intendans, la surcharge des impôts, la dépopulation des villes, la chûte du commerce & de la consommation; puisque les frais montent au double depuis que la Justice est gratuite; puisqu'on a chargé l'Etat d'une masse de gages beaucoup plus forte que celle des épices, sans compter deux *ou trois cens* millions de capital, pour le remboursement des Offices supprimés, & jusqu'au paiement douze ou quinze pour les arrérages? Et si la guerre venoit au milieu de tout cela, ne m'imputeroit-on pas l'anéantissement absolu de la confiance, le mécontentement *général*, & les malheurs qui peuvent en être la suite ? Alors quelle matiere aux représentations des Princes! Et comme le vœu de la Nation & la jalousie des Ministres seconderoient leurs efforts! Ah! si je pouvois les ébranler, si j'obtenois un acquiescement, *du moins tacite*, à mes opérations, je serois au comble de ma joie. Ils se mettroient par là hors d'état de les critiquer jamais ; & quand ils garderoient le silence, qui oseroit parler ? Je répondrois aux plaintes par des châtimens; je justifierois mes coups d'autorité par d'autres *coups d'autorité*. Je gouvernerois avec un sceptre de fer, & je me *consolerois* de la haine universelle par une terreur qui ne le seroit pas moins. C'est là mon unique ressource.

B. Cela étant, servez-vous de Lettres de cachet ; enjoignez à tous les mutins de se faire liquider sous peine de désobéissance.

C. Y penses-tu? Les Princes veulent des liquidations volontaires, un consentement libre du Parlement à sa destruction.

B. J'entends : mais un Arrêt de déchéance auroit-il les mêmes inconvéniens ?

C. Peut-être, & d'ailleurs les exilés s'en mocqueroient ; ils savent qu'avec toutes les liquidations du monde, ils ne seront jamais payés.

B. Monseigneur, il y a remède à tout, comme dit Sancho, fors à la mort. Ne pourroit-on pas les forcer à se faire liquider volontairement ? Je me servirois à votre place de l'excellente invention des lettres de oui & de non, j'en enverrois une à chacun des exilés, pour s'expliquer par le oui & le non, sans *détour* ni *tergiversation*, s'ils entendent se faire liquider, beaucoup mettront *oui*, sur-tout en les prenant au lit, comme la premiere fois. Après quoi il n'y auroit plus moyen de s'en dédire ; & cependant vous soutiendriez que leur démarche est libre, puisqu'ils pouvoient choisir entre le oui & le non.

C. L'idée n'est pas mauvaise, gare cependant une réponse qui m'embarrasseroit beaucoup. Elle est toute simple : *Quand le Roi me l'ordonnera, je ferai liquider la finance de mon Office, essentiellement distinct du titre.*

B. Le porteur n'en relevera point d'autre que le oui ou le non sec.

C. Soit, ils n'en feront aucune : mais sur le champ ils écriront au Duc de la Vrilliere pour justifier leur silence ; & ils s'expliqueront au fond comme je viens de le dire. Cela revient au même ; il faudra me tenir pour battu, ou bien en venir aux ordres précis.

B. Cela mérite réflexion.

C. Rumines-y à tête reposée.

B. Monseigneur, si vous en parliez au Président de Fleury.

C. Tu as raison ; je compte dîner un de ces jours à Sainte Genevieve, (Terre de M. de Sauvigny), il s'y rendra l'après midi, & nous chercherons ensemble quelque bon expédient. C'est à présent mon féal, mon très-humble serviteur, il pousse à la roue comme quatre pour la liquidation : c'est dommage que personne ne s'y fie, à commencer par moi. C'est un homme de ressource, & j'appellerois volontiers comme Louis XI appelloit (*du Lude*) un de ses plus intimes confidens, *Maître jean des habilités.*

(*Continuation de l'Histoire de France par l'Abbé Garnier.* T. 18, p. 272.)

La suite à l'ordinaire prochain.

N° III.

De Paris le 28 Novembre 1771.

LE 25, la Troupe des Inamovibles a *rouvert son* Théatre. Le sieur de Vergès les a régalé d'une harangue sur le véritable honneur : il y a examiné à fond les principaux écueils de cette vertu, & par une sagacité peu commune, il en découvre jusqu'à deux, *l'excès de fermeté*, & *l'esprit de parti.* Quant à l'amour de l'argent, la lâcheté, la bassesse d'ame, l'obéissance aveugle, il n'a pas cru que ce fût le lieu d'en parler. Ensuite le sieur Berthier a lu tout bas quelque chose; on présume que c'est un autre discours fabriqué, comme de raison, à la Chancellerie, & par conséquent aussi beau que le premier. De retour chez lui, il a reçu la visite d'un grand nombre d'Avocats. Celui qui les menoit en triomphe l'a complimenté au nom de ses Confreres : il a mis dans un beau jour les éminentes qualités du sieur Berthier; car il lui a fait sentir qu'il est digne de sa place (vérité que personne ne révoque en doute), & lui a souhaité de l'occuper pendant une longue suite d'années. Le bon homme a répondu modestement : je la garderai tant qu'il plaira à Dieu.

Le sieur Chappe, ci devant Conseiller au Grand Conseil, & depuis Grenadier malgré lui dans la troupe des Inamovibles où il n'a pas voulu siéger, a enfin obtenu son congé. Ses camarades ne le regrettent point du tout : ils le connoissoient pour une ame basse & pusillanime, entiché de ce que le sieur de Vergès appelle faux honneur, & trop foible pour se mettre généreusement au dessus du qu'en dira-t-on ; c'étoit un *Inamovible malgré lui*, un drôle enrôlé par force, & qui renonçoit de fait au métier. Malheureusement la troupe est menacée d'une perte bien plus grande : M. le Correspondant (*le sieur Sorhouet*) est bien & duement atteint de la *Pousse* : on craint que la maladie n'ait des suites fâcheuses, & que l'Ecole Vétérinaire n'y perde tout son latin.

En revanche, ces MM. vont faire une recrue de sept ou huit bons sujets ; entr'autres du sieur *Puissant*, enfermé pendant plusieurs années à S. Lazare pour ses faits & gestes, & mis en liberté sous la condition expresse de venir figurer parmi les *Ifs* du Châtelet.

On sait à présent qu'il y a deux classes de Liquidés. Les uns au nombre d'une douzaine, ont remis leurs Provisions, chose absolument requise pour obtenir son remboursement, c'est-à-dire, un morceau de papier. Les autres n'ont jamais pu s'y résoudre. Ceux-là écrivent par-tout, (& leur conduite le prouve assez,) qu'ils ont voulu simplement faire liquider leur finance, & non pas reconnoître la suppression du titre. Au reste on ne voit presque plus de liquidations ni de l'une ni de l'autre espece. Depuis le quatre du courant, il n'en est survenu que trois. (*) Celle du sieur de Lamoignon s'est trouvée absolument fausse ; cependant on la débitoit avec confiance. Le Marquis de Maupeou avoit

[*] Ce sont : M. de la Guillaumie qui a une fistule laquelle exige les remedes les plus prompts, venu à Paris pour cela, M. le Chancelier l'a obligé tendrement de retourner au lieu de son exil, jusqu'à ce qu'il fut liquidé. Pour sauver sa vie, il a fallu subir la liquidation.

Le second est M. de Neufchâtel qui ayant un polype au nez auquel il faut appliquer journellement la pierre infernale, a été obligé tout l'été de venir tous les jours se faire panser à Paris, & de retourner coucher au lieu de son exil. Il n'a pu obtenir de M. le Chancelier d'être dispensé de ce retour pendant l'hi-

VII,

vu, disoit-il, l'Arrêt du Conseil. Cette petite gentillesse augmentera la faveur publique dont jouit le nouveau Colonel, & dont il a reçu derniérement à l'exercice des marques bien flatteuses. A son arrivée, le Parterre s'est écrié : *Place* au P. P. du Régiment de Bourgogne.

On ne parle ici que de l'Abbé de Voisenon & de ses couplets en l'honneur du Chancelier. L'Auteur est devenu la fable de tout Paris; toutes les portes lui sont fermées; A l'Académie, on ne daigne pas lui parler : pour comble de malheur, il s'est avisé d'aller au Palais Royal pour faire sa cour au Duc d'Orléans, & lui demander quelques permissions de chasse. Dès que le Prince l'a vu, M. l'Abbé, lui a-t-il dit, vous faites de jolis couplets, des couplets qui vous font un honneur infini. Le pauvre Abbé les a mis sur le dos de Favart (on connoît la valeur de cette excuse). Ensuite il a présenté sa requête. *Réponse* : quand on est ami d'un Chef de la Justice telle que celui-ci, on n'a que faire des bontés des Princes. Dans ce moment, on annonce au Duc d'Orléans la mort de son Bibliothécaire. *J'en suis très-fâché*, dit le Prince. *M. l'Abbé c'étoit un honnête homme, & les honnêtes gens sont rares.*

De Versailles, le 30 Novembre 1771.

Les talents du Chancelier vont briller dans une nouvelle carriere. Touché du mauvais état des finances, il offre d'entreprendre cette cure en qualité de Sur-Intendant. On ne doute pas qu'il n'en vienne à bout, en appliquant à la totalité des rentes l'excellente méthode

ver, sauf à recommencer à Pâque d'aller coucher en exil. Il a fallu pour empêcher l'accroissement du polype, se faire liquider.

Le troisieme, est M. le Fevre d'Amécourt, qui périssant d'ennui à Argenteuil, n'a pu obtenir permission d'aller à sa Terre en exil, qu'en se faisant liquider.

MM. de Pomcarré les deux freres, M M. l'Escalopier, Pasquier fils & Blondel, protestant qu'ils ne se sont point fait liquider : on ne les a pas moins mis sur l'honorable liste *des disloquis*.

des suppressions dont il a fait l'essai sur les Offices ; on espere même que son zele patriotique n'en restera pas là, & qu'il acceptera de bonne grace le premier ministere où l'appelle son mérite sublime & le vœu de la Nation. Peut-être Madame du Barry s'y opposera-t-elle, mais il n'est pas impossible de lever cet obstacle ; il ne s'agit que de lui substituer une nouvelle Maîtresse ; entreprise plus facile au sieur Maupeou qu'à tout autre : il a dans son Parlement trois ou quatre personnes du métier qui le serviront avec zele & lui trouveront son affaire en moins de rien.

De Paris, le 7 Décembre 1771.

Depuis que la majeure partie des Avocats a repris ses fonctions, le Palais n'en va pas mieux. Ces gens ont une idée très-imparfaite de la toute-puissance du Chancelier. Ils ne sauroient croire qu'il ait pu transformer en un moment des Procureurs en habiles Avocats. Par une suite de leurs préjugés, ils ont pour ces derniers un souverain mépris, leur donnent le nom d'*Avocats serfs*, & ne les traitent point en Confreres. Les sieurs de la Goute & Jouhannin les ont mal menés en pleine Audience, & l'Ordre entier vient de faire schisme avec eux. C'étoit hier la fête de S. Nicolas, jour auquel on célebre dans la Grande Salle une Messe où les Avocats, le Bâtonnier à la tête, ne manquent jamais de se trouver. Cette fois-ci il n'y en avoit pas un : ils ont laissé le champ libre aux Avocats serfs. Ceux-ci prétendent se venger en retenant toutes les causes. Ils n'auront pas beaucoup de peine, attendu qu'elles sont en petit nombre. Il se donne ordinairement le lendemain de la S. Martin six à sept mille assignations ; cette année-ci il ne s'en est donné que deux cens ; on prétend même que cela diminuera encore, au moyen d'un Edit qui paroîtra incessamment, & qui doublera la compétence des Présidiaux.

C'est avec douleur que nous allons rapporter le fait suivant, mais il est public, & si nous l'omettions, peut-être accuseroit-on notre Gazette de partialité. Samedi 30 du mois dernier, le Clergé de S. Merry alloit processionnellement lever un corps pour l'enterrer. Il passoit dans la rue des Lombards. Un jeune Freluquet en frac, un couteau de chasse à son côté, le chapeau sur la tête, cheminoit dans cette rue en sens contraire de la procession. Passant auprès du Suisse, il lui donna un grand coup de coude pour se faire faire place. Le Suisse le regarde d'un air intrépide, & voyant qu'il avoit le chapeau sur la tête, lui ordonne de l'ôter. Le jeune homme lui dit qu'il est un insolent, & leve sa canne; celui-ci du bout de la sienne lui jette le chapeau dans le ruisseau & va son chemin. Le frac ramasse son chapeau non sans jurer & tempêter de la bonne sorte contre le Suisse, tant que celui-ci est à portée de l'entendre. Le lendemain Dimanche, il se rend chez le Curé, porte ses plaintes & demande justice; autrement il se la fera lui-même, &c. Le Curé demande de quoi il s'agit, fait l'éloge du Suisse qui est tranquille & bon homme, & qui n'a pas pu l'insulter si quelque chose n'y a donné lieu. Le jeune homme conte l'aventure, sans oublier le chapeau sur la tête. Le Curé lui dit que la décence demandoit qu'il l'ôtât, sinon pour le Clergé, au moins pour la Croix; le jeune homme répond qu'il étoit pressé, M. de Saint Merry lui demande s'il peut savoir à qui il a l'honneur de parler : oui, M. je m'appelle Jean Emard de Nicolaï, Président à Mortier au Parlement de Paris. Le Curé lui conseilla de garder le silence sur une histoire qui ne pourroit lui faire honneur.

Il semble que le malheur en veuille cette année aux Lieutenants des Inamovibles. Le sieur de la Bourdonnais donna il y a trois semaines une scene d'un autre genre, mais presqu'aussi bizarre. Il revenoit de sa ferme, qu'il appelle sa terre; deux rosses traînoient paisiblement son excellence avec sa femme & ses deux filles. Tout étoit à l'avenant, la voiture vieille & laide, l'accoutrement rustique de la mere & des filles, leur suite composée d'un paysan travesti en laquais. Dans cet équipage digne de la simplicité des mœurs antiques, il arrive à son hôtel, ci-devant basse-cour de l'hôtel Carnavalette. On frappe, point de réponse. On redouble, on crie, on se démene; mot : il n'y avoit au gite ame qui vive.

Cependant la populace s'attroupoit & rioit à gorge déployée aux dépens de nos campagnards. Enfin las d'être bafoués ils mettent pied à terre, & fendant la presse se réfugient dans une maison voisine; le Suisse homme rempli d'urbanité les reçut à merveille, & les hébergea gracieusement dans sa loge. Au bout de quelques heures leur portier revint & leur épargna la peine d'aller coucher en hôtel garni.

On fait à chaque moment de nouvelles découvertes par rapport aux liquidations. En voici une : le Lecteur a vu qu'une douzaine de liquidés ont remis leurs provisions. Le Chancelier ne s'en est pas contenté; il a exigé d'eux, au moins de quelques-uns, une démission en regle. Si l'on pouvoit (sans être téméraire) censurer la conduite de ce grand homme, on diroit que c'est avouer formellement l'existence des Offices supprimés, & reconnoître que le Roi ne pouvoit les anéantir: que le Chancelier a bouleversé toute la France pour satisfaire sa vengeance, & que l'autorité du Prince est le prétexte, mais non pas le véritable objet de la querelle.

Nous avions ajouté foi sur la parole du sieur le Brun au fait du sieur Dumouchet, rapporté dans notre précédent Supplement, nous venons d'apprendre que c'est un conte imaginé par le cher cœur du Chancelier, pour égayer la conversation & pour donner à son maître une petite comédie. Nous nous empressons de rendre justice au sieur Dumouchet, & de publier hautement qu'il n'étoit pas ivre ce jour-là.

Cours des Effets commerçables.

LIQUIDATION d'une charge de Conseiller au Parlement. . . . . 10000 liv.

L'Abbé Boucher s'est défait de la sienne pour ce prix; c'est-à dire, qu'il n'a pu trouver que ce prix, des beaux & bons effets qui lui ont été donnés au lieu d'argent, pour son remboursement de 40000 liv.

On souscrit tous les jours pour le Supplément de la

Gazette de France chez le ſieur Marin, cul de ſac de St. Thomas du Louvre, ou chez le gros Procureur-Général à qui le Chancelier vient d'accorder une croupe inſaiſiſſable dans ledit Supplément pour alimenter ce pauvre diable, en attendant qu'on le décore de l'Ambaſſade de la Porte.

Addition.

Les détails intéreſſans qui ſurchargent notre Gazette, & les longs préambules d'Édits que nous ſommes obligés d'y mettre par addition, nous empêchent ſouvent de donner à tems les ſupplémens néceſſaires ſur l'article des liquidations. Pour mettre le Public au courant ſur cet objet, ſauf le détail plus ample que nous donnerons inceſſamment, nous croyons devoir lui faire part que le 15 Décembre 1771, il n'exiſtoit que 35 liquidations de Conſeillers titulaires, y compris l'Abbé Terray, dont 28 nouveaux; mais qu'il n'y a pas encore dix contrats de délivrés, parce que les plus foibles même d'entre les liquidés ont ſenti la néceſſité de revenir ſur leurs pas, ou du moins de s'arrêter, quand ils ont vu que pour terminer on exigeoit d'eux, tantôt leur démiſſion volontaire, tantôt au moins la remiſe de leurs Proviſions, ainſi on peut dire qu'il n'y a pas dix *liquidés en définitif.*

Anecdote curieuſe & importante.

Le 3 Décembre dernier, on ſuſpendit à la Chambre Syndicale des Libraires à Paris, ſur Valade Libraire, non Juré de l'Univerſité, deux Exemplaires des Extraits du Dictionnaire hiſtorique & critique de Bayle, 2 *vol. in* 8o. *Berlin* 1767, comme livres mauvais & prohibés. Ces deux exemplaires étoient compris avec d'autres livres permis, dans une balle venant de Lyon & adreſſée au ſieur Valade. En vertu de deux ordres particuliers datés du 13 Décembre, ces deux exemplaires furent rendus, l'un à l'Abbé de Beaumont, neveu de l'Archevêque de Paris, Prieur de Sorbonne, Chanoine de Notre Dame & Inamovible dans la troupe de Berthier ; l'autre au sieur Desirat, Inamovible de même.

L'ordre portoit que l'intention de M. le Chancelier étoit que l'on rendît à l'Abbé de Beaumont &c. ce qui lui avoit été suspendu dans la visite du 3 Décembre ; ainsi étoit conçu celui du sieur Desirat.

L'on tient l'anecdote d'un des Intéressés, & on l'abandonne aux judicieuses réflexions du Public, comme très-sûre.

Post-scriptum. (L'ami de la Maison de M. le Chancelier qui avoit laissé traîner la Correspondance originale de M. Sorhouet, depuis devenue publique, vient encore d'égarer le billet suivant de le Brun à son Maître. Il contient les faits du moment, qui étoit le neuf Janvier matin).

Monseigneur, je viens de lire les Provisions que vous avez données aux deux derniers Inamovibles nouvellement reçus dans le Corps. Avec quel plaisir j'y ai vu l'exécution de votre plan si régulier, & triomphant d'un nouveau Parlement institué sur simple vacation des anciens Offices par démission des anciens Titulaires. Ce sont les propres termes : *Avons octroyé & octroyons au sieur.... l'état & Office de Conseiller en notre Cour de Parlement de Paris, vacant par la démission de...* (le reste de la ligne est en blanc). Je reçois aussi la liste du jour pour les liquidations, ils sont neuf Présidens de la Cour, compris le premier, huit Conseillers de Grand-Chambre, sept de la premiere des Enquêtes, huit de la seconde, neuf de la troisieme, onze de la premiere des Requêtes ; tous ceux-ci presque majeurs & gens de condition, & six de la seconde ; plus les Gens du Roi ; en tout soixante-deux *jean* liquidés.

Il nous faut au nouveau Parlement cinq Présidens, quinze Conseillers Clercs, & cinquante-cinq Conseillers lais (voyez l'Édit d'Avril).

En vain dira-t-on qu'on a fait liquider M. de S. Fargeau en vertu seulement de sa procuration & qu'il ne donnera certainement ni ses Provisions, ni sa démission. En vain réimprimera-t-on sur M. de Gourgues qu'on a pris pour lui, l'Arrêt de liquidation, sans avoir même de procuration de sa part. Il restera toujours encore sept Présidens liquidés, demi-gratifiés de contrats. Qui de sept paye cinq, reste deux. Ainsi quant aux Offices de Présidens, il y en a déja de vacans deux de trop dans le plan de Monseigneur.

Pour les Conseillers, onze Clercs anciens ont sauté le pas; il n'en manque plus que 4 pour instituer sur vacation d'Offices les quinze nouveaux Clercs. De Conseillers lais, trente-huit se sont présentés à la liquidation; encore dix-sept, & tout sera sonné & ballé.

Oh, Mgr. que vous êtes un grand homme! Je conçois que c'est un métier de patience que d'attendre la fin de cette opération des liquidations qui fait long feu. Mais aussi qui est-ce qui sait attendre comme vous? Fabius n'y fit œuvre. Comme vous les laissez ces liquidations se completter à la sourdine! Qu'est-ce que quatre Clercs à attendre d'entre les treize qui n'ont encore dit mot, quand on en tient déja onze? Qu'est-ce que dix-sept Conseillers lais, quand trente-huit ont fendu la glace, & qu'il y en a encore 98 en exil? Pâque ne viendra pas, Monseigneur, que l'hyver, les maladies, les procès, les parens & le reste, vous m'entendez bien, ne vous mette en état d'ouvrir un Parlement qui ne sera plus pour rire, & de faire de ce coup-là des Inamovibles tout de bon.

Mais pour cet effet, il faut que rien ne s'évente. Laissons mittonner les liquidations à petit feu, sans les écumer seulement; car il me revient que quelques-uns peut-être des onze Abbés, & bon nombre des trente-huit liquidés font les enfans (comme l'Abbé de la Coste à la potence) sur la remise des Provisions, & sur la Démission; ils s'arrêtent là comme un homme qui se retient sur le bord du précipice. Monseigneur, ils s'y feront peu-à-peu, & en tout cas il n'y aura qu'à les pousser; il faudra chercher querelle à quelqu'un d'entr'eux sur ses discours, ses démarches, cela est si aisé, & l'envoyer à la Bastille ou Pierre Encise sans dire de prétexte, & je vous réponds que tous les autres liquidés marcheront bien vîte à la démission. Il est vrai qu'on dit que les trente-huit ne paroissent pas beaucoup dans le monde, ils savent quel contraste du fait d'enter des Princes : les uns sont penauts, tous sont fort réservés. Et puis s'il arrive malheur à quelque liquidé, je conçois bien que les Exilés vont dire ; *de quoi les liquidations guérissent-elles donc ?* & dans le public on dira bien vîte ; *Voyez vous comme les démissions sont libres ; ceux qui hésitent à les donner, quelques cérémonies qu'ils aient fait auparavant, n'en sont pas moins mal menés.*

Monseigneur, je m'en rapporte sur cela, comme sur tout le reste, à votre prudence ; pour moi j'y serois embarrassé ; car il est bien essentiel qu'on ne sache point que qui fait le premier pas, de prendre l'Arrêt de liquidation, s'expose à faire tous les autres, presque nécessairement, quoiqu'avec un air de pleine liberté, & cependant sous peine de courir plus de risques, que s'il n'avoit pas branlé.

Quel dommage cependant si on ne voyoit pas quelque jour soixante-quinze provisions qui portassent ; *Avons octroyé & octroyons au Sieur Louis-Jean Berthier de Sauvigny, l'état & office de Premier Président de notre Cour de Parlement vacant par la démission du Sieur Etienne-François d'Aligre. Avons octroyé & octroyons audit Sieur Joseph Avoye de la Bourdonnaye, l'état & Office de Président de notre Cour de Parlement vacant par la démission du Sieur Louis-François-de-Paule d'Ormesson. Avons octroyé & octroyons au Sieur N. N. Collet, Prêtre habitué de la Paroisse de Saint Sulpice, l'état & Office de* (septieme) *Conseiller Clerc en notre Cour de Parlement, vacant par la démission du Sieur Abbé N. N. de Lattaignant*, (septieme en réception dans les Conseillers Clercs liquidés). *Avons octroyé & octroyons au Sieur N. N. de Bonnaire, l'état & Office de* (sixieme) *Conseiller Lai en notre Cour de Parlement, vacant par la démission du Sieur N. N. le Fevre d'Amécourt* (sixieme en réception entre les Conseillers Lais liquidés).

Tel est le billet de Le Brun, daté au coin ce 9. S'il disoit vrai en tout, combien se récrieroient :

Perditio tua ex te, ô Israel !

N° IV.

De Paris le 24 Janvier 1772.

MESSIEURS de Poncarré freres, qui avoient été mis, malgré eux, sur la liste des liquidés, ont enfin obtenu d'être rayés, attendu qu'ils ont déclaré qu'ils n'y consentiroient jamais.

Quels qu'aient été les efforts de Mgr. le Chancelier, le nombre des liquidations ne monte qu'à dix-sept; encore n'en compte-t-on que neuf qui soient consommées. Il n'a pas encore pu persuader au grand nombre que c'étoit un avantage certain pour eux de renoncer à leur état, & d'échanger un Office de 40000 liv. en un papier de dix mille. Ils ont préféré de passer la saison la plus rigoureuse, privés des commodités que procure le séjour de la capitale.

Les Princes refusent constamment de reconnoître le simulacre de Parlement; ce qui déconcerte absolument les projets de Mgr. le Chancelier. Il en est aux expédiens: tous ses amis & coadjuteurs suent sang & eau pour imaginer un moyen de le tirer d'embarras.

Par le plus grand hazard du monde, nous avons eu Communication d'une lettre écrite par son cher le Brun. Nous la mettrons ici toute entiere.

Lettre de M. le Brun, à Mgr. le Chancelier.

MONSEIGNEUR,

L'inquiétude où je vous ai laissé la derniere fois que j'ai eu l'honneur de vous voir, m'engage à ne pas attendre votre arrivée pour vous faire part du projet que j'ai imaginé. Je le regarde comme une inspiration du

Ciel, tant il me paroît propre à vous tirer d'embarras.

Jusqu'à présent vous avez tâché d'avoir des liquidations ou démissions, pour donner à vos Inamovibles des Offices véritablement vacans, & présenter aux Princes une Cour légale, qu'ils ne pourroient justement méconnoître. Mais ces enragés d'exilés ne veulent rien entendre : il faut donc changer de batterie pour les réduire. Au lieu de chercher des liquidations pour gagner les Princes, je pense qu'il faut faire croire aux exilés, que les Princes ont fléchi ; c'est le vrai moyen d'avoir des liquidations.

Pour cet effet, il n'y a qu'à leur faire proposer d'écrire une lettre au Roi, dans laquelle il ne sera question ni de Protestations ni de révocation de Protestations ; (car cela les révolteroit, & vous manqueriez votre coup) mais seulement de termes vagues de soumission & de respect. Vous leur ferez entendre qu'au moyen de cette lettre, leur retour est certain.

Ou ils écriront cette lettre, ou ils ne l'écriront pas. S'ils ne l'écrivent pas, vous aurez beau jeu pour indisposer l'esprit du Roi contre eux, & les mettre hors d'état de vous nuire : s'ils l'écrivent, aussi-tôt vous annoncez dans la Gazette que les Princes ont enfin donné au Roi des marques de leur soumission.

Cette nouvelle se répandra dans les Provinces : les plus entêtés des exilés, qui sont aussi les plus éloignés, prendront infailliblement le parti de se rendre, n'ayant plus l'appui de la Protestation des Princes. Alors vous aurez plus de liquidations que vous ne voudrez ; & il vous sera facile de composer un Parlement un peu passable. Ceux d'entre les anciens qu'une mauvaise honte retient à présent, seront trop heureux d'accepter une place dans le nouveau Corps : vous expulserez les plus décriés de ceux que le besoin vous a fait ramasser. (Je vous conseille même d'en chasser les deux tiers.) Ce sera alors un Parlement très-légal : il est impossible que les Princes refusent de le reconnoître, sur-tout si le Roi l'exige d'eux. Un Lit de Justice consommera la besogne, & vous vous ferez un honneur infini.

Vous voyez, Monseigneur, quel est mon zele pour

votre gloire & le succès de vos entreprises. Permettez qu'avant de finir, je vous fasse part d'une imprudence de votre Dumouchet. Tout Paris en badine. Ce sot-là a eu la bêtise d'aller vers les premiers jours de l'année chez le Sicur le Breton, Imprimeur de l'Almanach Royal. Monsieur, lui dit-il en l'abordant, je suis M. Dumouchet, Conseiller au Parlement : je viens ici au sujet de l'Almanach Royal. Monsieur, répondit le Breton, voulez-vous l'acheter ? -- Non. Eh bien ? que voulez-vous donc ? -- Monsieur, c'est que je ne loge plus dans la rue Saint-Eloy. -- Monsieur, nous le savons. -- Mais Monsieur, c'est que je demeure à présent rue de la Poterie.- M. nous le savons.-Mais M. c'est que je demeure dans une maison à porte cochere. -- Ah pour cela, M. nous n'en savions rien ? Voulez-vous que l'Almanach Royal en fasse mention ? -- Monsieur, cela ne peut être mal. -- Allez, Monsieur, nous y aviserons. Vous sentez aisément, Monseigneur, combien tout cela prête à rire : je voudrois que vous leur donnassiez de bonnes leçons de prudence. Le mieux seroit qu'ils ne parussent jamais qu'au Palais ; c'est un moment critique à passer. D'ailleurs, c'est leur intérêt, car le public n'est pas pour eux.

Derniérement le Sieur Vacquette de la Mayrie s'avise d'aller chez Audinot (Comédien du Boulevard.) Un Mousquetaire le reconnoît & lui fait une profonde révérence, en disant : *Honneur à M. Vacquette, Conseiller au Parlement de Paris, à Paris.* Tous les assistans répétent le compliment. Le Sieur de la Mayrie change de place : il est suivi par le Mousquetaire. Les huées redoublent, & ne cessent que par la sortie de l'imprudent Vacquette.

Vous ne sauriez croire combien tous ces faits me navrent le cœur. Il n'y a que vous qui puissiez les rendre sages par vos bons avis : comme vous n'êtes pas à portée de savoir tout, je me fais un devoir de vous en avertir, pour vous prouver le respectueux dévouement avec lequel je suis & serai toujours,

MONSEIGNEUR,

Votre, &c. LE BRUN.

Du 26 Janvier.

Monseigneur le Chancelier vient ici très-souvent au Couvent des Carmélites. M. l'Archevêque de Paris est aussi de la partie. On assure qu'un des jours de la semaine passée, ce Magistrat a communié à la même Messe que la Sœur Louise : nous n'osons pas l'assurer. Cependant on en a plaisanté à Versailles, comme si le fait étoit vrai. Un Seigneur de la Cour écrit : » Que » Monseigneur le Chancelier a proposé au Roi, au » sujet des présentations à la Cour, de ne plus tant » s'attacher à l'avenir aux preuves de Noblesse, qu'à » celles de Confession & Communion, qui seront » exigées très-rigoureusement ; en conséquence le sieur » de Maupeou fils, après avoir fait preuve que M. son » pere avoit communié dévotement samedi 25 Janvier, » a eu l'honneur de monter dans les carosses du Roi ; » & la Dame sa femme, celui d'être présentée aujour» d'hui à la Famille Royale. »

Peut-être n'est-ce qu'une plaisanterie : il n'en est pas de même des faits qui suivent.

En abdiquant le monde, la Sœur Louise n'en a pas moins conservé une tendre sollicitude pour l'Etat.

Monseigneur le Chancelier, qui sent combien les conseils de cette Religieuse peuvent être utiles au Roi & à l'Etat, a obtenu du Pape un Bref qui lui permet d'aller à la Cour quand elle voudra, sans violer la clôture.

Pour ne pas suivre son propre esprit, elle a soin de consulter souvent M. l'Archevêque de Paris, Monseigneur le Chancelier, sans compter l'Ex-Jésuite qui la dirige depuis long-temps.

On espere beaucoup de sa ferveur. Son exemple a déja influé sur Monseigneur le Chancelier, qui depuis quelque temps récite le Bréviaire. Ce pieux exercice n'empêche pas le *saint homme* de vaquer avec beaucoup d'assiduité aux affaires de l'Etat. On craint cependant que ses grands travaux n'altérent une santé si précieuse à tout le Royaume.

De Toulouse, le 20 Janvier.

Notre Parlement vient de rendre un Arrêt qui permet aux Ex-Jésuites de posséder des Bénéfices : le motif est que leurs pensions ne sont pas payées.

Bien des gens pensent que ce n'est qu'un prétexte, & que ces nouveaux Magistrats, éclairés d'une lumiere subite sur l'utilité de l'Institut, malgré le décri où il est en Espagne, en Portugal, en France, & dans toute l'Italie, ont voulu donner l'exemple aux autres Parlemens.

De Rouen, le 30 Janvier.

Le 10 de ce mois notre Conseil Supérieur a repris ses séances à la grande satisfaction du public.

Le sieur de Crosne, Intendant & Premier Président, a reçu en particulier des marques bien flatteuses de l'estime des citoyens. On l'a pendu en effigie, & quelques jours après, on lui a joué un autre tour assez analogue. Deux porte-faix chargés d'une grosse caisse, demandent permission au Suisse de la déposer un moment dans sa cour, pendant qu'ils boiroient un coup d'eau-de-vie, étant, disoient-ils, extrêmement fatigués. Le Suisse y consent : les porte-faix s'en vont & ne reviennent pas. A la fin on conte l'aventure au sieur de Crosne, qui fait ouvrir la caisse. Il y trouve les attributs de l'honorable métier de son grand-pere ; un bassin à barbe ; une trousse de rasoirs ; une vieille perruque, & dans le fond sa propre figure au naturel attachée à une potence, & secouée par le Bourreau.

Le bruit se répand ici que les Anglois vont augmenter leur marine de quatorze mille matelots. Cette nouvelle inquiéte beaucoup les citoyens de tous les Ordres, surtout dans ce moment où l'on a lieu de se flatter de voir regner la paix, l'abondance & la justice, au moyen du nouveau plan de Gouvernement imaginé par Mgr. le Chancelier.

D'Amsterdam, le 10 Janvier.

Les Négocians de cette ville ont vu avec plaisir dans un Edit de prorogation d'Impôts, que le Roi de France avouoit n'avoir plus de crédit, & avoir perdu toute confiance au dehors & au dedans. Ils regardent cet Edit comme un avis qui leur est donné de ne plus prêter leur argent.

Cela a occasionné un grand débat parmi nos politiques; mais aucun n'a osé blâmer l'Edit, partant d'un homme aussi intelligent que M. l'Abbé Terray.

De Paris, le 1 Février.

C'est à tort qu'on accuse le Contrôleur Général de ne payer personne. La Lettre suivante prouve le contraire. C'est une quittance en bonne forme, donnée aux Conseillers de la Cour des Aides, Grand-Conseil & autres.

Copie d'une Lettre de M. l'Abbé Terray aux Fermiers Généraux, écrite le 9 Novembre 1771.

Je vous envoie, Messieurs, un état ou relevé de plusieurs parties des charges, dont le paiement se fait, en déduction du prix du Bail de la Ferme-Générale, que Sa Majesté juge à propos de suspendre. Vous voudrez bien en conséquence donner des ordres à votre Caissier Général de Paris, & à vos Receveurs dans les Provinces, de ne faire aucun paiement aux Payeurs des Gages, & autres, qui ont droit de toucher les fonds de ces Gages, jusqu'à nouvel ordre de ma part. Je compte sur votre exactitude à remplir exactement les intentions de Sa Majesté à ce sujet.

Je suis, Messieurs, entiérement à vous.

Signé, TERRAY.

En tête de l'Etat joint sont les Officiers du Parlement de Paris, du Grand-Conseil, & de la Cour des Aides.

Cet ordre ne regarde pas les Officiers du nouveau Parlement ; car le sieur Truitier (& consorts) ayant perdu son procès contre le sieur Jacques de Vergès, vient d'obtenir une Ordonnance de 5000 l. sur le Trésor Royal, à imputer sur les Finances de l'Office de Conseiller à la Cour des Aides.

On nous a fait passer la note suivante.

La contestation entre le sieur de Vergès & le sieur Truitier, avoit pour objet une Habitation considérable en Amérique. Les auteurs du sieur Truitier, ou ses parents, ayant laissé en friche pendant quarante à cinquante ans, une portion considérable d'une Habitation qui leur avoit été concédée par le Roi ; la famille Vergès s'est fait concéder ce terrein à condition de le défricher. Actuellement qu'il est d'un grand produit, Truitier réclame son ancien titre ; mais le sieur Vergès allégue l'Ordonnance qui déclare vacant tout terrein abandonné pendant vingt ans.

Le procès pendant au Conseil, le sieur Truitier a accepté une place parmi les Inamovibles, pour se concilier les suffrages du Chancelier & autres Ministres. Le sieur Vergès, de son côté, pour contrebalancer le crédit de sa partie, a consenti à occuper la place d'Avocat Général, & même à réciter mot-à-mot les discours que lui fait le sieur le Brun.

De Versailles, le 6 Février.

M. le Duc de la Vauguyon, Gouverneur des Enfants de France, est mort le 3 de ce mois. Le public ingrat a poussé la joie de cette mort jusqu'à l'indécence : » encore, disoit-on, cinq ou six coquins comme celui-là, » & nous serons plus tranquilles.

L'Archevêque de Paris, plus juste appréciateur du vrai mérite, l'a pleuré sincérement.

Un Seigneur de la Cour, à qui le Roi parloit des pleurs de l'Archevêque, a répondu en plaisantant : » Sire, » cela n'est pas étonnant ; il étoit chargé des larmes de » tout son Diocese.

Dans le dernier Conseil, il y a eu grande contestation entre M. le Duc d'Aiguillon & M. le Chancelier, au sujet des Lettres Patentes suspensives de l'exécution de l'Arrêt du Parlement, concernant les Brefs venants de Rome. Les Ambassadeurs des Cours étrangeres s'en étoient plaints à M. d'Aiguillon, qui a fait de vifs reproches à M. le Chancelier, le Roi présent, lequel a blâmé ouvertement ce dernier, en disant : *M. le Duc a raison, & vous avez tort.*

De Paris, le 9 Février.

Tout le monde parle ici d'un homme qui a été rompu vif, par Arrêt des Inamovibles, au rapport du sieur Goudin : on prétend qu'il étoit innocent. Ce qui est certain, c'est que le Patient a soutenu jusqu'à la mort, qu'il n'étoit pas coupable du crime dont il étoit accusé. Cet événement a tellement affligé le Vicaire de S. Paul qui l'a confessé, qu'il en a été malade pendant plusieurs jours.

Le Public veut que les Juges soient des ignorants, qui ne savent pas leur métier : mais comment contenter ce Public ? Il y a quinze jours qu'il se plaignoit de ce qu'on avoit innocenté un assassin condamné par les Juges de Bellesme, sur la déposition de sept témoins. Il est vrai que le Lieutenant Général a convaincu le Rapporteur de n'avoir pas lu toutes les pieces du procès ; mais peu importe ; cela prouve toujours qu'ils ne cherchent pas à faire mourir les gens. D'ailleurs, au pis aller, de deux accusés, l'un innocent, l'autre coupable, il devoit en résulter le supplice de l'un, & l'élargissement de l'autre : n'est-ce pas ce qui est arrivé ? Au total, la compensation est juste. Peut-être n'est-ce pas la même chose pour le rompu ; mais qu'est-ce que cela fait au public ?

Il faut mettre sur la même ligne la réponse faite, il y a quelques jours, par un criminel qu'on conduisoit à la potence : le Confesseur lui demandoit s'il pardonnoit sa mort à ses Juges : *Je ne puis pas me plaindre*, répondit-il ; *j'ai été jugé par* MES PAIRS.

Ce mot de PAIR a donné lieu de penser à un certain Breuzard, ancien Substitut du Procureur Général du Grand-Conseil, qui est depuis deux mois dans la troupe des

des Inamovibles. On dit qu'à l'âge de quinze à seize ans il a tué son frere. Le fait nous a paru si extraordinaire, que nous avons écrit à Auxerre, où il s'est passé, à des gens dignes de foi, pour nous en assurer. Voici la Lettre que nous avons reçue.

Monsieur, rien de plus constant que le fait dont vous parlez. Il n'est personne dans Auxerre, qui ne soit en état de l'attester ; les uns, parce qu'ils vivoient dans le temps ; les autres, parce qu'ils l'ont entendu raconter à leurs peres.

Le fratricide n'a échappé au supplice, que parce que tenant à des gens riches, amis des Jésuites, on a bien voulu croire qu'un guet-à-pens étoit un accident.

Ce qui est singulier, c'est que celui qui s'en est apperçu le premier, étoit un nommé Adam : & que sur les vitraux de la Chapelle de la famille, est représentée l'histoire de Caïn & d'Abel.

Quant à ce que vous dites que si le fait étoit vrai, M. l'Evêque d'Auxerre qui est Conseiller-Honoraire au Parlement, auroit empêché qu'on ne lui eût donné une place dans son Corps. Il est bon que vous sachiez que M. l'Evêque d'Auxerre n'en veut pas d'autres ; que quoique la haine fraternelle soit héréditaire dans cette famille, elle n'en est pas moins celle qu'il chérit, qu'il protége, & qui par son crédit, occupe seule toutes les Charges du nouveau Bailliage.

Cette famille vient de donner un nouveau trait de coquinerie. Comme le grand nombre des Officiers du Bailliage ne vouloient pas reconnoître le nouveau Parlement ; le Lieutenant Général, neveu à la mode de Bourgogne, de Breuzard, de concert avec les Raffins ses beaux-freres, a arrangé un faux procès verbal, injurieux pour les opposants, l'a envoyé au Chancelier qui a fait droit dessus, & a supprimé tout l'ancien Bailliage pour en recréer un autre, composé de Breuzards. Pendant ce temps, c'étoient des allées & venues continuelles d'Auxerre à Regennes, maison de campagne de l'Evêque. Vous pouvez compter, Monsieur, sur l'exactitude des faits.

J'ai l'honneur d'être, &c.

Ce 4 Février 1772.

Du Dimanche, 16 Février.

On voit ici avec la plus grande sensibilité le peu d'union qui regne aujourd'hui entre Mgr. le Chancelier & le sieur Abbé Terray. On dit que M. le Chancelier attribue à l'énormité excessive des Edits bursaux inventés par le sieur Abbé, le peu de soumission que des esprits mal-intentionnés apportent aux sages Réglements que ce Ministre a rendus l'année derniere, tant pour honorer la Magistrature, que pour faire rendre aux Peuples une Justice prompte & gratuite. Le Contrôleur Général, pour se justifier, dit à qui veut l'entendre, que la sage administration de M. le Chancelier coûte à l'Etat vingt millions de livres, tant pour payer les gages de ce ramassis d'imbécilles & d'esclaves répandus sur la surface de la France, que pour fournir aux frais de corruption, d'espionage, de délation qu'il a fallu employer pour consommer une aussi belle œuvre. D'autres attribuent la mésintelligence de ces deux Ministres, à la tournure que prend aujourd'hui la plaisanterie qu'ils ont voulu faire à M. le Duc d'Orléans. Voici le fait.

Mgr. le Chancelier qui voyoit avec peine les Princes exilés de la Cour pour ces maudites Protestations, & ne desiroit rien tant que de les rappeller à leur devoir par les voies de douceur, proposa vers le mois de Mai dernier à Sa Majesté, de les prendre par la famine. Il taxa ce qu'on pouvoit prendre à M. le Duc d'Orléans à 700000 l. de rente, & conseilla au Roi d'ordonner à l'Abbé Terray d'aviser aux moyens de parvenir à une action aussi méritoire. L'Abbé dit qu'il ne trouvoit pas de moyen plus décent que de dépouiller tout simplement le premier Prince du Sang, des droits que Louis XIV avoit cédés à sa Maison en 1703, en échange de droits dépendants de son appanage, que le Régent avoit cédés de son côté, parce qu'ils étoient à la convenance du Gouvernement.

M. le Duc d'Orléans, instruit des vues équitables & économiques des deux Ministres, fut trouver, vers le mois d'Octobre, l'Abbé Terray. Après lui avoir rappellé fort succinctement quelques petites obligations qu'il pouvoit avoir à sa Maison & à celle de Condé, il lui représenta ses droits, & sur-tout les indemnités immenses que ses Fermiers seroient dans le cas d'exiger de lui, si on le dépouilloit d'un revenu aussi considérable; qu'il osoit espérer des anciennes bontés de Sa Majesté pour lui, qu'elle voudroit bien du moins lui accorder la jouissance de son bail.

L'Abbé trouva juste la proposition, promit très-formellement que la jouissance du bail ne seroit pas troublée, & engagea Son Altesse à profiter de ce temps pour ramasser tous ses titres, afin de prouver au Roi la légitimité de ses droits. Quelques jours après, Mgr. le Chancelier informé que le bail des revenus de ce Prince devoit encore durer deux ans, représenta au Roi qu'il étoit impossible que les Princes de son Sang fussent si long-temps privés de sa présence : que l'amour particulier qu'il avoit pour leur personne, & la peine vive qu'il ressentoit de leur disgrace, le conduiroit insensiblement au tombeau, si Sa Majesté n'avoit la bonté de diminuer leur exil; que le moyen le plus honnête qu'il pouvoit imaginer, étoit, que sans avoir égard à l'engagement de l'Abbé Terray, de laisser jouir M. le Duc d'Orléans jusqu'à la fin de son bail, le Roi obligeât son Contrôleur Général d'écrire à ce Prince vers les premiers jours de Décembre, qu'il eût à remettre, sur le champ, ses titres, parce que l'intention du Roi étoit d'entrer en jouissance, à commencer du premier Janvier dernier; & que les revenus qui faisoient le sujet de la contestation, seroient en sequestre, en attendant la décision.

Le quart, le tiers & la moitié de cette Capitale, ainsi que des Provinces, ont témoigné pour un procédé aussi extraordinaire en faveur du premier Prince du Sang, la même satisfaction que pour l'érection des nouveaux Tribunaux, & la création des nouveaux Impôts.

Le Contrôleur Général a présenté au Duc d'Orléans, le 5 de ce mois, le projet d'un Arrêt provisoire, qui ne contient que six articles. Il est si avantageux pour ce Prince, qu'il a fait répondre au Ministre, qu'il s'en tenoit à l'exécution de la promesse du Roi, qui lui avoit accordé d'être jugé par les deux Conseils réunis. Le sieur de Maupeou crie aujourd'hui comme un brûlé, que c'est une infamie de l'Abbé Terray ; & celui-ci jure comme un damné, qu'il n'a rien fait que par ordre du Roi, qui lui-même ne s'y est porté que par les obsessions de son Chancelier, qui avoit trouvé cet expédient très-honnête pour forcer les Princes de révoquer volontairement leurs protestations.

On donnera, l'Ordinaire prochain, le précis du Mémoire du Duc d'Orléans.

COURS DES EFFETS COMMERÇABLES.

Liquidation d'une Charge de Conseiller au Parlement.	0
L'honneur d'un Conseiller, liquidé ou non liquidé, qui voudra s'enrôler dans le Triage.	10000 l. de belles promesses. 3000 l. de comptant, & une place dans la Gazette.

ANNONCE.

Le sieur *Valade*, Libraire, *rue St. Jacques*, avertit le Public qu'il a fait faire une édition de la *Collection des excellentes Brochures publiées par ordre de M. le Chancelier*, 2 vol. *in*-12, 6 *l. broch.* On en trouvera aussi chez les Auteurs ; savoir, *l'Abbé Mary*, Conseiller Inamovible ; *Le Tourneur*, depuis peu récompensé de la place d'Inspecteur de la Librairie ; *Saintin-le-Blanc*, Avocat ; *Le Brun*, Secrétaire du Chancelier ; & *Bastard*, Conseiller d'Etat.

Ce Recueil est intitulé, *Code des Français*. On a oublié, par inadvertence, le terme *nouveau* : l'Auteur du Catéchisme ne l'a pas oublié : car il l'a intitulé, *Nouveau Catéchisme*, afin que le Lecteur ne lui donnât pas plus d'antiquité qu'il n'en a.

Nous donnons avis, qu'on trouve au Bureau de notre Supplément, la *Lettre sur l'état actuel du crédit du Gouvernement en France ; Lettre sur la liquidation ; Conversation d'un Avocat avec M. le Chancelier ; le Parlement justifié par le Roi de Prusse ; Suite de la Correspondance, troisieme partie.* Il y a encore quelques exemplaires de la premiere, qu'on donnera à bon compte.

N° V.

De Paris, le Vendredi 6 Mars 1772.

On n'entend pas parler de nouvelles liquidations, peut-être la troisieme suite de la Correspondance en produira-t-elle quelques-unes ; car l'empressement du public à la lire est incroyable. A la Cour & à la Ville on se l'arrache des mains. Tout y a plu, jusqu'au rêve inclusivement.

Mgr. le Chancelier après la lecture s'est trouvé incommodé ; il a été 36 heures enfermé chez lui sans voir qui que ce soit, il a encor beaucoup de peine à rattrapper le sommeil ; car il s'imagine à chaque instant que ce maudit rêve va se réaliser.

Cependant l'amour du bien public est si actif dans cet incomparable Magistrat, que son chagrin ne l'a pas empêché de penser à amuser la populace de Paris : les honnêtes gens s'étoient assez amusés de la Correspondance ; il étoit juste que le reste des Citoyens prît part à la fête. Il a donc fait payer grassement 6 à 7 cents hommes & femmes pour les engager à se promener dans Paris déguisés, & en masque de toutes les façons. De mémoire d'homme on n'en a jamais tant vu. Et de peur que le public ne l'attribuât au hazard & non à sa générosité, il a donné des ordres pour doubler & tripler le Guet. Sa prévoyance s'est étendue jusques dans plusieurs maisons de jeu, qui ont eu ordre de donner le bal. Toutes ces réjouissances doivent persuader au Roi que l'abondance & la prospérité renaissent dans Paris, & que c'est à son Chancelier qu'il est redevable de si heureux effets.

Quelques dévots ont eu de la peine à concilier cette mascarade avec la dévotion affichée par Monseigneur le Chancelier. On prétend même que Madame Louise

& M. l'Archevêque de Paris s'en sont plaints. Mais il leur a fermé la bouche, en leur faisant voir les grands avantages qu'il vouloit en tirer. Il n'est pas surprenant qu'une Religieuse & un homme d'Eglise soient novices en fait de politique.

M. l'Abbé Terray, en recevant la Correspondance, a demandé à celui qui la lui présentoit, s'il étoit question de lui; sur la réponse affirmative : *Eh bien*, a-t-il repliqué, *je m'en F. Mais je sais quelqu'un qui n'en fait pas autant & qui enrage fort.*

Il y a de nouvelles promesses faites à ceux ou celles qui découvriront l'Auteur de la Correspondance. Le Sr. d'Hémery promet la moitié des 50 mille écus qui lui sont promis à celui qui le mettra seulement sur la trace. Probablement on ne voudra pas partager en même-tems la petite correction qui l'attend sur cette trace.

Il paroît depuis quelques jours une Requête des colporteurs adressée à Mgr. le Chancelier, tendante à demander le privilege exclusif de colporter la Correspondance & autres Ouvrages semblables. Ils y représentent qu'ils sont sur le point de mourir de faim, n'ayant plus d'occupation : que les Ducs, Marquis, Magistrats, & autres gens qui n'ont pas besoin de cela pour vivre, ont répandu la Correspondance & leur enlevent leur état; que c'est un désordre incompatible avec un sage Gouvernement qui doit maintenir chacun dans son état.

On ne croit pas que cette Requête soit répondue.

La troupe des Inamovibles (Compagnie de Berthier) n'a pas vu avec plaisir les traits de médisance semés dans la Correspondance contre un grand nombre d'entr'eux, d'autant que le moindre Clerc de Palais leur lâche des brocards très-injurieux. L'un dit, voilà *une perruque à la grue*; l'autre *la robe d'un tel n'est pas encore à lui.* S'ils délibérent avant de prononcer un Arrêt, *on demande tout haut un Buvetier.* Si par hasard ils jugent bien, on dit *qu'ils ont bien deviné.*

Dans la société ils ne sont pas mieux traités, comme on en peut juger par les anecdotes suivantes.

Le sieur Vernier, (*celui qui fait de si jolis vers, à qui Richelet fournit des rimes, & les rimes des idées*) se présente le 17 Février au Concert des Abonnés : chacun s'empresse de lui faire place, & le laisse tout seul de son côté.

Un autre Inamovible parlant à une Dame de *ses gages*, elle lui demanda : M. *vous habille-t-on ?* Non, répondit sur le champ une personne de la compagnie, *on laisse ce soin au public.*

Le 21 Janvier la Grand'Chambre rend Arrêt, qui, sur les conclusions de l'Avocat Général, décrete d'ajournement personnel trois Huissiers-Priseurs. La femme de l'un des trois qui étoit présente à l'Audience, s'élance toute furieuse au Parquet de la Grand'Chambre ; & là au milieu des Juges, leur dit qu'*ils sont des ânes, des ignorans, des F. bêtes :* que l'ancien Parlement quand il reviendra, lui fera justice de leur Arrêt.

Il y a quelques quinze jours qu'un homme de Province va dans la rue Geoffroy-l'Asnier demander un Inamovible : on indique une maison honnête. Il monte au premier, persuadé qu'un Officier du Parlement, Membre de la Grand'Chambre, ne peut pas décemment être logé plus haut. Il frappe, survient un domestique qui ouvre ; paroît aussi une Dame bien mise, coëffée, dit-on, *à la Correspondance*, qui entendant nommer M. Cor, demande quel est ce M. Corps : *c'est*, répond-on, *un Conseiller au Parlement. Eh fi donc*, reprend vivement la Dame, *nous ne logeons point, Dieu merci, de ces Gueux-là.*

Messire Louis Basset de la Marelle, Président en la Chambre des Enquêtes, (dans le mois de Février) revient du Palais avec son domestique. A quelque distance il le congédie, prétextant des affaires. Il enfile la petite rue des Marmouzets. Le domestique le suit de loin, & le voit entrer par une petite porte. Quelques heures après le Président arrive chez lui, (rue Regratiere, Isle S. Louis) sa perruque toute ébouriffée, & tenant de ses deux mains les deux basques de son habit qui étoient déchirées : il avoit toute l'encolure d'un homme qui sort de la mêlée. Il n'a rien de plus pressé que de se mettre au lit; & l'on découvre que M. le Président étoit couvert de meurtrissures & de contusions. On peut juger de l'empressement du domestique à courir dans la rue des Marmouzets pour s'enquérir des gens policés de cette maison, qui est ce qui reçoit si bien son monde. Il apprend que c'est un de ces rendez-vous honnêtes, où la concurrence est quelquefois dangereuse. Malheureusement le pauvre battu avoit donné parole d'aller dîner en cérémonie. Pour cacher son histoire tragique, il a fallu prendre le parti de s'y rendre, & d'y contrefaire l'homme sain & non battu. Cet effort l'a rendu malade de plus en plus, & il est encore entre les mains de son Esculape.

On sent plus que jamais que le nouveau Tribunal ne peut pas tenir. Tout le monde le crie à la Cour & à la Ville. Monseigneur le Chancelier est obligé lui-même d'en convenir. La derniere fois qu'il a tenu le Sceau, il a dit devant plusieurs personnes : *je sais que tout va mal ; mais ce qui me console, c'est que le public me rendra la justice de n'avoir voulu que le bien.*

Les 100 Procureurs-Avocats conviennent qu'ils ne font rien du tout, & qu'à l'exception de quelques Causes d'Audience, qu'on prolonge le plus qu'on peut, & qui n'occupent que les Avocats plaidans, on ne fait rien, 1o par la défiance des parties : 2o parce que les anciens Procureurs refusent de remettre les pieces jusqu'à ce qu'ils soient payés des anciens frais : 3o parce que les Juges eux-mêmes ne veulent point rapporter sans épices. Il y a même 16 jours, c'est-à-dire, au commencement de Février, qu'il étoit vraiment question de rapporter les épices ; & la Grand-Chambre l'avoit demandé ; M. le Chancelier ne s'y opposoit pas. Mais, disoit-il, il n'y aura donc plus de gages. D'ailleurs, ces épices, disoit-il encore, ne seront utiles qu'à ceux qui rapporteront. Or, il n'y en a que six ou huit dans le Parlement en état de le faire. Les autres n'ayant plus rien, de quoi vivront-ils? On prétendoit cependant le 3 Février, que la Déclaration sur les épices alloit être envoyée. On a dit ensuite qu'on commenceroit par surseoir les gages, & qu'enfuite les épices auroient lieu feulement pour le temps de ce furcis.

D'un autre côté, tout le monde crioit fur le tarif exorbitant qui ruinoit les Procureurs par l'augmentation des avances, & les Parties par l'accroiffement des frais. Dans la plus petite caufe, il falloit 150 livres ou environ avant d'obtenir le premier Jugement. M. Gillet-Defaulnoy en avoit ainfi pour plus de 2400 liv. qui lui reftoient entre les mains, parce que les Parties effrayées des premiers frais, ne vouloient plus pourfuivre. Un Arrêt de levée de défenfes au lieu de 70 liv. ou 75 liv. revenoit à plus de 150. Il a fallu y remédier. Encore, dit-on, que fur les clameurs des Procureurs, on va encore réformer la Déclaration du 27 Janvier.

Les Procureurs-Avocats ne comptent d'ailleurs que 40 à 50 hommes honnêtes parmi eux, & les 50 ou 60 autres font des harpies ou des voraces qui leur font les tracafferies & les procédés les plus odieux. Ils font au défefpoir de fe voir dans cette bande, & n'afpirent qu'à en fortir.

Le Criminel feul va, & malgré cela M. Fremin qui faifoit 3000 liv. de fon Office de Greffier, en fait à peine 1200 liv.

Au Civil & au Criminel on n'entend parler que de traits d'ignorance.

On mettra inceffamment en vente un Ouvrage, intitulé : l'*ignorance des Intrus, prouvée par les faits.* En voici quelques traits pris au hafard.

En 1771, Arrêt rendu au rapport de M. de Vouglans, qui condamne un homme au banniffement ou même aux galeres, & qui cependant ordonnoit un plus amplement informé fur autre délit. Ce procédé paroiffant bifarre à quelqu'un, on pria M. Fremin de dire fi cela étoit ufité. Il refufa de s'en expliquer, & l'Arrêt paffa ainfi.

Autre Arrêt qui condamne une femme aux galeres, & réformé fur les obfervations du Greffier, qui repréfenta qu'on n'avoit pas coutume de faire ce cadeau aux Galériens.

Un Jardinier, nommé Simon, est condamné à être pendu ; il n'avoit été condamné par les premiers Juges qu'à une question préparatoire. L'on a affecté d'omettre dans le titre le motif de cette condamnation, ce qui ne s'omet jamais. Il n'a été tiré du Châtelet qu'aux flambeaux.

Arrêt rendu à la Grand'Chambre, au sujet d'une lettre de change, sur laquelle on avoit mis l'acquit suivant l'usage, & qui n'étant pas payée, avoit été protestée. Le premier Juge avoit condamné l'accepteur à la payer; & sur l'appel, Messieurs l'ont jugée acquittée. Le soulevement de tous les Négocians a obligé M. le Chancelier d'assoupir cette affaire, ou en réformant l'Arrêt, ou en faisant payer la lettre; d'autres disent que le Débiteur lui-même s'est fait justice.

Un paysan Garde-Chasse, à 9 ou 10 lieues de Paris, ayant bu jusqu'à minuit, s'est imaginé (apparemment par la force de la fermentation du vin) qu'il avoit reçu des coups de bâton. Il rend plainte, & accuse des absens. Le Juge du village décrete les accusés, & sans autre témoin que l'accusateur, ordonne des provisions de 100 liv. Appel aux Inamovibles. M. de Vergès qui n'est pas tout-a-fait si ignorant que les autres, fait sentir l'irrégularité de la procédure, & conclud à décharger de l'accusation, ordonner des dommages & intérêts pour les accusés, & requiert que le Juge soit mandé pour l'avertir d'être plus attentif à l'avenir. Cet avis étoit trop sage pour de pareils Juges. La Tournelle confirme la Sentence bisarre du premier Juge. L'Avocat Général ne pouvant pas tenir à cette ineptie, s'est échappé jusqu'à dire à ses Confreres, *vous avez jugé comme des poliçons.*

Il auroit sans doute dit quelque chose de plus, s'il eût su que la femme d'un des Juges avoit été solliciter les Confreres de son mari. Au reste, toutes les Dames n'en font pas autant. Il y en a parmi elles qui connoissant l'impéritie de leurs maris, prient très-sérieusement le S. Esprit de les éclairer. Elles en ont fait l'aveu publiquement.

On assure que la division est dans le Corps; que les

plus sensés rougissent d'y appartenir, & imaginent des moyens de se soustraire à la honte & à l'infamie. M. Quirot dit à qui veut l'entendre, *que la place n'est pas tenable ; qu'il n'est pas fait pour être avec des gens de rien ; qu'il n'entend que des balourdises & des ignorances*. Il résulte delà que les anciens Magistrats sont *Amovibles malgré eux*, & les nouveaux, *Inamovibles malgré eux*.

On croit cependant que la désertion ne tardera pas à se mettre dans la troupe. Monseigneur le Chancelier semble craindre ce malheur, car il recrute & fait recruter vivement pour remplir les vuides qu'il prévoit ; il appelle cela *racoler*, & il en badine dans l'occasion. *Pour vous, Messieurs*, disoit-il derniérement à des Militaires, *vous cherchez la taille, & moi je prends ce que je trouve*. Le public s'en apperçoit assez.

Monseigneur le Chancelier leur épargne la peine de l'examen le plus qu'il peut, & il leur tient lieu souvent de *Code vivant*.

En Février 1772, on veut porter au Conseil Supérieur de *** un appel d'un Juge de Pairie ; une des Parties s'y oppose, & veut que l'appel soit porté au Parlement. Le conflit étant porté au Parquet, l'Avocat-Général d'après les principes incline pour que l'appel soit porté au Parlement. Mais on excipa d'une lettre de Monseigneur le Chancelier qui décidoit que les appels des Juges de Pairie devoient aller aux Conseils Supérieurs. Le Procureur-Général & l'autre Avocat-Général sont appellés pour décider la question. La décision fut conforme à la lettre de Monseigneur le Chancelier. Les Parties mécontentes en écrivent à M. le Duc de la Vrilliere, & lui envoient un Mémoire : le résultat a été des défenses de ce Ministre au Greffier, d'expédier l'Arrêt obtenu, conforme à l'avis du Parquet.

On sait par le sieur Boucher d'Argis, enrôlé dans la troupe de Ville-neuve, que pour délasser lui & ses Confreres des fatigues de leur état, on a établi dans un des cabinets du Châtelet, une Académie de jeu de Brelan, Lansquenet, &c. Il y a quelquefois 12, 15,

20 Louis de perte. Un certain Mercredi 5 Février ; dans le temps qu'un des Acteurs faisoit le rapport d'un procès criminel, les autres s'amusoient à faire une de ces parties. (L'Accusé s'en est-il mieux trouvé ?) C'est ainsi qu'on se refait des fatigues de l'étude & de l'ennui de l'Audience.

Un autre Faquin de la même troupe (le Blanc de Verneuil) disoit à un de ses Confreres dans un cabinet du Châtelet, en présence de plusieurs personnes : » Parbleu le Public doit m'avoir grande obligation de » ce que je viens passer mon temps avec des Gueux » (il étoit du Criminel) plutôt que d'aller m'amuser à » l'Opéra. »

De Dijon, 1 Mars.

Le Procureur-Général de notre Parlement a mandé un Procureur qui a refusé de se rendre au mandat, disant que si on avoit affaire à lui, on pouvoit se rendre chez lui. Sur ce refus, le Procureur-Général a présenté Requête au Parlement contre ce Procureur. Les faits exposés, Arrêt est intervenu qui porte interdiction contre ce Procureur. Celui-ci s'est pourvu au Conseil qui a cassé l'Arrêt du Parlement, relevé le le Procureur de son interdiction, & ordonne au Procureur-Général d'être plus circonspect.

Le Contrôleur-Général a écrit à ce sujet au Procureur-Général pour lui laver la tête.

Le sieur de Vergennes, fils du Président de la Chambre des Comptes, s'est présenté pour être Conseiller au Parlement, & a été refusé. Ce refus a été suivi de Lettres de Jussion, auxquelles le Parlement n'a pas voulu obtempérer.

Le motif du refus, entr'autres, est fondé sur ce que le Sujet n'a pas l'âge requis, ni le temps de service exigé par l'Edit de création du nouveau Parlement.

On sait que le sieur de Vergennes, Président à la Chambre des Comptes, a fait différens voyages de Dijon à Fontainebleau, dans le temps que la Cour y étoit, pour prendre les arrangemens nécessaires, afin que sa Compagnie remplaçât le Parlement.

De Lyon, 2 Mars.

Le Parlement de Paris a rendu un Arrêt, dont notre Conseil Supérieur a empêché l'exécution par un Arrêt de défense qu'il a rendu. Le Chancelier, instruit de l'affront fait à *son Parlement*, (car il ne lui donne pas d'autre nom que *mon Parlement*,) a écrit une Lettre foudroyante au Conseil-Supérieur avec ordre de lever lui-même ses défenses. Il l'a même menacé de leur faire sentir tout le poids de l'autorité du Roi. Nonobstant ces ordres & ces menaces, notre Conseil a tenu bon, & persiste dans ses défenses.

D'Aix, 15 Février.

La Chambre des Comptes, Cour des Aides de cette Ville, se disant Parlement de Provence, vient de donner une preuve de sa capacité & de son amour pour le bien public.

Les Etats de la Province avoient consenti l'Edit de prorogation d'impôts avec des modifications. Nos nouveaux Protecteurs, au lieu de s'informer suivant l'usage des Commissaires des Etats, appellés *Procureurs du Pays*, de la maniere dont l'Edit avoit été consenti, ont enrégistré purement & simplement. Les Employés n'ont pas manqué de percevoir de même sur le champ. Les Membres des Etats ont jetté les hauts cris, & ont député M. l'Archevêque d'Aix à Versailles, pour faire réparer cette bévue, qui fait une différence de deux cens mille livres de plus, dont la Province est surchargée.

De Caen, 28 Février.

Les Officiers Municipaux ne veulent point consentir à la perception du vingtieme. Ils ont écrit au Ministre, que puisqu'on leur avoit enlevé leurs Protecteurs auprès du Trône, ils se croyoient obligés par état, de représenter à Sa Majesté l'impossibilité où étoit cette partie de la Province, de continuer à payer cet impôt.

Nous sommes heureux d'avoir d'aussi bons Citoyens; car dans les autres parties de la Province, les Traitans profitent de la suppression du Parlement pour tripler & quadrupler le vingtieme.

De Bordeaux, le 26 Février.

Le Parlement ne cesse de redemander les exilés; il ne paroît pas disposé à enrégistrer les Edits Bursaux. On les menace de suppression, & de la division du ressort en plusieurs Conseils Supérieurs. On sait que M. l'Archevêque de Paris, qui aime beaucoup la Ville de Cahors, où il se seroit estimé d'avoir un Canonicat dans sa jeunesse, a promis à cette Ville de lui procurer un Conseil Supérieur démembré partie de Bordeaux & en partie de Toulouse. Le Maréchal de Richelieu a empêché la création de ces Conseils. On dit ici qu'il est outré contre M. le Chancelier. Voici le fait qui y a donné occasion.

Monsieur le Maréchal, qui par principe de religion auroit cru manquer à la fidélité qu'il doit au Roi, s'il eût imité l'exemple du Prince de Beauveau, avant de partir pour son expédition, prit les ordres de Mgr. le Chancelier.

Ce Ministre lui dit qu'il y avoit dans le Parlement un Magistrat très-estimé dont le suffrage entraîneroit, qu'il étoit essentiel de le gagner, & qu'on lui laissoit carte blanche pour lui accorder tout ce qu'il pouvoit exiger; ce que le Roi confirma. Le Maréchal arrivé à Bordeaux, vit en effet ce Magistrat très-estimé, & lui rendit compte de tout ce détail. Celui-ci lui dit qu'il appercevoit depuis long-tems qu'on en vouloit à la Magistrature, & qu'on avoit conspiré l'anéantissement des Parlemens; qu'il avoit déja bien réfléchi, & qu'il étoit convaincu que l'unique moyen de tout sauver, étoit qu'une partie des membres se prêtât pour sauver le tout; que c'étoit le seul moyen pour conserver un Parlement à la Province, & ne pas la réduire à un Conseil-Supérieur; sauf à saisir le premier moment de liberté pour demander le rappel de ceux qui seroient exclus ; que d'après cela il alloit agir auprès de ses Confreres pour les faire entrer dans ses vues ; mais qu'il étoit essentiel que personne ne sut qu'il lui avoit fait des propositions ; que d'ailleurs il ne demandoit rien & ne vouloit rien ; sinon la liberté de se retirer dans six mois, & d'être remboursé en argent sur le prix de la premiere finance de 70000 liv. payée par son quadrisayeul, & à raison de la valeur de l'argent en ce tems. Le Maréchal lui en donna parole au nom du Roi, & l'on a vu le succès de la besogne. Les six moix sont écoulés, & le Magistrat a écrit au Maréchal qu'il quittoit, & que l'honneur ne permettoit plus de rester dans une telle place. En conséquence, il vient de lui faire passer ses titres primitifs. Le Maréchal les a remis au Chancelier, lui rappellant la parole du Roi. Le résultat est, qu'on a payé 50000 livres en billets. Le Maréchal en jette les hauts cris, & l'a mandé au Magistrat, qui n'a pu s'en taire. La nouvelle produit une grande irritation ; il pourroit même arriver que tout le Parlement désertât.

De Nîmes, le 30 Janvier.

Le Conseil-Supérieur ne va point du tout. Le Premier Président est un M. de la Boissiere, Militaire de son métier, ayant la Croix de S. Louis, & peu au fait des affaires. Ce Conseil est comme un moulin qui ne peut engrainer ; il refuse aussi d'enrégistrer plusieurs Edits Bursaux, ce qui est contre son institution.

De Toulouse, le 20 Février.

Les affaires ne vont point au nouveau Parlement. Il y a des places vacantes. On a nommé quatre Présidens nouveaux, pris dans les Conseillers de Grand'Chambre ; ils ne se font point recevoir, & n'osent se montrer dans la Société. M. Niquet, Premier Président ne sait quelle figure faire ; il est toujours sur le point de se brouiller, soit avec son Corps, soit avec le Chancelier. Gens qui le connoissent, assurent qu'il ne tardera pas à être brouillé avec les deux.

Le Parlement ne veut pas enrégistrer l'Edit de prorogation d'impôts, quoique consenti par les Etats de Languedoc. Il a fait de fort belles Rémontrances, dans lesquelles il accuse les Etats de n'avoir pas assez considéré les forces de la Province, & de s'être prêté trop légérement aux vues du Contrôleur Général. La réponse n'ayant pas été favorable, on en a fait d'itératives, dont on ignore le succès.

De Clermont, le 21 Février.

On juge ici fort longuement les demandes en mainlevée de défenses & les incidens, qu'on fait durer aux Audiences le plus qu'on peut. D'ailleurs, on ne juge point de procès au fond. Les affaires des tailles s'y jugent le plus ridiculement possible. Le Conseil est toujours en fureur contre la Sénéchaussée de Riom; 1°. parce qu'on s'est plaint de ce que M. de Chazerat portoit à son Conseil toutes les affaires réelles de ses censitaires, *omisso medio*. 2°. De ce qu'il recevoit au Conseil les Appels de toutes les Justices inférieures de Riom. 3°. Parce que les Chefs de Riom ne lui ont pas fait visite en qualité de Premier Président, moyennant quoi la porte leur est fermée en qualité d'Intendant. On parle beaucoup de la destruction, ou de la restriction du ressort de Riom, le plus étendu de l'Auvergne.

De Versailles, le Dimanche 8 Mars.

Le 28 de Février a été signé l'Arrêt du Conseil qui adjuge à Mgr le Duc d'Orléans la provision jusqu'au jugement définitif.

L'abondance des matieres nous force de remettre l'extrait du Mémoire de ce Prince à l'ordinaire prochain.

Mgr. le Chancelier, pour des raisons de bien public, a voulu faire renvoyer M le Contrôleur Général, qui a paré le coup en s'adressant lui-même au Roi, pour savoir s'il étoit content de ses services. Son dessein, dit-on, dit-on, étoit de mettre à sa place un homme de paille tel que M. de Boullogne; (& cela, pour le récompenser de son Ambassade en Hollande au mois de Juillet, dans laquelle il a si bien réussi.) Pendant ce tems il amusoit de belles promesses M. Cochin, & d'autres.

Il se seroit trouvé par ce moyen, maître absolu des Finances, sans en être le Sur-Intendant Probablement sa premiere opération auroit été d'employer les 8 ou 10 premiers millions à rembourser une partie des Présidens des anciennes Cours Souveraines, pour que leur exemple entraînât les Conseillers, qui auroient pu donner dans le panneau. Insensiblement il auroit obtenu des liquidations qui lui tiennent tant au cœur, & dont la cessation déroute toute sa besogne.

Les Ministres ont fait un Mémoire sur les opérations de Mgr. le Chancelier. Le détail des maux qu'elles ont causés est des plus frappans; ils doivent le présenter incessamment au Roi, qui sera sans doute surpris d'apprendre qu'en la seule année 1771, il y a eu 2350 bilans déposés au Greffe des Consuls de Paris, qu'on compte plus de 200 suicides, & 13 dans le mois de Janvier dernier.

Mgr. le Chancelier en prépare aussi un de son côté, non pour détruire les faits qu'on lui oppose, mais pour inculper les autres Ministres.

Il pourroit bien se faire que les uns & les autres eussent raison, au moins le public est-il disposé à le croire.

L'Extrait suivant nous a paru mériter l'attention du Lecteur.

Extrait de la Gazette de Copenhague, du 30 Janvier 1772.

L'étonnante révolution dont le Royaume vient d'être menacé, offre aux Rois l'exemple le plus frappant des excès auxquels une ambition démesurée est capable de se porter. Un homme sans dignité, sans naissance, un simple Médecin d'Alténa, a osé concevoir les projets les plus vastes, & s'est vu, pour ainsi dire, au moment de réussir. Il a su d'abord se concilier la faveur du Prince, acquérir sur son esprit un ascendant vainqueur de tous les obstacles. Il en a signalé les premiers effets sur un favori chéri de son Roi. Il a ensuite expulsé des Conseils deux Ministres respectables, également précieux à leur patrie & à leur Souverain. Il a renversé toute l'administration ancienne, politique & civile. Il s'est enfin élevé au plus haut degré de puissance sur les débris des Loix & de ceux qui lui faisoient ombrage. Cependant son ame inquiete n'a point encore été satisfaite de ces succès. Il a eu l'audace de casser le Régiment des Gardes du Roi, de tenter de corrompre la Reine, & de monter en quelque maniere sur le Trône dont les bontés de son Maître ne l'avoient que trop approché. Mais la Providence a renversé ses criminels complots, & l'a réservé aux supplices que méritent ses forfaits.

Il existe dans l'Europe un autre Royaume qui est à peu-près dans la même position. Un autre *Struensée*, né pour le malheur de ses concitoyens, s'est élevé par mille voies iniques au faîte des honneurs & du pouvoir. Il a éloigné du Souverain des Ministres dévoués à son service & à sa gloire; il a précipité dans la disgrace les Princes de son sang, jusqu'alors ses amis & ses confidens; il a détruit les Loix & leurs Ministres; il a anéanti l'ancienne constitution de l'Etat qui en faisoit la félicité & la sûreté du Trône. Il faut espérer que la divine Providence qui veille sur la destinée des Empires, préservera ce Royaume si florissant des maux qui sont la suite nécessaire d'un pareil bouleversement, & que la terre sera bientôt purgée des Struensée qui la déshonorent.

De Paris, le 8 Mars.

COURS DES EFFETS COMMERÇABLES.

La charge de Procureur Général du Parlement de Dombes achetée deux cents mille livres. . . . P-90 | 100

Charge de Conseillers au Parlement. . . . . o

Honneur d'un liquidé. . . . P-0 | 01

ANNONCES.

Il n'y a pas d'apparence qu'on mette bientôt en vente *le Plan d'éducation* qui a été suivi dans l'Institution du Prince de Parme.

Il est arrêté à la Chambre Syndicale, par ordre de Mgr. le Chancelier ; il y trouve des principes qui, à ce qu'il dit, *ne sont pas conformes aux siens*. L'Instituteur prétend qu'ils sont cependant très-exacts, & refuse de les réformer.

Il paroît depuis quelques jours une excellente brochure, intitulée : *Inauguration de Pharamond ; ou Exposition des Loix fondamentales de la Monarchie Françoise, avec les preuves de leur exécution.* Cet ouvrage est sans contredit le plus savant & le plus approfondi de tous ceux qui ont paru sur cette matiere. Si la lumiere sur notre Droit public va ainsi en croissant, il se trouvera que Mgr. le Chancelier aura, sans le vouloir, rendu un très-grand service à la France, en donnant occasion aux Savants de discuter les monuments de notre Histoire.

L'Auteur de la Correspondance nous a fait passer les deux notes qui suivent. 1°. Le sieur Vernier est fils d'un nommé Vernier, connu jadis sous le nom de Bourguignon, qui d'abord a servi chez M. Bertin, Conseiller au Parlement de Paris, pere des deux exilés, & frere de M. Bertin, des Parties Casuelles. Son Maître appercevant en lui des talents, le reccommanda à M. son frere, qui d'abord lui donna une place de Commis, puis celle de Caissier.

Vernier fils occupe à présent la place des fils du Maître de son pere.

20. C'est par erreur qu'on a mis sur le compte de M. Cromot l'emprisonnement de l'Auteur de l'*Anti-Financier*; il n'y a eu aucune part; mais celui qu'il a fait emprisonner est un nommé Vielh Inspecteur des Domaines à Alençon, qui avoit fait un Livre intitulé: *Les secrets de la Finance dévoilés.* Comme le Chevalier de Cromot y étoit un peu maltraité, il s'en vengea en le faisant enfermer. Le reste du récit est de la derniere exactitude.

N° VI.

De Paris, le 1 Mai 1772.

LES liquidations n'allant pas au gré de Mgr. le Chancelier, & le succès de ses opérations dépendant néanmoins des liquidations, il a substitué au projet de gagner les Princes pour en avoir, celui d'une Déclaration tendante à forcer les Officiers sous un terme fixe de liquider, sous *peine d'être déchus de toute répétition.* Au lieu d'une Déclaration, il n'a pu obtenir qu'un Arrêt du Conseil, daté du 13 Avril. Cet Arrêt qu'on regardoit avec quelque raison, comme le gros canon de Mgr. n'a produit aucun effet. Les personnes instruites & bien intentionnées pour la forme actuelle de notre heureux Gouvernement, prétendent qu'il n'est qu'une copie assez médiocre de l'excellent Arrêt original signifié à chacun de Messieurs, la nuit du 20 Janvier 1771, portant confiscation de la Finance & du titre de leur Office. Ils y reconnoissent le même esprit, la même légalité quant à la *forme* & quant au fond; légalité palpable depuis qu'on leur a si bien démontré que l'unique Loi du Royaume est la volonté momentanée du Souverain. On est pourtant un peu étonné de ce qu'après avoir engagé le Monarque à démentir cette premiere démarche, on lui en fait faire une autre, qui, à la dénomination près, lui ressemble *comme deux gouttes d'eau.*

M. d'Ormesson de Noyseau Président à demi-liquidé du Parlement, a écrit au Roi une lettre dans laquelle il déclare qu'il ne consentira jamais de livrer ses provisions au bras *presque séculier* de l'Abbé Terray : il prétend que ce seroit agir contre sa conscience, contre les Loix du Royaume, contre les intérêts du Roi même; & faire injure à Sa Majesté, en démentant le choix qu'elle a fait de sa personne depuis trente-quatre ans, pour lui accorder une part dans sa confiance, & l'honorer successivement de divers Offices de la haute Magistrature.

Le demi-liquidé fait une distinction entre la finance des Charges, qui est arbitraire, & le titre de l'Office, dont il prétend ne pouvoir être dépouillé que par la Loi, ou par un acquiescement volontaire à sa destitution, qu'il n'a point cru donner en faisant liquider sa finance, & qu'il ne donnera jamais.

Mais Mgr. le Chancelier a judicieusement observé à S. M. que c'étoit une *petite finesse* & une *subtilité* de la part du Président, qui, à son dire, *en est paitri.*

Il y a des esprits assez gauches pour regarder cette lettre comme une protestation en forme faite entre les mains du Roi, le meilleur dépositaire qu'il pût choisir pour la sûreté & l'authenticité d'un pareil acte. D'autres, peu zélés sans doute pour le *bien public*, se récrient que cette démarche est un signal de ralliement entre les demi-liquidés & ceux qui ne le sont pas. En effet, ce petit *distinguo* a l'air de les rapprocher infiniment; mais on a cette confiance dans la sagesse du Gouvernement, qu'il n'aura pas plus d'égard aux arguments tirés d'une Logique subtile & pointilleuse, quelques séduisants qu'ils paroissent, qu'à ceux puisés dans la Politique sacrée de Bossuet, ou dans une Morale trop sévere.

M. Freteau, Conseiller des Enquêtes, aime mieux perdre la vue dans son exil, que de donner à Mgr. le Chancelier la satisfaction de le voir liquidé.

M. de Bretignieres Conseiller de Grand-Chambre, est mort le 22 Avril à Saint Germain-lès-Corbeil, d'une fievre maligne & inflammatoire, On lui a fait la grace de l'administrer & de l'enterrer en terre sainte, quoiqu'il ait poussé le fanatisme de l'anti-liquidation, jusqu'à préférer la mort à la prétendue infamie d'une liquidation. Les Médecins & Chirurgiens l'engageant à se faire transporter à Paris, pour être plus à portée des secours, il a répondu : » Je suis un des anciens, on » a les yeux sur moi; mon retour à Paris produiroit » peut-être un mauvais effet sur mes Confreres : j'aime mieux périr, je fais volontiers le sacrifice de » ma vie. *Ce n'est point un si grand malheur de pé» rir pour sa patrie.* »

C'est sans doute cette mort toute récente que M. d'Ormesson avoit en vue, lorsqu'il rappelloit au Roi, *les larmes aux yeux* » les rigueurs exercées sur ses Con» freres, qui n'en ont pas moins été fideles jusqu'à » la mort à la Loi de leur serment, & aux vrais in» térêts de Sa Majesté. »

M. Goislard, autre Conseiller de Grand-Chambre, & travaillé pour le moins autant du fanatisme de l'anti-liquidation, a cru qu'il pouvoit revenir à Paris sans liquidation; & qu'une goutte vague, qui le met souvent à deux doigts de la mort, étoit une raison suffisante pour se passer de la permission de Mgr. Il a écrit une lettre à M. de la Vrilliere, pour le prier d'exposer au Roi les motifs de sa conduite : il ne compte pas en sortir qu'il ne soit guéri, à moins que la force ne l'en arrache. Mgr. le Chancelier attend, dit-on, sa guérison pour le punir de sa hardiesse; mais les plaisants ajoutent que dans ce cas-là, il attendra long-tems.

M. l'Abbé Royer Conseiller des Enquêtes, exilé à Auxerre où il est Chanoine & Grand-Vicaire, (contre les Ordonnances du Royaume, qui ne permettent pas à un Officier de Cour Souveraine d'être Grand-Vicaire,) a été guéri subitement de la maladie de l'anti-liquidation. Cette merveille n'a pas été produite par l'Arrêt du 13 Avril; car il avoit liquidé quelque tems auparavant : on l'attribue aux exorcismes de M. l'Evêque d'Auxerre, Prélat le plus citoyen & le plus désintéressé de l'Eglise de France.

On assure qu'il a une autre maladie, qui consiste à croire, ainsi que M. le Président d'Ormesson, qu'il y a une grande différence entre la Finance & le titre de l'Office, dont il se dit *inamoviblement revêtu.*

(Comme notre objet principal est d'annoncer les liquidations, nous avons débuté par-là. A présent nous allons faire le récit des faits les plus importans qui se sont passés depuis le cinquieme No.)

La Chambre des Comptes a reçu des ordres pour assister à la procession de la Réduction de Paris, aux Augustins. En conséquence elle a arrêté, 1o. une protestation contre la violence qui lui étoit faite : 2o. des Remontrances pour faire connoître au Roi le danger des opérations faites depuis dix-huit mois, & lui demander de rendre à son Parlement & à sa Cour des Aides, *ses bonnes graces & leurs fonctions.*

Elle a donc assisté à la Procession ; mais n'a pas donné le salut aux Inamovibles.

Le Roi a eu connoissance de cet Arrêté par d'autres que Mgr. le Chancelier, qui sans doute a grand intérêt de cacher les réclamations. M. de Maupeou sachant que cette Compagnie avoit arrêté des Remontrances, a été le jour même de la lecture chez le Premier Président ; apparemment pour empêcher cette réclamation. N'y ayant pas réussi, il a puni les réclamans en les dépouillant de la comptabilité des Receveurs des Tailles, ce qui leur enleve 200000 liv. de rente.

Le 14 Mars, le Tripot a rendu un Arrêt sur le Requisitoire de Me. Jacques de Vergès, qui condamne au feu la troisieme Partie de la Correspondance, & le quatrieme numéro de notre Gazette, comme blasphématoires & injurieuses à la Majesté Royale ; déclare les Auteurs & fauteurs coupables de Léze-Majesté Divine & humaine au second chef. On y permet même au Procureur Général de requérir Monitoires.

L'Editeur de la Correspondance a fait l'honneur à Me. Jacques de Vergès, de lui faire une réponse que le public a très-bien accueillie. C'est une plaisanterie des plus fines & bien soutenue jusqu'à la fin. Quelques jours après a paru un Arrêt burlesque sur Requiſitoire, qui condamne l'avis à Me. Jacques de Vergès, à être brûlé ſeul avec ſon fagot ſéparé au deſir de l'Auteur, & tous les lecteurs de la Correſpondance à être pendus. C'eſt une imitation de la Comédie d'Arlequin voleur, qui devient Prévôt & Juge, & veut faire pendre toute la Ville. Ces deux pieces ont fort mortifié les Inamovibles, qui ſe repentent d'avoir rendu cet Arrêt.

Il paroît que les Monitoires n'auront pas lieu. Quelques Curés ont repréſenté qu'il ne falloit pas éloigner par de nouveaux obſtacles les Fideles de la Confeſſion : on prétend même qu'il y a eu des défenſes de la Cour.

L'Archevêque de Paris eſt très-mécontent de la nouvelle Déclaration du 31 Mars, qui révoque les Lettres-Patentes ſuſpenſives de l'exécution de l'Arrêt du Parlement du 28 Février 1768, concernant les Reſcrits venant de Rome. Cette Déclaration a ſouffert beaucoup de difficultés. D'un côté les Miniſtres des Cours Etrangeres la ſollicitoient vivement ; d'un autre le Pape s'y oppoſoit, & le Chancelier lui avoit promis qu'elle ne paſſeroit pas. Les Inamovibles ſoufflés *par leur tout-puiſſantiſſime Créateur*, ne vouloient pas enrégiſtrer. Le Roi avoit parlé : comment faire ? Mgr. le Chancelier écrit à M. de Sauvigny de faire enrégiſtrer, & à l'Abbé Mary de s'oppoſer avec ſes confreres à l'enrégiſtrement. La manœuvre a été découverte & a occaſionné des mortifications à Mgr. le Chancelier & à l'Abbé Mary. L'enrégiſtrement a eu lieu ; mais les Abbés auroient cru manquer à leur Divinité tutélaire, s'ils y euſſent aſſiſtés ; ils ſe ſont abſentés.

Le 14 Avril a paru un petit Ecrit intitulé l'*Auteur du quatrieme Supplément, à M. de Maupeou.*

Cet Ecrit eſt deſtiné à juſtifier l'expreſſion dont nous nous ſommes ſervis en appellant Madame Louiſe, *la Sœur Louiſe.* A la fin eſt la trente-ſixieme Lettre de l'Auteur de la Correſpondance, tirée de celles qui compoſent les *Œufs rouges*, deſtinés *pour Monſeigneur.*

Le public eſt dans l'impatience de ne pas voir ces *Œufs* : comme il y en a pluſieurs qui ne prennent pas aisément la teinture, l'Auteur demande jusqu'à la mi-Mai. En attendant, nous croyons faire plaisir au Lecteur en lui présentant quelques anecdotes sur les Inamovibles.

M. Sorhouet, connoisseur en cette partie, appelle la Chambre des Enquêtes, la *Chambre des Communes*, parce qu'elle n'est composée que des gens du commun.

Encore s'il n'y avoit que du *commun !*

Le sieur Quirot mérite une épithete un peu plus forte, si on en juge par les anecdotes suivantes.

On assure que le vrai motif de son expulsion de Besançon est, qu'ayant reçu un remboursement de 6000 liv., & n'ayant pas rendu la reconnoissance, il voulut quelques années après l'exiger, espérant que la personne qui l'avoit payé ne se le rappelleroit plus, d'autant que par une suite de maladie elle a souvent des absences. L'affaire portée au Parlement de Metz, le serment est déféré à M. Quirot : la veille on trouve la quittance dudit sieur. Le lendemain comme il étoit prêt de faire le serment, ayant déja la main levée, la partie adverse présente la quittance : en conséquence Arrêt qui le condamne comme coupable d'un faux serment.

Le même Monsieur Quirot se trouvant dans une société où étoit le gendre de la personne qui avoit eu ce procès avec lui ; on parla beaucoup de l'affaire de M. de Morangiés (qui nie avoir reçu 280 mille liv. ;) il éleva la voix, & dit : *je ne conçois pas comment on peut nier avoir reçu une somme qu'on a effectivement reçue.* Cette saillie fut reçue avec un silence qui humilia infiniment le sieur Quirot, par le parallele.

Au Concert Spirituel, un Officier des Gardes Françaises crie à un de ses Confreres qui étoit à l'autre bout de la salle : *un tel, te voila en bonne compagnie. Qu'est-ce donc ? lui répond l'autre. Est-ce que tu ne vois pas cette figure de Président qui est devant toi ?* C'étoit le Président de la Brisse.

Le Chapitre de Notre-Dame a enfin décidé que l'Abbé Luker & l'Abbé de la Fage, Conseillers Inamovibles, ne feront pas tenus présens. Ils avoient fait chacun un Mémoire : le premier disoit, que pour soutenir l'honneur de la Magistrature, il avoit pris équipage, & qu'il ne pouvoit le soutenir si on lui ôtoit le droit de présence. Le second, qu'il s'étoit logé & meublé d'une maniere convenable à sa nouvelle dignité ; & qu'il ne pourroit suffire à ce surcroît de dépense s'il n'étoit tenu présent. Quelqu'un du Chapitre disoit à cette occasion : *comme si nous étions obligés de payer la dépense de ces Messieurs. Pourquoi la font-ils ?*

Au mois de Mars, une adjudication de biens saisis s'est trouvée avoir été faite définitive sur deux encheres, sans que la troisieme ait été reçue. Le Procureur poursuivant étoit Chaperon. Le Juge faisant l'adjudication étoit Mayou, & le Procureur-Général étoit partie en son nom personnel. Le Procureur a perdu vingt mille livres pour sa Partie : le Juge en a gagné trois mille, & l'honnête Fleury a eu un présent de six mille livres.

L'Inamovible Mayou, comme on le voit, est très-désintéressé : le trait suivant fera connoître combien il est plein d'honneur.

Il a prétendu concourir avec M. de la Michodiere, Prévôt des Marchands, pour la place de premier Marguillier de S. Jean en Greve ; & comme son temps de second Marguillier n'est pas encore fini, il a déclaré qu'il se retiroit, vu qu'on lui préféroit M. de la Michodiere.

Le Substitut Mousir, débiteur de 7000 liv. depuis huit à dix ans envers un de ses créanciers, a obtenu en Janvier des Lettres d'Etat émanées du sieur Fleury, qui consistoient dans des défenses faites à un Huissier qui procédoit à la vente de ses meubles, de passer outre.

Un autre Inamovible veut se faire construire un escalier pour descendre au Luxembourg : il s'adresse au sieur Sonnette, Maître Menuisier, demeurant rue des Canettes. Le marché fut sur le point de se conclure à 50 écus.

Le jour de l'Assomption, une pile de planches dans

la cour de Sonnette s'éboule & écrase une petite fille. Les parens demandent un dédommagement : le pauvre Menuisier est fort embarrassé. Dans ce moment arrive le grave Magistrat qui vouloit faire construire un escalier. Sur le récit de l'accident & de ses suites, il dit à Sonnette : eh bien ! ne vous embarrassez de rien ; posez-moi mon escalier *gratis*, & je vous ferai gagner votre procès. Sonnette se refuse à la proposition, disant : *qu'il n'étoit pas en état de faire un pareil présent.*

Le 20 du mois de Mars on a traîné sur la claie & pendu par les pieds en place de Greve, un Domestique sans condition, qui par Arrêt du même jour, avoit été déclaré atteint & convaincu de suicide : cependant il est certain qu'il n'étoit rien moins que convaincu. Il n'avoit pas paru tel aux premiers Juges, qui tous à l'exception d'un seul, dont l'avis n'est pas de grand poids, avoient opiné à un plus ample informé. Ce Domestique avoit été trouvé mort dans une espece de passage tenant à l'Eglise de St. Eustache ; & parce que les deux portes de ce passage étoient fermées, on en a conclu qu'il y avoit une preuve suffisante du suicide : c'étoit au plus une forte présomption. Le curateur au cadavre atténuoit cette accusation, en disant : que ces portes avoient pu être fermées par ceux qui avoient tué cet homme : qu'il ne pouvoit être convaincu de suicide, personne ne l'ayant vu ni entendu attenter à sa vie : que d'ailleurs quand il seroit constant qu'il se fût défait lui-même, on ignoroit s'il étoit sain ou malade, en état de raison ou dans le délire ; comme fiévre chaude, &c. Ces raisons du Curateur ont fait sur les Juges du Châtelet l'impression qu'elles devoient faire. Néanmoins la Sentence a été infirmée par le Tripot. C'est ainsi que le caprice plutôt que la Loi, décide de l'honneur des citoyens.

Voici une nouvelle Jurisprudence. Le nouveau Tribunal a rendu un Arrêt qui confirme une société de jeu entre un Banquier de jeu de Pharaon & son Croupier, & ordonne l'exécution de la convention.

Dans le même temps, un Arrêt du Conseil ordonne qu'un sequestre paiera nonobstant toutes saisies faites & à faire, les parties non appellées.

Quelque temps auparavant, le Lieutenant-Criminel du Châtelet en avoit obtenu un semblable pour une somme considérable déposée chez Boulard Notaire.

L'honnête Fleury vient de faire connoître au Président de Fleury son pere, son adresse & sa subtilité.

On sait que le fils n'avoit obtenu du pere la démission de la Charge d'Avocat-Général en sa faveur, qu'à la sollicitation de Personnes en place, qui firent valoir les promesses qu'il faisoit de changer de conduite. Une des conditions fut qu'il ne toucheroit les émolumens de sa Charge, qu'à une époque convenue : on croit que c'est l'année 1772. En conséquence l'acte a été passé pardevant Notaire ; & par ce même acte il fut arrêté que les émolumens serviroient à acquitter la créance de. *** Depuis l'exil, M. le Président apprend que M. de Chevillon payeur des gages, avoit des fonds pour payer une année (il y en avoit alors plusieurs en arriere) ; il lui envoye sa quittance par le créancier à qui cet objet étoit délégué. M. de Chevillon témoigne sa surprise au porteur de la quittance, & lui dit qu'il a payé depuis peu de temps à M. de Fleury fils, titulaire de l'Office, dont il montre la quittance. M. le Président s'informe lui-même du fait, & apprend qu'à peine M. de Chevillon avoit-il les fonds pour le paiement d'une année de gages, que son fils étoit venu le prier de les lui donner, & même de lui avancer une année.

Le pere prétend que son fils mérite mieux que lui le titre de *Maître Jean des habiletés*.

Personne n'a ignoré l'histoire de la Berline à sept glaces, qu'un Sellier a été obligé, par ordre supérieur, de livrer au sieur de Fleury. Le Sellier a sollicité long-temps le paiement ; enfin il a obtenu un rendez-vous chez le Notaire dudit sieur, avec promesse de toucher l'argent. Le Sellier se rend & voit arriver son débiteur avec un particulier, qui est annoncé être le prêteur des 8000 livres qu'il répétoit. On montre le sac, & le sieur de Fleury dit au Sellier : voilà un Monsieur qui veut bien me prêter la somme que je vous dois ; mais il veut que je lui en fasse mon obligation, & que vous soyez ma caution : vous ne risquez rien, puisque vous aurez l'argent. Le Sellier, ignorant en fait d'*habileté*, laisse dresser l'acte contenant sa quittance entiere vis-à-vis du sieur de Fleury, & son cautionnement des 8000 livres envers le prêteur. L'acte signé, l'honnête Fleury donne un à compte de 2000 liv., emporte le surplus, & s'en va.

Tous les ans le Procureur-Général a en maniement un fonds assez considérable destiné aux menues dépenses du Palais & de la Buvette ; & sur cette somme il est d'usage de donner quelques livres de bougies à Messieurs les Maîtres des Requêtes. Ces Messieurs n'ayant pas reçu leurs bougies au commencement de cette année, ils ont député leur Doyen au sieur de Fleury, pour savoir le sujet du retard. La réponse a été qu'il n'y auroit pas de bougies : que c'étoit un abus dans l'administration de ses prédécesseurs, & qu'il n'en donneroit pas. Le Doyen réplique : Quoi ! Monsieur, un abus : vous ne pensez donc pas que vous attaquez M. votre Oncle & M. votre Grand-Pere. Le sieur de Fleury riposte : eux comme ceux qui les ont précédés, en ont commis ; je veux les réformer : vous n'aurez point de bougies. Messieurs des Requêtes en ont porté leurs plaintes au Chancelier, qui s'entend sans doute avec lui.

Messieurs du Grand Conseil, devenus Parlement, ne s'étoient point avisés de faire usage du droit qu'ils avoient, comme Grand Conseil, de nommer tous les ans un sujet dans chaque corps de communauté. Leur Procureur-Général, plus avisé, moyennant une somme qu'il s'est fait compter par un Juif pour le brevet de marchand Mercier, l'a présenté à la compagnie, qui n'a pas voulu faire usage du droit, vu qu'ils sont Parlement, & non Grand Conseil. Le Procureur-Général a sollicité chez M. de la Vrilliere un ordre de passer outre à l'enrégistrement du Brevet.

Le Buvetier de la Grand Chambre a représenté à Monseigneur le Chancelier, que la somme qu'on lui donnoit ne suffisoit pas pour la dépense qu'il faisoit, que la consommation étoit plus forte que jamais, &

qu'il y en avoit même qui mettoient du pain dans leurs poches.

La proposition a été trouvée juste, mais M. l'Abbé Terray à qui on s'est adressé pour ce supplément, a répondu *qu'il n'avoit pas de fonds*.

Les Conseillers d'honneur de ce Parlement méritent aussi une place dans notre Gazette. C'est pourquoi nous ne pouvons laisser ignorer au public le zele de M. l'Evêque d'Auxerre, pour maintenir les libertés de l'Eglise Gallicane, & les droits de l'Episcopat.

Le fait est tiré d'un Mémoire intitulé : *Observations impartiales sur le Bref de sécularisation de la Congrégation de S. Ruf.*

Ce Bref incorpore & unit tous les biens de cette Congrégation à l'Ordre Militaire de S. Lazare. Comme le Pape a pressenti que les Evêques de France s'opposeroient à l'exécution du Bref, il y a mis cette clause monstrueuse : Que l'Evêque délégué par le Pape pour la fulmination du Bref, y procéderoit *sans la permission d'Ordinaire.*

Les Lettres-Patentes confirmatives du Bref, l'autorisent indéfiniment, & ont été enrégistrées. Ces nouveaux Magistrats ont sans doute cru faire un acte de dépositaires des Loix, & manutenteurs de la discipline Ecclésiastique. C'est aussi dans cette vue que M. de Cicé, Evêque d'Auxerre, Conseiller d'honneur, a accepté la délégation. L'Auteur du Mémoire paroît avoir pris la chose sous un autre point de vue, & nous apprend des faits assez singuliers sur cet objet.

» Est-il tolérable, dit cet Auteur, qu'un Evêque » de France oublie ses devoirs, son état, les droits » de l'Episcopat, au point de se charger d'une com- » mission si deshonorante ? Il est vrai que ce Prélat » sent assez l'odieux de sa conduite, pour ne vouloir » point exécuter le Bref de haute lutte, & sans s'em- » barrasser de ses Confreres ; mais il respecte assez peu » ses devoirs & l'honneur de ses Confreres, pour tra- » vailler à les rendre complices de son infidélité, en » les pratiquant en particulier ; en leur surprenant par » voie de souplesse & d'insinuation, sinon un consen-

» tement, du moins la promesse d'un lâche silence, » ou tout au plus d'une réclamation foible, sourde, » & qui demeurera ensevelie dans les procédures & » le Greffe obscur de leur Officialité.

» C'est un crime & une bassesse de la part de M. » l'Evêque d'Auxerre, de n'avoir pas ouvertement re-» fusé son ministere, jusqu'à ce que le Bref eût été » réformé à Rome; ce seroit conniver à sa honte, que » de se prêter à ses tortueux ménagemens. Il veut plaire » à la Cour en fulminant le Bref, & il craint de dé-» plaire aux *Evêques en le fulminant tel qu'il est. Dans* » cet embarras il tente d'affoiblir les Prélats intéres-» sés, pour leur faire adopter quelque mauvais accom-» modement, quelque parti foible qui couvrira le mal » sans y rémédier ».

Quelques personnes veulent que ce petit homme, attiré par l'espérance de quelques quarante mille livres, & d'un Siege plus considérable que celui d'Auxerre, ait sollicité cette honorable fonction. Il est certain qu'il est peu de personnes aussi zélées que lui pour le service de Mgr. le Chancelier. Celui-ci qui s'en sert comme d'un manœuvre subalterne, en le méprisant le paie, lui facilite les moyens de satisfaire ses vengeances personnelles. C'est par ce crédit qu'il est venu à bout de brouiller toutes les familles de sa Ville Episcopale; de tenter le renversement de tous les établissemens qui lui déplaisent. Il a exclu du Bureau de Ville tous ceux qui ne lui sont pas dévoués. Le nouveau Présidial a été formé sur le plan qu'il a envoyé. Il veut actuellement culbuter le Bureau d'Administration de l'Hôpital-Géral: il a déja obtenu un Arrêt, quoique les parties intimées n'ayent point été assignées ni entendues. Comme les administrateurs qu'on veut expulser ne cessent pas de se croire légitimement élus, le Bailliage a rendu une Sentence qui les condamne à 500 liv. d'aumône, s'ils font les fonctions d'administrateurs. Les Juges qui l'ont rendue, sont ou freres, ou cousins-germains de ceux qui ont été élus ensuite de l'Arrêt.

On voit que les Juges subalternes quadrent bien avec les Inamovibles leurs supérieurs.

Quant au Bureau de Ville, il est accusé & convaincu d'avoir gagné 12000 liv. sur les bleds que le Gouvernement a envoyés dans le tems de la cherté. Voilà le fruit des intrigues Episcopales.

Ce qui est étonnant, c'est que le Prélat, après tant d'injustices criantes, de calomnies atroces, on peut dire de noirceurs, ait eu le talent de persuader aux gens en place qu'il ne respiroit que la paix. Si le Parlement revient jamais, je ne doute pas qu'il n'ait le talent de lui persuader qu'il est le plus fier Parlementaire qui existe. Il en a déja préparé la voie en comblant de politesses les Officiers exilés dans son Diocese.

Il vient cependant d'éprouver une contradiction très-humiliante. Il a armé tout, employé intrigues, maneges bas, mémoires calomnieux, &c. pour empêcher le Sieur Baudesson d'être continué Maire d'Auxerre. Malgré ses cabales, ce citoyen honnête a été nommé par les Elus des Etats de Bourgogne, & confirmé par le Roi même présent au Conseil. Ce Prélat, pour satisfaire au moins son petit dépit, a fait rendre par son Bailliage, vendu à ses caprices, une Sentence ridicule, qui défend au Maire de faire ses fonctions. *Risum teneatis amici !*

On dit que l'on demande aux nouveaux Conseillers 300 liv de capitation, & deux dixiemes de retenue sur leurs gages.

Ils commencerent à trembler pour leur état. L'Abbé Desplaces député par le Chapitre de Notre-Dame, pour porter les saintes Huiles aux Barnabites ; interrogé par quelqu'un, pourquoi il avoit l'air triste, répond : *Nous sommes perdus*, on parle *d'un Vice-Chancelier.*

M. de Bonnaire, à qui on avoit donné dans un Acte notarié, la qualité de Conseiller au Parlement, l'a effacée en disant : *Ce n'est pas la peine pour vingt-quatre heures.*

On assure que M. de Boynes en a fait autant dans un acte de Baptême.

On avoit remarqué que la Cour du Chancelier diminuoit sensiblement ; qu'on ne s'empressoit plus tant à l'aborder : mais il a trouvé moyen de remonter ses actions par un petit manege dont nous rendrons compte, mais auquel il a fallu sacrifier la montre de dévotion & les visites à S. Denis.

Le Prince de Beauvau, qui est un des Pairs protestans, & a perdu son Gouvernement de Languedoc pour avoir persisté dans sa Protestation, a eu vers Pâque une conversation avec le Roi, où il a exposé à Sa Majesté les vrais motifs de sa conduite. Il paroît qu'il lui a persuadé qu'il n'avoit agi que par zele pour sa gloire & pour le bien public : car deux jours après il en a reçu une lettre, par laquelle le Roi lui donne vingt-cinq mille livres de pension sur sa cassette, & le premier Gouvernement qui viendra à vaquer.

Le fait suivant peut servir à faire connoître le génie de M. le Chancelier.

Quelques personnes ayant trouvé des propositions inexactes dans les sermons de l'Abbé Clément Prédicateur du Roi, mort depuis deux ans, ont sollicité plusieurs Docteurs de Sorbonne à en empêcher l'impression. On a donc recueilli 150 Propositions : mais on n'a osé rien faire sans l'avis de M. le Chancelier. M. Xaupy Doyen ne pouvant aller le trouver, M. Riballier en a été chargé. Sur la proposition de censurer l'*Abbé Clément*, M. le Chancelier qui croyoit qu'il s'agissoit de l'Abbé Clément frere du Conseiller au Parlement exilé à Croc, (qu'il appelle complaisamment le Marquis de Croc,) oncle de quatre autres Exilés, & Frere de l'Avocat Général de la Cour des Aides supprimé, dit avec empressement au Syndic : *frappez, frappez fort* ; c'est l'intention du Roi. Mais, Monseigneur, il s'agit de l'Abbé Clément Prédicateur du Roi, & Aumônier de Mesdames. Oh, répondit-il : *Etouffez, étouffez* ; qu'il n'en soit pas question.

De Clermont, le 30 Avril.

On demande à chacun des Conseillers du Conseil Supérieur de cette Ville 400 liv. de capitation. Cette premiere attaque sur leurs gages, leur paroît bien forte, & un pronostic fâcheux d'événements plus tristes.

De Bordeaux, le 20 Mars.

Les Officiers du Parlement ont écrit au sieur Choart Receveur-Général des Finances de cette Généralité, pour toucher leurs gages assignés sur cette Recette. Le Receveur leur a répondu qu'à la vérité il y avoit assignation sur sa Recette, mais que les fonds en avoient été tirés pour le Trésor Royal. Comme ils étoient accoutumés à avoir de très-modiques gages, ce délai ne les incommodera pas beaucoup. D'ailleurs ils n'ont jamais compté bien fort sur l'établissement de ces gages.

De Rennes. Extrait d'une Lettre du 15 Avril.

Un exilé de ce Parlement, obligé de vaquer à des affaires très-pressantes, a sollicité auprès de M. de la Vrilliere, une permission d'aller à ses terres pendant quelque temps pour y mettre ordre : il offroit après le terme, de revenir à son exil. M. de la Vrilliere n'a pas fait de réponse.

Il a écrit une autre lettre à M. le Duc de Filtzjames Commandant de la Province, qui a répondu qu'il *falloit commencer par liquider*. Ce Magistrat est très-résolu de n'en rien faire, & de conserver son honneur.

Un de ses voisins, exilé aussi, a cru en liquidant obtenir la liberté ; mais il n'en a retiré d'autre avantage qu'un papier inutile.

Quoiqu'on ait fait courir des listes de liquidés, il est certain qu'il n'y en a que deux.

Il faut joindre au premier M. de Brilhac, qui, à la bassesse de la liquidation, en a joint d'autres incroyables. Il a écrit au Chef du Tripot pour faire amende honorable de sa protestation : il demande pardon d'une démarche qu'il regrette, dit-il, & à laquelle il a été entraîné par le grand nombre. Il assure que son cœur n'a eu aucune part à cette séduction. Il sollicite l'estime & l'amitié de la Cour, & la permission de venir faire ses Pâques à Rennes, sans avoir à craindre le decret dont on menace les Protestants qui auroient la témérité de paroître à Rennes.

On n'a pas daigné lui faire réponse : on s'est contenté de lui faire dire que son repentir ne suffisoit pas, s'il ne rendoit sa rétractation authentique par un acte public, lequel seroit affiché où besoin seroit. Il y a apparence qu'il poussera sa lâcheté jusqu'à se conformer à ce qu'on exige; car il dit tout haut, qu'il vaut mieux être déshonoré que damné; comme si on pouvoit se sauver en se déshonorant.

De Caen, le 10 Mai.

La Noblesse s'est assemblée chez M. le Marquis de ***, & y a signé une protestation tant contre les Conseils Supérieurs de Bayeux & de Rouen, que contre l'enrégistrement des nouveaux impôts, qu'elle a déclaré ne vouloir pas payer, comme étant illégaux & enrégistrés contre les formes ordinaires & les Loix constitutives du Royaume.

De Bordeaux, le 20 Avril.

Les Audiences de la Grand'Chambre vont comme ci-devant : il n'en est pas de même du reste. MM. des Enquêtes sont divisés d'avec ceux de la Grand'Chambre, qui même entr'eux ne sont pas d'accord. Ils n'ont pas voulu enrégistrer l'Edit portant prorogation du Vingtieme.

On comptoit que le Maréchal de Richelieu viendroit pour l'enrégistrement. M. de Fumel en a été chargé : mais l'enrégistrement a été suivi d'une protestation de la part du nouveau Tribunal. Ils y traitent la transcription d'*illégale*; invoquent toutes les Loix constitutives de la Monarchie, & entr'autres la Loi sacrée de la Propriété, qui défendent la perception de tout impôt sans enrégistrement volontaire : ils vont même jusqu'à traiter de mauvais Citoyens ceux qui connivent à cet abus de l'autorité.

De Versailles, le 8 Mai.

Le Conseil des Dépêches s'est assemblé pour délibérer sur les Protestations de Bordeaux. Plusieurs graves Sénateurs crioient *tolle*; mais l'ame bienfaisante du Chancelier a incliné pour une correction bénigne. Il en est résulté un Arrêt du Conseil, qui casse l'Arrêté de Bordeaux, & commande de nouveau à M. de Fumel de le faire biffer de dessus les Registres. On assure même que le Parlement est mandé en grande députation.

Si on en croit certains Nouvellistes, c'est M. de Maupeou qui suscite toutes ces protestations, pour culbuter l'Abbé Terray.

De Rennes, le 10 Mai.

La Commission intermédiaire jette feu & flamme au sujet des nouveaux impôts, & du changement introduit dans le Tribunal suprême de la Province.

Elle a fait une Protestation très-vive, qu'elle a, dit-on, présentée à M. le Duc de Chartres à son passage. (Ce jeune Prince alloit à Brest voir lancer des vaisseaux à l'eau.) » Inutilement, dit la Commission, tenterions-» nous de faire agréer au Roi notre réclamation, puisque » l'approche du Trône est absolument fermée à la voix » des Magistrats & du Peuple.

Le Peuple a crié au passage de ce Prince, vive le Roi, vive Mgr. le Duc de Chartres, & l'ancien Parlement.

De Bordeaux, ce 25 Avril.

M. de Castelneau Conseiller des Enquêtes, a envoyé sa démission à Mgr. le Chancelier, qui lui a répondu : *S. M. reçoit votre démission, & improuve votre conduite.*

L'ordinaire suivant, il lui a fait l'amitié de lui faire adresser une Lettre de cachet, pour l'envoyer respirer l'air de S. Bertrand de Comminges.

M. de l'Ancre doyen de l'ancien Parlement étant mort, M. son fils Président de la même Cour, a fait mettre dans les billets d'enterrement, *doyen du Parlement de Bordeaux*. Quelques jours après il a été transféré de sa Terre près Langon, lieu de son exil, dans le fond des Pyrenées.

De Paris, le 13 Mai.

Le crédit & le commerce reprennent vigueur plus que jamais dans cette Capitale ; les rescriptions ne perdent plus que 40 pour cent ; les billets des Fermes 30 à 32. Les particuliers ne savent que faire de leur argent.

L'emprunt du Clergé est arrêté à dix millions, entre M. l'Abbé Terray, & les Agents Généraux. Le Ministre, pour rassurer le Public & le Clergé, a dit que l'intention du Roi étoit de se mettre à la place du Clergé vis à-vis des créanciers, en vertu d'un Arrêt du Conseil ; le tout pour simplifier les Finances & augmenter le crédit, comme il l'a pratiqué si heureusement vis-à-vis les créanciers des Etats de Bretagne. Dans le commencement on ne supprimera qu'un cinquieme des intérêts, comme pour les contrats de Bretagne.

Il s'est répandu depuis quelques jours un bruit qui heureusement s'est trouvé faux. On assuroit Mgr. le Chancelier exilé à sa terre de Bruyeres. La consternation étoit générale, sur-tout au Palais. Il faut espérer que Dieu nous préservera d'une pareille peur.

Du 17 Mai.

Une excellente Lettre sur *le Crédit de l'Etat*, qui parut il y a quelques mois, annonçoit combien les opérations de M. le Chancelier étoient capables de l'anéantir. Tout confirme cette prédiction, non-seulement au dedans, mais même au dehors du Royaume : le fait suivant peut le prouver. Il est d'usage en Hollande que dans les ventes publiques on met à l'enchere les effets publics, billets, *&c.* comme les meubles. Des effets de France, billets au porteur, reconnoissances, *&c.* se trouvant il y a quelques semaines dans une vente à Amsterdam, loin de hausser après la premiere mise, ils ne purent être adjugés qu'en perdant 80, 90 pour cent.

Un autre fait encore plus important, montre le peu de considération qu'a notre Gouvernement, depuis les bouleversements qu'a opérés M. de Maupeou. L'Empereur, le Roi de Prusse & l'Impératrice de Russie, viennent de conclure un Traité concernant la Pologne. Non-seulement notre Ministere n'y est entré pour rien, mais il l'a même ignoré presque jusqu'à la conclusion. Jamais dans tout autre temps on n'eût traité la France avec un si souverain mépris.

ANNONCE DE LIVRES.

Sur la fin d'Avril, a paru un petit Ecrit de 72 pages *in-12*, intitulé *Point de Vue*, ou *Lettre de M. le Président de *** à M. le Duc de ****. Le but de cet Ecrit est de prouver par un récit suivi de ce qui s'est passé depuis dix à douze ans, que les Jésuites ont préparé la révolution dont nous sommes témoins, & qu'actuellement ils sont encore derriere le rideau. L'Auteur a oublié de faire mention des efforts faits par ces Religieux pour rentrer en France ; de la protection qui leur avoit été accordée par Madame Louise & M. le Chancelier ; des plaintes formées par les Couronnes de la Maison de Bourbon, comme d'une infraction au pacte de famille, si on les souffroit en Communauté à Nancy ; enfin de la défense rigoureuse qui leur a été faite de s'assembler, soit à Paris, soit ailleurs.

Il auroit encore pu ajouter les prédictions faites par plusieurs Jésuites des événements actuels, entr'autres par un d'eux chez un Curé du Diocese d'Auxerre. Il y a long-temps que ces Peres ont le secret de faire des prédictions des événements qu'ils préparent : on se rappelle l'assassinat d'Henri IV, prédit à Venise & ailleurs.

L'intérêt qu'ils prennent aux opérations de Mgr. le Chancelier, est très-vif ; & leur crainte d'un changement de la part du Roi, très-grande.

Le Pere Garnier disoit, il y a quelques jours en nombreuse compagnie, où on parloit des bruits de rappel des Princes & du Parlement : *Si le Roi congédie le Chancelier, il n'y a pas d'autre milieu que de l'envoyer aux...* Nous supprimons le terme par respect ; c'est dans le même sens qu'on disoit il y a quelques mois à la table de M. l'Archevêque, que si cela arrivoit, le Roi n'auroit plus qu'à se faire Capucin. (Nous tenons le fait d'un témoin présent) : comme si un Roi ne pouvoit pas, sans honte, avouer qu'on l'a trompé.

On a répandu un autre petit Ecrit de 12 pages, intitulé : *La Justice gratuite* ; c'est une ironie fort bien soutenue de la promesse faite par Mgr. le Chancelier d'une justice gratuite : il est fait particuliérement pour la Normandie.

Les Ecrivains de Mgr. le Chancelier recommencent à publier leurs productions. Actuellement il se vend un gros *in*-8o, intitulé : *Lettres Provinciales*, ou *Examen impartial de l'origine, de la constitution*, & *des révolutions de la Monarchie Française* : par un Avocat de Province, à un Avocat de Paris.

Cet Avocat est le sieur Bouquet, Bibliothécaire de la Ville de Paris, pour la partie qui renferme les Manuscrits. Dès les premieres pages, on découvre une plume vendue à la faveur. Il avoit précédemment acheté celle de l'Evêque d'Orléans, dans l'affaire des six Abbayes, ce qui lui a mérité un Bénéfice.

Cet Ouvrage a un air d'érudition qui en imposera peut-être aux gens superficiels : mais s'ils veulent lire avec attention un excellent Ouvrage que nous avons déja annoncé, qui est l'*Inauguration de Pharamond*, c'est une réfutation anticipée des faux principes du sieur Bouquet. On ne tardera pas beaucoup à le convaincre de n'entendre ni le François ni le Latin ; d'être un Traducteur inexact ; de falsifier les Auteurs qu'il cite, & d'ignorance grossiere de la matiere qu'il traite.

Tous les Ordres de l'Etat sont intéressés à ce qu'il soit réfuté comme il le mérite ; peut-être cela détournera-t-il la menace qu'il nous fait de 3 volumes *in*-4o. sur la même matiere.

No VII.

Du Dimanche 9 Août 1772.

De Rouen, le 20 Juillet 1772.

LA Noblesse de Normandie s'est malheureusement perdue par la lecture de la *Correspondance*. Elle tient depuis plusieurs mois des assemblées où il a été résolu de ne payer aucun des nouveaux Impôts sans le consentement des Etats : elle a fait imprimer un Mémoire au Roi, concernant les Droits de la Province, & qui est absolument l'antipode des vues sages du Gouvernement. Il est très à craindre qu'un pareil Libelle ne parvienne à gâter totalement les esprits de Messieurs les Normands.

Les Membres de leur feu Parlement ne se conduisent pas mieux. M. Bertin leur a écrit une lettre tout-à-fait jolie, pour les engager de remettre au Greffe les procès dont ils étoient chargés. Ils ont mieux aimé garder *tacet* que de répondre par un refus précis. Le sieur Blondel, Conseiller du feu Parlement de Paris, s'est expliqué plus franchement à M. de la Vrilliere en réponse d'une aussi jolie Epître que ce Ministre lui avoit écrite sur le même sujet. Ces vilains Normands ne veulent pas non plus entendre parler de liquidations ; mais ils ont beau faire, le Capitaine Crosne & son Conseil jouissent toujours de la même considération. On compte 380 hymnes, sonnets, parodies ou farces composées à leur louange.

De Rennes, le 10 Juillet.

Depuis la malheureuse Protestation que la Commission Intermédiaire a remise entre les mains du Duc de Chartres, contre les Impôts qu'on pourroit établir illégalement, & contre la suppression de leur vieux Parlement, *l'esprit de système, aussi incertain dans ses principes qu'il est hardi dans ses conséquences*, a infecté toute la Province. La Noblesse veut imiter celle de Normandie : elle s'est nommée des Juges près de son Corps, pour terminer leurs contestations. Cependant leur Parlement nouveau-né jette un fort beau coton, graces aux peines que l'honnête M. Bastard s'étoit données pendant deux mois de leur faire faire régulièrement l'exercice en sa présence, & le soin qu'il avoit eu de donner à cette nouvelle recrue des répétiteurs pour leur apprendre à lire & à écrire.

Les Etats s'assemblent au mois d'Octobre : il seroit bien à desirer pour la félicité des Peuples, que notre sage Gouvernement pût parvenir à se passer de pareilles Assemblées, qui sont toujours très-tumultueuses. En effet, pourquoi ne feroit-on pas jouir Mrs. les Bretons du même bonheur dont jouissent les pays d'Election ? On a lieu d'espérer des vues patriotiques de M. le Chancelier, qu'il y enverra *postillonner* M. le Duc de Fitz-James, Pair Catholique de France, & son bon ami, avec des ordres par écrit fort durs, & un ordre verbal de les exécuter encore plus durement. Les Etats se porteront à quelque démarche vive qui donnera une occasion aussi juste que desirée de les anéantir. Quelle satisfaction pour la Province ! & que de graces n'aura-t-elle pas à rendre à un aussi *grand homme* que M. de Maupeou !

De Bordeaux, le 4 Juillet.

M. le Maréchal de Richelieu a mandé en Cour le récit d'une nouvelle victoire qu'il a remportée en Guienne. Le Parlement de cette Province avoit fait des Remontrances très-fortes au sujet des nouvelles impositions ; & les Ministres craignoient que la résistance n'allât encore plus loin : mais ce Maréchal les a tirés d'inquiétude. Il a écrit qu'on n'avoit plus de Remontrances à appréhender ni pour le moment présent, ni pour l'avenir ; que le Parlement avoit arrêté de n'en plus faire en aucun cas, attendu leur inutilité. Les Ministres ont dit tant mieux. Il y a eu *gala* à cette occasion : cette excellente affaire n'a coûté que l'expédition de deux Lettres-de-cachet pour envoyer en exil deux mauvais sujets qui s'étoient glissés parmi les Sénateurs de cette Province, & qui auroient pu les corrompre & leur gâter l'esprit.

De Bruxelles, le 3 Juillet.

On mande de Bruxelles que sur quelques soupçons que le Chancelier de France a eu que ce malheureux AUTEUR de la *Correspondance* s'étoit réfugié dans cette ville, il a aussi-tôt lâché après lui une escouade d'espions & des Jésuites défroqués, pour se saisir de sa *petite* personne, au mépris du Droit des Gens dont il se F..., dit-on, autant que des Loix de son pays.

De Compiegne, le 15 Juillet.

M. le Chancelier, informé que plusieurs Provinces ne sont pas assez dociles à l'acquittement des nouveaux Impôts, sous prétexte qu'ils n'ont point été accordés par des Tribunaux Légaux ou par des Etats, est occupé jour & nuit à sapper le mal par la racine. Il enverra sous peu de jours à la Cour des Pairs un Arrêt tout dressé, pour brûler par la main du *Bourreau*, l'art. 135 de l'Ordonnance de 1560, qui dit que l'*Assemblée des trois Etats est nécessaire, & leur accord aussi, quand il est question d'octrois de deniers*, comme étant ledit article, impie, criminel de leze-Majesté au superlatif du premier chef, blasphématoire, offensif des oreilles pieuses, notamment celles des Ministres; hérétique, Janséniste & *Correspondant*, quoique ladite Ordonnance ait été faite à la requête des trois Etats du Royaume assemblés à Orléans, & que le Roi y fût assisté de sa mere, de son oncle le Roi de Navarre, des Princes de son Sang, des Seigneurs & gens de son Conseil. Il paroîtra en même temps un Mandement de M. l'Archevêque, fait comme les autres, par un de ses Grands-Vicaires, pour déclarer hérétique un certain Joachim Duchalart, qui se mêloit dans son temps d'*avocasser* & de faire l'entendu. Cet animal-là s'est avisé de faire sur cet article 135 les remarques suivantes. (Néron, vol. 1, pag. 371.) » Il est impossible à un Roi de bien régir & gouverner ses Sujets, s'il ne le fait par le conseil des Sages de son Royaume. Les Princes doivent donc ouir les plaintes du Peuple, & prendre conseil des Sages, afin de mieux conserver & entretenir la République, la rendre florissante, accroître les vertus & chasser les vices. Un Roi n'est pas créé Roi pour avoir près de soi des flatteurs, des tyrans & fléaux du peuple, des inventeurs de nouveaux subsides, mais pour avoir l'œil attaché sur son peuple, pour le

» soulager & le traiter en bon pere ; pour combler » les bons & vertueux d'honneurs & de biens, & » pour punir les mauvais & les extirper du corps de » la République : il faut pour plaire à Dieu, pour » être aimé & craint de son peuple, & pour être » respecté des siens & des étrangers, que le Roi ne » se précipite point dans le labyrinthe des vices, & » qu'il ne se donne point en proie aux appas trom» peurs des plaisirs ; qu'il écoute ses Sujets riches ou » pauvres, & qu'il tâche de subvenir à leurs besoins. » Philippe de Macédoine refusant un jour d'écouter » les plaintes d'une pauvre femme, elle lui dit : *ou » ne veuilles être Roi, ou entends les plaintes & gé» missemens de ceux qui se plaignent & demandent jus» tice.*

Ce Duchalart ne s'est-il pas aussi avisé de faire des commentaires sur les articles des Ordonnances d'Orléans & de Moulins qui concernent les suppressions d'Offices de Magistrature ? Cet imbécille convient que le Roi peut supprimer de pareils Offices quand il en trouve le nombre excessif pour l'administration de la Justice ; mais il prétend que la suppression ne doit s'opérer sur la tête de chaque Officier, qu'en cas de mort ; & que pour lors le Roi doit rembourser en deniers effectifs la finance de l'Office, & ce conformément à l'article 211 de l'Ordonnance de Blois de 1579, & aux Edits de Henri II, François I & Charles IX Si cette homme-là eût vécu dans un siecle aussi éclairé que le nôtre, il n'auroit certainement pas produit une pareille hérésie.

Au surplus, d'après toutes les précautions de M. le Chancelier, on ne doute point que l'*esprit de systême* ne s'éteigne absolument dans le Royaume, & qu'on ne reçoive à l'avenir avec autant de plaisir que de résignation, tout impôt quelque exorbitant qu'il puisse être.

Les Peuples certainement ne sont pas dans l'impossibilité de les payer, puisque le Contrôleur-Général qui connoît leurs besoins mieux qu'eux-mêmes, a jugé à propos d'ordonner de son chef aux Intendans de forcer presqu'au double les Vingtiemes des biens-fonds, à l'exception cependant de ceux qui appartiennent aux Inamovibles. Cette exception ne peut faire qu'un tort très-léger aux coffres du Roi : mais il en seroit autrement s'il s'agissoit d'une Imposition qui portât sur le plus ou le moins d'industrie.

C'est le sort des Grands Hommes d'être persécutés. Qui croiroit qu'un Chancelier aussi amoureux du bien public, aussi sage, aussi prudent que M. de Maupeou pût trouver des ennemis même dans le sein du Ministere ? Les Ministres prétendent qu'il veut les chasser tous comme mauvais train ; qu'il se mêle de toutes les affaires de leurs Départemens. Il est vrai que Monseigneur ayant trouvé l'Ordonnance de M. de Boynes tout-à-fait saugrenue, l'amour de sa Patrie l'a engagé à faire écrire sous-main à plusieurs Officiers de Marine dans les ports de Brest & de Toulon, que quoique l'Ordonnance du sieur de Boynes eût assez d'analogie à son Edit du mois de Décembre 1770, il s'imaginoit que le Corps de la Marine feroit fort bien de cesser le Service, parce que l'obéissance militaire ne devoit pas être aussi aveugle que celle de la Magistrature. L'amour de sa Patrie l'a engagé encore à demander au sieur de Cluny de lui donner des Mémoires contre l'administration du sieur de Boynes : il s'est même servi du nom du Roi en cette occasion, comme dans bien d'autres qui lui ont si bien réussi. Le Roi doit lui savoir certainement bon gré de toutes ses manœuvres ; & l'avenir nous en apprendra la récompense.

Ce grand Ministre avoit demandé au Roi comme de raison, une indemnité pour la perte immense qu'il éprouve dans les émolumens du Sceau depuis deux ans. Ses ennemis n'ont-ils pas déterré deux placemens d'argent qu'il vient de faire tout récemment à son profit, l'un de cent mille écus, & l'autre de quatre cens mille livres. Ils prétendent aussi avoir la preuve qu'il a reçu pour lui dix mille livres de pot-de-vin, & deux mille livres pour Tury son Sécrétaire, à raison de l'agrément d'une charge qu'il a donnée ; mais la candeur, la bonne foi, le désintéressement de cet homme si vertueux le mettent à l'abri de tout soupçon.

De Paris, le 25 Juillet.

Le Clergé, après avoir été à Compiegne faire ses complimens au Roi, a fini Jeudi dernier la clôture de son Assemblée. Il a donné dix millions de livres *très-volontairement.*

Le Gouvernement toujours occupé du rétablissement des finances, emploie, dit-on, partie de cette somme en frais extraordinaires d'espionnages au sujet de la *Correspondance* & autres Libelles *scandaleux.* Aussi a-t-on fait bonne chasse. Tronchet & Receveur, limiers ordinaires de M. le Chancelier, ont pris une douzaine de pauvres diables soupçonnés d'avoir colporté ces ouvrages de ténebres. Ils ont été fourrés au cachot, maltraités, intimidés, interrogés avec un grand succès. On est sur la piste de l'Auteur : il y a lieu d'espérer qu'en dépensant encore trois à quatre millions, & arrêtant vingt-mille personnes, on pourra bien découvrir ce *mauvais Chrétien*, & le mettre en la possession de M. le Chancelier, *pour en jouir, faire & disposer ainsi qu'il avisera.*

La Cour des Pairs s'est assemblée pour délibérer au sujet des Colporteurs renfermés à la Bastille. Il y a eu grande altercation entre les respectables Magistrats qui la composent. Les uns disoient qu'il est expédient de faire *patte-de-velours* pendant l'*enfance* de ladite Cour, & jusqu'à ce qu'elle ait au moins le poil follet : que si elle en use autrement, elle en sera plus odieuse sans en être plus considérée : même qu'au lieu d'*œufs rouges* dont on a coutume de la régaler, on lui servira peut-être des *coups de trique*, qui sont encore de plus dure digestion : à quoi les autres répondoient, que si ladite Cour prend le parti de la douceur, elle en sera plus bernée. Jamais l'*âne de Buridan* ne fut plus indécis entre ses deux picotins d'avoine, que la Cour l'a été pendant trois semaines entre ces deux avis : Enfin par ordre de M. le Chancelier elle s'est déterminée à faire une procédure criminelle ; parti extrêmement sage, qui rend ladite Cour Juge dans sa propre cause. La plainte a donc été rendue : on a déja entendu une quarantaine de témoins, qui tous, de quelque condition qu'ils soient, ont requis très-exactement taxe, au grand regret du Greffier, qui avance les deniers, & qui ne se croit pas trop sûr du remboursement, quoique MM. les Inamovibles lui en répondent sur leur *honneur* : là finit le ministere des témoins. M. Goëzmann, Rapporteur de cette grande affaire, & excellent Criminaliste, s'avisoit, pour le bien de la chose, d'interroger les témoins, sur faits non contenus dans la plainte : mais l'un d'eux, qui avoit déterré un article de l'Ordonnance criminelle, qui défend aux Juges d'interroger les témoins, en a fait part au Commissaire de la Cour des Pairs qui reçoit les dépositions : Vérification faite, cet illustre Inamovible s'est excusé, sur ce qu'il ignoroit non-seulement l'existence de cet article, mais même l'Ordonnance qui concerne les affaires criminelles, dont, ajoutoit-il ingénument, *il ne s'étoit jamais occupé.*

L'affaire de l'Abbé Bouchaud se suit plus rondement. Ce Prêtre, un des soixante-quinze Inamovibles de Sa Majesté s'est plaint à sa Cour des Pairs, comme on sçait, de n'avoir pas reçu du sieur Ringard dans l'Œuvre de sa Paroisse tous les honneurs qu'il méritoit. La Cour a ordonné une information : mais comme par une fatalité extraordinaire, il ne s'est trouvé aucun témoin qui déposât de cette insulte publique, on s'est contenté d'abord de décréter le sieur Ringard de prise de corps ; & par la même occasion, de décréter M. son pere d'ajournement personnel. Mais on ne s'en tiendra pas-là : si on continue à ne pas trouver de témoins, la Cour décrétera toute la Paroisse ; & pour prévenir de pareils abus, le Chancelier compte supprimer les Œuvres de toutes les Paroisses de Villes ou de campagne, jusqu'aux Bedeaux inclusivement, comme *gens de robe.*

Dieu soit béni : enfin M. le Chancelier Lamoignon est mort. Il a très-bien fait. Le Public étoit fort scandalisé de l'obstination ridicule qu'il avoit de lutter contre la mort, quoiqu'il ne pût se dissimuler que chaque jour de sa vie coûtoit à son successeur 33 l. 6 s. 8 d.

pour son logement, qu'il payoit au mois. M. de Maupeou a eu pour M. de Lamoignon, pendant sa maladie, les plus grandes attentions, jusqu'à vouloir faire démeubler la Chancelerie de son vivant, à l'exception de sa chambre. Il a étendu son honnêteté jusques sur M. son fils, en lui accordant cinq jours pleins pour vuider les lieux, & arranger toutes les affaires de la succession de M. son pere, en le priant très-poliment de s'en retourner ensuite à sa terre.

Le Chef de la Justice perd le goût des Liquidations. On ne peut en douter, puisqu'il le dit lui-même; & que d'ailleurs on n'a pas remboursé un seul des Liquidés, ce qui n'est pas le moyen d'encourager les Liquidations. C'est une nouvelle preuve que M. le Chancelier fait tout à propos. Cette denrée sera désormais excessivement rare: il n'y en a pas une seule depuis six mois. Il est étonnant que le sieur d'Ormesson, Intendant des finances, malgré la dose distincte qu'il a toujours eue, se méprenne aux intentions du Patron. Il s'imagine bonnement qu'il a plus besoin que jamais des Liquidations. Il a consulté là-dessus sa vieille Maîtresse, qui s'est trouvée du même avis. En conséquence il harcelle vigoureusement son frere le Président, pour l'engager à se couvrir de gloire en consommant sa Liquidation; mais le Président ne veut pas absolument se couvrir de gloire.

MM. d'Aguesseau & de Brou ont été reçus Avocats du Roi au nouveau Châtelet. Ils ont eu en conséquence l'honneur inestimable de prêter serment devant Messieurs les Inamovibles. M. d'Aguesseau ayant prié M. Gerbier de le présenter, cet Avocat lui a dit: *Je le veux bien, Monsieur, puisque vous en avez le courage.* Ce n'est pas moi, lui a répondu le jeune homme, ce sont mes parens qui m'y ont forcé.

A propos de Gerbier, ne s'avise-t-il pas de mal mener la Cour des Pairs. Le 10 de ce mois elle a rendu Arrêt en faveur de M^de^. de Saint-Sauveur fort protégée de M^de^. de Sauvigny. Ce marousle-là, en pleine Audience, a crié à l'injustice, que la conduite des Pairs étoit infame, de condamner sa Partie sans que lui Avocat eût parlé; qu'il avoit dans son sac les preuves les plus authentiques de la fausseté des faits avancés par l'Avocat de sa Partie adverse. L'Inamovible Quyrot a eu beau lui crier que si l'Avocat-Général faisoit bien, il l'interdiroit sur l'heure, Gerbier a crié encore plus fort à l'injustice; & en s'en allant, il disoit à tous ceux qui le rencontroient, qu'il n'avoit jamais vu de plus grands ânes ou de plus grands frippons. Il est vrai que dans cette affaire la Cour des Pairs n'a pas suivi la marche ordinaire des Loix; mais sans doute des raisons d'Etat, dont *elle ne doit compte qu'à sa sagesse*, ont déterminé son Jugement.

On vient d'arrêter un homme pour avoir dit que le Chancelier étoit le plus bas COQUIN & le SCÉLÉRAT le plus fou qui ait jamais existé On dit qu'il sera fouetté avec cet écriteau: *toutes vérités ne sont pas bonnes à dire.*

Du 26.

C'est au génie bienfaisant du sieur Bastard, Conseiller d'Etat que l'on doit l'invention, la conduite & les formes légales des procédures faites par les Inamovibles Bretons contre l'Evêque de Rennes, sur la requête & délation de M. Desnos Evêque de Verdun, qui dans l'affaire en question, de son aveu consigné dans une lettre par lui écrite à M. de Montluc, ne pouvoit y avoir aucun intérêt. Cette conduite de la part de ce Prélat lui fait un honneur infini dans son Corps, à la Cour & à la Ville.

Un nommé Blanchard, soi-disant Procureur au feu Parlement, s'étant avisé au Palais Royal de discuter sur les qualités éminentes de Nosseigneurs Bilheu & Goëzmann, deux des soixante-quinze Inamovibles de Sa Majesté, a été honoré d'une lettre de S. M. qui le prie de vouloir bien achever ses dissertations à une vingtaine de lieues de Paris.

Il n'y a plus que deux Places vacantes au Parlement. On y court comme au feu.

ANNONCES

C'est tout comme chez nous : c'est un parallele des crimes abominables de Struensée avec les vertus *correspondantes* de M. le Chancelier. On voit d'un côté les faits & gestes du Struensée François, & de l'autre ceux de Maupeou Danois. Chacun avoue que le *recto* efface le *verso*.

L'Art d'escamoter promptement des jeux de carte, par M. Coste de la Calprenede, un des 75 Inamovibles de S. M. Cet ouvrage est fait de main de maître : l'Auteur met en théorie la pratique des talens qu'il a fait briller avec tant de succès au Bal donné par l'Ambassadeur d'Espagne sur les Boulevards en 1770, quoiqu'on se soit apperçu du ressort qu'il avoit dans la manche de son domino.

Le Talent de se marier avec rien, en paroissant avoir beaucoup ; par M. Martin de Bussy, un des Inamovibles. Voulant épouser la fille de la Loueuse de chaises de Saint Roch (& non de S. Leu, comme l'a dit gauchement l'Editeur des Œufs-rouges), mais n'ayant rien à montrer, il engagea un de ses amis, Confrere de Cléricature du Palais, de lui prêter pour quelques jours mille écus, que celui-ci avoit amassés pour se mettre en charge. Les mille écus furent présentés comme appartenans au sieur Martin : ce mariage se fit & aussi-tôt après, le marié, fidele à sa parole, reporta la somme à son ami.

N° VIII.

De Rouen, le 16 Août 1772.

HIER, Fête de l'Assomption, MM. les Inamovibles du Bataillon de Normandie ont défilé processionnellement, suivant l'usage, par les rues de la Ville ;

une cabale obscure de cent-trente mille ames a fait d'inutiles efforts pour les mettre en déroute. Serrés entre deux haies de canaille sifflante, huante & conspuante, leur courage & leur prudence ordinaire ne les ont point abandonné : ils ont doublé le pas sans rompre leurs rangs, & regagné avec autant d'ordre que de vitesse le Temple de la Justice. Après cette retraite, une des plus belles qu'on ait jamais vu depuis celle de dix mille, le sieur de Crosne, leur Capitaine, voulant témoigner à ses gens combien il étoit satisfait de leur manœuvre, leur a donné la soupe à tous dans son Hôtel. On dit que le lendemain la troupe a fait chanter un *Te Deum* pour remercier Dieu d'en avoir été quitte à si bon marché, & ensuite un beau *Miserere* pour qu'il daigne éclairer les Normands sur leurs véritables intérêts.

De Paris, le 9 Septembre 1772.

La Cour des Pairs a pris ses vacances en la maniere accoutumée. La distribution des gages s'est faite encore avec plus de décence que l'année derniere, graces aux documens du pauvre défunt (l'Auteur de la Correspondance). Ce n'est pas, dit-on, le seul bon avis qu'il ait donné à nos respectables Magistrats : ils en profiteront quelque jour, s'il plaît à Dieu, en attendant, son procès & celui de ses adhérens se suit avec autant de succès que d'intelligence. Comme tous les témoins chargent (apparemment par gestes, car ils s'obstinent à ne rien dire) M. le Prince de Conti, sans qu'il y en ait encore assez pour pendre Son Altesse Sérénissime, la Cour a cru devoir prendre des éclaircissemens avec le sieur de Payge, Bailli du Temple. En conséquence, elle a préludé suivant sa modération ordinaire, par un simple décret, sauf, en cas de réponses louches, à lui donner un petit bout de question pour le faire jaser. Qui croiroit que ce rebelle aux vues sages de la Cour, refuse de comparoître, qu'il pousse le fanatisme jusqu'à méconnoître la qualité si bien établie de *Cour des Pairs* ? Comme il

pour être peu fêtée par une demi-douzaine de Princes du Sang, par quelques Puissances étrangeres, par une poignée de Ducs & Pairs, & par vingt millions de galopins entichés de *l'esprit de système aussi incertain dans ses principes, que hardi dans ses conséquences*, la Cour en étoit moins ce qu'elle est, comme si tous les bons citoyens, M. le Chancelier à la tête, ne voyoient pas en elle cet antique Sénat de la France, ce Conseil légal des Rois, ce Tribunal suprême de la Pairie dont l'origine se perd dans la nue des temps, que la crise de 1771 a purifié sans le détruire, & qui après avoir fait peau neuve en passant par ce grand remède, s'est retrouvée sur ses pieds plus saine & plus florissante que jamais.

De Bordeaux, le 20 Août 1772.

Messieurs les Inamovibles du Régiment de Guyenne se sont mis dans la tête une idée tout à-fait baroque : elle consiste à ne se plus regarder depuis leur circoncision comme un Parlement, mais comme une troupe de Commissaires. En cette qualité, ils n'ont jamais voulu prendre la robe rouge le jour de l'Assomption.

M. le Président de l'Ancre, exilé dans les Pyrénées, est tombé dangéreusement malade : sa famille a sollicité pour lui la permission de revenir dans une de ses terres ; mais M. le Chancelier en qui le zele pour le service du Roi & pour la *félicité des Peuples* étouffe tout autre sentiment jusqu'à l'humanité inclusivement : a répondu : *M. de l'Ancre est donc bien mal ; tant mieux, il se fera liquider.* On a eu beau rendre au Président cette exhortation pathétique, il s'aheurte à créver plutôt que de liquider.

De Toulouse, le 7 Septembre.

MM. les Inamovibles du Régiment de Languedoc ont pris campos. Il étoit temps, au dire de M. *Bourgelas*, que la Cour se mît *au verd*; encore quelques jours de tirage, & les pauvres diables étoient fourbus ; aussi avoient-ils bien jugés à vue de pays trois ; ou même quatre procès. On espere qu'il leur reviendra bientôt du renfort, n'y ayant pas de moyen honnête que M. le Chancelier n'emploie pour ramener à la bonne voie leurs freres errans Le sieur Rasin est un de ceux à la conversion desquels le chef de la Justice travaille le plus vigoureusement. On a commencé par l'envoyer respirer l'air d'*Usez* où il est à peu près *comme les oiseaux du Ciel*, sans pain ni pâte, sans meubles, sans marmite, réduit à subsister, moitié du très-petit argent que M. son pere, ladre parfait, lui lâche de temps à autre fort chichement ; moitié d'aumônes déguisées sous le nom de prêt. Tout cela ne lui ouvroit point les yeux, M. le Chancelier étoit au bout de son rollet ; par bonheur ce grand homme consommé dans la science des Loix, comme dans celle du Gouvernement, a découvert depuis peu qu'en pays de Droit écrit, les fils de famille n'ont pas le sol ; fussent-ils âgés de 70 ans, jusqu'à la mort de leur pere. Sur cette nouvelle, il a dépêché au papa un courier pour l'exhorter à couper entiérement les vivres à son fils, jusqu'à ce qu'il soit liquidé *volontairement*, ou mort de faim.

De Versailles, le 15 Septembre 1772.

La révolution de Suéde produit ici le meilleur effet du monde. M. le Chancelier en tire un argument invincible en faveur de son opération, vu l'exacte conformité du Parlement de Suéde avec le Parlement de Paris ; *c'est tout comme chez nous.* Ces vilains Suédois disposoient des troupes à leur fantaisie, renouoient les cordons de la bourse, tailloient les morceaux au Roi & aux Princes du Sang, donnoient les pensions, les Gouvernemens, les Emplois civils & militaires, ressaçoient quand il leur plaisoit les Ministres & l'administration, *même sans Lettres Patentes* (*). Une fine

(*) *Voyez* les Lettres-Patentes *dressées par M. le Chancelier pour commencer le procès du Duc d'Aiguillon ; elles permettent au Parlement d'examiner* même son administration secrette.

politique, de projets bien suivie, un profond secret, appanages des Corps peu nombreux, les rendoient infiniment redoutables : pour comble de malheurs, le Roi n'avoit dans sa main ni graces pour les gagner, ni lit de Justice pour contraindre leurs délibérations, ni lettres de cachet pour punir leurs résistances; encore une fois c'étoit *tout comme chez nous.*

Aussi la révolution opérée en France par les soins de M. le Chancelier, & celle que Gustave a cru devoir faire en Suéde ont-elles été conduites sur le même plan. Le discours du jeune Monarque honnête, paternel, si propre à calmer les inquiétudes que ses Sujets auroient pu concevoir pour les Loix, pour la liberté, pour la propriété, ne ressemble-t-il pas parfaitement au fameux Edit de Décembre 1770; & la détention des Sénateurs de Stokolm pendant deux jours, à l'exil de vingt mois dont on a déja régalé les Sénateurs Parisiens?

Il y a néanmoins une petite différence entre les deux héros (car toute comparaison cloche) c'est que le Suédois se déclare un peu plus ouvertement que l'autre pour les Etats & contre le Despotisme. Ne seroit-ce point que Gustave auroit senti l'impossibilité de trouver chez lui une Magistrature du même poil que notre nouveau Parlement, si docte, si vertueuse, si respectée des Grands & des petits, si capable de remplacer avantageusement les Etats, & de prévenir les abus du Despotisme *en l'éclairant sans la combattre?*

Au surplus, la révolution arrivée en France doit faire beaucoup plus d'honneur à M. le Chancelier. On y reconnoît une supériorité de génie, une élévation d'ame, & sur-tout un amoureux-fou de la Patrie. Gustave au contraire a eu la petitesse d'esprit dans la convention qu'il a faite avec les Etats de Suéde, de laisser à son Peuple la Loi d'*Habeas corpus*, telle qu'en Angleterre; ce Prince pendant son séjour à Paris aura vu mauvaise compagnie où il aura contracté *l'esprit de systême.* Il faut que Sa Majesté Suédoise ait bien peu d'expérience pour ne pas sentir les douceurs d'une lettre de cachet; en France on n'est pas si chiche de cette denrée; on y en a expédié quatre-vingt mille pour la querelle seule du Jansénisme. Tout ce qu'on peut dire à la louange de Gustave, c'est que c'est un mauvais copiste de M. de Maupeou.

Paris, le 20 Septembre 1772.

Les liquidations sont toujours embourbées. M. le Chancelier à qui rien n'échappe, n'ignore pas la cause d'un si fâcheux contre-temps. Il a daigné s'en ouvrir tout *Novissimè* à un Chanoine de Meaux. Le Prêtre tâchoit d'émouvoir les entrailles du Chef de la Justice en faveur d'un sien parent supprimé & exilé par la même occasion : il s'agissoit d'accorder au pauvre réformé la permission de venir passer vingt-quatre heures à Paris, & cela pour chercher ses Provisions : elles étoient, disoit le Chanoine, dans un certain galetas; son frere étoit le seul qui pût les déterrer, après quoi il liquideroit sur le champ. *Est ce donc*, a répondu le Magistrat avec cette dignité qui lui est naturelle, *que vous vous f..tez de moi comme les autres? Depuis la lettre du Président d'Ormesson, on n'est plus si dupe.*

Monseigneur le Procureur-Général de la Cour des Pairs vient de démontrer par son exemple, que les plus grands génies sont les moins attachés à leur sentiment. Les Epiciers de cette Capitale avoient prouvé à *son honneur* (voyez les houins de Guliver) par des raisons du poids de 24 mille livres, que l'usage des pese-liqueurs ou aréometres dont la Ferme-générale se servoit pour les Eaux-de-vie pouvoit être préjudiciable au commerce ; ce Magistrat en conséquence avoit fait rendre l'année derniere un Arrêt par la Cour des Pairs, qui suspendoit l'effet des Lettres-Patentes enrégistrées à ce sujet. Depuis, MM. les Fermiers-généraux, Jurés-Experts en fait de *bonheur des Peuples*, lui ont prouvé par d'autres raisons du poids de 50 mille livres, que rien n'étoit plus salutaire pour le soulagement des contribuables. Cet homme vertueux les a goûtés, & en conséquence il a fait rendre le mois dernier un autre Arrêt qui leve la surséance.

Il se répant ici une nouvelle qui jette la consternation dans tous les ordres des citoyens. On prétend que M. le Chancelier veut encore maçonner pour la S. Martin prochaine une quatrieme Cour des Pairs Inamovible comme les trois premieres. Ce sont des cris, ce sont des pleurs, des gémissemens inexprimables : quoi, disent les soixante-quinze, nous étions si bien plantés, nous étions si vénérés, si chéris, si bien fêtés, si bien chauffés, si bien alimentés, si bien rasés, si bien désaltérés ; peut-on donner ainsi de la pelle au cul à la premiere Cour de France, aux exécuteurs de la Justice, aux Peres de la Patrie ? Cette nouvelle n'est malheureusement que trop vraie ; c'est M. d'Aligre, cet habile négociateur, qui s'est chargé lui-même de cette belle besogne. : il roule de côté & d'autre pour faire des recrues, & engueuser quarante membres des plus souples de la vieille troupe ; la confiance qu'elle a toujours eue dans l'esprit, la sagacité, les lumieres, la prudence, le tact de ce Premier Président, ne laisse aucun doute sur le succès de ses vues politiques. Quel affreux avenir pour notre magnifique & louable Cour des Pairs actuelle ! En effet, que M. le Chancelier soit renvoyé ou non, elle ne peut plus que faire une mauvaise fin : au premier cas, Nosseigneurs seront honnis & puis chassés : & au second, chassés & toujours honnis. A qui se fiera-t-on désormais, si le Chef de la Justice péte si vilainement dans la main de ses enfans bien aimés ? On donnera, l'ordinaire prochain, le détail de cette fameuse négociation.

Très-haut & très-puissant Seigneur, Mgr. Calmard, Seigneur de Sarca & autres lieux, l'un des soixante-quinze Inamovibles de Sa Majesté, est *décédé* de la morve à Auteuil près Paris. C'étoit la Maison la plus illustre de la robe *actuelle* : il étoit, comme chacun sçait, cousin-germain du très-haut & très puissant Seigneur, Monseigneur Calmard Baron de Montjoli, qui après avoir eu trois fois les honneurs du triomphe dans les places de cette Capitale, s'est retiré *volontairement* à Marseille où il occupoit un poste éminent sur les Galeres de Sa Majesté. *Ab uno disce omnes*; jugez de la piece par l'échantillon.

L'Editeur de la Correspondance a fait passer à notre bureau la lettre suivante.

LETTRE à l'Auteur du N°. 7 du Supplément à la Gazette.

D'HONNEUR, M. le Gazetier du N°. VII. vous êtes un homme charmant. Tout de bon il me prend envie de dire du bien de vos supplémens. Si vous en fournissez souvent au Public qui vaillent le dernier, notre réconciliation est une affaire que je tiens pour terminée. Je vous jure d'en faire volontiers toutes les avances.

Comme vous narrez agréablement ! Votre Ecriteau pour l'homme condamné au carcan, est de la plus jolie invention, & la suppression projettée par M. le Chancelier des Bedeaux de toutes les Eglises comme gens de Robe est un Sarcasme, dont je voudrois être l'auteur. Mais ce n'est pas tout ; à la plaisanterie vous joignez des choses de la plus grande utilité. Votre extrait de Du-Chalard sur les Ordonnances de Néron est un morceau très-instructif. De grace, donnez-nous de tems en tems quelques autres échantillons de votre savoir-faire.

Ne vous imaginez point cependant que je vous fasse cette lettre pour chanter vos louanges. Le Public a pris ce soin avant moi : Et quelque connoisseur que je me flatte d'être en cette matiere, ce Panégyriste vaut mieux, puisqu'il est certainement meilleur juge. Je veux seulement vous faire à savoir que je me joins à lui de tout mon cœur pour rendre hommage à votre mérite que j'avois d'abord méconnu ; que je ne refuse plus ni accointance ni accolade avec votre aimable personne, non pas même le petit Requisitoire ni le petit fagot en commun, si le cas y échet.

Je vous prie encore d'une chose. C'est de rassurer un peu le Public sur les inquiétudes qu'il prend à mon sujet depuis l'inquisition établie par le Bailliage-Maupeou au sujet des Colporteurs de cette malheureuse *Correspondance*. Ce Public charitable a craint que je n'eusse le malheur de tomber sous ses pattes. Oh ! rassurez-le, je vous en conjure, en le remerciant de ma part de la bonne volonté qu'il me témoigne. Ces Messieurs peuvent aller leur train en sûreté de leur conscience, même pendant les vacations. Si ce n'est qu'à l'Auteur ou à l'Editeur de cette malheureuse Correspondance qu'ils en veulent, j'espere qu'ils n'auront pas à se reprocher d'Arrêt injuste, à moins que ce ne soit par contumace. Car le gros Joly & le grand Criminaliste Goëzmann y ont mis bon ordre. Je vous jure que ce sont de mauvais piqueurs ou de mauvais chiens. Ils ont fait buisson creux absolument. Ils sont encore bien loin du fort, ou de ce qu'ils appellent mon *antre*. J'ai même opinion qu'ils n'y parviendront jamais, & j'ose vous assurer que jusqu'à présent toutes leurs recherches n'ont servi qu'à les en éloigner.

Instruisez le Public, s'il vous plaît, que je suis toujours gai, gaillard & dispos comme à mon ordinaire. Mon appétit est en proportion des cinq mille livres de rente qui me restent. Je ne fais plus que trois repas par jour. Je continue à me promener quand il fait beau, & à travailler pour mon plaisir. D'ailleurs je dors tranquille sur l'une & l'autre oreille. Je ne rêve ni Bastille, ni carcan, ni requisitoire, ni fagot. Ma conscience moins troublée que celle du poussif Sorhouet ne m'occasionne point de sinistres rêves.

Je sais cependant merveilleusement bien que le Chancelier se donne un tourment de tous les diables pour me déterrer ; qu'il a dix mille Guenards sur pied pour faire lever le cerf, & qu'il dépense immensement pour l'entretien de l'équipage qu'il lâche chaque jour après mes trousses. Tout cela ne m'effraie pas. Je lui soutiens que c'est de l'argent perdu, je lui répéte encore qu'il perd son tems & sa jeunesse à donner des coups d'épée dans l'eau.

Qu'il ne porte pas sa vue si loin ; qu'il regarde attentivement autour de lui. Je le suis par-tout. Je ne le quitte non plus que son ombre. Je vois quand il se couche ; je l'observe quand il se leve. Je lis dans le fond de son cœur ; je saisis sa pensée avant qu'il l'ait communiquée à ses plus chers confidens. Cependant pour dire le vrai, il ne faut ma foi pas être grand sorcier pour lire dans ce grimoire.

Mais pour que vous ayez certitude que je ne fais pas blanc de mon épée, & que je ne me vante pas à tort de lire fort aisément dans ce maudit bouquin, il faut que je vous rende un peu compte des connoissances que m'a procurées ma derniere lecture.

J'y ai donc lu que dans ce moment-ci il étoit convaincu que la charue de Parlement ne pouvoit plus aller, tant elle est mal attelée ; qu'il s'évertue pour la remonter. qu'il s'en prend aux autres Ministres qui lui ont conseillé cette belle besogne. Il cherche à consolider son crédit en captant les amis de M. de Choiseul. Il ne cesse de leur dire que « c'est son bienfaiteur, son cher Patron, pour qui il est pénétré de la plus vive reconnoissance ; qu'il est faux, absolument faux, que jamais il ait *contribué en rien* à son exil ; que c'est Madame du Barry qui a tout fait ; qu'il en est innocent comme l'enfant qui vient de naître. Que dans la douleur qui pressoit son ame, il a été vingt fois tenté de se jetter aux pieds de Sa Majesté, pour la conjurer les larmes aux yeux & dans l'amertume de son ame, de se conserver à elle-même & à la France sa chere patrie un serviteur aussi fidele, & un aussi grand Ministre ».

D'autre part il dit que « M. le Duc d'Aiguillon est un frippon des plus dangereux, l'auteur de tous les troubles actuels, l'ame damnée du Despotisme ».

Il dit à un autre en parlant de ce même Ministre : » Quoi ! vous voyez encore, vous faites encore société avec cet abominable homme » !

M. de Maupeou sait bien qu'il tient journellement chez lui tous ces propos : je le sais aussi bien que lui. Mais ce qu'il ne sait pas, & dont je suis instruit de très-bonne part ; c'est qu'au partir de là les amis de M. de Choiseul en vont faire des gorges chaudes, & que chacun d'eux se dilate la rate aux dépens de la véracité du patron.

Le Maupeou dit encore, & il ne faut pas être des amis de M. de Choiseul ni des siens pour l'entendre, mais seulement le connoître & l'avoir vu, que « M. » de Boynes a la tête félée, qu'il a des absences, » qu'il tombe en épilepsie » & pareilles gentillesses. Il demande à tout le monde des mémoires sur son administration. Il est vrai que sa réussite auprès de M. de Clugny n'a pas été trop satisfaisante. Mais qu'importe ? Il imagine qu'une autre fois il réussira mieux, & qu'en tout cas il en sera quitte pour voir le Roi, lui faire un peu la moue.

En parlant de l'Abbé Terray il dit & pense que » c'est un gueux à pendre, un coquin à rouer, qu'un » voleur de grand chemin ne feroit pas pis ». Il crie comme un brûlé contre la suppression de la place de M. de Saint Wast, que M. l'Abbé a donné très-galamment à son propre neveu, le tout pour la plus grande commodité de la famille. Au surplus il l'entoure d'espions. Il a même découvert un certain pot de vin de cent mille écus sur le nouveau bail des poudres. Oh ! pour celui-là M. l'Abbé ne l'avoit pas cédé à son neveu ni à son cousin ; il l'avoit gardé pour lui. Maupeou a été le rendre au Roi tout chaud. Il croyoit avoir trouvé la pie au nid ; mais le grand dépendeur d'andouilles qui n'est pas tout à fait niais, s'en doute, & de courir chez Madame du Barry & de lui dire que c'est pour elle qu'il a stipulé ce pot de vin de cent mille écus, & que c'est à elle d'en prévenir Sa Majesté. Par ce moyen, l'Abbé se tire d'un mauvais pas, & le Chancelier en est pour sa courte honte.

Le Maupeou, dit de M. d'Aguesseau, Doyen du Conseil, son rival en Chancellerie, que c'est « un paperasseur, un tâtonneur, qui ne sait ni ce qu'il dit, » ni ce qu'il voit, ni ce qu'il fait, ni ce qu'il entend ». Lorsque d'Aguesseau entre, il court à lui les bras ouverts, l'accable d'amitiés, l'écrase de louanges, & l'étouffe de caresses.

Le Maupeou fait & dit encore bien d'autres choses trop longues à déduire : mais où il excelle principalement, où il se surpasse lui-même, c'est pour enjoler les Princes du Sang & les faire tomber dans ses filets. « Il n'y a, *répéte-t-il*, que ses ennemis, que des » imposteurs, qui aient pu répandre qu'il soit la cause » de leur disgrace. Il gémit, il pleure, il se lamente » chaque jour, il se meurtrit la poitrine, il s'arrache » les cheveux, il séche sur pied de les voir ainsi dans » l'exil & privés de la présence de notre bon Roi. » C'est encore M. d'Aiguillon & Madame du Barry » qui ont tout fait ; quant à lui, il n'y entre pour » rien ; ils en ont pour garants sa conduite, son res» pect, & sur-tout sa candeur ingénue. Il donneroit » volontiers une pinte de son sang pour les voir ré» tablis dans toute leur splendeur : il ne peut d'ailleurs » que louer leurs démarches & leur noble silence ; » qu'en effet son nouveau Parlement n'est qu'un ra» massis de coquins qu'il chassera bientôt ; que ce » Fleury est un infame qui mériteroit plutôt d'al» ler aux Galeres que d'y condamner les autres, » *& cætera cæterorum* » ; mais qu'ici la nécessité est son excuse : qu'il leur fera, quand ils voudront, une troisieme Cour des Pairs beaucoup plus jolie que les précédentes ; & pour réussir à les gagner, le Maupeou fait patte de velours avec tous ceux qui les approchent. Il les cajole & les amadoue ; il écrit les plus jolies lettres du monde à l'Abbé de Breteuil, pleines d'attachement, de respect, de vénération pour Monseigneur le Duc d'Orléans & les autres Princes ; il offre toutes sortes de facilités, pourvu qu'on veuille bien traiter avec lui, & qu'on s'en rapporte à sa bonne foi & aux larmes qui coulent de ses yeux.

Monseigneur, voyez mes larmes ;
Ah ! laissez-vous attendrir.
d'Annette & Lubin.

En effet, Maupeou fondant en pleurs, est un être bien attendrissant.

Mais Maupeou ne borne pas-là ses prétentions ; il ambitionne même actuellement l'estime des Puissances de l'Europe, & pour y parvenir, il fait insérer dans les Gazettes des Cours étrangeres certaines phrases, par lesquelles il fait insinuer qu'il désapprouve la conduite du Roi vis-à-vis Madame du Barry, & *J'en ai vu la preuve Littérale entre ses mains.* Je lui citerois le lieu, le jour & l'heure, s'il m'en pressoit un peu.

Lui-même dit tout de Mademoiselle du Barry que » c'est une vierge, mere de trois enfans, & qu'elle » n'a pas été à Toulouse seulement pour se faire en» régistrer dans le dénombrement de sa Province ».

Mais ce que le Chancelier fait mettre dans les Gazettes étrangeres au sujet de la maîtresse du Roi, est encore plus énergique que ce qu'il fait écrire contre le Roi lui-même. Ce sont les mêmes termes dont par douceur d'ame, par honnêteté, & par zele pour la religion il entretenoit jadis Madame Louise à S. Denis.

Si jamais cette lettre que je vous écris lui tomboit entre les mains, imgaginez le voir levant les mains au Ciel s'écrier d'un ton moitié furieux, moitié patelin : quel démon incarné a donc pu me prêter de pareils discours, à moi *qui respecte & qui vénére ces Dames ?* Comment, Sartine ne m'apportera pas ce coquin mort ou vif? Ah! ils s'entendent ensemble ; cela n'est pas possible autrement. Eh ! mais, mon Dieu, c'est un grand menteur que cet Editeur de la *Correspondance*, c'est un enragé qu'il faudroit étouffer. Moi, tenir de pareils propos !.... Hélas ! Oui, Monseigneur, chaque jour je les entends sortir mot pour mot de votre bouche.

J'ajouterois encore, si je voulois, toutes les inquiétudes, toutes les craintes dont ce vilain homme est rongé toutes les nuits qu'il passe dans son fauteuil vis-à-vis de son bureau sans pouvoir dormir ; & il n'a pas peut-être, tout-à-fait tort de songer creux : car il y a bien à parier que sa fin sera bien plus tragique que la mienne. Vous sentez bien, M. que toutes ses manœuvres, toutes ses bassesses, toutes ses noirceurs, ses petites intrigues, ses faussetés, ses mensonges, son

des ressorts qui s'usent à la fin, & plus l'édifice est élevé, plus lourde est la chûte, quand les fondemens en sont pourris.

Au surplus, c'en est assez pour vous prouver que je l'enveloppe de toutes parts sans qu'il me voie. Je ne prétends pas m'occuper toujours de cet homme; je l'abandonne à son mauvais sort & à vos bons soins: de la maniere dont vous vous prenez pour l'habiller, j'imagine qu'il ne manquera rien ni à l'étoffe ni à la façon: je viendrai cependant à votre aide s'il le faut.

Mais en attendant je vous charge de m'excuser vis-à-vis du public, si je lui ai manqué de parole pour le bouquet de la Saint Augustin. Quoique les fleurs soient un peu rares en hiver, peut-être à la S. Nicolas ne seront-elles pas encore trop fanées? J'ai pensé cela; & comme il a autant de noms de Baptême qu'un Grand d'Espagne, la promesse que j'avois faite ne m'engageoit pas absolument pour la premiere occasion. D'ailleurs je vous avouerai que par délicatesse de conscience je me suis fait peine long-temps d'être cause, quoiqu'innocemment, du malheur de plusieurs de mes concitoyens, que la Correspondance a conduit dans les fers. Qui n'auroit en effet le cœur navré, qui ne souffriroit pas mort & passion de voir en quelles mains ils sont tombés? Cette réflexion m'a fait long-temps balancer pour savoir si je me déterminerois à faire part au public de ce Bouquet tant promis, tant desiré, & qui étoit tout prêt à paroître, lorsque j'ai jugé à propos d'en arrêter la distribution. Mais puisque le Maupeou, puisque son infame Fleury, puisque tous ses Inamovibles sont des pécheurs endurcis que ma modération n'arrête point, qui se servent de ce prétexte pour établir la plus affreuse inquisition, pour faire arrêter *ab hoc & ab hac*, tous ceux qui leur déplaisent, sans la moindre preuve, sans le plus léger soupçon; puisqu'ils ont même suscité un nommé Coffman, interprete de Langues; qu'ils l'ont fait enfermer pour leur servir de mouton, pour charger qui bon leur semble, au point que ce coquin a accusé M. de Sartine de lui avoir voulu faire traduire la *Correspon-*

dance pour les Ambaſſadeurs, ou de conniver au colportage qu'il en faiſoit pour eux ; je vois que mon ſilence ne remédieroit pas au mal, & je rejoins les fleurs éparſes de mon Bouquet. Peut-être ſera-ce pour la S. Martin que je leur donnerai le bal & les violons ; peut-être plutôt, qui le ſait ? Je voudrois que ce pût être demain.

Quant à vous, M., le projet de votre Gazette me paroît excellent ; mais il faut que vous ayez la complaiſance d'en faire paroître une au moins chaque quinzaine. Continuez de n'y dire que des choſes vraies, entremêlez la plaiſanterie & l'inſtruction : que des anecdotes intéreſſantes ſoient ſuivies de réflexions utiles ; principalement ſur nos anciennes Loix, que vous comparerez avec les nouvelles établies par M. de Maupeou.

Vous pouvez pour cela indiquer un bureau d'adreſſe, & propoſer l'ouvrage par ſouſcription. J'oſe vous promettre de vous en faciliter les moyens, & vous aſſurer qu'il n'eſt écrit périodique ni gazette qui puiſſe jamais recevoir du public un meilleur accueil, pas même les Nouvelles Eccléſiaſtiques.

Après trente ans & plus de peines, de ſoins, trente millions & trente mille eſpions, on a enfin ſu à peu près d'où elles venoient. Si vous avez un peu de prudence, ſoixante millions, ſoixante mille eſpions, & ſoixante ans ſuffiront peut-être pour aller juſqu'à votre *antre*.

Dans votre Gazette il faudra faire mention des Edits & Arrêts du Conſeil rendus en finance pour la félicité des peuples. Vous développerez les ſages vues de l'adminiſtration & des Miniſtres qui nous gouvernent. Par exemple s'il s'agit d'un emprunt, vous ferez voir l'agrément & la sûreté qu'il y a de prêter à quelqu'un, qui trois mois après vous prouve, par un Arrêt affiché à votre porte, qu'il eſt entiérement quitte avec vous.

S'il s'agit d'une Lotterie Royale, vous citerez l'uſage ordinaire où l'on eſt de gagner vingt pour cent ſur le public, & de différer le paiement des lots pendant un ou deux ans, & de finir par les réduire à moitié.

S'il s'agit d'une création d'Office, vos réflexions se porteront d'abord sur les frais de réception, qui dans le cas de suppression ne sont jamais rendus, & quant au remboursement de la finance, vous ferez appercevoir la maniere juste, équitable & honnête, & sur-tout la bonne monnoie qu'on emploie pour opérer ce remboursement effectif : & vous rapporterez le bon mot de M. Colbert à ce sujet. Quand le Roi, disoit-il, crée un Office, le bon Dieu crée en même tems un nigaud pour l'acheter : mais il faut que les deux créations marchent de front.

S'il s'agit d'un Edit pour donner aux Corps de Ville de l'émulation, du courage, & l'amour patriotique, vous citerez pour exemple les Villes d'Orléans, Chartres, Péronne, Angers & le Mans à qui nos Rois depuis plus de deux cens ans, avoient accordé l'exemption des francs-fiefs pour services signalés rendus à l'Etat pour le sang de leurs citoyens qu'elles avoient vu verser en défendant leurs remparts & leurs Provinces contre les ennemis du Roi, & à qui M. Terray vient d'enlever ce privilege si justement acquis, par un petit bout d'Arrêt du Conseil.

Vous ferez aussi mention des lettres de cachet qui se distribuent si loyalement dans les Bureaux de Messieurs les Ministres, & qui rendent leurs opérations si commodes & si lucratives à Nosseigneurs leurs Commis.

J'ai l'honneur d'être.

N° IX.

De Caen, le 20 Octobre 1772.

LA Noblesse de cette Province vient d'adresser à M. le Duc d'Orléans une lettre très-plaisante : elle n'est signée que de six cens Gentilshommes. Cette *cabale obscure*

obscure prétend que les Normands sont réduits au plus affreux désespoir, de voir l'anéantissement total de leurs privileges, & de leurs Tribunaux. Elle a la hardiesse de soutenir que nul Prince sur terre ne peut mettre impôt sur ses Peuples sans leur consentement. Après ce bel exorde, ces MM supplient M. le Duc d'Orléans de profiter des droits que sa naissance auguste lui donne auprès du Roi pour représenter à Sa Majesté la situation affligeante de la Normandie, & la supplier d'assembler les Etats de la Province, comme le seul remède qu'on puisse apporter à leurs maux.

La péroraison consiste à assurer Sa Majesté qu'aucun d'eux n'est disposé à acquitter les nouveaux impôts jusqu'à ce qu'on ait fait droit sur leurs demandes, regardant ladite levée comme tortionnaire, concussionnaire, & contraire à toutes les Loix divines & humaines.

Ces têtes Normandes n'auroient-elles pas puisé leur *esprit de systême* dans le No 1. du Journal historique & politique du sieur Marin, à l'article de la Turquie, page 14, qui chante : *On croit communément que le Sultan exerce dans ses Etats une autorité absolue & indéfinie : c'est une erreur grossiere. Le Prince n'a le pouvoir ni de faire des Loix nouvelles, ni de réformer les anciennes, ni d'*ASSUJETTIR SES PEUPLES A DE NOUVEAUX IMPOSTS. *Il a au dessus de lui l'opinion publique, le fantôme des usages que le temps a consacrés ; l'Alcoran qui tient lieu de Code, le Divan qui juge sa conduite, une espece de Tribunal Ecclésiastique, nommé Ulema, qu'il est obligé de consulter toutes les fois qu'il veut punir un de ses Officiers du dernier supplice ; & le Corps des Janissaires qui s'est arrogé le droit de disposer du Trône, & de la vie de ses Maîtres.*

Ces mauvais citoyens ont fait pis. Ils ont écrit circulairement à la Noblesse Bretonne, que la France étoit attentive à la conduite que les États assemblés alloient tenir ; qu'ils devoient se ressouvenir que c'étoit à l'occasion des troubles de leur Province que notre sage Gouvernement s'étoit porté *pour la félicité des Peu-*

pres à violer les droits les plus sacrés des citoyens, & à anéantir pour cet effet tous les corps qui auroient pu les réclamer.

De Rennes, le 19 Octobre.

Le Duc de Filtzjames craignant de faire pâmer de joie les Citoyens de cette Ville, & d'exposer sa modestie à souffrir des acclamations de toute espece, a pris le parti sage de relayer hors de la Ville sans y entrer, pour se rendre à Morlaix où les Etats doivent ouvrir la séance le 21 de ce mois. Les Barons Bretons, sans excepter le Duc de Villeroy, ont eu la manie de refuser la place de Président de la Noblesse.

On peut conjecturer qu'avec un Président du Clergé qui ne connoît pas la Province, un Président de la Noblesse qui ne connoît pas la Cour, le tout couronné par le génie liant & patriotique du Commandant, les Etats se passeront avec tout le bon ordre que le Ministere paroît desirer *pour la félicité des Peuples*; puisque cela doit naturellement aboutir à débarrasser la Province de ces assemblées tumultueuses. Quel est l'homme sage, le bon François, qui ne soit enchanté de voir sa vie, sa liberté & ses biens dépendre le plus souvent du compere de la femme-de-chambre de la maîtresse de M. le Secretaire de Mgr. l'Intendant?

Il paroît ici une lettre de M. l'Evêque de Verdun à Madame Delangle, explicative de ses louables intentions dans l'affaire suscitée à l'Evêque de Rennes. Si cette lettre est véritablement de M. Desnos, c'est assurément le Prélat de France qui a le plus d'esprit. L'honneur de Monseigneur y est un peu compromis; mais ce qu'il perd d'un côté, il le gagne de l'autre. Ce petit ouvrage charmant est d'une feuille d'impression, & par conséquent trop considérable pour entrer dans un supplément de gazette; ce qui est très-fâcheux: car il y a à parier que la vertu de M. Desnos lui suggérera tous les moyens possibles pour en empêcher la réimpression.

De Paris, le 27 Octobre.

La négociation de M. d'Aligre est allée à vau-l'eau : c'est un grand malheur ; le public auroit vu avec satisfaction la représentation d'une troisieme nouvelle Cour des Pairs en l'espace de 20 mois. Monsieur d'Aligre s'est comporté dans cette affaire comme dans toutes les autres, il s'est retiré à sa Terre de la Riviere où il se repose sous ses lauriers. Madame sa femme, par modestie apparemment, répand dans le public que ni lui ni elle ne se sont jamais mêlés de cette négociation : il est vrai qu'elle est démentie par dix ou douze membres du feu Parlement ; mais craignant sur la réception qu'on lui a faite, elle & son cher mari ne fussent vilipendés, elle pratique aujourd'hui le Proverbe, *Tout mauvais cas est niable.*

Ces enragés membres du feu Parlement ne remuent pas plus sur les liquidations que s'il n'existoit pas d'Arrêt qui ordonnât la confiscation. Cela est bien extraordinaire ; c'est un effet de l'*esprit de systême* qui n'est pas encore totalement éteint dans le cœur Parlementaire. Il y a des paris ouverts que M. le Chancelier représentera à Sa Majesté qu'il est *de la bonté de son cœur paternel*, de donner un nouveau délai de six mois. Si cela arrive, les ennemis de sa gloire ne manqueront pas de dire qu'il n'aura pris ce nouveau délai, que parce qu'il étoit au bout de son rollet.

Au surplus, le crédit de M. le Chancelier est au plus haut période ; jamais Ministre n'a acquis la confiance de son Maître à pareil titre ; aussi l'estime que Sa Majesté a pour ses vertus, ses lumieres, & sur-tout sa droiture, augmente tous les jours.

Cinquante ouvriers tous plus enchantés les uns que les autres de son affabilité, travaillent sans relâche à l'embellissement de son hôtel. Ce grand homme a mis dans sa piece d'attente en représentation pour le public le couronnement d'Esther : n'y a-t-il pas lieu d'espérer qu'il voudra bien un jour lui en donner une de l'élévation d'Aman ?

Les ouvrages de ténébres se multiplient tous les jours,

Il est bien singulier que la sagacité de la Cour des Pairs ne soit pas encore parvenue à découvrir l'*antre* de cet homme *féroce*, *atroce*, *&c. &c.* Ces libelles ne contiennent que des médisances affreuses ; & comme on sait, la médisance est bien plus difficile à détruire que la calomnie. Sans vouloir critiquer la sagesse du Gouvernement, ne pourroit-on pas le supplier de vouloir bien s'occuper avec plus d'ardeur & d'efficacité à déraciner un mal aussi épidémique, & qui depuis plus de dix-huit mois a pris naissance des jolies brochures de M. le Chancelier. Il paroît encore un nouveau libelle intitulé, *Bouquet de Monseigneur.* Il est impossible de dénigrer plus cruellement le chef de la Justice, & le Sénat de France. Il est infame de médire aussi hardiment de 75 familles des plus illustres du Royaume. La Maison des Urguet est sur-tout la plus déchirée. Ils sont deux freres tous deux membres de la Cour des Pairs. On les dit fils, à la vérité légitimes, d'un manant, qui, après avoir mendié son pain, après avoir fait mille escroqueries, est parvenu à la dignité de Tabellion dans la Ville de Bar. L'anonyme taxe son fils, Urguet de Valleroy de plusieurs fripponneries. Ces faits sont démentis par les soixante-quinze, qui, s'ils en étoient un peu pressés, rendroient volontiers Arrêt pour déclarer que Nosseigneurs Urguet de S. Ouen & de Valleroy, sont de la meilleure Noblesse d'entr'eux : comment peut-on après cela ajouter foi à un pareil libelle ?

La Chambre des Vacations est occupée sans cesse à la recherche de ces auteurs clandestins ; mais malgré tous les soins possibles, elle a été obligée de donner du nez en terre dans les personnes des sieurs le Fevre, Santussan Jouaillier de Paris, &c. Ce dernier, après avoir été enfermé trois semaines à la tour de Montgomery & mangé des rats, a été relaxé le 26 de ce mois : le sieur Goëzmann, Rapporteur de cette grande affaire, a eu l'honnêteté de lui dire qu'il étoit bien fâché de la méprise.

On a dénoncé à la Chambre des Vacations l'article *Quisquis* page 224 du 9e. volume de l'Auteur des Quef

tions sur l'Encyclopédie. Il y est mention du sort qui attend les faiseurs de libelles. Le Parlement a cru reconnoître que l'Auteur avoit en vue Messieurs Bastard, Linguet, Mary & le Brun, comme accusés & convaincus d'avoir fait les Lettres du Perruquier, les Observations sur les Protestations des Princes, les Réflexions sur les Protestations des Princes, la Lettre de S. Louis aux Princes, le Fin mot de l'affaire, le Vœu de la Nation, le Code Français, &c, &c, &c. On espere qu'il interviendra Arrêt qui déclarera qu'il n'y a que les seuls membres de la Cour des Pairs, les Ex-Jésuites & les Amés & Féaux de M. le Chancelier qui pourront faire, vendre & débiter sans noms d'Auteurs ni d'Imprimeurs les injures les plus grossieres contre les Princes du Sang-Royal.

La Chambre des Vacations, comme Partie compétente, doit juger incessamment l'Auteur des vers suivans : on les donne au public avec les notes tels qu'ils ont été lus à l'assemblée des Commissaires de la Cour des Pairs, pour qu'il puisse juger lui-même de la licence effrénée de cette *ame féroce* & *atroce* (*a*)

Est-il présumable que Monseigneur Jacques Vergès, aujourd'hui Avocat-Général de la Cour des Pairs, soit un ci-devant Huissier exploitant à Léogane, sorti de la lie du peuple de la Ville Dax ? Est-il présumable que Monseigneur Jacques Vergès ait reçu cent coups de bâton sur son dos, *parlant à sa personne*, d'un chapelier à qui il avoit escroqué un chapeau ? est-il présumable que Monseigneur Jaquot ait été chassé comme un coquin de Léogane pour mille autres filouteries, & se soit réfugié ensuite au Port-au-Prince d'où il a débarqué dans cette Capitale pour faire uniquement briller l'éloquence du sieur le Brun, & de Genet de Brochot ? Si tous ces faits étoient vrais, eh ! mais, il faudroit mettre Monsieur le Chancelier aux Petites-Maisons, à raison du choix qu'il auroit fait pour une place aussi éminente, d'un homme d'une aussi basse naissance, & couvert de tant d'opprobres.

[a] Voyez l'avis à l'Auteur de la Correspondance.

BANDITS assemblés au Palais;
Parmi les bandits gens d'élite,
D'un scélérat dignes valets,
Craignez la fureur qui m'irrite (b).
Je vais vous poursuivre en tous lieux,
Vous noircir, vous rendre odieux:
Je veux que par-tout on vous chante;
Vous percer, & rire à vos yeux,
Est une douceur qui m'enchante.
Imbécille & lâche Berthier,
Premier Président en peinture,
S'il ne faut pour ton vil métier
Ni cœur ni bon sens ni droiture;
Au moins faudroit-il le caquet
De ta femme, ou d'un perroquet:
Et quand ton souffleur s'égosille,
Ne pas rester comme un piquet,
Ou comme un âne qu'on étrille.
Crois-moi: dans ton sale chenil
De fouets, de selles, de bottes
Toujours abondamment garni,
Pêle-mêle avec les culottes,
Les perruques, les torchons gras:
Tiens consistoire avec les rats;
Ou loin de ta guenon caustique,
Dans ton infame galetas
Vas professer la méchanique.
Après lui siége un vieux magot (c),
Un Sapajou fourré d'hermine,
Ignorant, hébêté, cagot;
Le dedans répond à la mine.
A Rennes contre le sifflet (d),
La nazarde & le camouflet,
Il a signalé son courage;
Je le vois même à ce couplet
Sourire en écumant de rage.

[b] Couplet de Rousseau.
[c] La Bourdonnaye.
[d] Il étoit un des I F S de Bretagne.

Est-ce un rêve ? Châteaugiron
Cet esprit faux, ce cœur de boue,
Commande le noir escadron (e)
Qui brûle, qui pend & qui roue;
Un Despote, un Inquisiteur,
Un fourbe, un calomniateur (f),
Un vrai fléau de sa Patrie
Juger un autre malfaiteur !......
Mais c'est l'ancien droit de Pairie.
Muse, dans ton aigre caquet
Epargne l'innocent la Briffe ;
Songe que ce petit roquet
Vaut à peine le coup de griffe.
Dis seulement qu'il est niais ;
Crasseux, menteur comme un laquais (g)
Et qu'au prix de son ignorance,
Un coursier de Mirebalais (h)
Est un prodige de science.
Quel bruit, quel horrible sabbat !
Ah quelle énergique harangue !
C'est Nicolaï qui se bat,
Mais simplement à coup de langue (i)
En Parthe il décoche ces traits ;
Mon Dieu les excellens jarrets !
Malgré son air de pétulance,
A présent par de pareils traits
Il fait connoître sa prudence.
Que tu figures dignement
A côté de cette ame vile,
Toi qui pus souffrir lâchement
Du bâton l'atteinte servile (k)

[e] La Tournelle.
[f] Sa conduite en Bretagne.
[g] Peu avant de s'enrôler dans la Troupe, il nioit effrontément le fait.
[h] Lieu renommé par ses ânes.
[i] Histoire du Suisse de St. Merry.
[k] Vergès bâtonné à St. Domingue par un Chapelier qu'il avoit escroqué, du temps qu'il étoit Procureur *Militant*, c'est-à-dire Huissier à Leogane.

Et toi d'un zélé Magistrat
Perfide ami, disciple ingrat (*l*);
Du Fleury dignes accolytes,
Et du successeur de Duprat (*m*)
Abominables satellites.
Ciel ! entre les mains d'un brigand
Je vois la publique censure,
Fleury, dont le cœur & le sang
Tombent tous deux en pourriture;
Fleury de débauches rongé,
De larcins & de faux chargé:
Fleury que dans moins de six lustres;
D'horribles forfaits ont rangé
Parmi les scélérats illustres.
Adieu Messieurs les Généraux,
Quelle est donc la tourbe menue,
Si vous êtes de francs marauts.
A l'aspect de cette cohue,
Je sens redoubler mon courroux:
Mais lassé de mes premiers coups
Je prends haleine & me repose,
Dans un moment je suis à vous
Et je fais votre apothéose.

Au Revoir.

M. de Cicé, Evêque d'Auxerre, officiera cette année à la Messe rouge. Il devoit faire l'Oraison funébre de feu Monseigneur de Calmard; mais il n'a pu refuser cet honneur au postillon de Madame de Véron; c'étoit la société, la compagnie & l'ami intime du défunt qu'il n'a quitté pendant sa maladie que le temps nécessaire pour panser ses chevaux : c'est lui qui a conduit le deuil lors du convoi funébre. Cette maison Calmard étoit la maison la plus affable du Royaume, & ne s'attachoit qu'au mérite dans le choix de ses amis, comme M. le Chancelier pour faire

[*l*] Vaucresson autrefois l'ami de M. de Montblin, & de sa conference du Droit public.
[*m*] Le Chancelier.

la Cour de Parlement. M. Calmard de Montjoly étoit l'intime ami de M. Cabriolet coureur, comme chacun sait, d'un de MM. de Duras.

D'Orléans, le 26 Octobre.

Voici une Lettre d'un Bourgeois d'Orléans à M. Terray.

Monsieur, dans la foule de Requêtes qui vous sont présentées par un nombre infini de malheureux que le bonheur & le soulagement des Peuples vous ont engagé de réduire à la plus affreuse misere, pourrois-je me flatter que vous voudrez bien honorer d'un regard celle d'un Bourgeois d'Orléans à qui soixante amoureux du bien public ont enlevé par vos ordres plus du tiers en sus du revenu total de son bien. Cela paroîtra un paradoxe à tout autre qu'à vous, Monsieur, mais vous savez aussi bien que moi, que rien n'est plus véritable.

J'ai hérité de mon pere en 1760, pour toute fortune, d'une terre en fief de valeur de trois mille livres de revenu. Je suis obligé de payer au Roi annuellement, Taille, Dixieme, Ustensile, Capitation, Aides, Trop-bu, &c. &c. &c. & j'ai une femme & quatre enfants. Vous voyez qu'avec la plus grande économie il m'est impossible d'amasser des trésors au bout de l'année. J'ai reçu cependant un avertissement de payer sous huitaine *pour tout délai* le droit de franc-fief montant à quatre mille deux cents livres ; savoir trois mille livres pour le principal de mon revenu, & douze cents livres pour les huit sols pour livre. Cet avertissement charitable me prévenoit encore qu'à faute par moi d'y satisfaire, on ne pourroit se dispenser, pour *la félicité des Peuples*, de me faire vendre jusqu'au bois de lit de ma femme & de mes enfants.

La crainte de voir réaliser l'effet d'un avertissement si honnête, & plus encore la persuasion où je suis, Monsieur, de votre infaillibilité, de la douceur de votre administration, de votre probité, & sur-tout de votre honneur, m'ont forcé de sacrifier quatorze cents livres, que j'avois épargné depuis 12 ans pour marier ma fille, & d'emprunter au tiers & au quart deux mille huit cents livres. J'ai ramassé ces deux sommes ; & je n'ai rien eu de plus pressé que de les porter à votre Préposé.

Quoique soumis très-aveuglément aux ordres de S. M. je ne puis me faire à l'idée de penser que mon Roi aime assez peu ses Sujets pour que son intention véritable soit de leur enlever douze-cents livres, plus que leur revenu réel. Si j'ai trois mille liv. de rente, en mourant de faim, en allant tout nud moi, ma femme & mes enfants, je puis bien donner mes trois mille livres; mais le plus cruel ennemi qui dévasteroit le Royaume ne pourroit me faire donner davantage : *Nemo dat quod non habet.* Pour concilier votre conduite avec *la bonté du cœur paternel du Roi*, j'ai été consulter un bonhomme d'Avocat, quelque peu clerc; permettez-moi, Monsieur, de vous rendre mot pour mot tout ce qu'il m'a dit pour ma consolation; c'est lui qui va avoir l'honneur de vous parler; je ne changerai pas une syllabe à sa consultation.

» Charles VII avoit accordé aux habitants d'Orléans » la permission de posséder des fiefs sous une rente à la » Couronne pour les récompenser du sang qu'ils avoient » répandu en défendant leurs remparts des Anglois qui » les assiégeoient. Ce privilege avoit paru à nos Rois si » sacré & si justement acquis, que tous successivement » avoient toujours pensé qu'il étoit de leur grandeur de » nous en laisser jouir. Cette rente par la progression des » temps avoit été portée à une somme de treize cents l. » que le corps municipal acquittoit lui-même, moyen- » nant laquelle somme tout bourgeois qui acquéroit ou » qui héritoit d'un bien noble, étoit affranchi pour 20 » ans du droit de franc-fief, parce que cette rente de » treize cents livres étoit représentative du droit, qu'un » citoyen non noble paie au Roi, & qui consiste dans » une année du revenu pour avoir la faculté de jouir » franchement pendant vingt ans.

» Monsieur Terray a jugé à propos de nous enlever » notre privilege; cette opération de finance est certai- » nement bien dure; mais elle n'est pas injuste. Les be- » soins de l'Etat & la nécessité peuvent légitimer la ré- » vocation de ce don de nos Rois. Mais M. Terray peut- » il de son chef donner un effet rétroactif à une décla- » ration du Roi enrégistrée, qui en révoquant nos pri-

» vileges ne nous assujettit à payer le droit de franc-fief
» qu'à commencer du premier Janvier 1771 ? Il résulte
» de cette Déclaration que toutes les acquisitions, ou suc-
» cessions ouvertes à un bourgeois d'Orléans sont assu-
» jetties au droit de franc-fief ; le régisseur en tirant à l'a-
» lembic cette Déclaration, pourroit encore dans ce
» moment assujettir au droit de franc-fief toutes les acqui-
» sitions ou successions échues en 1751 & 1752, parce
» qu'il pourroit dire au redevable, *La rente de 1300 l,*
» *étant représentative du droit de franc-fief, & ne devant*
» *se payer tous les vingt ans, l'expiration de cet affran-*
» *chissement a dû arriver en 1771 & 1772.* Mais de quel
» droit M. Terray peut-il forcer un citoyen de payer le
» droit de franc-fief pour une succession échue à vous,
» Monsieur, en 1760, lorsque le corps municipal a payé
» pour cette année la rente de treize cents livres, par la-
» quelle il s'étoit abonné, & qui rendoit votre possession
» franche jusqu'en 1780 ? Le Régisseur de ces droits n'en
» a aucun à exercer sur vous qu'en 1780 ; ainsi que sur
» toutes les acquisitions faites, & les successions ouver-
» tes depuis l'année 1753, jusqu'en 1770 inclusivement ;
» il ne peut légitimement demander les droits pour les
» expirations d'affranchissement de l'année 1753 qu'en
» 1773, de 1754 qu'en 1774, de 1755 qu'en 1775, &
» successivement jusqu'en 1790. Si la Déclaration avoit
» voulu donner un effet rétroactif, elle auroit au moins
» réservé qu'on auroit tenu compte à la ville d'Orléans
» du montant de leur abonnement depuis vingt ans. Si
» M. Terray dans les autres parties de son administration
» est aussi honnête, je lui conseille de ne jamais desirer
» le retour des Loix.

Voilà, Monsieur, la consultation de mon bonhomme d'Avocat ; si vous ne la trouvez pas totalement dénuée de sens, vous me feriez plaisir ainsi qu'à mes concitoyens de nous rendre les trois à quatre cents mille liv. que vous venez de nous faire payer, & dont l'Auteur de la Correspondance ne manqueroit pas de s'égayer à vos dépens, comme vous l'avez fait aux nôtres.

Avant de finir, M. l'Abbé, permettez moi de vous faire mon compliment sur la grossesse de la Dame Destouches dont on dit que le mari s'avise aussi de faire assez souvent votre besogne. Nous avons connu ici M. son mari qui promettoit déja beaucoup.

N° X.

Du 26 Novembre 1772.

LA Cour des Pairs s'est assemblée chez M. le Premier Président le jour de la S. Martin. La matiere des révérences d'usage à la Messe rouge y a été mise en délibération. Arrêté que vu le nombre prodigieux de suppressions arrivé dans le cours de la Justice pour la commodité de Monseigneur le Chancelier, il sera supplié de vouloir bien adresser à la Cour un petit Edit de suppression de révérences pour la commodité du Grand Banc; mais ce rigide observateur des Loix du Royaume leur a répondu qu'il étoit toujours très-affectionné à les servir; mais que rien n'étoit plus dangereux *dans une Monarchie* & chez un *Peuple libre*, que de toucher aux anciens usages; qu'il estimoit que la Loi des révérences est une institution sacrée que le Souverain est dans l'heureuse impuissance de changer. En conséquence, arrêté du même jour, que le lendemain la Messe rouge sera chantée en la maniere accoutumée, & que la Cour continuera de plier comme à son ordinaire.

M. l'Evêque de Senlis a eu l'honneur d'y Officier avec distinction; & la Demoiselle le Sueur a honoré le spectacle de sa présence; elle étoit placée vis-à-vis le fauteuil du Prélat qui a fait ensuite un discours pathétique en deux parties. La premiere étoit pour persuader à ces MM. qu'ils sont l'appui du Trône: dans la deuxieme, M l'Evêque leur a prêché la Croisade contre les Colporteurs de ces vilains libelles qui obscurcissent, salissent & noircissent la réputation de la Cour. Il leur a recommandé de faire main-basse sans quartier sur tous leurs auteurs, fauteurs, adhérens,

& sur toute la *cabale obscure des 10 millions d'hommes*.

Les gens honnêtes & sensés voient avec une peine sensible s'élever dans le Grand-Banc une scission. Il seroit en effet bien fâcheux que d'aussi grands personnages ne pussent pas se concilier. Nicolaï le Dragon doit, dit-on, dénoncer au Sénat de France le savant M. Berthier, son Capitaine. Il prétend qu'il avilit la Premiere-Présidence par le mêlange d'une vile commission d'Intendant ; que cette derniere place déshonore la troupe Royale des Inamovibles. Il a déja proposé à plusieurs de ses Confreres de le dénoncer, pour, sur la dénonciation, être rendu plainte du fait contenu en icelle, afin de l'obliger par-là d'opter, ou d'être leur Capitaine, ou d'être simple Commissaire du Roi, départi pour la Généralité de Paris. Cette insubordination d'un Lieutenant vis-à-vis son Général, fait voir qu'il n'est point d'établissement humain sans quelque défaut.

Monseigneur Fleury, très-digne Procureur-Général de la Cour des Pairs, vient de donner une nouvelle preuve de désintéressement, qui seule démontre le peu de foi que l'on doit ajouter à tous les sots discours répandus dans ces écrits clandestins.

Les Libraires de l'Encyclopédie s'étant rendus chez ce Magistrat afin de payer une somme de 48 livres à raison du droit attaché nouvellement à la place de Procureur-Général, pour une permission tacite de débiter l'Encyclopédie ; & s'étant adressés au Secretaire pour lui remettre cette petite somme, celui-ci par une générosité digne de son maître : » Fi donc, Messieurs, » *a-t il dit*, vous ne connoissez pas l'ame de Monseigneur ; il est incapable de recevoir de l'argent d'une » Société de gens de lettres : reprenez votre argent, » vous lui feriez de la peine, je le connois ; PASSE » POUR DES FLEURS DE VOTRE JARDIN, cela » ne peut se refuser ; il n'a point de hauteur déplacée, il les acceptera AVEC AFFECTION ». Les Libraires ont repris leurs deux Louis, & pour obtenir qu'on expédiât la permission, ils ont envoyé à Mgr. & à M. son Secretaire *une fleur de leur jardin*, consistante pour chacun en un exemplaire de l'Encyclopédie bien conditionné, bien complet, avec les planches. Ces fleurs-là dans toutes les saisons de l'année sont toujours un peu cheres; mais cela ne fait rien; on n'en voit pas moins la preuve de la grandeur d'ame de M. de Fleury, qui a bien voulu s'en contenter.

Le Public prend bien de la part aux doléances de Monseigneur de Luker, membre Clerc de la Cour des Pairs. Il est vrai qu'on ne peut se dispenser de trouver mauvais que M. de la Roche-Aymon, dans six promotions, l'ait toujours oublié. Personne n'ignore que cet honnête Ecclésiastique ne s'est fait Inamovible que sur les paroles réitérées & les plus positives de Mgrs. le Chancelier & l'Archevêque de Paris, qui lui avoient promis sur leur honneur une bonne Abbaye. Ses complaintes sont d'autant mieux fondées, qu'il est privé par les fonctions nobles de sa Charge, des rétributions utiles du Chapitre dues à l'assistance au chœur. Aussi le malheureux s'appelle-t-il *une des victimes de M. le Chancelier.*

Les lamentations de Monseigneur Gin sont encore beaucoup plus piteuses. Il s'appelle *la victime la plus malheureuse de toutes les victimes de Monsieur le Chancelier.* Mon cabinet, dit-il, me valoit douze mille liv.; ma place de Syndic de Secretaire du Roi, dont j'ai été chassé le 9 Juillet 1771, comme un valet, à l'unanimité des voix, attendu ma nouvelle dignité de membre de la Cour des Pairs, me valoit double bourse. Monsieur le Chancelier m'a promis nombre de gratifications, je n'ai pas encore reçu un écu, tandis que des gredins, des filoux, des imbécilles ont reçu de bonnes rentes viageres par de bons contrats où il est mentionné une somme d'argent qu'ils n'ont pas payée. N'est-il pas affreux de me trouver le Confrere de ces manans-là, quand moi, Gin, je puis déja prouver 19 ans de Noblesse? Il prétend encore qu'il ne se feroit jamais rendu Inamovible, si M. le Chancelier ne lui avoit promis sur son honneur, que ses Prédécesseurs seroient remboursés tous loyalement en argent comptant, & non en chats & en rats; faute de quoi il est comme l'oiseau sur la branche, toujours à la veille de devenir *Gros-Jean comme devant.* Le public desire que M. le Chancelier ait égard aux justes plaintes de cet excellent Sénateur.

La Cour des Pairs vient de faire une acquisition digne d'elle dans la personne de Monseigneur Compagnon de Tains. Il avoit été ci-deveant Subdélégué à Xaintes. C'est un homme aussi irréprochable dans ses mœurs que Nosseigneurs : cependant tout l'Aunis & la Xaintonge assurent que ce nouvel Inamovible a été chassé comme un coquin par M. Senac de Meillan, Intendant de la Rochelle, non-seulement de sa place de Subdélégué, mais même de la Province, pour lui avoir trouvé la main dans la poche ; mais ce fait certainement est aussi faux que les autres répandus dans ces ouvrages de tenébres, du zele Apostolique de M. de Senlis.

Monseigneur de Chazal, autre membre de la Cour des Pairs, doit se démettre incessamment, sous la réserve d'un pot de vin, de son entreprise avec l'Hôpital des Enfans trouvés. C'est une affaire de finance excellente : elle consiste à prendre une quantité d'Enfans trouvés, des Administrateurs qui donnent pour chacun 80 livres, à la charge par le preneur de les nourrir & de les habiller. Monseigneur recevoit cette somme, & les vendoit ensuite aux fermiers & laboureurs des environs de Briare 40 livres. Il gagnoit de la main à la main par tête d'Enfans trouvés cinquante pour cent; cette affaire là est très-honnête.

On dit que la Cour des Pairs va casser d'office le testament de l'Abbé Macé. Ce mauvais Chrétien, quoique âgé de 80 ans, étoit encore infecté de *l'esprit de systême.* Il légue dans son Testament à l'Abbé Radix vingt-cinq à trente mille livres qu'il lui devoit sur sa Charge de Conseiller au Parlement, en considération de la maniere honnête dont il s'est conduit dans cette affaire, & à la charge de dire une Messe pour le repos de son ame, le jour de la résurrection du feu Parlement. Il a poussé la morgue jusqu'à défendre de mettre sur son billet d'enterrement le titre de Conseiller au

Parlement; de peur, disoit-il, d'être confondu avec ce tas de gueux, d'imbécilles, & de scélérats qui siégent au Palais. Peut-on pousser plus loin l'endurcissement du cœur, & traiter aussi impoliment, à l'article de la mort même, l'illustre Cour des Pairs de France?

Les partisans de Monseigneur le Chancelier sont divisés. Les uns prétendent qu'il doit, pour valider & corroborer sa besogne, faire prononcer la confiscation: les autres prétendent qu'il seroit plus digne de la bonté paternelle du Roi de donner un nouveau délai de six mois. Les premiers s'écrient que ce seroit le moyen de faire turlupiner davantage Monseigneur le Chancelier, & lui faire montrer le cul d'une maniere indécente: que ce seroit annoncer à tout le monde qu'on desire à toute force des démissions ou liquidations volontaires; qu'il n'y a personne aujourd'hui assez bête pour ne pas s'imaginer que ce nouveau délai n'est accordé de la part de Monsieur le Chancelier, que pour tirer de long & se rendre nécessaire en apparence pendant plus de temps, & pour avoir la facilité de gagner sourdement par tous les moyens possibles une certaine quantité des membres du feu Parlement, soit par menaces, soit par argent, soit en faisant courir de fausses listes, soit en annonçant dans le Public que les Princes sont prêts à se rétracter, soit en les faisant revenir, parce qu'on répandra en même temps qu'ils ont fait leur paix & qu'ils reconnoissent le Parlement de M. de Maupeou, & autres gentillesses pareilles; qu'il est plus digne de la grandeur du Roi, & plus expédient pour l'Abbé Terray, de prononcer bonnement la confiscation, en déclarant dans le préambule de l'Arrêt tout simplement les non-liquidés, *enragés, rebelles, & coupables de leze Majesté-Chanceliere.* Ceux-ci ajoutent que pour rendre la confiscation aussi honnête que légale, il faut que ledit Arrêt du Conseil soit de plus signifié à chacun de MM., & leur envoyer à deux heures de nuit un nouvel ange pour leur ordonner sous peine de désobéissance de donner leurs démissionou liquidation volontaire. Et pourquoi, disent quelques-uns, ne les pas mettre encore à la question des oui ou

des

des non sur leur volonté de se faire liquider ; qu'il se peut faire que plusieurs donneront dans le panneau ; & on en sera quitte après pour démentir le porteur d'ordre qui n'aura eu garde de laisser à personne celui qu'il aura exhibé ; & que si quelqu'un ensuite s'avisoit de réclamer contre la violence, il seroit vraiment digne de la bonté du Ministre de le condamner à passer à la Bastille par les oubliettes. D'autres disent qu'on peut employer sous-main toutes les violences possibles ; mais qu'il est nécessaire que les liquidations aient toujours l'air d'être faites volontairement, sinon que le but de M. le Chancelier sera toujours manqué, parce que les Protestations des Princes & des Pairs resteront toujours dans leur entier, & ne pourront être rétractées ; que la ressource du petit jeu des oui & des non est à présent usée, parce qu'on sait bien qu'en pareil cas la meilleure réponse est de n'en pas faire. Ces derniers soutiennent que le parti le plus sûr pour M. le Chancelier est de laisser les choses au premier Janvier, *in statu quo*, c'est-à-dire, de ne prononcer ni Arrêt de confiscation, ni un nouveau délai, ni de faire faire des significations, mais de faire revenir LX de ceux qu'il croira les plus anodins de l'ancien Parlement, & à leur retour les faire pratiquer sous main, pour avoir d'une façon ou d'autre leur démission. Mais il est très à craindre aussi que ces gens-là soient moins attachés à leur argent qu'à leur liberté.

Autre danger encore pour M. le Chancelier, en cas que la confiscation soit prononcée. Il y a bien des gens qui ne sont pas encore tout à fait convaincus de la rébellion & du crime de l'ancien Parlement. Ne pourroient-ils pas faire entendre au Roi que tout ceci devient bien étonnant, & lui dire : mais, Sire, des Magistrats qui ont préféré la perte de leur liberté, de leur existence, de leur fortune, & celle de leurs charges par une unanimité presque générale, se croyant liés par leur Arrêté du 18 Janvier 1771, plutôt que de consentir à l'enrégistrement de leur déshonneur & de l'anéantissement de tous les droits de la Nation qui depuis ont été foulés aux pieds, ne sont pas des hommes à mépriser de la part d'un Monarque assez heureux pour regner sur des sujets aussi fideles.

Le Public voit avec plaisir que Monseigneur Goësmann a profité des instructions du No. 8. au sujet de la procédure entamée contre ce malheureux éditeur de *la Correspondance* (qui par parenthese est malade de ce qu'une ame trop charitable s'est avisée de le prévenir sur le *Bouquet* de Monseigneur). En conséquence, ledit Monseigneur Goësmann vous travaille de la belle maniere les dix ou douze pauvres diables qu'il tient dans ses fers. Il a sur-tout pris en affection un nommé le Sage, qui connoît autant les fauteurs & les adhérens du colportage actuel, que M. le Chancelier lui-même. Il a rendu une ordonnance pour fourrer en un cachot de la tour de Montgommeri ce pauvre misérable pour servir de pâture aux rats; au point que le Médecin de la Conciergerie a déclaré que s'il restoit-là encore trois jours, il y périroit. L'Inamovible a eu la sensibilité d'ame de mettre ledit le Sage dans un autre cachot avec promesse de le renvoyer à son premier gîte, s'il ne nommoit point les gens qui lui avoient remis les écrits qu'il débitoit. Voici à peu près la déclaration du sieur le Sage.

Je n'ai débité aucuns écrits depuis dix-huit mois. Le dernier que j'ai vendu, est *la Protestation des Princes*: je ne faisois ce métier que parce qu'on m'avoit assuré que M. le Chancelier ne le trouvoit pas mauvais; qu'au contraire il avoit fait faire aussi lui-même de petites brochures sans nom d'Auteur ni d'Imprimeur; & parmi la foule, le nombre prodigieux de petits écrits faits, vendus ou débités par ce Ministre ou ses adhérens, sans nom d'Auteur ni d'Imprimeur, il m'étoit impossible de discerner ceux qui étoient pour ou contre. Il y a plus, c'est qu'on avoit déja vendu pour lors plus de soixante libelles, dont cinq ou six contre les Princes du Sang étoient sortis de sa fabrique: je ne puis dire en conscience le nom de ceux qui m'ont remis *les Protestations*.

Sur cette déclaration, Monseigneur de Goëzmann a condamné de nouveau cet entêté au combat des rats dans son premier cachot où il l'a renvoyé.

Très-haut & très-puissant & très-excellent Seigneur, Monseigneur de Sorhouet, Seigneur de Bougy en Normandie & autres lieux, très-digne membre & Instituteur de la Cour des Pairs, premier correspondant de la Chambre & Cabinet de Monseigneur de Maupeou, est décédé de la pousse le 14 Novembre de la présente année. La façon ingénue avec laquelle il a exercé publiquement ses emplois depuis dix-huit mois, lui a mérité l'immortalité, quoique ses écrits soient un peu infectés de l'esprit de systême. Cet excellent Patriote avoit la manie de penser que nul Roi sur terre ne peut mettre impôt sans le consentement de ses Peuples ou d'un Corps représentatif de la Nation : que les Parlemens ne peuvent jamais être regardés que comme Tribunal national, ou comme Cour de Justice ; que dans le premier cas ils doivent avoir le même privilege en fait de Loix, d'Impôts & d'Edits bursaux, que les Etats Généraux ; que dans le second, c'est-à-dire, s'ils ne sont que Cour de Justice, ils ne peuvent jamais sous quelque prétexte que ce soit, accorder les impôts ni la Régence sans se rendre criminels & coupables de haute trahison envers Dieu, envers la Nation & envers le Roi. Ce grand homme étoit parvenu à ses hautes places par son seul mérite : il étoit petit fils d'un Tailleur. Sa modestie a beaucoup souffert de la publicité que ce coquin d'Editeur de la *Correspondance* a donnée à ses œuvres. On ne peut finir cet article sans raconter une anecdote de ce grand homme, qui prouve sa véracité & la juste opinion qu'il avoit de lui-même.

Après la glorieuse journée du 13 Avril 1771, en retournant de Versailles à Paris, il racontoit à M. N... l'un de ses Confreres du Grand-Conseil, la nécessité indispensable où avoit été M. le Chancelier de casser le Parlement pour soutenir l'autorité Royale, qu'il regardoit comme trop foible. Son Confrere lui dit : *Quoi ! Monsieur, vous n'êtes point touché de voir l'anéantissement de plus de trois cents familles, parmi lesquelles il y en a au moins cent du premier mérite !* *Monsieur*, repartit l'ingénieux Sorhouet, *dans une tempête, pour sau-*

ver le vaisseau, on est obligé de jetter à la mer les bonnes avec les mauvaises marchandises. Je sais que l'on peut blâmer la conduite du Grand-Conseil, mais notre unanimité nous sauvera dans l'esprit du public. J'avoue cependant que s'il se trouvoit entre nous un seul qui refusât d'entrer dans le nouveau Tribunal, je serois un grand J. F. Quel citoyen a jamais eu une idée plus juste de soi-même ?

De Rennes, le 18 Novembre.

Le sieur de la Bégliere, qui présidoit l'ordre de la Noblesse aux Etats de cette Province lors de leur ouverture à Morlaix, y a lu un discours tout-à-fait saugrenu & sentant l'*esprit de système.* Il mettoit devant les yeux des Etats leurs droits & leurs privileges, soutenant qu'il n'y avoit point de Gentilhomme Breton qui ne dut plutôt périr que d'en souffrir l'anéantissement ; & comme il sentoit l'impossibilité où il étoit de pouvoir leur être utile, il aimoit mieux se retirer que de voir un événement aussi fâcheux. Pour entrer dans ses vues de retraite, M. de Filtzjames vient de lui en procurer une à la Bastille où il est arrivé depuis peu de jours.

Il paroît dans cette Province (& à Paris) un écrit qui prouve jusqu'à quel point y regne l'esprit de système. Il a pour titre : *le Propos indiscret.* Nous n'aurons pas l'indiscrétion de l'insérer dans notre Feuille.

De Rouen, le 26 Novembre.

Ces têtes Normandes continuent à faire des leurs ; mais notre sage Gouvernement y a mis bon ordre. Sans sa prévoyance ordinaire c'étoit une Province totalement perdue. On a arrêté les plus coupables. Le Public jugera de l'étendue de leur crime par la lecture de la Lettre que les Gentilshommes ont écrite au Roi. Elle contient 8 pages d'Impression

M. le Chancelier soupçonnant que M. Dufossé, Conseiller de Grand'Chambre, avoit part à cette Lettre, l'a exilé à Marmoutier. Ce Magistrat lui a répondu qu'il ne connoissoit point d'Ordonnances dans le Royaume, qui contraignît un citoyen à se rendre en exil; qu'il étoit prêt de se constituer en prison, pour son procès lui être fait & parfait, mais par des Juges légaux. M. le Chancelier lui a envoyé pour toute réponse un Exempt & douze Cavaliers de Maréchaussée qui ont investi sa maison, ont mis les scellés sur ses papiers, l'ont conduit ensuite à sa terre de Bosmêlé, où ce Magistrat a jugé à propos de duper ses gardes & de prendre la clef des champs. C'est le parti le plus expédient qu'il pouvoit prendre. Le Comte de Trie a pris la même recette. Mais Messieurs de Montpinçon, d'Ouilly, & a Caen M. de Manneville ont payé pour les autres. Il y a actuellement vingt-cinq tant emprisonnés qu'exilés, *dont six du Parlement, deux ou trois Avocats de nom, & le reste de la Noblesse la plus distinguée.* Ce sont de grands téméraires de vouloir faire parvenir ce qu'ils appellent la vérité jusqu'au Roi, quand il est environné de Ministres aussi vigilants & aussi zélés que M. de Maupeou & Terray. Le Conseil du Roi a été assemblé il y a trois jours, pour savoir à quelle sauce il falloit mettre cette fricassée de Normands; & il y a été embarrassé. On a agité si on feroit faire le procès aux plus distingués, mais on a pensé qu'il valoit mieux les retenir pour ôtages de leur Province.

N° XI.

Du premier Janvier 1773.

De Paris.

DANS notre dernier Supplément nous avons annoncé qu'il s'étoit tenu un Conseil au sujet de la Requête de Normandie : nous pensons que le public ne sera pas fâché de savoir ce qui s'est passé à ce Conseil, & l'avis des opinans.

Extrait des Registres du Conseil d'Etat, du 15 Novembre 1772.

Le Roi étant en son Conseil, M. le Chancelier a mis sur le tapis un Imprimé ayant pour titre, *au Roi..... & signé, les..... Nobles de la Province de Normandie, deux cent vingt-un* : puis a représenté qu'il étoit de la derniere importance de prendre un parti sur cette requête, & sur les auteurs ou signataires.

Lecture faite dudit Imprimé, la matiere mise en délibération, Sa Majesté a demandé que chacun motivât son suffrage : M. le Chancelier a opiné le premier.

Sire, Votre Majesté peut se rappeller que lorsqu'elle eut pris le parti fixe d'anéantir l'ancienne Magistrature qui avoit la folle prétention de se croire autorisée par état à résister à ses volontés, pour en former une autre plus docile & plus soumise : Elle ne me chargea que du soin de la débarrasser de ces Compagnies qui marchant toujours la regle à la main, n'en étoient que plus redoutables par la considération que leur attiroit auprès du peuple une conduite qui sembloit toujours dictée par la Loi.

Votre Majesté crut n'avoir rien à craindre du Clergé, soit parce qu'il étoit ennemi des Parlemens, soit parce qu'il ne pouvoit espérer de Bénéfices que d'u[illegible] obéissance prompte & aveugle ; soit enfin parce [illegible] le Gouvernement nouveau promettoit aux Evê[illegible]s dans les Lettres de cachet un moyen facile d'être [illegible]tres absolus dans leurs Dioceses.

[illegible] succès de mes opérations contre la Magistrature, [illegible] au-d là de toute espérance, me laissoit entrevoir [illegible] prochaine à la résistance des opiniâtres ; & [illegible] Conseil qui fixe pour dernier terme le mois [illegible] prochain, aux liquidations, devoit consom[illegible] le nouveau Gouvernement où la volonté [illegible] doit être la seule Loi du Royaume.

[illegible]gé, Votre Majesté a eu la satisfaction [illegible]une réclamation de sa part : & rien [illegible] nouveau plan dût souffrir de con[illegible] premier Ordre de l'Etat.

Il est vrai qu'il eût été de son devoir de faire des Instructions Pastorales conformes aux principes de votre Edit de Décembre 1770 ; puisque par état il est chargé d'instruire les sujets de Votre Majesté de leurs obligations, & sur-tout de l'obéissance aveugle à votre volonté.

Quoique Votre Majesté ne m'ait pas chargé de ce soin, j'ai cru cependant qu'il étoit de mon devoir d'engager les Evêques à parler, sur-tout l'Archevêque de Paris, les Evêques de Senlis, d'Auxerre, d'Arras, de S. Omer, comme étant les seuls qui aient donné des marques publiques d'approbation aux nouveaux Tribunaux ; mais aucun d'entr'eux n'a voulu donner d'instruction : ce qui m'a beaucoup surpris, vu que la plupart sont membres ou du Parlement, ou des Conseils supérieurs, & que Votre Majesté les a assez bien récompensés. Il faut croire qu'ils ont jugé ce travail trop difficile, & au dessus de leurs forces.

Mais ce silence a produit un mauvais effet ; c'est que quantité de personnes qui ne sont pas encore persuadées, & qu'un motif de religion & l'autorité Episcopale eussent arrêtées, ont osé raisonner sur vos Edits, & prétendent en conséquence que n'ayant plus de représentans pour porter leurs plaintes jusqu'à V. M. elles ont un droit naturel de les porter elles-mêmes. Ce sont ces faux principes qui ont produit la Requête de la Noblesse de Normandie.

Les prétextes en sont apparens, & il n'est guere possible de douter des faits qu'elle contient. Si M. le Contrôleur général eût prévenu les sujets de plaintes, comme cela étoit facile & devoit être ; jamais la Noblesse n'eût osé faire une pareille démarche.

Il eût fallu au moins laisser aux nouvelles opérations le tems de se consolider, & ne pas mettre la Province de Normandie dans le cas de regretter son Parlement. Au bout d'un certain tems on eût exigé tous les impôts possibles sans aucune résistance.

Trop de précipitation peut faire manquer toute la besogne, & retomber dans un état pire que le premier ; car auparavant il y avoit des Remontrances &

des délais, mais cela finissoit toujours par un enregistrement, & l'exécution étoit sûre & sans opposition. A présent, l'enrégistrement sera prompt & sûr, mais il n'en sera pas de même de l'exécution, chacun se croyant en droit de représenter. Ne pourra-t-il pas même arriver que la Noblesse presque toute Militaire, lasse de se plaindre & de n'être pas écoutée, en vienne à des voies de fait ; il ne faut qu'une mauvaise tête pour soulever toute une Province ?

Je crois donc que vu le danger de l'exemple, sans s'arrêter aux motifs de la requête, il faut sévir contre les principaux instigateurs de la requête par des ordres particuliers, & non en Justice réglée ; car leurs motifs sont trop apparens, & le public ne se laisseroit pas aisément persuader de la justice de la condamnation, & flétrir la requête par cette seule raison ; qu'elle indique une association contraire aux Loix du Royaume. Je me charge de solliciter le plus de rétractations que je pourrai.

Il me reste à supplier Votre Majesté de donner les ordres les plus précis pour empêcher les réclamations qui ne tendent à rien moins qu'à renverser en un instant l'ouvrage de deux années. La Noblesse de Bretagne n'est que trop disposée à en faire autant : & si V. M. n'avoit pas un sujet aussi fidele & aussi zélé que M. le Duc de Filtz-James, il est certain que la Noblesse eût refusé tout ce que Votre Majesté a démandé aux Etats de cette Province.

M. l'Abbé Terray a dit :

Sire, je ne puis assurer Votre Majesté si tous les faits contenus dans la requête sont de la plus exacte vérité ; mais fussent-ils vrais, ils ne seroient qu'une suite du plan qui a été formé, & pour lequel on a détruit l'ancienne Magistrature. Je n'ai pu donner les mains à son exécution qu'autant que j'ai prévu qu'il me mettroit à portée de répondre à l'honneur que me faisoit V. M. de me nommer son Contrôleur général, en m'offrant des fonds pour subvenir aux besoins de l'Etat.

Si dans cette partie on eût voulu avoir égard à mes vues, peut-être ne seroit-on pas réduit aujourd'hui à remédier à l'inconvénient qui fait le sujet de la délibération.

Il est souvent dangereux de publier un Edit d'impôts, ou d'annoncer dans un Edit toute l'étendue de l'impôt à percevoir. C'est alors revolter tous les esprits. Avec un peu d'adresse on peut faire la levée par partie, à différens tems; ceux qu'on a exécuté il y a un mois ont déja oublié leur mal; & s'il y a des mécontens, on est sûr que le mécontentement n'est pas général. Jamais tems n'a été plus favorable pour cette opération : on n'a à craindre ni Parlement ni Cour des Aides; les Conseils supérieurs n'ont pas même le droit de demander des éclaircissemens en cas de doute. Ainsi on peut tenter tout, mais avec prudence : qu'au lieu d'exposer dans un Edit qu'on augmentoit les tailles pour fournir aux gages des nouveaux Tribunaux, on eût chargé de ce soin les Employés; il est évident que le public ne se fût pas plaint qu'on le surchargeoit d'un nouvel impôt, ce qui est contradictoire avec la promesse annoncée par-tout d'une justice gratuite.

D'ailleurs on ne peut ignorer que la révolution présente n'en ait occasionné une dans les finances : la seule Ville de Paris rend plus de vingt-quatre millions de moins par la diminution de la consommation; le commerce est beaucoup tombé par le discrédit général. Quel moyen restoit-il donc de réparer ces pertes, sinon de tirer des Provinces pour remplir le vuide de la Capitale ?

Quant au parti à prendre contre la requête, il est constant que si on veut conserver les nouveaux établissemens, & la facilité d'avoir de l'argent tant qu'on voudra, il faut sévir avec rigueur contre les principaux instigateurs de la requête, & alléguer pour motif que cette démarche ressent l'association. Si chacun veut se mêler de raisonner & de donner des conseils à l'administration, ce ne sera jamais fait : il est fort surprenant que la Noblesse prétende avoir des droits que la Magistrature elle-même ne peut avoir qu'autant que V. M.

veut bien les lui accorder. Le seul privilege auquel elle puisse prétendre est celui d'obéir avec plus d'empressement & moins de réflexion à tout ce qui porte l'empreinte de la volonté du Monarque.

M. de la Vrilliere :

Sire, Votre Majesté sait quel a été dans tous les temps mon dévouement pour sa personne & pour sa gloire. Je me suis toujours fait un devoir de sacrifier mes lumieres & ma volonté à celles de Votre Majesté : je n'ai jamais refusé de souscrire les ordres particuliers qu'Elle a voulu donner ; & le nombre des Lettres de cachet que j'ai distribué est tel, qu'il surpasse celui que tous vos Ministres ensemble, & ceux que tous vos Prédécesseurs ont pu signer. Quand on a proposé le nouveau plan, l'expérience que j'ai acquise dans le ministere m'en a fait prévoir les inconvéniens ; mais comme je savois que Votre Majesté avoit pris un parti fixe, j'ai fait tout ce qui étoit en moi pour le faire réussir. Je crois qu'il est d'un fidele Sujet de n'avoir d'autre volonté que celle de son maître, & que la Noblesse de Normandie a manqué en ce point à son devoir d'une maniere éclatante.

M. Bertin :

Sire, je ne répondrois pas à la confiance dont m'honore Votre Majesté, si je lui cachois que les faits énoncés dans la requête sont très-vrais, & que le mémoire que m'a adressé la Ville de Dieppe en contient d'autres qui sont dignes d'attention. L'un & l'autre sont très-respectueux, & il me semble que s'il est permis à des Sujets qui se croient opprimés de s'adresser ou à leur Prince, ou à celui qu'il a chargé du Ministere, on ne peut le faire d'une maniere plus décente. Il me suffit de faire connoître ces faits à Votre Majesté ; en la priant d'avoir quelque considération pour les motifs qui ont dirigé la Noblesse dans sa démarche.

M. de Boynes :

Sire, quand Votre Majesté honora de son approbation le mémoire que j'avois fait contre les Parlemens, Elle ne me chargea pas de prévoir les réclamations des autres Ordres de l'État. La Noblesse jusqu'ici aveuglément soumise aux ordres de Votre Majesté, sembloit n'avoir pas d'autres pensées, d'autres sentimens que les siens; la dépendance continuelle où elle est de vos bienfaits nous faisoit regarder comme hors de doute une obéissance prompte & entiere de sa part, c'est ce qui m'a fait croire que cette démarche de la Noblesse a été suggérée.

Si chacun veut se mêler de penser par devers lui & donner son avis, Vous aurez bientôt autant de Conseillers que de Sujets. Il est donc de la plus grande importance de ne point épargner les auteurs & instigateurs de la requête pour servir d'exemple aux autres Provinces; sans quoi, au lieu d'avoir affermi votre autorité par les changemens, on auroit multiplié les obstacles, comme l'a observé M. le Chancelier, ces nouveaux réclamans étant en état d'appuyer leur réclamation de la voie de fait. On commence par des discours respectueux, & on finit par une résistance ouverte.

M. de Monteynard :

Sire, puisque Votre Majesté m'ordonne de parler, je lui dois un exposé fidele & sincere de mon sentiment. J'ai lu la requête avec beaucoup d'attention, & j'ai été frappé de la légitimité de ses motifs; je crois même que loin de la regarder comme un acte digne de punition, Votre Majesté n'y verra que des preuves de fidélité. Votre intention n'est pas de réduire cette portion la plus illustre de vos Sujets à être témoins muets & insensibles des maux que souffre votre peuple, & qu'elle a lieu de croire que vous ignorez. Lorsqu'elle avoit un moyen légal ordinaire de faire parvenir à Votre Majesté la connoissance de ses besoins, elle eût été coupable de ne pas y avoir recours; mais aujourd'hui que ce moyen légal lui est enlevé, il me semble que la Noblesse persuadée que Votre Majesté ignoroit tous ces faits, a pris la voie la plus sage & la plus juste.

Les voies de rigueur ne paroissent pas convenir en ce moment où la justice & la force des raisons sont si frappantes, que toute punition ne peut faire que des mécontens, même parmi ceux qui n'y sont pas intéressés.

Je sais qu'en envisageant cette démarche comme *une association*, on peut la trouver contraire aux Ordonnances; mais il est évident que les Ordonnances supposent qu'il existe un moyen légal d'informer Votre Majesté ou son Conseil, & qu'elles n'ont pour but que d'interdire les associations contraires au bien de l'Etat, & non celles qui peuvent empêcher les révoltes & les séditions.

Le seul parti qui convienne est de rendre à la Province de Normandie son Parlement; ou si l'on ne veut pas de Parlement, de remédier aux maux dont la Province se plaint, & de laisser tomber la requête dans l'oubli: c'est le moyen de tout pacifier, & de mettre le bon droit du côté du Gouvernement.

D'ailleurs les violences aigrissent les esprits, & ne persuadent pas. Flétrissez la requête, ou bien punissez les signataires. Bientôt paroîtra une justification de la requête où le détail des véxations sera exposé de maniere à augmenter les mécontens, & rendra le Gouvernement l'objet de la haine des Nobles & des Militaires; ce qui est contraire à toute bonne politique.

Peut-être, il y a cent ans, auroit-on pu tenir une pareille conduite, parce que la Noblesse ignorante ne connoissoit pas l'histoire, & n'y avoit pas vu qu'autrefois elle avoit presque le droit exclusif d'assister aux Etats: mais actuellement que tout le monde lit, & lit avec intérêt; que tout retentit dans les livres & dans les cercles de droits de la Nation, droits de la Noblesse, droits des Etats; ce n'est pas le moment de persuader à la Noblesse qu'elle n'a pas le droit d'informer Votre Majesté que contre son intention on envahit les propriétés de ses Sujets.

Quant au dessein de solliciter des rétractations, le public saura bien les apprécier, & personne n'ignorera que la crainte seule les aura dictées. Tout ce qui en résultera, c'est que le grand nombre parlera contre sa pensée; car à moins que de les convaincre que ce qu'ils disent avoir vu de leurs propres yeux, n'est pas, qu'ils se sont trompés (ce qui est impossible); quelle autre idée pourra-t-on avoir de cette rétractation; & dans cette supposition, on familiarise les hommes avec la duplicité, le mensonge, la perfidie, & on met le Gouvernement dans le cas de ne pouvoir plus compter sur une Noblesse désormais sans honneur, puisqu'elle foule aux pieds la sincérité & la droiture. J'ajouterai que dans ce moment où des bruits de guerre se répandent de toutes parts, il est très-dangereux d'indisposer la Noblesse.

M. le Duc d'Aiguillon :

Sire, la Noblesse de votre Province de Normandie ne me paroît pas si repréhensible qu'on veut la présenter à V. M. On ne se plaint ni de la forme, ni du fond de sa requête. Si les plaintes du peuple étoient justes, il étoit important & nécessaire que V. M. en fût informée pour y remédier. La Province de Normandie a eu de tout tems un Echiquier chargé de cette fonction. Le Conseil supérieur que vous y avez substitué n'ayant pas le droit de représenter, il étoit naturellement dévolu à ceux de vos sujets qui ont un rang plus distingué dans la Province.

Quant à l'accusation d'*Association*, il faut prendre garde qu'elle ne retombe sur les Princes de votre sang, puisque c'est par leur canal que V. M. devoit recevoir la Requête, N'est-il pas plus naturel de penser que c'est pour écarter toute idée d'*Association*, que la Noblesse s'est adressée à ceux que leur fidélité, leur zele, leur amour, leur attachement pour votre personne, ne permettoient pas qu'on pût soupçonner d'un pareil projet. Si on s'arrêtoit à cette idée, on les mettroit dans la nécessité de s'en plaindre comme d'une injure atro ce, & qui par contre-coup retomberoit sur Votre Majesté.

M. d'Aguesseau Doyen des Conseillers d'Etat :

Sire, vos Conseillers d'Etat n'étant depuis long-tems que les rédacteurs des avis de vos Ministres, & souvent les exécuteurs de la volonté d'un seul, nous ne nous attendions pas à être consultés sur cette matiere : cependant, puisque Votre Majesté veut bien me permettre de dire mon avis, je pense que les Magistrats actuels n'ayant pas le pouvoir de représenter, la Noblesse ne doit pas non plus avoir ce privilege, parce qu'il ne faut pas confier une pareille commission à des personnes qui peuvent aisément par la force contraindre le Gouvernement de les écouter. La réclamation des Magistrats a toujours été sans aucune conséquence fâcheuse : il n'en est pas de même d'une requête signée par des personnes dispersées, & qui peuvent communiquer leur mécontentement si on refuse de les écouter.

Un grand nombre de Conseillers d'Etat inclina la tête pour faire connoître qu'il étoit de l'avis du Doyen. Cependant M. de la Galaiziere crut devoir ajouter cette phrase : Sire, la devise de tous les sujets de V. M. doit être celle-ci :

Soumission, Respect, Obéissance.

Cinq autres Conseillers continuerent :

Soumission, obéissance, respect,
Obéissance, respect, soumission,
Obéissance, soumission, respect,
Respect, soumission, obéissance,
Respect, obéissance, soumission,

Après cette Salve de respects, le Roi dit que la délibération seroit continuée la semaine suivante.

Pendant cet intervalle, on fit courir chez les Ministres, les Conseillers d'Etat, & les Ducs & Pairs, l'Arrêt suivant.

Arrêt du Conseil d'Etat du Roi.

Le Roi ayant jugé à propos le 3 Septembre 1771 ; de supprimer son Parlement de Normandie, comme étant trop importun, & pour par ladite suppression se débarrasser absolument des épines désagréables de cette Compagnie intarissable en Remontrances.

Sachant d'ailleurs que l'administration sage & prudente de son Chancelier ; l'amour du bien public, & le désintéressement de son Contrôleur Général doivent rassurer la Province de Normandie sur les craintes mal fondées d'esprits inquiets ; qu'avec un Conseil aussi éclairé, rien ne peut *échapper à ce coup d'œil qui embrasse la Monarchie* : que le Commissaire départi dans la Province est doué des mêmes qualités que ses deux Ministres, & se rend recommandable tous les jours par son humanité, & son éloignement du faste & de la domination.

Sa Majesté auroit appris qu'un nombre de Gentilshommes de sa Province de Normandie lui ont adressé une requête contraire au but qu'elle s'est proposée dans la suppression de son Parlement, & d'autant plus criminelle, qu'elle est respectueuse ; que ces prétendus zélateurs du bien public, oubliant qu'ils n'ont d'autre droit que celui d'exécuter, ou de faire exécuter sans examen les ordres de leur Maître, osent s'arroger celui d'importuner le Trône de leurs clameurs ; soutenir contre l'évidence des faits que la Province de Normandie n'a jamais été si opprimée ; affirmer témérairement que le Vingtieme prélevé dans ladite Province est un vrai Cinquieme, comme si un Contrôleur Général aussi habile que le sieur Abbé Terray pouvoit faire une faute de calcul aussi grossiere, & aussi désavantageuse pour le Trésor Royal ; que par un attentat contre la Majesté Royale & la tranquillité publique, ils inspirent de la défiance à ses sujets sur un Gouvernement qui fait l'admiration de l'Europe entiere, & dont l'inventeur reçoit dès à présent la juste récompense par les éloges dont retentit toute la France (*a*) ;

(*a*) *Sur-tout par le moyen* de la Correspondance.

puisqu'il n'est aucun état qui ne voie sa situation améliorée par l'augmentation du commerce, du crédit & de la circulation, que pour que leur démarche ressemblât mieux à une association dangereuse, ils ont voulu s'unir aux Princes de son Sang, de qui Elle n'a jamais reçu que des témoignages de tendresse & d'un respectueux attachement.

Après une désobéissance si formelle aux Loix du Royaume qui défendent toute association, même pour la défense & l'intérêt du Roi, Sa Majesté ne doit pas différer de punir d'une maniere exemplaire les auteurs & instigateurs de cette requête, & de la flétrir comme dangereusement respectueuse, injurieuse à la sagesse de son Chancelier, & à la probité de son Contrôleur Général; justificative de la conduite des Parlemens, tendante à faire blâmer la suppression de celui de Rouen, capable d'importuner le Trône des plaintes des sujets; de procurer même aux sujets un soulagement contraire aux finances de Sa Majesté; de faire croire aux Nobles des autres Provinces qu'ils doivent réfléchir sur les ordres du Contrôleur Général, & la conduite de ses Employés, & même se plaindre dans le cas ou ceux-ci prendroient plus qu'il ne leur est dû.

Vu ladite requête, oui le Rapport du sieur de la Galaisiere, Conseiller d'Etat, Sa Majesté veut bien déclarer pour l'instruction de la Noblesse de Normandie & autres Provinces :

Que suivant l'ordre naturel des choses, le tout n'est pas préférable à la partie, & qu'en conséquence, la Nation toute entiere n'est pas plus que le Citoyen qu'elle a choisi pour la gouverner; qu'un million d'hommes, ou plusieurs millions sont faits pour un seul; & non un seul pour tous.

Que dans une Monarchie le Souverain est tout, & la Nation n'est rien; que nul n'a le droit de représenter que celui à qui le Monarque veut bien le permettre.

Que c'est une témérité séditieuse à un sujet de parler de Pacte ou Contrat qui lie le Souverain au peuple;

ple ; ou que si le Monarque veut bien en admettre, il ne peut lier que les sujets, sans jamais gêner le Souverain.

Que le serment qu'il a prêté au Sacre, n'oblige pareillement que les sujets, & non sa Personne.

Qu'en vertu de ce contrat & de ce serment, les peuples se sont engagés à contribuer par leurs travaux à la splendeur, à l'aggrandissement, aux volontés de leur Maître, qui non-seulement ne s'engage à rien, mais encore se réserve le droit vraiment Royal de nuire à tous, sans laisser à personne celui de réclamer.

Que quelque nombreux que soient ces peuples, ils ne doivent être que des automates, persuadés que leurs biens, leur liberté, leur vie ne leur appartiennent pas ; & qu'ils ne sont sur la terre que pour travailler sans relâche, & périr selon les fantaisies de la seconde Majesté, ou du Dieu visible, au pouvoir duquel la Providence les abandonne.

Qu'un sujet n'est jamais coupable, lorsque agissant contre sa conscience, il exécute aveuglément les ordres de son Maître.

Que la vraie noblesse & le vrai honneur consistent à être pénétré de ces principes, & à regarder comme un grand honneur de périr soi-même, & même à un fils de tuer son pere par les ordres du Monarque.

En conséquence, Sa Majesté ordonne que la requête sera supprimée & flétrie, comme méritant les qualifications exposées ci-dessus.

Que tout Noble, ou autre de ses sujets ait à payer sur le champ, & sans examen, tout ce que son Contrôleur Général exigera d'eux par ses Employés.

Que tous ceux qui ont dressé, ou fait signer la requête aient à se rendre à Sa maison royale de la Bastille, pour y être à la discrétion de son Chancelier.

Que tous ceux qui auront le goût bizarre de préférer leur liberté à une retraite aussi agréable, & aux civilités de son Chancelier, soient regardés comme séditieux, rébelles, & coupables du crime de leze-Majesté au second chef.

Que la Charte Normande qui est le prétexte de la

révolte des Nobles de Normandie, soit regardée comme nulle & abrogée : Que tous les exemplaires en soient apportés au Greffe pour y être brûlés, sous peine contre les contrevenans d'être poursuivis extraordinairement comme coupables du crime énorme de *Patriotisme*, qui ne peut compatir avec le Gouvernement Monarchique.

Fait au Conseil d'Etat du Roi, &c.

Cet arrêt a fait son effet, & empêché une seconde délibération ; mais le Chancelier a fait ensorte qu'il n'est point parvenu jusqu'au Roi, à qui il auroit pu faire connoître les dangereuses conséquences de l'Edit de Décembre 1770, & la justice de la cause de la Noblesse de Normandie. Il a donc profité du crédit qu'il avoit auprès du Maître pour l'indisposer contre la Noblesse, & a obtenu la permission de faire à cet égard tout ce qu'il voudroit.

On n'a pas tardé à voir les effets de sa terrible vengeance dans les exils, les emprisonnemens dont nous avons parlé dans notre dixieme Supplément.

Nous avons appris depuis que M. le Camus de Neville, Conseiller au Grand Conseil, si connu par ses talens & son courage, supérieurs à son âge, a été aussi l'objet du courroux du Chancelier.

Ce jeune Magistrat, âgé de 22 ans, ayant appris qu'on avoit arrêté plusieurs Gentilshommes & Magistrats, & informé que des Exempts rodoient autour de son Château, a cru devoir prendre le large.

Du lieu de son asyle il a écrit une Lettre à M. *Bertin*, Ministre d'Etat, ayant le département de la Province, pour justifier sa retraite.

Le public verra certainement avec plaisir cette Lettre.

LETTRE de *M. le Camus de Neville, Conseiller du Grand Conseil, à M. Bertin.*

Du 18 Novembre 1772.

MONSIEUR,

ON m'a peint à vos yeux comme rebelle & désobéissant aux ordres du Roi ; vous m'envisagez sous le point de vue le plus affreux, sous lequel puisse être vu un Magistrat & un *Français* : & cependant j'ose encore vous écrire & vous parler de moi. Ma démarche vous paroît sans doute bien téméraire ; daignez m'écouter, Monsieur, & vous en porterez un autre jugement. C'est précisément parce qu'on m'a noirci auprès de vous, qu'il m'importe le plus de dissiper les impressions odieuses qu'on vous a données sur mon compte : si j'étois accusé & coupable, je n'aurois qu'à fuir & me taire ; mais je suis innocent ; on m'a calomnié ; ma défense est simple & mon Juge intégre ; le silence seul pourroit être un crime, & tout m'impose l'obligation de me justifier : d'ailleurs je me défendrai sans chaleur ; c'est un titre de plus pour être écouté sans prévention.

En 1771., je suis exilé à *Jauxlaville* ; six semaines après renvoyé à ma terre : & le 5 de ce mois, je reçois des ordres de me rendre à *Saint-Just*, en *Chevalet* en *Forest* : je me mets en marche pour les exécuter ; on m'avertit que, la veille même du jour de la signification de ces ordres, deux espions ont rodé autour de mon Château, ce qui étoit plus qu'inutile, si l'on n'eût voulu que m'exiler ; on m'assure que la Maréchaussée a des ordres de s'assurer de ma personne, que mon signalement est donné aux Postes ; enfin j'apprends qu'un Conseiller au Parlement de Normandie avoit été arrêté, même après s'être mis en marche pou se rendre à son exil ; il n'y avoit plus de sûreté pou moi de me rendre au lieu du mien : il falloit prendre un parti : l'honneur exigeoit que je rendisse compte de ma conduite, & la prudence que j'assurasse ma liberté. Je résolus, Monsieur, de m'échapper & de vous écrire, de manifester mes démarches, mais de cacher mon asyle.

Quelques personnes taxeront sans doute ma conduite de timidité, & je ne m'en défends pas : j'avoue franchement que sans formes légales & sans Juge compétent, *la Bastille* me fait peur : l'innocence peut sans se compromettre redouter & fuir les horreurs de la prison ; lorsqu'elle ne peut plus invoquer ni attendre la protection de la Loi. Daignez, Monsieur, envisager ma position ; que devois-je attendre? Quel eut été mon accusateur? De quelle forme se fut-on servi ? Quels Juges m'eût-on donné. Je ne veux point faire de réflexions qui puissent déplaire ; car, je le répéte, mon intention n'est pas d'offenser, mais de me défendre. Je dirai seulement que les personnes qui me reprocheront le plus de m'être dérobé aux poursuites, devroient peut-être au contraire me savoir quelque gré de ce que j'ai évité par ma retraite l'éclat d'une récusation solemnelle, dont on m'eut fait un crime, & que cependant mon devoir eût nécessité. Ce n'est point la prison qui me fait peur ; je ne crains pas que l'on me fasse mon procès ; mais je ne vois pas de Magistrats pour le faire, & je redoute ceux qui croient en avoir le pouvoir.

Les Magistrats de la Compagnie, à laquelle j'ai l'honneur d'appartenir, sont par les Loix du Royaume les seuls en droit de juger ma conduite. Dès qu'ils seront rendus à leurs fonctions, je me présente & j'offre ma tête, s'ils me trouvent coupable, je ne dis pas d'aucun crime, mais de la moindre imprudence ; jusques-là c'en seroit une de me livrer : je suis né libre & Français ; le droit naturel fait une Loi de fuir à quiconque peut par sa fuite éviter une vexation ; les Loix civiles garantissent à chaque citoyen la liberté personnelle que chaque homme a reçue de la nature ; je n'ai abdiqué aucun de ces deux titres en recevant celui de Magistrat ; le serment que j'ai prêté, dans le sanctuaire de la justice, ne m'engage qu'à la rendre aux Sujets du Roi, & à observer les Loix du Royaume : je n'y ai point juré de me livrer volontairement à des exils rigoureux, à une captivité injuste ; & il seroit absurde de prétendre qu'un Magistrat, qui par état est obligé de défendre la liberté de ses concitoyens, ait, par le serment même qui l'y astreint, aliéné la sienne.

Ma conduite est donc pure ; elle est juste, raisonnable, & exempte de tout reproche : que si quelqu'un en portoit un autre jugement, il prouveroit encore pour moi, & ses reproches même seroient ma justification ; car celui qui avoit fait un crime à un Magistrat d'avoir assuré sa liberté, montre assez que son dessein n'étoit pas de la respecter.

Mais pourquoi suis-je obligé de me justifier ? Quelle faute ai-je donc commis ? Qui a pu me réduire à la situation où je me trouve ? Pourquoi attacher tant d'importance au sort d'un Magistrat de 22 ans ? Dans ce temps de calamité publique j'avois pensé que ma jeunesse & mon inexpérience étoient ma sauve-garde ; je tirois cet avantage de la médiocrité de mes talens, qu'elle devoit faire ma sûreté : je ne croyois pas valoir la peine qu'on me privât de ma liberté. Quelle cruelle réputation l'on m'a voulu faire ? A quelle fatale célébrité l'on m'a consacré ! Pourquoi cette variation d'exils, quand il n'y en avoit pas dans ma conduite ? Pourquoi m'envier le reste de liberté dont je jouissois ? Qu'ai-je donc fait ? que peut-on me reprocher ? Quel est mon crime ? Je l'ai cherché inutilement dans un cœur où je n'ai trouvé qu'amour, que respect, qu'attachement, que fidélité pour la personne & le service du Roi. Je n'avois garde de soupçonner la cause de mes malheurs ; le bruit public m'en a informé, j'ai été instruit & n'ai pas été moins surpris ; je n'ai qu'un mot à vous dire, MONSIEUR, pour que vous le soyez vous-même.

Je suis persuadé de votre impartialité, daignez l'être de ma franchise ; l'on a assuré que tous ces exils, tous ces emprisonnemens qui ont étonné la Normandie, n'ont eu d'autre cause qu'une requête au Roi, signée par la Noblesse de ce pays. J'ai vu, tenu & lu cette requête; j'en ai même conféré avec quelques-uns des Gentilshommes qui l'ont signée, & je me rappelle très-bien de leur avoir dit, que les murmures étoient dangereux dans un Etat, à cause de leurs suites, mais que les plaintes & les requêtes ne l'étoient jamais, parce qu'alors ceux qui les adressoient, imploroient la bonté & comptoient sur la justice du Souverain, ce qui étoit aussi flatteur pour le Maître, que respectueux de la part des Sujets.

Voilà, Monsieur, toute la part que j'ai eue à cette requête; d'ailleurs je ne l'ai ni écrite, ni signée, ni fait signer. Je l'eusse fait, que j'en conviendrois également vis-à-vis de vous; car ceux qui connoîtront cette requête, n'y trouveront jamais rien de répréhensible: les Gentilshommes s'adressent au Roi, ils recourent à son autorité, ils ne la combattent donc pas; ils se plaignent de leurs malheurs, ils s'en plaignent à un pere, & le sentiment qu'ils invoquent, montre assez celui qu'ils éprouvent; ils réclament leurs titres qui leur sont d'autant plus précieux, qu'ils les tiennent de leurs Rois; ils ne se servent pas d'un mot dont personne puisse être choqué, ils n'en emploient pas un qui ne soit marqué au coin du respect & de l'amour le plus tendre pour la personne sacrée de leur Maître: jamais plus de deux ou trois Gentilshommes ne se sont trouvés ensemble; il n'y a donc point eu d'association de personnes, & celle des noms ne peut pas même faire la matiere d'un soupçon: ainsi, juste dans son principe, légitime dans ses moyens, respectueuse dans son adresse, & ménagée dans ses expressions, la requête concilie la plainte & la décence: la réclamation de la Noblesse n'est point aux dépens de sa soumission; comme elle n'espere qu'en son amour & en sa fidélité, elle n'emploie que ces moyens pour faire valoir ses droits. Comment donc s'est-il pu faire qu'un acte aussi irrépréhensible ait eu des suites aussi funestes? Je crois, Monsieur, en deviner la cause: un Intendant, mal instruit par ses inférieurs, aura mal informé le Ministere; il n'aura parlé que de troubles, d'intrigues, de menées; on aura vu tout de suite des factions, des cabales, des conspisations. Vous même, Monsieur, qui ne suspectez pas la fidélité de la Province la plus fidelle ; vous même qui connoissez mieux qu'un autre l'amour du Peuple pour son Roi, parce que vous sentez mieux aussi celui que le Maître inspire, vous aurez été alarmé ; il est bien permis de se tromper, quand l'attachement à ses devoirs est la seule cause de l'erreur ; j'ai cru qu'il étoit du mien de vous faire part de tout ce qui étoit à ma connoissance ; l'intérêt de mes amis, qui sont punis parce qu'ils n'ont pas été connus, m'y sollicitoit ; l'honneur m'en faisoit une loi ; l'exposé des faits a été ma seule défense ; j'espere, Monsieur, que vous en reconnoissez la justice, & je suis sûr qu'il n'y aura personne qui ne convienne de sa modération.

Je suis, avec le plus profond respect, &c.

Nous croyons faire plaisir au Public en lui faisant part d'une anecdote intéressante sur ce jeune Magistrat.

M. le Chancelier, connoissant les talents de M. de Neville, avoit jetté les yeux sur lui pour en faire un Avocat-Général ; il le mande, lui fait part de son dessein. Le Magistrat refuse & motive son refus ; le Chancelier insiste & menace de lui fermer la porte à toutes les Charges. Monseigneur, répond le jeune homme, j'ai fait mon calcul : vous avez 55 ans, j'en ai 22, j'attendrai.

Monseigneur piqué de la réponse, lui dit, d'un ton menaçant : Monsieur, le Roi pourroit bien se fâcher, & alors je ne répondrois pas de votre tête ; Mgr., répond le jeune Magistrat, je la crois plus en sûreté que la vôtre.

Nous avons encore beaucoup de faits intéressants, mais notre Supplément seroit trop chargé, nous finissons par l'annonce de quelques Ouvrages.

Annonce de Livres.

ON débite depuis quelques semaines une Vie de M. Perchel, Procureur-Général au Grand-Conseil de Rouen, en deux volumes ; c'est une invitation pour faire aussi celle de l'honnête Fleury, Procureur-Général du Tripot, & qui formera vraisemblablement un plus grand nombre de volumes. En ajoutant celle du Sieur Moreau, Procureur du Roi au Châtelet, cela fera un Code complet pour former dans la suite tous ceux qui se destineront à remplir la fonction des Gens du Roi.

On conviendra après cette lecture que la cause du Roi & de la Nation est en d'excellentes mains.

Nous invitons aussi à faire celle de l'Abbé Terray, pour l'instruction des Contrôleurs-Généraux & des Intendans des Finances qui viendront après lui.

Incessamment on mettra en vente la Vie privée & publique de Mgr. de Maupeou, Chancelier de France, par l'Éditeur de la Correspondance.

Elle renferme trois Planches ; la Premiere représente le Chef de la Magistrature ayant son visage accolé au derriere de Madame du Barry, pour obtenir l'exil du Parlement de Paris ; au pied du lit est une boëte remplie de papiers, sur lesquels on voit, *& plus bas*, *Phelipeaux*.

Dans la Deuxieme, les cinq Princes du Sang & un grand nombre de Ducs & Pairs présentent au Roi une requête, sur laquelle on lit : *Sire, seroit-il possible que Votre Majesté préférât le conseil d'un homme qu'elle regarde comme un frippon, à celui de toute la Magistrature de son Royaume ; des Princes de son Sang qui ne lui ont jamais donné que des preuves du plus respectueux dévouement, & de ceux qu'elle a honorés des premieres Charges de la Couronne, à qui elle a confié la garde de sa Personne, & qu'elle comble tous les jours de tant de marques de bonté, & de confiance.*

La Troisieme est l'accomplissement du fameux Rêve de la Correspondance, non point par la justice des Princes, mais par celle de toute la Nation.

N° XII.

De Paris, le 22 Mai 1773.

LE décès d'un des *Cœurs* de M. le Chancelier, de ce pauvre *Inamovible Sorhouet de Bougy*, mort de la pousse à Paris le....... a donné matiere à un débat très-singulier, & qui n'est pas encore terminé.

De mauvais plaisans prétendent que le vrai *Cœur* de Monseigneur ne vaut guere mieux que celui du défunt. La seule différence qu'ils y trouvent, c'est que l'un pourrit en terre, & n'infecte personne de sa mauvaise odeur; au lieu que l'autre peut fort bien communiquer sa corruption, & devenir dangereux pour la race humaine: au reste ce n'est ici qu'un misérable réchauffé qui n'a pas grand sel.

Mais il est un troisieme *Cœur* qui s'est vu nagueres banni de la Chancellerie à son grand regret. C'est l'illustre *le Brun*, ancien Secretaire de notre fameux Chancelier, Censeur royal des livres, & prête-nom d'une grosse brochure, fort sottement intitulée *Lettres Provinciales.* On y fait des efforts inouis pour établir sur l'ancien Gouvernement de France des opinions qui n'ont ni queue ni tête; & quoique Monseigneur ait déclaré à la face de l'univers que l'*esprit de systême* étoit sa bête noire, ce livre a néanmoins paru sous ses auspices. Les petites gentillesses qu'on s'est permis de glisser dans cet ouvrage sur la succession à la Couronne, ont été prises en mauvaise part par Monsieur le Dauphin. Il a trouvé étrange qu'on eût imprimé avec approbation du Gouvernement, que *les Rois ont droit de choisir entre leurs fils ou petits-fils, la tête sur laquelle il leur plait de poser le diadême.*

Monseigneur de Maupeou, auteur en chef de cette hérésie politique, *aussi incertaine dans ses principes*, *qu'elle est dangereuse dans ses conséquences*; en a rejeté tout l'odieux sur son pauvre *Cœur le Brun*. Il s'est vu contraint de le *désecrétairiser*, de le *décensuriser*, enfin de le congédier.

Le public est trop raisonnable pour conclure de la perte de cher *Cœur Sorhouet*, & du bannissement de cher *Cœur le Brun*, que le cœur manque à Monseigneur. Il en a trop pour cela; nous en avons la preuve : car dans l'appréhension que *Cœur le Brun* ne découvrît le pot aux roses, sa Grandeur lui a compté une belle & bonne somme d'argent, afin de l'engager à se taire. Il avoit même manigancé pour lui un excellent mariage, mais il a manqué : la fille, dit-on, est honnête, elle a craint de ne l'être plus en devenant sa femme.

Tant il y a, que sur la nouvelle répandue depuis peu de jours, que Monseigneur est dans l'intention de renouveller *ses Correspondances*, *le Brun* désolé de n'être plus utile à son ancien Patron, s'est offert pour lui rendre ce petit service d'ami; il postule à toute force l'office de grand *Correspondant*. Mais l'histoire nous apprend qu'il a rencontré une terrible pierre d'achoppement dans la personne de *très-belle ame, sacrée & honorable personne de Bonnaire, base inébranlable de l'inamovibilité actuelle*. Avant que de mourir, *le Cœur Sorhouet* l'avoit désigné pour son successeur, & fortement recommandé. De Bonnaire, en vertu de ce titre, prétend faire donner l'exclusion au pauvre le Brun. Il se sert du prétexte que l'histoire des *Provinciales* est encore toute fraîche; que dans la position un peu contrainte où Monseigneur se trouve, il doit se retrancher jusqu'aux dents, & ne donner aucune prise sur lui. L'Avocat piqué au vif d'une rivalité qui combat ses plus douces espérances, vient d'écrire à Monseigneur une lettre à cheval contre l'honorable de Bonnaire. Les bornes d'une gazette ne nous permettent que d'en extraire l'article suivant.

Extrait d'une lettre du sieur le Brun à Monseigneur le Chancelier.

» Ah ! Monseigneur, est-il possible, après tous les » services que je vous ai rendus, que vous m'ayez » entiérement oublié ! Ne vous souvient-il donc plus, » sans compter tout le reste, que chaque jour je vous » faisois la lecture des choses les plus intéressantes, » à raison des impossibilités morales où vous étiez de » vous la faire à vous-même ? Ne vous souvient-il plus » que non-seulement je tenois la plume pour écrire » vos lettres & vos mémoires, mais encore que je » les composois moi-même, pour que votre Grandeur » pût se rendre intelligible. Distrait par vos immenses » occupations, abymé dans des réflexions profondes, » peu versé dans l'art d'écrire, sur-tout pour le style » épistolaire, encore moins adepte à traiter par écrit » d'affaires sérieuses ; sans moi qu'eussiez-vous fait ?...

» Un coup imprévu m'a arraché de votre Grandeur. » Je trouve l'occasion de me raccrocher à elle, & » vous permettriez qu'on vînt impunément me couper » l'herbe sous le pied ? Non, non, je ne le souf- » frirai pas. La seule idée de voir cet hypocrite de » de Bonnaire demander mon exclusion à son profit, » me révolte & m'indigne. Qu'il aille faire ailleurs » son métier de *Janséniste & de Cagot* ; qu'il aille ef- » frontément mentir en face au premier Prince du » Sang, sous couleur de faire le bas valet à vos dé- » pens, & aux dépens de votre besogne. Payez, si » vous voulez, la trahison, mais n'approchez pas » de vous le traître, de peur qu'il ne vous trahisse » aussi dans l'occasion : mais sur-tout ne souffrez pas » que tant d'infamies lui vaillent l'honneur d'être vo- » tre *Correspondant*.

» Quel besoin a-t-il de ce nouvel emploi ? Bon » Dieu, sa fortune n'est-elle donc pas suffisante ? Si » sa commission d'*Inamovible* ne lui rend pas assez, » il trouve dans son savoir-faire mille ressources que » je n'oserois employer dans ma disgrace.

» Croyez-vous donc, Monseigneur, que l'entre-
» preneur des bottes & souliers de MM. les Pages
» de la grande écurie, ne puisse pas gagner assez, vu
» la marchandise qu'il leur fournit ! Eh ! Monseigneur,
» si vous avez quelque grace à accorder à ce sacré &
» honorable cordonnier, chargez-le, si vous voulez,
» du soin d'entretenir de chaussures les pieds de votre
» Grandeur & ceux de tous vos gens : recommandez-
» le même à l'ami *Monteynard*, pour la fourniture
» des troupes de Sa Majesté. Il n'a rien à vous refu-
» ser, & voilà le vrai ballot de de Bonnaire, le moyen
» de faire avec de mauvais souliers la plus brillante
» fortune. Qu'il soit encore, j'y consens, le rapé-
» tasseur de votre savatte de Parlement, vous lui rap-
» pellerez ce mot d'Appelles : *Ne, sutor, ultra crepi-
» dam ; Savetier, tiens-t-en à la semelle* ; mais, pour
» Dieu, ne me faites pas l'affront de me le préférer,
» sur-tout dans une occasion où il s'agit de vous ser-
» vir avec tout le zele & l'esprit que vous connoissez à
» votre très-humble & très-obéissant serviteur &c. ».

Nous ne pouvons nous empêcher de convenir que cette lettre nous a paru un peu apocryphe : cependant nous avons été tentés de faire des recherches, & de vérifier l'histoire du sacré & honorable cordonnier des Pages de la grande écurie. Enfin nous sommes parvenus à découvrir ce qui suit ; l'aventure est gaie.

Vers la fin d'Avril ou au commencement de Mai 1771, le cordonnier ordinaire des Pages vient se présenter devant ces Messieurs la larme à l'œil : il leur annonce qu'il n'aura plus l'honneur de les servir. *Hélas !* dit-il, *j'ai toujours tâché de fournir de la marchandise qui fût au moins passable. L'augmentation des droits sur les cuirs m'en a fait demander une de cinq sols à M. l'Entrepreneur sur le prix de chaque paire. Il m'a refusé tout net, en alléguant pour raison la modicité du profit de l'entreprise*, (qu'on soupçonne être d'un écu par paire) *& il m'a renvoyé, en me disant qu'il en prendroit d'autres, qui seroient trop heureux d'être chargés de cette fourniture en sous-ordre, & même à meilleur compte.*

Le pauvre diable se lamentoit en détaillant toutes les causes de sa disgrace. Les Pages qui n'en étoient pas trop mécontens, s'attendrissent sur son sort, & lui promettent leur protection.

Cependant en dépit de la considération due à cette jeune Noblesse, l'Entrepreneur envoye d'autres cordonniers. Ils arrivent tout tremblans, prennent leurs mesures, & rejettent leur hardiesse *sur la rigueur du ministere dont ils étoient chargés.* Les mesures furent très-bien prises; mais les Pages piqués les trouverent mal faits, daignerent à peine les essayer, & en présence des cordonniers, les jetterent par la fenêtre.

L'Entrepreneur qui se voyoit la dupe de quarante-huit paires qu'il falloit remplacer, jugea l'affaire digne de toute son attention. Il se transporte donc lui-même à la grande Ecurie pour faire prendre la mesure sous ses yeux par ses garçons. Les Pages furent doux comme des agneaux; il étoit seulement convenu entr'eux que personne ne donneroit son vrai nom, ains au contraire celui de tel camarade à qui sa mesure pourroit le moins convenir, & ce qui avoit été dit fut fait.

Peu de jours après, on apporte les souliers étiquetés, suivant l'usage, du nom de chacun. M. l'Entrepreneur n'a garde de manquer à cette cérémonie: pour en imposer davantage, il se met dans ses atours; belle coëffure ornée de toutes les graces de l'art, le plus beau linge, dentelles superbes, & magnifique habit de lustrine. Jamais cordonnier ne fut si brave: il se promenoit en long & en large: son air étoit si grave, que vous l'eussiez pris pour un Chancelier de France. Il portoit ses regards aussi dédaigneux qu'attentifs sur les pieds de tous ces Messieurs. Oh! pour le coup, cette fois chacun s'appelloit par son nom: aussi, quoique les susdits souliers convinssent peut-être à merveille à chaque mesure, ce néanmoins les pieds de tous ces Mrs. se trouvoient détestablement chaussés. Les garçons chausseurs suent dans leur harnois, se mordoient les levres en faisant d'inutiles efforts pour faire entrer tel soulier de beaucoup trop étroit pour le pied qu'on lui présente. D'autrefois, les trouvant larges de reste, ils se donnent au diable pour comprendre comment ils s'étoient pu tromper à un tel point, & finissent par se désespérer. Les Pages rioient sous cap en lorgnant d'un œil malin M. l'Entrepreneur qui ne savoit qu'en dire: le pauvre homme étoit démonté, & recommandoit en secret son ame au Bienheureux S. Crespin, pour sortir avec honneur de ce mauvais pas.

Cette scene muette ne dure guere; les Pages sont ennemis-nés du silence. Chacun d'eux se débarrasse en jurant du soulier qui le gêne. Celui qui le trouve trop large ne perd pas l'occasion de prouver son adresse, en le faisant voler sur la figure du garçon; d'autres, comme par hazard, les font passer en sifflant pardevant le nez de M. l'Entrepreneur. Le Caton se fâche, sa gravité se démonte, il balbutie le mot d'*impertinence*, & se plaint d'un manque de respect pour un homme comme lui. Le Gouverneur des Pages craint qu'en effet la plaisanterie ne soit poussée trop loin vis-à-vis d'un homme qui par le métier qu'il fait, n'a pas l'air de mériter beaucoup de considération, mais qui lui est inconnu, & qui fait l'important. Il impose silence à la cabale, & le prie poliment de se faire connoître: à quoi répond l'autre tout rouge, tout bouffi de colere; ces *Messieurs ne savent pas qu'ils insultent en ma personne M. de Bonnaire, Conseiller au Parlement. Vous êtes*, reprend le Gouverneur, *Conseiller du Parlement? En ce cas là faites vous rendre justice, ce n'est plus mon affaire.* Ainsi dit, il se leve, & s'en va.

Lui parti, les huées de recommencer comme de plus belle, souliers de rentrer en danse, & de lui voler à la figure, non plus comme ci-devant avec une sorte de modération, & par mégarde; mais avec rudesse, & à dessein de le traiter suivant ses mérites; & les Pages de se partager par pelotons pour occuper différents postes. On laisse aux plus petits le soin de harceler l'Entrepreneur Conseiller, tandis que les grands iront dresser d'autres batteries. L'homme d'abord de leur tenir tête pendant quelques minutes: tel un taureau fier de sa force, présente les cornes à une troupe de jeunes chiens qui l'aboient.

La réflexion lui vient enfin. Il juge que tout son crédit

ne sert à rien contre une multitude de petits diables qui le houspillent. Il craint des troupes auxiliaires qui peuvent venir fondre sur lui, gagne la porte, s'élance ; zeste voilà mon Conseiller parti, qui vous descend les escaliers quatre à quatre sans regarder derriere lui, bien content d'en être quitte pour quatre-vingt-seize paires de souliers, & quelques légeres contusions.

Hélas ! Le malheureux ignoroit encore ce qui l'attendoit au passage. Le long des escaliers, le long des corridors, les plus vigoureux Pages armés d'un sceau d'eau, le lui jettent par les jambes, il n'en perd pas une goutte : quatre se sont placés au haut de la lanterne, & comme il se félicite de la fin de ses maux, ne voilà-t-il pas qu'une demie tonne lui tombe tout d'un coup sur le corps, & cette douge en l'assommant, l'inonde de la tête aux pieds. Le sieuve de Bonnaire se releve, se secoue comme un barbet, & court encore.

Concluons. Que ce Monsieur a bien appris à ses dépens ce que c'est que d'avoir affaire à des Pages. Il leur a rendu l'ouvrier qu'ils protégeoient ; il n'a plus contesté sur l'augmentation : enfin il a pris des sentiments plus humbles & plus conformes à ses malheurs, ainsi qu'à son état.

Le Brun, dans sa lettre, attribue sans hésiter cette histoire à de Bonnaire pere. Des témoins qui ont été entendus (car on n'a rien négligé pour s'assurer du fait) prétendent que c'est de Bonnaire fils qui a été si bien hué, souffleté, basculé, submergé. Quoiqu'il en soit, c'est toujours un de Bonnaire, pere & fils ne sont qu'un ; & ce n'est que pour la décharge de notre conscience, que nous n'osons décider ce problême historique.

C'est pourtant d'après ce fait, que *cœur le Brun* prétend rendre nul le codicille de l'Inamovible Sorhouet : il dit qu'un cordonnier ne peut pas être reçu décemment en l'office de *grand Correspondant* ; que pour Conseiller au Parlement, c'est une différence notable ; ce métier là ne donnant l'exclusion à aucun autre ; liberté entiere à ceux qui le font, d'être en même temps à leur choix, gadouards, filous, escrocs, brocanteurs, &c.

On assure que le Brun n'est pas encore parvenu à ses

fine, & que l'exclusion de ce dangereux rival ne décideroit pas encore en sa faveur. Un troisieme compétiteur se met sur les rangs, & tandis que les deux autres larrons sont aux prises, il entend bien monter sur l'âne, & s'en aller avec sa proie.

Cet homme est M. l'Abbé Mignot : *or, Mignot, c'est tout dire.* Quel vieux proverbe ! On en a l'oreille rebattue. Cependant, malgré l'influence qu'il peut avoir sur l'esprit de Monseigneur, le débat n'est pas encore terminé. L'Abbé vient de recevoir un soufflet métaphysique, aussi désagréable pour son honneur, que cet ancien soufflet appliqué physiquement sur la joue du Confrere Lucker.

De Versailles, ce ....

Le terrible événement du feu qui a presque réduit en cendres votre Hôtel-Dieu de Paris, a donné lieu à une scene assez comique dans ce pays ci. Les administrateurs ont fait faire des plans pour sa réconstruction. Il a fallu les présenter à Sa Majesté. Monseigneur *tout de même*, ou Monseigneur *quatre pattes*, revêtu de la sacrée & honorable premiere Présidence du tripot-Maupeou, n'a pu se dispenser de cette cérémonie, ni de la harangue qu'elle exigeoit.

Quatre pattes, après s'être tordu les doigts, mordu les pouces, gratté le cul, suivant sa louable coutume, & avoir maudit mille fois la dureté de son entendement, crut savoir son rôle, & pouvoir le débiter tant bien que mal. L'Abbé Mignot qui avoit fait sa harangue, l'accompagne dans son voyage, & ne cesse de la lui faire répéter pendant la route ; (*nota bene* que ladite harangue n'étoit guere plus longue que le discours de l'Orateur la Galaisiere au fameux lit de Justice). Cependant Mignot ne juge pas à propos de s'en tenir à la promesse que *tout de même* lui fait de la réciter entiere & sans hésiter, non plus qu'aux essais faits devant lui. Tandis qu'on introduit la députation devant Sa Majesté, il se glisse derriere son premier miet Président pour l'aider, s'il en est besoin. La précaution étoit sage : dès la seconde période, l'orateur se trouble au point de ne pouvoir retrouver le fil de son discours. L'Abbé souffloit tant qu'il pouvoit. Qu'on se rappelle la scene de *Petit-Jean & du souffleur. Le butor! ..... le butor ..... hé! le cheval! ... hé! le cheval.* .... Le pauvre Abbé ménage si peu sa voix, que tous les assistans l'entendent, & haussent les épaules : on le fixe, on rit tout bas. Pour comble de disgrace, l'Abbé apperçoit tous les yeux tournés sur lui : une réflexion à contre-temps sur sa mal-adresse lui coupe la parole, il se trouble lui-même, & fait de vains efforts pour retrouver sa mémoire : la pauvre petite couroit les champs; elle étoit allée tenir compagnie à celle du Président *quatre pattes.* Harangueur, souffleur, restent les yeux ouverts, la gueule béante, & passablement embarrassés de leur maintien.

Le Roi surpris de leur silence stupide, demande assez haut : quelle est donc cette figure qui se cache derriere la robe de mon premier Président! Le Chancelier s'avance, & répond d'une voix doucereuse, mais qui avoit pourtant le ton d'un homme infatué du mérite éminent de l'Abbé : *Sire, c'est M. l'Abbé Mignot, neveu de M. de Voltaire, Auteur estimé de l'Histoire des Turcs, & Conseiller-Clerc du Parlement de Votre Majesté. Ah! ah!* s'écrie un des Courtisans témoins de l'aventure, *je ne sais si ce Monsieur est un grand Clerc; j'ignore encore plus s'il est bon Conseiller, mais je ne puis pas douter qu'il ne soit un très-plat souffleur.*

Dans l'instant, les autres Courtisans se sont mis à chuchoter entr'eux une bonne vérité que le Maître avoit dite quelques jours auparavant : *je savois bien que ces Messieurs n'avoient pas d'esprit, mais franchement je ne les croyois pas si bêtes.*

On ignore absolument les politesses réciproques que la députation a pu se faire en se retirant; ce qu'on sait très-bien, c'est qu'elle n'a pas perdu une syllabe des épigrammes qu'on lui a lancées. C'est un plaisir de voir avec quelle assurance ces Messieurs reparoissent encore aux yeux du Public. Ces petites scenes les font rire dans leurs foyers. Je crois voir Scapin recevoir des coups de battes.

De Paris, le ......

Entre les faits anciens qui concernent Messieurs les Exilés, on se rappelle que M. de Bretignieres est mort, sans avoir voulu se faire transporter à Paris, pour y recevoir les secours nécessaires, de peur de donner mauvais exemple aux jeunes gens de la Compagnie; que M. Goislard est mort, pour s'y être fait transporter trop tard; que trois ou quatre autres victimes des fureurs *Chancelieres*, craignant le même sort, y sont venues chercher des remedes à leurs maux, avec la seule précaution d'écrire une lettre de politesse à M. le Duc de la Vrilliere, pour lui donner avis de cette démarche, & qu'on les y a laissés paisibles.

Voici trois faits plus récens à peu près de même nature, mais qui ne sont pas encore parvenus à la connoissance du public.

Premier fait. Le sieur Abbé Nigon, âgé de 71 ans, malade pour la premiere fois de sa vie, juge qu'une paralysie ambulante, qui l'est venu trouver au lieu de son exil, est un motif suffisant pour le quitter. Il écrit, &, sans attendre de réponse, il arrive à Paris, & se met entre les mains du Médecin.

Second fait. M. de Monclar, Procureur général du Parlement d'Aix, si distingué par son mérite & par les services qu'il a rendus à l'Etat, soit dans l'affaire de la destruction des Jésuites, soit dans la réunion du Comtat d'Avignon à la Couronne, vient de mourir à Cavaillon, lieu de son exil, faute de secours, & par la main d'un Chirurgien, qui lui a fait très-mal-adroitement une opération fort douloureuse. Ce n'est pas qu'il n'eût demandé la permission de se faire transporter, mais Monseigneur soutient son dire, & prétend que *mourir ici, ou mourir là, c'est tout un, puisqu'il faut mourir*. Il a donc jugé à propos de refuser à M. de Monclar la grace de se faire transporter, grace qui n'en est point une, mais bien une justice due à l'humanité, & qui s'accorderoit à des criminels dans les chaînes.

L'excellent cœur de Monseigneur a persuadé au Roi que le bien de son service exige qu'on refuse toutes sortes d'adoucissemens demandés par les Exilés, ou pour eux. Il a gravé si fortement ce principe dans l'esprit du Maître, que ce Prince, la bonté même, & à mille lieues du sentiment barbare dont est animé son Ministre, témoigna ces jours derniers beaucoup d'humeur au Duc d'Orléans; celui-ci parloit avec chaleur de cette cruauté, en déplorant le sort de cet infortuné & vertueux Magistrat, qu'on doit regarder comme une illustre victime.

Une anecdote remarquable, & qu'il ne nous est pas permis de passer sous silence, c'est que Monseigneur n'a jamais pu empêcher le Gouvernement de témoigner aux enfans de M. de Monclar la part qu'il prend à leur douleur. Un brevet de pension a été le moyen dont on s'est servi pour prouver qu'on y étoit sensible. On a été surpris qu'ils l'aient accepté. On s'attendoit que les enfans d'un aussi grand homme auroient prouvé qu'en France l'argent ne fait pas tout. Ils eussent dû renvoyer ce brevet avec des lettres de remerciement. Une pension est-elle faite pour dédommager de la perte de ce pere vertueux, de ce Citoyen illustre, qu'une persécution injuste leur enleve, & que malheureusement rien pour eux ne peut remplacer?

Après avoir parlé d'un Magistrat si digne de nos regrets, il en faudroit rester là, si l'humanité ne réclamoit en faveur d'un autre, que bien des fautes rendroient moins cher, sans l'espérance que le public conserve encore de les lui voir réparer.

Troisieme fait. M. *Beze de la Blouse* fortement attaqué de la pierre, dont il a ressenti les horribles douleurs, écrit au Duc de la Valliere, afin de l'engager à solliciter pour lui la permission de revenir à Paris. Il est question de se faire traiter par les gens de l'art. Le Duc, sa lettre en main, va trouver M. de la Vrilliere, il lui fait sentir la justice d'une pareille demande, & le desir qu'il a d'obliger M. de la Blouse. Le Ministro répond comme à son ordinaire, que l'affaire ne le regarde pas ; qu'il n'est pas homme à s'attirer mal-à-propos de mauvaises chicanes, & qu'il faut s'adresser au Chancelier. Le Duc de la Valliere interpelle celui-ci. Réponse. *M. de la Blouse n'a qu'à se faire liquider.* Le Duc réplique : *il ne s'agit pas ici de se faire liquider, mais de se faire tailler. D'ailleurs le délai fatal pour les liquidations est expiré. Qu'importe*, dit le Maupcou, *de la part de M. de la Blouse, c'est une justice. Il doit sa Charge à ses créanciers, & si les choses fussent restées dans le même état qu'avant l'exil, bon gré malgré il eût bien fallu qu'il la vendît pour les satisfaire avec le prix de sa finance. Qu'il consente à sa liquidation ; sans ce préliminaire, je ne puis rien faire pour son service.* Le Duc persiste. *J'irai par devers le Roi, il m'aime assez pour m'accorder cette grace.... Personne ne vous en empêche*, répond ce barbare ; *mais le Roi sait bien ce qu'il doit faire. D'ailleurs votre protégé n'a plus que patience à avoir. A l'époque du premier Avril, le beau temps sera revenu, & tous les Exilés auront le loisir de se laisser faire tant d'opérations qu'il leur plaira.*

Le Duc de la Valliere retourne au Duc de la Vrilliere. Ce dernier lui confirme la nouvelle du prochain retour des Exilés, en ajoutant : *Que ces MM. pourtant ne s'y fient pas, car le Chancelier tenoit les mêmes propos sur cette fin d'exil à l'époque du premier Janvier. Au surplus la lettre de M. de la Blouse ne suffit pas. Les écoliers se dispensent souvent d'aller en classe, sous prétexte d'une migraine ; mais avec un bon certificat de Chirurgiens & Médecins de l'endroit, je verrai ce qu'il y a à faire en sa faveur.*

Le sieur *Bertrand*, dit *Bertrandi* par Monseigneur le Chancelier de France, vient d'être reçu Conseiller Inamovible du Parlement-Maupcou. Monseigneur a fait sonner très-haut aux oreilles de Sa Majesté la Noblesse de Bertrand. Il le fait descendre en ligne droite, ou collatérale, d'un *Bertrandi*, Garde des Sceaux de France en 1559. Malheureusement pour la véracité de Monseigneur, ce *Bertrandi* étoit Cardinal, & n'a eu ni fils, ni frere qui ait laissé d'enfans. Consultez *Moreri*, art. *Bertrandi.*

Pour confirmer son mensonge par un fait, Monseigneur en scellant les provisions dudit *Bertrand*, n'a voulu recevoir aucun droit, & il a exigé la même générosité des Officiers du Sceau, disant avec complaisance : *Entre nous autres enfans de la balle, nous ne nous prenons rien.* Le drôle avoit pourtant bien le moyen de payer.

Les Ministres rassemblés & causant entr'eux en attendant le Roi, Sa Majesté arrive, s'informe de ce qui excitoit leurs ris. On se défend. Ce n'est rien, ce sont des nouvelles de Paris. Le Roi presse, veut savoir. Il est question des nouveaux récipiendaires. *Vraiment*, dit le Roi, *on ne dira pas que ceux-ci sont de la canaille. L'un d'entr'eux est un descendant de Bertrandi, Garde des Sceaux en 1559. On en impose à Votre Majesté*, répond un des Ministres : *ce Bertrandi n'eut jamais d'enfans, & n'avoit point de frere. Le prétendu Bertrandi s'appelle tout uniment Bertrand. M. Bertin en a la preuve juridique. Il n'y a pas plus de six mois que cet homme a volé six cens livres dans la caisse de l'Ordre du Saint-Esprit, & la plainte existe sous son véritable nom de Bertrand. Bertrandi*, répond le Roi, *le Chancelier est un grand gueux.*

Mais à propos de Moreri, les curieux ont observé que le nom de Maupeou, & sa généalogie ne se trouve en aucun lieu, dans aucune édition, ni dans aucun supplément.

Le second récipiendaire se nomme le sieur Joffe. Il est fils d'un Huissier de Brive la Gaillarde. Oh! pour celui-ci, on ne doit pas rejetter sur Monseigneur l'indécence d'un pareil choix. Il doit sa fortune à l'amitié, & à la protection de *Quatre pattes.*

De Chaalons sur Marne, ce.....

Le Président *Giraud* a tellement continué ses friponneries, depuis qu'il est Membre de notre Consei Supérieur ; elles ont été si criantes & si manifestes, qu'enfin le Chancelier a été jaloux de sa supériorité sur lui en ce genre. Il lui a écrit une premiere lettre, dont voici le sens.

» Mon bijou, votre ami le Roi, instruit de votre » mauvaise conduite, qui déshonore, dit-on, mon » choix & votre place, vous ordonne de m'envoyer » votre démission. Adieu, mon cœur, ne tardez pas » à lui prouver votre obéissance ».

Le Président tergiverse tant qu'il peut, ne fait point de réponse. Ennuyé de l'attendre, le Chancelier lui récrit cette seconde lettre.

» Mon cœur, votre ami le Roi, vous avoit or- » donné d'envoyer votre démission : si elle n'est pas » ici sous huit jours, votre ami vous fera mettre à » Bicêtre. Adieu, mon bijou ».

Vaincu par cette démonstration d'amitié, le Président a envoyé sa démission, sans se faire prier davantage.

De Paris, ce. . . .

M. *Corps*, las d'être Inamovible, a proposé à Monseigneur de recevoir sa démission. Le Chancelier lui a répondu : » *Restez, bijou, car si vous quittez, je vous ferai mettre à la Bastille* » ; du moins l'endroit est honnête.

Plusieurs Inamovibles chanceloient dans leur foi, à l'exemple du sieur *Corps*. Le Chancelier, pour prévenir les suites fâcheuses de leur abjuration, a envoyé au Tripot un Arrêté, qui défend à qui que ce soit d'envoyer sa démission, s'il n'en a prévenu la Cour six mois d'avance, comme les Comédiens.

N° XIII.

De Paris, ce 1 Juin 1773.

CE pauvre Abbé Luker vient enfin d'être nommé à l'Abbaye de Beaugenci. M. le Chancelier a si souvent *répété*, d'après les conseils du feu son bijou Sorhouet d'inamovible mémoire, *mais donnez-leur donc de la considération*, qu'enfin Sa Majesté s'est déterminée à commencer par l'Abbé Luker. Elle s'est ressouvenue de l'aventure de sa joue rudement apostrophée; & pour en guérir la meurtrissure, Elle y a appliqué un topique de deux mille écus de rente. Heureux soufflet! Si l'Abbé eût tendu l'autre joue, & qu'on lui eût successivement appuyé une vingtaine de paires de soufflets sur la figure, il seroit aujourd'hui un des plus riches Bénéficiers du Royaume; on auroit oublié à jamais que le grand-pere de l'Abbé fut un des plus fideles valets de pied du feu Roi d'Angleterre. Congédié du Château de S. Germain en Laye, il va à Bordeaux, se fait cabaretier, & ensuite banqueroutier. Son fils Luker, second du nom, placé chez un négociant de la même Ville lors de la faillite en question, se sauve à Nantes, de Nantes en Amérique, revient au bout de 7 ans avec la plus jolie fortune du monde. Tout d'un coup le voilà Gentilhomme: il le dit, on le croit; & pour prouver incontestablement sa Noblesse, il fait en 1770 une petite banquëroute frauduleuse d'environ sept cent mille livres. C'est à Luker III à marcher aujourd'hui: quel dommage qu'on l'ait fait Abbé! Cette race est précieuse. Au moins n'auroit-il point de frere? La France lui demandera des neveux.

Louis-Charles-Philibert Poillot de Marolles, ci-devant Conseiller de la Cour des Aides, aujourd'hui Président en la Chambre dite des Enquêtes ; troupe des Inamovibles, vient d'épouser une cadette de Bretagne. Cette petite personne étoit sous la protection d'un Evêque, de quelques Abbés, d'un Intendant, & même d'un Ministre. Tous ces protecteurs réunis annoncent au sieur Poillot qu'en épousant la protégée, il sera nommé envoyé de l'Electeur de Mayence, avec une pension de six mille livres. Mais il eût fallu que les charmes de la fiancée entrassent aussi en négociation avec son Altesse Electorale, afin d'obtenir un agrément de premiere nécessité dans cette affaire ; on avoit négligé ce point. Le Prince ne juge point à propos de se fier à un Inamovible, & lui refuse tout net la place. Il en résulte que le pauvre Poillot cherche à éloigner son mariage : le Ministre protecteur le presse de la maniere la plus leste. Le Président tremble, & *se restreint* à la demande d'une *pension* de six mille livres sur les Fermes. On lui répond que Mademoiselle *de Tremarech* jouissant de la plus grande considération, seroit mariée & placée à la Cour, si elle avoit six mille livres de rente ; & qu'il ne seroit pas question de l'unir à un des garçons du Tripot-Maupeou. Frayeur d'augmenter. Le ton fier & méprisant de cette *réponse* fait sentir à notre homme qu'il est perdu s'il n'obéit. Ses prétentions diminuent, & il épouse pour mille écus de rente assis sur les Fermes, cette fille, oui *cette fille*. Native de Quimpercorentin, elle avoit fait ses premieres armes à Rennes sous l'ami Flesselles, & sous le Duc d'Aiguillon. En 1768, elle passa à Paris à la suite des équipages de M. le Duc. Freron son compatriote devient son ami, & lui procure un nouveau protecteur dans la personne du Président *quatre-pattes*. Sa très-bonne conduite, & les puissances qui s'en sont mêlées, l'ont fait parvenir enfin à la *Présidence*.

On assûre que le bon Poillot est tout consolé. Les protecteurs de sa femme le traitent avec tant de distinction, que la tête lui en tourne : il va par-tout cherchant des appartemens dignes de la Présidente. On lui proposoit ces jours derniers l'Hôtel d'un de nos véritables Presidens à Mortier ; il se trouve trop petit : *ces gens là*, dit-il, *n'ont jamais tenu un état aussi considérable que nous*. Quelle joie pour le pere Poillot ancien Procureur au Parlement, s'il vivoit encore, de voir son fils dans une situation aussi brillante, & l'époux fortuné d'une nymphe de Quimpercorentin. L'enfant Poillot a très-bien mené sa petite barque : il s'étoit fait faire par sa premiere femme une si bonne donation, qu'elle lui a valu la gloire d'entrer dans l'illustre maison de Tremareck.

Lettre au Gazetier.

Sauf le respect que je vous dois, M. le Gazetier, vous êtes un maudit bavard. Vous eussiez bien pu passer sous silence la petite mésaventure qui m'est arrivée vis-à-vis de MM. les Pages : mais il vous a plu de faire le joli cœur à mes dépens. Peut-on s'amuser à rendre intéressante une histoire aussi chétive par elle-même ? Vous m'avez fait plus brave par les habits que je ne le fus jamais ; mais ce n'est pas-là ce qui me pique. Certain discours ambigu que vous me prêtez est une injure que je ne vous pardonnerai ni à la vie, ni à la mort. Apprenez, mon petit ami, qu'il est très-possible qu'à la foire il y ait plus d'un âne qui s'appelle Martin. La belle chose d'avoir voulu vous jouer de la ressemblance des noms ! Vous prétendiez donc faire rejaillir une nouvelle honte sur la *belle ame*, sur *l'honnête homme*, & sur *le bon citoyen* par excellence. Vous n'avez pas eu l'esprit de sentir que c'est moi que vous déshonorez ; moi pauvre diable qui ne fais de mal à personne ; qui tout au plus fournis à Messieurs les Pages de mauvais souliers Apprenez, ô le plus mauvais génie, & le plus méchant homme que je connoisse, que je n'ambitionnai jamais de faire un point de suture à la savatte du Parlement-Maupeou. Je n'appartiens d'aucun côté au Sacré & Honorable Inamovible dont j'ai le malheur de porter le nom. Soyez une autrefois plus circonspect, & que votre plume maudite ne se trempe dans l'amertume & dans le fiel, que contre ceux qui le méritent, & comme leur race que je vous abandonne à tout jamais. Gardez-vous de me faire passer pour Conseiller de ce Tripot. Si cette sotise vous arrive encore, vous pouvez tomber sous ma patte ; je saurai bien la maniere de vous étrangler par les pieds.

de Bonnaire, entrepreneur de souliers en gros & en détail.

A Paris, ce 10 Juin 1773.

L'Abbé Mignot dit qu'il se moque du qu'en dira-t-on, depuis que la Correspondance est morte, & qu'il aime mieux recevoir de ses propres mains les offrandes volontaires des fideles plaideurs, que par l'entremise de son Clerc, qui pourroit fort bien vendre la justice à son insçu.

On parle beaucoup ici d'un mariage projetté entre le Vicomte Adolphe, & la belle Mademoiselle de Tournon. On annonce cette charmante fille sur le pied de devoir, avant qu'il soit deux ans, tenir la place qu'occupe aujourd'hui la celébre Comtesse. M. le Prince de Condé, M. le Prince de Soubise, & M. le Chancelier ont arrêté entr'eux ce grand projet, & s'en font publiquement les négociateurs.

De l'Hôtel de la Chancellerie, ce 2 Juin.

On donne avis au Public que les deux battants de la porte cochere de Monseigneur ne s'ouvrent plus que pour les carrosses de gens titrés.

Autre avis. Il a paru un petit Arrêt du Conseil du 12 Avril dernier, par lequel Monseigneur ordonne aux Gardes du Trésor Royal de payer jusqu'à la concurrence d'un million par an aux propriétaires des Offices liquidés. A cet Arrêt se joint un Imprimé de 15 pages, ayant pour titre: *Etat des Offices du Parlement, de la Cour des Aides, & du Grand-Conseil de Paris, supprimés par Edit du mois d'Avril 1771, qui ont été liquidés, & dont les remboursements* EN QUITTANCE DE FINANCE *ont été consommés au Trésor Royal.*

On croit d'abord que ces quinze pages sont remplies de la liste des Magistrats liquidés ; mais lorsqu'on prend la peine de lire attentivement, on voit avec plaisir que cet état prétendu n'en contient tout au plus qu'une trentaine pour le compte du Parlement ; douze pour le Grand-Conseil, & quinze pour la Cour des Aides. Mais l'honnête Maupeou qui ne perd jamais la tête, a très-adroitement confondu les noms de ce petit nombre, avec ceux de tous les héritiers & légataires des morts. Il leur a associé les Notaires, Secretaires, Greffiers, Payeurs de gages, Consignataires, Contrôleurs, Huissiers, Buvetiers, Concierges, servants près leur Compagnie. Sans cette énorme confusion, une seule page auroit contenu l'état véritable des Magistrats liquidés. Le Public est prié de n'être pas la dupe de cette petite ruse. M. de Maupeou est un petit fripon, ou, comme dit notre Maître, *le Chancelier est un grand gueux.*

Il faut bien avoir la rage de mentir, pour ne vouloir pas cesser de comprendre dans toutes les listes le Président de Gourgues au nombre des liquidés. On se rappelle tout ce qui a été dit dans notre Supplément n°. 1. La finance de cet Office appartenoit en totalité à Madame de Gourgues : elle en avoit présenté les titres ; mais son mari a toujours constamment refusé d'en remettre les provisions. On n'a point adouci les rigueurs de son exil ; preuve qu'il n'a jamais changé de sentiment.

Ce même Arrêt du Conseil apprend au Public que les Magistrats exilés qui prendront dorénavant le parti de faire liquider leurs charges, auront la perspective attrayante d'être *remboursés en quittances de finance*, (*le bon billet qu'a la Chastre !*) & compris dans un nouvel état, dont les remboursements commenceront avec l'année 1784. *Qui a terme, ne doit rien.*

De Rouen, ce 4 Juin 1773.

On promet une récompense à celui qui trouvera le secret de faire vivre en paix le sieur Thiroux de Crosne,

Premier Président de notre nouveau Tribunal, & le sieur Perchel Avocat, prenant la qualité de Procureur Général. Il devroit être défendu aux loups de se manger; la division de ces M M. scandalise notre Ville. C'étoit bien la peine de leur faire entreprendre le voyage de Paris pendant la vacance derniere, & de compromettre Mgr.; on croiroit qu'il n'a rien à faire que de les raccommoder sans cesse. Ils auroient dû se le tenir pour dit, après la peine qu'il s'est donnée de les faire embrasser en sa présence. Le sieur Perchel veut régenter son Premier Président. Celui-ci, sur les ordres de M. l'Abbé, vient de faire lever deux nouveaux sols pour livre, en sus de la Capitation ordinaire. Les contribuables qui n'entendent jamais le mot pour rire, se sont plaints amérement de cette exaction. Le Capitaine de Crosne, pour les consoler, leur a dit que le produit devoit être employé à soudoyer sa troupe qui rend gratuitement la justice. Perchel soutient que son Chef devroit au moins laisser les habitants de Rouen dans l'ignorance sur la destination de cette surcharge. Il va publiant par-tout que l'indiscrétion de son Capitaine ne peut qu'aliéner les esprits, & rendre sa judicature aussi odieuse, que les Ministres qui la composent. Enfin Perchel ne cesse de répéter de maison en maison que *de Crosne est une fichue bête*: tout le monde le croit; rien n'est plus impoli, ni plus dangereux; il est plus que temps de faire cesser cette petite guerre. Nos Rouennois se sont assemblés, & offrent de donner à celui qui parviendra à amener les deux champions à une paix solide cent mille francs en une quittance de finance. Ils affectent au remboursement un fond de cent pistoles par chaque année.

Voici, M. le Gazetier, la liste exacte des liquidés *volontaires* de notre ancien Parlement.

MESSIEURS,

Guedier de St. Aubin (mort).
De Virville (mort).
De Ste. Genevieve (mort).
De Scardanville (mort).

Dangerval (mort).
Bimandiere de Boirville (mort).
Pipray de Marolles (mort).
Bontier (mort).
Carré de St. Gervais (mort).
L'Abbé Angot de Lezo (mort).
Du Tilleul de Marbeuf (chassé).
De Planterose (chassé).
L'Abbé le Barbier (chassé).
Bacquet de Caumont, honoraire (Charge vacante).
Le Couteux (Charge vacante).
Tourtin de Viré (Charge vacante).
Bigot de Ste. Croix (passé au service de M. le Comte de Provence).
L'Abbé Alleaume (Secretaire de M. le Comte de Provence).
Lonreil Dumoncel, Président.
De Torcy, fils du Président Dumoncel.
Arnois de Captot.
Ficquet de Normanville (passé au Conseil supérieur).
L'Abbé Perchel (passé au Conseil supérieur).
Bordier ancien Substitut (passé au Conseil supérieur).
De Neuvilette (pensionnaire de la Cour).
Du Chastenay (Maître des Requêtes).
Paviot de la Villette (liquidé volontaire, malgré lui).

Morts *involontairement*	10.
Chassés *involontairement* de l'ancien Parlement .	3.
Charges vacantes	3.
Courtisants	2.
Foibles	8.
Traîtres *très-volontairement*	3.
Pensionnaire de la Cour	1.
Maître des Requêtes	1.
Liquidé malgré lui	1.
Total	27.

Les Greffiers & le premier Huissier ont aussi fait liquider la finance de leur office.

Vous serez peut-être surpris, Monsieur, de voir le sieur Paviot de la Villette *liquidé volontairement malgré lui*; mais son frere Paviot de S. Aubin pourroit vous expliquer l'énigme. Il étoit autrefois Président de la Chambre des Comptes de Normandie; il est aujourd'hui Maitre des Requêtes. Il a cru très-légitime de faire sa cour à Monseigneur aux dépens de qui il appartient. Son frere est tombé sous sa patte. Il fait tout exprès un voyage à Rouen, parvient à lui subtiliser ses provisions, les emporte & s'enfuit. Le jeune frere s'apperçoit de la filouterie fraternelle, & fait la protestation suivante.

Protestation de M. Paviot de la Villette.

» Nous, Hilaire-Nicolas Paviot, Chevalier, Seigneur » de la Villette, Conseiller en la premiere Chambre des » Enquêtes du Parlement de Normandie, considérant » en premier lieu, qu'après des sollicitations, des insi- » nuations, des obsessions multipliées de la part de » plusieurs personnes, envers lesquelles l'attachement, » le respect, le sang même nous obligent, nous aurions » eu la facilité de confier les provisions & autres titres » de notre office au sieur Hector-Nicolas Paviot de S. » Aubin notre frere ainé; que même nous aurions con- » senti que l'on fit des démarches, à l'effet d'obtenir » pour nous un emploi d'Officier dans le Corps des » Carabiniers, parce qu'on nous avoit assurés que nous » ne serions pas pour cela obligés de faire liquider la » finance de notre charge; que dans la suite on nous a » mandé qu'il étoit indispensable de présenter les titres » de notre office au Bureau des liquidations; que dès- » lors nous nous sommes apperçus que l'on avoit abusé » de notre bonne foi; qu'en effet on nous a écrit, & » fait insinuer que nous eussions à envoyer une procu- » ration pour liquidation, dont on nous a fait parvenir » le modele, & que l'on nous a annoncé comme le pré- » liminaire indispensable à notre entrée au service de » Sa Majesté.

» Considérant en second lieu que, si nous obtempé- » rions à cette invitation, & embrassions le parti des ar-

» mes, ce seroit de notre part, à vrai dire, une abdication de l'office qui nous a déféré le caractere de » Magistrats dont nous sommes revêtus ; qu'une telle » démarche de notre part seroit une défection criminelle » à la loi de notre serment, à la fidélité que nous avons » jurée au Seigneur Roi, à notre conscience, à notre » honneur.

» Dans ces circonstances malheureuses, nous ne pouvons pas trop nous hâter de déclarer authentiquement » que nous réclamons la remise de nos provisions, & » des autres titres de notre office de Conseiller au Parlement ; & qu'à cette fin nous avons écrit très-instamment au sieur Paviot de S. Aubin notre frere, actuellement à Fontainebleau ; que, quoique l'objet de la » finance ne soit qu'accidentel à l'office dont nous sommes revêtus, nous n'avons jamais eu intention de » consentir à sa liquidation ; que nous persistons invariablement dans les sentiments de la Compagnie à » laquelle nous avons l'honneur d'appartenir, consignés dans l'acte de protestation que nous signâmes avec » les autres membres du Parlement de Normandie, nos » Confreres, le 25 Septembre 1771, deux jours avant » notre dispersion en exil. Nous protestons en outre » contre toutes les démarches qu'on pourroit avoir déja » faites, ou qu'on pourroit faire dans la suite, tendantes » à faire liquider la finance de notre office ; notre volonté libre étant de vivre & de mourir dans le sein de » la Magistrature. Fait en notre Château de la Villette, » le 30 Novembre 1772.

Signé PAVIOT DE LA VILLETTE.

Cette protestation fut adressée à M. le Chancelier avec la lettre suivante.

» Monseigneur, j'ai l'honneur de vous adresser ci-joint les déclarations auxquelles j'ai été excité par » l'impulsion propre de ma conscience. Je vous prie » de considérer ma démarche comme une preuve de » mon attachement, & de mon respect infini pour la » personne sacrée du Roi.

Je suis, &c.

Lettre du même à M. Bertin, Ministre & Secrétaire d'Etat de la Province de Normandie.

« J'ai l'honneur de vous adresser, Monsieur, deux
» copies de la déclaration que j'ai cru indispensable de
» faire, aussi-tôt que j'ai vu que l'on avoit abusé de
» ma bonne foi, & de mon âge de 22 ans. Je vous
» supplie de la mettre au plutôt sous les yeux du Roi,
» & de lui présenter comme une preuve de mon amour
» & de mon respect pour sa Personne sacrée. Je ne
» me suis porté à cette démarche uniquement que par
» l'impulsion propre de ma conscience.

Je suis avec un très-profond respect, &c.

Autre lettre de M. de la Villette à M. de Miromesnil, Premier Président au Parlement de Rouen.

« Monsieur, c'est en vos mains, comme Chef du
» Parlement que je dépose l'acte où j'ai cru indispen-
» sable de consigner les vrais sentimens de mon cœur.
» Je me suis porté à cette démarche uniquement par
» l'impulsion de ma propre conscience. Je vous prie
» d'en faire part à ceux de Messieurs nos Confreres
» que vous serez à portée de voir. N'ayant pas trouvé
» de Notaire qui ait voulu en recevoir le dépôt, j'ai
» pris le parti d'en adresser des copies signées à M.
» le Chancelier & à M. Bertin. Je vous prie de con-
» sidérer cet acte, comme une preuve de mon atta-
» chement pour les Loix, & pour la Compagnie à
» laquelle j'ai l'honneur d'appartenir.

» Je suis dans les sentimens de l'attachement le plus
» respectueux,

Monsieur, votre &c. »

Vous avouerez, M. le Gazetier, qu'il est difficile de mieux réparer ce qu'on n'oseroit appeller une faute. Aussi notre Compatriote est-il exilé depuis le mois de Novembre à S. Vrin, au fond du Nivernois.

Mais ce qu'il y a eu de singulier, c'est le déplorable personnage qu'a fait depuis le Sieur Paviot de Saint-Aubin.

Saint-Aubin. Le Chancelier n'entend pas raillerie. Il ne suffit pas de le servir avec zele, il exige le succès. Avant cette protestation le Maître des Requêtes Saint-Aubin étoit son *bijou*, son *cœur*. Aujourd'hui plus rien. Le voilà cassé aux gages. Ses courbettes multipliées à l'infini ne le réhabiliteront jamais. Il peut dire adieu aux bonnes graces de Monseigneur, & être sûr qu'on ne lui distribuera jamais plus d'affaires au Conseil, qu'il n'en a eues depuis l'événement.

On doit nous communiquer incessamment des faits intéressans au sujet de la Requête de la Noblesse de Normandie : j'aurai l'honneur de vous les faire passer. Je serai enchanté d'entretenir une Correspondance avec vous. On me promet des anecdotes singulieres à l'occasion de Mademoiselle Dufossé, de Messieurs de Monpinçon, de Manneville, le Maistre, & Brunieres. Ce dernier est prieur des Chanoines Réguliers de la maison de Saint-Lo à Rouen, & vous savez qu'ils ont tous été enlevés & conduits au château de la Bastille. Si ces détails me parviennent, ne doutez point de mon empressement. Vos numéros sont charmans. L'Auteur est cher à la Nation : qui n'aimeroit à l'obliger ?

Vous avez sans doute été instruit qu'au mois de Décembre dernier le *cœur le Brun* a été dépêché dans notre Ville par M. le Chancelier. On l'a vu travailler plusieurs jours de suite avec les Sieurs de Crosne & Perchel. On vient de découvrir l'objet de ce voyage. On parle de la réunion du Tripot de Bayeux avec celui de Rouen, & de donner un Edit par lequel le Chancelier attribuera aux deux Tripots la dénomination de Parlement. Mais, ce qui arrête, c'est que les *Bayeux* refusent d'aller habiter Rouen, si le salaire n'est pas augmenté.

De Rennes, ce 12 Juin 1773.

Le 28 Janvier Dame Marie de Coëtmen, (Madame la Procureuse générale étoit la derniere de l'ancienne maison des Vicomtes de Coëtmen) Epouse de Messire Anne-Jacques-Raoul de Caradeuc de la Chalotais fils,

Procureur Général du Parlement de Bretagne, décéda en son Hôtel.

La perte de cette vertueuse femme, aussi recommandable par sa piété, que par son attachement pour son Mari, a excité les regrets & la sensibilité de toute la Province.

M. de Caradeuc, informé du dépérissement où étoit tombée Madame la Procureuse Générale, écrit à M. le Chancelier, & au Duc de la Vrilliere pour obtenir la permission du Roi de se rendre auprès d'elle. Point de réponse. Le danger devient extrême. Madame de Caradeuc est aux portes de la mort. Son Mari part de Saintes, & arrive à Rennes deux jours après la mort de sa respectable femme.

La présence de ce Magistrat redouble l'intérêt que le public prend à sa situation. Rennes s'empresse de lui exprimer des sentimens dûs au mérite, à la vertu & aux malheurs. L'excès de sa douleur l'empêche de recevoir l'affluence des Citoyens de chaque ordre, qui se présentent pour lui rendre hommage. Le nouveau Tribunal étoit seul capable d'éprouver une sensation différente. Il est informé du voyage de M. le Procureur Général; l'inquiétude s'empare des esprits : la fureur succéde. Ils s'assemblent en tumulte, & proposent de délibérer sur l'arrivée de M. de Caradeuc. Le fougueux Conen de Saint-Luc opine à un décret d'ajournement personnel; cet avis est soutenu avec acharnement. Après de longs débats, les modérés proposent de faire mander M. le Procureur Général par un Huissier, afin d'apprendre par lui-même les motifs de son voyage, & les raisons pour lesquelles il avoit osé, par une infraction criminelle des ordres du Roi, quitter le lieu de son exil. Cet avis passoit, lorsque le Président de la Briffe se répandit en mauvaises plaisanteries qui firent appercevoir enfin la cruauté, l'indécence, le ridicule de cette multitude d'opinions, plus barbares & plus dénaturées les unes que les autres.

Ce fait qui révolte la raison, suffit pour donner une idée de la méchanceté, de l'inhumanité, & de l'abrutissement des Juges de ce nouveau Tribunal. Dès 1771, ils avoient fait un petit arrêté verbal pour décréter tout membre du Parlement exilé qui mettroit le pied à Rennes. Voilà ce qui s'appelle avoir peur des revenants. Ces Messieurs craignent la comparaison que les Bretons pourroient faire de leur ancienne Magistrature avec celle qui la remplace. M. de Caradeuc n'est resté que trois ou quatre jours dans cette Ville. Ses habitans ont eu la douleur de le voir retourner à Saintes, où il a emmené avec lui sa fille unique âgée de 7 ans.

Il n'y a pas un bon Citoyen qui n'ait pris part à la douleur que M. de Lamoignon vient d'éprouver par la perte d'une sœur unique, & qu'il aimoit avec la plus grande tendresse.

Dès le premier moment de la maladie de cette aimable femme, son frere sollicita la permission d'aller à Paris. Mais le Cousin Maupeou n'a pas manqué non plus de trouver le secret de lui faire refuser durement cette triste consolation. Cependant l'état de Madame de Gourgues empiroit de jour en jour, & M. de Lamoignon n'avoit plus à différer, s'il vouloit revoir encore cette sœur si chérie. Le premier refus ne l'a point empêché de courir les risques d'un second. Il est des situations où les sentimens de la nature l'emportent enfin sur une exactitude trop scrupuleuse. Il part pour Paris, dans la crainte que la permission n'arrive trop tard, & dans le fait, cette permission étoit expédiée quand il est parti ; mais il ne l'avoit pas encore reçue. Le bruit s'est répandu dans notre Ville qu'elle contenoit des restrictions très-gênantes. M. de Lamoignon devoit voir sa sœur pendant tout le cours de sa maladie, à condition qu'il iroit tous les soirs coucher à Bâville. Il auroit eû vingt lieues à faire tous les jours. M. le Duc d'Orléans & un autre ami de Madame de Gourgues, qui savoient combien elle desiroit d'avoir son frere auprès d'elle, s'aviserent d'en parler au Chancelier, mais d'une maniere un peu cavaliere. La peur lui prend, & dans la crainte qu'on obtînt de S. M. sans son entremise *une grace aussi importante*, il a été trouver lui-même le Roi, & l'a prié d'ôter les entraves qui rendoient comme impossible l'usage de la permission accordée à son cher Cousin. Mais nous ne savons les faits qu'en gros, nous en attendons des détails. L'intérêt qu'on ne peut s'empêcher de prendre au Président de Lamoignon, nous rend assez sensibles aux événemens qui lui arrivent, pour avoir été instruits qu'il est resté à Paris depuis le Dimanche jusqu'au Jeudi de la Fête-Dieu, qu'il est parti pour retourner à Bâville pleurer amérement une sœur digne de tous ses regrets, & qu'il n'aura plus la consolation d'y revoir.

De Bordeaux, ce 13 Juin 1773.

Personne n'ignore l'émeute occasionnée dans cette ville par les monopoleurs qui font monter exorbitamment le prix des grains. Le Premier Président de Gascq a pensé périr sous le bâton. Les mutins demandoient du pain, en gens qui croient qu'on ne sauroit s'en passer. La ville est maintenant tranquille, mais le pillage continue dans la campagne. Ces Gascons disent pour leurs raisons qu'il vaut autant être pendus que de mourir de faim. M. l'Abbé, il seroit temps de faire partir des bleds pour ces malheureux ; si vous n'envoyez que des troupes, vous n'en aurez pas raison. Un soldat se bat mal, lorsqu'il est question d'égorger son compatriote qui demande du pain.

De Lyon, ce 15 Juin 1773.

Il y a ici le plus beau conflit de Jurisdiction. Le Parlement du Chancelier, & le Conseil Supérieur de cette Ville ne s'entendent pas plus qu'il ne faut. Mais l'abondance des matieres nous oblige de renvoyer ce détail à un autre supplément.

Extrait d'une Gazette Etrangere, qui n'est pas assez répandue en France.

» Marin toujours riche en paradoxes, en avance un
» qui révolte également & les calculateurs & les poli-

» tiques, & les agromanes. Il prétend que la popula-
» tion actuelle en France monte à près de vingt-trois
» millions d'hommes. Ce dénombrement excessive-
» ment exagéré, relativement à celui du Maréchal de
» Vauban, & aux calculs du Marquis de Mirabeau dans
» sa théorie de l'impôt, ne paroît pas sans dessein. Cet
» apôtre du Despotisme s'est déja fait connoître comme
» anti-patriote par plusieurs écrits apologétiques d'une
» révolution qui désole la France. Marin n'a imaginé
» son calcul qui monte à plus d'un tiers au dessus de
» celui de Messieurs de Vauban & de Mirabeau, qu'afin
» de nous préparer à une surcharge d'Impôts. Plus le
» fardeau paroît se subdiviser, moins il semble lourd.
» On sait l'épigramme qui fut faite alors. Elle est aussi
» bonne que le peut être un jeu de mots.

» D'une gazette ridicule
» Rédacteur sot, faux & crédule,
» Qui de vil flatteur pris l'emploi;
» A ton dénombrement immense
» Pour que l'on pût ajouter foi,
» Il faudroit qu'à ta ressemblance
» Chaque individu pût en France
» Devenir double comme toi.

Marin s'est associé le Médecin Buffon, & l'Ex-Oratorien Rousseau pour l'exécution d'un Journal, dans lequel on fait un résumé de toutes les Gazettes de l'Europe. S'ils sont de bonne foi, nous avons lieu de nous flatter qu'ils voudront bien consulter la nôtre. Elle les guérira de la fureur de rassembler tous les faits favorables aux principes actuels de notre Gouvernement. Ils n'oseront plus laisser à l'écart ceux qui en démontrent l'absurdité. Nos gens atténuent, modifient, contournent tous ceux qui leur sont contraires. On vous forme ainsi des annales générales, afin de tâcher de faire abandonner les annales particulieres.

Telle est l'idée qu'on doit avoir d'un certain Journal Historique, Politique, commencé le 10 d'Octobre 1772, & que le Libraire Pankouke nous distribue de dix en dix jours. Ils se sont flattés de faire tomber la Gazette des Gazettes qui nous vient de Bouillon ; mais cette collection seche, puérile, fastidieuse, comme la Gazette de France de l'honnête Marin, ne fera jamais tomber personne.

Annonces.

I. *Représentations de l'Ordre de la Noblesse de Normandie*, 8 pages in-8°.

Ce sont les plaintes les plus nobles, & les plus touchantes, exprimées dans les termes les plus modérés & les plus respectueux. Elles portent sur quelques petites contradictions qu'on a fait éprouver à cette Province. 1°. La destruction totale de son antique Echiquier. 2°. L'exil des Membres de ce Tribunal national. 3°. L'anéantissement des droits de tous les Ordres de l'État, opéré par la révolution actuelle. 4°. L'augmentation effroyable des Impôts.

II. *Manifeste aux Bretons*, 25 pages in-8°. Cet ouvrage sans nom d'Auteur, ni d'Imprimeur, sans approbation, ni privilege est d'une éloquence vigoureuse. Il prouve de quelle énergie est capable un citoyen attaqué dans ses propres foyers, & qui voit son ennemi insulter encore à ses souffrances par une dérision indécente, & par un persifflage amer ; c'est un cœur ulcéré qui sent ses maux ; c'est une Philippique digne de Démosthenes. Cet écrit nerveux remonte à l'origine des anciens Souverains de la Bretagne, & nous donne un précis curieux & historique du mariage de Louis XII avec la Souveraine de cette Contrée ; de l'union de cette Province à la France sous François I ; enfin des différents titres nationaux confirmés de regne en regne par le serment de nos Rois. L'Auteur passe ensuite de cette analyse intéressante à l'examen des droits, & des devoirs respectifs des Sujets & des Monarques. Cette question amene les conséquences qui résultent nécessairement de l'infraction des conventions réciproques du contrat national. S'il y a encore une petite place à la Bastille, nous recommandons à Monseigneur de la garder pour l'Auteur ; & à celui-ci de se tenir bien coi dans son antre, comme moi dans le mien ;

car enfin toutes vérités ne sont pas bonnes à dire.

III. *Tableau des monuments qui constatent l'origine du Parlement de Bretagne, & qui démontrent l'impossibilité de la suppression*, 23 pag. in-12, avec cette épigraphe : *Tolle & lege.* On prouve clairement dans ce petit ouvrage, suite essentielle du précédent, que le Parlement de Bretagne a pris son origine dans les Assemblées nationales du Duché, qui jugeoient anciennement au Souverain des appellations des Cours ou Barres inférieures ; que ces Assemblées examinoient, recevoient, rejettoient, enrégistroient, modifioient les Loix & Constitutions qui leur étoient proposées ; qu'elles avoient concouru avec leurs anciens Ducs à la formation du Tribunal souverain appellé Parlement, & à tous les changements que des vues d'utilité publique ont paru exiger en différents temps ; que depuis l'époque de l'union, la Nation a conservé ses droits & sa possession sous les Rois de France ; qu'enfin sur la représentation des Etats en 1768, le Roi se porta à rappeller les membres du Parlement, après quatre ans d'exil, en donnant l'Edit où Sa Majesté reconnoît expressément que *l'expérience & la capacité de ses Magistrats étoient devenus indispensables pour rendre l'activité nécessaire au bien de la Justice.*

Chaque assertion est prouvée par la citation des textes sur lesquels elle s'appuie. C'est une histoire fort courte, mais très-bien faite, qui contient les faits les plus propres à constater la nécessité & la justice des réclamations d'un Peuple aussi étrangement lézé.

Autre futur habitant de la Bastille ; car Monseigneur n'en manque pas un : il a déja l'Auteur de la Correspondance, l'Auteur de la lettre à Jacques Vergès, l'Auteur du Maire du Palais, l'Auteur du Bouquet de Mgr. & je crois même l'Auteur des Suppléments ; car je rêve quelquefois Bastille.

IV. *La vie du sieur Perchel* soi-disant Procureur-Général du Conseil supérieur de Rouen, deux vol. in-12. Il faut éviter de laisser tomber cet ouvrage entre les mains de la jeunesse ; on y trouve les anecdotes les plus scandaleuses. Il n'y est question que de vols, que de poisons, d'avortements. Les Bibliomanes auront soin de placer cette vie à côté de celle du Procureur-Général Fleury, lorsqu'il sera question de faire arranger leur bibliotheque.

V. *Ego*, 24 pages in-12. Cette feuille écrite sans style, & sans intérêt, a pour objet d'affermir les Magistrats exilés qui auroient des dispositions prochaines à la liquidation. Cet ouvrage étoit-il nécessaire ? La conduite des Défenseurs de nos Loix fait l'admiration de la France, & de l'Europe entiere. Au reste cet écrit n'est qu'un réchauffé d'une autre feuille de 19 pages qui a paru sous le titre intéressant, *les filets de M. de Maupeou*.

VI. *Accomplissement des Prophéties*, pour servir de suite à l'ouvrage intitulé *le Point de Vue*, 24 pag. in-12. Cet écrit est très-intéressant pour la Maison de Bourbon.

VII. *Les efforts de la Liberté & du Patriotisme*, Londres 1772.

VIII. *Maupeou tyran sous le regne de Louis le Bien-Aimé*, 100 pages in-12.

Les bornes de notre Gazette ne permettent pas de rendre compte aujourd'hui de ces trois derniers écrits.

IX. Modele de Style épistolaire & d'Orthographe Française, par M. Langelé doyen du Sanhedrin Maupeou.

Copie figurée d'une Lettre qui couroit tout Paris il y a environ six mois.

» Votre Commis *ma* dit (Monsieur au bout de la plu-
» me) lors du premier payement *a* compte de ma pen-
» sion *quen* Novembre le reste me seroit donné ma
» quittance lü*y* sera present*é* jeud*y* je *madresseray a* M.
» Controlleur general *sil* y avoit refus *dapres* la parolle
» donne Je vous salue. Langele

M. le Doyen, à votre âge, vous devriez au moins savoir signer votre nom. En quatre lignes vingt-deux fautes d'orthographe & de ponctuation, y compris le mauvais emploi des y. Si vous vous tirez aussi mal des référés que de la grammaire, vous avez tort de nous les faire payer si cher ; &, si vous êtes aussi bon Juge que civil Écrivain, les Plaideurs doivent être excessivement contents de vous.

Nous nous empressons de transmettre à la postérité une piece qui peut la mettre en état de juger des talents de la nouvelle Magistrature *Maupeou*. L'Auteur l'auroit laissée tomber dans l'oubli. Il est trop humble, depuis la banqueroute de son frere, pour tirer vanité de quoi que ce soit au monde.

X. On donne avis à tous ceux qui voudront marchander avec le Rapporteur Goëzmann que Madame la Rapporteuse est de meilleure composition, & que, moyennant la moitié du prix, & une paire de pendants d'oreille d'assez menue valeur, on vient également à bout d'obtenir une justice prompte & *gratuite*.

LETTRE

De M. TERRAY, Ex-Contrôleur Général, à M. TURGOT, Ministre des Finances;

Pour servir de supplément à la Correspondance *entre le Sieur SORHOUET & M. de MAUPEOU.*

MONSIEUR de Maupeou avoit bien su persuader, Monsieur, à feu M. de Sorhouet, de glorieuse mémoire, qu'il n'avoit jamais eu, dans la destruction des Parlemens, d'autre vue que la gloire de leur substituer les Etats généraux, comme les seuls représentants de la Nation en matiere d'impôts : ne pourrois-pas me flatter de trouver la même facilité à vous convaincre que, dans toutes les opérations de mon ministere, je n'ai eu d'autre plan que d'amener la France à se donner à elle-même une forme de gouvernement, sous laquelle ses habitans fussent moins malheureux ? Combien de fois ai-je gémi de voir tous les Corps de l'Etat ramper & végéter sous un esclavage si effroyable, que jamais peuple au monde ne fut plus misérable, & moins digne de l'être !

La nature, je pense, avoit formé mon être tout exprès pour remplir le ministere auquel vous avez succédé. Apathique pour tous les individus de l'Etat, à l'exception toutefois de Mesdames de la Gar....., Damerv...... & Destouch..., & quelques honnêtes commensales de ma maison des boulevards, le bien public fut mon seul desir. Dès l'instant que j'ai pris le timon des finances, mes premieres opérations, & toutes successivement, ont démontré par progression la passion que j'avois de conduire & forcer les Français à une révolution générale, qui seule pouvoit faire leur bonheur. Comment donc, avec des vues aussi droites & aussi vastes, dont M. de Maupeou & moi n'avons cessé de bercer le Public, se peut-il faire que notre nom soit l'horreur de tout ce qui respire, & que notre effigie ait été condamnée tant de fois, dans les Capitales du Royaume, à tous les genres de supplices à la fois, & que ces Autodafés aient toujours été accompagnés des imprécations les plus furieuses & les plus abominables contre nous, & mêlés de mille & mille acclamations de vive le Roi & son gouvernement ? Je commence à croire que le pauvre Sorbouet n'étoit pas tout-à-fait si blâmable de communiquer ses vilains rêves à M. l'Ex-Garde des Sceaux, qui avoit l'air de s'en moquer. Je ne sais quels effets tous ces catafalques ont produit sur son ame ; pour la mienne, elle est sortie pour la premiere fois de son apathie naturelle. Mais ce qui me fait sécher de chagrin, c'est que le Roi n'ait pas voulu me laisser seulement trois mois continuer mes opérations : je me flatte que mes vastes plans auroient eu leur pleine & entiere exécution ; & j'avalerois aujourd'hui plus patiemment l'opprobre dont je suis couvert. C'est l'intime persuasion où je suis de la réussite de mes projets, qui m'engage, Monsieur, à vous prier en grace d'effectuer ma derniere besogne, à laquelle, pour mon malheur, je n'avois pas encore mis la derniere main ; vous y gagnerez bien davantage qu'à vous livrer à des opérations, marquées, il est vrai, au coin du génie, mais dans lesquelles les Prêtres, les catins, les malfôtiers, les frippons, en vous comblant toutefois de caresses, ne cesseront de vous traverser, de vous décrier & de vous traiter d'Athée, de Janséniste, d'Encyclopédiste, d'Économiste.

Je vous l'avoue, Monsieur, & vous m'en croirez facilement, je n'ai nuls remords de tout ce que j'ai fait; je ne me repens que d'avoir mis dans mon plan trop de modération & trop de temps; mes moyens ont été trop doux, puisque dans les impôts illégaux, extensions d'iceux, suppressions, soustractions, dans les manieres de faire les fonds, dans les manques de paroles de toute espece, & dans tout ce qu'on appelle, à tort, mes coquineries, filouteries & injustices, je n'ai jamais eu d'autre vue que d'exciter une révolte & un soulevement général dans tous les coins du Royaume, de porter tous les Ordres de l'Etat à faire une Saint Barthelemy de tous les Ministres, sous-Ministres, Traitans connus, catins, escrocs, frippons, Prêtres & autres qui avoient part à l'administration, & de se donner enfin une forme de gouvernement, où au moins leur liberté & leurs propriétés fussent respectées. Vous conviendrez, Monsieur, que j'ai joué de malheur; car il y avoit mille à parier contre un, que cet événement arriveroit; & cependant j'ai manqué mon coup. Par le tableau de mes principales opérations, que je vais vous rappeller en extrait, vous jugerez vous-même si j'ai pu, en les projettant & les exécutant, avoir d'autre vue, à moins que d'être le plus grand frippon, le plus grand coquin & le plus intrépide scélérat qui soit au monde.

Six semaines ne s'étoient pas écoulées depuis ma nomination au Contrôle, que j'ai commencé par convertir les tontines en rentes, par réduire à la moitié de leur valeur les rentes sur les postes, sur les cuirs, les annuités, les rentes d'Alsace, &c. &c. &c. dont le capital étoit de cent trente-trois millions fournis en especes; & par conséquent les créanciers ont perdu de ce coup de filet le produit de plus de soixante-six millions sur ces capitaux. J'ai converti par la même occasion une multitude d'effets royaux au porteur en contrats de constitution ; cette opération qui a retiré ces effets des mains du public, a été faite sur un si grand nombre, que ces contrats ont monté à plus de deux cens cinquante millions : & dans le même instant j'ai forcé les Villes du Royaume à porter au trésor royal des fonds destinés à leur libération. Mais tout cela est une misere qui ne mérite guere votre attention. Ce dont je vais vous parler est un peu plus sérieux, & vous prouvera de plus en plus la sincérité de mes intentions. A la même époque (n'oubliez pas, je vous prie, Monsieur, que nous étions en paix depuis sept ans), j'ai suspendu par un petit Arrêt le paiement des rescriptions & des billets des fermes. Et comme dans mes vues, je craignois que cette opération ne fût pas pour les peuples assez odieuse, parce qu'elle n'avoit pas le mérite de la nouveauté ; pour la caractériser de la plus mauvaise foi possible, je mandai chez moi Boutin, je lui dis que le Roi, étant informé que des esprits dangereux faisoient courir le bruit que Sa Majesté vouloit se prêter à la suspension du paiement desdits effets, m'ordonnoit, pour faire cesser ces impostures, de lui écrire que l'intention de Sa Majesté n'étoit & ne seroit jamais de faire une opération aussi injurieuse à sa gloire, aussi dangereuse pour son crédit, & aussi nuisible au bien de ses finances. Je lui remis cette lettre, en lui ordonnant de la rendre publique à la bourse. C'étoit moins pour rassurer le public, (car j'avois toujours en moi l'intention d'exécuter la suspension huit jours après) que pour rendre le nom du Roi & mon opération plus infames, & par-là exciter le peuple à sortir plutôt de sa léthargie. Hé bien, Monsieur, n'auriez-vous pas été un fou à mettre aux Petites-Maisons, si vous eussiez parié qu'après cette belle besogne, le peuple de Paris n'en seroit pas moins tranquille ? J'ai été trompé dans mon attente ; mais tout autre que moi y auroit été pris. Cependant dans mon étonnement je n'ai perdu ni la tête ni mon temps, & j'ai tiré parti de cette besogne de façon à enrichir les miens, mes protecteurs & mes amis. M. de Silhouette avoit bien suspendu come me moi les mêmes effets ; mais à cette époque les porteurs de rescriptions furent trouver le Receveur général qui les avoit signées, qui en retirant ses effets leur donnoit pour valeur une reconnoissance du trésor royal ; par-là le Roi se trouvoit libéré vis-à-vis du Receveur général qui avoit retiré son engagement, & il ne pouvoit y avoir double emploi. Je m'y suis pris autrement, & vous verrez que ma maniere n'a pas été celle d'un sot. J'ai ordonné que les porteurs de rescriptions se rendroient, non pas chez le Receveur général, mais au trésor royal où pour valeur de leurs effets, il leur seroit remis des reconnoissances par le Commis même du trésor royal, qui, à fur & mesure qu'il retiroit de leurs mains ces rescriptions, me les remettoit. Par ce moyen je me suis trouvé nanti de toutes les rescriptions, & j'en ai fait ensuite litiere à tous les du Barri possibles, à Pitchi, à Chon, à d'autres belles Dames, à mes parens & à mes protecteurs, lesquels ont été prendre au trésor royal pour ces mêmes rescriptions de nouvelles reconnoissances qu'ils ont mises ensuite dans le commerce. De sorte que les reconnoissances du trésor royal données en valeur de ces effets se trouvent monter aujourd'hui à près de cent soixante millions, tandis que le montant des rescriptions arrêtées pour lors par les Receveurs généraux des finances, & visées par l'Intendant des finances, le lendemain de l'Arrêt de suspension, ne s'est trouvé que de la somme de soixante-seize millions. Croiriez-vous, Monsieur, qu'au mois de Juillet dernier je n'avois pu rendre encore en nature aux Receveurs généraux que trente-huit millions de leurs rescriptions ? Cela fait bien un double emploi de plus de quatre-vingt millions ; mais avec l'esprit de mon ami le Clerc, je n'étois pas embarrassé de le faire disparoître dans le compte du trésor royal de 1770, à l'aide de ces bonnes ordonnances du comptant. Ah ! la jolie invention, Monsieur Turgot ! Si vous aviez un jour la mal-adresse de la supprimer, je parierois, à coup sûr, que deux mois après vous ne seriez plus en place. Je vous prie cependant de ne pas perdre de vue que dans tout ceci je n'ai rien fait que dans l'idée de fonder un meilleur gouvernement : car, pour peu que vous ayez la moindre distraction sur mon intention, il est impossible que je ne passe dans votre esprit pour un frippon, qui, pour cela seul, a mérité la corde.

Je restai plus d'un mois stupéfait du silence morne de mes Bourgeois de Paris ; j'eus beau rêver & me creuser la tête pour en découvrir la cause, je ne pus l'attribuer qu'à la sottise des Français, qui regardent le sacrifice de leur fortune, comme la dette de leur amour pour leur Roi. Je me dis à moi-même : une Nation si singuliere doit du moins être jalouse de ses Loix & de ses Tribunaux ; & elle a fait ses preuves, puisque les barricades ont été faites & les chaînes tendues, dans la minorité de Louis XIV, le jour que le Ministere s'étoit porté à arrêter quatre à cinq Membres du Parlement. Je devois, d'après cela, m'attendre qu'en machinant la destruction du Corps entier, il étoit impossible de faire choix d'un moyen plus sûr pour la réussite de mes vues patriotiques. La circonstance étoit d'ailleurs très-favorable. Je savois, à n'en pas douter, que la Société détruite sous le nom de Jesus, se donnoit à tous les diables pour ressusciter sous le nom des Peres de la Croix ; de plus, ces Religieux avoient profité de la piété de Madame Louise, pour lui faire entendre qu'en se rendant leur fondatrice, sous cette nouvelle forme, il n'y avoit pas à douter qu'elle ne fût un jour canonisée, parce que depuis le commencement de notre ère chrétienne on ne pouvoit citer le nom d'aucun fondateur qui n'eût eu pour récompense un brevet de canonisation. D'un autre côté, je n'ignorois pas non plus les bonnes intentions de M. de Maupeou en faveur de la destruction du Parlement ; plus de cinquante Membres de cette Compagnie se vantoient d'avoir en poche mille preuves de ses rapines & de ses injustices : il s'étoit réuni aux bons Peres, qui sentoient très-bien que leur retour en France, sous quelque nom que ce fût, *étoit* de toute impossibilité tant que ce Corps subsisteroit. Ainsi l'intérêt du Chancelier & de la Société étoit le même. J'étois instruit de tout ce qui se passoit. Il s'étoit servi de l'affaire de M. d'Aiguillon pour nécessiter le Parlement à faire un acte de vigueur quelconque : s'il l'eût fait, il étoit détruit. M. de Maupeou se donna bien de garde de faire venir le Roi en séance avant Compiegne, le lendemain ou surlendemain du fameux Arrêt contre M. d'Aiguillon ; mais il fit venir Sa Majesté à Paris le 3 Septembre, temps où un coup d'éclat, soit du Parlement, soit de la Cour, ne pouvoit plus interrompre le jugement des procès. Il avoit fait humilier le Parlement à un tel point par Sa Majesté, qu'il s'imagina que le Parlement cesseroit ses fonctions après la séance, ou donneroit ses démissions ; & dans l'un ou l'autre cas, le projet étoit d'exiler une centaine de ses Membres à quatre-vingt ou cent lieues de Paris, dans des villages ou endroits inconnus, & d'en conserver en exil à deux lieues de Paris les quarante plus anodins, avec lesquels on auroit négocié pendant les vacances ; & sous prétexte que le nombre des Juges n'étoit pas suffisant, avec trois Chambres seulement aux Enquêtes, on auroit envoyé à ces quarante, qui seroient rentrés à la S. Martin, un Edit de création d'une quatrieme Chambre de plus, composée de deux Présidens & de trente nouveaux Conseillers. Les quarante auroient enrégistré cet Edit, ne pouvant point deviner le poison qu'il contenoit. L'Edit une fois enrégistré, on donnoit ces Charges à des gens sans aveu, à des meurt-de-faim, tous affidés à la Société & à l'Archevêque. On leur donnoit, pour la forme, une quittance de finance ; & dans l'emprunt des rentes viageres, qui n'étoit pas fermé, on leur en distribuoit jusqu'à concurrence chacun de quatre mille livres. De cette maniere, M. de Maupeou étoit sûr de trente-deux voix, & peut-être de dix-huit sur les quarante anciens, & par ce moyen il étoit certain que quand on auroit mis en délibération le retour des cent Exilés, la délibération auroit toujours été renvoyée à un temps plus opportun ; il faisoit passer la création des Conseils Supérieurs & le retour de la très-digne Société ; les Parlemens de Province n'avoient rien à dire, puisque celui de Paris ne redemandoit point ses Membres, & l'on n'auroit entendu parler, de la part des autres Cours & Tribunaux inférieurs, d'aucune réclamation; les Princes & Pairs n'avoient aucune protestation à faire, & tout étoit dit. La sagesse de l'arrêté du Parlement, qui remit, le 5 Septembre, à délibérer au 3 Décembre, sauva la Compagnie, & déconcerta les projets de M. de Maupeou.

Je lui rendis visite peu de jours après; je le trouvai très-penaud & fort embarrassé de sa personne. C'est à cette époque que je lui proposai le magnifique & superbe Edit de Décembre 1770. Voici à peu-près le discours que je lui tins: » Nous ne viendrons jamais à bout de ces » gens là qu'en les mettant au pied du mur, il faut » leur adresser un petit Edit de discipline, qui, en » attaquant la Loi la plus sacrée du Royaume, les » inculpe en même-tems des accusations les plus at- » troces, comme d'association criminelle contre la » personne du Roi, &c. Ces gens-là seroient les plus » grands j.... f.....s de l'Univers, qu'il leur se- » roit absolument impossible d'acquiescer à un pareil » Edit: pour peu qu'ils fassent la moindre résistance » ou le moindre faux-pas, exilés le lendemain. Quant » à leur remplacement, rien de plus facile: il fau- » dra diminuer le ressort; nous ferons quatre ou cinq » petits Parlementaux, à qui nous donnerons la faculté » de parler & d'écrire; & avec l'aide des bons Peres » & de notre digne Archevêque, nous trouverons » bien une vingtaine de mauvais Prêtres & une cin- » quantaine de sujets que nous ramasserons où nous » pourrons. Je n'ai qu'une seule chose à vous ob- » server: c'est que dans votre recrue, si par hasard » il se présentoit un honnête homme, ne le prenez » qu'autant qu'il seroit aussi bête au moins que Sau- » vigny, la Briffe, Vaque te, Honoré, &c. Et s'il » se présentoit un homme d'esprit, ne le prenez sur- » tout qu'autant qu'il seroit aussi coquin que Fleury, » Chazal, Désirat, Fourteyron, &c ».

Je rendrai justice à M. de Maupeou, il lui étoit impossible

impossible de jamais mieux suivre au pied de la lettre mon avis dans les sujets qu'il a choisis.

Mon homme me sauta au col ; je crus qu'il m'étoufferoit : « Vous êtes charmant, l'Abbé, me dit-il, » Vous êtes le Sauveur de la Religion, le restaurateur de l'autorité ; votre projet est délicieux, vous » êtes divin ; je ne sais quelle récompense le Roi peut » vous donner ; mais l'Eglise doit au moins un chapeau de Cardinal pour couvrir une aussi bonne tête ».

Je connoissois bien la portée de celle de M. de Maupeou ; ce petit homme n'a, pour tout esprit, que celui d'intrigailler avec des prêtres ou des catins ; ignorant comme un Elu, sans aucune vue, sans aucun principe, ne prévoyant rien, s'effrayant de tout, se croyant un personnage, infatué de son mérite, & pour peu qu'on le loue donnant à tort & à travers dans tous les panneaux qu'on lui tend. Il ne m'étoit pas difficile de me rendre maître d'une pareille espece ; aussi, mon extravagant donna-t-il tête baissée dans tous mes contes, & il décida, sans balancer & sans réflexion, *la tranchée & l'assaut des Parlemens.*

Je me tenois derriere le rideau, & j'avois bien mes raisons ; je prévoyois que mon sot ne pourroit jamais réussir, & finiroit par être chassé ; & pour lors je me flattois d'avoir les Sceaux. D'ailleurs, j'étois persuadé que cette révolution ne pouvoit qu'entraîner le soulévement général, & mettre le feu aux quatre coins du Royaume ; & l'objet de mes desirs patriotiques étoit rempli. Vous savez aussi-bien que moi, Monsieur, toutes les manœuvres, toutes les intrigues, tous les hauts, tous les bas de cette belle affaire. Je me gardai bien, le 13 Avril, de coucher à Paris. Je restai à Versailles ; je ne dormis pas de la nuit, & au moindre bruit que j'entendois, j'imaginois que Laurent David, mon maître-d'hôtel, entroit en criant : » fuyez, Monsieur, fuyez ; la populace de Paris a déchiré » en mille pieces le Chancelier ; la mascarade d'hier est » toute massacrée, & le Peuple ne cesse de crier, vive le » Roi «. Quelle fut ma surprise, quand je vis entrer de bon matin Laurent David, qui, d'un air serein & tranquille, m'apprit comment, avec l'aide de sept à huit mille hommes qui entouroient le Palais, tout s'étoit passé dans la plus grande tranquillité. Il me dit que le Peuple ne savoit ce que cela vouloit dire, & qu'il avoit regardé cette belle entrée comme une troupe de chiant-lits, que le Chancelier menoit d'abord au Palais, pour les conduire ensuite à la porte St. Antoine. Mais il m'ajouta : » les » Fermiers-Généraux, nos bons amis, & tous les mal-» tôtiers, sont ivres de joie, & s'écrient : Ah ! le beau » Gouvernement ; les catins, les filous, sont dans l'en-» chantement, & les Prêtres vont faire chanter des *Te* » *Deum*, & ordonner des communions à leurs dévotes, » parce que, disent-ils, la Réligion est sauvée.

Je ne puis vous exprimer, M. combien je fus outré du guignon qui me poursuivoit dans toutes mes opérations ; je me mordois les poings, & je me disois : » Qu'on est » malheureux dans ce siecle maudit d'être citoyen, & » de travailler pour une Nation aussi frivole, assez peu » instruite pour ne pas sentir l'étendue du malheur qu'on » lui prépare, pour ne pas voir que les prétendus Juges » qu'on lui donne sont autant de scélérats gagés pour » forger leurs chaines, & par le ministere desquels on » leur ôtera le dernier sol, & même la liberté de s'en » plaindre ! Oh qu'une ame sensible & patriote, comme » la mienne, doit souffrir d'être née au milieu de pareils » oisons » ! Je me résolus d'abandonner tous mes projets de bien public, comme étant totalement inutiles chez un Peuple incapable d'en sentir tout le prix.

J'étois totalement abbattu, je ne savois plus à quel Saint me vouer, quand un homme sans contenance, qui avoit l'air d'un grand flandrin, ivre & à moitié fou, se présenta chez moi ; voici, M. comme il me déclina son nom & ses vertus. Je suis *Desllouches*, Secretaire de la Ferme, cousin de Villevault, que vous avez si souvent vu, Mgr. dans l'anti-chambre du fameux du Barry ; je viens vous offrir mes petits services ; heureusement pour moi, je suis dans le cas de vous livrer le Duc d'Orléans, mes commettants, & même ma femme par dessus le marché. Je fus ravi de la bonne aventure, qui réellement eût été parfaite, si j'avois su me tenir aux deux premieres offres ; & si je l'avois fait, *ce qui m'est arrivé ne me seroit pas arrivé*. Je jugeai que cet homme étoit ce qu'il me falloit ; je le remerciai de ses complaisances ; je lui dis que je voyois bien comment il pourroit me vendre ses commettants, dont il mangeoit encore le pain ; mais que je ne voyois aucun rapport d'affaires entre le Duc d'Orléans & lui. --- Croiriez-vous, Mgr. qu'un homme d'aussi bonne composition que moi, ait pu se trouver, après avoir été chassé de l'Oratoire, sans bas ni souliers ? Je serois mort de faim si M. le Duc d'Orléans ne m'eût donné, à la priere de son Chancelier, un emploi dans ses domaines à Orléans. J'ai apperçu dans les papiers de cette Maison, qui m'ont été remis à titre de confiance, des moyens assez spécieux pour lui enlever six à sept cents mille l. de rentes. --- Ah ! l'honnête créature, m'écriai-je, vous êtes mon homme, je ne vous quitte plus. Et la ferme ?--- M. Gautier qui est un balourd m'avoit confié tous les produits ; j'en ai pris des copies, & les voici. -- Mais savez-vous bien que je n'ai jamais vu un homme plus digne que vous ?-- Je demandai à ce galant homme, s'il ne pouvoit pas me donner quelque projet d'impôt ? Il me dit qu'il en avoit à revendre ; mais que les Fermiers généraux les avoient toujours mis au rebut, les regardant comme trop désastreux, & capables de soulever tous les peuples. --- Eh c'est, mon cher ami, précisément ce que je veux. Et quels sont parmi les Fermiers généraux les meilleurs *travailleurs* ?... Mgr. je n'en connois pas de plus habile qu'un M. *Poujeaut* ; c'est l'extendeur le plus extendeur que j'aie jamais connu. -- C'est être heureusement né pour un Financier. -- Il a obtenu, depuis que le Parlement est renvoyé, à lui seul pour sa part, plus de 400 Arrêts, à qui il a su prêter l'interprétation la plus forcée ; il a eu l'art de donner à une vieille Déclaration sur le papier & le parchemin timbré, laquelle étoit tombée en désuétude, une extension si belle, si heureuse, que de l'aveu des Parcheminiers de Paris, il ne se tue pas dans le Roïaume une assez grande quantité de moutons pour fournir la ferme de tout le parchemin dont elle a besoin. -- C'est un homme d'or que ce M. *Poujeaut*. Je n'en voudrois que trois dans la Ferme ; avec trois Poujeaut, je ferois bientôt de toute la France une Capuciniere. -- Je veux le connoître. -- Mgr. les autres sont des enfants vis-à-vis de lui ; aussi ont-ils pour lui la plus grande vénération. -- Je m'en doute bien. -- Si j'avois un conseil à donner à Mgr.

ce seroit de se laisser guider par un si habile homme, il parviendroit à vous faire mettre des droits sur les pavés & sur l'eau de la Seine ; & pour peu que V. G. eût la bonté de lui accorder encore seulement 2 ou 3 douzaines d'Arrêts en interprétation ou extension, dont il a besoin pour la félicité des peuples, vous seriez à ses yeux le plus grand homme d'Etat qui eût jamais existé ; & avec son savoir-faire, vous auriez bientôt le dernier écu de Paris.

Trois jours après, mon charmant Destouches revint chez moi, plus chargé de cartons & de papiers, que Dandin de sacs de procès. Je ne puis, M., vous faire mieux sentir la faute énorme que vous avez faite, en chassant de vos bureaux un si brave homme, qu'en vous rendant compte mot pour mot du premier travail que j'ai fait avec lui. Voici, me dit-il, Mgr., une petite partie de mon arsenal. Je commence par vous donner mon mémoire contre le Duc d'Orléans ; c'est de quoi le mettre à la raison, lui & son Belle-Isle. -- Bon, je le lirai. Après : -- Projets pour détruire les exemptions de franc-fief accordées pour simples services rendus à l'Etat, comme aux habitans d'Orléans, pour avoir chassé les Anglais de leur ville ; aux habitans de Péronne, Chartres, Angers, le Mans, &c. -- Bon cela ; je signerai demain l'Arrêt. -- Qu'appellez-vous, Mgr., ce n'est pas demain Conseil ? -- Vous êtes encore bien neuf, mon cher Destouches, vous ne savez donc rien ; tous les Arrêts du Conseil possibles sont tous faits, rédigés & signés par moi seul ; c'est pour la forme qu'on y met, *le Roi étant en son Conseil.* Comment, vous ne saviez pas encore cela ? Tout dépend de moi ; il n'y a plus de Conseil de finances ; je suis tout. Après : -- Projet pour faire rentrer le Roi dans la possession des droits domaniaux qui avoient été acquis par la Bretagne en 1759, moyennant quarante millions, sans qu'il en coûte un sol à Sa Majesté. Comment diable ; c'est très beau. Et comment vous y prenez-vous ? -- En mettant Sa Majesté à la place des Etats, vis-à-vis de leurs créanciers, & en retranchant un cinquieme de leurs créances. -- Cela est juste. Bon à expédier : -- Projet d'Arrêt pour retirer toutes les exemptions des droits des fermes, des gabelles, traites-foraines, les greffes & autres qui avoient été acquis moyennant finance, sans aucun remboursement en faveur des acquéreurs. -- Excellent; bon à expédier. --Projet d'Arrêt pour retirer l'exemption des droits seigneuriaux dans l'étendue de la mouvance de Sa Majesté, à tous les Officiers des Cours, & ceux de l'Ordre du Saint-Esprit, à l'exception des Secretaires du Roi. -- Et pourquoi, je vous prie, M. cette exception ? -- C'est qu'il a plu à Mgr., il n'y a pas six mois, de leur faire payer à chacun quarante mille livres pour raison de ces privileges. -- Mauvaise raison, M., mauvaise raison; comprenez-les dans l'Arrêt. -- A la bonne heure, Mgr. Projet pour retirer à la Flandre les droits de Contrôle qu'elle avoit rachetés par abonnement. -- Cela est juste; pourquoi cette Province veut-elle être plus privilégiée que les autres ? Bon à expédier. Joignez-y la Ville de Paris, pour les Offices de la Police qui est exercée sous sa Jurisdiction, & dont elle jouit de temps immémorial. -- Eh bien, Mgr., puisque vous ne voulez rien oublier, il ne vous en coûtera pas plus d'y joindre la Principauté d'Orange & la Dombe. Projet d'Arrêt pour retirer des engagistes les Droits Seigneuriaux qui faisoient partie des domaines cédés sans aucun dédommagement. -- Ma foi, je suis enchanté de vous, M. Destouches, je ne connois rien de plus juste & de plus légal que vos opérations. Bon à expédier par simple Arrêt. -- On auroit pu, Mgr., par un simple Arrêt, ordonner qu'il ne seroit plus fait fonds dans les Etats de Sa Majesté, que déduction faite des quinziemes & dixiemes des rentes sur les Aides & Gabelles, si vous n'aviez garanti absolument le contraire par la Déclaration du vingt Janvier 1770, qui, après avoir réduit plusieurs effets à quatre pour cent, & d'autres à deux & demi pour cent, porte, article VII : *Les arrérages de toutes les autres rentes, tant perpétuelles que viageres, assignées sur les Aides & Gabelles, & autres revenus de S. M. continueront d'être employés dans l'état, comme ils l'ont été jusqu'à présent, sans que, sous aucun prétexte, les arrérages puissent être retranchés, suspendus & diminués à l'avenir.* -- Voilà de belles raisons; cette Déclaration a tort : allons, allons à votre premier travail, faites-moi signer cet Arrêt. -- Projet d'Arrêt pour le remboursement des Officiers Visiteurs, Marqueurs de papier & cartons. -- Vous voulez donc me ruiner? Ordonner des remboursemens à si donc; -- Oh! Mgr., il n'y a que façon de les faire. -- Passez. Un autre. -- Projet d'Arrêt pour reculer indéfiniment des remboursemens indiqués à jours précis. - C'est bon cela, c'est bon. -- Projet d'Arrêt pour faire payer six mille francs, & les deux sols pour liv. à chaque nouvel annobli depuis 1715, par anticipation du droit de confirmation, attendu que le regne du Roi ne finit pas. -- Vous avez raison, M. Destouches, vous avez raison. Bien observé. -- Ce n'est pas, Mgr., que l'on ne puisse faire remonter cette recherche plus loin que 1715, mais on ne peut pas tout dire à la fois dans une Déclaration; laissez faire les extendeurs de la Ferme; à l'aide de leur grimoire, vous serez dans le cas de rendre sur cet article là seul quatre ou cinq Arrêts d'extension. -- Il faut, M. Destouches, faire comprendre tous ces objets dans une seule & même Déclaration, j'ai mes raisons. - Mais, Mgr. ne craint-il pas d'effaroucher par trop le Parlement? Le Parlement! mais je crois que vous êtes fou avec votre Parlement; je voudrois bien voir ces grodins-là souffler devant moi, je ne payerois pas leurs gages. Eh! vous ne savez donc pas tout ce qu'on a déja fait pour eux? Les trois quarts & demi mouroient de faim quand nous les avons pris. Il étoient sans bas & sans souliers, comme vous au sortir de l'Oratoire; nous avons donné aux uns des meubles, aux autres de l'argent pour payer leurs dettes, à ceux-ci de bonnes rentes viageres, pour lesquelles ils étoient dans l'heureuse impuissance de donner le premier sol; nous en avons plus de soixante qui sont à nous, à pendre & à dépendre, & il ne nous en faudra que 38 quand ils seront complets, pour leur faire enregistrer que le Pere Eternel n'est pas Dieu. Au surplus, M. Destouches, je suis très-content de vous; je chasse Baurain, & je vous donne sa place; vous conserverez toujours celle des Fermes que vous ne ferez pas, pour être plus à portée de me vendre vos commettans, & de vous en faire payer. -- Avant de me retirer, pourrois-je faire part à Mgr. d'une invention fort honnête de ma façon, pour, sans qu'il en coûte un sol au Roi, faire ma fortune, celle de mes parens, des amis de Mgr., & lui donner moyen en même temps de se faire chérir de tous Messieurs & Mesdames du Barri & leur alentour.-- Je ne me lasse pas, mon cher Destouches, de vous écouter; voyons. -- Vous avez, Mgr., créé en 1770 quantité d'Offices Municipaux, & établi de nouvelles taxes sur plusieurs Corps, tels que les Secretaires du Roi; tous ces redevables ont acquitté leurs taxes. -- Eh bien! oui, où en voulez-vous venir? -- Je voudrois que Mgr. me permît de lui présenter un petit Mémoire sous le nom de Philippe, qui a acheté la Charge de Maire de la Ville de ***, moyennant 48000 livres, tendant à ce qu'il plaise à Sa Majesté permettre audit Philippe, qui n'est pas riche, de payer lesdites 48000 liv, savoir, un tiers en argent, & les deux tiers en effets de Nouet & d'Alsace, qui perdent quatre-vingt pour cent sur la place.-- Mais, mon cher Destouches, Philippe a déja sa quittance de finance; vous intéressez-vous pour lui? Non parbleu, Mgr., je ne le connois pas; c'est pour moi. Dès que Mgr. en aura obtenu le bon de S. M., il aura la bonté de me le remettre; moyennant 6400 l. que me coûteront les effets de Nouet, j'irai retirer des Parties casuelles, muni du bon du Roi, 32000 francs en argent, & c'est plus de 25000 liv. que Mgr. me fera gagner de la main à la main; & il pourra réitérer ce jeu innocent toutes les fois qu'il lui plaira. -- Ma foi, je trouvai cet expédient là exquis; & ma délicatesse n'a pas souffert d'en avoir fait bon usage.

Eh bien! M., mon ami Destouches n'est-il pas à enchâsser, & ne devriez-vous pas mourir de douleur de vous être défait d'un homme si essentiel? Votre Lacroix de Limoges aura-t-il jamais autant d'esprit & de délicatesse? J'adressai cette fameuse Decl. du 9 Juin 1771, au Parlement. Elle fut enrégistrée, comme vous entendez bien, sans la moindre difficulté. Je demandai le lendemain à Laurent David ce que mes Badauts en pensoient; il me dit que les esprits commençoient à s'échauffer, que l'on murmuroit, que l'on faisoit des imprécations abominables contre moi, en plaignant toujours le Roi d'être si mal environné. Enfin, dis-je, la marmite commence donc à bouillir; il ne me reste tout au plus qu'une ou deux petites opérations à faire pour voir couronner tous mes projets.

Pour vous faire connoître de plus en plus le mérite de mon ami Destouches, je vais vous rendre compte de mon travail avec lui sur mon Edit de Nov. 1771. C'est lui qui parle. Je n'ai aujourd'hui, Mgr. qu'un seul projet d'Edit à vous présenter. Ce n'est pas qu'il ne contienne la matiere de plus de trente impositions nouvelles, aussi vastes que multipliées; mais j'ai pensé quil étoit plus prudent de mettre tout dans le même sac : j'ai cru même m'appercevoir que plus un objet étoit dodu, plus Mgr. y prenoit plaisir. -- Cela est vrai, mon ami, vous avez raison. -- Mon Edit établit d'abord le doublement des Droits du Domaine, Barrage & Poids-le-Roi. -- C'est une misere. -- Il établit encore le rehaussement du prix du Sel en la Province de Franche-Comté, les Droits de Courtiers-Jaugeurs, d'Inspecteurs aux Boucheries, & Inspecteurs aux Boissons, les Droits manuels sur les Sels, & les Droits réservés dans les Cours & Jurisdictions. -- Ah! c'est quelque chose que cela; cela s'appelle savoir travailler; je suis content. Après. -- Mon Edit établit indéfiniment les six Sols pour livre des Fermes. Ces Droits, qui montoient à plus de trente-cinq millions par an, & dont la perception devoit finir en 1774, n'auront plus de terme préfix, & seront levés à perpétuité. -- Cela est excellent, voilà du vraiment beau; cela est neuf, & vous fera honneur, mon cher Destouches; avez-vous encore quelque chose dans votre sac? -- Eh! Mgr. je ne fais que commencer. Mon Edit établit encore les deux Sols pour livre sur les Droits des Fermes, & cela produira plus de vingt-deux millions. Ah! je vous arrête là, monami, vous enflez l'objet. Car si six sols produisent trente-cinq millions, deux sols n'en doivent pas produire douze. -- Mais, Mgr. laissez-moi donc achever. Quand l'Edit sera une fois enrégistré, à l'aide d'un petit Arrêt extensif, nous porterons ces deux sols pour livre, non-seulement sur les objets de la Ferme qui n'étoient assujettis à aucun sol pour livre, mais même nous leur ferons payer les huit sols pour livre en entier. Nous frapperons les Droits des marchés des Sgrs. les Droits de Péage, les Droits de Bac, &c. de ces mêmes huit sols pour livre, quand même tous ces Droits seroient patrimoniaux dans la main des Sgrs. Ah! fo.... que cela est beau!

Votre projet est sublime ; c'est magnifique ; vous êtes, mon cher, le Dieu de la Finance, comme Vestris est celui de la danse. C'est, sans doute, tout. -- Oh ! mon Dieu non, Mgr. -- Allons, tant qu'il vous plaira, je ne me lasse point de vous écouter. -- Mon Edit continue jusqu'en 1780 le second Vingtieme, qui devoit finir en 1771. Il établit aussi le premier avec les 4 S. pour l. mais je suis embarrassé du terme que nous mettrons à sa durée.-A perpétuité -- A perpétuité, Mgr. ? Mais cela ne se peut pas. -Eh ! pourquoi donc, M. s'il vous plaît ? -- Il est impossible, Mgr., d'attaquer ainsi la Loi sacrée de la propriété. -- Qu'appellez-vous, M. la propriété ? Le Roi n'est-il pas maître de la propriété entiere de son Royaume ? *Tous les biens fonds lui appartiennent, & s'il en laisse jouir ses Sujets, c'est un effet de sa bonté, & de sa libéralité.* N'avez-vous pas sous les yeux l'exemple qu'il leur enleve tous les jours la chasse, pour s'en faire une Capitainerie ? *Apprenez, M. que les biens des Citoyens sont ceux du Roi, & que les dettes du Souverain sont celles de l'Etat.* -- Je me rends à vos raisons, Mgr. Mettez donc bon pour le Vingtieme à perpétuité. -- Oui, M. à perpétuité, & sur nouvelles Déclarations. -- Ah ! pour celui-là, Mgr. cela est trop fort ; je me jette à vos genoux, pour ne pas insérer cette clause. Ce n'est pas que je croie que le Parlement y fasse la moindre opposition, il est totalement à nous, toutes fois en lui payant ses gages ; mais j'appréhende que le Peuple ne finisse par les massacrer, & ce seroit dommage ; nous ne pourrions jamais en trouver qui fussent plus dévoués à nos volontés ; & si les anciens alloient jamais revenir, où en serions-nous ? A la bonne heure. Mais je tiens cependant bien à ces nouvelles Déclarations. -- Eh bien, Mgr. quand l'Edit sera une fois enrégistré, vous en serez quitte pour écrire aux Intendans du Royaume d'asseoir l'imposition sur nouvelles Déclarations ; votre Lettre aura la même force qu'un Edit enrégistré. -- Cela est fort bien, mais il y a plusieurs de Mrs. les Intendans qui font les Olibrius. -- Si Mgr. veut me permettre de lui dire en quatre mots comment nos meilleurs travailleurs en usent dans les matieres problématiques de la Ferme, & où il y a à *tirer*, je crois qu'il y pourra trouver de quoi profiter beaucoup. Quand nos

Mrs. veulent hasarder une petite extension, ils font naître une question simulée dans la Généralité où l'Intendant leur est totalement dévoué, comme celle d'Alençon, où jamais le Fermier n'a été condamné; on donne ensuite cette ordonnance d'Alençon pour exemple à un autre Intendant aussi dévoué que le premier : cela sert d'autorité pour les autres; & le Fermier, ainsi muni de sept à huit ordonnances favorables sur la même question, obtient facilement du Commis d'un Intendant des Finances, une décision du Conseil, & il faut bien que les plus rétifs s'y soumettent, & le Fermier pour lors a raison de l'Intendant du Languedoc, & même de celui de Limoges. Ce dernier, sur-tout, s'avise de tout lire & tout voir, & de ne pas croire à la Ferme; c'est un homme sans religion, Mgr. & je n'ai pas encore vu un Employé faire son éloge. Je ne sais pas, Mgr. comment vous laissez un homme comme celui-là en place. Vous avez rappellé celui de Bordeaux, qui n'avoit pas fait à la Ferme la dixieme partie du mal que celui-ci a fait. Vous rendriez un grand service à la Compagnie de l'en débarrasser; d'ailleurs c'est un homme à systême. -- Vous n'avez plus rien à me dire, Destouches? -- J'ai trouvé, Mgr. dans un coin de l'Hôtel des Fermes, un mémoire auquel je n'entends pas grand'chose, mais dont vous pourriez, je crois, tirer parti. Dans ce mémoire est inséré un Edit servant de réglement de discipline pour la manutention des biens ecclésiastiques du Royaume. -- Ah! ah! voyons cela, mon cher Destouches. -- Ce mémoire est divisé en trois parties. Les biens ecclésiastiques sont-ils actuellement employés suivant le vœu de l'Eglise primitive? Premiere partie. S'ils ne le sont pas, le Roi a-t-il le pouvoir d'en ramener l'usage à leur destination primitive? & n'est-ce pas même un devoir de Sa Majesté? Seconde partie. De quelle maniere peut-on ramener l'usage des biens ecclésiastiques à leur destination primitive, & à quels actes d'utilité publique, conforme à l'esprit des Saints Canons, peut-on employer la portion qui n'est pas nécessaire à l'entretien des Ministres de l'Eglise & de ses Temples? Troisieme partie. Ensuite est annexé l'Edit servant de réglement de discipline. ---- Mais vous êtes fou, mon cher Destouches, de porter avec vous une pareille piece; mais vous n'y pensez pas:

l'auteur de ce mémoire est à coup sûr ûn Athée. Brûlez cela tout à l'heure. Si le Clergé avoit le moindre doute que vous, ou moi, nous eussions l'idée de nous occuper d'un projet aussi abominable, nous serions peut-être empoisonnés d'ici à quinze jours, je ne répondrois pas de votre vie ni de la mienne. Il faut, mon cher ami, tâcher de découvrir, à quelque prix que ce soit, l'auteur de ce mémoire infernal, pour le faire enfermer pour le reste de ses jours dans un cachot de Bicêtre.

Le jour que l'Edit de Novembre 1771 fut enrégistré, j'avois eu la précaution de tenir une voiture attellée de six chevaux, toute prête à la porte de derriere du contrôle, parce que je m'imaginai que ce seroit pour ce jour-là l'événement du soulévement général que j'attendois depuis un tems infini; & de la maniere dont Laurent David m'annonça pour cette fois, d'un air effaré, les plaintes, les murmures, les cris, les exécrations, les horreurs, les abominations que tout Paris vomissoit contre moi & le Gouvernement, je crus que j'étois à la fin de toutes mes opérations; mais le peuple ne se porta pas encore aux violences & aux voies de fait. Je voulus profiter de l'état de fermentation de tous les esprits, pour obtenir du Roi le bon de ma derniere opération; mais le Roi s'y est toujours refusé, & je n'ai pu trouver jusqu'à sa mort un moment où il pût être à moitié endormi ou préoccupé, pour le lui faire signer. Voici mon plan, Monsieur; c'étoit, sans aucun Edit enrégistré, sans aucun Arrêt du Conseil, mais avec une simple lettre de ma part, d'ordonner au Maréchal de Biron de me donner tous les Sergents aux Gardes de son Régiment, accompagnés chacun de dix soldats armés, la bayonnette au bout du fusil & *seize coups à tirer* dans chaque cartouche, avec ordre de se transporter dans toutes les maisons des particuliers de quelqu'état & condition qu'ils pussent être, & leur demander la vie, ou la moitié de leur argent, & les huit s. pour liv. de la totalité. Voilà, M. tout ce qui me restoit à faire. Croyez-vous que j'eusse cette fois-ci manqué mon coup? C'étoit à la vérité un mauvais quart d'heure à passer; mais je me serois caché dans la *motte*. Il y auroit peut-être eu cinquante à soixante mille citoyens d'égorgés; mais aussi la France auroit vu ensuite le plus beau Gouvernement de tous les mondes possibles. Je ne puis trop, M. vous exhorter à ne perdre jamais ce projet-là de vue. Je sens parfaitement bien que le moment où vous vous trouvez, n'est plus si opportun. Le Roi ne témoigne à son peuple que de la bienfaisance, il a l'enfance de croire qu'il ne doit regner sur eux que par les Loix, & que l'amour de ses sujets est l'appui le plus charmant de sa Couronne. De plus, il a le malheur de trop écouter un Ministre qui se pique d'une vieille probité qui n'est plus de mode; cet homme a la gaucherie de ne proposer pour le Ministere que d'honnêtes gens. Mais malgré toutes ces petites traverses, je suis très-persuadé, que si vous vouliez donner votre confiance aux Gens de Finance, que je consultois, tels que Harvouin, Puissant, Saint-Prix, Saurin, &c. & rappeller auprès de vous Leclerc, mon cousin Dupuis, & mon ami Destouches, vous feriez bientôt rentrer les peuples dans l'heureuse fermentation où ils étoien.

Mon projet est simple, & vous donnera certainement moins de peine à exécuter que tous ceux dans lesquels vous serez toujours traversé, & où vous trouverez des ennemis d'autant plus redoutables, qu'ils resteront toujours cachés. Réfléchissez, M. que les honnêtes gens, & les gens de mérite qui vous ont précédé dans votre place, n'y ont jamais resté plus d'un an. Ce sont les imbécilles ou les frippons qui ont eu un plus long Ministere; parce que ceux-là ne sont craints ni des Prêtres ni des Financiers; mettez-vous du bord de ces gens-là. C'est le meilleur conseil que je puisse vous donner; & la seule reconnoissance que je vous en demande, c'est de passer l'éponge sur toutes les opérations, publiques & secretes, de mon Ministere. J'ai l'honneur d'être, &c.

P. S. Pour peu que ma Lettre ait le don de vous plaire, j'en pourrai risquer une seconde, où je vous montrerai clair comme le jour, que mon Systême sur les bleds peut bien n'être pas aussi avantageux au Public, que votre Arrêt sur la liberté de ce commerce; mais aussi qu'il est bien plus sûr pour ceux qui mettent la main à la pâte: qu'il est vraiment économique pour ceux qui s'en mêlent.

In malos asperrimus
Parata tollo cornua. HOR.
Je n'attaque que les méchans.

FIN.

RÉPERTOIRE

OU

TABLE ALPHABÉTIQUE DES MATIERES, ET DES ANECDOTES

Contenues dans les cinq Volumes du MAUPEOUANA;

Le Chiffre Romain indique le Tome, le Chiffre Arabe indique la Page.

a

Lallemant

FIN.

ERRATA.

Tom. I, *p.* 52, *l.* 5.	s'irrite, *lisez* s'irritât.
id. l. 31.	enchérir, *l.* enrichir.
p. 61, *l.* 9.	à sa vengeance, *l.* de sa vengeance.
p. 153, *l.* 16.	mystere, *l.* ministere.
p. 198, *l.* 27.	le terme, *l.* par le terme.
p. 199, *l.* 18.	public, *l* publié.
Tom. II, *p.* 18, *l.* 6.	puissent, *l.* pussent.
p. 33, *l.* 20.	sera, *l.* fera.
p. 46, *l.* 32.	l'engage, *l.* l'engagea.
p. 52, *l.* 27.	de gens, *l.* des gens.
p. 67, *l.* 33.	Rassiat, *l.* Raffiat.
p. 93, *l.* 28.	illégale, *l.* illégal.
p. 154, *l.* 8.	empreignée, *l.* impreignée.
p. id. l. 9.	elle me vient, *l.* elle vient.
p. 201, *l.* 3.	1771, *l.* 1671.
Tom. III, *p.* 17, *l.* 9.	de tous, *l.* dans tous
p. 25, *l. derniere.*	admirez, *l.* [illegible]
p. 71, *l.* 33.	nous applaudir, *l.* vous applaudir.
p. 111, *l.* 28.	débattant, *l* [illegible]
p. 127, *l.* 24 *des not.*	est le souper, *l.* & le souper.
p. 129, *l.* 20 *des not.*	*après* prétexte, *ajoutez* à.
p. 139, *l.* 23.	voloit, *l.* valoit.
p. 235, *l.* 17.	élargis, *l.* élargies.
Tom. IV, *p.* 37, *l.* 18.	, * Assemblée, *l.* * assemblés.
p. 48, *l.* 7 *des not.*	*Barorum*, *l. Baronum.*
p. 49, *l.* 10 *des not.*	*legens*, *l. Regem.*
p. 127, *l.* 4.	parage, *l.* partage.
p. 137, *l.* 3 *des not.*	*Consule*, *l. consule.*
Tom. V, *p.* 18, *l.* 27.	constamment, *l.* notamment
p. 36, *l.* 28.	contre eux, *l.* entr'eux.

LES EFFORTS

DE

LA LIBERTÉ & du PATRIOTISME,

CONTRE

LE

DESPOTISME

Du S^r^ DE MAUPEOU, Chancelier de France,

OU

RECUEIL

Des Écrits Patriotiques publiés pour maintenir

L'ancien Gouvernement Français.

TOME SIXIEME.

A LONDRES.

M. DCC. LXXV.

MANIFESTE
AUX NORMANDS.

IL y a long-temps que les droits des François sont à la merci de la force armée, qui ne respecte pas même les droits de l'humanité : aujourd'hui cette volonté, qui croit avoir cent mille hommes à ses ordres, menace les fondemens de toutes les propriétés des Normands. Nous avons des Titres particuliers; nous sommes unis à la France par des conventions qui ne sont ni plus ni moins authentiques que le dernier Traité de paix avec l'Angleterre, & tous les autres Traités des Nations. Notre premier état fut d'être libres & conquérans; nos Ducs fixant leur bonheur, assurerent notre liberté par des Loix & des Tribunaux. Nous étions Anglais avant d'être sujets de la France, & maintenant nous ne sommes encore que Normands.

La foiblesse de notre dernier Duc en plaça un autre à notre tête; mais Philippe Auguste ne fut substitué en 1204 à Jean, que sous des conditions irritantes; c'est qu'il *maintiendroit non seulement la Ville de Rouen, mais encore la Province entiere, dans ses Loix & Usages, Franchises & Libertés*, Farin, Hist. de Rouen, Ce fut ainsi un Traité respectivement obligatoire; sans ces conditions, la Ville n'auroit point capitulé. Philippe n'en acquit l'empire qu'au prix des promesses qu'il signa. Mettons-nous donc en esprit, au moment qui suivit ce Traité; alors les conditions étoient sacrées & inviolables. Si Philippe aussi-tôt eût manqué à leur exécution; si, contre la teneur du pacte, il eût changé les Usages, aboli les Privileges, destitué les Juges du Duché, divisé, anéanti la Cour souveraine du Duché, la capitulation auroit été sans doute rompue, & le lien de la paix étant dissous, le Normand étoit dégagé de la soumission promise au nouveau Duc.

Mais ſi ce raiſonnement eſt juſte pour ce temps-là, il l'eſt encore pour celui-ci. Depuis 1204, les droits de la Province de Normandie n'ont point ceſſé d'être reconnus, confirmés & exercés.

Nous ne ſommes donc dépendans de la France qu'autant que la capitulation qui nous a ſouſtraits à nos premiers Chefs eſt autoriſée par l'exécution; par elle notre liberté eſt reſtreinte; ſans elle nous ſommes indépendans, & l'alternative eſt évidente: comme nous n'appartenons à la France que par un Traité mutuel; ſi la violation réfléchie d'une des parties contractantes a détruit le Traité, nous revenons à notre premier état.

L'Angleterre eſt notre Patrie, ou bien nous ſommes libres d'en choiſir une nouvelle, & l'expérience nous aura ſervi de leçon.

Nous n'avons pas ſeulement le Pacte de 1204 à réclamer, nous avons encore des Titres plus énergiques: le premier eſt le contrat d'union, les autres ſont le Code convenu des Loix fondamentales, & de ces inſtitutions garanties par toutes les Loix enſemble que les Rois ſont *dans l'heureuſe impuiſſance de changer.*

Ce Code eſt *la Charte aux Normands.* Chaque Province a des Titres; nulle autre que la Normandie n'en a d'auſſi précis & d'auſſi authentiques.

C'eſt ſur cette Charte qu'eſt fondé le privilege du *Haro*, la ſauve-garde des perſonnes & des biens.

C'eſt ſur cette Charte que ſont appuyés les droits de liberté & de propriété des Normands, les franchiſes dont ils jouiſſent; c'eſt elle qui les défend ſi ſouvent des excès auxquels le pouvoir abſolu ſe livre ailleurs: enfin, elle eſt un tel obſtacle à l'arbitraire, qu'il n'a trouvé d'autre expédient, pour exécuter quelquefois ſes projets, qu'en exprimant dans ſes Déclarations une dérogation expreſſe à la Charte, dérogation qui fait tolérer l'abus, parce qu'elle paroît conſerver le droit de s'y oppoſer.

Ce qui eſt donc plus évident à cet égard, c'eſt l'autorité maintenue juſqu'à ce jour de notre Titre ſolemnel; les dérogations qu'il a éprouvées, confirment ſa valeur intrinſeque, & reſſerrent l'obligation de la maintenir. Ainsi les précédentes conséquences reviennent, si, par une entreprise inouie & un renversement absolu, on anéantit cet Acte d'alliance.

Il renferme trois dispositions fondamentales.

Par la premiere, la Coutume du Pays & les Usages, ne peuvent sous aucun prétexte & en aucun tems être changés.

» *Nos Registrum, Usus laudabiles & Consuetudines*
» *suas antiquas & franchisias & libertates, necnon pri-*
» *vilegia ac omnia contenta in ipsis rata habentes, & ea*
» *volentes pro ipsis Prælatis, Baronibus, Militibus, No-*
» *bilibus, Civibus & Habitatoribus plebeiisque prædictis*
» *inviolabiliter perpetuò observari & inconcussa teneri....*
» *nonobstante quocumque attentato vel facto in contra-*
» *rium elapso tempore quod eis aut eorum alicui in ali-*
» *quo præjudicare nolumus in futurum, imò ea volumus*
» *in suo robore permanere..... habitâ de consilio nostro*
» *solemni deliberatione.....*

Par la seconde, la Province doit être maintenue dans la possession de son antique Tribunal, ou Echiquier souverain où ressortissent définitivement *toutes les causes du Duché*, ensorte qu'aucun ne puisse être ajourné pardevant les Juges d'un autre Pays.

» *Item cum causæ Ducatûs Normaniæ secundùm pa-*
» *triæ consuetudinem debeant terminari, quod ex quo in*
» *scacario Rotomagensi fuerint terminatæ vel senten-*
» *tialiter definitæ per quamcumque viam ad nos vel* PAR-
» LAMENTUM *nostrum Parisiis de cætero* NULLA-
» TENUS DEFERANTUR *nec etiam super causis dicti*
» *Ducatûs ad Parlamentum nostrum aliqui valeant ad-*
» *jornari.* «

Par la troisieme, les Rois Ducs de Normandie ne peuvent ni ne doivent en aucun cas & sous aucun prétexte mettre des impositions de quelqu'espece que ce soit, sur la Province, sans un besoin pressant & évident, jugé tel par les trois Etats assemblés.

» *Quod de cætero per nos aut nostros successores in*
» *dicto Ducatu in personis aut bonis ibidem commoran-*
» *tium ultrà reditus, sensus & servitia nobis debita,*
» *taillias, subventiones, impositiones aut exactiones*

» *quascumque facere non possimus nec debeamus nisi evidens utilitas vel urgens necessitas id exposcat*, & » per conventionem & congregationem gentium trium » statuum *dicti Ducatûs, sicut factum fuit & consuetum* » *tempore retrolapso. Quocircà..... Consiliariis nostris,* » *gentibus Parlamentum nostrum tenentibus & qui futura* » *tenebunt..... universisque & singulis* Baillivis.... & aliis » Justiciariis Ducatûs..... præsentibus & posteris...... » firmiter injungentes..... quatenùs teneant & observent, ac teneri faciant & servari..... nihil attentari » permittentes, & in contrarium attentatum REVO- » CANDO. «

Tel est le pacte développé de la Nation Normande, lorsqu'elle reconnut pour Ducs les Rois de France : sa soumission tient donc à l'accomplissement du contrat qui y met le prix ; toutes les Nations sont par nature vengeresses du droit des gens violé & protectrices du peuple opprimé. Pourquoi en effet ne craindroient-elles pas la même infidélité pour leurs Traités ? Si la Loi naturelle, la religion du serment, la force des promesses solemnelles ne retiennent point le Prince vis-à-vis des Sujets qu'il doit aimer ; il n'y a que la crainte & le sentiment de sa foiblesse qui l'arrête vis-à-vis des Nations qui lui sont indifférentes : ainsi le premier instant où il croira n'avoir rien à redouter, sera celui où, foulant aux pieds tous les Traités, il tentera des combats.

Nous n'avions pas encore éprouvé la derniere violation de nos libertés ; nous les voyons en ce moment anéanties à main armée.

Déja la Franche-Comté, le Languedoc, la Bourgogne, la Champagne, l'Isle de France étoient livrées à cet affreux despotisme qui, tout à la fois lâche & furieux, abat & renverse tout ce qui ne lui résiste pas, & ne porte que dans l'aveuglement & les ténebres ses coups meurtriers.

Là, sans autre motif que le vouloir, le Citoyen a été dépouillé de son bien & de sa subsistance, le Magistrat de son Office & de sa liberté ; son humble soumission ne l'a pas même garanti de l'exil & de la proscription : là les Tribunaux ont été renversés, transportés, anéantis, divisés, supprimés, recréés, diminués, au mépris de toutes les formes.

Là, l'homme perdu de débauches & de dettes, a été substitué, pour le ministere de la Justice, au Magistrat droit & aisé, le Fanatique au Citoyen, le Jésuite au Français, le rebut de la Nation, à ses Juges avoués; le défaut de sentimens & de ressources, la disposition à tout faire ont été les seules qualités de préférence & de choix.

La passion est l'ame de ces opérations, la violence en est le moyen, toutes les passions y sont appellées en aide.

Ainsi on a soulevé l'inférieur contre le supérieur, ranimé le ressentiment du coupable contre son ancien Juge, divisé les familles, mis aux mains les parens, excité la cupidité, réveillé l'ambition, flatté l'indépendance; & toutes ces ames, agitées des plus funestes passions, ont été les Juges choisis & substitués.

Faut-il nommer les le Prêtre de Chateaugiron, Bourdonnaye de la Bretesche, Bellaunay, Nicolaï, Baumont, Vergès, St. Michel, Bourdonnaye de Blossac, Villeneuve, Moreau?

Ce sont cependant ces gens-là que Louis XV, *occupé sans cesse du bien de ses Peuples*, substitue aux Maleserbes, d'Ormesson, Pelletier, de St. Fargeau, de Gars, de Montblin, Clément, Gilbert, Negre, le Camus-de-Néville, de Miromesnil, du Fossé, d'Ecaquelon, de Bertrandy, Dupaty, &c. &c. &c.

On a vu un pere (de Viarme) prendre dans un Tribunal la place de deux de ses fils exilés; l'on veut anéantir l'honneur, ce sentiment précieux des Français, en mettant à leur tête des Gens déshonorés & déshonorans.

Il n'est point d'intrigues, d'excès & d'horreurs qui n'aient été mis en usage pour présenter l'apparence du succès; & si l'envoi du fatal lacet n'a pas encore été aux Citoyens trop honnêtes un ordre de s'étrangler, plus de deux mille quatre cent lettres de cachet distribuées au Parlement de Paris, à la Cour des Aides, au

Grand Conseil, au Châtelet, à Besançon, à Douay, à Toulouse, à Bordeaux, à Rouen, ont tour-à-tour été des injonctions subites aux Magistrats de dire *oui* ou *non*, de se rassembler & de ne délibérer sur rien; d'agir contre leur conscience, ou d'être opprimés, de rester aux arrêts, de ne voir personne, de s'éloigner de leur patrie, de leurs parens, de leurs amis, de leurs affaires, & d'aller en exil dans les lieux les plus dépourvus des commodités de la vie.

Si elle est un fardeau pénible sans la liberté, la privation de celle-ci, & de tout ce qui console dans le monde, est donc un sort plus cruel que la mort.

Il n'y a rien d'exagéré dans ces détails, chaque jour les augmente, & nous venons d'éprouver ce cruel sort: l'exemple des autres nous l'avoit annoncé; mais nous avons des droits à faire valoir & des garans à invoquer.

Il ne faut pas douter qu'il se trouve parmi nous des traîtres, des ambitieux, des frippons; déja Fontette, Intendant de Caen, digne de sa place, s'est déclaré depuis long-temps le Colonel de la Troupe & l'Enrôleur d'une Milice Provinciale; il s'est vanté d'avoir envoyé vingt-neuf signatures au Chancelier, quoiqu'il ait essuyé de cruels refus. Mais il n'est pas difficile sur le choix. (a)

Voilà les nouveaux Juges préparés dans le secret aux trois Ordres de la Province. Un Conseil Supérieur à Bayeux, sous les yeux de l'Evêque, jadis décrété par la Cour; & près du Marquisat de Tilly, séjour de l'Intendant, va être le Tribunal d'une partie de la Province & de la meilleure portion de la Noblesse.

[a] *Duchatel jadis poursuivi & justement mulcté par le Parlement de Rouen. Radulph, maintes fois réprimé pour sa rapacité, & qui tout à la fois fourbe, méchant & avare, a jusqu'à présent juré qu'il n'entreroit point dans le Conseil Supérieur, déclaré qu'il n'y avoit que des Coquins qui s'y présenteroient, tandis qu'en secret il se faisoit donner une gratification de cent louis, assurer deux mille livres de gages, & délivrer par le Chancelier des lettres de compatibilité de l'Office de Lieutenant de Police, de Subdélégué de Caen, & de Procureur Général du Conseil de Bayeux. . . . .*

La Londe Sainte Croix qui s'est fait expédier une lettre de cachet, pour être Conseiller dans la Troupe, &c.

La Haute-Normandie eſt réunie proviſoirement au Reſſort de Paris, quoiqu'en Avril le Roi y ait établi des Conſeils, parce qu'il étoit trop étendu.

Mais le regne des contradictions eſt l'effet de celui des paſſions.

Il s'agit donc d'examiner ces projets modernes à la lumiere de nos Titres anciens.

Les Princes dans leurs Proteſtations mémorables ont décidé, au nom de tous les Ordres, la queſtion dans ſon principe, en déclarant que le Roi n'avoit *la puiſſance de donner l'Edit de Décembre 1770.* Tout ce qui s'eſt exécuté depuis cet Edit en eſt la conſéquence: il établit le Vouloir pour Loi unique; les ſuppreſſions, caſſations, deſtitutions, exils, empriſonnemens poſtérieurs n'ont eu que cette regle & ce motif. *Sit pro ratione voluntas.*

Nous devons donc conclure que les Actes paſſés & futurs ſont nuls par le défaut de pouvoir de leur Auteur. Les Princes nous ont tracé nos défenſes: la reconnoiſſance nous dicte de recourir à eux pour en être ſecourus, & l'intérêt perſonnel nous en fait une Loi.

La fin du bouleverſement actuel eſt évidente, c'eſt d'impoſer à diſcrétion & ſans difficultés les Peuples; c'eſt de rendre (comme le diſoit un ouvrage protégé par le Gouvernement) le Roi *Copropriétaire* des biens des Français, *Ordre naturel des ſociétés politiques*: c'eſt de lui attribuer la part du Lion: c'eſt de détruire tout obſtacle à ſes volontés, quelles qu'elles ſoient: c'eſt de lui aſſurer le facile pouvoir de deſtituer & d'anéantir le Magiſtrat qui oſeroit renouveller des Remontrances fatigantes, après la manifeſtation de la volonté abſolue.

C'eſt de transporter dans la main du Deſpote la puiſſance indéfinie que le Général Jéſuite poſſede: c'eſt en conſéquence de nous transformer en bâtons mobiles à ſon gré, en être paſſifs, & par la plus profonde des intrigues, s'approprier le Régime Jéſuitique, après l'avoir fait proſcrire par les Miniſtres de la Juſtice.

Or, ſi la conſtitution Françaiſe a exigé la diſſolution de l'Empire des Solipſes, la Conſtitution Normande s'oppose à jamais à l'établissement du Gouvernement Despotique.

Les Rois, nos Ducs, ont signé, promis & juré qu'ils *ne pourroient & ne devoient* imposer sur les Peuples de Normandie aucune Taille, Capitation, Subvention, Exaction quelconque, *sans le consentement des trois Etats* : NEC POSSIMUS NEC DEBEAMUS *exigere Taillas, Subventiones... nisi* PER CONVENTIONEM TRIUM STATUUM PROVINCIÆ.

Etablir le pouvoir contraire, n'est donc pas simplement déroger à notre Chartre, mais l'anéantir, & dissoudre les liens réciproques dont elle est le fondement. Les Rois ne peuvent ni ne doivent agir autrement : l'Edit de Décembre qui déclare, Art 3, qu'ils pourront & devront, est donc l'infraction publique de notre *Pacte*, & le Roi n'a ni le pouvoir de nous faire exécuter son Edit, ni le droit d'en exiger l'acceptation. Le reste s'ensuit.

La perception passée & présente des impôts établis sans la convocation requise, est un argument de plus, loin d'être une objection contre.

Elle n'a été faite qu'après la vérification & la délibération du Parlement, revêtu des pouvoirs & *prééminences* (*Edit de 1499*) de notre Echiquier, & différe seulement par le nom.

La Loi de France, le vœu des Etats sont que, quand ceux-ci ne sont pas assemblés, les Parlemens des Provinces soient des *Etats en raccourci*, & en exercent l'autorité : ainsi la vérification libre de notre Echiquier a suppléé légalement le consentement des Etats de la Province, & il seroit absurde d'opposer un défaut de consentement général que l'usurpation & la violence seules ont empêché.

Mais les Rois ne peuvent pas plus prescrire contre la Nation, qu'un Mandataire contre son Commettant; ils invoquent l'impuissance de la prescription à leur égard ; à plus forte raison la Nation vis-à-vis d'eux a-t-elle les mêmes droits ; car le privilege des Rois n'est fondé que sur l'autorité de la Nation qu'ils exercent, & n'a pour objet que son bonheur.

Louis XV ne doit donc pas ôter au Parlement, notre Echiquier, le droit de vérification libre, sans donner aux trois Ordres de la Province, l'intérêt, le droit & l'occasion de s'assembler, pour prendre les délibérations qu'aucun Corps n'exerceroit plus en leur nom.

Il n'est pas permis de croire sans doute qu'ils consentent, par une foiblesse peu digne de leur origine & de leur réputation, à l'anéantissement de notre Charte, à l'usurpation entiere de nos droits de sûreté, liberté & propriété, à l'esclavage, pour tout dire en un mot.

Si la vérification du Parlement n'a été qu'un supplément abusif au consentement des Etats, l'intérêt de rétablir l'usage légitime est plus pressant encore, lorsque l'on dissipe ce qui ne servoit même qu'à faire illusion.

La réclamation des trois Ordres, jusqu'ici si avilis par l'autorité, n'en sera pas moins bien fondée à l'égard du Parlement.

La seconde disposition de notre Charte est que les Usages, les Franchises & la *Coutume* du Pays ne soient jamais changés.

Les Conquérans justes ont toujours regardé comme un devoir de promettre & tenir cet article aux vaincus qui en faisoient une clause de capitulation. Il est pour nous une convention sinallagmatique, qui tient, comme le reste à l'essence du contrat, & qui seroit comme lui dissoute, s'il étoit possible que la réunion au Ressort de Paris d'une partie de la Normandie ne fût pas révoquée.

L'Edit de Décembre établit le pouvoir de tout oser. Le Discours du Chancelier aux Maîtres des Requêtes, le 23 Février 1771, annonce qu'ils sont *destinés à rapprocher toutes les Ordonnances, à en faire un tout, & à réunir, autant qu'il sera possible, la France sous l'Empire des mêmes Loix.*

Projet Jésuitique, fou & extravagant, mais toujours annoncé ; ainsi on ne peut pas douter de celui d'anéantir les Loix locales, la Coutume de notre Province, nos Usages & Libertés, & d'enfreindre, dans son point essentiel, notre Loi fondamentale.

La réunion du Reſſort n'eſt qu'un moyen d'y parvenir, *en confondant les Sujets pour faire diſparoître les différents droits.*

D'ailleurs, quels ſeront les Juges de Normandie à Paris ? On en peut juger par les établiſſemens faits. Seront-ce des Magiſtrats de l'Echiquier actuel, obligés, par la Charte & leur ſerment, de s'oppoſer à toutes les infractions ? Deviendroient-ils à la fois parjures & infames, après avoir déclaré qu'ils regarderoient tels les Intrus des autres Provinces ?

Seront-ce les Avocats de Normandie qui abandonneront leurs établiſſemens, leurs familles, leurs biens, leurs amis, leur patrie, pour aller dans la Capitale ſervir de jouet aux Citoyens & aux Etrangers.

Ce ſeront donc des Recrues faites au hazard dans les Châteaux forts, à *Bicêtre* ou ailleurs, qui ſeront établis Juges d'une Coutume qu'ils ignoreront. Ah! quelle injure à la Nation que l'on ſuppoſe aſſez ſtupide pour adopter une telle maſcarade, & trop lâche pour s'en plaindre ! Mais en même-tems c'eſt un merveilleux moyen de changer inſenſiblement les Loix Normandes que l'ignorance interprétera, violera, confondra ſans crainte, & détruira par ſa Juriſprudence aveugle.

Plus de moyens d'en obtenir juſtice ; toute protection eſt accordée aux Juges qui ſe ſont prêtés aux projets : le principe réfléchi du *Chancelier-Roi* eſt de n'admettre preſque point de pourvois, & de s'embarraſſer plus du jugement des procès que de leur bien jugé.

L'Ordonnance alors ſur les moyens de pourvoi eſt une de celles qui entrera dans la réforme confiée aux ſavans & ſtudieux Maîtres des Requêtes.

Ce n'eſt pas la ſeule infraction de notre Pacte qui réſulte de la réunion de la Haute-Normandie au Reſſort de Paris.

Le démembrement ſeul de l'Echiquier partagé ſoit à Paris, ſoit à Bayeux, eſt un anéantiſſement formel de ce Tribunal ſacré ; & c'eſt ici que toute la puiſſance des Rois de France doit être inſuffiſante.

Nous ne tenons point d'eux notre Echiquier : il a fait partie de notre Conſtitution, dont Philippe le Bel a signé le maintien, dont Louis Hutin, Charles VII, Charles VIII ont juré la conservation ; l'analyse s'en trouve dans la protestation de nos Magistrats. Les Rois ont tenté mille moyens de dissiper sa forme ; ils l'ont rendu sédentaire ; ils ont changé son nom, en confirmant ses droits & prééminences ; ils y ont créé des Offices, attribué des Gages : il est toujours demeuré Echiquier, successeur direct de l'Echiquier établi par le Duc Raoul.

Son essence est d'être Juge de toutes *les Causes du* DUCHÉ, d'avoir pour Ressortissans les sept *grands Bailliages du Duché*, dont les Juges ont juré sur les Evangiles de reconnoître perpétuellement la Cour Souveraine du Duché, & de s'opposer à toute autre ; par conséquent il cesseroit d'être, s'il étoit démembré, il n'y auroit plus de Tribunal National ; le dépôt des Titres & des Droits de la Province seroit anéanti. Que dis-je anéanti ! On annonce, on ordonne que les Titres de la Province, que les Titres des Familles, que les Archives de la Normandie seront transportées à Paris, c'est-à-dire, livrées à cette Troupe de Gens sans foi & sans honneur qui représentent le Parlement dispersé, à ce Joly-de-Fleury, se disant Procureur-Général, & indigne aux yeux même du Chancelier. On nous traite donc comme un Pays conquis, on ne nous promet que protection & bienfaits. . . .

Par la réunion d'une portion à Paris, on tend à diviser le Duché qui est un, à désunir la Nation Normande, à dissiper le souvenir de son nom, comme les traces de ses Mœurs, Coutumes & Franchises, à introduire dans son sein l'esprit étranger, d'indifférence & d'égoïsme ; on pourroit dire d'elle qu'elle n'existe plus. C'est la différence des Origines, des Coutumes & des Tribunaux qui forme la division des Provinces & des Nations.

Par le maintien de ces bornes immuables, l'esprit patriotique se perpétue comme les mœurs & la mémoire des hauts faits ; c'est l'esprit du Corps, sans lequel tout est dissolution & impuissance.

L'établissement d'un Conseil à Bayeux consomme l'anéantissement du Contrat & des Droits de tous les Ordres.

Plus d'Echiquier pour être le dépositaire & le conservateur des Coutumes & Franchises ; plus de Cour Souveraine ou Nationale ; plus de Corps intermédiaire & Représentant ; plus de Privilege de la Noblesse & du Clergé d'être jugés au Criminel par la Grand'Chambre assemblée : une portion en auroit encore une sorte d'exercice ; l'autre seroit abandonnée à ces Juges dont nous avons fait l'énumération ci-dessus. Plus de droit de tous les Ordres de *n'être ajournés pour les Causes du Duché* devant autres Juges que ceux du Duché : enfin plus de stabilité en aucun genre.

L'autorité qui ose, au mépris des Ordonnances, des Sermens, & de ses propres Promesses, casser, destituer, anéantir les Pactes & les Etablissemens les plus autorisés, peut ensuite enlever les biens & faire perdre la vie, comme elle enleve la liberté : elle ne respecte plus rien. Les Militaires ont l'exemple du Marquis de Champinelle, destitué sans le savoir ; les Nations ont celui de l'Ordre de Malte, menacé dans ses Membres & ses biens par le Chancelier même assez indiscret pour s'en vanter.

Il est manifeste que puisque les Loix ne sont plus des sauve-gardes, & qu'il n'y a de regle que *l'appétit d'un seul*, nous sommes retombés dans l'anarchie, le droit commun & primitif.

Les Traités sont rompus ; les obligations sont éteintes ; la liberté n'a plus d'autres bornes que les moyens nouveaux à chercher & à choisir, pour en assurer à l'avenir l'exercice.

La Nation seule composée de ses trois Etats, peut délibérer sur les moyens de prévenir tant de maux, ou d'y remédier.

Mais il faut qu'elle s'assemble, elle en a le droit ; sa Charte est formelle ; ses antiques Cahiers en déposent : si elle en a le droit, si le lieu des séances subsiste encore, l'exercice de ce droit ne peut dépendre du caprice de celui qui est intéressé à l'empêcher. La circonstance est *trop évidemment intéressante*, pour que le refus du Roi, notre Duc, de convoquer les Etats, ne soit pas aussi évidemment injuste : mais comme l'injustice d'un ſeul ne peut & ne doit priver de la juſtice une Nation, c'eſt à elle, ſuivant l'ordre & la qualité de ſes Membres à y pourvoir.

Il exiſte encore des Deſcendans de notre premier Baron, le Marquis de Pont-S.-Pierre. Nous avons à la tête de nos propriétaires les premiers Princes du Sang, les plus intéreſſés à mettre à l'abri leurs droits & propriétés, les plus à portée de convoquer les Ordres, & de ſe concilier l'affection générale.

On pourroit ſuivre l'ordre du tableau, c'eſt celui de la Juſtice naturelle & civile.... Quel eſt alors le Militaire, encore aſſez aveugle ſur ſes propres intérêts, qui ſe prêtât à oppoſer les armes à la raiſon, à maſſacrer ſes Princes, ſes Confreres, ſes Concitoyens, pour affermir le Deſpotiſme ? La lumiere a pénétré; notre Chartre impoſe à chacun l'obligation de la réſiſtance, *Prælatis*, *Baronibus*, *Militibus*, *Nobilibus*, *Civibus*, *Juſticiariis*, *Habitatoribus*, *Plebeiiſque*, tous ont droit. On ſait maintenant que l'obéiſſance doit être aveugle contre les ennemis de la Patrie, & qu'elle eſt ſans actions contre des Compatriotes qui réclament légalement leurs droits.

On n'eſt donc plus embarraſſé du ſuccès des délibérations ; les Titres ſont certains, les violations notoires, l'intérêt vigilant, la déciſion facile. L'Angleterre a les yeux ouverts ſur les déterminations des Normands. La Pologne a trouvé des Protecteurs.

C'eſt aux différens Ordres de la Province à s'inſtruire de ſon hiſtoire, des faits de leurs Aïeux, des droits de la Nation, & à choiſir entre l'eſclavage & la liberté, l'anéantiſſement de toutes les Franchiſes, & la conſervation des Droits généraux & particuliers.

La publication de notre Charte, la manifeſtation de nos Droits, l'impreſſion de la Proteſtation de nos Magiſtrats, & des notes importantes qui y ſont jointes, ont alarmé le nouvel Ebroïn. Il a toujours compté ſur ſes efforts, pour étouffer la lumiere & dominer par l'ignorance & la fauſſeté ; le moindre rayon l'offuſque & dérange ſes projets.

Par ſon prétendu Edit de ſuppreſſion de notre Echiquier, il attribue *provisoirement* les Causes de la Haute-Normandie à son Parlement de Paris. Quiconque connoît le génie tortueux de ce Chef de la Justice, a vu dans cette tournure le double dessein de récompenser ses Intrus, & d'encourager ses cent Procureurs affamés par la perspective d'un Ressort plus étendu que celui qu'il avoit circonscrit ; ou s'il étoit obligé de céder aux cris de la Province, de rendre, comme par grace, à la Ville de Rouen & à la Haute-Normandie, un Tribunal d'appel, mais à condition que ce ne seroit qu'un Conseil Supérieur, qui, paroissant accordé aux instances des différens Corps, consolideroit, jusqu'à un certain point, par son établissement, la destruction de la vraie Cour de l'Echiquier & des Droits de la Province, & par un secours apparent & momentané affoibliroit les plaintes contre une injustice éternelle.

L'événement justifie ses conjectures. Quelques Corps de la Ville de Rouen ont réclamé l'utilité du commerce contre l'expression de l'Edit & l'autorité de nos Privileges, contre les atteintes qui y sont portées. Maupeou a vu dans les Edits de 1461 & 1499 l'*impuissance* de son Roi à établir ce qu'il lui avoit fait ordonner, à distraire les Causes du Duché, à les attribuer au Parlement de Paris ; il a modifié son plan. Il est certain que sa derniere idée est d'établir un Conseil soi-disant Supérieur dans la Ville de Rouen, & de l'annoncer comme un acte d'amour de Louis XV envers ses Peuples, & de déférence aux humbles supplications des Corps.

C'est une nouvelle injustice dont il faut sonder la profondeur.

Si nous devons croire que Louis XV est vrai dans ses discours & fidele dans ses promesses, nous avons, contre les opérations de son Chancelier, les Titres les plus précis & les plus contradictoires. C'est la Réponse du mois de Juillet 1768 à la Cour des Aides de Paris.

» JE DOIS transmettre à mes Successeurs mon Etat
» avec la MÊME Constitution qu'il avoit lorsque je l'ai
» reçu.

C'est l'aveu que l'on ne peut trop répéter, que le Roi est *dans l'heureuse impuissance de changer les Institutions fondamentales.*

Quelles sont donc celles de la Normandie ? Quelle est sa Constitution ? Nous les avons analysées plus haut. Un des principaux articles, celui qui suit la convention de ne lever d'impôts qu'après la convocation & l'assemblée des trois Etats, est le maintien *à toujours de la Cour Souveraine de l'Echiquier, dans le Palais de la bonne Ville & Cité de Rouen.... en laquelle Cour seront traitées, discutées & définies* TOUTES *les causes & matieres du Pays en dernier & souverain ressort*, PAR ORDRE DES SIX BAILLIAGES; demeurant *icelle Cour en aussi grand pouvoir & prééminence, sans en rien réserver, qu'étoit par ci-devant l'Echiquier, nonobstant quelconques Ordonnances, Restrictions à ce contraires.* Edit de 1499.

» ... Confirmant, sur la Requête des Gens des » trois Etats, les Privileges & Libertés concédés » par nos Prédécesseurs..... Ordonnant à *tous* nos » *Justiciers*..... qu'ils ne souffrent être fait, mis ou » donné, *en quelque façon* que ce soit, aucun trou» ble, détourbier ni empêchement au contraire, » ains.... *fassent tout incontinent réparer* & remettre » sans délai au premier état & deu «. Edit de 1579.

» .... Ordonnant (disoit un Edit de 1461) *à notre* » *Chancelier* & autres ayant la garde de nos sceaux... » qu'aucunes Lettres ou Impétrations ne soient par » eux données au contraire, &.... donnant en man» dement aux Baillis..... de tenir & faire tenir inviola» blement la présente..... sur peine de grosse amende....

Ainsi, à l'égard du Parlement de la Province, quatre conditions forment des *Institutions fondamentales que le Roi est dans l'impuissance de changer.*

1. Le Parlement doit être conservé *en aussi grand pouvoir & prééminence que l'Echiquier, sans en rien réserver.*

2. Il doit, *comme par ci-devant l'Echiquier*, être Juge souverain de *toutes les causes & matieres du Pays*, & par conséquent *des six Bailliages du Duché par ordre.*

3. Les Baillis & Justiciers du Duché sont tenus, par intérêt & par serment, de s'opposer au renversement de cette institution, & le *Chancelier* lui-même

ne peut y contrevenir, sans se rendre coupable de l'infraction des Ordonnances. Telle est la Loi de Louis XII.

4. Cette Constitution a été formée, confirmée, maintenue du consentement, à la priere & sur la Requête des *Gens des trois Etats*. Elle a donc tous les caracteres d'une Institution fondamentale; vœu des Peuples; sanction du Prince; possession des siecles.

C'est là ce que le Chancelier méprise & viole audacieusement par sa suppression du Parlement; la création de son Conseil de Bayeux; l'attribution provisoire à Paris; & enfin le projet de création d'un Conseil à Rouen. Aux yeux même de la raison, il n'est rien de si absurde qu'une attribution *provisoire* des Causes d'un Pays au Tribunal d'un autre Pays: comme la provision n'est qu'une disposition du moment, il s'ensuit dans l'hypothese, que des causes commencées à Rouen, pourront être portées provisoirement à Paris, & la provision cessant, ces causes intentées en Normandie & liées au Parlement, instruites provisoirement à Paris, prêtes peut-être à y être jugées, seront renvoyées à Rouen au Conseil Supérieur. De même un appel Normand pourra être formé à Paris, & le jugement définitif rendu en Normandie. L'arrangement produit par l'imagination du Chancelier, est tel qu'un même appellant pourroit avoir eu dans la même cause, & sur le même acte d'appel, trois Tribunaux différens en nom, en espece & en nature.

Voilà ce qu'il appelle *faire éclorre, par la bienfaisance du Roi, du plus triste des événemens, un ordre plus heureux; pourvoir aux besoins d'un moment; suivre des vues de sagesse & d'intérêt public dans la suppression du Parlement de Rouen.* Edit de suppression de la Chambre des Comptes de Rouen.

Mais la Nation dit que c'est se moquer d'elle & de son Roi.

La création d'un Conseil à Rouen accroît les violations. Elle est un leurre trop grossier pour en imposer aux Normands; & c'est les insulter, que de les croire capables de s'y laisser prendre.

Son

Son *Institution* fondamentale, est un Echiquier ou Parlement : ce ne doit donc pas être un *Conseil Supérieur.*

Son *Institution* fondamentale, est que les six grands Bailliages du Duché, ressortissent *par ordre* en ce Parlement ou Echiquier. Un Conseil Supérieur qui n'auroit de droits que sur deux ou trois Bailliages, seroit donc une contravention nouvelle aux driots de la Province & aux promesses des Rois, ses Ducs.

Son *Institution* fondamentale, qu'elle partage avec tout le Royaume, est que les Magistrats de son Echiquier soient inamovibles, & ne puissent être destitués que dans le cas de la Loi. Les Magistrats cassés sans motif, exilés sans jugement, sont donc toujours les vrais Juges souverains du Duché, qui ne peuvent être remplacés que par des hommes traîtres & parjures.

Son *Institution* fondamentale, est que nul Impôt soit levé que du consentement donné par les Gens des trois Etats, ou suppléé par la vérification & l'enrégistrement libres dans la Cour Souveraine du Duché, composée de Membres des trois Etats. Un Conseil Supérieur à Rouen, Evreux ou ailleurs, sans autre droit que celui de réformer les Sentences de quelques Baillis, sans voix pour les besoins des Peuples, sans rapport à tout le Duché, sans pouvoir de faire aucunes représentations en aucun temps, & aucune résistance à quelques enrégistremens que ce soit, ne seroit donc pas cette Cour Souveraine qui doit être *en aussi grand pouvoir & prééminence, sans en rien réserver, qu'étoit par ci-devant l'Echiquier.*

Son *Institution* fondamentale, est que tous les Ecclésiastiques & Nobles du Duché aient le droit d'être jugés criminellement par les anciens Magistrats de l'Echiquier. Le renvoi tacite & absolu des Membres de ces Ordres respectables à des Conseils Supérieurs, les dégrade & les injurie, en attaquant encore la propriété de leurs personnes.

Son *Institution* fondamentale, est que le Duché demeure ce qu'il est, parce que les Rois de France n'en sont que Ducs, sous des conditions exprimées. La division de son Ressort, la scission de ses Habitans, l'attribution à Paris de la partie essentielle de la vérification, sont un démembrement du Duché, dont l'unité & l'indivisibilité de sa justice souveraine forment nécessairement le principal droit. Ainsi le Roi qui déclare n'avoir pas le pouvoir de *changer les Institutions* fondamentales, anéantiroit le Titre de son pouvoir en Normandie, & par une conséquence évidente cesseroit d'être Duc de Normandie, dès qu'au mépris du Contrat qui lui en a transféré la qualité, il décomposeroit ce qu'il ne possède qu'à Titre d'Unité.

Son *Institution* fondamentale enfin, est d'être établie par les Gens des trois États, & conséquemment de ne pouvoir être altérée que de leur consentement. Elle est de survivre à toute atteinte, d'annuller d'avance tout ce qui pourroit être fait à son préjudice, parce que les Etats & les Ducs prévoyant les événemens actuels, ont arrêté qu'ils *révoquoient & vouloient être regardées, comme non faites & non accordées, toutes choses au contraire; usurpées* soit par usage, concession, *commandement ou Ordonnance*.... (Edit de 1380,) parce qu'ils ont chargé les Gens tenans la Cour de Parlement & tous autres..... de faire incontinent réparer & remettre sans délai les choses au premier état & dû. (Edit de 1579.)

Quand les Maire & Echevins de la Ville de Rouen, la Cour des Comptes, la Chambre du Commerce ont adressé leurs représentations au Roi, ils ont réclamé ces droits & usages, & non d'autres. Ils ont exposé l'inquiétude des Citoyens, dont les propriétés ne sont plus certaines, depuis l'infraction du Titre National qui les garantissoit toutes; & leur réclamation, par sa nature & par ses circonstances, est une protestation formelle contre les violences dont nous sommes les témoins & l'objet, contre l'exil de deux cens Magistrats, nos Concitoyens, nos Juges, nos Parens, nos Amis, à qui on ne peut imputer qu'une soumission aveugle aux Lettres de Cachet, tandis que toutes les Ordonnances, qu'ils ont juré d'obſerver, leur défendent d'y avoir égard. (*b*)

Ce ſeroit donc ajouter la dériſion & la mauvaiſe foi au violement de tous les Droits, que de nous faire le funeſte préſent d'un Conſeil Supérieur à Rouen, ou même ailleurs, & de l'annoncer comme le vœu des Corps. Joindre l'inſulte à l'attaque, l'ironie à l'oppreſſion, eſt porter les malheurs aux dernieres extrémités.

Oſerions-nous croire qu'il ſe trouvât des Partiſans d'un tel projet, & des Membres pour le réaliſer ? Il eſt vrai que le Public, qui dans cette circonſtance apprécie merveilleuſement les Gens d'honneur, a déſigné des Sujets qu'il croit capables de cette infamie, par la conduite qu'ils ont tenue dans leurs anciens Corps, & les intrigues ſecrettes qui les décélent : mais j'attends que le rideau ſe tire pour les peindre au naturel; mes couleurs ſont broyées, & la Province obtiendra peut-être de leur amour propre ce qu'elle ne peut eſpérer de leur conſcience.

La Nation ne ſera pas toujours le jouet d'un ſeul Miniſtre; jamais ſes impoſtures envers elle & ſon Roi n'ont été ſi manifeſtes que dans ſes opérations contre nous. Louis XV *doit tranſmettre ſon Etat à ſes Succeſſeurs avec la même Conſtitution qu'il avoit lorſqu'il l'a reçu;* & le Chancelier détruit en ſon nom les Corps Nationaux, les Contrats des Provinces, la liberté des Magiſtrats, & y emploie le menſonge, la ſéduction & les armes.

Louis XV ſe reconnoît dans *l'heureuſe impuiſſance de changer les Inſtitutions* fondamentales; & le Chancelier, au nom du Roi, avec quelques phraſes, 600 lettres de cachet, 2000 ſoldats prêts à marcher, un Intendant téméraire, un Duc intrépide en paix, bou-

[*b*] *Il eſt vraiſemblable que chacun de ces Magiſtrats, ſe conformant aux Maximes que tous ont invoquées en faveur de leurs Confreres de Bretagne, adreſſera, du fond de ſon exil, & réitérera ſes inſtances au Roi, pour avoir juſtice d'un exil qui ſuppoſe un délit, & demander une juſtification reguliere ou une punition légale aux termes des Loix, ſelon leſquelles & par leſquelles ce Prince veut regner.*

leverse la Constitution d'une Province, rompt son Contrat d'Union, sans s'embarrasser des suites, attente à ses droits, disperse à main armée ses Juges, anéantit le Tribunal plus ancien que la Race regnante, dépouille la Province du droit de vérification des Impôts dans son Echiquier, sans lui rendre celui du consentement dans ses Etats; enleve aux Ordres du Clergé & de la Noblesse une portion de leurs Privileges, en attendant la destruction des autres, l'imposition à la taille, &c.; annonce une Justice gratuite aux Peuples, & double & multiplie les droits de Greffe & de procédures par son Edit du mois de Juin 1771, qui taxe à 40 sols ce qui étoit à 20 sols, 15 sols ce qui en coûtoit 5, 12 livres, ce qui se payoit 6 livres; qui nous fixe des droits considérables de *vin de Messager*, *de vin d'instances*, de droits de Secretaire, &c., que nous ignorions jusqu'à présent; enfin, qui au sein de tant de contradictions, fait déclarer au Roi qui n'est occupé que de montrer à ses Peuples qu'il les aime, qu'il veut les rendre heureux..... qu'il est conduit par des *vues de bienfaisance & d'intérêt public*.

La Nation est moins indignée des injures qui lui sont personnelles, que de celles faites à son Roi par des inconséquences aussi monstrueuses.

Notre ressource est dans notre Charte & dans ses garans; tous les Ordres le sont, Prélats, Nobles, Militaires, Justiciers, Habitans, & il est essentiel de remarquer que dans l'Edit de suppression du Parlement, on n'a osé y exprimer la dérogation à ce Contrat fondamental qui est de style rigoureux dans tous les Lettres Royaux qui nous concernent.

La Charte aux Normands est donc dans toute sa valeur, & depuis des siecles, c'est peut-être la premiere fois qu'elle soit tout ensemble & si violée & si valide.

L'abus de la dérogation nécessiteroit le recours; mais le défaut même de cette dérogation expresse autorise formellement l'opposition de la Nation Normande à l'exécution des Edits qui violent ses Libertés, Usages & Franchises.

Le premier moyen est de s'adresser au Roi lui même.

& en éclairant sa Religion trompée, de solliciter & obtenir le rétablissement de l'ordre ancien & la confirmation de nos Droits. Tous les Corps ensemble ou séparément peuvent former cette opposition légale; tous sont, par la Charte, dans l'obligation de le faire.

Le second moyen, si le Roi est inabordable pour ses Peuples, est celui que nous avons désigné précédemment, la convocation des Etats sous l'autorité du Roi & par l'entremise des Princes. C'est vraiment l'unique moyen d'allier le respect à la fermeté, l'attachement aux Loix & au Souverain, & de former ce tribunal d'hommage, de zele & d'amour sans lequel les Rois n'ont que l'ombre de la Royauté.

FIN.

ESSAI HISTORIQUE

Sur les droits de la Province de Normandie, suivi de Réflexions sur son état.

PREMIERE PARTIE.

I. *Etablissement du Duc Raoul dans la Neustrie.*

IL est aisé d'établir nos Privileges: l'histoire en fournit les premieres preuves. Elle est un des monumens de notre courage & de notre fidélité, elle est aussi le plus ancien dépôt de notre droit public & de nos prérogatives.

Les longues & pénibles guerres de Charlemagne contre les Saxons qu'il eut tant de peine à *soumettre* à sa puissance & à la foi dans le neuvieme siecle, avoient excité la jalousie politique des Rois du Nord : le fameux Prince de Saxe, que les annales du monde donnent pour tige à quelques Maisons Souveraines d'Allemagne, & auquel plusieurs de nos Historiens rapportent la glorieuse origine de nos Monarques actuels, Witekind, avoit été plusieurs fois après ses défaites chercher un asyle & des secours chez le Roi de Danemark son parent. Après avoir lutté long-temps & donné les preuves de la plus haute vaillance, il céda enfin aux attraits puissans du Christianisme, & autant aux vertus qu'aux armes de Charlemagne ; une conférence entr'eux acheva de gagner ce généreux Prince à Charlemagne, & le rendit son allié & son ami ; union qui fut toujours constante. (c)

Mais les peuples du Nord, animés par le desir de venger le Paganisme qui les flattoit & les défaites qu'ils avoient essuyées (d), se mirent dans l'habitude, dès le temps de Charlemagne & sous ses successeurs, de venir faire des courses dans la France. L'Histoire a marqué leurs progrès par leurs ravages.

Un dernier Chef s'étoit signalé par dessus les autres ; un de nos Rois l'avoit arrêté en lui donnant le Comté de Chartres ; Hastings jouissoit encore de ce Comté lorsque Raoul, fils d'un Prince Souverain du Nord, obligé de céder à la force, & d'abandonner son patrimoine, vint avec une nombreuse armée parcourir successivement l'Angleterre & la France, à dessein d'y conquérir un établissement nécessaire. (e)

(c) Mézeray, Abrégé Chron. sur l'année 785.

(d) Mézeray & M. le P. Haynault, aux années 800, 807, 840, 56, 53, 80, 82 & 91.

(e) Voyez sur ces faits & les établissemens de Raoul dans le Recueil des Anciens Historiens de Normandie par Duchesne, Dudon, Doyen de S. Quentin, qui a écrit par l'ordre & sous les yeux des deux Ducs Richard, petit-fils & arriere petit-fils de Raoul ; ils l'employerent dans leurs plus grandes affaires, & ils donnerent à son Chapitre, à sa considération, plusieurs biens dont ce Chapitre jouit encore dans la Province. Daniel ne cesse de citer Dudon dans tout ce qu'il dit de Raoul sous le regne de Charles le Simple.

Dans le nombre des Provinces du Royaume où il porta ses armes, la Neustrie depuis long-temps dévastée & presque déserte, avoit été sa premiere conquête; il s'étoit rendu maître de Rouen qu'il avoit reçu à composition, & qu'il avoit maintenu dans sa Religion & dans ses droits; il s'étoit emparé de Bayeux & du pays qui en dépendoit; il étoit maître aussi de plusieurs autres places; il ne cessoit de s'occuper du soin de porter plus loin ses conquêtes.

Charles le Simple regnoit en France. La bravoure & les succès de Raoul l'embarrasserent.

Robert, Comte de Paris, Duc des Français, fils de Robert le Fort, qui avoit réuni les mêmes titres, & pere de Hugues le Grand auquel il les transmit, reconnut des vertus dans Raoul. Ce n'étoit pas à prix d'argent qu'on pouvoit acquérir la paix avec ce Guerrier. Il lui falloit un nouvel Etat.

Robert, l'appui du Trône, que son frere Eudes Comte d'Anjou venoit d'occuper, & sur lequel ses vertus lui donnoient des espérances (*f*), ne trouva pas de plus sûr moyen de garantir le Royaume des nouvelles incursions des Normands & des autres Nations accoutumées aux mêmes courses, que d'accorder la Neustrie à Raoul qui l'avoit conquise; ce Prince, aussi sage que vaillant, étoit en état de la repeupler de ses troupes, & d'y former pour la France une barriere capable d'en imposer à de nouveaux ennemis, il devoit par-là contribuer au bien commun de l'Etat.

Il ne restoit à Raoul qu'un titre légitime pour jouir en paix de sa conquête; Franques, Archevêque de Rouen, qui avoit acquis sa confiance, fut le médiateur qu'on employa, il le gagna tout ensemble à la foi & à la paix, il l'engagea à se contenter de la Neustrie, & à abandonner toutes ses autres conquêtes; mais la Province inculte depuis nombre d'années, ne pou-

(*f*) Il l'occupa en effet dans la suite, mais la mort l'empêcha d'en jouir long-temps; après lui Raoul Duc de Bourgogne son gendre y monta, & Hugues Capet son petit-fils l'a occupé depuis, du vœu des Grands & de toute la Nation, pour le transmettre à ses descendans sans interruption.

vant pas suffire alors ni de long-temps à la subsistance des nouveaux habitans dont il devoit la repeupler, il demanda une autre Province; ne voulant pas de la Flandre à cause de ses marais, on lui proposa la Bretagne qu'il accepta (elle a toujours depuis relevé de la Normandie en arriere fief de la Couronne, tant que les descendans de Raoul ont regné en Normandie) parce qu'on lui promit en mariage la Princesse Giselle fille du Roi; sa naissance & sa valeur le firent juger digne d'une si haute alliance; il avoit à soumettre une foule de Seigneurs Bretons qui voulurent profiter des troubles du Royaume pour se rendre indépendans & jouir de la Souveraineté chacun dans ses domaines, il les soumit par la voie des armes; ses successeurs les ont forcés à rester soumis, & lors du retour de la Normandie à la Couronne en 1204, la Bretagne a retourné paisible sous la mouvance immédiate de nos Rois.

Par estime pour la personne de Raoul, le Duc Robert desira d'être son parrain & lui donna son nom, alliance qui cimenta leur amitié.

II. *Considérations générales sur l'établissement du Duc Raoul.*

Le droit des Fiefs étoit déja connu en France, on peut rapporter la funeste étude que les Français en ont fait aux victoires & aux succès de Charlemagne sur les Lombards; ce droit bizarre avoit flatté l'ambition des Grands, qui pour se l'approprier avoient profité de la foiblesse de Charles le Chauve & des autres descendans de Charlemagne, ils avoient reçu les Domaines de la Couronne à titre de bénéfice simplement à vie, & les grandes dignités telles que les Duchés, Comtés & autres semblables, comme de simples commissions également à vie; mais les domaines & les dignités étoient devenus héréditaires par le fait dans leur famille.

On est effrayé de voir le peu de domaines & d'autorité qui restoit à nos Rois sur la fin de la seconde race bornée au seul territoire de Reims & de Laon; ils étoient le plus souvent obligés de recevoir la loi de ceux à qui ils auroient dû la donner, ce fut la suite des usurpations des Grands ; s'il en coûta presque tout au Trône, il en coûta aux Peuples leur liberté ; tout devint serf ou esclave, abus énorme que nos Rois de la troisieme race ont heureusement fait cesser dans la suite par des moyens lens, mais sages & profonds. Ils ont senti que l'intérêt du Trône est toujours essentiellement lié à la liberté des Peuples, & que du bonheur des Peuples dépend toujours celui du Souverain.

La France étoit alors à peu près dans la confusion où nous voyons aujourd'hui la Pologne, malheureusement restée dans l'anarchie féodale ; la Royauté n'y est pour ainsi dire qu'un vain titre ; les Grands y font la loi ; les Peuples y sont toujours sous un joug de fer. On a remarqué avec raison, que les Rois y ont maladroitement affermi cet abus par des loix destinées en apparence seulement à en régler la forme & les usages ; au lieu que nos Rois Capétiens ne l'ont que tolérée tant qu'ils n'ont pas pu la réduire : Hugues Capet restreignit sagement & habilement le droit d'hérédité des grands Feudataires, lors même qu'il leur en imprima le caractere ; s'il est glorieux à sa mémoire & à celle de ses successeurs d'avoir recouvré le droit du Trône, on leur doit l'hommage encore plus mérité, qu'en même-temps ils ont rendu la liberté à leurs Peuples, en relevant le Trône Français presque renversé, & ont sauvé l'humanité opprimée.

On ne doit pas confondre nos Ducs avec les autres grands Feudataires du Royaume ; Raoul avoit conquis plusieurs Provinces ; en se bornant à la Neustrie, il auroit pu être indépendant ; il accepta de n'être que vassal. Avant lui la Province déserte & ruinée reçut sous sa domination une nouvelle existence ; elle devint peuplée & abondante. Aucunes Nations étrangeres n'ont osé y troubler Raoul ; il a préservé le Royaume de toute attaque de ce côté-là : on ne peut pas réunir plus de titres, ni de plus légitimes ; la Neustrie devoit trop à ses nouveaux maîtres pour ne pas adopter leur nom ; ils lui firent oublier l'ancien en lui faisant oublier ses malheurs ; elle imita les Gaules après la conquête de Clovis; le nom de Normandie qu'elle prit fut un tribut qu'elle paya à leur gloire & à leur bienfaisance.

III. *Partage de la Province par le Duc Raoul & ses précautions pour y établir le bon ordre.*

Le Roi Charles, de l'avis des Grands de son Royaume, & pour satisfaire aux vœux de la Nation qui demandoit la paix, accorda la Province à Raoul sous le titre de Duché, & en toute propriété, sous la réserve seulement d'hommage envers la Couronne. *Terram determinatam in alodo & in feudo.*

Le Duc Raoul étoit donc maître d'en disposer & d'en faire le partage, ainsi qu'il jugeroit à propos.

Après l'auguste cérémonie de son Baptême, sa piété qui ne se démentit jamais, le porta à doter richement les principales Eglises de son Duché, celle de S. Denis eut aussi part à ses largesses. Il régla ensuite le plan du partage des autres terres, entre les Chefs de son armée & ses Officiers, *cœpit metiri terram verbis suis Comitibus atque largiri fidelibus.* Il soumit ce partage à la méthode exacte des mesures. *Illam terram suis fidelibus funiculo divisit.* Delà l'origine de nos Fiefs & la proportion primitive de leur étendue à leur qualité, proportion qui sert encore parmi nous à régler les droits de relief. (*g*)

PREMIERE PRÉCAUTION DE RAOUL.

Assurances qu'il donne à ses nouveaux Sujets.

Les troupes du Duc Raoul n'auroient pas suffi au repeuplement de la Province, il y appella tous les étrangers qui pouvoient avoir envie de s'y établir. Il promit sûreté à tous, promesse qui emportoit l'assurance de la liberté des personnes & de la propriété des biens. Il étoit juste que les étrangers fussent libres & sûrs de leurs propriétés, comme les Normands eux-mêmes,

(*g*) V. les Art. 152 & suiv. de la Coutume de Normandie.

ceux-ci, compagnons des travaux militaires & des succès glorieux du Duc Raoul, n'auroient pas voulu recevoir des fers : les autres sans y être forcés ne feroient pas venus en chercher. *Securitatem omnibus gentibus in suâ terrâ manere cupientibus fecit, universamque in diu desertam reædificavit, atque de suis militibus advenisque gentibus refertam restruxit.*

DEUXIEME PRÉCAUTION.

Loix qu'il publie.

Le Duc Raoul, conquérant & bienfaiteur, sentit la nécessité d'avoir des Loix, il assembla les principaux de la Nation, qui firent avec lui des Loix durables, & un Corps de Droit tel qu'il étoit nécessaire pour maintenir l'ordre & faire regner la paix dans son Duché. *Jura & Leges sempiternas voluntate Principum sancitas & decretas plebi indixit, atque pacificâ conversatione moratè simul coëgit.* Ces Loix & ces Corps de Droit public font partie de celles renfermées dans notre ancien Coutumier; on y trouve les droits du Souverain sur ses Sujets, la maniere dont il doit les gouverner, les devoirs d'alliance & de fidélité dont ils sont tenus envers lui, les réglemens de Police générale, les Loix qui concernent l'état des personnes & leurs propriétés, l'ordre public des Tribunaux & leurs fonctions.

C'est au Duc Raoul qu'on doit rapporter le fond de ces sages institutions, il a été le Législateur de son nouvel Etat. Dudon de Saint Quentin l'assure, son témoignage est décisif; il le confirme dans son éloge du Duc Raoul, par ces deux vers qui développent le texte de son Histoire.

Da Leges Populo, doctis sancitaque jura
Pace fruens Populus, gaudebit tempore cuncto.

Quelques Loix particulieres, mal assorties, ou mal rédigées, n'auroient pas pu assurer pour toujours le bonheur d'un Peuple dès-lors nombreux; les personnes instruites n'y auroient pas trouvé un Corps de Droit public complet ; *doctis sancita jura.*

En 917, lorsque le Duc Raoul assura son Duché à son fils sorti d'une premiere femme, avant son mariage avec la Princesse Giselle, il promit au nom de ce jeune Prince, qu'il gouverneroit suivant les Loix & les Coutumes du Pays. *Legibus & statutis nostris auxiliabitur.*

Si le petit-fils, & l'arriere-petit fils du Duc Raoul, qui ont regné successivement depuis 944 jusques en 1026, & par les ordres desquels Dudon, à la suite de leur Cour, écrivit l'histoire de la fondation de la Normandie, dont la date ne remonte qu'à l'an 912, avoient fait quelque augmentation ou changement notable aux établissemens du Duc Raoul, cet Ecrivain n'auroit pas manqué de leur en faire partager l'éloge. Guillaume le Conquérant, dont le regne Ducal a commencé en 1035, & qui a été le sixieme successeur de Raoul, a porté nos loix en Angleterre, pour les y faire régner : on ne dit pas qu'il en eût fait de nouvelles dans son Duché : delà vient nombre de rapports entre nos anciennes loix & celles d'Angleterre, *traduxit Wielmus è suâ Normaniâ in Angliam patrias leges cum populi Coloniâ. Mathieu Paris. Renat. Chopin, de Doman. Franc. pag.* 337.

Aussi tous nos Historiens ne manquent pas de rapporter le fond primitif de nos loix Normandes au Duc Raoul. Masseville (*h*), après tous les autres, observe que *les beaux réglemens de ce Prince, & son exacte administration de la Justice, firent connoître qu'il étoit très-équitable & très-sage Politique.*

Notre ancien Coutumier paroît n'avoir été rédigé par écrit que depuis 1204, tems auquel notre Province est retournée à la Couronne, sous le Roi Philippe Auguste.

Mais tout fait connoître que ce n'a été que le recueil exact des Loix anciennes de ce Duché ; un intervalle de trois siecles a pu y produire quelque développement, quelque augmentation ou quelque changement dans la

(*h*) Hist. de Norm. tom. prem. Regne du Duc Raoul.

forme ; on ne voit point que le fond ait jamais souffert d'altération.

Peut-être les Loix de Raoul furent-elles écrites ; il se pourroit que depuis Guillaume le Conquérant, qui les a établies en Angleterre, ceux de nos Ducs qui lui ont succédé dans ce Royaume, & qui le plus souvent y résidoient, y auroient transporté le diplôme de nos Loix.

Mais il y a plus d'apparence qu'il n'y en avoit pas de recueil écrit ; on sait que sous la seconde Race de nos Rois, les Seigneurs appellés aux séances des grands Tribunaux, apprenoient les Loix par mémoire ; l'usage des recueils ou des registres n'a commencé que dans le treizieme siecle ; on verra dans un moment des preuves plus positives, que sous nos Ducs nos Coutumes n'étoient point écrites.

Quoi qu'il en soit, celui qui paroît s'être occupé le premier du soin de recueillir nos Loix, ne peut pas s'être trompé, il avoit la tradition pour guide & la notoriété pour appui, l'institution de nos Loix n'étoit pas très reculée, toutes étoient passées en Coutumes qui s'étoient transmises pendant trois siecles, de génération en génération, avec cette universalité de suffrage & d'empire qui caractérise ces sortes de vérités qu'elle accompagne : lorsqu'une génération commence, il reste trop de témoins de celle qui finit, pour que la pureté d'une pareille tradition puisse jamais souffrir aucune atteinte essentielle.

On ne peut pas douter que le Duc Raoul, & les principales personnes de son Etat, qui formerent son Conseil de Législation, emprunterent une partie de leurs Loix du droit primitif des Fiefs ; ils s'accorderent aux vues politiques du Prince, justement jaloux de conserver son autorité & de l'empêcher de se perdre en se divisant, pour passer aux mains des Seigneurs, au détriment de son peuple comme de lui-même ; le mauvais état de la France à ce sujet l'avertissoit assez de la nécessité d'y remédier : il tira une autre partie de ses établissemens des Coutumes du pays, auxquels Raoul eut égard ; on peut en retrouver la trace dans l'égalité du partage entre freres dans la plus grande partie de la

Province, suivant le droit commun de la France, la réduction du droit des sœurs put être l'effet des dispositions d'une Nation habituée aux armes, & alors obligée au service personnel, toutes les fois qu'il y auroit des guerres à soutenir pour la défense du Prince & du pays : les avantages des aînés dans les successions nobles fut la suite du droit des Fiefs, & de l'envie de conserver, autant qu'il se pourroit, les grandes maisons dans leur splendeur. La Coutume particuliere de Caux, pays dont la situation est la plus agréable de la Province, & non la moins fortunée, paroît empruntée du droit originaire des Danois, qui peut-être eurent plus de part que les autres au partage de ce canton ; ce fut là en effet que Bernard le Danois, parent du Duc Raoul, & reconnu pour tige de l'illustre maison d'Harcourt, fut pourvu de la dignité alors importante de Vicomte d'Arques : en donnant presque tout aux aînés, on voulut conserver chaque maison dans son intégrité ; les terres en Caux sont beaucoup moins divisées que dans le reste de la Province.

Les autres Loix, destinées à régler l'ordre public, l'état & la propriété de chacun, prouvent l'attention & la bienfaisance du Législateur ; les circonstances & l'équité furent ses guides.

IIIe PRÉCAUTION DU DUC RAOUL.

Institution de sa Cour d'Echiquier. Forme ancienne de ce Tribunal.

Il n'auroit pas fallu de Loix ni un corps de Droit public, si les peuples n'avoient pas joui de leur liberté naturelle, & s'ils n'avoient pas eu leurs propriétés assurées. Par-tout où l'arbitraire domine, il ne faut pas d'autres Loix que l'arbitraire même : mais partout où il y a liberté personnelle & propriété, il faut des Loix ; & par-tout où il y a des Loix, il faut des Juges & des Tribunaux pour les faire regner ; un Souverain ne pourroit pas seul y pourvoir ; assez d'autres soins attachés à sa dignité suprême l'occupant tout entier pour le bonheur de ses Peuples.

Le Duc Raoul institua l'Echiquier, (*l*) tous les Historiens lui en rapportent l'établissement, la tradition du pays y a toujours été conforme; le style de procéder arrêté en 1525, le prouve par l'énonciation positive que l'Echiquier avoit existé de temps immémorial, *tant du temps précédant l'union & incorporation du pays de Normandie à la Couronne sous le Roi Philippe Auguste, que du temps d'icelle & depuis.*

Son existence dès la naissance de nos loix sous le Duc Raoul, se démontre d'ailleurs par la nécessité dès-lors indispensable qu'il y eût un Tribunal Souverain, pour maintenir l'ordre qu'elles avoient établi, & encore, parce que les personnes dont il étoit composé, & qui avoient le pouvoir de juger, sont de telle qualité, qu'on y reconnoît aisément les principales personnes de la Nation, qui avoient contribué à former les Loix; *Voluntate Principum sancitas & decretas.*

Le chapitre 121 de notre ancien Coutumier, qui nous donne la forme du record des Loix, en nous faisant connoître que nos Loix & les Arrêts ne s'écrivoient point, nous indique les personnes qui pouvoient faire ce record dans ceux qui étoient en la Cour, *si comme le Prince de Normandie, les Archevêques, les Evêques & toutes personnes qui avoient dignité, ou personnage en Eglises Cathédraux, les Abbés, aussi les Prieurs Conventuaux, les Comtes, les Barons & les Chevaliers, & tous les principaux Justiciers, les Sergens de l'épée, & les hommes de grande renommée pour leur bonne vie, pour leur sens & pour leur honnêteté.*

Farin, dans le chapitre 24 de son histoire de Rouen, donne les noms des personnes qui étoient appellées à l'Echiquier, & qui y avoient séance; c'étoient d'abord les Ecclésiastiques de chaque Bailliage, ayant à leur tête l'Archevêque de Rouen & les Evêques de la Province, ensuite les Nobles aussi de chaque Bailliage,

(*l*) Farin. Chapitre 3 de son Histoire de Rouen. Dumoulin, Curé de Menneval. Bourgueville, Antiquités de la ville de Caen.

après quoi on appelloit les principaux Justiciers, & aussi tous les Avocats & les Procureurs de Normandie, qui devoient, dit-il, comparance à l'Echiquier, *pour recorder de l'usance & du style de la Coutume de Normandie; car pour lors*, ajoute-t-il, *il n'y avoit aucune Coutume d'écrite.*

Le même Historien, dans le chapitre suivant, donne l'extrait des Echiquiers tenus en Normandie depuis l'année 1317 jusqu'en 1497; on y trouve des personnes étrangeres à la Province; c'étoient des Commissaires de nos Rois, qui les nommoient pour y présider, parce que leur absence de la Province les empêchoit d'y présider eux-mêmes. On y voit à la suite les noms des Ecclésiastiques & des Nobles, ainsi que des Juges de la Province, indépendamment des Avocats qui s'y trouvoient pour expliquer les usages & la forme de procéder quand ils en étoient requis; devoir qui leur fut encore imposé par une Ordonnance de l'Echiquier, rapportée à la suite de l'ancien Coutumier.

C'étoit un secours toujours actuel dans les Echiquiers, tant pour les Commissaires du Roi, étrangers à la Province, que pour les autres personnes de la Province même qui devoient s'y trouver & y prendre séance.

Nous remarquerons dans la suite le changement de forme de notre Echiquier à Rouen en 1499, sans que ses droits ni ceux de la Province en aient souffert aucune diminution.

IVe PRÉCAUTION DU DUC RAOUL.

Droit qu'il accorde à l'Echiquier, & devoirs qu'il lui impose en réglant ceux du Prince & ceux de tous ses Sujets indistinctement.

Ce Tribunal formoit la Cour pléniere du Prince; on y trouve beaucoup de ressemblance avec le Parlement Français tel qu'il étoit alors constitué : on ne manquera pas de marquer une différence importante qu'il y mit par rapport au droit de Ressort qu'il se

conserva

conserva & à son Echiquier, sur les Seigneurs & sur les Juges.

Raoul n'eut garde de vouloir qu'il y eut d'ailleurs aucun rapport entre ces deux Tribunaux, ni pour l'autorité, ni même pour le nom. L'Echiquier n'a jamais été soumis au Parlement Français; c'étoit un Tribunal Souverain où la personne du Prince étoit toujours réputée présente, & qui n'avoit aucun autre Tribunal au-dessus de lui.

Voilà ses droits.

Voici ses devoirs.

L'Echiquier avoit les yeux ouverts, comme le Prince, sur tout ce qui se passoit dans le Duché; il y étoit obligé pour garder les droits du Prince, & pour veiller à tout ce qui pouvoit intéresser sa gloire.

Le titre 56 de notre ancien Coutumier en contient une preuve authentique.

» L'on appelle Echiquier, assemblée de Hauts-Justiciers à qui il appartient amender ce que les Baillis » & les autres Membres Justiciers ont méfait & mauvaisement jugé, & rendre droit à ung chacun sans » délay, *aussi comme de la bouche au Prince.*

» Et à garder ses droits & rappeller les choses qui » ont été mises mauvaisement hors de sa main.

» Et à regarder de toutes parts, *aussi comme des* » *yeux au Prince*, toutes les choses qui appartiennent » à la dignité & honnêteté au Prince.

Ainsi l'Echiquier secondoit le Souverain dans trois des principaux objets de la Souveraineté : 1° Il administroit la Justice en dernier ressort à la décharge de sa conscience : 2° Il veilloit à la conservation de son Domaine : 3° Il étoit chargé de regarder de toutes parts *comme des yeux au Prince*, tout ce qui pouvoit intéresser l'honneur de son regne.

Ce n'étoit pas dans l'Echiquier une attribution ou un droit de simple décoration, c'étoit un devoir strict, une Loi précise, une obligation intime.

Il en résultoit nécessairement le devoir de faire au Prince toutes les remontrances que *la dignité & l'honnêteté de son regne* pouvoient exiger.

C'est une vérité dans laquelle on se confirmera de plus en plus, par la lecture des devoirs auxquels le Prince avoit estimé juste & nécessaire de se soumettre, & de ceux qu'il avoit imposé à tous ses Sujets indistinctement, le même recueil les explique tous, au titre 12 *du Duc.* & au tit. 13 *d'alliance.*

» Le Duc de Normandie ou le Prince est celui qui » tient la Seigneurie de toute la Duché, de quoi le » Roi de France *a ores* (*k*) la Seigneurie & la digni- » té, avec les autres honneurs que Dieu lui a donné.

» Et pour ce lui appartient à garder la paix du » pays, & à gouverner le Peuple *par la verge de la* » *Justice*, & finir tous les contents *par loyauté*, & » pour ce doit-il faire enquérir par les Baillis & met- » tre en prison les larrons, &c. si que le Peuple qu'il » a à gouverner puisse être tenu en paix.

» *Le Duc doit avoir l'alliance & la loyauté de tous* » *ses hommes* de toute la contrée ; par quoi ils sont » tenus *à lui donner conseil & aides* de leur propre » corps, *contre toutes personnes*, qui peuvent vivre » & mourir, & soy garder de lui nuire en toutes » choses, ne de soutenir en aucunes choses la partie » de ceux qui parlent contre lui, *& le Duc est tenu* » *de les gouverner*, garantir & défendre, & *les doit* » *mener par les Droits & par les Coutumes du pays.*

On ne doit pas douter que ce dernier titre *d'alliance* regarde tous les Sujets en général, le texte le prouve assez : d'ailleurs le chapitre suivant de l'ancien Coutumier, intitulé, *de féaulté*, a été destiné particuliérement à expliquer les différens devoirs des Seigneurs de Fief envers leur Souverain & ceux dont les Seigneurs & leurs vassaux sont tenus respectivement; on reparlera de ce dernier titre dans la suite.

Preuves de l'authenticité de l'ancien Coutumier.

L'autorité de notre ancien Coutumier est d'autant

(*k*) *Nota.* La Province étoit réunie à la Couronne, lorsque l'ancien Coutumier a été rédigé par écrit.

plus imposante, que lorsqu'il a été rédigé par écrit, la Province étoit déja retournée sous la puissance immédiate de nos Rois, c'est un titre qu'on ne peut pas suspecter.

Froland dans son Recueil d'Arrêts, part. I. chap. III, a prouvé que ce Coutumier a été mis par écrit sous Philippe le Hardi, qu'il a été enrégistré au Parlement de Paris, en la Chambre des Comptes aussi de Paris, où il doit avoir été transcrit dans un registre intitulé : *le Livre de S. Just*, depuis le fol. 46 verso, jusqu'au feuillet 108 verso, lequel livre, dit-il, est estimé très-ancien en la Chambre des Comptes, d'autant qu'il contient les Chartes de Philippe-le-Bel en 1313, ce qui fait présumer que ladite Coutume est de ce temps ou environ.

Le même Auteur prouve ensuite l'authenticité du Coutumier, & que ses dispositions lioient les Peuples. Il en donne pour preuve : » La comparance que les » Avocats devoient aux Echiquiers pour recorder de » l'usance observée dans les choses dont il n'y étoit » pas fait mention; les Ordonnances faites & publiées » dans les Echiquiers, où très-souvent on a fait des » établissemens conformes à ce que le Coutumier con- » tenoit; le style de procéder fait en la Cour de Par- » lement de Rouen en 1515, sous François I[r], où » très-souvent encore on a renouvellé, interprété ou » modifié quelqu'unes de ses dispositions : la glose » qu'on s'est donné le soin d'en faire, les additions » que Guillaume le Roullier a fait à cette glose, le » commentaire que Terrien en a fait depuis, où il en » a proposé cent & cent fois le texte, comme chose » qui portoit avec soi décision; les Arrêts de la Cour » Souveraine de l'Echiquier de Normandie, qui en ont » ordonné l'exécution; la maniere dont tous nos an- » ciens Auteurs en ont parlé, & le respect qu'ils ont » eu pour tout ce qui s'y trouvoit compris; l'usage » que les Prélats, les Barons, les Nobles, & les au- » tres Habitans en ont fait; la Requête que les Etats » présenterent au Roi Charles VI, en 1391, pour en » faire ordonner la réformation, & les Lettres accor-

» dées par Henri III, pour être procédé par les Com-
» missaires nommés par Sa Majesté à cette réforma-
» tion, lesquelles Lettres, avec ce qu'elles contien-
» nent, suffiroient seules pour justifier qu'on l'a per-
» pétuellement regardé comme une Coutume qui avoit
» été rédigée une premiere fois, mais dans laquelle
» il se trouvoit des défauts, des Loix tout-à-fait abro-
» gées, & d'autres qui ne convenoient plus au temps,
» aux mœurs des habitans, à la situation des affaires,
» à l'Etat, & qui pour ces raisons méritoient d'être
» réformés.

On trouvera dans la suite une preuve de plus en faveur de notre ancien Coutumier, ainsi que notre Echiquier, dans la fameuse Charte aux Normands, & dans plusieurs des Lettres Patentes de confirmation de nos Rois.

On ne peut donc pas contredire l'authenticité de notre Loi municipale, & l'ancienneté du Tribunal né avec elle, créé pour en avoir le dépôt & pour la faire exécuter, dépôt & manutention indivisibles, si on ne veut pas la détruire & l'anéantir.

Ve Précaution du Duc Raoul.

Etablissement du Sénéchal de Normandie.

Comme l'Echiquier ne tenoit que deux fois par an, au printems & en automne, & que dans les intervalles il se présentoit des affaires qu'il n'étoit pas possible de retarder, le Duc Raoul institua un Officier supérieur sous le nom de *Sénéchal* du Prince, lequel jugeoit les Causes provisoires, & parcouroit la Province de trois ans en trois ans; il corrigeoit les abus de pouvoir des Officiers inférieurs, il maintenoit la paix & la police du pays, il veilloit à la conservation du Domaine de nos Ducs; on peut voir ses fonctions & ses droits expliqués plus au long au chapitre X de l'ancien Coutumier; il étoit en Normandie ce qu'étoient les Envoyés du Roi dans les autres Provinces, *missi Dominici*.

Il y avoit cette différence que sa Jurisdiction, dans

ses intervalles des Echiquiers, rendoit son institution beaucoup plus utile.

VIe Précaution du Duc Raoul.

Il permet que ses Sujets s'adressent à lui par l'invocation de son nom.

Lorsqu'on étoit grevé par quelque voie de fait dans sa personne ou dans ses biens, on réclamoit le nom du Prince, l'agresseur étoit obligé d'y déférer, les personnes présentes étoient en droit, & même obligées de l'y contraindre : *Damnum injuriamque passus inclamabat & vociferabatur haro aut ha Raoul quasi diceret : si hic adesses Rollo, Dux & Judex omnium justissime, imo ipsâ justitiâ justior, talia tamque iniqua non paterer.* Le droit d'implorer le nom du plus juste de tous les Princes s'est perpétué d'âge en âge ; nous en jouissons encore ; tous nos Ducs, y compris nos Rois, ont toujours respecté cette invocation, sous le nom qui lui est propre de clameur de haro. Delà les dérogations qu'ils y ont fait dans plusieurs Edits ; delà aussi dans les Tribunaux on condamne toujours en amende ou le demandeur, lorsqu'il a abusé du nom du Prince, ou le défendeur qui a forcé l'autre à l'invoquer.

VIIe Précaution du Duc Raoul

En faveur des Vassaux.

Outre la supériorité de Justice que ce sage Législateur s'étoit réservé sur tous les Seigneurs de son Duché, il avoit d'ailleurs pourvu à ce qu'aucun d'eux ne pût exercer de violences sur les personnes de leurs vassaux ; nous en avons la preuve au chapitre XIV de notre ancien Coutumier. Si le vassal étoit convaincu d'avoir usé de force & de maignerise sur son Seigneur, il perdoit son fief ; si le Seigneur tomboit dans cet excès à l'égard du vassal, il perdoit la mouvance, qui passoit au suzerain ; on suit encore la même regle dans la Province ; il n'étoit pas possible de contenir par des moyens plus sûrs la violence des plus *forts* contre les plus foibles ; ni de prendre des mesures plus efficaces pour empêcher les Seigneurs d'abuser de leur pouvoir ; le Prince ou ses Tribunaux, & particuliérement son Echiquier, avoit toujours sur eux une autorité reconnue, & une supériorité qui maintenoit l'équilibre & la paix du pays.

Quatrieme utilité des établissemens du Duc Raoul.

Il falloit nécessairement, cet ordre, le plus parfait qu'on pût alors imaginer, *pour contenir par les armes* seules de la Justice, un Peuple libre, formé de diverses nations, la plupart accoutumés à tous les désordres de la guerre.

On éprouva en Normandie, comme on éprouvera toujours par-tout, ce que peut l'empire des Loix ; tout y ressentit la liberté, tout y respira la soumission, tous les Sujets furent aussi attachés à leur Prince qu'unis entr'eux. La confiance & l'amour le payerent de son zele pour le bonheur public ; le Duc Raoul gouverna heureusement & avec gloire jusqu'en 917, qu'il laissa son Duché à son fils, après avoir *promis pour lui*, qu'il maintiendroit ses loix & ses établissemens, *legibus & statutis nostris auxiliabitur.*

Sous l'empire d'un droit public, aussi propre à maintenir la tranquillité générale & à attacher les peuples à leur Souverain, nos peres ont joui du bonheur bien avant que le reste de la France ait pu se flatter d'en goûter les douceurs.

La seconde Race de nos Rois occupoit toujours le Trône ; le dispensateur des Couronnes n'avoit pas encore fixé celle des Français sur la tête de Hugues Capet ; ce n'a été qu'en 987 qu'il a *donné à la France* cette preuve signalée de sa protection, en inspirant aux Français d'élire ce Prince vertueux, déja leur Duc & Comte de Paris.

Ce seroit un crime de douter de la validité de cette élection ; on peut voir les preuves solides qu'en ont donné Daniel, dans sa préface historique, & Desfevres, dans son inventaire de l'Histoire de France.

Ce fut une faveur insigne de la Providence pour les Français livrés alors à tous les abus du Gouvernement féodal (*l*).

Nos Rois, successeurs de Hugues Capet, ont brisé les fers qui opprimoient la France; c'est au regne de Louis VI, dit le Gros, qui a commencé en 1137, qu'on rapporte les affranchissemens & l'établissement des Communes dans les Villes; il y a plus d'un siecle de là au temps où nos Rois ont forcé les Seigneurs à s'interdire les cas Royaux, & à reconnoître la supériorité de leur Parlement; toutes opérations dont le progrès successif a fait recouvrer aux Français une partie de leur ancienne liberté.

Au lieu que dès le temps du Duc Raoul nôtre Province a été heureuse, le Gouvernement féodal, tel qu'il l'a restreint, n'y a jamais gêné la liberté personnelle, ni la propriété des biens.

Ensorte que notre position, sous nos Ducs, a pu servir de modele à nos Rois de la troisieme Race, leurs alliés & leurs Souverains, pour y amener la France entiere.

Cinquieme preuve d'attachement de nos Ducs à nos Rois de la troisieme Race, jusqu'au temps de Guillaume le Conquérant.

Guillaume Longue-Epée, successeur de Raoul, maintint & confirma les sages établissemens de son pere.

L'Histoire a consigné ses hauts faits d'armes; il ne s'agit ici que de ses vertus politiques; l'histoire en a fait le plus grand éloge, en le qualifiant *homme incomparable en toutes sortes de vertus, digne de la mémoire éternelle de tous les siecles* (*m*).

Son fils, Richard Ier (*n*), attaqué dans son enfance

(*l*) Voyez les Considérations du Marquis d'Argenson, Chapitre V, article 3; il y fait une peinture exacte & frappante de ces abus & des moyens que nos Rois ont employé à les faire cesser.

(*m*) Il a regné de 917 à 942 ou 944.

(*n*) A regné de 944 à 996.

par le Roi Louis d'Outremer, mais affermi dans son Duché par la fidélité de ses Sujets, épousa la fille de Hugues, le grand-pere de Hugues Capet ; son crédit ne contribua pas peu à réunir tous les suffrages des Français en faveur de Hugues Capet, qui fut élu Roi, de leur consentement unanime, en 987. Il obtint de ce Monarque la remise de toutes les Places de l'Artois dont il avoit dépouillé le Comte de Flandres, pour avoir tenté de soutenir les prétentions de Charles de Lorraine au Trône.

Après la mort de Hugues Capet en 998, le Duc Richard II (*o*) fils du précédent, aida de sa personne & de ses troupes le Roi Robert, qui en eut besoin pour réduire sous son obéissance le Duché de Bourgogne, dont on lui disputoit le retour après la mort du Duc Henri son oncle.

L'union des Ducs de Normandie avec les Rois de France, a continué de subsister sous Richard III (*p*) & sous Robert Ier, dit le Libéral, qui donna au Roi Henri Ier (*q*) un asyle dans son Duché, & qui força ses ennemis, les armes à la main, à le reconnoître pour légitime Roi, comme fils ainé de Robert, ce qui a contribué à fixer l'ordre de succéder en faveur des fils ainés de *nos* Rois.

Guillaume II, dit le Conquérant (*r*), fut d'abord obligé de défendre son enfance & son Etat contre ses ennemis qui avoient mis le Roi dans leurs intérêts.

Il forma dans la suite le projet de conquérir l'Angleterre. Il assembla les Etats de son Duché, il les consulta, il leur demanda des secours, ils auroient desiré que, satisfait de sa Couronne Ducale, il n'eût point eu de projet de conquête. La Province avoit été presque épuisée par les guerres défensives qu'il avoit eu à soutenir ; il étoit en paix avec le Roi ; il pouvoit regner glorieusement sans ambition ; les Etats lui refuserent les secours demandés.

Il trouva plus de facilité à gagner la plupart des

(*o*) Il a regné de 996 à 1026. (*p*) Il a regné de 1026 à 1028. (*q*) A regné de 1028 à 1035. (*r*) Il regna de 1035 à 1087

Seigneurs en particulier ; il eût été à desirer pour le bien du Duché & pour la paix du Royaume qu'il eussent tous imité la sagesse des Etats assemblés. Il fit néanmoins glorieusement la conquête de l'Angleterre dont il a transmis la Couronne à ses descendans ; il y a fait regner avec lui nos Loix & notre idiôme, & il y établit un Echiquier semblable à celui de son Duché de Normandie ; les actes judiciaires d'Angleterre ont été rédigés en langue Normande jusqu'en 1362, sous Edouard III, qui rétablit l'usage de la langue Anglaise dans les Tribunaux : nous ne sommes pas pour cela devenus Anglais, de même que nous ne sommes pas devenus Siciliens, quoique plusieurs de nos Gentilshommes Normands aient conquis les Deux-Siciles dans le même siecle avec une bravoure & une intrépidité qui étonneront toujours la postérité, autant qu'elles honoreront leur mémoire & la Nation.

Nous sommes restés ce que nous avions toujours été depuis le Duc Raoul : notre Duché en 1204, n'a fait que changer de Souverain immédiat, sans perdre ni ses Loix, ni ses Privileges, ni son nom.

VI. *Retour de la Normandie à la Couronne en 1204, & confirmation de tous ses Droits par le Roi Philippe Auguste.*

Avant ce changement nous avons donné à nos Ducs tous les témoignages possibles de notre fidélité.

Jean Sans-Terre, contemporain du Roi Philippe Auguste, a été le dernier. L'histoire a tracé les crimes de Jean & son indolence.

La mort d'Artus, son neveu, Duc de Bretagne, assassiné de sa main, ou par ses ordres en Normandie, donna lieu à Philippe Auguste de le citer à sa Cour des Pairs ; Jean n'osa y comparoître, le crime étoit constant, les preuves certaines, la peine écrite dans la Loi des fiefs ; la Cour des Pairs déclara toutes les terres de Jean en deçà de la mer confisquées & acquises à la Couronne.

Philippe s'occupa principalement de la Normandie ;

il joignit à la force des armes celle de la persuasion, toujours beaucoup plus utile & infiniment plus glorieuse; cependant la Ville de Rouen lui opposa une valeureuse résistance; son exemple retenoit encore d'autres Places fortes.

C'est un préjugé bien respectable que celui qui naît du devoir & de la Religion du serment : les habitans de Rouen, Sujets nés de leur Duc, qui ne s'étoit pas défendu à la Cour des Pairs, ne croyoient pas devoir le condamner : il pouvoit avoir des moyens de justification & les faire valoir; la fidélité des Peuples est un trésor pour les Souverains, ingénieuse à se soutenir, & toujours louable, parce qu'elle est toujours d'obligation; les Souverains ne sauroient trop la seconder.

Jean se fit illusion sur ce point important, il négligea la Capitale de son Duché.

Les habitans de Rouen, réduits à leurs propres forces, presqu'épuisés, demanderent au Roi Philippe un délai pour solliciter du secours; il leur accorda ce délai, à condition que si dans l'intervalle ils n'en recevoient pas, ils se rendroient à lui.

Les Députés de la Ville, arrivés à Londres, trouverent Jean occupé au jeu d'échets, foible image de la guerre qu'il négligeoit, quoique nécessaire à la défense de son Duché, il fallut attendre la fin de son jeu; il répondit ensuite avec froideur qu'il ne pouvoit pas donner de secours, & exhorta les habitans à continuer de se bien défendre.

Au retour des Députés les habitans assemblés considérerent que c'étoit trop sacrifier à un Prince si peu soigneux de sa réputation & de ses intérêts en péril; que si la Province, trois siecles auparavant, avoit été désunie de la Couronne, elle y étoit cependant toujours demeurée attachée par le droit de foi & hommage que les Rois de France s'étoient réservé sur ses Ducs, & qu'il étoit bien plus raisonnable de se réunir pour toujours à la Couronne, que de tenir à un Royaume étranger.

Ces puissantes considérations, jointes à l'inertie de Jean, & à son abandon total, déterminerent tous les suffrages.

On porta les clefs de la Ville au Roi Philippe, qui les

reçut, après avoir promis qu'il maintiendroit non-seulement la Ville, mais encore la Province entiere dans ses Loix & Coutumes, & dans ses Franchises & Libertés (*f*).

Nous ignorons si cette capitulation n'existe plus dans nos dépôts ; le tems, les guerres & la résidence des Anglais dans notre Province, dont ils ont été les maîtres depuis 1418 jusqu'en 1450, auroient pu nous faire perdre le traité de 1204 ; mais la Charte aux Normands de 1315 & ses confirmations, prouvent avec certitude que Philippe Auguste a confirmé la Province dans tous ses Droits ; il accorda en 1207 plusieurs Privileges particuliers à la Ville de Rouen.

La Charte aux Normands apprend que les Droits & Privileges de la Province n'ont reçu aucune atteinte depuis Philippe Auguste jusqu'au regne de St. Louis, elle a été destinée à les remettre en vigueur & à les maintenir dans tous les temps.

VII. *Service & fidélité de la Province à nos Rois.*

Les Normands devenus vassaux & sujets immédiats de la Couronne, ont toujours donné les plus fortes preuves de leur fidélité & de leur attachement inviolable à nos Rois ; ils servirent avec distinction le Roi Philippe Auguste contre la multitude d'ennemis qu'il eut le bonheur de vaincre & de dissiper à la celébre journée de Bouvines en 1214, & contre le Roi Jean lui-même, que le Prince Louis, fils de Philippe, força à repasser la Loire avec perte la même année (*t*). L'histoire a conservé les noms d'une quantité de Chevaliers Normands qui se distinguerent dans les deux armées de Philippe. Il n'y avoit alors communément que les ainés des familles nobles qui portassent ce titre : ils étoient obligés, pour le soutenir avec honneur, de mener à l'armée un nombre considérable d'hommes, à la différence des simples Ecuyers qui n'en menoient ordinairement que trois ou quatre chacun.

(*f*) Masseville, Histoire de Normandie, tome 2.
(*t*) Masseville, tome 2.

Henri III, Roi d'Angleterre, fils & successeur de Jean dans ce Royaume, après avoir inutilement demandé la restitution de la Province en 1218 au Roi Philippe Auguste, & en 1223 au Roi Louis VIII, son fils, voulut profiter de la minorité du Roi St. Louis : il envoya en Normandie en 1226 Gaultier, Archevêque d'Yorck, avec plusieurs Seigneurs Anglais, pour tenter la fidélité des habitans ; leurs efforts furent inutiles ; Henri tâcha ensuite d'exciter des troubles dans le Royaume, par le moyen de quelques grands Feudataires ; St. Louis, dont les vertus devançoient les années, après avoir assuré l'Anjou en 1229, vint en Normandie, où du nombre de trois Châteaux, les seuls qui fussent au pouvoir des Anglais ou de leurs Alliés, deux céderent à ses armes, pendant que les Normands, avec un corps de troupes séparé qu'ils formerent d'eux-mêmes, réduisirent le troisieme sous l'obéissance du Roi.

Le Roi d'Angleterre fut obligé de faire sa paix au mois de Septembre 1259 ; il renonça pour lui & ses successeurs à toutes prétentions, entr'autres sur le Duché de Normandie.

Edouard IV, son successeur, y renonça aussi par son Traité d'Amiens, avec le Roi Philippe le Hardi en 1279.

Le Roi Philippe le Bel, qui a regné depuis 1286, jusques en 1314, a rendu sa Cour de Parlement sédentaire à Paris en 1302 ; mais ce n'a été que pour les autres Provinces de France. Notre Echiquier n'a point changé d'état & est toujours resté la seule & unique Cour Souveraine de tout le Duché.

Les Historiens (*u*) ont remarqué sur le Traité de St. Louis, avec Henri III, de l'an 1259, que ce Prince, qui conserva quelques Provinces en France, reconnut la supériorité des Tribunaux du Roi ; & qu'aucun Seigneur n'osa affecter une indépendance, dont un aussi puissant vassal que Henri III ne jouissoit plus dans ses Domaines ; ils ajoutent avec raison que le Roi devint Législateur, & que l'anarchie féodale devoit finir.

Cette remarque ne peut pas regarder la Normandie,

(*u*) L'Abbé de Mabli, & après lui l'Abbé Millot.

où les Ducs avoient toujours conservé, par le moyen de leur Cour d'Echiquier, la même supériorité pour la Justice que pour les Fiefs sur tous les Seigneurs.

Cependant on avoit voulu, depuis le Traité de St. Louis, porter les causes de Normandie au Parlement du Roi par appel de l'Echiquier, avant & depuis que ce Parlement eût été rendu sédentaire à Paris en 1302 par Philippe le Bel.

VIII. *Concession de la Charte aux Normands, en faveur de leurs anciens Droits & Privileges en 1316.*

Ce fut une des raisons pour lesquelles, après la mort de ce Prince en 1314, les trois Etats de Normandie s'assemblerent, & dresserent un cahier de Remontrances, qu'ils présenterent au Roi Louis X, dit le Hutin (*x*), son fils & son successeur.

Il y répondit favorablement dans la même année par une premiere Charte, contenant XIV articles. Mais au mois de Juillet de l'année suivante 1315, il en accorda une seconde datée de Vincennes, beaucoup plus ample que la précédente.

On la trouve en latin & en français dans le Recueil des Ordonnances d'Eusebe de Laurieres, & en latin seulement à la suite du premier tome du Commentaire de Basnage, sur la Coutume de Normandie.

C'est à cette derniere qu'on doit se fixer ; c'est sur elle que sont intervenues les différentes Lettres de confirmation dont nous donnerons l'analyse.

C'est sur le vu de cette Charte de 1315, & non de celle de 1314 qu'est intervenu en faveur de la Province, un Edit pour le droit du tiers & danger, du mois d'Avril 1673 dont nous aurons lieu de parler.

Elle est au Trésor des Chartes avec des Lettres de concession expédiées à Crecy dans le même mois de Juillet 1315, pour en ordonner l'exécution à tous les Juges de Normandie. Basnage a aussi transcrit ces dernieres Lettres ; nous ne donnerons point la teneur en-

(*x*) Voyez Froland, Rec. d'Arr. part. prem. ch. 8.

tiere de la Charte de 1315, on peut y avoir recours aux sources indiquées : nous ne parlerons que des articles qui ont confirmé notre ancien droit Coutumier, alors rédigé par écrit, & notre Cour Souveraine d'Echiquier.

On verra par une disposition de cette Charte, touchant les impôts, combinée avec la Charte de confirmation d'un de nos Rois, que de tout tems, depuis la déposition de nos Ducs, ainsi qu'auparavant sous leur domination, notre Province a joui du droit d'assembler ses Etats.

Le préambule de la Charte contient l'abrégé de la doléance des Etats sur les infractions aux privileges de la Province depuis le regne de S. Louis.

Gravem quærimoniam Prælatorum..... Nobilium &..... Popularium à tempore Beati Ludovici proavi nostri; nos verò ipsorum precibus inclinati qui eisdem & aliis quibuscumque nostris subditis sumus in Justitiâ debitore volentes, eisdem & non immeritò gratiam facere specialem habitâ cum nostro concilio deliberatione solemni.

Le Roi se reconnut obligé d'être juste envers les Normands, comme envers ses autres Sujets.

Il annonce qu'il a examiné leurs cahiers dans son Conseil, & que la délibération a été solemnelle (expression qui indique les premieres, les plus considérables & les plus sages personnes de son Etat, & qu'on fit le plus sérieux examen des droits de la Province.)

En conséquence il accorda vingt-trois articles.

Ceux qui confirment notre Coutume sont remarquables :

1°. Le Roi ne percevra son droit de monéage dans la Province, que conformément aux registres de la Coutume de Normandie : *nisi quatenùs in registro Consuetudinis Normaniæ continetur.*

2°. En matiere de possession d'un an, contre le Roi lui-même, on jugera, suivant la Coutume du Pays, *secundùm Patriæ Consuetudinem.*

3°. Les Seigneurs de fiefs jouiront du droit de varec & choses grevées dans leur territoire, suivant & de la maniere contenue en la Coutume de Normandie, *prout*

In regiſtro Conſuetudinis Normaniæ continetur.

4°. Lorſque le Roi aura réuni à ſon domaine quelque héritage, faute d'hoirs & de paiement de ſes rentes, les héritiers de la ligne dont ces héritages ſont venus, ou à défaut d'héritiers, les Seigneurs des fiefs, auront un an pour les retirer, en obſervant la Coutume du Pays, nonobſtant tout uſage contraire : *ſervatâ in hâc parte Conſuetudine Patriæ inter noſtros ſubditos hactenùs obſervatâ, uſu quocumque contrario nonobſtante.*

De bonis ad Patrimonium noſtrum pertinentibus.

5°. Si le Roi diſpoſe de quelque portion de ſon Domaine par donation, par échange, ou de toute autre maniere, les acquéreurs ne pourront point être traduits ailleurs que devant le Juge du lieu, Sa Majeſté ne voulant abſolument rien changer à la Coutume du Pays, au préjudice de ſes Sujets, *inſuper per præmiſſa aut aliquod præmiſſorum Patriæ Conſuetudinem non intendimus aliquatenùs ergà ſubditos immutare.*

On voit dans ces cinq articles une confirmation bien claire & bien énergique de notre ancien Coutumier, déja enrégiſtré au Tréſor des Chartes & en la Chambre des Comptes de Paris *au livre dit de S. Juſt.*

En ce qui touche notre Echiquier, un des articles de la Charte donne pouvoir au Bailli, ou au Maître des Forêts du Roi, de juger ſur le champ, dans le cours de leurs viſites, des différends qui pourroient ſe préſenter entre Sa Majeſté & ſes Sujets, à moins que les affaires ne demandent plus d'inſtruction; auquel cas ils ſeront obligés de les renvoyer, avec leurs Procès-verbaux, au plus prochain Echiquier de Rouen, où elles ſeront jugées : *niſi aliàs adeò dubium vel obſcurum ſibi occurrat quod ad ſcacarium noſtrum Rothomagenſem hujuſmodi negotium ſit meritò remittendum, quo caſu ille qui ſuper hoc inquiſiverit negotium & in queſtam in proximo tunc ſequenti noſtro ſcacario remittere non poſtponat.*

Par un autre article, Sa Majeſté reconnoît que les Cauſes & Procès du Duché de Normandie, doivent être jugés ſuivant la Coutume de cette Province. En conséquence elle ordonne que dès qu'elles auront été jugées dans son Echiquier *de Rouen*, elles ne pourront plus dorénavant, d'aucunes manieres & par quelles voies que ce soit, se porter au Roi ou à son Parlement de Paris; & Sa Majesté fait défenses d'y adjourner qui que ce soit sur les Causes dudit Duché : *item cùm Causæ Ducatûs Normaniæ secundùm Patriæ Consuetudinem debeant terminari quod ex quo in scacario nostro Rothomagensi fuerint terminatæ vel sententialiter definitæ per quamcumque viam ad nos vel Parlamentum nostrum Parisios de cætero nullatenùs deferantur, nec etiam super Causis dicti Ducatûs ad Parlamentum nostrum aliqui valeant adjornari.*

Voilà certes de la part de Sa Majesté une reconnoissance bien authentique & bien respectable de l'ancien Tribunal de nos Ducs, devenu celui du Roi sous le nom *de son Echiquier de Rouen*; Tribunal unique dans son essence comme dans son pouvoir, un seul Etat du Duché de Normandie, une seule Coutume, celle de la Province, exigent qu'il n'y ait qu'une seule Cour Souveraine pour maintenir les peuples dans l'intégrité de leurs droits & la loi du pays dans toute sa pureté.

Les Lettres de Commission, pour l'exécution de la Charte, furent adressées à tous les Juges & Officiers du Roi dans la Province, avec ordre d'en jurer l'observation; & en cas de contravention de leur part, une amende considérable contre chacun d'eux, payable aux Gens des Comptes du Roi dans son Echiquier de Rouen, *& per juramentum dictam pecuniæ summam volumus teneri solvere nobis seu Gentibus nostris Computorum nostrorum in proximo nostro Rothomagensi scacario post transgressionem.....*

IXe *Confirmation de la Charte aux Normands.* (y)

Quatorze années après la concession de cette Charte, le Roi Philippe de Valois la confirma par Lettres-Pa-

(y) Voyez Basnage sur toutes les Confirmations dont on va parler.

tentes,

tentes, datées à Poissi du mois de Mars 1329 (5); ce Roi y fait l'éloge de l'attachement & de la fidélité des Normands, pour lui & pour ses prédécesseurs. Il expose les dangers qu'ils ont couru, les sacrifices qu'ils ont fait par suite de leur zele pour la prospérité du Trône. *Ad æmulorum namque nostrorum exterminium & ipsius regni præsidium contrà nostros & regni nostri hostes, ipsi potenter insurgunt & exponere volunt liberaliter se & sua pro nostro & regni ejusdem honore, personarum pericula non timentes, rerum etiam dispendiis non vitatis, tanquam ipsius æqui & statûs nostri prosperi servidi zelatores.*

Les Normands peuvent donc se glorifier d'avoir été le soutien du Trône Français, & d'y avoir sacrifié leur sang & leur fortune, de leur propre mouvement, & par un pur effet de leur générosité ; les puissants secours d'hommes & d'argent qu'ils ont volontairement donné à nos Rois, ont fait triompher la Couronne de tous ses ennemis ; c'est par leur moyen que nos Rois en ont imposé aux Puissances étrangeres ; c'est par leur moyen qu'ils ont recouvré les droits du Trône, & qu'ils lui ont rendu son éclat & son autorité ; le témoignage solemnel du Roi Philippe, pour être éloigné, n'en est pas moins digne de foi.

Pour les récompenser de leur zele & de leurs services, le Roi, sur la Remontrance des trois Etats de la Province, de l'avis de son Conseil, dans toute sa plénitude, *habitâ super hoc deliberatione in nostro Concilio pleniori*, en confirmant la Charte du Roi Louis Hutin, confirma nommément la Normandie dans toutes ses Coutumes, dans toutes ses Franchises, Libertés & Privileges.

Il y a sur cette confirmation de Philippe de Valois, deux choses remarquables.

La premiere, que le Roi Louis Hutin ayant renoncé à exiger aucuns services militaires, hors ceux qui lui étoient dûs par des titres particuliers, & n'ayant réservé que les cas où il seroit nécessaire de convoquer

(5) Philippe de Valois & Jean son fils, Duc de Normandie & depuis Roi, 1329.

l'arriere-ban, Philippe de Valois les a expliqué pour assurer d'autant plus la Province, qu'on n'exigeoit pas d'elle ce service mal-à-propos.

La deuxieme, que les Lettres de Confirmation furent données en présence de Jean, *Duc de Normandie*, Comte d'Anjou & du Maine, son fils ainé & présomptif héritier de sa Couronne, qui jura pour lui & ses successeurs dans le Duché, ainsi que dans le Royaume, de maintenir à toujours la Province dans la jouissance de ses droits.

Charles VI, en 1380 (*a*), l'an premier de son Regne, confirma pareillement la Charte de Louis Hutin & les droits de la Province, de l'avis de son Conseil, & en reconnoissance des bons & volontaires services rendus au feu Roi son pere Charles V, par ses sujets de Normandie (*b*).

Personne n'ignore les funestes désastres du regne de Charles VI. Ce Prince, dit le Bien-Aimé, & qui fut digne de l'être par ses qualités personnelles, eut le malheur de devenir successivement la victime d'un sang trop bouillant, & le jouet d'une épouse ambitieuse, infidelle & marâtre, de Princes jaloux de donner & de Seigneurs uniquement courtisans ; un Parlement fidele anéanti, un simulacre de Tribunal formé de toutes pieces de mauvais rapport, un Traité honteux conclu à Troyes qui donna la Couronne à un Etranger ; un fils, Dauphin de France, banni & déshérité, le cahos répandu sur tout le globe Français, voilà quelles furent les malheureuses suites des écarts & des fureurs d'une femme, ainsi que de la basse ambition d'une partie des Grands & des Courtisans.

(*c*) Ce ne fut point le vrai Parlement qui accepta l'odieux Traité de Troyes, ni qui prononça l'indigne Arrêt de condamnation du Dauphin. Les Historiens prouvent la fausseté de l'affirmative : c'est en 1418 qu'Isabelle de Baviere, usurpant le titre de Régente du Royaume, pour

(*a*) Charles VI, 1380.

(*b*) Voyez les preuves détaillées dans Masseville, Hist. de Norm. tom. 3.

(*c*) Tous ces détails sont tirés du Jésuite Daniel, écrivain, qui, en cette partie, n'est pas suspect.

l'occupation de Monseigneur, le Roi donna les sceaux à Jean de Morvilliers, & qu'elle l'envoya demeurer à Amiens pour sceller tous les actes publics dont on auroit besoin dans les Bailliages d'Amiens, de Tournay, de Vermandois & de Senlis. C'est en la même année *qu'elle institua une Chambre Souveraine à Amiens pour tous ces Bailliages*, leur défendant *de s'adresser désormais au Parlement de Paris, qu'elle cassa, aussi bien que la Chambre des Comptes & autres Tribunaux*. C'est en 1418 qu'elle établit à Troyes un nouveau Parlement, & qu'elle fit un nouveau Chancelier de France; titre qu'elle donna à Eustache Delaistre, & dans la suite à Jean le Clerc. C'est en 1418, après la prise de Paris par le Duc de Bourgogne, uni de faction avec elle, que plusieurs des Conseillers du Parlement, des Maîtres des Requêtes, & autres Officiers du Roi qui s'étoient cachés, furent tués ou mis en prison, pendant qu'un sujet fidele (Tenneguy du Châtel) (*d*) sauva le Dauphin de la rage de ses ennemis. C'est en 1418 *que le Parlement, la Chambre des Comptes, la Cour des Monnoies, furent remplis de nouveaux Officiers, une partie des anciens ayant été massacrée, & d'autres s'étant enfuis de Paris, ou ayant suivi le Dauphin.*

C'est en 1418 que ce Prince (*e*) établit à Poitiers un Parlement, composé des Officiers de celui de Paris qui étoient dans son parti; Parlement qui a subsisté pendant plusieurs années, même après la mort du Roi. C'est en 1420 le 21 de Mai après la mort du Duc de Bourgogne, que fut conclu ou ratifié à Troyes le Traité qui en a conservé le nom, qui donnoit la Couronne au Roi d'Angleterre avec Madame Catherine de France. C'est en la même année que ce monstrueux Traité fut approuvé & accepté par les gens qui se disoient former le Parlement de Paris, & qui à la réception des Baillis, exigeoient leur serment pour son observation.

Le Président Hénault remarque (*f*) que c'est dans

(*d*) Il ne reste plus personne de cette famille.

(*e*) Il érigea aussi une Chambre des Comptes à Bourges durant les mêmes troubles.

(*f*) Année 1420.

un Lit de Justice tenu le 23 Décembre 1420, *par des Juges vendus au Roi d'Angleterre*, qu'intervint l'Arrêt de condamnation contre les prétendus coupables de la mort du Duc de Bourgogne, & contre le Dauphin ; le même Annaliste remarque ensuite que ce ne fut qu'en 1437 que le Parlement revint à Paris.

Le Roi d'Angleterre, plein du projet de conquérir la France à la faveur des divisions dont il profita ensuite pour se faire appeller au Trône, par l'énorme abus d'un pouvoir qui s'étoit mis au dessus des Loix, s'étoit emparé de la Normandie ; il avoit forcé la capitale à se rendre en 1419, elle ne s'étoit défendue que par ses propres forces, elle avoit armé quinze mille de ses habitans, une résistance de plus de sept mois avoit irrité le Monarque Anglais, la faim y avoit fait mourir plus de trente mille personnes ; l'Anglais avoit craint les suites de leur désespoir, il leur avoit accordé une capitulation, au lieu que d'abord il avoit déclaré vouloir qu'ils se rendissent à discrétion ; mais il avoit fallu lui accorder trois des notables pour en faire à sa volonté ; il avoit fait grace à deux, le troisieme fut décapité. Alain Blanchard, Capitaine des Bourgeois, avoit porté la peine injuste d'une fidélité exemplaire ; *homme généreux & digne d'être immortel dans l'Histoire, étant mort pour le service du Roi & de sa Patrie* (g).

Pendant que Charles VII (h), après la mort de son pere, recouvroit son Royaume sur les Anglais, la Normandie gémissoit sous leur joug. Le Roi d'Angleterre avoit cherché à captiver la bienveillance des Peuples, en y fondant un corps d'Université, en confirmant les anciens titres de propriété des Ecclésiastiques, en affectant beaucoup de piété & de générosité.

Les cœurs des Normands, fideles à leur vrai Maître, l'appelloient en secret : Charles VII connut leurs dispositions ; il assembla une armée ; il vint en Normandie à quelque distance de Rouen.

Les Habitans de cette capitale (i) se concerterent

(g) Farin, Histoire de Rouen, tome 1.
(h) Charles VII, 1450, 1458.
(i) En 1449.

avec lui ; ils tâcherent d'introduire les Français dans la Ville, les Anglais s'y opposerent ; ils refuserent des offres avantageuses : un second effort des Habitans livra la Ville au Roi. Ils avoient hautement refusé leur secours aux Anglais ; ceux-ci au nombre de trois mille resserrés dans le Château, furent obligés de capituler & de s'engager à remettre plusieurs Places importantes dans la Province, d'où ils furent entiérement chassés en 1450.

Mézeray, dans son Abrégé chronologique, remarque que la Normandie *aida à se reconquérir elle-même ;* & il parle de la solemnité ordonnée tous les ans par le Roi Charles VII en mémoire de l'heureuse réduction de cette Province. Les anciens Registres de l'Hôtel-de-Ville de Rouen contiennent des Lettres Patentes de ce Monarque accordées aux trois Ordres de cette Ville, par lesquelles entr'autres choses il ordonna, « *qu'icelle Cité* » *demeureroit en tous les droits, privileges & franchises* » *dont les Habitans d'icelle jouissoient par devant la des-* » *cente dudit feu Roi Henri d'Angleterre*, lesquels il » confirme ; & pareillement *la Coutume de Normandie* » *& la Charte aux Normands, & l'Echiquier de Nor-* » *mandie ordinairement tenu*, le tout ainsi qu'on faisoit » par avant ladite descente dudit feu Roi Henri d'An- » gleterre.

Les nouvelles atteintes qu'on porta aux droits & privileges de la Normandie, obligerent les Etats de la Province à faire de nouvelles remontrances au Roi, qui leur accorda une nouvelle confirmation de la Charte Normande, l'an 36 de son regne, en 1458 : on la trouve à la suite de cette Charte, & dans le Recueil des preuves historiques de la Maison d'Harcourt. Sa Majesté y reconnoît les témoignages signalés d'amour & de fidélité qu'il avoit reçu des Normands, lors même que les Anglais occupoient la Province ; *maximè, quia dicti Ducatûs incolæ indesinenter, etiam durante violentâ ipsius Patriæ, per Anglos nostros & regni nostri antiquos inimicos, occupatione, singularem ad nos gesserunt dilectionis affectum, & non parva præstiterunt fidelitatis obsequia.*

Cette confirmation ne fut pas une faveur arrachée par l'intrigue : l'objet en fut discuté & mûrement examiné en plein Conseil : *habitâ magni Concilii nostri deliberatione præmaturâ.*

Par une clause suivante, le Roi interprétant la Charte de Louis Hutin sur le fait des impôts, renonça pour lui & ses successeurs dans le Duché de Normandie, à faire percevoir aucunes impositions, sinon en cas d'utilité évidente ou de nécessité pressante, & par le consentement de l'assemblée des trois Etats dudit Duché, suivant qu'il en avoit été usé précédemment. *Nisi evidens utilitas vel urgens necessitas ideò poscat & per conventionem & congregationem Gentium trium Statuum dicti Ducatûs, sicut factum fuit & consuetum tempore retrò lapso.*

(*k*) Le Roi Louis XI accorda aussi en son Conseil de semblables Lettres Patentes de confirmation de la Charte, & des Privileges des Normands, ainsi que des précédentes Lettres de confirmation, par les mêmes motifs de la justice & de la faveur qu'il devoit à la Province ; elles sont datées du 4 Janvier 1461, l'an premier de son regne.

Il donna le même jour d'autres Lettres Patentes, pour que dorénavant les causes *de son Pays & Duché de Normandie* fussent traitées & déterminées audit Pays, selon sa Coutume, avec défenses d'user d'aucune évocation, excepté dans les causes de ses Officiers Commensaux seulement.

Le préambule de ces Lettres Patentes est remarquable ; on y voit que les trois Etats *du Duché de Normandie* s'étoient plaints de ces évocations, qui étoient *contre les usages, libertés & franchises dudit Pays, la Charte aux Normands, & la souveraine Cour de l'Echiquier.*

Lesdites Lettres Patentes furent enrégistrées & publiées en la Cour de l'Echiquier, tenu à Rouen au tems de Pâque 1462.

Charles VIII parvenu au Trône en 1483, vint à Rouen, capitale de son Duché, & y tint son Lit de Justice au mois de Mai 1485 ; il y fit publier & enrégistrer ses Lettres particulieres de confirmation des Privileges de la Province. Me Jean Gouel, son Avocat, fit une ha-

(*k*) Louis XI, 1461.

rangue & remercia Sa Majesté ; M. le Chancelier y répondit, en assurant que le Roi les conserveroit toujours. *Voyez Farin, Histoire de Rouen, tom. 2.*

X. *L'Echiquier rendu perpétuel & sédentaire à Rouen, 1499.*

En 1499 les trois Etats de Normandie supplierent le Roi Louis XII, de rendre sa Cour souveraine de l'Echiquier perpétuelle & sédentaire à Rouen ; l'ancienne forme de ce Tribunal exigeoit le concours d'un grand nombre de personnes, c'étoit une espece d'assemblée d'Etats ; d'ailleurs l'interruption des séances prolongeoit la durée des procès.

Ce Monarque chargea les Etats de combiner eux-mêmes les moyens de ce changement, & sur leurs observations, après une ample délibération, il accorda cette grace par Lettres-Patentes données à Montils sous Blois, au mois d'Avril 1499.

Louis XII, de l'avis de ses trois Etats de Normandie, au lieu de Commissaires nommés pour chaque Echiquier, créa (*l*) quatre Présidens & vingt-huit Conseillers pour servir perpétuellement cette Cour.

La continuité de ses séances rendit inutiles les fonctions du grand Sénéchal. Ce changement n'en produisit aucun ni dans les droits ni dans les devoirs ou fonctions, ni même dans le titre ou la dénomination de l'Echiquier. Les trois Etats de la Province de Normandie ne l'avoient pas demandé pour perdre leurs franchises & libertés, aussi ne furent-elles pas abrogées ; le Roi nomma aux Offices de l'Echiquier les personnes les plus distinguées & les plus propres à soutenir avec dignité le lustre de la Justice souveraine.

XI. *Le nom d'Echiquier changé en celui de Parlement, par François Premier en 1515. Justice qu'il rendit à cette Cour en 1542.*

Le Roi François Premier, en 1515, changea le nom

(*l*) L'Edit de 1499 est dans Terrien, sur l'ancienne Coutume de Normandie. L'Edit de 1515, dans Farin, Histoire de Rouen.

d'Echiquier en celui de Parlement ; ce fut encore sans altérer l'essence de ce Tribunal, & sans préjudicier aux droits de la Province.

En 1540 le Parlement de Normandie ayant été forcé par état de désaprouver une cession de droits que le Chancelier Poyet avoit pris sur un particulier nommé Bailli ; ce Ministre avare & vindicatif prévint l'esprit du Roi, & le porta à interdire cette Cour, dont on ne réserva qu'un Président & douze Conseillers, pour rendre la Justice dans Bayeux (m).

Le Cardinal d'Amboise, second du nom, Archevêque de Rouen, eut le bonheur de justifier le Parlement aux yeux du Roi, l'interdiction fut levée & la Commission de Bayeux révoquée en 1541.

Le Parlement fut récompensé de sa bonne conduite & indemnisé de son infortune, par l'octroi de nouveaux Privileges en 1542. Le Chancelier Poyet, accusé dès-lors de nombre de malversations, subit en 1545, la peine qu'il méritoit. Un Arrêt du Parlement de Paris le déclara incapable de tenir aucuns Offices, & le condamna à une amende considérable, pour laquelle il fut contraint de céder tous ses biens au Roi, & mourut peu après dans la misere & le mépris.

XII. *Dernieres confirmations des Droits de la Province.*

Le parlement de Rouen continua ses fonctions suivant son ancienne institution (n), Charles IX y tint son Lit-de-Justice pour la déclaration de sa majorité, le 17 Août 1563 ; il n'abrogea ni les droits de sa Cour ni ceux de son Duché.

(o) Henri III en 1579, sur la remontrance des trois Etats de sa Province, confirma la Charte Normande avec tous les Privileges accordés par ses Prédécesseurs. Les Lettres-Patentes expriment que ce fut pour que le *mérite* des habitans fût connu, *suivant leur sincere fidélité & obéissance :* elles furent enrégistrées & publiées

[m] V. Froland, pag. 63. Recueil d'Arr. & Parin, t. 2.
[n] Charles IX. 1563. [o] Henri III. 1579 & 1580.

au Parlement sur le vu de la Charte & de toutes ses confirmations, & sur la Requête des Gens des trois Etats, le 5 Mai 1579 (*p*).

Le même Roi, en 1580, accorda des Lettres-Patentes, & nomma des Commissaires pour la réformation de la Coutume, sur la demande, & en présence des Députés desdits Etats; c'étoit bien confirmer les Loix particulieres de la Province, & le Tribunal destiné dans tous les âges à les faire observer.

Henri-le-Grand, loin de porter aucune atteinte aux privileges de la Province, accorda aux habitans de la Capitale la démolition du fort de Sainte Catherine. Il déclara avec la bonté d'un vrai pere, qu'il ne vouloit pas, dans sa bonne ville de Rouen, d'autre sûreté que le cœur de ses Sujets.

Sous le regne de Louis XIII & de Louis XIV, & sous celui de Louis le Bien-Aimé, la Charte Normande a été confirmée autant de fois que ces Monarques, pour des raisons particulieres, ont jugé à propos d'y déroger. Les dérogations qu'ils y ont faites à quelques égards, sont autant de confirmations précises pour le reste.

La Charte Normande, qui a consacré le principe, que la possession de quarante ans parmi nous vaut de titre en toute matiere, a triomphé de l'avidité des Traitans en 1673. Louis XIV, en vertu de ce principe & de la Charte de 1315, a jugé & déclaré par un Edit exprès, que le droit de tiers & danger sur les bois de Normandie, n'étoit point universel & Domanial, mais qu'au contraire il étoit prescriptible dans la Province; & après cet acte de justice, sa bienfaisance l'a porté à éteindre ce droit sous les conditions insérées dans son Edit, par rapport à ceux sur lesquels Sa Majesté avoit une possession établie.

On ne peut donc pas dire que la Charte Normande n'a de respectable que son ancienneté : ses dispositions les plus importantes à la Province sont toujours restées en vigueur.

Outre l'Edit de 1673, nous pouvons encore citer, pour preuves, nos décrets d'immeubles qu'on ne peut

[*p*] Basn. à la suite de la Charte aux Normands.

jamais évoquer sous aucun prétexte, & la souveraineté de notre Echiquier, dont les Arrêts n'ont jamais été soumis à la voie d'appel (*q*), ni avant ni depuis, qu'ils ont reçu le nom de Parlement.

Quant à nos Etats, ils n'ont cessé qu'en 1654, de la même maniere que dans d'autres Provinces. Notre juste confiance dans l'équité personnelle de nos Souverains, nous a fait oublier l'usage de ces assemblées : cependant un grand homme d'Etat, le Ministre du Roi, le plus jaloux de son autorité, Philippe de Commines, l'ami & le favori de Louis XI (*r*), dans un ouvrage (*s*) également utile aux grands & aux petits, mais sans doute trop ignoré des Grands, a prouvé qu'un Souverain ne peut jamais jouir de sa gloire avec plus d'éclat & de satisfaction, que lorsqu'il délibere au milieu de ses Sujets assemblés ; ils sont tous en effet ses serviteurs, ses amis, ses enfans, leurs besoins sont les siens, ils sont tous à lui, il est tout à eux. Le devoir toujours imposé à notre Echiquier, de regarder de toutes parts *comme des yeux au Prince*, tout ce qui peut intéresser l'honneur de son regne, & par conséquent le bien de ses Sujets, a contribué en Normandie à nous faire considérer la tenue des Etats comme inutile.

DEUXIEME PARTIE.

Réflexions sur l'état de la Province.

I. *La Province n'a pas mérité de perdre son Tribunal, ni ses Loix & ses Privileges.*

Si la volonté du Roi n'est pas que nous reprenions cet usage, ni que par ce moyen nous puissions lui remontrer nous-mêmes directement nos alarmes & nos

(*q*) Voyez Froland ; chap. 8.
(*r*) Farin, chap. 47.
(*s*) Chap. 28 du Liv. 5 de ses Mémoires. Charles-Quint en faisoit ses principales études, & les Historiens remarquent qu'il dût ses succès aux soins qu'il prit d'en suivre les principes. Elémens de l'Histoire, par l'Abbé de Vallemont, liv. 4, chap. premier.

besoins, impartir sur nous-mêmes notre contribution aux charges publiques, & acquérir l'important avantage de réduire les frais de régie, qui doublent peut-être les impositions, il est toujours de sa justice qu'au moins nous conservions notre dernier état.

Nous en priver, c'est nous punir. Un Prince étranger qui nous auroit subjugué par la force & que notre résistance auroit irrité, se porteroit peut-être à nous faire perdre nos Tribunaux pour y en substituer de moins utiles & de moins agréables à la Nation, afin de la tenir plus sûrement sous son nouveau joug. Le droit de la guerre & les vues de politique d'un nouveau maître, pourroient justifier ce changement ; ce seroit une peine infligée à notre fidélité, nous nous consolerions de la dureté de la peine, par la noblesse & le mérite de la cause qui nous l'auroit attiré.

Si nous avions eu le malheur d'oublier nos devoirs, le Roi n'écouteroit que sa clémence & sa bonté ; mais s'il ne consultoit que la rigueur, l'anéantissement de notre Echiquier seroit peut-être la punition la plus sévere & la plus humiliante qu'il auroit à prononcer contre nous.

Toujours sujets du même Souverain, nous n'avons jamais écouté que notre amour & notre fidélité.

Cependant on nous prive de notre Echiquier, nous sommes frappés sans l'avoir mérité.

C'est la justice du Roi que nous implorons sur ce malheur ; on n'a fait à la Province aucune inculpation dans l'Edit de suppression de son Echiquier.

Si quelques délateurs secrets avoient osé nous noircir aux yeux du Roi, qu'on produise les faits, qu'il nous soit accordé de pouvoir nous défendre suivant les formes sagement établies dans le Royaume : nous pouvons le dire avec assurance, il n'y en aura pas un seul sur lequel la délation ne soit confondue, de quelque part qu'elle vienne ; notre Province a toujours été attachée à ses légitimes Souverains, nos Rois depuis 1204, ont toujours éprouvé sa fidélité.

Nos peres les ont servi de leurs personnes & de leurs biens ; ils ont tout sacrifié pour la prospérité du Trône & pour l'accroissement de son autorité ; ce sont nos

Rois eux-mêmes qui nous l'apprennent, & qui ont consigné ce témoignage glorieux de leur satisfaction dans les actes destinés à en récompenser la Province, par la confirmation de ses privileges & de son ancien Tribunal : nous n'avons pas changé de principe.

II. *Justice de rendre à la Province son Tribunal, indépendamment de ce qu'auroient pu faire ses Magistrats.*

Dans les profondes alarmes que nous cause cet événement inconcevable autant qu'inattendu, nous cherchons des crimes & nous n'en trouvons point, nous les cherchons jusques dans le Corps même qu'on a détruit ; (recherche bien bisarre) il les auroit puni dans les autres, auroit-il pu en commettre ?

Une réflexion nous arrête dans cette recherche : si ce Corps étoit criminel, seroit-ce la Nation qu'il faudroit punir ?

L'équité, la premiere de toutes les Loix, a consacré pour regle invariable que le crime n'assujettit à la peine que les seuls coupables.

Les fautes, ou, si l'on veut, les crimes d'environ cent particuliers qui forment un Corps distinct & séparé, ne devroient jamais influer sur une Province entiere composée de plus de deux millions d'habitans.

D'ailleurs les membres de ce Corps sont tous du choix du Roi, c'est Sa Majesté qui les a reçu ; s'il y avoit à redire dans leur conduite, ce ne seroit pas à la Nation qu'il faudroit s'en prendre.

Ajoutons que dans le nombre il pourroit y en avoir qui ne seroient pas coupables, & qu'entre ceux qui le seroient, il pourroit s'en trouver qui ne seroient pas chargés d'un poids égal de délit. La Province ne doit donc pas subir le cruel événement de perdre son ancien Tribunal.

III. *Ils n'ont point été inculpés ni entendus. Preuve certaine de leur innocence.*

Mais où sont leurs crimes ? L'Edit qui les a supprimés ne leur en impute aucun.

Si on leur en avoit reproché, il auroit fallu les entendre & les mettre à portée de se justifier ; la justice du Roi, les Loix du Royaume, l'équité, la raison & la sûreté publique s'opposent & s'opposeront toujours à ce qu'aucun Tribunal, sans aucune exception, condamne qui que ce soit, sans lui avoir permis de se défendre, sans lui avoir laissé les moyens de produire les preuves de son innocence : c'est une regle sacrée pour chaque individu soumis à la domination du Roi, on ne l'auroit pas voulu enfreindre pour un Corps entier & pour un Corps de Magistrats.

De ce qu'on ne les a pas inculpés, de ce qu'on ne les a pas entendus, de ce que même on leur a défendu de faire aucunes Représentations & de parler, on doit tirer la conséquence infaillible qu'ils ne sont coupables d'aucun délit ; le Roi est trop judicieux pour leur avoir fait de pareilles défenses, s'il les eût supprimés à titre de punition personnelle.

Dira-t-on que ç'a été pour les punir de *délits connus* du Roi, mais de délits que Sa Majesté n'a pas voulu déclarer ?

Ce seroit faire injure à la Majesté du Trône, & à l'équité propre du Roi ; son administration prend toujours pour regle suprême les loix qui en sont l'appui, & les loix ont toujours réprouvé & rejetté, en matiere de gouvernement comme en matiere de conscience, les voies odieuses de l'inquisition, dont la marche secrette ne peut s'allier qu'aux vues d'un despotisme aussi dangereux pour lui-même que pour les autres, & affligeant pour l'humanité.

IV. *Examen du motif exprimé dans l'Edit de suppression.*

Le motif de l'idée porte sur un intérêt national que plusieurs Corps de la Capitale ont suffisamment désavoué, & que toute la Province désavoueroit si le Roi daignoit lui accorder la permission de s'expliquer librement par elle-même.

Son Echiquier tiroit la plupart de ses Membres du Corps de la Noblesse, & le génie de la Noblesse Normonde ne la porte pas plus au commerce que celui de la Noblesse Française ne l'y porte.

Le Clergé en fournissoit plusieurs utiles au maintien de ses prérogatives, & le Clergé ne commerce pas.

Le tiers Etat en fournissoit aussi, & cela devoit être dans un Corps où les trois Ordres doivent avoir leurs défenseurs, & qui de la concession expresse de nos Rois, procure le privilege de la Noblesse graduelle, privilege utile seulement au tiers Etat.

Mais le commerce ne forme pas seul le tiers Etat, & d'ailleurs si une maison commerçante cesse parce que l'héritier se consacre à la Magistrature, le commerce y gagne, parce que les affaires de la Maison qui cesse, se répandent sur d'autres qui s'élevent, ce qui jette plus d'émulation, & contribuent d'autant plus à la prospérité du Royaume; rien d'apparent n'a donc pu nous faire perdre notre Echiquier.

Cependant creusons tous les prétextes possibles non allégués.

V. *Réfutation des autres prétextes non exprimés dans l'Edit.*

Si notre Echiquier a des torts, ce n'est pas d'avoir remontré nos besoins : lorsqu'il l'a fait en matiere d'impôts, l'autorité Royale l'a toujours emporté : quelques légers adoucissemens très-rares ont fait cesser les Remontrances; le Peuple assuré que son Echiquier avoit rempli le vœu de la Nation, & persuadé que la volonté du Roi étoit fondée sur des motifs réels de nécessité, le Peuple toujours animé d'une confiance égale pour le Souverain & pour ses Officiers, le Peuple s'est toujours abandonné à la volonté du Roi ; & ne s'est jamais permis de murmurer.

La conduite de l'Echiquier en ce point n'a donc rien de repréhensible, elle n'offre pas même l'apparence de faute contre lui, puisque depuis les Etats de Blois de 1579, & depuis 1654 que les Assemblées nationales ont cessé dans la Province, notre Echiquier a été légalement autorisé à représenter pour elle ses besoins au Souverain, par deux titres également respectables; le premier consiste dans la décision des Etats Généraux de 1579, qui ont chargé les Cours de Parlement de remplacer ces assemblées quand elles ne tiendroient pas; le second, plus ancien, & qui nous est particulier, se trouve dans l'institution primitive de l'Echiquier, l'un & l'autre titre sont l'ouvrage de la Nation & du Souverain, la gloire de l'un & le bonheur de l'autre en sont l'objet.

Nos Magistrats sont-ils coupables pour avoir pris part aux disgraces des autres Cours? Ils prévoyoient (& l'événement n'a que trop justifié leur prévoyance) qu'on vouloit anéantir la Magistrature; ils seroient inutilement restés indifférens, on ne les auroit pas moins détruits eux-mêmes La cessation de service pour les affaires des particuliers a été un des prétextes de la destruction du Parlement de Paris; ils ont continué le leur, ils n'en ont pas moins été supprimés & accablés des disgraces.

Les accusera-t-on, pour avoir qualifié trop fortement l'action de ceux qui rechercheroient ou qui occuperoient des Charges dans les Tribunaux de nouvelle institution?

N'étoit-il pas de l'intérêt de la Province, encore plus que de leur intérêt propre, de prévenir leurs concitoyens du tort inestimable qu'ils causeroient à leur Patrie par cette action? On verra dans un instant les preuves de ce préjudice trop réel, quoiqu'on ait pu dire des qualifications qu'ils y ont données; le Public n'a point pris le change sur les vues particulieres qui ont formé les nouveaux Juges; l'intérêt personnel, l'ambition, quels éloges peuvent mériter de tels motifs, comparés aux intérêts de la Nation qui perd tout, parce que les nouveaux Juges ont oublié, que c'est elle qu'ils doivent préférer!

La volonté du Roi sans doute doit toujours trouver le sentiment d'obéissance & de soumission dans ses Sujets; cela est vrai, sauf les très-humbles Représentations qu'il permet toujours qu'on lui fasse, lorsqu'il y va de l'intérêt le plus essentiel de tout son Peuple,

& de l'anéantissement de ses Loix ainsi que de ses privileges.

Mais les nouveaux Juges permettront qu'on leur dise que la Nation, qui n'a été consultée, ni sur l'institution de leurs Tribunaux, ni sur l'adoption de leurs personnes, n'a pas eu le tems de se faire entendre, & que l'empressement qu'ils ont, en redoublant sa douleur & ses craintes, a consommé ses pertes & le sacrifice de ses droits.

Oseroient-ils alléguer qu'ils ont été contraints d'accepter leur commission? Les Ministres du Roi les désavoueroient, & il est notoire que tous les nouveaux Juges ont sollicité l'honneur d'être ce qu'ils sont, les uns pour se donner du crédit, & les autres pour recueillir des appointemens & des gratifications; il y en a qui ont craint de perdre des charges dont ils étoient pourvus, ou qui ont cru par-là s'en assurer le remboursement; ceux-ci sont-ils plus excusables que les autres? C'est un problême que la Nation résoudra; elle a des droits certains sur ses Membres, sur-tout s'ils veulent qu'on les honore du titre de citoyens: l'événement apprendra s'ils recevront le prix qu'ils ont mis au sacrifice qu'ils ont fait.

On ne peut donc pas inculper nos Magistrats, pour avoir vu sous un jour peu favorable, la conduite de ceux qui se porteroient à les remplacer; toute la Province sait, que lors des engagemens pour Bayeux, notre Echiquier subsistoit encore; il y avoit peut-être aussi déja des spéculations pour le Conseil Supérieur de Rouen, quoiqu'il n'ait été formé que plusieurs mois après l'autre.

Nos Magistrats doivent-ils être insensibles au malheur d'une grande Province, menacée de la perte toute prochaine de *ses droits & de son ancien Tribunal*? Ne doivent-ils pas même considérer la subversion totale de ses droits, comme un événement aussi préjudiciable à l'autorité du Souverain, qu'au bonheur des Peuples?

Pouvoient-ils donc avoir & montrer trop de zele pour des intérêts aussi grands & aussi sacrés? Etoit-il des termes trop énergiques pour exprimer à leurs concitoyens tout

tout ce que ceux-ci, dans tous les Ordres, devoient à leur Roi & à leur Patrie, suivant les loix & en vertu de leurs sermens ?

Nous passons sous silence l'intérêt propre de nos anciens Magistrats, qui auroient pu, sans crime, le compter au nombre de leurs motifs. Sa Majesté est trop juste pour ne pas reconnoître, aussi-tôt qu'Elle voudra bien s'en occuper, de quel côté on a manqué de délicatesse ; c'est un sentiment qu'Elle sera toujours flattée de trouver dans tous ses Sujets.

Reprochera-t-on enfin à nos Magistrats, d'avoir cessé de conserver l'ancien esprit de leur Corps, d'avoir oublié les vertus propres à leur état ? S'il s'étoit glissé des abus parmi eux, il ne falloit que les faire agir eux-mêmes pour les réformer ; mais le témoignage entier de la Province les met à l'abri de tous reproches.

L'honneur est le ressort & l'appui des Monarchies ; c'est un principe que les plus sages Politiques ont démontré ; l'expérience l'a toujours confirmé, sur-tout en France, où les Souverains en ont toujours tiré les fruits les plus heureux, pour la gloire de leur Regne & pour le succès de leurs entreprises.

Sentiment généreux ! vous êtes l'ame des Français, vous y signalez votre puissance dans tous les Ordres des citoyens, vous y conservez des vertus, vous êtes faits pour les diriger tous au bien commun ; les Français ne vous oublieront jamais, & le plus profond mépris sera toujours l'unique salaire qu'ils prodigueront aux efforts ridicules & mercénaires des plumes que nous avons vu assez basses pour exalter la servitude, & assez extravagantes pour tenter de vous mettre en oubli chez une Nation, qui vous feroit renaître si vous aviez cessé d'exister.

Le Roi a sans doute le plus d'intérêt à maintenir dans tous ses Sujets le goût & les principes de l'honneur, & par conséquent cette liberté que les loix & les sanctions assurent, & qui augmentent l'éclat du Trône, dont elle est le plus ferme appui.

Les rigueurs de Sa Majesté ne peuvent donc être que passageres contre un Corps de Magistrats que l'honneur a toujours animé; & que l'honneur de le servir avec fidélité animera toujours, malgré les humiliations & les amertumes dont on les accable, au préjudice des loix pour lesquelles leur crime, aux yeux de leurs ennemis, peut être d'avoir réclamé, & qui toutes à leur tour réclament pour eux autant que pour elles.

§. VI. *Motifs qui prouvent la justice & la nécessité du rétablissement de notre Echiquier.*

PREMIER MOTIF.

Impossibilité de n'avoir qu'un seul Parlement en France.

Le projet de n'avoir en France qu'un seul Parlement, ce projet s'il a existé, a disparu; un seul Corps chargé de vérifier & de maintenir les Loix, ne pourroit ni en appercevoir tous les inconvéniens pour chaque Province, ni apporter d'assez prompts remedes aux contraventions éloignées; il pourroit d'ailleurs devenir formidable, au lieu que douze Parlemens, unis ou non par leur titre, ne sauroient être dangereux, parce qu'il leur seroit impossible de se concerter & d'agir contre la loi, qui ne cesseroit de les rappeller à leur Souverain, en les rappellant au Peuple & à leur devoir. Un seul Parlement pourroit se regarder, avec les Grands du Royaume, comme une puissance intermédiaire, ou comme un arbitre entre le Prince & les Sujets; il reporteroit nos Rois dans un embarras pareil à celui dont leur sagesse les a tiré, & les forceroit d'appeller des Communes pour les opposer à un Corps unique dans son espece, qui auroit peut-être la présomption de se croire dès-lors une Chambre-Haute; ce projet doit rester dans le néant.

DEUXIEME MOTIF.

Les égards dûs aux titres & aux services de la Province.

Le retour de la Province à la Couronne, s'est opéré sans aucune altération dans sa constitution & dans ses droits, ainsi elle n'a point cessé d'être un seul & unique *Duché*. Tel a toujours été l'état dans lequel nos Ducs juroient à leur sacre de la maintenir ; ce fut le serment que Philippe de Valois fit faire, en 1329, par le Prince Jean son fils, & son présomptif héritier, qu'il avoit fait Duc de Normandie ; c'est ce que promirent aussi les autres Ducs de ce Duché, Charles, fils aîné de Jean, depuis Roi lui-même ; sous le nom de Charles V, dit le Sage (1), qui aima toujours la Province avec tendresse ; & Charles, frere de Louis XI.

Ce serment est renfermé dans celui de tous nos Rois, qui, sous cette éminente qualité, n'ont point cessé d'être nos Ducs : leurs Chartes de confirmation de nos privileges, ne sont que le développement de leur serment à notre égard.

TROISIEME MOTIF.

L'intérêt de nos Loix & de nos Privileges.

Si c'est une seule & unique Province, sous le titre indivisible *de Duché*, elle ne doit avoir qu'un seul & unique Tribunal souverain, également indivisible ; nous ne devons éprouver de scission ni pour le titre de notre Province, ni pour le Tribunal, où l'autorité du Roi, notre Duc, doit toujours résider dans sa plénitude avec la loi.

Cependant nous devenons pour ainsi dire une espèce d'arriere-fief du Parlement de Paris, & dans ce moment les Conseils Supérieurs qui nous sont assignés n'ont point encore la compétence juridique, ni des appels comme d'abus, ni des causes criminelles des Nobles & des Ecclésiastiques, ni des affaires & procès concernant le Domaine, & autres marqués par les Ordonnances, pour ne pouvoir être jugés en dernier ressort que dans les Cours de Parlement & leurs Bureaux assemblés ; ensorte que nous ne sommes pas seulement arriere-vassaux du Parlement de Paris, mais encore à

(1) Charles V, ordonna que son cœur seroit apporté dans l'Eglise Cathédrale de Rouen, ce qui a été exécuté.

nombre d'égards, ses Justiciables, voilà ce que nous n'avons jamais été, & que la justice du Roi ne peut pas comporter que nous soyons.

Cette position forcée, ouvrage peut-être fortuit des circonstances, tendroit infailliblement à la perte de nos privileges & à l'anéantissement de nos loix. N'eussions-nous que les deux Conseils Supérieurs de Rouen & de Bayeux à compter, la multiplicité des Tribunaux souverains pour une seule loi dans une Province, ne peut que jetter le trouble & la confusion dans son action, qui doit être une comme la loi même.

La perte de nos privileges ; quels protecteurs auront-ils désormais ? Des Magistrats de Paris qui les ignorent, qui dédaigneront la peine de les méditer, qui n'auront aucun intérêt à prendre leur défense, & qui cependant sont les seuls qui puissent réclamer pour nous ; des Conseils Supérieurs, l'un à Bayeux & l'autre à Rouen, que la diversité d'avis, & peut-être une mutuelle jalousie, jettera dans la contrariété sur ce point comme sur bien d'autres, & qui par leur institution n'ont aucun caractere, aucun pouvoir pour réclamer directement au nom du Peuple la justice & la protection du Roi.

Qui osera dire que ce ne sont pas là des pertes irréparables pour la Province ? nous perdrons nos loix & nos prérogatives, parce que nous perdons le Tribunal institué avec elles pour les maintenir, & chargé de remontrer nos besoins au Souverain.

Qui donc les lui représentera ces besoins, lorsqu'il s'agira d'enrégistremens d'impôts qui porteront sur la propriété, ou de Réglemens qui intéresseront le bien public. Personne ne connoîtra notre misere, personne n'y sera sensible ; personne n'aura le droit de s'y intéresser : les Magistrats de Paris, nos Intendans, nos Conseils Supérieurs ne s'y croiront pas obligés ; la plupart ne sont pas nos concitoyens, aucuns ne sont nos défenseurs. Leur établissement à tous porte sur des motifs, sinon fort opposés, du moins fort étrangers à notre défense.

Qu'on cherche à nous en imposer tant qu'on le jugera à propos par des exils & un appareil de forces militaires dont on n'a jamais eu besoin parmi nous, en sera-t-il moins vrai que sous *un Monarque-Roi* (*u*) nous sommes ses enfans, non ses esclaves, & qu'il est & sera toujours pour nous un pere, non un Despote ? Nous serions cependant privés à jamais du droit de déposer nos gémissemens & nos larmes dans son sein Royal & paternel, & de lui demander ni secours ni soulagement.

Voilà les punitions que nous subissons, & nous n'avons point de crime à nous reprocher.

On ne nous a point accusés, on ne nous a point entendus, on nous a condamnés.

Les Ordonnances ont sagement établi une forme pour faire le Procès à des Communautés d'Habitans, & on a omis cette forme, (Loi fondamentale du Royaume) contre plus de deux millions de Citoyens renfermés dans la Province.

Mais ne désespérons pas du salut public, il repose dans les mains sacrées du Roi ; Sa Majesté ne cessera point de nous regarder comme ses enfans, ses yeux paternels perceront le voile funeste qui lui a caché nos droits & notre infortune ; il reconnoîtra notre innocence & notre amour ; sa justice fera éclater l'une, & sa bienveillance récompensera l'autre ; l'exemple glorieux autant que mémorable de François Ier, doit soutenir notre espoir & celui de nos Magistrats.

(*u*) Voyez M. d'Argenson dans ses Considérations sur les intérêts de la France, chapitre 1, où il distingue la *Monarchie-Royauté*, telle que la France, d'avec la *Monarchie despotique*, telle que l'Espagne & le Portugal, & la *Monarchie tyrannique*, telle que les Souverains Barbares, Mahométans ou Idolâtres hors de l'Europe ; cette juste distinction d'un grand Ministre, qui, dans ses vues quelquefois singulieres, a rendu hommage à de grandes vérités, suffit pour écarter la confusion affectée de certains Ecrivains qui du terme *Monarchie*, tirent la conséquence que notre Monarque est un Despote, conséquence aussi fausse qu'injurieuse à la Majesté de nos Rois, qui ont toujours ambitionné le titre simple, mais incomparable, de peres de leurs Peuples ; ils ont toujours rejetté celui de Despote ; ils auroient puni exemplairement les vils adulateurs qui auroient voulu leur supposer une Monarchie tyrannique.

QUATRIEME MOTIF.

Il y va de l'autorité du Souverain.

Si le rétablissement de notre ancien Tribunal est nécessaire pour le maintien de nos loix, pour la conservation de nos privileges, pour le soulagement de nos besoins, il ne l'est pas moins pour le soutien de l'autorité du Roi.

Elle exige que dans une aussi grande & aussi importante Province, il y ait un Tribunal Souverain qui soit comme le centre auquel toutes les extrémités répondent & soient soumises. Leur subordination & leur rapport à ce Tribunal forment comme autant de chaînes qui contiennent le peuple, & qui arrêtent jusqu'aux moindres mouvemens de ceux qui voudroient en altérer la tranquillité, ou s'opposer à l'exécution des Loix. Telle a toujours été la fin confiée à la vigilance de notre Echiquier, chargé de porter *ses regards comme des yeux au Prince*, sur tout ce qui pouvoit intéresser la dignité, l'honnêteté de son regne. L'Echiquier y a toujours été secondé par la fidélité des Tribunaux inférieurs, & par celle de tous les citoyens, dont le Roi notre Duc *doit avoir l'alliance & la loyauté*, & qui, par nos constitutions fondamentales, *sont tenus de lui donner conseil & aides de leur propre corps contre toutes personnes.*

C'est ainsi que nos Ducs & nos Rois ont toujours aimé à nous gouverner, non par la verge de fer comme des esclaves, mais *par la verge de justice*, comme des citoyens libres & honnêtes, que le Prince doit *mener & gouverner* suivant *les droits & Coutumes du Pays.*

Quelque considération que deux ou trois Intendans, hâtés de s'élever & toujours amovibles, puissent rechercher dans la Province, ils n'y acquéreront jamais l'autorité que donne la confiance; leurs soins les plus multipliés n'atteindront jamais au même but aussi sûrement ni aussi promptement que la noble & généreuse activité d'un Corps nombreux de Magistrats indestituables

& sans ambition, guidés par le seul desir de bien faire, & pour ce constitués sur la Province. Diviser cet important objet, le distribuer par cantonnemens, c'est morceler l'autorité royale, c'est en réduire la masse, c'est y faire un tort irréparable.

Tant d'autres ouvrages ont si solidement établi la nécessité de l'irrévocabilité des Offices, qu'il suffit d'en rappeller ici le principe comme indispensable pour le maintien même de l'autorité du Roi, ceux qui oseront en abuser, ou qui tenteront de la réduire, ne manqueront jamais de commencer leurs dangereuses entreprises, par en imposer, en inspirant la crainte d'une destitution toujours flétrissante.

Puisse le désastre qui nous désole ne rien prendre à l'avenir sur la grandeur d'ame & le courage nécessaire aux Magistrats! Il n'y a que les bontés du Roi & leurs propres vertus qui puissent rassurer nos craintes.

Loin de la personne & du cœur de Sa Majesté, tout projet dont le but seroit de nous réduire en Etat militaire. On nous a opposé les prétendues réflexions du main d'un puissant Roi du Nord : en les supposant son ouvrage, est-il bien sûr qu'elles puissent même convenir à ses Etats? les efforts de sa politique, jalouse de conquêtes, & l'indépendance de sa philosophie, toujours armées, inspirent peut-être à ses Sujets euxmêmes plus de terreur que d'amour.

Les formes, auxquelles on affecte de paroître en vouloir, sous prétexte qu'elles sont onéreuses aux peuples, ces formes sont la sûreté de leurs personnes & de leurs biens : leur établissement n'est pas un des moindres traits de la politique habile de nos Souverains; il leur a assuré la confiance & l'amour de leurs Sujets, en assurant leur propriété & leur liberté. Les Loix Françaises, avec leur prétendue imperfection de forme, qu'on pourroit simplifier, mais qu'on ne doit pas détruire, l'emporteront toujours sur le Code Prussien. Ce n'est pas ce Code, ce sont nos Loix que d'autres Puissances prennent pour modele. Il en est une dans le Nord qui cherche actuellement à bannir de ses Etats le despotisme que nous craignons. L'Impératrice de Russie imite la sagesse de nos Rois de la troisieme Race ; comme eux elle affermira son Trône & son autorité en venant au secours des hommes, en substituant la liberté à l'esclavage, l'amour à la crainte, & la reconnoissance à la douleur & au murmure.

Dans un Royaume tel que le nôtre, il nous faut des principes conformes à la délicatesse de nos sentimens pour nos Rois : ces principes seront toujours ceux des Souverains jaloux de la véritable gloire. François Premier rendit justice aux Français, lorsqu'en mourant il les recommanda à son Successeur comme *le meilleur peuple du monde*, & qu'il lui fit connoître l'injustice de fouler une nation toujours disposée à se sacrifier d'elle-même généreusement pour ses Souverains. L'autorité de ce grand Roi, qui nous connoissoit par expérience, est un titre bien supérieur aux idées d'un Prince qui nous est fort étranger.

La force des armes est une garde pour l'État, & non contre l'Etat ; elle est faite pour appuyer l'activité des Loix, & non pour les anéantir : si elle les faisoit oublier, elle n'en reconnoîtroit plus ; & comme les hommes, semblables à eux-mêmes dans tous les âges & dans tous les pays, ne vont que trop vîte à l'excès quand il n'y a pas de frein qui les arrête, peut-être verrions-nous nos troupes, toutes modérées qu'elles sont autant que courageuses, oublier leur qualité de patriote, vexer leur propre pays, ne point écouter l'autorité royale, mépriser la voix de la Noblesse, destinée à les commander, & de troupes soumises, devenir par degrés des cohortes Prétoriennes. Le Dannemark éprouve aujourd'hui ce que vaut la force militaire isolée des Loix & des Tribunaux, toujours nécessaires à leur maintien, & peut-être toujours aussi à la sûreté personnelle des Souverains. Nombre d'autres Puissances ne l'ont que trop éprouvé ; c'est le tableau de tous les temps, l'histoire de tous les pays & le sort de tous les Etats où les armes font taire les Loix, du moment qu'elles en occupent la place, ou qu'elles y portent la terreur, & même seulement la défiance.

Nous devons bannir toute crainte à cet égard, le Roi ne veut regner que par les Loix; il a reconnu qu'il est dans l'heureuse impuissance de les changer, ce sont autant de preuves qu'il est fort éloigné de vouloir assujettir ses peuples & sa puissance à l'oppression des armes.

Un Ordre particulier, qui a conservé seul les droits qu'il partageoit anciennement avec la Nation, cet Ordre respectable par la sainteté de ses fonctions, a vu avec douleur plusieurs de ses Membres, & quelquefois le plus grand nombre ou son Chef, confondre les deux glaives, argumenter d'une puissance pour usurper l'autre, & former sur cet abus de systêmes contraires à l'autorité du Trône & à la liberté des peuples; ses lumieres, sa piété, sa sagesse ont écarté les funestes ombres, voiles de cette erreur : nous vivons tranquilles sous la sauve-garde des principes que le Clergé Français a lui-même établis, & qu'il professe hautement avec nous : nos craintes pour l'avenir ne pourroient donc porter que sur la fâcheuse instabilité des hommes; c'est une perspective heureusement éloignée; les foiblesses de l'humanité ne prévalent pas toujours.

Nous devons d'ailleurs nous rassurer contre la crainte que les Ministres du Roi n'aient envie de se rendre absolus chacun dans son département, aux dépens des Loix & de la liberté publique, l'un d'eux, le Marquis d'Argenson, dans ses considérations sur les intérêts de la France, chap. V, a remarqué que c'est en 1672 que Louis XIV a abrogé tout ce qui partageoit l'autorité de ses Ministres; mais jusqu'aux derniers temps les Loix n'ont point été anéanties, la liberté des peuples a toujours été respectée. Eh ! comment ne la respecteroit-on pas ?

L'autorité Royale n'est fondée que sur cette liberté publique. Nos Rois de la troisieme race ne sont parvenus par dégrés à dépouiller les Grands de leurs usurpations, qu'en tirant les peuples de l'esclavage féodal; nos Ministres ne chercheront pas sans doute à remplacer les grands feudataires, ils ambitionneront encore moins le pouvoir exorbitant & dangereux des Maires du Palais : d'une ou d'autre maniere, ce seroit une aristocratie qui usurperoit l'autorité Royale, *en ne paroissant que lui obéir* (x), ils ne perdent & ne perdront jamais de vue la nature de notre Gouvernement & le principe chéri de nos Rois : qu'ils ne doivent regner que par la justice ; principe glorieux, qui a maintenu leur regne depuis 800 ans, & qui le maintiendra jusqu'aux siecles les plus reculés : nos Ministres étoient citoyens avant d'être favoris, ils peuvent chaque jour rentrer dans la classe des Citoyens, & leur intérêt le plus essentiel, parce que c'est le plus durable, est sans doute de ne cesser jamais de l'être. La Loi n'est point ingrate, elle soutient ses défenseurs après comme durant leur faveur : pourroit-elle subvenir à ceux qui l'auroient anéantie ?

Cependant qui garantira absolument au Roi & à ses Peuples, dont l'intérêt est indivisible de son autorité, qu'aucun militaire, qu'aucuns chefs ou membres du Clergé, qu'aucuns Ministres n'abuseront jamais ou de la force ou de la considération, ou du pouvoir dont ils jouiront, si ce n'est la vigilance d'un Corps dépositaire des Loix, & chargé de les faire agir ou de les rappeller au Prince ; Corps nombreux, Corps d'autant moins corruptible, d'autant moins accessible aux passions, d'autant plus supérieur aux impressions de la crainte, d'autant plus en état de bien servir le Roi & sa Patrie, que lorsqu'il s'armera de la Loi pour contenir ou faire rentrer d'autres sujets dans leur devoir, il n'oubliera point le sien ; la même Loi lui parlera, il lui sera soumis ; la pluralité n'y désobéira jamais, & les autres, s'il y en avoit d'opposés, y seroient contraints par le poids réuni du plus grand nombre qui les puniroit de leur écart ; le

[x] Nos Ministres modernes [a dit M. d'Argenson] tiennent à la Monarchie qu'ils servent, & à l'aristocratie, *dont ils sont*. Un Ministre stipule pour le Roi, mais il travaille & craint pour lui, &c.

Chap. 3, art. 2, „ Les Ministres & les Grands [ajoute-t-il „ ailleurs] travaillant pour le Monarque, croient travailler pour „ eux-mêmes ; ils abaissent le Peuple, ils élevent le Trône, „ parce qu'ils y touchent de près, & qu'ils dédaignent le vul- „ gaire ; mais quand le Trône est affermi, le Monarque se trouve „ toujours plus ami de la démocratie qui lui est soumise, que „ de l'aristocratie qui l'offusque.

peuple seul le rappelleroit à ses devoirs, s'il pouvoit les oublier ; il ne lui permettroit ni d'attenter à l'autorité du Roi, ni d'en abuser ; ce seroit contre le peuple que l'abus tourneroit, & l'abus seroit le produit de l'usurpation : on ne doit pas craindre qu'un Corps si étroitement surveillé par lui-même, comme par le Souverain & par le Peuple, veuille se substituer à la Loi. C'est au triomphe seul de la Loi qu'il a consacré ses veilles, ses travaux & ses souffrances. La facilité avec laquelle ses revers se sont toujours opérés, démontrent qu'il ne fut & ne sera jamais un Corps dangereux. Le Roi ne peut donc en attendre que des services utiles à sa gloire & au bien de ses peuples.

CINQUIEME MOTIF.

La Majesté du Trône souffriroit de la suppression de notre ancien Tribunal souverain.

Mais écartons toute idée d'abus de pouvoir, de considération ou de force, ne voyons que des citoyens & des citoyens vertueux, dans nos Ministres, dans nos Pasteurs & dans nos Légions ; cessons de craindre des entreprises sur l'autorité du Roi ; oublions même l'intérêt de nos Loix & de nos Privileges, le rétablissement de notre Echiquier n'en sera pas moins nécessaire pour la splendeur du Trône.

Les Rois sont les premiers Juges de leur Etat ; mais un Souverain à la tête d'un grand Royaume, ne peut pas entrer dans les détails de toutes les injustices ; il ne peut pas les connoître toutes, il ne peut pas y pourvoir personnellement, il est nécessaire qu'il se fasse remplacer par des Magistrats : ceux qu'il a choisis, & auxquels il a remis cette portion de son autorité, deviennent eux-mêmes l'image du Roi. Il faut donc que le peuple retrouve en eux la dignité, &, s'il est possible, la majesté du Trône, dont ils doivent retracer & faire agir les vertus.

Eh ! qui pourroit mieux nous offrir ce tableau respectable & consolant, que les Magistrats dont nous pleurons la perte. Le respect pour la Religion, la fidélité au Souverain, l'amour de la Patrie, la probité, le désintéressement, la capacité, la grandeur d'ame, le courage, toutes vertus nécessaires aux Magistrats, nous les trouvions dans la réunion de ceux qui formoient notre Echiquier : elles s'y sont soutenues avec la Loi jusqu'au dernier instant. L'honneur est l'unique soutien d'un grand Corps de Magistrats, le soin de les remplacer, n'est point une affaire de finance, on ne peut point mettre la Justice en parti ; détruire le Corps, c'est en détruire le principe.

SIXIEME MOTIF.

L'ancien Tribunal moins onéreux au Roi & aux Peuples que les nouveaux Tribunaux.

Il est d'ailleurs évident par les faits, que l'anéantissement de notre Echiquier ne remédie point à la vénalité des Charges, & que la Justice souveraine que nos Magistrats y exerçoient, loin d'être gratuite à l'avenir, sera infiniment plus coûteuse aux Peuples.

Des épices de toutes les Chambres de notre Echiquier, coûtoient aux plaideurs de toute la Province tout au plus 35000 l. par an, si les Juges des deux Conseils Supérieurs ne peuvent rien exiger, leurs Secrétaires (y) auront des droits qui, dans ces deux Tribunaux, iront peut-être plus loin, & la Province aura en outre à payer plus de 50 mille écus par an pour leurs appointemens, dont on fera supporter une partie à ceux mêmes qui ne plaideront point ; est-ce là une Justice gratuite ? Nous passons sous silence l'excessive progression des droits Royaux sur les actes & les jugemens.

Est-ce le trop grand nombre de privileges qu'on a voulu réduire ? Cette réduction auroit porté principalement sur la Chambre des Comptes ; mais il ne falloit pas anéantir les deux premieres Compagnies de la Province.

Dans le Parlement, il y avoit grand nombre de Noblesse & des Conseillers Ecclésiastiques ; ce qui pouvoit s'y trouver de privilégiés proprement dits, représen-

(y) Le petit nombre des Juges de ces Tribunaux ne leur permettra pas de tenir les Audiences, il leur faudra des Secretaires, & il faudra bien que ce soit les Parties qui les payent.

toient l'Ordre du tiers Etat (1), & leurs privileges étoient une foible récompense de leurs travaux ; dans la seconde Compagnie on compte aussi des Nobles, le ministere des autres étoit nécessaire au service du Roi : on pouvoit n'en conserver qu'un nombre proportionné à l'étendue du travail.

VII. *Justice du rétablissement de la Chambre des Comptes en Normandie.*

Mais leur existence dans la Province fait également partie de nos constitutions fondamentales. Nous ne devons être traduits hors le Duché, ni pour les affaires de particulier à particulier, ni même pour celles qui intéressent le Domaine du Roi ; nous l'avons prouvé par la Charte Normande, tant de fois confirmée par nos Souverains. Ce privilege important nous a procuré l'avantage de la création d'une Chambre des Comptes à Rouen ; nous avons eu la douleur de la voir supprimer huit jours après notre Echiquier, (*) & de nous voir asservis à la Chambre des Comptes de Paris, qui s'est hâtée d'enlever la plupart de nos titres.

Nous ne pouvons mieux prouver la nécessité & la justice du rétablissement de la Chambre des Comptes, qu'en rappellant les motifs de son institution, tels que les offre l'Edit du Roi Henri III, donné au mois de Juillet 1580.

On y voit que François premier, par un Edit du mois d'Octobre 1543, avoit établi une Chambre des Comptes dans son Duché de Normandie, *dont les peuples & habitans du Pays avoient reçu beaucoup de soulagement & commodité, comme en semblable, les fonds des finances du Roi en avoient été grandement déchargés.*

Et que cette Chambre avoit été supprimée, *sous couleur & prétexte de quelques foibles occasions* ; mais que le Roi Henri III étant *bien & duement informé des rai-*

(1) *Nota.* Les deux Conseils Supérieurs ne produiront gueres moins de Privilégiés, on leur a donné aussi la Noblesse graduelle.

(*) Le 26 d'Avril ils ont tous été enlevés.

sons & fondement desdites érections & suppressions, auroit trouvé que ceux de l'érection emportoient & avoient plus de solidité que ceux de la suppression.

L'Edit fait mention de l'augmentation des Bureaux de recette générale, & de Trésoriers & Receveurs Généraux des Finances, outre *lesquels Receveurs comptables au Roi, il y avoit plusieurs Receveurs de deniers, comme patrimoniaux & d'octroi des Villes dudit Pays de Normandie, qui, comme eux, étoient obligés de venir compter à la Chambre des Comptes à Paris, non sans être constitués en beaucoup de fraix & dépenses, & recevoir incommodité.*

Le Roi témoigna à ce sujet, *qu'à l'exemple des Rois ses prédécesseurs, il desire gratifier icelui Pays, le traiter favorablement, & laisser de telles & semblables prérogatives, prééminences, franchises & libertés, qu'ont les autres Gouvernemens & Provinces du Royaume.*

Sa Majesté reconnoît que ledit Pays & Duché *ne doit être en cet endroit aucunement distrait & aliéné de son naturel ressort, & que d'ailleurs tant s'en faut que ce soit bon ménage, profit & utilité pour Sa Majesté, qu'au contraire ses Finances sont chargées de plusieurs fraix inutiles & superflus, pour les vacations & voyages qu'il falloit taxer aux Receveurs Généraux & particuliers, & autres comptables dudit Pays, pour venir avec leurs papiers & acquits rendre leur compte en ladite Chambre des Comptes de Paris.*

Est aussi à noter & considérer, (ajoute l'Edit) *que nos sujets d'icelui Pays de Normandie, qui ont à nous faire & prêter foi & hommage de leurs Fiefs, ont à présenter leurs Actes patents des réceptions d'iceux faites par nos très-chers & féaux Chancelier ou Garde de nos Sceaux; pareillement les autres qui obtiennent bref de l'un de Nous, octroits, provisions, déclarations, naturalités, légitimation, anoblissement, affranchissement, exemptions, amortissemens, dons & compositions de garde-nobles, & autres graces & concessions dont il faut qu'une Chambre des Comptes ait la connoissance, sont amenés & réduits à faire aussi de leur côté d'autres grands fraix & dépens, pour en semblable venir ou envoyer par devers les Gens de nosdits Comptes, à Paris, faire les foi & hommage, ou la présentation des actes de leurdite réception pour suivre & demander les attaches du consentement & vérification de ladite Chambre sur lesdites Lettres.*

Un dernier motif s'élève encore dans l'Edit contre la suppression; il concerne ceux des Receveurs *qui voudroient malverser & abuser de leur Office par déguisement de parties, obmissions de rente, même pour le regard des deniers casuels & extraordinaires du Domaine du Roi qui sont de diverses qualités en Normandie, ou bien par quelqu'autre subtilité & indue façon de faire, il lui seroit beaucoup plus aisé & facile à faire & de le couvrir & de le cacher pardevant les Gens des Comptes, à Paris, qu'il ne le seroit en une Chambre des Comptes établie au Pays de Normandie, pour ce que les Officiers d'icelle étant sur le lieu, verront & pratiqueront clairement, & à l'œil, ce qui touche le maniement & administration desdits Receveurs, tant généraux que particuliers, veilleront & s'étudieront de s'entendre entiérement, & au vrai de nos droits & des profits & émolumens qui en dépendent, n'étant point par autre empêchement, comme sont ceux de notre Chambre des Comptes, à Paris, divertis à autres actes, ni occupés ailleurs qu'à voir & diligemment examiner ce qui touche seulement notre Pays de Normandie.*

Il n'est pas possible de trouver des motifs plus forts, ni plus pressans, pour le rétablissement de notre Chambre des Comptes.

Si on considére les intérêts de la Province & ses priviléges, suivant lesquels ses habitans ne sauroient être traduits ailleurs pour les affaires du Domaine du Roi: comme pour toutes les autres affaires en général & sans exception, la justice du Roi ne peut pas nous lier à la Chambre des Comptes de Paris.

Nous n'avons point mérité d'être dégradés, ni dépouillés de nos prérogatives, ni enfin traités plus mal que celles des autres Provinces qui ont conservé leurs Chambres des Comptes.

Nos Receveurs des deniers patrimoniaux & d'octroi

des Villes & autres semblables, ne doivent point aller à Paris nous constituer dans des dépenses extraordinaires, pour rendre leur compte dans un Tribunal étranger.

Nos concitoyens Seigneurs de Fiefs, Ecclésiastiques & Laïques, en nombre considérable, qui sont mouvans du Roi, ne doivent point aller s'épuiser en dépense à la Chambre des Comptes de Paris, pour y présenter leurs aveux, pour y faire députer des Commissaires éloignés, qui feront payer très-chérement leurs voyages dans la Province, quand ils viendront y faire les informations préalables; & enfin pour y faire recevoir leurs aveux & leurs dénombremens, & solliciter l'expédition.

Tous les autres habitans ne doivent point avoir la même servitude à subir & les mêmes frais à supporter pour les différentes Lettres de concession, d'octrois, de garde-nobles, de naturalités, & autres détaillés dans l'Edit de 1580.

Ils ont tous à craindre que ce Tribunal, assez chargé d'ailleurs, ne puisse jamais assez connoître le droit public & les privileges de la Province, pour les maintenir & pour leur rendre une justice exacte; de même qu'ils ont tous à appréhender que leurs titres n'aillent se perdre dans l'immensité de ceux dont la Chambre des Comptes de Paris a le dépôt, ou qu'ils ne puissent s'y retrouver qu'à très-grands frais.

Le Roi lui-même doit craindre, qu'il ne leur soit pas possible de veiller à la conservation de tous ses droits féodaux & domaniaux, qui ne peuvent gueres être parfaitement connus que des personnes habituées dans la Province même, & obligées par état d'en faire une étude principale & suivie.

Sa Majesté a d'ailleurs grand intérêt, que ses Receveurs comptables ne triplent pas leurs frais de voyages, & autres pour l'appurement de leurs comptes, ou qu'ils ne se portent à commettre des erreurs que des Juges éloignés & distraits auront beaucoup plus de peine à appercevoir, que des Juges établis sur le lieu même; c'est un inconvénient qu'Henri III a prévu; tous nos Receveurs publics peuvent n'être pas également

ment exacts ; la délicatesse dans certaines positions n'affecte pas toujours le plus grand nombre.

Tout offre donc la conviction de la nécessité de rendre à la Province la Chambre des Comptes.

Tous les ordres des citoyens y sont intéressés.

Il y a aujourd'hui les mêmes motifs qu'en 1580, & Sa Majesté se convaincra elle-même, comme Henri III s'en est convaincu, que les motifs du rétablissement *l'emportent, & qu'ils ont plus de solidité que ceux de la suppression.*

La Chambre des Comptes, par la réunion qui s'y est faite de la Cour des Aides au commencement de ce siecle, connoissoit des matieres d'Aides : on les a attribuées aux deux Conseils Supérieurs, assez & trop chargés des affaires ordinaires, civiles & criminelles ; le rétablissement de la Chambre des Comptes rendra aux procès d'Aides des Juges plus en état de s'y connoître, & de s'en occuper avantageusement pour le Roi & pour le Public.

VIII. *Intérêt de la Capitale au rétablissement des deux Tribunaux.*

Si l'intérêt de tous les habitans, & l'intérêt même du Roi exigent le rétablissement des deux Cours, celui de la Capitale que nos Souverains ont toujours regardée avec distinction, exige aussi qu'on les lui rende.

Le Corps Municipal a dû peindre au Roi le déchet énorme des consommations & la ruine d'une foule de Citoyens.

On a dû instruire Sa Majesté de la perte irréparable que cet événement fera tomber sur les pauvres, portion précieuse de l'Etat, malheureusement trop nombreuse dans la Ville comme par-tout ailleurs ; les aumônes des Magistrats des deux Cours faisoient leur principale ressource ; mais l'intérêt de la Ville a pour appui quelque chose de plus que de simples considérations. Lorsque les trois Etats de ce Duché ont demandé au Roi Louis XII que l'Echiquier fût rendu sédentaire & perpétuel à Rouen, ç'a été pour le bien général de la Province, & après les plus mûres délibérations; son intérêt n'a pas changé, elle n'a pas été consultée sur ce changement ; si elle l'avoit été elle auroit pu certifier entr'autres vérités, que la correspondance continuelle que le commerce établit entre toutes ses Villes & la Capitale, épargnoit des voyages, qui moins longs, mais nécessaires ailleurs, en feroient une charge beaucoup plus coûteuse.

IX. CONCLUSION.

Tels sont les importans objets qui fixent les regards de la Province ; ils ne sont que trop capables d'intéresser tous les Ordres des citoyens ; le bonheur public ne peut se soutenir qu'autant que la Nation verra ses droits subsister.

C'est à la justice du Roi qu'il appartient de les rétablir. Nous devons toujours respecter son autorité ; il est notre pere, il doit toujours trouver dans le cœur de ses enfans l'amour le plus tendre & la plus profonde vénération, lors même que sa religion a été surprise.

Il ne s'agit que de lui montrer la vérité ; il n'ignore pas que c'est le lien de toutes les sociétés, *humanæ societatis vinculum veritas*, il la recevra toujours avec intérêt, avec bonté.

L'anéantissement de notre Echiquer ne nous laisse que nous-mêmes pour exposer à Sa Majesté notre humiliation, nos pertes & nos craintes ; nos loix Normandes nous y autorisent, & à toutes les objections contraires nous pouvons opposer l'autorité décisive d'un grand Roi qu'on n'accusera jamais d'avoir ignoré ses droits. Louis XIV (*a*), après avoir démontré par les preuves les plus solides qu'un Souverain ne peut jamais abroger ni changer les loix d'un pays, sans le consentement des Peuples, a fini par établir que ceux-ci ont toujours la faculté directe de remontrer leurs droits & leurs besoins à leur Souverain ; » bien que les Sujets » n'aient pas droit de contraindre leur Prince par la

[*a*] Traité des droits de la Reine son épouse.

» force à l'exécution des loix & des coutumes, ils » ont néanmoins le droit de l'y obliger par la raison. « Ce sont les propres termes de Louis le Grand. *Et si non vi coactivâ, tamen vi quâdam directivâ quæ Principem ratione ad rectum dirigit.*

Droit précieux des Sujets attachés à leur Roi, vous êtes pour eux un lien sacré ! ils reconnoissent qu'ils ne sont point esclaves, parce que le Trône leur est toujours accessible, & que leur Souverain leur pere ouvre toujours une oreille favorable à leurs doléances.

L'autorité du Roi Louis XIV doit certainement l'emporter sur celle du Ministre qui a qualifié *d'aigreur importune* (*b*) l'usage du droit des Remontrahces des Parlemens. Le Marquis d'Argenson pensoit dans ce moment en homme intéressé à la chose, & trop prévenu de l'idée qu'un Ministre dans son département doit toujours être absolu. La raison, l'équité, le contrat social, tout assure aux Loix une supériorité nécessaire au bien des Peuples & aux véritables intérêts du Roi.

Ce Ministre a aussi blâmé les Etats qu'il a qualifié *d'Assemblées tumultueuses.*

Mais si nous ne conservons ni Etats ni Echiquier, quelles ressources aurons-nous contre les surprises qu'on pourra faire à la religion de Sa Majesté ?

Il n'en restera aucune, extrémité aussi dangereuse pour le Trône, qui tout sublime qu'il est, n'est point à l'abri des surprises, que cruelle pour la Nation qui en seroit toujours nécessairement la victime ; notre malheur actuel ne sera que passager, nous devons nous le promettre.

Sa Majesté transmettra son Royaume à son auguste héritier dans la même forme qu'il l'a reçu de ses illustres Aïeux ; il en a assuré ses Peuples ; il la rétablira donc cette forme précieuse, nécessaire à leur liberté ; ses Prédécesseurs depuis Hugues Capet n'ont pas tiré la Nation Française d'un esclavage pour la plonger dans un autre. La Normandie a des Titres particuliers aussi sacrés qu'authentiques, pour conserver à toujours les

[*b*] Intérêts de la France, chap. 5, art. 6.

loix & les privileges qui ont assuré sa liberté depuis 912, époque de sa création civile, jusqu'à présent; ils sont antérieurs de trois siecles à sa réunion à la Couronne; ils remontent jusqu'au Duc Raoul, près d'un siecle avant que la Couronne ait été fixée dans la famille regnante; ils n'ont jamais été révoqués, parce qu'ils ne peuvent pas l'être: nos Rois les ont toujours confirmés par les motifs les plus glorieux à leur justice, & les plus honorables à la Province; sa fidélité n'a jamais varié, sa récompense doit toujours être la confirmation de ses loix, de ses prérogatives & de son ancien Tribunal, institué avec elles & indivisibles comme elles, pour leur maintien & pour celui de l'autorité du Souverain.

» La justice l'emporte tôt ou tard, elle est le seul » principe du véritable intérêt des hommes.

MANIFESTE AUX BRETONS.

Si tacuerint homines, lapides clamabunt.

C'ÉTOIT trop peu sans doute que depuis vignt mois la France fût en proie aux fureurs d'un Ministre, & la victime de ses passions: il alloit encore forcer les malheureux à bénir l'auteur de leurs maux: il falloit dévouer le citoyen, qui réclame, à la même proscription que le Magistrat qui avoit remontré; il falloit en un mot, enchaîner les cœurs par l'effroi, & enlever aux hommes jusqu'au droit de se plaindre.

Mais les violences ont un terme. L'excès du pouvoir est sa ruine. C'est du sein de l'oppression même que s'éleve toujours la voix qui sauve la liberté en confondant la tyrannie.

» Qu'auriez-vous fait, disoit LOUIS LE GRAND
» au célebre Bossuet, si on eût mis entre le Trône &
» vous un obstacle insurmontable ? . . . SIRE, j'aurois
» crié vingt fois plus haut : quand on défend la vérité,
» on est assuré de triompher tôt ou tard.

Ranimons donc nos forces ; & pour parvenir aux remedes, examinons l'étendue & la nature de nos maux. Ce n'est pas être homme que les sentir & se taire !

Il ne s'agit pas à présent d'un impôt aggravant pour la Nation, & refusé par quelques Corps pénétrés de la misere générale : c'est le projet accidentel d'un Ministre oppresseur qui, après avoir détruit la liberté des personnes, veut anéantir celle des propriétés.

Ce n'est plus le mal-entendu d'un Contrôleur-Général artificieux pour envahir à l'aide d'une négociation fourbe & adroite quelques prérogatives d'une Province, c'est le projet réfléchi du Chef orgueilleux de la Justice qui veut concentrer tous les Ministres en lui seul, & mettre aux fers toute la France, après y avoir mis tous les Magistrats.

Ce n'est plus le ressentiment d'un Ministre particulier contre un ennemi personnel : c'est aujourd'hui le combat du crime d'un seul contre la vertu de tous : c'est la résolution formée d'écarter tous les cœurs libres & généreux pour ne regner que sur des esclaves & par des esclaves : c'est la vengeance du premier Ministre des Loix, contre ces Loix qui l'intimident ; du Chef de la Justice, contre les Magistrats vertueux qui l'inquiétent ; du Président de tous les Tribunaux, contre les Tribunaux antiques & sacrés, dont la seule existence l'effraie : en un mot, le dirons-nous ? Oui, lorsque la fureur autorisée ne respecte plus rien, la liberté expirante peut tout dire : c'est sans doute le systême horrible de mécontenter tous les Ordres pour les soulever tous, & opérer par le fer & le sang une révolution peut-être aussi funeste à la Maison regnante, que favorable au STRUENSÉE de la France.

Autrement, quel seroit donc le but de tant de violences, de violations, de vexations, d'exils, d'emprisonnemens, de parjures, d'usurpations, d'injustices & de contradictions ?

En ce moment des milliers de Lettres de Cachet signées LOUIS sans que ce Monarque y ait pu songer, ont enlevé l'état & la liberté à plus de douze cens Magistrats de la premiere classe, & à des Citoyens de tous les Ordres.

Déja la Nation exposée sans défense à l'avidité d'un Ministre usurpateur, voit ses possessions rançonnées sans Loi, & ses propriétés surchargées d'impôts sans consentement : en plusieurs Provinces, la capitation, les vingtiemes sont doublés & triplés sur le simple ordre du Ministre, & par l'autorité arbitraire des Commissaires Départis.

L'horreur des procédés est poussée à un tel point que l'on n'a pas eu honte de contracter avec des Citoyens aisés, en leur engageant des revenus indéfinis pour des sommes actuelles très-considérables, & de rompre au nom du Roi l'engagement formé en son nom, après en avoir touché le prix, & sans vouloir le restituer. (c)

Eh! sur quoi compter en effet, quand on n'a respecté ni les Loix du Royaume, ni les Capitulations des pays conquis, ni les Contrats sacrés des Provinces.

La Franche-Comté ne s'est soumise à Louis XIV, qu'à des conditions irritantes, que l'on vient de violer au nom de son Successeur.

La Normandie, jadis heureuse sous la domination Anglaise, n'est réunie à la France qu'en vertu d'un Traité solemnel où la dépendance est le prix de la protection; où l'amour & le respect sont invariablement attachés à l'exercice de la justice & de la bienfaisance; où l'engagement consiste d'un côté dans le maintien des Loix & libertés du pays, comme de ses Tribunaux; & de l'autre dans le tribut relatif de soumission & d'hommages; en un mot, où les droits & les devoirs sont respectivement prescrits & signés..... Et tout cela cesse d'exister tout à coup, parce qu'un Edit sans forme, & six cens Lettres de Cachet ont proscrit les dépositaires & défenseurs de ces institutions immuables.

(c) L'affaire de la vente des Communes & Terreins.

Nous n'avons pas de titre moins énergiques, & un sort moins effrayant.

Sur la foi d'un Contrat Synallagmatique, d'un Contrat du 18 Février 1759, signé par des Commissaires revêtus des pouvoirs du Monarque, & pas les Commissaires députés à cet effet par délibération de l'Assemblée de nos Etats du 23 Décembre 1758, nous avions acquis une portion de droits domaniaux par une somme de quarante millions de livres, dont l'emprunt à constitution de rentes à raison du denier vingt, ne s'est fait confiance & rempli avec succès que sur la promesse Royale » d'exemption des deux vingtiemes & sou pour » livre du dixieme, & qu'elles ne pourroient être ré» duites pour quelque cause, & sous quelque pré» texte que ce pût être (*d*). « Des Lettres Patentes données à Versailles au mois de Mars 1759, portant ratification de ce Contrat, avoient été enrégistrées à la Chambre des Comptes de Bretagne le 24 du même mois, & au Parlement le 9 Avril suivant.

Un simple Arrêt du Conseil du 11 Juin 1771, a résolu le Contrat, anéanti l'engagement, attribué au Roi l'objet cédé, les sommes empruntées, les intérêts de l'emprunt, & pour surcroît de tant d'injustices, assujettit les intérêts de la constitution aux vingtiemes & autres impositions dont ils étoient exempts.

Le Code des Rois est-il donc différent de celui des Peuples? La Loi Naturelle, & les Loix du Royaume fixent les bornes du pouvoir de l'un, & la liberté des autres : c'est à leur lumiere qu'il faut considérer ce dernier acte de pouvoir despotique.

Nous avons passé volontairement d'une Domination particuliere sous la Domination Française. Notre union, préparée par le mariage de la DUCHESSE ANNE, avec le Roi LOUIS XII, ne fut consommée que par un Traité qui confirma, maintint & jura inviolables nos libertés & nos droits.

» Qu'en tant que touche, dit le Contrat ou Traité si-

(*d*) Ce Contrat de 1759, porte expressément que le Roi ne pourra en aucun temps rentrer en possession de ces droits aliénés qu'après le remboursement effectif des quarante millions.

gné à Nantes, le 12 Janvier 1498, de garder & conduire le Pays de Bretagne & Subjets d'icelui en leurs droits, libertés, franchises, usages, coutumes & styles, tant au fait de l'Eglise, de la JUSTICE, comme Chancellerie, Conseil, PARLEMENT, Chambre des Comptes & Thrésorerie, Généralité & autres, aussi de la NOBLESSE ET COMMUN PEUPLE, en maniere qu'aucune nouvelle Loi, ou Constitution n'y soit faite, fors en la maniere accoutumée par les Rois & Ducs Prédécesseurs de notredite Cousine. »

Mais ce ne sont là que les dispositions consenties d'un mari chargé de l'administration des biens de son épouse, & un pas timide vers l'entiere jouissance & propriété.

L'union fut convenue & parfaite sous FRANÇOIS Ier. Il fit un voyage en Bretagne, convoqua les Etats à Vannes, & y fit proposer l'union. L'affaire souffrit de grandes difficultés. L'Assemblée de la Nation fit ses conventions d'union. Le Roi voulut que son fils ainé fut couronné Duc de Bretagne à Rennes, & en portât les armes avec celles de France & de Dauphiné. (e)

La Charte de l'union de la Bretagne à la France fut expédiée le 28 Septembre 1552.

» En conséquence, y dit le Roi, inclinant à la priere des Etats fondée en bon sens, & providence des choses qui pourroient advenir, nous avons UNI, joint, UNISSONS & joignons ledit Pays & Duché de Bretagne avec le Royaume de France perpétuellement; voulons & nous plaît que les Droits & Privileges que ceux dudit Pays & Duché ont eu par ci-devant, & ont de présent, leur soient gardés & observés inviolablement, ainsi & par la forme & maniere qu'ils ont été gardés jusqu'à présent, sans y rien changer ne innover, dont avons ordonné Lettres-Patentes en forme de Chartre, leur être expédiées & délivrées,..... & que soient punis aigrement ceux qui directement ou indirectement attenteront au contraire.....«

(e) Abrégé Chronologique de l'Histoire de France par Mézeray, tom. 7, in-12. Histoire de France par Daniel, tom. 5, Edition de Paris 1722, in-4o.

» Et pareillement (ajoute la Chartre du mois d'Août suivant) au fait & administration de la Justice, Villes, Lieux, Communautés d'iceux Pays & Duché voulant que d'iceux (droits, libertés & franchises) ils jouissent dorénavant & ci-après perpétuellement & à toujours, ainsi & par la forme & maniere qu'ils ont par ci-devant fait : bien & duement jouissent & usent encore de présent; reservé toutefois ce que les gens même desdits Etats nous pourrons requérir être réformé ou mué pour le bien, profit & utilité dudit Pays. «

» Si donnons en mandement à nos féaux les Lieutenant-Général & Gouverneur dudit Pays, présens & advenir, gens tenant notre Parlement, & à tous autres Justiciers & Sujets, qu'ils fassent, souffrent & laissent les gens desdits Etats jouir & user pleinement & paisiblement, sans leur faire, mettre ou donner, ne souffrir être fait, mis ou donné aucun détourbier ou empêchement au contraire.... Signé par le Roi, le Cardinal de Montmorency. «

Les Edits postérieurs de Henri III, en 1579, de Louis XIII, en 1611 réiterent les mêmes promesses. Louis XIV les a renouvellées, & le Contrat passé entre le Roi & nous à chaque tenue d'Etats, fortifie l'engagement en le renouvellant.

Les Articles 22 & 23 de ce Contrat sont clairs & précis.

Art. XXII. » Accordent Nos Seigneurs les Commissaires (du Roi), qu'aucuns Edits, Déclarations, Commissions, Arrêts du Conseil & généralement toutes Lettres-Patentes & Brevets contraires aux Privileges de la Province n'auront aucun effet, s'ils n'ont été consentis par les Etats & vérifiés par les Cours Souveraines de la Province, quoiqu'ils soient faits pour le général du Royaume. «

Art. XXIII. » Accordent Nosseigneurs les Commissaires (du Roi) qu'il ne soit rien changé au NOMBRE, QUALITÉS, fonctions & exercices des Officiers de la Province, ce faisant qu'il ne sera fait aucune création d'Officiers, ni de nouvelles Jurisdictions. « Ce qui a été signé par les Parties respectives, lors de la derniere Assemblée des Etats en 1770.

Il n'y a point là d'équivoque. Le Despotisme s'écriera-t-il que le Roi ne fait de serment qu'à Dieu, n'en doit compte qu'à lui ? En voilà de faits au Peuple : c'est donc à la loi de punir le Ministre qui viole le serment du Prince.

L'union de la Bretagne à la France est conclue sous la condition du maintien des droits, libertés & franchises comme du temps de nos Ducs.

La durée de cette union a été cimentée de regne en regne par des nouvelles ratifications ; & c'est toujours le même lien que l'on resserre dans les mêmes points : ainsi l'antiquité de sa formation ne fait que rendre plus sacrée sa conservation ; mais son entretien habituel le rend encore plus solemnel, & atteste perpétuellement les conséquences qui en sont inséparables.

C'est cependant au mépris de tant de Loix fondamentales ; au mépris des paroles de Louis XV ; au mépris de cette reconnoissance solemnelle de l'impuissance heureuse où est le Roi de changer les institutions fondamentales (*f*), qu'au nom de Sa Majesté, mais par l'autorité du Chancelier qui usurpa la sienne, nos Magistrats ont été rassemblés par violence, exclus de délibérer par Lettres de Cachet, renvoyés chez eux de la même maniere, & enfin, sans être plus coupables, exilés en divers lieux, où des ordres qu'ils croient devoir respecter, les tiennent encore enchaînés.

Ce nouvel acte d'infraction de tous les droits est suivi d'un second. En dispersant les Magistrats, un Edit déclare le Parlement anéanti : un autre Edit crée un nouveau Corps d'une structure analogue à l'esprit destructeur qui souffle le trouble & la discorde dans toute la France, & veut que la Province, contre la teneur de son Contrat, solde (*g*) des Juges que les remords agi-

(*f*) Préambule de l'Edit de Février 1771, portant création de Conseils Supérieurs.

(*g*) M. le Contrôleur-Général (l'Abbé Terray) a écrit en conséquence des ordres de M. le Chancelier, au Sieur Magon de la Lande, Trésorier des Etats, de se disposer à commencer le premier paiement des gages des nouveaux Juges à Pâque. Celui-ci a demandé aux Députés de la Province, & aux Commissaires des Etats ce qu'il devoit faire ; ils lui ont répondu qu'il pouvoit

tene, que l'honneur désavoue, & que la voix publique récuse.

Toute la Bretagne est témoin des intrigues & des impostures mises en œuvre pour peupler ce Tribunal honteux. Le succès a été digne des soins. L'indigence, la scélératesse, l'ignorance, le fanatisme, la corruption, l'avilissement, l'ivrognerie, l'avarice y sont assis l'un à côté de l'autre. Le rebut de la Province, l'excrément de nos concitoyens, forment le siege de notre Justice Souveraine. On se demande avec étonnement la cause & les moyens d'une telle métamorphose. Ah! Bretons, pouvez-vous les méconnoître!... La cause fut la vengeance; & les moyens un mélange affreux d'audace & de lâcheté. (h)

L'oppresseur de la France a osé séduire son Roi, il s'est emparé de son esprit, de son pouvoir, il a tourné contre nous les armes même de ceux que nous payons; il a compté sur l'asservissement de nos mœurs, sur l'obéissance aveugle des Officiers, & outrageant tout à la fois le courage éclairé de nos Militaires, & la fidélité de la Nation, il a témérairement abusé de l'une, sans craindre les effets de l'autre....

Mais l'œuvre de la destruction n'est que l'œuvre d'un instant. L'étonnement & l'effroi jettent dans le premier moment, le désordre dans les esprits : la réflexion & l'horreur des suites réveillent le courage, & lui prêtent, en le renouvellant, plus d'ardeur & d'intrépidité.

Nous sommes BRETONS-FRANÇAIS, parce que Charles VIII, Louis XII, François Ier, Henri III, Henri IV, Louis XIII, Louis XIV & Louis XV,

examiner ses engagemens au vis-à-vis des Etats, & en mettre l'extrait sous les yeux du Ministre.

(h) Ce Tribunal postiche vient d'enrégistrer les Edits de prorogation du second 20e, & d'établissement d'autres Impôts nouveaux, sans que ces Edits aient été consentis par l'Assemblée des Etats. Le Procureur Syndic de la Province, espérant arrêter le torrent de l'oppression, a présenté Requête à fin d'opposition à ces enrégistremens vexatoires & destructifs des droits, franchises & libertés du Duché de Bretagne. Ces prétendus Juges l'ont débouté; sauf à lui à se pourvoir [au Conseil du Roi.] C'est ainsi qu'ils foulent aux pieds les Loix constitutives, au mépris desquelles ils ont été créés.

se sont successivement engagés à nous maintenir dans nos droits & libertés.

Nous n'avons renouvellé le Contrat en 1770 avec Louis XV, que parce qu'il a promis & signé qu'aucuns Edits & Déclarations contraires aux Privileges de la Province n'auront effet, s'ils n'ont été consentis par les Etats.

Que parce qu'il a promis & signé qu'il ne sera rien changé au nombre, qualités, fonctions & exercice des Officiers de la Province.

Or il est manifeste que la dispersion à main armée du Parlement de la Province, de ce Parlement qui est originairement, une émanation, ou simplement, un détachement des Etats, qui a été confirmé en Juillet 1769, à la demande des Etats, est une violation ouverte de l'engagement. La substitution d'un nouveau Tribunal & de nouveaux Membres, en moindre nombre, avec d'autres qualités, & un exercice différent, rompt plus encore le Contrat, ou plutôt le résout dans toute son étendue.

Mais ces premieres infractions ne sont encore que des essais : à entendre l'auteur de nos maux, le Roi ne peut changer les Institutions fondamentales (*i*). Les Parlemens ne sont détruits que pour rendre à la Nation la liberté primitive, & ramener les choses autant qu'il est possible à leur premiere & saine institution (*k*). Déja les Etats de Languedoc, de Bourgogne, d'Artois, de Provence & de Foix ont été consultés pour la prorogation des vingtiemes & sous pour livre; & l'imposteur Marin (*l*) a débité avec emphase dans sa Gazette leurs délibérations extorquées.

Telle est la marche tortueuse du Chancelier, il n'est jamais si faux que lorsqu'il annonce des vérités consolantes : & s'il invoque des principes immuables, c'est

[*i*] Discours de M. le Chancelier Maupeou au Lit de Justice du 13 Avril 1771, & Edit de Février 1771, déja cité.

[*k*] Préambule des Lettres-Patentes du 14 Mai 1771, concernant les Conseillers d'honneur au Parlement.

[*l*] Le Sieur Marin, Censeur Royal & de Police, chargé de la direction & de la composition de la Gazette de France.

pour aveugler sur les désordres qu'il médite. Dans le temps même où il met dans la bouche du Roi les assertions les plus recommandables, ce Protée fait écrire par ses Ecrivains à gages » Que les Etats des Provinces sont la preuve que les Corps multipliés sont une source d'abus & d'indépendance. Dans toutes ces assemblées, dit l'anonyme, que des temps éloignés, & des motifs alors reçus autorisoient, & par suite ont tolérés, la volonté du Monarque est toujours contrariée ; l'inflexibilité paroît être le partage du sujet, lorsque la douceur caractérise le Souverain. Un temps viendra, ajoute-t-on, que l'uniformité mettra à la place des privileges la Justice & la vérité. Que c'est enfin cette opposition aux demandes les plus justes du Prince, puisqu'on finit par en accorder l'effet sur les représentations de ses Commissaires toujours porteurs du symbole de paix. »

C'est ainsi qu'ose s'exprimer sous le titre insultant de vœu de la Nation (pag. 3 & 4) un Libelle daté de Versailles, c'est-à-dire du cabinet du Chancelier, le 30 Décembre 1771, neuf mois après l'Edit qui déclare inviolables les Institutions fondamentales (*m*), & dans l'instant même où la Gazette faisoit parade des délibérations de quelques Etats Provinciaux. Mais ce que l'Ecrivain du Chancelier ne craint pas de publier, le Duc de la Vrilliere son écho ne cesse de le répéter avec indécence à nos Députés : » Il faut que les Etats se soumettent, (répond-il éternellement à leurs diverses demandes) le Roi n'aime pas la résistance, & s'ils ne veulent pas obéir ils seront cassés dès le troisieme jour. « Propos insultant & insensé ! ... puisqu'il suppose que nos Etats sont une assemblée d'esclaves, ou (ce qui est absurde) que le mandataire de la Nation assemblée a plus de pouvoir & d'autorité que ses mandants.

Il n'y a donc rien de sacré suivant le système actuel ; la parole du Roi n'est qu'un leurre, & les promesses du Chancelier des fourberies préparatoires. L'excès de la fureur de ce Ministre lui fait adopter, comme on le voit, des motifs contradictoires. Plus Roi que le Roi qui en a

[*m*] Edit de Février 1771.

le titre, il avance tour-à-tour & recule ; il contracte, & résout ; il promet & se dément ; il desire le rétablissement des premieres & saines Institutions, & il fait imprimer que les assemblées des Etats sont des sources de troubles & d'abus ; il veut alors anéantir tout obstacle aux volontés du Roi, & il avoue que ces Etats indépendans finissent toujours par accorder l'effet des demandes du Monarque. Tout ce qui résulte donc de tant de contradictions, est l'incertitude assurée de tous les droits, & le projet annoncé d'exécuter sur nos Etats, nos Libertés, nos Personnes & nos Biens, ce qui vient d'être tenté sur nos Magistrats. Un temps viendra... Voilà la Prophétie dont l'accomplissement est dans l'esprit & les mains de l'Auteur. Il faut nous attendre à tout, pour tout prévoir, en opposant la résistance légale des Citoyens à la violence ouverte d'un Ministre Tyran.

Le régime actuel & les événemens prédits sont trop parfaitement contradictoires avec la convention signée. Il n'y a pas de milieu, l'accomplissement des promesses, ou la nullité des engagemens, & par conséquent de l'union & de la dépendance, &c. &c. &c.

Ces conséquences ne peuvent effrayer que ceux qui, dirigés par une longue habitude, n'ont jamais réfléchi sur le principe de leur existence. *Ils pourroient être négligens* sans risquer, en temps de paix & sous le regne de la bonne foi : mais quand l'honneur, la vie & les biens sont également menacés ; quand un Ministre Tyran se fait un jeu de tous les Traités, méprise les Ordonnances, rit de la misere publique, & n'a de satisfaction que dans son accroissement, on est fondé à rechercher ses titres & à faire valoir ses droits.

Les nôtres sont imprescriptibles, & sans obscurité. Ils présentent toutes les qualités essentielles des engagemens parfaits : une cause, un objet, des contractans.

La cause est *évidemment d'une part*, la *protection promise*, & de l'autre, la soumission conservée.

L'objet est la convention même faite en vue de la cause, & d'où dépend nécessairement l'un de ses effets, selon la circonstance.

Enfin les contractans sont le Roi représenté par ses

Commiſſaires, & les Etats ſtipulant par leurs Députés.

Il y a donc un Contrat réel, un Contrat ſocial, que les contractans ſont reſpectivement tenus d'exécuter, à moins de s'expoſer à tous les effets de l'inexécution.

Dès que le Contrat eſt conſtant, la Loi qui le regle eſt connue. Dans les Contrats particuliers, l'infraction donne ouverture à deux eſpeces d'actions ; celle pour contraindre à l'exécution, ou l'action en dommages & intérêts réſultant de l'annihilation du Contrat violé.

Les principes ne changent point avec les objets ; ils ne ſont que s'étendre ou ſe reſtreindre. La nature des choſes eſt toujours la même, la différence ne conſiſte que dans le plus ou le moins.

Les engagemens privés ont pour objet la ſûreté du bien ou de la perſonne, & des jouiſſances d'un ou de pluſieurs particuliers.

Les pactes nationaux traitent de la paix, de la tranquillité, du bonheur de tout un peuple : ce ſont donc les mêmes regles pour tous ; & ſouvent la ſanction pénale eſt exprimée, mais toujours ſous-entendue.

C'eſt ainſi qu'André II, Roi d'Hongrie, partant pour un long voyage, ſigna un Traité avec ſa Nobleſſe, où on lit cette clauſe, qui eſt de droit dans tous les actes de cette nature.

» Si moi, ou mes Succeſſeurs, en quelque temps que » ce ſoit, veut enfreindre vos privileges, qu'il vous ſoit » permis en vertu de cette promeſſe, à vous & à vos » deſcendans de vous défendre ſans pouvoir être traités » de rebelles.

On ſe ſouvient de l'imprécation ſolemnelle & récente du Roi de Suede contre quiconque oſeroit lui conſeiller de donner quelque atteinte aux Loix fondamentales du Royaume, ou le porter à des actes de deſpotiſme (*n*).

(*n*) Guſtave III, Roi de Suede en 1771, adreſſa au Sénat de ſon Royaume le 25 Mars de cette année [de Paris où Sa Majeſté ſe trouvoit alors] une Déclaration conçue en ces termes :

„ Appellé en qualité d'héritier au Gouvernement par la Providence divine, & en conſéquence de l'ordre de ſucceſſion établi par les Etats, je croirois ne pas aſſez reconnoître les tendres ſentimens que les Sénateurs du Royaume ont toujours témoigné pour ma perſonne : ſi, dès mon premier pas vers le Trône, je ne leur donnois

» Nos sires nous ordonnent qu'il ne soit apporté aucun empêchement ni trouble
» à l'exercice de nos droits, libertés & franchises. »

La Loi sociale & les exemples sont donc d'accord avec la Loi naturelle, pour nous prescrire une résistance légale que les seuls partisans ou coupables de Tyrannie peuvent pour leur intérêt appeller rebellion. Si c'en étoit une, nos augustes Princes du Sang Royal seroient donc les premiers criminels, & l'Europe entiere donne des éloges à leur grandeur d'ame. Il n'y a point de François qui ne doive se ranger sous leurs drapeaux : l'indolence deviendroit la source de la servitude dont nous serions les vrais coupables.

Si chez une Nation libre, il s'éleve un Despote qui écrase tout sous ses mains sanglantes, sous ses aveugles volontés, il ne faut pas en accuser les Loix, mais la lâcheté de ceux qui ne s'opposent pas au despotisme, ou qui l'endurent, quoique dans nul endroit de la terre un seul homme soit plus fort que plusieurs qui prétendent être libres & secouer leurs chaînes. Tous les Despotes ressemblent à Tibere, qui étoit lui-même surpris de ce que les Romains n'avoient pas le courage de le contredire, [illegible] lui désobéir ; & qui voyant le Sénat rampant à ses pieds, s'écria d'indignation, *O hommes nés pour la servitude !* [illegible] exemple pris de l'histoire d'une République expirante sous le pouvoir arbitraire, doit nous convaincre que les esclaves sont quelquefois aussi coupables que les Tyrans.

[illegible] les plus inviolables, que la voix de mon sang & de ma vie je maintiendrai leurs droits & libertés [illegible] de ma décision ; Mon intention & mon [illegible] éloigné de ce qu'on entend par le mot de pouvoir arbitraire, [illegible] par ces assurances solemnelles, & sur ma parole de Roi, que non-seulement je suis entiérement dans le dessein de gouverner mon Royaume par l'accomplissement de tous les points que prescrivent les Loix de la Suede, & suivant la forme du Gouvernement de 1720, sur laquelle j'ai déjà prêté serment, mais que je regarderai comme ennemis déclarés de ma Personne & du Royaume, & comme traîtres à leur Patrie, ceux qui secrétement, ou ouvertement, & sous quelque prétexte que ce soit, chercheroient à rappeller une autorité sans bornes, ou ce que l'on appelle souveraineté. » [illegible] de France, année 1772, du 17 Mai, pag. 114.

Tyrans

Tyrans, & qu'il est difficile de savoir si la liberté a plus à se plaindre de ceux qui l'envahissent, que de ceux qui ne la défendent pas.

Revenons donc à notre texte :

Si homines tacuerint, lapides clamabunt.

TABLEAU

DES Monumens qui constatent l'origine du Parlement de Bretagne, & qui démontrent l'impossibilité de sa suppression.

Tolle & lege

1772.

SAns remonter à l'origine des Bretons & à leur établissement, examinons comment la Justice civile & criminelle a été administrée au Duché de Bretagne en premier & en dernier ressort depuis le 11e siecle : c'est l'époque de l'abolissement de l'esclavage en Bretagne comme en France ; les Peuples sortirent alors de l'anarchie, & les Souverains jetterent les fondemens de leur autorité sur des principes solides.

D'abord il n'y avoit point de ressort en matiere criminelle. Les Officiers du Duc de Bretagne, dans les Justices Domaniales que l'on nommoit *Barres Ducales*, & ceux des grands Seigneurs dans leurs Justices jugeoient sans appel (*o*) de toute espece de crimes, & faisoient

(*o*) Vers la fin du treizieme siecle, Philippe le Bel, Roi de France fut forcé de défendre à son Parlement de Paris de recevoir certains appels qu'on y avoit voulu porter des Cours du Comté (ou Duché) de Bretagne ; & ce Roi reconnut lui-même le droit de Jurisdiction souveraine qui appartenoit à ce Prince. Mémoires pour servir à l'histoire de Bretagne par Dom Morice, t. 1, pag. 1037 & 1074. Charles VI à la fin du siecle suivant fut obligé de confirmer dans une forme plus précise encore, ce droit des Ducs de Bretagne. Même collection, tome 2, pages 580 & 581.

exécuter leurs Sentences. Cet usage se maintint sous les Rois Charles VIII, Louis XII, & même au commencement du regne de François Ier. C'est sous ce dernier Roi qu'après l'union du Duché de Bretagne à la France, les appels s'introduisirent lors de la publication de l'Ordonnance de l'an 15[illegible]8 (p).

L'appel en matieres civiles commença à avoir lieu quand les Seigneurs cesserent de juger eux-mêmes leurs vassaux, c'est-à-dire vers le onze ou douzieme siecle. Mais après les Cours ou Barres Ducales ou Seigneuriales, qui jugeoient en premiere instance, il n'y avoit point d'autre Tribunal supérieur que le Parlement général : c'est ainsi que l'on nommoit l'Assemblée des Etats.

Cette Assemblée étoit composée du Duc, des Evêques, des Abbés, des Députés des Chapitres, des Barons, des Bannerets & autres Gentilshommes, & enfin des Représentans des villes qui y furent appellés au commencement du quatorzieme siecle (q).

Cette Assemblée nationale prenoit connoissance de toutes les matieres d'administration du Duché. Le droit de lever des impôts, de faire des loix & de réformer les abus lui appartenoit : elle seule pouvoit faire des changemens dans la législation & dans la distribution de la Justice souveraine. Ce n'étoit que dans ces Parlemens généraux que l'on proposoit, que l'on discutoit, que l'on donnoit force de loi, par l'enrégistrement & la publication, aux Statuts & Réglemens que l'on jugeoit nécessaires au bien de l'Etat.

Lorsque le Comte Géoffroy fit sa fameuse Assise pour le partage des Baronnies & des Fiefs de Chevalerie, ce fut dans l'Assemblée des Gens des trois Etats, tenue à Rennes en 1185. On donna copie de cette Loi nouvelle aux grands Barons de Rohan, de Léon, de Châ-

(p) Consultations d'Hevin, Consult. 3, page 6, édition de Rennes 1734, in-4°. Questions féodales, par le même, chap. 2, page 91, édition de Rennes, 1736.

(q) Procès verbaux des Généraux Parlemens tenus à Vannes en 1451, 14[illegible] & 1472, au tome 2 du Recueil des Preuves de l'Histoire de Bretagne, par Dom Morice, colonnes 1564, 167[illegible], & tome 3, colonne premiere.

teaubriand, de Vitré, &c.... pour le faire garder & observer dans leurs terres (r).

L'Etablissement & Ordonnance du Duc Jéhan I de 1259, *touchant les Plaidoyers*, fut scellée non-seulement du Scel Ducal, mais encore de celui des Prélats & des Barons ; le même concours eut lieu pour les Lettres de mutation du Bail en rachat en 1275 (*s*).

L'Ordonnance du Duc Jéhan II, interprétative de l'Assise du Comte Géoffroy, fut faite & ordonnée dans l'Assemblée du Parlement Général à Vannes, après la Saint Martin 1301 (*t*).

Ces Assemblées (des Gens des trois Etats) jugeoient souverainement toutes les appellations des Cours inférieures. On en voit la preuve dans les Constitutions du Duc Jéhan V, faites en Parlement de Bretagne tenu à Vannes en 1424 (*u*).

A l'article 18 de ses Constitutions, est celle qui créa *Parlement des Interlocutoires* (*x*), comme dit le Duc, *après en avoir délibéré avec son Parlement.* » Plusieurs » de nos Sujets font des appellations frivoles de nos Ju- » ges ordinaires à notre Parlement sur interlocutoire ; » retardant le principal de cause, pour dissimuler & re- » tarder le bon droit d'aultrui ; & parce que nos Parle- » mens (Assemblées des Etats) tiennent de loin à loin, » dont il advient que les bonnes Causes sont tellement » allongées & retardées.... à quoi désirant pourvoir.... » *avons par délibération du Parlement, ordonné & fait* » *loi*, que désormais les appellations faites sur interlocu- » toires, qui n'emporteront principal de cause, seront » terminées comme de Parlement une fois l'an, par no- » tre Président & notre Conseil, qui s'assemblera le jeudi » après *Jubilate* (*y*) &c...

Ce Tribunal qui fut nommé le Parlement des interlocu-

[*r*] Preuves de l'Histoire de Bretagne par Dom Morice, tome 1, colonne 705.

[*s*] Même volume, colonnes 971 & 1037.

[*t*] Même volume, colonne 1166.

[*u*] Preuves de l'Histoire de Bretagne, tome 2, colonne 1 5 2 & suivantes.

[*x*] Même volume, colonne 1147.

[*y*] C'est le Jeudi de la troisieme semaine d'après Pâque.

toires, n'empêcha pas que la sanction des loix, & la décision souveraine des causes principales ne fussent un des objets les plus importans des Parlemens Généraux.

Au Parlement tenu à Vannes en 1450, dont on a parlé, le Duc Pierre II proposa ses premieres Constitutions en vingt-cinq articles. Elles y furent *examinées, reçues & enregistrées* (a) ; ensuite l'Assemblée des Etats *procéda au jugement des causes* qui y étoient portées par appel. Leur grand nombre prolongea sa séance pendant plusieurs mois (b).

Au Parlement ou Assemblée tenu dans la même Ville en 1451, le même Duc fit publier ses secondes Constitutions (c), & on procéda au jugement des appeaux.

Au Parlement de 1456, il y eut une pareille Constitution par rapport aux appellations que les parties interjettoient pendant le temps de l'Assemblée du Parlement.

Enfin en 1485, aux Etats & Parlement Général tenu à Nantes, *par l'avis & conseil des Sieurs de son sang, des Evêques, Barons, & autres Gens de ses Etats*, le Duc François II, par Lettres du 22 Septembre, créa un Parlement sédentaire composé d'un Président & de douze Conseillers, cinq Ecclésiastiques, & sept Laïcs, avec un Greffier (qui étoit le Greffier des Etats) pour être tenu régulièrement tous les ans depuis le 15 Juillet jusqu'au 15 de Septembre (d).

Les troubles qui agiterent la Bretagne pendant les deux dernieres années du Duc François II, & la minorité de la Duchesse Anne sa fille, avoient empêché ce Parlement de tenir régulièrement ses Séances, que l'on appella les *Grands Jours*. Le Roi de France, Charles VIII, ayant épousé la Duchesse Anne le 6 Décembre 1491, rétablit ce Tribunal sous le nom de *Grands Jours du Parlement*. Son Edit du mois de Novembre 1495, fut donné *à la priere, pour le bien, utilité & soulagement des Sujets du Duché*. Il fut *reçu, lû & publié en la Congrégation & Assemblée des Seigneurs des Etats* (qui avoient tou-

[a] Preuves de l'Histoire de Bretagne, tome 2, col. [illegible]
[b] Même tome, colonne 1572 & suivantes.
[c] Même tome, colonne 1647.
[d] Preuves de l'Histoire de Bretagne, tome 3, colon. 378.

sous la Sanction des Loix), de ce Pays & Duché (d).

Cet enrégistrement des Etats est du 31 Mai 1486. Depuis cette époque, on voit encore un grand nombre d'enrégistremens de Loix générales faits aux Etats.

Le Parlement ou Grands Jours continua de tenir ses Séances tous les ans jusqu'au mois de Mars 1553, que le Roi Henri II, *mû & persuadé par plusieurs plaintes, clameurs & doléances des Gens des trois Etats* du Duché de Bretagne, l'établit Semestre; ses Séances étoient de trois mois chacune, & se tenoient alternativement dans les villes de Rennes & de Nantes (e).

Ce même Edit donné, comme on le voit, *à la requisition des Etats, & suivant leur vœu*, supprima les Séances du Tribunal appellé Grands Jours.

L'Auteur d'une feuille de huit pages, intitulée *Droits de la Province de Bretagne relativement à l'administration de la Justice*, a osé avancer qu'en 1553, le Roi Henri II, en érigeant le Parlement, & le rendant Semestre porta *une première atteinte au Traité* (fait par le Roi Louis XII) & *au Contrat* qui se renouvelle à chaque assemblée des Etats entre le Roi & les Sujets du Duché. Les termes textuels de l'Edit de 1553 apprennent qu'il ne fut rendu que *sur les représentations, plaintes, clameurs & doléances des Gens des trois Etats*. La conduite de Henri II, loin de porter aucune atteinte, fut conséquente au Traité ou Chartre d'union du 21 Septembre 1532, qui en affirmant qu'il ne seroit rien changé ni innové au fait & administration de la Justice, *réserve toutefois ce que les Gens même des Etats pourroient requérir être réformé, ou mué, pour le bien, profit & utilité dudit Pays*. Ce sont les termes même de la Chartre. Il suffit de jetter un coup d'œil sur ces titres, pour être convaincu de la mauvaise foi de l'anonyme.

(d) Même tome, colonne 781 & suivantes. Voyez aussi la collection d'Edits, Déclarations & Lettres-Patentes concernant le Parlement de Bretagne, depuis son érection jusqu'en 1754. Rennes, chez Vatar, in-4o. p. 1.

(e) Edit de Henri II, portant établissement de la Cour de Parlement, Mars avant Pâque 1553, même collection, page 5 & suivantes.

Il ne se contente pas de tronquer les passages & d'altérer les autorités, il prend encore la peine d'être inintelligible ; il dit par exemple, page 7 « que nous avons » confondu les changemens faits à notre Constitution » avec notre Constitution même, & nos malheurs avec » nos droits. » On soupçonne aisément toute la finesse d'esprit de ce passage : il n'y en a sûrement pas moins dans la maniere dont cet auteur justifie la prétendue suppression du Parlement, & l'institution du Tribunal postiche ; parce que les anciens Magistrats avoient, dit-il, besoin d'une utile réforme ; comme si c'étoit réformer que de détruire, ou comme si l'on épuroit un Corps en lui substituant des Membres corrompus.

Dès 1557 le même Roi créa quatre nouvelles Charges, & divisa le Parlement en deux Chambres ; l'une de Grand'Chambre, & l'autre des Enquêtes. Ces accroissement & disposition ne furent faits qu'après avoir *mandé aux Gens des trois Etats de regarder & aviser ce qui leur sembleroit le plus a propos pour le bien ; soulagement & commodité des Sujets du Duché* (*f*). Ce ne fut point *une altération soufferte sans réclamation*, comme on l'a faussement avancé à la page 5 du Libelle déja cité.

Les Etats demanderent aussi, & obtinrent la suppression du Conseil de Bretagne, Tribunal érigé par le Roi Charles VIII, & dont la compétence ne s'étendoit qu'aux Matieres Bénéficiales.

Sur les Requêtes respectives des Citoyens Bourgeois, Manans & Habitans des villes de Rennes & de Nantes,... les voix des Gens des trois Etats recueillies.... l'avis & délibération des Gens des trois Etats.... Le Roi Charles IX donna l'Edit du 4 Mars 1560, qui ordonne que la séance du Parlement qui séoit à Nantes, sera transféré à Rennes, & rend le Parlement sédentaire en cette derniere Ville (*g*).

L'érection de la Chambre de Tournelle a pour époque l'année 1575 ; & cinq ans après, 1580, Henri III créa la Chambre des Requêtes (*h*).

[*f*] Termes de l'Edit de Henri II, donné à Compiegne, en Juin 1557, même Collection, pages 26 & 27.

[*g*] Même Collection, pag. 33 & suivantes.

[*h*] Même Collection, pag. 37 & suivantes, 43 & suivantes.

L'auteur de la feuille anonyme déja citée, insiste fortement (pages 5, 6 & 7) sur les oppositions que les Etats formerent aux créations successives d'Offices qu'exigeoit le service des deux nouvelles Chambres. La réponse aux déclamations du Libelliste a été faite il y a cinq ans par l'ordre même des Gens de Loi de la Province. Le témoignage de ce Corps aussi distingué par son attachement à la vérité que par ses lumieres, ne peut être récusé raisonnablement. « L'opposition des Etats » (à ces créations d'Offices) fondée sur un principe » d'économie; en ce que leur état de fonds est chargé » d'une partie des gages des Officiers du Parlement, » ne sert qu'à faire voir que l'intérêt public l'emporte » sur celui de la finance. Nous ne voyons de leur part » aucune réclamation depuis 1593 & 1597: au contraire, » ou ils ont eux mêmes requis les créations subséquen- » tes, ou ils ne s'y sont point opposés, convaincus » qu'elles étoient utiles & nécessaires.

» En effet, l'Edit de 1575 pour l'érection de la Cham- » bre de la Tournelle, porte que *l'expédition des Procès » criminels étoit souvent remise & retardée par les occu- » pations ordinaires de la Grand'Chambre & de la » Chambre des Enquêtes, empêchées au jugement des » Procès civils, au grand préjudice des Sujets du Roi; » que pourtant il étoit requis & nécessaire pour faciliter » l'expédition des Procès civils & criminels, & rendre » plus promptement la Justice, d'établir, &c.*

» La création de la Chambre des Requêtes eut de » même pour motif *le bien de la Justice, le soulagement » des Sujets du Roi, la décoration & la dignité de la Cour » de Parlement.* Ainsi ces deux nouvelles Chambres ne » doivent point leur établissement au besoin des finances, » elles avoient une cause favorable & nécessaire dans » l'ordre de l'administration de la Justice (1).

Le nombre des procès étant augmenté en proportion des progrès de l'agriculture, du commerce & des arts,

(1) Représentations de l'Ordre des Avocats au Parlement de Bretagne au Roi du 7 Mars 1767, au sujet de la dispersion du plus grand nombre des Membres du Parlement, & pour demander l'abrogation de l'Edit de Novembre 1765.

l'intermission des Semestres fut reconnue incommode, à cause du changement des Juges. *Les États en firent une plainte publique dès l'an 1579, la réitérent souvent depuis, & finalement par leur cahier général de remontrances de leur dernière Assemblée* (k) de 1600. Ce fut sur ces plaintes & remontrances réitérées, que le Roi Henri IV ordonna par Edit du mois de Juillet 1600, que les séances du Parlement, qui étoient chacune de trois mois, seroient désormais de 6 mois (l).

L'Edit de Louis XV de Mars 1724, qui a réuni les deux Semestres du Parlement en une seule Cour de Parlement ordinaire, a été le résultat de l'examen des *différens Mémoires des Maire & Echevins de la ville de Rennes, & des Sujets zélés de la Province de Bretagne* (m).

Un Edit du mois de Novembre 1765, surpris à la Religion du Monarque, déclara réduire à 60 le nombre des Officiers du Parlement. Cette entreprise excita une réclamation générale en Bretagne. L'ordre de la Noblesse, celui des Avocats au Parlement (n), les Corps de la ville de Rennes & de plusieurs autres villes, les Officiers de la Sénéchaussée & Présidial, les Juges-Consuls, le Corps du Commerce, les Communautés des Procureurs, &c., adresserent au Monarque leurs Représentations respectueuses.

En 1768 les trois Ordres des États assemblés en la ville de Saint-Brieuc, se réunirent pour donner au Roi des preuves éclatantes de zele & de fidélité, & demanderent avec instances le rappel de l'universalité des Membres du Parlement.

Enfin, le Roi reconnut qu'il avoit été surpris. Sa Majesté rendit la liberté aux Magistrats retenus en exil depuis quatre années, & donna son Edit du mois de Juillet 1769, qui abrogea celui de Novembre 1765.

L'article 1 porte que « *la Cour de Parlement sera com-*

[k] Termes textuels du préambule de l'Edit de 1600. Même Collection, page 45.

[l] Le même Edit, page 46.

[m] Termes textuels de l'Edit de 1724. Même Collection, page 66.

[n] L'Ordre des Avocats [illegible] au Roi jusqu'à six diverses Représentations ou Lettres.

» *posée à un Office de Premier Président, neuf Offices de* » *Présidens, six Offices de Présidens aux Enquêtes, un* » *de Président aux Requêtes, & quatre-vingt-huit Offi*» *ces de Conseillers.*

Le Législateur reconnoît expressément dans le préambule de cet Edit de 1769, » que le nombre alors ac» tuel de ses Officiers ne pouvoit suffire à l'expédition des » affaires, & que le rappel des Magistrats dont l'expé» rience garantit la capacité est devenu indispensable » pour rendre à sa Cour de Parlement l'activité néces» saire au bien de la Justice.

La simple lecture du Contrat des Etats avec le Monarque, qui est renouvellé & imprimé tous les deux ans dans chaque Assemblée ou tenue des Etats, suffiroit seule pour établir leur droit.

Article XXII. » Accordent Nosseigneurs les Com» missaires (du Roi) qu'aucuns Edits, Déclarations, » Commissions, Arrêts du Conseil, & généralement » toutes Lettres Patentes & Brevets contraires aux » privilèges de la Province n'auront aucun effet, s'ils » n'ont été consentis par les Etats, & vérifiés par les » Cours Souveraines de la Province, quoiqu'ils soient » faits pour le général du Royaume.

Article XXIII. » Accordent Nosseigneurs les Com» missaires (du Roi) qu'il ne sera rien changé au nom» bre, qualités, fonctions & exercices des Officiers de » la Province, se faisant qu'il ne sera fait aucune créa» tion d'Offices, ni de nouvelles attributions.

Ce Contrat, passé entre des Commissaires revêtus des pouvoirs du Monarque, & les Commissaires députés de l'Assemblée des Etats, a été signé par les Parties respectives au mois de Décembre 1770.

Que résulte-t-il en dernière analyse des titres que le lecteur a sous les yeux? Deux conséquences qui assurent que dans le principe, notre Gouvernement étoit modéré, & nos Concitoyens libres.

Premiérement, le Parlement est une émanation des Etats, & chargé en cette qualité de la manutention des Loix, & de la distribution de la Justice Souveraine.

Secondement, cette administration ne peut être changée sans le gré & le consentement des Etats.

Voilà ce que nous sommes en droit d'exiger. Comparons ce qu'on s'est cru en droit de faire.

En 1485, François II, Duc de Bretagne, créa un Parlement sédentaire, par l'avis & conseil des Etats (o); en 1771, Louis XV le supprime contre le vœu des Etats.

En 1769, Louis XV rétablit les Magistrats dans leurs fonctions, après avoir reconnu que » *leur expérience* » *& leur capacité sont devenues indispensables, pour ren*» *dre l'activité nécessaire du bien de la Justice* (p); & » en 1771, c'est encore pour rendre à la Justice l'acti» vité qu'elle a perdue depuis long-temps (q), » qu'il déclare supprimer ces mêmes Magistrats, & les interdit de leurs fonctions.

En 1770, le Roi s'engage vis-à-vis des Etats » *à ne* » *rien changer aux nombre, qualités, fonctions & exerci*» *ce des Officiers de la Province* (r); « & ce sont précisément les nombre, qualités, fonctions & exercice des premiers Officiers de la Province qu'il change en 1771.

En 1770, le Roi s'engage vis-à-vis des Etats » *à ne* » *faire aucune création de nouveaux Officiers & de nou*» *velles Jurisdictions* (s); « & en 1771 on voit paroître de nouveaux Officiers, une nouvelle Jurisdiction.

Peut-on dire après cela, sans insulter la Nation, » *qu'il est des institutions sacrées & fondamentales que* » *le Monarque est dans l'heureuse impuissance de changer:* » (t) *qu'il doit transmettre à ses successeurs son Etat avec* » *la même constitution qu'il avoit lorsqu'il l'a reçu* (u)? «

[o] Voyez ci-devant page 294, la note 24.

[p] Edit du mois de Juillet 1769, pour la réunion de l'universalité des Membres du Parlement de Bretagne.

[q] Edit de Septembre 1771, pour la suppression du Parlement de Bretagne.

[r] Article 23 du Contrat déja cité.

[s] Même article du même Contrat.

[t] Préambule de l'Edit de Février 1771, portant création de Conseils Supérieurs, & Discours de M. le Chancelier de Maupeou au dernier lit de Justice.

[u] Réponse du Roi aux Remontrances de la Cour des Aides de Paris, concernant la Déclaration du 7 Février 1768, imprimée à l'Imprimerie Royale en 1768.

Les faits déposent contre les paroles ; & la bonne foi demande vengeance des outrages qu'elle reçoit ! . . . C'est pour y mettre le comble, sans doute, que prévoyant des réclamations indispensables, ce pouvoir qui foule tout aux pieds, annonce, si elles ont lieu, la cassation de l'Assemblée de nos Etats.

On n'a pas respecté les Dépositaires des Loix, on ne respectera pas plus les Représentans de la Nation.

L'alternative sera donc de se soumettre au joug ou de le laisser imposer ; de subir le sort d'esclaves, ou d'en avoir les sentimens. Mais la menace de cassation des Etats, constate seule l'injustice, en attestant à la fois la violation, la réclamation & la violence employée pour étouffer ce cri national, qui rend nul tout ce qui peut s'opérer à son mépris.

PLAN D'UNE CONVERSATION ENTRE UN AVOCAT ET M. LE CHANCELIER.

AYANT tout lieu de penser, mon cher Ami, que je serai incessamment appellé chez M. le Chancelier, pour y rendre compte de notre cessation de fonctions, & de ses motifs, j'ai cru devoir me préparer à cette Conversation importante. Je désire qu'elle soit noble, respectueuse, & décente. Je ne puis mieux m'adresser qu'à vous, pour vous prier de me diriger en cette occasion ; & j'ai jetté sur le papier, pour vous seul, d'après la manière dont je suppose qu'il me parlera, ce que je crois pouvoir lui répondre, pour ne blesser ni l'autorité, ni ma conscience.

CONVERSATION

ENTRE M. le Chancelier & un Avocat au Parlement de Paris.

M. LE CHANCELIER.

Eh bien, mon Ami! êtes-vous donc toujours résolu, vous & vos Confreres, à vous refuser aux fonctions auxquelles le Public a droit, & qui sont depuis si long-tems suspendues?

L'Av. J'ignore, Monsieur, si mes Confreres y sont toujours résolus; je présume, au reste, que leurs sentimens sont les miens; mais je ne puis vous répondre que de ma détermination, & non de la leur. Nous ne nous assemblons point; nous nous abstenons soigneusement de tout ce qu'on pourroit appeller *conventicule*. Nous sommes unanimes sans concert, & retirés chacun dans nos maisons, nous n'avons pour guides que nos Sermens & les Loix.

Le Ch. Mais ce sont précisément vos Sermens que j'invoque contre vous. Vous avez fait serment de servir le Public, & vous lui refusez vos secours.

L'Av. Notre serment, Monsieur, vous le savez mieux que personne, vous entre les mains de qui plusieurs d'entre nous l'ont prêté & renouvellé tant de fois, est d'observer les Ordres & les Loix du Royaume; & c'est pour le remplir religieusement, que nous nous abstenons de concourir directement ni indirectement à ce qui nous paroît leur être contraire. J'ajouterai encore que nous croyons donner par-là la plus forte preuve de notre patriotisme & de notre véritable zele pour le Roi, qualités inséparables dans un Français.

Le Ch. Si bien donc, qu'à vous entendre, mes opérations sont contraires aux Loix & au véritable intérêt du Roi & de l'Etat. Je serois curieux de voir comment

[illegible] je ne m'en étois pas douté ; & je me flattois même que la postérité plus équitable que vous autres me sauroit quelque gré d'un courage qui coûte quelquefois à ma sensibilité, par les maux passagers qu'entraîne malgré moi une opération vigoureuse, & prise en grand.

L'Av. Je ne juge point, Monsieur, vos motifs, & j'aime même à les admettre tels que vous me les présentez. Il me seroit dur de penser que le chef de la Magistrature eût les passions d'un homme privé ; ainsi je veux que le zele seul vous ait entraîné au point où nous sommes aujourd'hui ; mais le zele n'est pas toujours un guide infaillible.

J'espere qu'aussi vous admettrez à votre tour que le zele seul anime notre résistance, & nous en offrons même une preuve qui n'est pas équivoque dans le sort que cette cessation si longue nous fait éprouver. Nous sommes six cens & plus, tant sur le tableau qu'aspirans à y être. Très peu d'entre nous peuvent se passer de leur état ; cependant nous en faisons un généreux sacrifice. Vous estimez notre Ordre ; la plupart de ses Membres vous sont connus. Vous savez qu'il est composé de citoyens honnêtes, vertueux, éclairés & fideles. Lors donc que six cens personnes, dont plusieurs n'ont pas toujours les mêmes idées, soit sur les questions politiques & les points du Droit public, soit même sur les querelles qui divisent l'Eglise de France, se réunissent sans aucun concert dans un parti qui renverse leur fortune & celle de leurs familles, & dans un siecle où l'indigence est presque devenue un opprobre ; il faut croire que cette unanimité si frappante entre tant de gens, d'âge, de caractere, de pays, de situation de fortune & d'opinions différentes sur d'autres points, porte sur quelque grand & respectable motif.

[illegible] Monsieur, vous [illegible] faites [illegible] vous [illegible]. Vous aimez à honorer votre souffrance à vos propres yeux [illegible] pellant patriotisme [illegible] qu'un faux point d'honneur soutenu par un reste d'attachement pour des Magistrats que vous regrettez ;

mais il est un terme à tout. Ce qui fut courage dans une année, seroit obstination dans la suivante.

L'Av. Si le faux point d'honneur & l'attachement dont vous parlez, étoient nos motifs, nous aurions suffisamment donné à ce qu'ils nous imposent. Vous le dites très-bien vous-même. Le sacrifice d'une année de nos états, seroit tout ce que nous pourrions donner à des affections particulieres pour des Magistrats qui nous furent chers, & qui nous le sont encore. Nous nous devrions ensuite à nous-mêmes, à nos enfans, à nos concitoyens. Croyez donc que de plus puissans & de plus grands motifs nous retiennent dans cette cessation de fonctions. Je vous les ai déja exposés. Nos sermens, notre patriotisme, notre fidélité pour le Roi & l'Etat.

Le Ch. Voyons donc, je vous prie, en quoi vous faites consister ce patriotisme, cette fidélité dont vous faites parade.

L'Av. Nous n'en faisons point parade : mais nous avons ces sentimens profondément gravés dans nos cœurs ; & lorsque vous me demandez nos motifs, il faut bien que je vous les expose. Me permettriez vous quelques questions, qui vont, je crois, servir à vous mettre ces motifs dans leur vrai jour.

Le Ch. Très-volontiers. Vous savez que je vous ai toujours aimé, vous & tous vos Confreres. Je ne veux que vous persuader, & non vous violenter. Vous me ferez même plaisir de m'éclairer si je suis dans l'erreur.

L'Av. Je n'ai pas cette présomption. Je ne me propose que de justifier ma conduite à vos yeux. Quel est donc, puisque vous me le permettez, le gouvernement qui doit être le plus cher aux peuples ?

Le Ch. Belle question ! je vous l'ai résolue moi-même dans l'Edit du mois de Février dernier, lorsque j'ai dit que *l'Etat, l'honneur, les propriétés, les Loix qui etablissent la succession à la Couronne, sont des objets sacrés, des institutions que le Roi est dans l'heureuse impuissance de pouvoir changer, & que leur stabilité sera toujours garantie par son intérêt, inséparablement lié avec celui de ses Peuples.* Votre patriotisme, votre fidélité, que peuvent-ils desirer de plus ?

L'Av. Oui, vous l'avez dit; mais l'avez-vous pratiqué dans tout ce qui a suivi? Dans un Edit qui impose le centieme denier du capital des Charges: dans un Arrêt du Conseil qui enleve des privileges payés de nouveau encore l'année derniere, & jurés par un serment particulier au sacre de nos Rois: (*x*) dans toutes ces suppressions & destructions qui ruinent tant de familles. Je n'ai qu'un mot à vous ajouter: nous vivions dans une *Monarchie* tempérée par des Loix fondamentales, Loix confiées à des pouvoirs intermédiaires, subordonnés & dépendans, qui en conservoient le précieux dépôt. Votre article III de l'Edit de Décembre, nous place sous le *pouvoir* arbitraire; car il y a pouvoir arbitraire, toutes les fois que toute volonté quelconque est loi, & nécessairement loi. On mettra dans les expressions telles nuances qu'on voudra, vos écrivains y sont fort habiles; mais il faut toujours en revenir au vrai. Dès-là que toute volonté envoyée au nom du Roi, par vous ou par un Contrôleur-Général, sera nécessairement loi, nous n'avons plus ni propriétés certaines, ni états assurés, ni libertés civiles; & depuis six mois, vous avez si prodigieusement fortifié mon argument par tout ce qui s'est passé, que vous m'épargnerez la peine de le prouver.

Maintenant je vous le demande à vous-même, & j'adjure votre conscience, votre sentiment intérieur: lequel des deux gouvernemens est plus cher aux peuples, & plus desirable pour un Souverain, ou du *pouvoir* arbitraire, qui rend les propriétés précaires, & les libertés incertaines: mais aussi qui mine & ébranle la stabilité des trônes, ou d'un *pouvoir*, qui, fondé sur les loix, sur l'amour, la reconnoissance & l'affection des sujets, porte sur une base inébranlable. Pourquoi voulez-vous donc que je concoure au renversement de nos droits nationaux, & que je fortifie, autant qu'il sera en moi par mes fonctions, l'existence d'un Tribunal, dont le titre d'institution, dont l'Edit par lui pris pour regle de conduite, substitueroit le pouvoir arbitraire au pouvoir monarchique?

(*x*) Les Privileges de l'Ordre du Saint-Esprit.

Le Ch. En vous passant ces chimeres, dont aussi bien la discussion nous meneroit trop loin, dites-moi, je vous prie, d'où tenez-vous votre mission, pour défendre si grandement vos concitoyens? Et quelle main a donc mis dans les vôtres cette balance au juste entre le Prince & les Sujets? Etes-vous aussi vous autres Avocats, *les Ministres essentiaux de la chose publique*?

L'Av. Le ridicule que vous paroissez ici jetter sur nous, pourroit être de saison, si nous prenions cette importance que vous nous prêtez; si dans des écrits, dans des discours, ou par quelques démarches, nous opposions des obstacles à vos opérations. Mais nous savons très-bien concilier l'obéissance passive avec le sentiment irrésistible du patriotisme & du devoir.

Sujets soumis, nous nous tenons dans l'intérieur de nos maisons. Nous préférons, par un choix libre, l'indigence & le néant, à la coopération que notre zele pour le Roi & l'Etat ne peut admettre. Vous nous rendez nos états, presque entiérement inutiles, quand nous voudrions les reprendre. Nous ne nous en plaignons pas. Vous nous exilerez, nous obéirons. Vous nous renfermerez, nous obéirons. Vous n'entendrez jamais sortir de notre bouche, ni plainte ni murmure. C'est là, ce me semble, payer sa dette au gouvernement.

Mais cette dette une fois payée, pourquoi ne payerions-nous pas à la Patrie la sienne, en nous abstenant de concourir à ce qui nous semble dangereux pour elle, & contraire à ses droits, aux droits que nous ont transmis nos peres? Pourquoi nous envieriez-vous dans nos maisons, nos larmes & nos douleurs? Pourquoi n'aurions-nous pas, nous dont vous avez si souvent appellé la profession *libre*, la même liberté que les moindres citoyens de quitter nos états, lorsque des raisons importantes, & dont notre conscience nous rend les seuls juges, nous portent à les abdiquer? Enfin, pourquoi nous raviriez-vous cette consolation dans nos malheurs, de sentir que nous souffrons, & de souffrir volontairement, pour donner au Roi & à la Patrie une preuve constante de notre amour, en ne concourant aucunement à élever cette autorité, *qui se ruine en voulant l'établir*, &

d

à laquelle je sais, disoit le Grand Henri, que les peu-*ples donnent un mauvais nom.*

Le Ch. En vérité, vous êtes admirable avec votre amour & votre fidélité. Le véritable amour, la vraie fidélité, sont de faire ce qu'on vous ordonne. Vous êtes bien singulier de vouloir mieux savoir que le gouvernement lui-même, comment il veut être aimé & obéi.

L'Av. Prenez garde, Monsieur, jusqu'où cette maxime pourroit mener, & doutez de sa vérité par ses dangers. C'est une regle assez sûre pour trouver la fausseté d'un principe, que la fausseté des conséquences.

Isabelle de Baviere eût pu dire la même chose aux Prédécesseurs de nos Magistrats & aux nôtres, lorsque ces Magistrats fidèles refuserent de concourir à l'exhérédation de Charles VII, & préférerent de se retirer avec lui à Poitiers ; car, quoi qu'en aient dit beaucoup de Brochures récentes, ce fut le faux Parlement, établi par le Duc de Bourgogne & par le Chancelier Delaître, qui enregistra le Traité de Troyes, & rendit Arrêt contre le Dauphin, & non le vrai Parlement. Nos Devanciers donnerent le même exemple de fidélité, & se retirerent aussi à Poitiers. Les autres cesserent toutes fonctions.

Notre Gouvernement a quelquefois condescendu aux entreprises de Rome, notamment en 1614 : vous savez ce trait assez connu. Nos Dumoulin, nos Pithou, l'honneur de notre Barreau, furent-ils criminels pour avoir servi leur Patrie & leur Roi, l'un par le fameux Commentaire sur l'Edit des Petites Dates, l'autre par son livre des *Libertés de l'Eglise Gallicane*, passées depuis en force de Loi ? Et lorsque ces illustres Jurisconsultes défendoient de toute leur force, au péril même de leur liberté, l'indépendance de la Couronne & les droits sacrés du Trône, auroit-on été bien équitable de leur dire : » Vous êtes bien singuliers de vouloir mieux ai-
» mer & servir le Roi, qu'il ne veut être aimé & servi.
» Taisez-vous, pliez le genou devant Rome, & ne
» soyez savans, zélés & vertueux, que comme on vous
» ordonnera de l'être ! «

Encore une fois, Monsieur, veuillez distinguer la résistance publique, qui n'est ni de notre caractere, ni de notre profession, ni de nos principes, & qui seule pourroit vous donner prise, & cette douleur tendre & cachée, qui nous condamne à une inaction ruineuse pour nous-mêmes ; & laissez-nous nous consoler de nos pertes, en brûlant en secret quelques grains d'encens sur l'Autel de la Patrie.

Le Ch. C'en est assez sur votre prétendu patriotisme. Je sais comment je dois l'apprécier. Et quel est cet autre obstacle, que dans le commencement de notre conversation vous tiriez de votre serment ?

L'Av. C'est un obstacle plus invincible encore : c'est notre conscience elle-même qui a formé ces liens, & nul pouvoir ne peut les rompre, du moins, quant au motif que je viens de traiter : il seroit possible de nous dire, que ce n'est pas à nous à nous occuper de questions de gouvernement, que nous devons suivre une impulsion générale, &c., quoiqu'il nous fût aisé de répondre, que nous n'agitons rien, que nous ne discutons rien, que nous nous bornons à un sentiment intérieur, & qu'en suivant ce sentiment pour guide, nous ne contrevenons à aucune Loi quelconque ; puisqu'aucune Loi n'oblige personne d'être ou de rester Avocat. Mais le serment, Monsieur, est d'un tout autre ordre ; ce n'est pas seulement opinion, persuasion, maniere de voir un droit, ou un intérêt national ; c'est une obligation stricte, impérieuse, irréfragable, & ce qui nous empêchera à jamais de faire des fonctions qu'il nous défend.

Le Ch. Et comment vous le défend-il ? Car enfin j'ai prêté aussi ce serment, & même en plusieurs occasions ; & cependant je ne vois nullement qu'il m'arrête, ou qu'il doive m'arrêter dans mes opérations.

L'Av. Cela prouve, Monsieur, que vous & nous, voyons les choses dans un jour bien différent. Mais est-ce nous qui voyons mal ? Vous allez en juger vous-même.

Nous avons juré d'observer les Loix & Ordonnances du Royaume. Ce serment qui n'est pas une vaine forme sans valeur & sans objet, nous le renouvellons solennellement tous les ans, & nous l'avons renouvellé dans vos propres mains, lorsque vous présidiez à ce Sénat auguste. Ce serment nous oblige dans notre ministère, comme les Magistrats dans le leur ; eux à ne rien admettre qui soit contraire à ces Loix ; nous, à ne rien faire, à ne coopérer à rien directement ni indirectement, qui puisse procurer, faciliter ou fortifier la violation ou la destruction d'aucunes d'elles. Vous conviendrez, je crois, de ce principe, à moins que vous ne vouliez réduire un ordre de Citoyens éclairés, à l'état déplorable de ces hommes privés de raison & d'entendement, dont les actions ne peuvent avoir ni moralité ni crime.

Le Ch. A la bonne heure, vous ne devez rien faire contre votre conscience, & je n'ai nullement la pensée de vous y forcer. Vous devez me connoître, mon ami, & vous savez que je ne demande qu'une obéissance éclairée : je suis charmé de vous entendre parler ainsi. *Je dédaignerois une obéissance avilie par la servitude, & je repousserois loin de moi un Avocat qui n'auroit pas le courage de me dire la vérité.* Voyons donc quelles sont ces Loix, & la violation desquelles votre conscience vous défend de concourir indirectement par la continuation de vos fonctions.

L'Av. Nous avons, Monsieur, entre plusieurs autres, deux Loix sacrées & fondamentales, gardiennes de toutes les autres, & *assurance de l'Etat*, suivant l'expression même de nos Rois. L'une de ces Loix, est celle de l'enrégistrement & vérification, librement délibérée dans les Cours. L'autre est l'inamovibilité des Officiers, qui ne peuvent cesser de posséder leurs offices, que par mort, résignation volontaire, ou forfaiture duement jugée.

Je ne vous fatiguerai point ici des preuves de toutes ces Loix. Vous les connoissez comme moi; je me bornerai simplement à une preuve tirée de ce regne.

Après toutes les atteintes portées au droit d'enrégistrement en 1761 & 1763, par des enrégistremens & des perceptions forcées, le Roi donna une Loi, par laquelle il déclara vouloir regner par *l'observation des regles & des formes sagement établies dans son Royaume*; il annulla tout ce qui avoit été fait; il envoya ses Edits à délibérer librement à ses Cours; il déplaça plusieurs de ceux qui avoient concouru à ces violations de notre droit public. Si ce ne sont pas là des reconnoissances formelles du droit d'enrégistrement, & si ce n'est pas là ce qu'a voulu dire la Déclaration célebre dont je vous rapporte les paroles, il n'y aura plus rien de prouvé désormais; il n'y aura rien de certain pour les peuples, & ils n'auront jamais qu'une fausse paix.

Quant à la Loi de l'inamovibilité des offices, le Roi l'a formellement reconnue en 1759, à l'occasion du Parlement de Besançon, dans une réponse à des Remontrances (y) du Parlement de Paris; j'ajouterai même qu'en 1758, le Roi Stanislas ayant destitué trois Magistrats du Parlement de Nancy pour en mettre d'autres à leur place, le Roi les fit rétablir dans leurs fonctions en 1759, comme n'ayant point été valablement destitués.

Au surplus, Monsieur, si vous voulez m'accorder une conférence particuliere sur les preuves de ces deux loix précieuses, & si vous réduisez-là toute l'affaire, je m'engage de vous les démontrer par une suite de monumens inébranlables. Allons donc en avant en ce moment, & supposons ici ces deux loix, comme absolument certaines, & comme inviolables, par quelque subtilité, par quelque tournure que ce soit.

Maintenant je vous dis, Monsieur, que notre serment d'observer les Loix & Ordonnances du Royaume, nous empêche de concourir par aucunes fonctions à la reconnoissance & à l'affermissement de votre nouveau Parlement; si par ce service & cette adhésion de notre part, nous contribuons à la violation de ces

(y) On commença dans cette réponse à mettre le germe d'une amovibilité par voie de suppression; mais le Parlement alors, & depuis toutes les autres Cours, ont parfaitement écarté cette insinuation, de laquelle au reste il ne s'agit point ici. Il n'est question que du fond de la réponse elle-même, qui est un hommage formel à la Loi nationale & fondamentale de l'inamovibilité.

deux Loix, ou même seulement de l'une d'elles. Je crois que vous en conviendrez.

Le Ch. J'aurois bien des choses à vous dire sur tout cela ; mais comme vous me paroissez mettre une marche suivie dans vos idées, beaucoup de bonne foi dans votre maniere de raisonner & de penser, je veux bien aussi, de mon côté, vous dire que j'en suis d'accord : un homme d'honneur ne doit rien faire qui puisse directement ou indirectement violer ou affoiblir le serment qu'il a fait avec la permission des Loix, sous leurs auspices & dans leur temple.

Mais comment me prouverez-vous maintenant que votre service au nouveau Parlement porteroit une atteinte directe ou indirecte à ces deux Loix, ou à l'une d'elles ?

L'Av. Fort aisément, Monsieur, & je suis charmé de vous voir vous-même réduire la question à son véritable point. Vous m'allez voir aussi vous déclarer avec vérité, & comme si je devois à l'instant paroître devant notre commun Juge, que si ma résistance n'avoit d'autre motif que de prouver une affection personnelle à des Magistrats dépossédés, elle cesseroit à l'instant, parce que je me dois encore plus à mes Concitoyens, & à moi-même. Ils seroient les premiers à me presser d'y mettre des bornes. Je connois assez leur ame pour vous en répondre, & ils trouveroient injuste d'exiger, qu'après leur avoir aussi généreusement prouvé nos sentimens, non-seulement en cette occasion, mais en bien d'autres, nous persistassions à vouloir inutilement nous envelopper dans leur ruine, & nous perdre nous-mêmes, sans les sauver.

Mais encore une fois, nous refusons d'adhérer à ce nouveau Parlement, parce que son existence est destructive des deux Loix en question, & tellement destructive, que quand une épidémie emporteroit tout-à-l'heure les cent soixante-douze Magistrats dépossédés, nous le refuserions encore. Ainsi, vous voyez bien que le sort des cent soixante-douze Magistrats, (sort qui d'ailleurs nous touche vivement, parce nous les regardons comme les Martyrs de notre Droit national,) n'est nullement le motif de notre refus ; & que nous ne sommes point, comme l'a dit si noblement un de vos Ecrivains, semblables à ces esclaves d'Asie, qui s'immolent sur le bûcher de leurs maîtres. Croyez, Monsieur, que nous avons aussi nos ames ; que nous avons notre façon de penser à nous ; qu'elle ne dépend pas plus d'une démission de Magistrats qui nous paroîtroit mal fondée, que d'un de vos préambules, ou de vos discours ; que nous ne cesserons pas de connoître & d'aimer nos Loix, parce que vous viendrez nous dire qu'elles n'existoient pas, ou qu'elles n'existeront plus ; & j'ose le dire, vous devriez mieux nous connoître, vous qui avez si long-tems vécu au milieu de nous, & qui à *Soissons* & à *Pontoise* donniez tant d'éloges à notre vertu & à nos principes, à ces mêmes principes, Monsieur, dont vous nous faites un crime aujourd'hui.

Pour répondre, vous voulez que je vous prouve que notre service près du nouveau Parlement, porteroit atteinte aux deux Loix que je vous ai citées ; mais rien n'est ce me semble, plus aisé.

Votre nouveau Parlement a pour base de son existence, & pour regle primitive de ses fonctions, l'Edit de Décembre 1770, absolument destructif de la Loi de l'enrégistrement, puisqu'il le réduit à une vaine formalité de Greffe, à un méchanisme purement passif ; absolument inconciliable avec une vérification *libre*.

Votre nouveau Parlement a encore pour base de son existence la privation des Offices de l'ancien Parlement sans forfaiture duement jugée.

Ainsi faire le service près de lui, le fortifier par notre adhésion, c'est concourir par tout ce qui est en nous, à violer ces deux Loix fondamentales ; étant bien certain que si le nouveau Parlement cesse d'exister, elles recouvreront par là même toute leur force, & que s'il subsiste, ces deux Loix auront reçu par cette révolution, une atteinte irréparable, à laquelle nous ne pouvons ni ne devons, sans blesser notre conscience & violer nos sermens, concourir en façon quelconque.

Mais, dira-t-on, vous poussez la roideur de vos principes trop loin. Je veux bien, & je loue fort, que votre conscience vous guide ; mais il ne faut pas en même-tems qu'elle ne soit qu'une lanterne sourde qui n'éclaire que vous. Et où prenez-vous, je vous prie, que je détruis les droits d'enregistrement, moi qui l'ai défendu toute ma vie ? Vous n'avez donc pas lu, mon cher ami, mes préambules & mes discours du mois de Février & du mois d'Avril ? Y a-t-il rien de plus tranquillisant que ces discours-là ? Voulez-vous de bonne foi que nous tombions dans l'anarchie, & que vos quatorze ou quinze cens Magistrats des Parlemens, aient autant de portions de la Souveraineté dont il faudra prendre humblement l'attache pour le moindre besoin de finance ? Ne pourra-t-on avoir leur agrément sans prendre chez eux des Contrôleurs Généraux & des Ministres ; & faudra-t-il que les affaires de l'Etat & l'ensemble des opérations qu'ils ne peuvent ni ne doivent connoître, soient en souffrance, parce que tel ou tel principaux chefs d'émeute de vos bruyantes Enquêtes auront en ce moment-là de l'humeur contre le Ministere ? En un mot, comme le dit fort bien le Président Hainault lui-même, tout Membre du Parlement qu'il étoit, ne faut-il pas une bonne fois, que quand le Roi aura entendu les Remontrances itératives & archi-itératives, il ait le dernier.

L'Av. Fort bien, Monsieur, vous mettez l'objection dans toute sa force ; mais vous permettez aussi que je vous réponde avec une entiere liberté, & vous ne voulez pas que je sois le second tome de cet Avocat imbécille que vos Ecrivains font dialoguer avec un Militaire très-entendu.

Le Cit. Très-volontiers, mon ami ; répondez-moi librement ; rien n'est plus juste : c'est ici une conversation de confiance, & non une violence.

L'Av. Eh bien, Monsieur, sachez donc d'abord que vous ne me dites rien ici que je ne me sois dit moi-même, & beaucoup plus fortement. Car enfin vous sentez bien qu'il n'est pas fort agréable de se voir sans état & sans fortune, & qu'il seroit bien plus doux de croire que l'autorité a raison, afin de pouvoir reprendre ses fonctions avec persuasion, que de mourir de faim, en ne pensant pas comme elle.

J'aurois donc desiré, j'avoue la dette, que vos argumens fussent bons; mais malheureusement j'en ai trouvé fort ancienne la réfutation. Car depuis le 15e siécle, l'Imprimerie a armé de pied en cap, contre le pouvoir arbitraire, deux redoutables antagonistes, la raison & l'histoire.

Je viens donc à votre objection, & je dis : sur quoi roule toute cette querelle-ci, & qu'est-elle au fond ? elle n'est qu'une querelle d'argent, voilée d'une querelle d'autorité. Vous pensez bien que ce n'est pas pour se réserver de faire des Loix, sur tel ou tel point de Jurisprudence, qu'a été fait l'Art. III. A cet égard le Roi renvoie à ses Cours elles-mêmes, & à quelques membres de son Conseil, le soin de concerter, par des travaux préparatoires, les Loix de cette nature, que sa bonté destine à ses Sujets.

L'affaire actuelle est donc pure affaire d'argent. Il n'y a point de Gouvernement à qui il ne soit commode d'en avoir à discrétion; non assurément qu'on se propose directement d'en abuser : mais avec de l'argent on est plus ferme dans un plan, plus nombreux en armées, plus prépondérant dans les Cours étrangeres, plus magnifique en récompenses; mais par malheur il n'y a point aussi de Nation à qui il ne soit très-incommode d'en fournir à discrétion, & souvent très-impossible. Il y a long-tems que cette vieille querelle dure chez les différens peuples, entre les Administrateurs & les Administrés.

Or, comme il n'auroit pas été honnête de mettre en article de loi, » nous percevrons sur nos Sujets tout l'argent qu'il nous plaira, sans que nos Parlemens y puissent apporter les plus légeres entraves : vous avez tourné plus décemment votre article; & au fond par la conversion de toute volonté en loi irréfragable & nécessairement exécutée, vous faites la même chose. «

Mais, Monsieur, tout cela seroit le mieux du monde, au mal politique près, qui ne peut manquer d'en résulter, si nous ne savions pas notre histoire. Permettez-moi de vous rappeller, d'après ces monumens, les différens âges de l'imposition parmi nous.

D'abord il n'y en avoit aucunes. Seulement dans les anciennes Assemblées des Champs de Mars & des Champs de Mai, les Grands, les Prélats & autres membres de ces Assemblées, apportoient au Roi des présens plus ou moins considérables, mais absolument volontaires. Ces présens, & la portion mise à part pour les Rois lors de la conquête, faisoient tous leurs revenus.

Ensuite, lors du Régime féodal, les Rois ne purent plus rien exiger des sujets de leurs grands vassaux dans leurs propres domaines : ils ne tirèrent de leurs sujets que des redevances & des prestations, qui étoient bien plus sous un rapport de féodalité, que sous un rapport de souveraineté.

Ensuite les Chartes d'affranchissement & de communes ayant créé comme un nouveau corps dans l'Etat, Philippe le Bel voulut imposer le 50e d'autorité absolue. Les malheurs de ses Préposés à Evreux, Orléans, Paris & autres bonnes Villes, lui apprirent qu'il ne réussiroit pas par cette voie.

Il prit le parti d'assembler les Etats, & il en obtint des secours, mais des secours passagers, avec une destination marquée, & donnée par un consentement libre. Ses successeurs, & singuliérement le Roi Jean, suivirent cette méthode, & s'en trouvérent bien. La Nation qui voyoit en cela respecter ses propriétés, s'y prêta de fort bonne grace. Elle nomma des Officiers, qui sous le nom de Généraux des Aides & Finances, (cette Cour nationale que vous avez expédié dans une demi-heure), veilloit à la répartition, à la perception & à l'emploi. Voyez les Etats de 1483, mais sur-tout ceux de 1355; lisez-y les défenses qui y sont portées; les ordres donnés de résister à ceux qui voudroient divertir les deniers, & d'appeller même les habitans des bonnes Villes, pour mieux leur résister, &c.

Ensuite, on trouvera plus commode d'avoir des Impôts par enregistrement dans les Parlemens, que par une demande souvent très-débattue dans des Etats généraux. Cet usage fut sur-tout accrédité par les Etats de Blois, qui, en 1577, arrêterent, que les Parlemens étoient *une forme d'Etats généraux en raccourci & au petit-*

pied, qui auroient en leur absence, & dans l'intervalle d'une tenue à l'autre, *pouvoir d'accorder, refuser ou modifier* les impôts, ce qui n'étoit qu'un provisoire accordé aux Parlemens par la Nation, la volonté de la Cour, & aussi leur propre complaisance ; & cette pente naturelle qu'on a à étendre son importance, le rendirent définitif.

Les Parlemens voulurent du moins répondre à la confiance de la Nation par leur fidélité & leur zele. Ils furent fort roides d'abord, & fort difficiles dans l'enrégistrement des impôts. La Roche-Flavin vous apprend, page 935, que depuis 1562 jusqu'en 1589, les Parlemens avoient refusé plus de cent Edits. On aima mieux encore à la Cour souffrir *les épines des Compagnies*, comme disoit le Cardinal de Richelieu, que d'avoir recours aux Etats généraux.

A la fin on s'est lassé *de ces épines-là*, & l'on a voulu une bonne fois s'en décharger par l'Art. III ; tentative formée dès 1561, renouvellée en 1641, 1667, 1673, 1718, 1732 & 1756, & qui n'a jamais réussi.

Voilà, Monsieur, l'histoire de l'imposition parmi nous. Point d'impôts d'abord ; ensuite des impôts de libre volonté, passagers, assujettis à une destination fixe, perçus & réglés par des Commissaires, tirés du sein de la nation, peu à peu rendus durables, & dégagés de toute nécessité d'emploi & de surveillance ; enfin réduits à un simple enrégistrement dans les Parlemens ; enrégistrement suppléé ensuite par des Lits de Justice ; & enfin pour éviter même le léger embarras des Lits de Justice, par votre fameux Article III. Jugez, Monsieur, s'il est bien satisfaisant à des citoyens qui savent tout cela, de voir vos opérations. Nous avions une belle armée navale ; peu à peu on l'a démâtée, coulée à fond ; il ne nous restoit plus qu'une seule frégate, & vous voulez nous l'enlever. Nous avions quatorze à quinze cens Régimens, & vous voulez nous réduire à soixante-quinze : ou, pour parler sans figure, vous savez tout ce que la Nation avoit, vous savez tout ce qu'elle a perdu, & vous voulez lui ravir le peu qui lui reste.

Eh, Monsieur, que ne nous laissiez-vous comme

nous étions. On remontroit, on étoit plus ou moins écoutés; mais on obtenoit toujours quelque adoucissement, & les peuples étoient consolés. Au demeurant, un Lit de Justice terminoit tout. Les peuples s'y étoient doucement accoutumés. Nous sommes une Nation aimante, vous le savez; une Nation douce, obéissante & fidelle. Nous aimons à aimer nos maitres. Eh, mon Dieu! pourquoi n'avoir pas laissé les choses comme elles étoient? Pourquoi n'avoir pas laissé à notre amour, à notre obéissance, le plaisir de leur faire des sacrifices? Et pourquoi enfin en faisant à vos concitoyens un procès sur leur noblesse, les avez-vous forcés de relire leurs anciens titres? Croyez-moi, Monsieur, l'autorité ne gagne jamais rien à toutes ces discussions. Elle a bien plus à espérer de l'amour que des raisonnemens; bien plus à compter sur le vœu de nos cœurs, que sur les textes; & si vous voulez que je vous parle librement, je crois que vous avez (sans le vouloir au reste) rendu le plus mauvais service du monde, & à l'autorité & à vos concitoyens, en engageant dans un siecle lisant & pensant, ces tristes questions.

Encore si vous aviez usé modérément de votre nouvelle conquête! mais dès les premiers momens, vous établissez un centieme denier sur les offices, l'un des plus forts impôts qu'on puisse supporter, & vous l'établissez par une simple publication au Sceau, par un simple Arrêt du Conseil, vous anéantissez des privileges jurés au sacre, des privileges dont on achevoit de payer en ce moment même la confirmation; sans parler de cette foule d'Edits dont on nous effraie, & dont peut-être, au reste, le bruit est exagéré. Enfin vous supprimez, vous détruisez de toutes parts, & vous convertissez des propriétés, jusqu'alors respectées, en des liquidations & des remboursemens chimériques.

Et quant à votre passage du Président Hainault, vous savez, comme moi, par quel artifice on a glissé dans la derniere édition, faite sous le nom d'un vieillard décrépit & mourant, un passage qu'il n'a pas seulement entendu. Mais d'ailleurs que fait-elle à la Nation un texte d'un des plus infideles & des plus courtisans d'entre les Historiens ? J'aime bien mieux répondre à votre objection avec ce passage des Etats de Blois : » ils avoient les jussions à commandement, pour forcer la conscience des bons, & violenter l'autorité & la religion des Compagnies Souveraines, par interdiction d'entrées & de séances. Combien d'Edits ont-ils été vérifiés & enrégistrés, avec ces mots *par commandement*, plusieurs fois réitérés, qui ne sont jamais nécessaires, quand les Edits sont justes & bons ? «

Je vous dirai donc avec les Etats de Blois, que le Roi aura toujours le dernier, *quand les Edits sont justes & bons*. Il n'y aura pas besoin alors d'avoir les jussions à commandement : & quelles que soient l'humeur, les petites passions, & l'importance que vous supposez à Messieurs tels & tels, soyez sûr que ces petits obstacles n'arrêteront jamais des Edits *justes & bons* ; que nous aimons à voir que le Roi soit le maître, soit obéi ; & que tous les citoyens verroient de fort mauvais œil des résistances de pure tracasserie & d'intérêt personnel.

Enfin n'aviez-vous pas les Lits-de-Justice ? Par eux le Roi n'avoit-il pas le dernier, & ne lui obéissoit-on pas ? Que ne nous laissiez-vous comme nous étions ? & pourquoi avoir voulu imposer à la Nation l'article III, après tant de tentatives du même genre, dont l'inutilité auroit dû arrêter celle-ci ?

Si vous n'êtes pas encore content de ma réponse, lisez Robertson, Vie de Charles V, (tome 2, depuis la page 345, jusqu'à la page 385, notes 37, 38 & 39,) ouvrage que la Nation n'a pas été commander à Edimbourg, comme vous en commandez tous les jours à vos Ecrivains ; ouvrage que je suis fort surpris que vous ayez permis dans ce temps-ci ; & vous y verrez quel a été notre Gouvernement, sur-tout relativement aux impôts, le véritable objet de toute cette querelle.

Le Ch. Mais au moins, mon ami, si vous voulez être de bonne foi, vous conviendrez que j'ai laissé au nouveau Parlement la faculté de faire des Remontrances ; & vous avouerez, en voyant comme je les y exhorte par mon discours d'installation, que j'ai été là-dessus franc du collier.

L'Av. Eh mon Dieu, Monsieur, ce ne sont pas vos discours que je censure ; encore une fois vous parlez d'or, & vos discours sont les plus beaux du monde.

> Jamais on n'amusa son monde
> Avec tant d'esprit & tant d'art.

Mais ce sont vos opérations que je calcule ; & puisque vous me vantez tant cette faculté illimitée de Remontrances, (dont au reste jusqu'ici vos Messieurs n'ont pas abusé ;) voulez-vous bien permettre qu'après de gens fort au fait, je vous présente ce petit calcul-ci.

Votre nouveau Parlement, soixante-quinze personnes, ci	75
Quatre Maîtres des Requêtes de fondation,	4
Six Conseillers d'Etat, Conseillers d'honneur,	6
Votre voix double, six Conseillers d'Etat & quatre Maîtres des Requêtes, que l'Edit de création des Conseillers d'honneur vous donne le droit d'amener avec vous, ci	12
Total	97

Moitié prépondérante, 49.

Or, pour avoir quarante-neuf voix, je peux compter sans injustice sept Présidents richement appointés ; quinze Conseillers qui ont, ou auront des Abbayes, & vingt-deux voix du Conseil, qui ne viendront pas opiner contre l'ouvrage envoyé par le Conseil. Si bien que de fondation, voilà quarante-quatre voix acquises contre quarante-neuf qu'il vous faut. Les cinq autres vous seront-elles bien difficiles à avoir ? Sans compter les absences, les voix doubles & confondues, & autres événements qui assurent à vos quarante quatre voix, qui sont un fonds toujours acquis, toujours subsistant, une prépondérance inconcstable ? Il faut avouer que voilà l'intérêt national bien assuré, bien placé ; que les inconvénients des Edits seront bien discutés, bien approfondis, & que vous aurez à essuyer de terribles Remontrances, avant de pouvoir parvenir à leur enrégistrement. Nous en avons déja vû de belles preuves. En vérité, Monsieur, je suis étonné, qu'un homme d'esprit comme vous êtes, vous ayez cru pouvoir endormir par tous ces beaux dehors, une Nation qui n'est pas bête.

Le ph. Vous me paroissez bien défiant, & bien sur le *qui vive.* Vous verrez, mon ami, renaître par moi *les beaux jours de l'âge d'or*; & avant un an, vous avouerez l'injustice de vos craintes. Mais voyons aussi, je vous prie, votre chimere d'inamovibilité. Vous entendez mal ce privilege, lorsque vous voulez l'appliquer à ce cas-ci. Ecoutez sur cela, mon ami, M. de Vergès dans son excellent Requisitoire du 5 Juin dernier, contre cette Cranerie de Toulouse. » Quand le Souverain communique une portion de son autorité, il desire, il croit » n'avoir jamais besoin de la reprendre. Mais quand le » sujet qui l'a reçue, la rejette ou l'abandonne, où pour» elle, où doit-elle retourner qu'à sa source ? » Et plus bas, il ajoute : » Aveugle volontaire ! d'appliquer à un » corps de Magistrats des Loix faites pour assurer la » stabilité particuliere de l'état de ses Membres. »

Mais aussi, pourquoi votre Parlement a-t-il quitté ses fonctions ? C'est bien sa faute s'il est détruit. Que ne rendoit-il la Justice aux peuples, qui ne devoient pas souffrir de tous ces démêlés ?

L'Av. J'aime beaucoup aussi votre M. de Vergès, & je vois bien qu'on n'est pas moins publiciste dans le Barreau d'Amérique, où il a fait ses premieres armes, que dans les Tribunaux de France. J'avouerai néanmoins que je ne goûte pas tout-à-fait sa maniere de raisonner, & que l'inverse de son dernier raisonnement me paroîtroit beaucoup plus juste. *Des Loix faites pour assurer la stabilité des Membres d'un Corps de Magistrats, s'appliquent à plus forte raison au Corps entier*; parce qu'il est plus intéressant & plus juste d'assurer la stabilité d'un Corps entier, que de deux ou trois individus; parce que d'ailleurs *le Corps entier* n'est que l'ensemble de tous les individus, & qu'ainsi avoir assuré *la stabilité de tous les Membres*, c'est par cela même avoir assuré, avoir voulu assurer la stabilité de tout le Corps. Qu'en dites-vous, Monsieur, ce raisonnement ne vous paroît-il pas plus juste que de dire, *vous êtes un aveugle volontaire* ? vous entendez mal les Loix ; elles ont bien voulu assurer la stabilité de chaque Membre ; mais à Dieu ne plaise qu'elles aient voulu assurer la stabilité des Corps : ils ont dû toujours être précaires, versatiles ; & quoique les Loix du Royaume leur ordonnent de résister de toutes leurs forces, à tout ce qui ne leur paroîtra pas conforme aux Loix, & de s'y refuser absolument, ce qui demande la plus grande stabilité, la plus grande certitude de son existence ; cependant elles ont voulu que ces Corps pussent tomber au premier choc, & être renversés d'un souffle.

Et quant à cette cessation de fonctions tant reprochée, mais aussi dont le reproche a été si bien refuté, en faisant voir que l'intérêt national & général est préférable à l'intérêt particulier, & que nos Loix même ordonnent cette préférence ; je n'ai qu'un mot à vous dire, M., & je vous le dirai librement, puisque vous le permettez. Le Parlement n'a cessé ses fonctions, que parce que vous l'avez vous-même voulu.

Le Ch. Moi, je l'ai voulu ! Mais tu déraisonnes, mon cher ami ; & par où l'aurois-je voulu, moi au contraire qui ai fait tout le possible, tantôt par des Lettres de Jussion fermes, tantôt par des Lettres de Jussion adoucies, pour les lui faire reprendre ; moi qui ai été jusqu'à imaginer des questions séparément faites à chacun dans son lit, pour empêcher les mauvais conseils, afin de faire reprendre le service, au moins par un certain nombre. En vérité je te croyois bien dans des sentimens contraires aux miens ; mais je ne te croyois pas injuste & déraisonnable.

L'Av. Aussi ne le suis-je pas, & c'est très-justement que je vous répete, que vous l'avez voulu, & que tout ceci vous est imputable, parce qu'il ne tenoit qu'à vous de l'empêcher. Je vous demande bien pardon si je vais dire quelque chose qui vous déplaise ; mais je vous dois la vérité : vous me l'avez demandée, & vous pouvez encore l'entendre avec profit.

Vous avez voulu la cessation, s'il est vrai que vous ayez fait tout ce qui pouvoit la provoquer, & que vous vous soyez abstenu à dessein de tout ce qui pouvoit la faire cesser.

Vous avez fait tout ce qui pouvoit la provoquer : le 27 Novembre vous envoyez au Parlement votre Edit, dans lequel vous taxez en propres termes les Parlemens de *confédération* ; mais en vérité, en leur envoyant cette accusation pour la consacrer par leur enrégistrement, vous deviez le lendemain disposer des échaffauds & des bourreaux, pour punir des gens qui se seroient ainsi avoués coupables d'un crime de *confédération*.

Vous supprimez ensuite cette expression intolérable ; mais vous en laissez la substance dans un préambule, qui, s'il étoit fondé, seroit un monument d'opprobre pour la Magistrature françaife ; & vous voulez que d'honnêtes gens souscrivent volontairement leur déshonneur. Ce n'est pas tout : vous leur adressez un Article III, absolument inconciliable avec nos loix, nos principes & nos droits nationaux ; ainsi vous les attaquez des deux côtés. Si quelques-uns sont assez foibles pour admettre l'Article III, les imputations flétrissantes du préambule les révolteront à coup sûr ; & si quelques autres s'élevent au dessus de ces imputations, en les mettant à l'écart par un enrégistrement un peu développé, vous forcez ceux-ci dans leurs retranchemens pacifiques, par la roideur de votre Article III.

Et pour mieux assurer encore votre coup, vous leur faites essuyer dans un Lit-de Justice, un discours qui aggrave les imputations, & qui *élargit* la plaie. De-là vient la cessation, que vous aviez si aisément prévue.

Ensuite, vous vous êtes abstenu à dessein de tout ce qui pouvoit la faire cesser. Le Parlement avoit exposé ses inquiétudes & ses craintes, sur la généralité de l'Article III, & les dangers qui en pouvoient naître. Ces craintes, dictées après tout par l'amour pour le Roi & pour ses Sujets, valoient bien la peine qu'on les fît cesser.

Vous trouvez matiere à envoyer jusqu'à six Lettres de Jussion, dont une seule est douce, (& celle-là n'est pas de vous. Vous avez toujours combattu, & fait échouer à la fin l'accommodement entamé par un Prince du Sang ;) & dans aucune de ces six, vous ne présentez pas la plus légere explication d'après laquelle on puisse asseoir un enrégistrement quelconque. Vous questionnez le Parlement,

lement, d'une maniere jusqu'alors inouie, ce que cependant vous présentez ici comme un bienfait ; & vous si prodigue d'ordres & de défenses, vous leur laissez libre toute la journée du Dimanche 20 Janvier, afin qu'ils puissent essayer dans leur assemblée toute votre opération de la nuit, de maniere qu'il ne vous en reste que le prétexte par vous bien prévu, pour confisquer leurs Charges & les exiler, & qu'il ne vous en reste nullement le fruit de la reprise de service, que vous prétendez avoir si sincérement desirée.

En un mot, Monsieur, à peine le Parlement est exilé, que vous vous hâtez de déclarer aux Peuples, que » leur » état, leur honneur, leurs propriétés, le sort des Loix » qui intéressent la succession à la Couronne, sont des » objets sacrés, des institutions que le Roi est dans » l'heureuse impuissance de changer, & dont la stabilité » sera toujours garantie par son intérêt inséparablement » lié avec celui de ses Peuples.

Eh ! Monsieur, que ne donniez-vous ces quatre précieuses lignes, un mois plutôt, & tout étoit terminé ? Que ne les placiez-vous dans une de vos six Lettres de Jussion, & vous n'auriez pas eu besoin de confisquer & d'exiler personne ? Le Parlement qui ne demandoit pas mieux que de satisfaire le Roi, & d'éviter un exil, nuisible au bien public, auroit saisi avidement cette assertion consolante & tranquillisante, & en auroit fait la base d'un arrêté conservatoire, après lequel les droits de la Nation d'un côté, la volonté du Roi de l'autre, auroient reçu & gardé tout ce qui pouvoit les intéresser. Ces moyens sont si simples, qu'il est impossible, dit-on, que vous ne les ayez pas sentis. Vous vous empressez de dissiper des alarmes graves, par une déclaration qui puisse calmer les esprits, & vous faites un crime de ces mêmes alarmes, & vous exilez, & vous confisquez pour les avoir eues, & vous refusez en six Lettres de Jussion un seul mot d'explication à ceux que vous n'auriez plus eu prétexte de confisquer, d'exiler, si vous la leur aviez donnée ?

D'après ces faits constans, que voulez-vous que je réponde à ceux qui répétent tous les jours, qu'à vous ci, sont imputables les déplaisirs qu'a éprouvé le cœur paternel du Roi, & les malheurs publics, puisque vous aviez dans les mains des moyens si faciles de les prévenir ?

Le Ch. Mon ami, il est bien facile de condamner ceux dont on ne voit les actions que sous une face, & qui ne peuvent montrer toutes les autres. Il y a un peu d'amertume dans votre zele ; je vous le passe en faveur du motif. Mais, après tout, si le Parlement étoit à charge aux Sujets, non-seulement par des résistances qui ne menoient à rien, puisqu'on finissoit toujours par payer, mais encore en harcelant sans cesse leur force, & en déprimant toutes ses opérations ; si, pour jouer un rôle, il employoit à une assemblée de Chambre un tems destiné à juger les Sujets ; s'il rendoit la Justice infiniment onéreuse par des épices fortes ; si l'étendue de son ressort l'obligeoit, ou bien à étrangler les affaires, ou à les renvoyer d'une année à l'autre, ce qui épuisoit les plaideurs en voyages inutiles ; si la multitude des Jurisdictions ne servoit souvent qu'à faire naître des procès préliminaires sur la compétence, avant qu'on pût avoir jugement sur les contestations elles-mêmes ; si l'abus des *Committimus* dépouilloit les Justices des Provinces, & mettoit le pauvre à la merci du riche & du puissant ; dites-moi, je vous prie, Censeur trop précipité, où sera le crime, à moi, Protecteur commun de tous les malheureux, à moi Chancelier du Roi, non moins pour le paysan du fond du Limousin & de l'Auvergne, que pour l'opulent bourgeois de Paris & le Duc & Pair, d'avoir adroitement profité du vuide que laissoit le Parlement ; de l'avoir même un peu suscité ce vuide, comme vous me l'imputez, pour me mettre plus en état de faire une réforme utile, & d'opérer un bien général, sans essuyer les obstacles que l'existence de cette Compagnie & son intérêt personnel, m'auroit à coup sûr fait éprouver ? Allez, mon ami, j'ai autant d'humanité qu'un autre ; mais une humanité bien entendue, & qui sait quand il faut couper un bras, pour sauver le corps.

L'Av. Monsieur, lorsqu'un homme affiche un Cours

gratuit de Mathématiques ou d'Histoire, je me dis à moi-même : voilà un homme qui prend un moyen assez noble & assez honnête pour se procurer à l'avenir des écoliers, quand il aura étendu sa réputation par la gratuité de ses leçons ; mais du moins en ce moment il n'en veut point à ma bourse, car il m'invite à assister à son Cours pour rien, & j'y vais.

Si vous aviez commencé par retrancher de la Justice les droits fiscaux qui l'accablent, & qui sont vingt fois plus à charge que les épices contre lesquelles vous criez tant aujourd'hui ; épices au reste auxquelles plusieurs Cours ont solemnellement offert de renoncer, & auxquelles notre Parlement auroit aussi renoncé (a) si on l'eût voulu ; si vous n'aviez point proposé au Conseil durant l'interim, une foule d'Edits bursaux auxquels il s'est refusé ; si aussi-tôt après l'installation de votre Parlement, vous n'eussiez donné ni votre Edit du Centieme denier annuel des Offices, ni votre Arrêt de Revocation des Privileges dans les mouvances du Roi ; si vous eussiez d'abord proposé au Parlement lui-même vos Conseils Supérieurs ; (a) & qu'il vous eût fait non pas seulement ce premier refus qui est dans l'homme à qui il en coûte toujours un peu de voir restreindre son pou-

(a) On sait combien elles sont un foible objet aux Enquêtes & Requêtes, qui forment en nombre les trois quarts du Parlement. Plus d'une fois ces Chambres en ont désiré la suppression, & l'on alloit s'en occuper fortement, lorsque l'affaire actuelle s'est engagée.

(a) Si l'on ne parle ici qu'en passant des Conseils Supérieurs, il ne faut pas croire que par ce silence on approuve leur institution. Elle a deux grands inconvéniens ; l'un par rapport à l'administration de la Justice, l'autre par rapport à l'intérêt des peuples. Il est certain que l'administration de la Justice sera moins pure, & moins éclairée, par les liaisons si faciles à avoir avec ces Juges locaux, & par les passions que leur prétendue importance mettra fréquemment en jeu ; outre que ces Tribunaux de nouvelle création, & composés comme tout le monde sait, n'auront pas ce dépôt de principes de connoissances & de Jurisprudence, qu'on ne trouve que dans les Cours d'une ancienne institution, qui réunissent à la fois la multiplicité des matieres, le nombre des Magistrats, & le concours des lumieres d'un Barreau formé depuis long-tems, & accoutumé à traiter les plus grandes questions.

voir ; mais un refus persévérant & obstiné ; si vous lui aviez proposé de remonter la compétence des Présidiaux jusqu'à une valeur numéraire, égale à celle de leur création, & qu'il s'y fût refusé ; si vous lui aviez proposé d'abroger les épices qu'on dit à la vérité s'être assez augmentées à la Grand'Chambre depuis la retraite de M. Molet, & qu'il s'y fût refusé ; si après avoir si solemnellement annoncé le dessein de supprimer la vénalité des Charges, vous n'eussiez pas annoncé que vos nouvelles Charges du Châtelet seront vénales ; si vous n'eussiez pas eu à prévenir les suites d'une Délibération renvoyée du 3 Septembre au 3 Décembre ; si vous aviez pris des mesures légales & politiques pour conserver nos Loix fondamentales, sur-tout celles de l'enrégistrement & de l'inamovibilité ; si vous n'eussiez pas eu plusieurs prises assez fortes avec différens Membres du Parlement, qu'on ne pouvoit frapper en particulier, étant hors de prise à toute procédure réguliere, & qui ne

L'autre inconvénient, plus important encore, est relatif à l'intérêt des peuples. Remontrer n'est pas simplement présenter quelques phrases vagues sur les besoins des peuples & sur les avantages de l'économie. De bonnes Remontrances sur les Edits Bursaux ou autres, doivent renfermer des discussions approfondies sur les dangers ou l'impossibilité de l'Edit proposé, & demandent conséquemment une grande connoissance des Provinces auxquelles on veut l'appliquer. Toutes les Provinces du ressort des Conseils Supérieurs devenant absolument étrangeres au Parlement actuel, & les Conseils Supérieurs n'ayant nul droit de remontrer, il arrivera de là que le Parlement s'il subsistoit, ne pourroit être d'aucune utilité quelconque à ces Provinces. Il auroit le droit de remontrer, sans les connoissances nécessaires pour le faire ; & les Conseils Supérieurs, les connoissances, sans le droit d'en faire usage. Ainsi un tel plan est évidemment nuisible aux peuples, & contraire aux vues paternelles du Roi envers ses Sujets.

Dans le vrai, & si l'on veut être de bonne foi, tout objet d'utilité publique auroit été rempli en rendant aux Présidiaux leur ancienne compétence numéraire au taux d'aujourd'hui, & en simplifiant la procédure sur les décrets & quelques autres objets. Tout le reste n'est qu'une illusion fort mal tempérée, pour voiler sous des avantages superficiels le renversement de toute notre constitution, & la destruction de nos Loix les plus inviolables ; illusion au reste qui a été si bien développée par les Parlemens, & les différens écrits patriotiques, qu'elle n'en impose plus à personne.

pouvoient périr qu'avec leur Compagnie; si vous n'aviez pas eu besoin de recruter dans les débris des Compagnies, des Sujets que leur destruction vous a fournis; si toujours conséquent comme un Chancelier doit l'être, autant pour le bourgeois de Paris, comme pour le paysan de l'Auvergne, vous n'eussiez pas dans un discours solemnel, loué de la part du Grand-Conseil, des démissions que votre Edit érige en crime, & qu'il punit par privation d'Offices; si enfin dans la distribution des exils, vous eussiez paru bien plutôt céder à la nécessité d'éloigner, qu'à la recherche de punir, & qu'on n'eût pas vu les exils les plus rigoureux au point de mettre la vie en danger, précisément départis, à ceux qui n'eurent pas l'honneur d'être de vos amis dans le Parlement, il seroit possible de croire à ce Patriotisme, dont malheureusement nous autres vos contemporains, ne sommes pas frappés.

J'admettrai néanmoins vos motifs, puisque vous me les attestez. En ce cas, vous étiez un homme bien à plaindre; car le bien que vous voulez faire, se trouve si mal entouré, si compliqué, si entrelassé avec des événemens fâcheux, illégaux & ruineux, qu'il a tout l'air du mal. Il est bien malheureux que vous n'ayez pas cru pouvoir prendre une autre marche que celle-là, & que n'ayant nullement mis à couvert nos Loix, & notre Droit national, qu'ayant même assez promptement développé les effets que vous vouliez donner à votre Article III, vous ayez eu l'air d'en vouloir & à nos Loix, & aux Magistrats qui les défendent.

Le Ch. Si bien donc, Monsieur l'aigre Censeur, qu'aucune de mes opérations n'a le bonheur de vous plaire. Il faudra s'en consoler.

L'Av. Je ne suis pas un Censeur aigre. Je viens naturellement vous rendre compte de ma conduite, & vous exposer le cri de ma conscience comme un motif d'être écouté, lorsqu'elle résiste à vos propositions. Vous engagez la conversation sur la suite de l'affaire, & j'y réponds avec trop de franchise, peut-être, mais vous me l'avez ordonné.

Pour finir avec la même vérité, je vous répondrai

naturellement qu'en effet, je ne trouve pas dans vos opérations cette unité & cet ensemble qui annoncent un projet suivi & pris en grand. J'y apperçois même des contradictions qui semblent déceler une marche incertaine, une besogne faite jour par jour, & morceau à morceau.

Vous refusez obstinément dans six Lettres de Jussion de donner la plus légere explication sur un Edit inquiétant ; & lorsque le véritable motif de la donner s'est évanoui, vous la donnez ensuite. Vous confisquez des Charges, puis vous renoncez à cette confiscation, pour en venir à la suppression. Vous nous annoncez pompeusement un Code, comme l'ouvrage d'une sagesse immortelle, & le garant d'une simplification salutaire dans l'art funeste de la procédure, & vous nous lâchez enfin après plusieurs mois, un Recueil indigeste, une compilation déja méprisée par un Tribunal, (b) qui force de rassembler plusieurs Ordonnances à la fois, pour régler la marche d'un procès, & que paroissant abréger la procédure, en quelques parties, la surcharge en un point essentiel, en ajoutant aux ventes judiciaires la nécessité jusqu'alors inconnue des décrets volontaires.

Vous ordonnez les décrets volontaires par votre Code, & quelques jours après vous les abrogez par une loi nouvelle.

Vous annoncez pompeusement la gratuité des Offices, comme la base de la gratuité de la justice, & comme le fondement de tout notre systême : & peu après vous mettez en vente les Charges de Conseillers au Châtelet, en annonçant par-là aux peuples qu'ils n'auront de justice gratuite que *sur l'appel*, & qu'ils n'auront nullement celle qui les auroit bien plus vivement intéressés, celle en *premiere instance*.

Vous promettez que les propriétés vous seront sacrées ; il n'est aucun de vos discours, de vos préambules qui ne leur rende hommage, & depuis six mois une foule de propriétés de tout genre, reçoit de vous & par vous les plus mortelles atteintes.

(b) Le Grand Conseil.

Vous supprimez éventuellement trois cens Procureurs, & en conservez cent ; & tout à coup, sans cause nouvelle, vous les supprimez tous.

Vous paroissez appeller les Avocats à être le seminaire de la Magistrature, & vouloir les attacher à votre nouveau systême, & vous les repoussez à l'instant même, par la création bisarre de Confreres en charge & postulans, qui ne peuvent avoir avec eux aucun rapport de principes, de conduite, de liberté, de connoissances & de travaux.

Vous faites un crime aux Magistrats de leur démission, & prononcez contre ce crime la privation des Offices, & vous louez ces mêmes démissions dans un Tribunal à qui vous voulez plaire, comme l'action la plus noble & la plus généreuse.

Vous voulez restreindre la multiplicité des Remontrances par votre Edit de Décembre, & dans votre Discours du 13 Avril, vous annoncez que le Roi ne met point des bornes aux réclamations des Parlemens.

Vous faites un crime aux Parlemens par l'Edit de Décembre, de se dire les représentans de la Nation, l'organe de la Loi, &c. ; & par celui de Février, vous reconnoissez qu'ils sont dépositaires des Loix, chargés d'en faire connoître les inconvéniens, & de faire parvenir au Trône les besoins des peuples.

Vous appellez par-tout à votre secours le nom de Parlement, comme un talisman nécessaire à vos opérations, & partout vous détruisez la chose, & vous en dénaturez la substance.

Vous supprimez les Offices d'une multitude innombrable de Magistrats, Parlemens, Cours des Aides, Châtelet, Présidiaux, Bailliages, Elections, tout tombe sous votre faulx ; tout s'anéantit sous votre main : & dans le moment vous proclamez les Offices que vous créez, *inamovibles*, & *inamovibles comme les anciens*.

Vous renversez tout, vous faites main-basse sur toutes nos formes publiques & nos loix, & vous nous déclarez à l'instant même que vous voulez assurer à tous cette liberté, qui n'existe qu'avec les loix, & qui périt avec elles. (13 Avril.)

Vous ne parlez que de la liberté du Citoyen, & dans l'Edit de Décembre, de ne point obliger les Magistrats *à donner des suffrages qui ne s'accorderoient pas avec leurs sentimens particuliers*, & depuis vous n'avez cessé de violenter les consciences par des Lettres de Cachet, plus intimidantes les unes que les autres; par des exils; des suppressions; soit pour les priver, les uns de leurs fonctions de Magistrats; soit pour forcer les autres d'être Magistrats malgré eux; soit pour contraindre à les reconnoître pour Parlement. Vous en avez fait donner soixante-trois pour la seule publication de l'Edit d'Avril au Châtelet, & vous êtes le premier qui ayez imaginé de faire un homme Juge par force, de l'exiler sur les Fleurs de Lys, & de punir de l'exil le refus d'accepter un Office qui n'est pas vacant.

Vous établissez un Conseil Supérieur à Lyon, sans craindre de diminuer dans cette Ville le goût pour le commerce, & malgré la répugnance des Citoyens & vous supprimez le Parlement de Rouen, par la raison qu'il nuit au commerce, quoique jusqu'alors les Habitans de cette Ville ne s'en soient jamais plaint, & malgré la réclamation du Corps de Ville.

Vous alléguez pour motif de la création du Conseil Supérieur de Bayeux, que votre dessein est de rapprocher la justice des Habitans de la basse Normandie, & que ce sont des vues de bienfaisance, qui vous animent à l'égard de cette partie de la Province, & vous éloignez la justice de toute la haute Normandie; tous les Commerçans, qui sont en grand nombre en cette partie, vont être obligés de faire des voyages dispendieux, & d'abandonner leurs affaires; pourquoi priver ceux qui jouissent de cette bienfaisance, pour en transporter les effets sur d'autres Citoyens, qui ne s'en plaignoient pas?

Vous annoncez par-tout des vues de bienfaisance, & on n'entend parler que de suppressions, d'extinction, de la perte d'état pour les Citoyens les plus distingués, d'impositions arbitraires, par simple Arrêt du Conseil.

Vous répandez dans le public, que le Roi n'a voulu

punir que la désobéissance des Officiers du Parlement de Paris, qui ont cessé le service ; & vous traitez de même les Magistrats des autres Parlemens qui n'ont pas cessé le service, & à qui vous n'avez aucun reproche à faire ; à qui le Roi lui-même, il y a quelques années, a rendu le témoignage le plus authentique, de lui avoir donné des preuves de fidélité, d'attachement & de zele pour son service.

Le Ch. Et que deviendra donc tout ceci, à vous entendre ? vous aurez donc toujours la manie de vous consacrer à des revenans.

L'Av. Tout ceci deviendra ce qu'il plaira à Dieu. Il tient les cœurs des Rois dans sa main, & il voit notre douleur. Quant aux revenans, j'ai déja eu l'honneur de vous dire qu'ils ne nous sont rien que par les Loix, & pour les Loix. Sans les Loix, ils ne sont pour nous que des hommes privés, la plupart nos égaux. Notre affection pour eux, ne peut nous créer des devoirs, encore moins nous porter à violer les nôtres. Mais vous ne m'avez pas fait voir que nous en violions aucun.

Le Ch. Eh bien ! puisque les bonnes raisons ne peuvent rien sur vous, je saurai vous réduire, & nous verrons si quelque acte de vigueur....

L'Av. Monsieur, la vraie vertu n'est pas fastueuse dans ses expressions, mais elle est ferme. Tant que vous ne tranquilliserez pas notre conscience, tant que vous ne rassurerez pas notre Patriotisme alarmé, n'attendez rien de nous, l'indigence ne nous effraie point. Des coups d'autorité ne seroient qu'une rigueur inutile. Sous Louis XI, le Parlement offrit sa tête plutôt que de rien faire contre ce qu'il croyoit être de son devoir. Nous venons de voir renouveller cet exemple de nos jours. Nous nous estimerons heureux de souffrir pour la Patrie, pour la défense des Loix, & pour prouver au Roi notre fidélité & notre amour. Renoncez plutôt à nous, comme vous avez déja commencé de le faire, & n'espérez pas nous subjuguer tant que vous ne nous aurez pas convaincus.

PRINCIPES AVOUÉS ET DÉFENDUS PAR NOS PERES.

Institutions que nous sommes dans l'heureuse impuissance de changer.

Lit de Justice de 1770, & Edit de Février 1771.

EXTRAIT

De quelques Pieces, Monumens & Loix depuis St. Louis jusqu'à présent.

1244.

Innocent IV. prie Saint Louis de lui donner retraite dans ses Etats.

Dominus Rex ipsi favorem præstitit affirmando quod ipsum Dominum Papam, si Concilium optimatum suorum quod non poterit aliquis Regum subterfugere, *permitteret, exulantem liberaliter reciperet.*

Le Roi lui fut favorable, déclarant que si le Conseil de ses *Grands*, auquel nul Roi ne peut se soustraire, le lui permet, il recevra volontiers le Pape fugitif.

Instructions de Saint Louis à son fils Philippe III.

Tu garderas les bonnes Loix & Saintes Coutumes du Royaume ; entretiens & rends inviolables à tes Sujets leurs Priviléges, Coutumes & Immunités, étant plus raisonnable que celui qui veut être obéi, sache jusqu'où se peut & doit étendre son commandement, & *les sceptres nous étant mis ès mains, pour la manutention des Loix*..... Ne pense pas, mon fils, *que les François soient esclaves des Rois, mais plutôt des Loix du Royaume*, auxquelles la vertu fait qu'ils s'y *assujettissent*, par ainsi use de *Loi*, & non de *puissance absolue*, afin que *la justice* & non *la tyrannie*, soit le vrai fondement de ta puissance. *Préceptes d'Etat, par M. A. Theveneau 1617, pages 523, 528.*

1270.

Les établissemens de Saint Louis sont dits être faits par grands conseils de sages hommes & grands Clercs, & confirmés en plein Parlement par les Barons du Royaume.

1272.

Ordonnance de Philippe le Hardi, qui défend les serments & jeux de hasard, ainsi intitulée :

Ordonnance faite par le Roi Philippe, dans le Parlement de l'Ascension, en 1272.	*Ordinatio facta per Regem Philippum, Parisiis, in Parlamento Ascensionis & anno 1272.*

Autre Ordonnance ainsi intitulée :

Ordonnance faite à Paris, dans le Parlement de la Toussaint.	*Ordinatio facta Parisiis ; in Parlamento omnium Sanctorum.*

Le 3 Mars 1302.

Ordonnance de Philippe le Bel faite en Parlement, non pour l'établissement, mais pour la fixation à Paris des Séances de ce Parlement.

Propter commodum Subjectorum nostrorum & expeditionem causarum proponimus ordinare, quod duo Parlamenta Parisiis & duo Scacaria Rothomagi, & dies Trecenses bis tenebuntur in anno, & quod Parlamentum apud Tolosam tenebitur si gentes terræ prædictæ consentiant, quod non appelletur à Præsidentibus in Parlamento prædicto.

Pour la commodité de nos Sujets & l'expédition des causes, *nous nous proposons d'ordonner qu'il sera tenu* par année deux Parlemens à Paris, deux Echiquiers à Rouen, deux grands jours à Troies; & qu'il sera tenu un Parlement à Toulouse, *si les gens de ce pays consentent* qu'il ne soit pas appellé de ceux qui présideront à ce Parlement.

1308.

Ordonnance de Philippe le Bel faite au Parlement en ces termes :

Habitâ super hoc deliberatione diligenti cum dilectis & fidelibus Parlamenti nostri, Cancellario & pluribus aliis Consiliariis nostris.

Après *mûre délibération* prise sur ce sujet avec nos amés & féaux du Parlement, notre Chancelier & plusieurs autres nos Conseillers.

1313.

Ordonnance faite au Parlement & tirée de ses Registres.

C'est l'Ordonnance faite par notre Seigneur le Roi & son Conseil pour le quemun prousi de tout le Réaume, & pour ôter & echever moult de larcins, meurtres & mesfaits.

9 Mai 1330.

Ordonnance touchant les Appellations.

Après avoir fait *délibération* sur ce avec nos amés & féaux les Gens de notre Parlement, Prélats, Barons & autres nos Conseillers.

Habitâ super hoc deliberatione cum dilectis & fidelibus gentibus Parlamenti nostri, Prælatis, Baronibus & aliis Consiliariis nostris.

CHARLES V.

Ordonnance adressée à la Chambre des Comptes.

Ceux qui, à raison de l'éclat de leur lumiere & de leur amour pour la vérité, ont été élus pour siéger au Parlement universel & capitale justice de France, *tiennent les rênes de notre Royaume*, & représentent notre Majesté aux yeux de nos Peuples, méritent de recevoir du moins les gages accoutumés, dont leur louable modestie est contente.

Illi qui propter scientiæ claritatem & virtutis amorem electi sunt ad honorem sedis Parlamenti universalis & capitalis justitiæ, regni nostri gubernacula dirigunt atque propriè repræsentant in populo celsitudinis nostræ Majestatem, dignum est stipendiorum gratiâ foveantur saltem solitorum ex quibus ipsarum gentium moderata sinceritas hactenùs est contenta.

28 Mai 1359.

DÉCLARATION de CHARLES *V*, le Sage, *au milieu de son Parlement, au sujet de la destitution de quelques Officiers.*

Entraînés par l'importunité de quelques esprits *turbulens, traîtres & conspirateurs contre* la Majesté du Roi & l'honneur & bien de la Couronne & Royaume de France, mais qui avoient grande puissance & autorité.

forcés, comme par nécessité, & pour échiver de plus grands périls, plutôt que déterminés par franche volonté : Nous, de notre pur & noble office Royal, auquel appartient rappeller & corriger tout notre fait comme il est dit, toutes les fois que nous connoissons qu'en icelui justice a été blessée & pervertie, spécialement en grevant & opprimant l'innocent par fausse & calomnieuse suggestion, par Arrêt avons de notre bouche prononcé & déclaré *ladite privation & toutes les choses qui s'en sont ensuivies, avoir été faites de fait seulement*, & pourchassées frauduleusement & calomnieusement & par fausses suggestions, *par très-grande importunité*, & *non de notre franche volonté*, mais à notre très-grand déplaisir, & avoir été *nulles*, *vaines*, *tortionnaires*, *injurieuses* & faites sans *loi*, *sans jugement*, *sans connoissance* & existence de cause, & non avoir eu de *droit* aucun effet de privation, suspension, infamation, diminution ou lésion quelconque desdits Officiers en leurs personnes, états, honneurs, renommée, offices, gages, droits ou autres biens quelconques; & néanmoins icelles *privations*, *annullons*, *cassons*, *rappellons* & *condamnons à perpétuité*.

1361.

LETTRES PATENTES DE CHARLES V.

Sur l'enrégistrement desquelles on lit : vûes, lues & corrigées.

1364. 1368.

Autres Lettres dont l'enrégistrement est ainsi conçu :

Aliàs signata per Regem in suo Concilio ; & rescripta ac signata de praecepto vestro juxta correctionem *Concilii in Camera Parlamenti existentis.*

Autrefois ainsi signée par le Roi en son Conseil ; mais récrites & signées par vos ordres, suivant la correction du Conseil qui est dans la Chambre du Parlement.

Ce Prince fait déchirer en sa présence certaines Lettres & Ordonnances, parce qu'entre autres défauts, elles n'avoient été *avisées par la Cour de Parlement, mais soudainement & hâtivement publiées*. Du Tillet, des Rangs, p. 399, Edit de 1586.

12 Novembre 1454.

Edit de CHARLES *VII au sujet du Parlement séant à Toulouse*. Histoire de Languedoc, 5 vol. aux pieces, n. 7.

Comme pour le bien de la Justice & relever nos Sujets de vexation & travaux, nous avons ordonné notre Parlement être tenu par notre Cour Souveraine, tant à Paris comme à Toulouse par nos amés & féaux les Présidens & Conseillers par Nous institués & ordonnés pour ce faire en chacun desdits lieux de Paris & de Toulouse, *lesquels y ont de nous telle puissance & autorité les uns comme les autres*. Doivent iceux Présidents & Conseillers être tenus & réputés, unis & recueillis & honorés les uns comme les autres, & *comme faisant un même Parlement*; Voulons nosdits Présidens & Conseillers de notredit Parlement, & de chacun *d'eux être tenus & réputés uns*, & y demeurer à notre service en bonne *union & fraternité*, SANS SOUFFRIR pour cause des limites d'iceux Parlemens avoir entr'eux aucune différence.

4 Octobre 1467.

Déclaration de LOUIS *XI*. Fontan. t. 2, pag. 556.

Comme depuis notre avénement à la Couronne plusieurs mutations aient été faites en nos Offices, laquelle chose est *la plus advenue à la poursuite & suggestion d'aucuns, & nous non avertir duement*, par quoi ainsi qu'entendus avons, & que bien connoissant être vraisemblable, plusieurs de nos Officiers doutant *cheoir audit mouvement de mutation & destitution*, n'ont pas tel zèle & ferveur à notre service qu'ils auroient si n'étoit ledit doute ; savoir faisons que nous considérant que nos Officiers ont sous notre autorité *la direction des faits par lesquels est policée & entretenue la chose publique de notre Royaume, & que d'icelui ils sont Ministres essentiels, comme Membres du Corps* dont nous sommes le Chef : voulant extirper d'eux icel doute, & pourvoir à leur sûreté en notre service tellement qu'ils y aient cause d'y persévérer ainsi qu'ils doivent, statuons & ordonnons par ces présentes que désormais nous ne donnerons *aucun de nos Offices s'il n'est vacant par mort ou par résignation faite* DU BON GRÉ *& consentement du résignant, ou par forfaiture préalablement jugée & déclarée judiciairement* & SELON LES FORMES DE LA JUSTICE, PAR JUGE COMPÉTENT. Et s'il advient que par inadvertance, *importunité des requérans ou autrement nous fissions le contraire*, nous dès maintenant comme pour lors, *le révoquons & annullons*, & voulons qu'aucunes Lettres n'en soient faites & expédiées, & si faites elles étoient qu'à *icelles & à quelconques autres qu'on pourroit obtenir de nous* AUCUNE FOI NE SOIT AJOUTÉE *& que par ce aucun ne soit destitué de son Office ni inquiété en icelui.*

Nota. En 1467 les Offices n'étoient pas vénaux, mais purement gratuits, ensorte que c'est *l'état & fonction* qui sont déclarés inamovibles, & non la propriété seulement ; d'où il suit que quand on rembourseroit les Offices, la Loi n'en est pas moins violée, & la destitution n'en est pas moins nulle.

1468.

Louis XI dit au Duc de Bourgogne, *que s'il n'y a plus rien à faire, il desire aller à Paris faire publier leur appointement en la Cour de Parlement, pource que*, ajoûte l'Historien, *c'est la coûtume en France d'y publier leurs accords, ou autrement ne seroient d'aucune valeur. Toutefois les Rois*, dit-il, *y peuvent toûjours beaucoup* : expression qui exclut distinctement la violence.

LOUIS XI

Frappé de la généreuse fermeté du Parlement, *leur jura*, dit l'Historien, *qu'il leur seroit bon Roi, & ne les contraindroit jamais à faire chose contre leur conscience, & dès-lors en avant il leur tint inviolablement sa promesse* : cet acte fut de très-grande importance pour maintenir le Roi en l'obéissance de la raison.

Ainsi *quand la Cour ajoute à l'acte de publication, que ç'a été de l'exprès commandement du Roi*, suivant les nouveaux défenseurs du despotisme, cela prouve que les Rois étoient plus fermes, & les Parlemens plus dociles : & suivant l'Auteur, c'est une *marque que la Cour n'a pas trouvé* l'Edit raisonnable.

4 Septembre 1482.

Instructions de Louis XI, à son fils, Charles VIII, où il lui remontre plusieurs belles & notables choses à l'édifice de sa vie en bonnes mœurs, gouvernement, entretenement & conduite de la Couronne de France... Ainsi que pere peut faire à son fils..... Lesdites instructions confirmées par le serment de Charles VIII, par sa signature & par celles des PRINCES DU SANG, par celles des Grands du Royaume, & adressées *au Parlement*, à l'*Echiquier de Normandie*, aux Gens des Comptes, à la Cour des Aides qui tous les enrégistrerent.

Item, nous lui avons aussi par exprès commandé, ordonné & enjoint, que quand il plairoit à Dieu, qu'il parvînt à lad. Couronne de France, qu'il entretienne ès Charges & Offices qu'il trouvera être *lesdits Seigneurs de notre Sang & Lignage*, les autres Barons...... & *les Officiers ayant Office, tant de judicature*, qu'autrement, de quelque maniere que lesdits Officiers, Offices & Charges soient, *sans aucunement les muer, changer*, décharger, ne désappointer, ne aucuns d'eux, sinon toutefois qu'il fût, ou soit trouvé, qu'ils, ou aucun d'eux, fussent & soient autrement que bons & loyaux qu'il en appert *bien & duement*, & que *justice & due déclaration en soit faite* par justice, ainsi qu'au tel cas appartient.

Item, & afin que notre Fils puisse & veuille mieux penser, avoir, entretenir & accomplir notredite Ordonnance, Instruction & Commandement ; Nous lui avons *recontés les grands maux & dommages irréparables* qui nous advinrent peu de temps après notredit avénement à la Couronne pour n'avoir *entretenus lesdits Seigneurs & Officiers de notre Royaume en leurs Etats, Charges & Offices*, qui a bien long-temps duré à la très grande faute, dommage & destruction de plusieurs nos Pays & Sujets, & qui dure encore *sans y avoir fin ne paix*, & que, où notredit Fils feroit le semblable & n'entretiendroit & continueroit lesdits Seigneurs & Officiers, il lui en pourroit semblable aussi arriver.

1482.

Articles obtenus par l'Assemblée des Etats de Provence.

Item, placeat Regiæ Majestati quod Litteræ vestræ Regiæ priusquam exequantur, præsententur vestro Consilio in Provinciâ residenti, ut maturiùs & consultiùs exequantur habitâ priùs dicti Consilii interinatione & annexâ. Responsio. . . . . Placet requiritur.	Plaise à votre Majesté que vos Lettres Royales ayant de recevoir leur exécution soient présentées à votre Conseil ou Assemblée, résident dans la Province, pour que leur exécution se fasse avec plus de circonspection & de maturité après l'entérinement & l'annexe de cette Assemblée. *Réponse*. soit fait ainsi qu'il est requis.

1483.

Cahiers des trois Etats assemblés à Tours, article de la Justice.

Pource qu'il n'est rien qui excite tant un bon Officier à bien loyaument & diligemment servir, que d'être assuré de son état & de sa vie, en bien & loyaument servant son Maître, & en exerçant son Office, semble auxdits États être bien raisonnable chose qu'en en *suivant les Ordonnances Royaux sur ce faites* un Officier royal, en bien exerçant son Office, soit assuré de l'état de sa vie, & d'être continué en icelui, & s'il ne fait faute, il ne doit être privé ne débouté, & n'en doit être désapointé sans cause raisonnable, *lui sur ce oui en justice*, car autrement il ne seroit vertueux ne si hardi de garder & bien défendre les droits du Roi, comme il est tenu de faire; & si seroit plus inventif à trouver exaction & pratiques *pource qu'il seroit tous les jours en doute de perdre son Office.*

Réponse de Charles VIII.

Pource que ce présent article est raisonnable, que nul Officier ne soit destitué de son office & état, *sinon que mort, résignation ou forfaiture, déclaration préalablement faite par Juge compétent, l'Office oui, duement appellé, le Roi l'a accordé*, ET VEUT QU'IL SOIT ENTRETENU *& observé doresnavant.*

Il s'agit encore ici non de finance & de propriété, mais de *l'état & fonction*, de l'Office. Les Offices n'étant pas vénaux, *c'est la fonction publique qui est inamovible.*

13 Juin 1499.

Louis XII, séant au Parlement, y dit :

Que la Cour de céans est le vrai Sénat du Royaume, où les Édits & Ordonnances prennent leur derniere forme & autorité quand elles y sont publiées & registrées.

22 Décembre 1499.

Ordonnance de Louis XII, Pere du Peuple.

Nous déclarons que doresnavant nous n'avons vouloir, ni intention de déroger, ni contrarier aucunement à notre Ordonnance, par nous faite sur le fait de la justice, & quelques Lettres de dispense, télievement ou autres exceptions & provisions, que ayons par ci-devant, & puissions commander & faire expédier, pour décliner de l'ordre & ancienne observance d'icelle, ou y déroger en tout ou partie, Nous voulons & ordonnons qu'à telle Lettre on n'ait aucun regard, & défendons très-expressément à nos amés & féaux, les Gens tenans nos Cours de *Parlement à Paris, Toulouse, Bordeaux, Echiquier de Normandie & Dijon*, & semblablement à tous nos Officiers & Justiciers, que par vertu & sous couleur de telles nos Lettres de dispense, ils ne contrarient, ne contreviennent, fassent, souffrent, ne permettent contrarier, ne contrevenir à nosdits ordres en quelque maniere que ce soit sur *peine d'être réputés eux-mêmes à nous désobéissans, & infracteurs d'icelles Ordonnances*; mais nosdites Lettres de dispense & de dérogeance, en usant de notre présente Déclaration & intention, *cassent & annullent, & déclarent nulles, de nul effet & valeur.*

Fin du 15e Siecle.

Machiavel, du Prince, chap 19, liv, premier; chap. 16 & liv. 3, chap. premier.

Parmi les Royaumes bien ordonnés & bien gouvernés en notre tems, est celui de la France, il s'y trouve une infinité de bons établissemens, dont dépendent *la liberté & la sûreté du Roi*; le premier desquels *est le Parlement & son autorité...* Le Royaume de France ne demeure assuré qu'à cause que les *Rois y sont obligés à une infinité de Loix où se trouve la sûreté de leurs peuples, desquelles Loix & Ordonnances les Parlemens sont gardiens & protecteurs, & principalement celui de Paris.*

31 Janvier 1521.

Edit de François Premier, portant création de vingt Conseillers au Parlement séant à Paris.

Les Cours de Parlement de Toulouse & Bordeaux &

les Pays ressortissant à icelui, *furent tirés & éclipsés du Parlement de Paris* pour la longue distance d'iceux, a été mis en terme bien avant de faire créer une *Cour de Parlement à Poitiers ou à Bourges.* Toutefois pour garder & conserver icelle notredite Cour de Parlement en son entier, sans plus l'*éclipser, ni l'altérer,* considérant que c'est la *Premiere & Métropolitaine* des autres, ne l'avons voulu faire. *Joli, des Offices, tome premier, aux additions, pag. 75.*

15 Décembre 1527.

François Premier revient de Madrid & assemble des Députés de tous les Parlemens.

Tous les Premiers Présidens & les *Députés de toutes les Classes* s'y rendirent mandés par le Roi, le Roi y fit sa proposition & récit des choses passées à la Guerre & Traité de Madrid, *demandant conseil à l'Assemblée, & offrant de le suivre ;* du Tillet, partie 2e, page 83.

EXTRAIT de la grande Monarchie de France, composée par Messire Claude de Seyssel, lors Evêque de Marseille, & depuis Archevêque de Turin, adressant au Roi Très-Chrétien François Premier de ce nom. Avec Privilege. A Paris, par Galiot du Pré. 1558.

PREMIERE PARTIE.

CHAPITRE VIII.

Et pour plus clairement expliquer ce que j'entends de ladite Police de France, je présuppose que le plus grand danger qui soit aux Etats Monarchiques de venir à noture & confusion, est pour cause de la mutation des Princes, & mêmement quand ils viennent par succession naturelle de prochain en prochain, comme cettuy-cy : car il advient souvent qu'à un bon & vaillant Roi, succede un imbécille, entaché de plusieurs vices & imperfections ; ou bien encore un jeune enfant, dont s'en ensuivent plusieurs choses désordonnées & volontaires, pour cause du mauvais gouvernoment d'icelui Roi vicieux, ou de ceux qui ont le maniement du Roi qui est enfant, ou totalement ébêté, qui peuvent être occasion de la grande désolation & destruction de l'Etat, ainsi que l'on a vu par plusieurs exemples en ce Royaume même : car pour parler du désordre qui peult advenir par l'imperfection des Chefs & Monarques, il y a plusieurs remedes *pour réfréner leur autorité absolue* s'ils sont dépravés & volontaires, & plus encores de ceux qui pourroient avoir le maniement du Royaume, s'ils sont du tout imbécilles par faute d'âge ou autrement. Et néanmoins demeure *toujours* la dignité & autorité Royale en son entier, non pas totalement absolue, ne aussi restreinte par trop, mais réglée & réfrénée par bonnes Loix, Ordonnances & Coutumes, lesquelles sont établies de telle sorte, qu'à peine se peuvent rompre & annichiler, jaçoit qu'en quelque tems & en quelqu'endroit il y advienne quelqu'infraction & violence : & pour parler desdits *freins* par lesquels la puissance absolue des Rois de France est réglée, j'en trouve trois principaulx : le premier est la Religion ; le second la Justice ; & le tiers la Police.

CHAPITRE IX.

De la Religion qui est le premier frein des Rois.

Or, vivant le Roi (à tout le moins par apparence) selon la Loi & Religion Chrétienne, ne peut gueres faire choses tyranniques, & s'il en fait quelqu'une, il est loisible à un chacun Prélat, ou à autre homme Religieux, bien vivant & ayant estime envers le peuple, le lui remontrer & increper, & à un simple Prêcheur le reprendre & arguer publiquement & en sa barbe: & si, ne l'oseroit le Roi bonnement pour cela maltraiter, ne lui mesfaire encores qu'il en eût volonté, pour non provoquer la malveillance & indignation du peuple. Ce que n'est en autre Royaume que l'on sçache, à tout le moins de telle sorte. . . . qui est comme nous avons dit, le premier frein & retenail de nos Rois & Monarques de France.

CHAPITRE X.

De la Justice.

Le second frein est la Justice, laquelle sans point de difficulté est plus autorisée en France qu'en nul autre pays du monde que l'on sçache, *mêmement à cause des Parlemens qui ont été instituées, & principalement pour cette cause, & à cette fin de refréner la puissance absolue dont voudroient user les Roys*; & s'y furent dès le commencement établis de si grands personnages en tel nombre & avec telle puissance & pouvoir que les Rois y ont quant à la justice distributive toujours été subjets : tellement que l'on a justice & raison à l'encontre d'iceux aussi bien qu'à l'encontre des subjects ès matieres civiles : & entre les parties privées, leur autorité ne peut préjudicier au droit d'autrui. . . . & quant aux matieres criminelles, leurs graces & remissions y sont tellement débattues, & ceux qui les obtiennent mis à telle discussion, que peu se treuvent de gens qui soubs espérance ne confiance de cela osent faire chose mal faite, & sur tout, cas exécrables : car quand bien par aucun tems, *par trop grand faveur d'un Roy volontaire, on n'oseroit poursuyvir telz cas par justice, toutes fois au long aller cela revient au renge, & se sont après quand cette faveur désordonnée est faillie, plus aigrement punis eux ou leurs hoirs, qu'ils n'eussent été non ayant usé de telle faveur, ainsi que l'on a vu & voit on tous les jours advenir.*

Et d'autant est icelle justice plus autorisée que les Officiers députés pour la favoriser & administrer sont per-

païble, & n'est en la puissance des Rois [illegible] par forfaiture, dont la cognoissance est réservée quant aux suppôts des Cours Souverains, à icelles Cours en premiere instance, & quant aux autres inférieurs par appel. Et si par volunté désordonnée aucun a été quelquefois privé & debouté sans garder ledit ordre, ceulx qui en ont été cause ou ont pris & occupé leur lieu, en ont aprés rendu compte & reliqua : dont il advient qu'iceulx Juges & Officiers sçachant non pouvoir être déposés s'ilz ne mesfont, plus assurément s'aquittent, ou s'ilz ne le font, sont inexcusables : & véritablement celuy frein & retenail est moult grand & louable en France plus qu'en nul autre pays.

CHAPITRE XI.

De la Police.

Le tiers frein est celui de la police; c'est à sçavoir de plusieurs Ordonnances qui ont été faites par les Rois mêmes, & aprés confirmées & approuvées de tems en tems, lesquelles tendent à la conservation du Royaume, en universel & particulier : & si ont esté gardées par tel, & si long-temps que les Princes n'entreprennent point d'y déroguer, & *quand le vouldroient faire, l'on n'obéit point à leurs Commandemens*, mêmement quand au fait de leur domaine & patrimoine royal qu'ilz ne peuvent aliéner sans nécessité : & *si faut qu'elle soit cogneue & approuvée par les Cours Souveraines des Parlemens & celle des Comptes*, & cette Loi & Ordonnance est trés-utile à la chose publique pour la conservation du Domaine royal, au défaut duquel quand quelqu'affaire survient fault venir à exaction extraordinaire, à foule & grevance du peuple.

DEUXIÈME PARTIE

CHAPITRE XII.

Et premièrement touchant les trois freins dont j'ai parlé ci-dessus, par lesquels la puissance absolue du Prince & Monarque, (laquelle est appellée tyrannique quand on en use contre raison), est refrénée & réduite à civilité, & par ainsi est réputée juste, tolérable & aristocratique; je dis derechef que le Roi ne peut faire chose plus agréable à Dieu, plus plaisante & plus profitable à ses Subjets, ne plus honorable & louable à lui-même que d'entretenir lesdites trois choses, par lesquelles il acquiert nom de bon Roi, de très-Chrétien, de Pere du Peuple, *de Bien-Aimé*, & tous autres titres que peut acquérir un vaillant & glorieux Prince: & par le contraire dès qu'il se dévoye desdits trois limites & veult user de volunté désordonnée, il est tenu & réputé mauvais tyran, cruel & intolérable, dont il acquiert la hayne de Dieu & de ses Subjets.

CHAPITRE XIII.

Et si ay un point qui est mal gardé en France & ailleurs,... car... d'autant moins sont excusables les Princes touchant cela, qu'il sont cause, le plus souvent de faire promouvoir aux dignités de l'Eglise de telz personnages, dont après les pauvres ames qu'ils prennent en charge souffrent & tout l'ordre Ecclésiastique & le Peuple séculier en sont scandalisés: & même les Princes qui les ont fait promouvoir qui est l'une des choses en quoy lesditz Princes offensent plus Dieu & dont l'on fait aujourd'hui moins d'estime: car si les Princes... cherchent les meilleurs & les plus expérimentés de celui métier, comme Cuysiniers, Tailleurs, Barbiers, Palfreniers, Veneurs, Fauconniers..... Quel compte rendront-ils s'ilz..... ont député personnages lequels en lieu de monstrer le chemin de Paradis, monstrent celui d'Enfer..... telz Prélats sont Prêtres & Curés de même, & les biens de l'Eglise..... sont despenduz en usages mondains & méchants.

CHAPITRE XIV.

..... Et quand le Roi très-Chrétien y auroit bon zèle & la chose seroit guidée par bons Ministres, & y pourroit frapper un grand coup au tems qui court.....

CHAPITRE XV.

..... Le Monarque connoissant que par le moyen des Loix & Ordonnances & louables coutumes de France concernant la Police, le Royaume est parvenu à telle gloire..... les doit garder & faire observer le plus qu'il peult, attendu mesmement qu'il est astraint par le serment qu'il fait à son couronnement de ce faire : par quoy faisant le contraire offense Dieu & blesse sa conscience, & si acquiert la hayne & mal veuillance de son Peuple, & outre ce s'affoiblist sa force.

On peut juger maintenant si le discours de François Ier, au Parlement en 1527, discours faussement qualifié de Lettres-Patentes par les Défenseurs du despotisme, avoit eu quelqu'exécution, & s'il avoit changé l'opinion générale sur le droit public du Royaume.

HENRI II.

Ce Prince fait dire par son Ambassadeur à Charles Quint, que *la vérification est requise & nécessaire, tant de disposition de droit que par les Ordonnances & usances du Royaume*, & du pays de Provence, & partant que les Lettres (de renonciation de François Ier au Comté de Nice) demeureroient *sans effet aucun*, tant qu'elles *fussent vérifiées*, Ext. des Mém. Harang. Rem. & Lett. servant à l'histoire de notre temps, reimp. en 1623.

1549.

Le Chancelier Olivier dit au Roi Henri II, en Lit-de-Justice, que l'Etat n'est heureux qu'autant que le Prince est obéi de chacun, & que lui *obéit à la Loi*; que la vraie & solide gloire d'un Roi est de soumettre sa hauteur & majesté *à Justice, à rectitude & à l'observation de ses Ordonnances.*

5 Septembre 1560.

Le Chancelier de l'Hôpital dit au Parlement de Paris, que les divers Parlemens, ne sont que diverses Classes du Parlement du Roi.

1563.

Harangue au Pape par du Ferrier, Ambassadeur de Charles IX, suivant les instructions, signées de la main du Roi.

Suivant nos mœurs & les anciennes Ordonnances des Rois très-Chrétiens *religieusement observées* jusqu'à ce jour, rien ni dans la Religion, ni dans la Police n'est tenu *Loi publique* en France, sans un Arrêt du Parlement qui en ordonne la publication.

Moribus nostris & Regum Christianissimorum antiquis constitutionibus, in hunc usque diem religiose observatis; nihil in Gallia publice, quod ad sacras vel privatas res pertineat pro Lege statuimus, quod non sit Parlamenti Arresto publicandum.

Cet Ambassadeur oppose au Pape comme moyen de nullité de l'enrégistrement du Concordat, que cet enrégistrement n'avoit été fait que par impression grande & comme par contrainte. *Preuves des lib.* ch. 24. n. 34.

26 Juillet 1567.

Discours du Chancelier de l'Hôpital au Parlement de Paris.

Vous n'avez juré d'obéir à tous les commandemens du Roi, mais bien aux *Ordonnances qui sont ses vrais* commandemens ; dans le même discours il dit : *qu'un Juge craintif, à peine fera jamais le bien, sa volonté sera bonne, & la peine qu'il aura d'offenser le Roi & les Grands gâtera tout, jugera pour le plus fort, & avisera un expédient pour les contenter qui ne sera Justice.*

1576.

Les Etats assemblés à Blois, reprochent au Conseil du Roi ses entreprises. Ils avoient, disent-ils, jussion à commandement pour forcer la conscience des bons & violenter l'autorité & la religion des Compagnies Souveraines par retranchement de gages, interdiction d'entrée & de séance. Combien d'Edits ont-ils été vérifiés & enregistrés avec ces mots, *par commandement plusieurs fois réitéré, qui ne sont jamais nécessaires quand les Edits sont justes & bons.*

HENRI III.

Discours du Premier Président de Harlay en Lit de Justice.

Nous avons, Sire, deux sortes de Loix ; les unes sont les Ordonnances des Rois qui se peuvent changer selon la diversité des temps & des affaires ; les autres *sont les Ordonnances du Royaume qui sont inviolables, par lesquelles vous êtes monté au Trône Royal, &* cette Couronne a été conservée par vos Prédécesseurs jusqu'à vous ; celle-là entr'autres *est une des plus saintes*, & que vos Prédécesseurs ont plus *religieusement gardée*, de ne publier ni Loi ni Ordonnance qui ne *fussent vérifiées* ; ils ont estimé que violer cette Loi, c'étoit aussi violer celle *par laquelle ils sont faits Rois*, & donner occasion au Peuple *de mécroire de leur bonté*.

4 Juillet 1591.

Lettres-Patentes d'Henri IV, pour le maintien des libertés de l'Eglise, contre les entreprises du Nonce.

Par le regard de l'entreprise du Nonce, combien que les fautes qui sont en la cause au jugement, & en l'exécution qui en a été faite, soit telle & évidente, qu'elle rende toute la procédure nulle & de nul effet & valeur, toutefois, parce que cela regarde non seulement notre Personne, & ceux qui y sont à présent intéressés, mais aussi *nos Successeurs, & les dignités & autorités de cet Etat*, ne voulant que de notre règne il y soit rien attenté ou entrepris, ni aussi que notre nom ait pu servir d'y faire aucun préjudice, reconnoissant aussi que les priviléges de l'Eglise Gallicane y peuvent être intéressés, à la protection & conservation desquels nous nous sentons particuliérement obligés par notredite promesse, comme à chose dépendante de la dignité & du fait des Ecclésiastiques de ce Royaume, nous voulons que cela soit publiquement réparé sans y rien prononcer de notre seule autorité; nous avons résolu de remettre tout ce fait à la Justice ordinaire, pour y procéder selon *les Loix accoutumées du Royaume, la garde & la conservation desquelles appartenant naturellement à nos Cours de Parlement*, nous leur en avons remis & délaissé toute la jurisdiction & connoissance.

28 Mars 1594.

Lettres-Patentes d'Henri IV en faveur du Parlement.

Ayant jugé les Conseillers dignes de cette noble grace & faveur, pour la vertu & constance qu'ils ont montrée en plusieurs choses, & mêmement en la résolution qu'ils prirent de faire l'Arrêt qu'ils publierent & soutinrent *vertueusement* au mois de Juin dernier, *contre ceux qui s'efforceraient de troubler, & rompre les ordres de la succession légitime du Royaume.* Recueil des Offices, tom. I, pag.

Janvier 1597.

HENRI IV.

Edit donné à Rouen, article 12. Fontan.

Tous différends mûs, contestés ou réglés devant les

Juges ordinaires, seront jugés par eux, & par appel au Parlement, dont ne seront évoquées pour autres causes que celles contenues aux Ordonnances publiées & *vérifiées dans les Cours de Parlement.*

HENRI IV.

Ce Prince disoit que la premiere loi d'un Souverain *est de les observer toutes, & qu'il a lui même deux Souverains, Dieu & la Loi..... A Dieu ne plaise*, disoit-il encore, *que je veuille faire usage d'un pouvoir qui se détruit en voulant l'établir, & auquel les peuples donnent un mauvais nom.* Mémoire de Sully, pag. 400.

Fin du 16e Siecle.

Duhaillant, livre 3, dit: ceux qui ont voulu discourir sur l'Etat de ce Royaume, ont estimé que de cette commune Police des Parlemens, qui étoit comme mitoyenne entre le Roi & le Peuple, dépendoit toute la grandeur de la France; car encore que l'état de la France soit une Monarchie, si est-ce que par l'institution d'une infinité de belles choses politiques qui la rendent florissante, il semble qu'elle soit composée de trois façons de gouvernement, c'est-à-dire, de la Monarchie qui est d'un, de l'Aristocratie, qui est le gouvernement de personnes graves & sages, choisies & reçues au maniement des affaires, & de la Démocratie, c'est à dire du gouvernement populaire..... Cette grande & souveraine liberté des Rois est réglée, limitée & bridée par bonnes Loix & Ordonnances, & par cette multitude & diversité de ses Officiers.

HENRI IV. Mémoire de Villeroy.

Le Parlement avoit pris conseil de lui-même, n'étant mû que de son propre honneur & de son devoir, comme gens qui aiment mieux perdre la vie que de connivers à l'un ou à l'autre, en connivant *au renversement des Loix du Royaume*, dont *par leurs institutions* ils *sont les protecteurs & obligés de les maintenir par le serment de leur réception*, & il ne faut pas s'étonner s'ils ont osé porter cette parole au Lieutenant Général du Royaume, puisqu'à des Rois majeurs & très-puissans, ils ont quelquefois fait des Remontrances aussi hardies quand il a été question *de bien public*.

Commencement du 17e Siecle.

Du Tillet, recueil des Loix de France sur l'Edit de 1607, page 425.

Le Roi n'a qu'une Justice Souveraine par lui commise à ses Parlemens, qui ne font *qu'un* en divers Ressorts.

Commencement du 17e Siecle.

Pasquier, livre 2, chapitre 4, page 66, disoit : & encore chose pleine de merveilles que dès-lors que quelque Ordonnance a été publiée & vérifiée au Parlement, soudain le Peuple Français y adhere sans murmure, comme si cette Compagnie fût le lien qui nouât l'obéissance des Sujets avec le commandement de leur Prince, qui n'est *encore de petite conséquence pour la grandeur de nos Rois*, lesquels pour cette raison ont grandement respecté cette Compagnie, encore que quelquefois sur les premieres avenues son opinion ne se soit en tout & par-tout rendue *conforme à celle des Rois*, voire que comme si cet Ordre fût le *principal retenail* de toute cette Monarchie, ceux qui jadis par voie oblique arrivoient à la Royauté, se proposerent d'établir une forme de gouvernement de la part où ils avoient puissance.

Livre 3, chapitre 22, page 251, il dit : Nos Rois doivent plus au Parlement qu'à tous les autres Ordres politiques, & toutes & quantes fois que par *opinion aheurtissante* ils se désuniront des sages conseils & remontrances de ce grand Corps, autant de fois prendront-ils autant du fond & *estoc ancien de leur Monarchie*, *étant leur fortune liée avec cette Compagnie*.

Mémoires de Michel de Castelnaud, Homme d'Etat, page 11.

Les sept Parlemens du Royaume se *conforment ordinairement* à celui de Paris, qui sont en tout huit *colonnes fortes & puissantes*, composée de tous états ; sur lesquelles est appuyée cette *puissante Monarchie*, *les Edits d'ordinaire n'ayant point de force & n'étant approuvés des autres Magistrats*, s'ils ne sont *reçus & vérifiés esdits Parlemens*, *qui est une regle d'Etat*, par le moyen de laquelle *ne pourroit*, *quand il voudroit faire* des Loix injustes, que bientôt après elles ne fussent rejettées.

1604.

Remontrances du Parlement à Henri IV.

Si c'est désobéissance de bien servir, le Parlement fait souvent cette faute, & quand *il se trouve conflit entre la puissance absolue des Rois & le bien de son service*, il juge l'un préférable à l'autre, non par *désobéissance*, mais par *devoir*, à la décharge de sa conscience.

1615.

Remontrances du Parlement à Louis XIII.

Philippe le Bel & Louis Hutin en retenant le Parlement sédentaire, lui conservent les fonctions & prérogatives qu'ils avoient eu à la suite des Rois leurs Prédécesseurs.

Mai 1616.

Edit de Louis XIII fait à Blois.

Voulons & ordonnons que tous ceux qui ont été pourvus par les Rois nos Prédécesseurs ou par nous, de charges, états, offices ou dignités, & qui en ont été dépossédés,

dépossédés, ou qui sont en *quelque sorte que ce soit troublés en la fonction & exercice d'iceux*, CONTRE LES LOIX DU ROYAUME, y soient remis & rétablis, pour en jouir par eux suivant & conformément aux provisions & pouvoirs qui leur ont été expédiés, s'en acquittant de leur part comme ils sont tenus de faire par leurs provisions & les sermens par eux portés, & *suivant nos Loix & Ordonnances.*

1619.

Discours du Garde des Sceaux Marillac en Lit de Justice.

Le Parlement qui est maintenant sédentaire est cette Cour même qui étoit auparavant ambulatoire à la suite des Rois.

1630.

EXTRAIT du Discours sur le Gouvernement des Monarchies.... par Messire J. Ribier, Conseiller du Roi en son Conseil d'Etat. Paris, chez Sebastien Cramoisi.

» Les Princes sont obligés de conserver soigneusement » les Loix anciennes & fondamentales de leurs Etats, » parce qu'aussi-tôt qu'ils les heurtent & qu'ils sortent » du Gouvernement civil, équitable & modéré sous » lequel les Peuples ont vécu, ils ébranlent les fondemens de leur légitime puissance & commencent à perdre la bienveillance publique : & quoiqu'ils se fassent » obéir par un commandement absolu, si est-ce que l'obéissance ainsi rendue par contrainte n'est pas une vraie » obéissance...

» .... Or ce qui rend un Prince contemptible, est » l'opinion qu'il donne d'être variable & léger, inconstant & irrésolu en ses opinions, lâche & pusillanime, » voluptueux & prodigue, bref qu'on peut entreprendre » impunément, sous son autorité, qui sont tous écueils » que tout sage Prince doit éviter de peur du naufrage....

» .... C'est un dangereux précepte d'enseigner les » Princes à violer leur foi, au lieu de leur apprendre à

» observer religieusement leurs promesses... Les Princes
» ont un notable intérêt d'être tenus pour Princes de
» parole, sans recherches de faux prétextes pour y man-
» quer, d'autant que la vérité se découvre toujours &
» paroît clairement, nonobstant tous les nuages qu'on
» y sauroit opposer. C'est bien le propre des tyrans &
» usurpateurs, qui n'ont ni piété ni justice, de ne tenir
» compte de leur foi ; mais non des Princes légitimes, qui
» craignent Dieu comme vengeur de l'infidélité. . . . . .
» Voici donc ce que véritablement les fait universelle-
» ment estimer, & qui oblige aussi très-étroitement vers
» eux les affections des Peuples. Tous Princes sont en
» respect & vénération, lorsqu'ils font justice sans osten-
» tation de cruauté, qu'ils gardent la foi publique & les
» loix de l'Etat, vivent continemment, renoncent aux
» voluptés, ne dédaignent point les Grands, s'abstien-
» nent en général du bien de leurs Sujets, en desirent
» les cœurs, & croient que leurs commodités soient
» l'appui & l'ornement de l'Etat, les soulagent autant
» qu'il est possible sans les travailler de nouveaux Impôts ;
» & quand ils y sont contraints, le font avec beaucoup
» de modération, même ne refusent point d'y appeller
» quelquefois des principaux du Peuple, afin de faire
» cognoistre la nécessité présente, & que tous soient
» portés d'une franche volonté à y contribuer : ainsi
» qu'autrefois il s'est pratiqué avec un heureux succès,
» & dont par les assemblées des Etats nous en est resté
» quelque marque. . . .

» . . . Bien qu'il soit plus louable & mieux séant à
» un Prince d'être libéral que noté d'avarice, toutefois
» s'il se veut maintenir, sa libéralité doit être tellement
» réglée & mesurée, qu'il évite les dépenses inutiles &
» superflues & n'use loin que des nécessaires ; autrement
» il consommera ses moyens en peu de tems : ses coffres
» seront changés en vaisseaux de Danaïdes, & sera con-
» traint pour fournir à sa profusion de surcharger son
» Peuple : c'est ce qui le rendra incontinent odieux &
» le réduira à mauvais parti : car ayant avec sa prodiga-
» lité appauvri plusieurs de ses Subjects, qui en seront
» demeurés offensés, & enrichi peu de personnes trop

» foibles pour le garantir, n'est-il pas véritable qu'il
» courra fortune de tomber en quelqu'inconvénient ? . . .
» Nous ne devons publier que ce qui a toujours donné
» lustre & grand poids au gouvernement de tous Estats,
» est d'y avoir vu les Princes fidélement servis de bons
» & vertueux Conseillers, lesquels on peut nommer,
» sous l'autorité du Souverain, les vrais organes &
» instrumens de la félicité publique. . .

» . . . Si le Prince se remet entiérement à la personne
» d'un seul qui le gouverne & le possède & que celui-là
» soit très-prudent & expérimenté aux affaires, l'Estat
» pourra être bien conduit & gouverné; mais si ce confi-
» dent n'étoit fidele & homme de bien & qu'il se rendit
» trop puissant, il y auroit du péril, comme il est arrivé
» de nos MAIRES DU PALAIS.

17 Mai 1631.

Discours de M. Talon, Avocat Général, à Louis XIII, au sujet de l'exil de trois Officiers du Parlement de Paris, qu'il appelle un exemple inoui, *& dont les Lettres de cachet furent révoquées.*

Les Rois se sont imposés la Loi de l'inamovibilité, touchés de *repentir* quand ils ont eu *le malheur* d'en user autrement, ils l'ont établie pour être gardée à l'avenir, *comme fondamentale du Royaume*, Loi qui seule peut assurer l'innocence & l'intégrité des Magistrats, & soutenir le courage d'Officiers qui chaque jour s'exposent pour soutenir l'effort de ceux qui veulent abuser de leur puissance, & pour arrêter le cours des maux qui peuvent croître à tel degré qu'ils ne laisseroient plus de lieu au remede. *Procès-verbal de l'exécution de la Mission donnée par le Parlement aux Gens du Roi au sujet de ces exils.*

1644.

Ordonnance de Louis XIV.

Le Parlement a de tout tems rendu aux Rois de grands

& signalés services, *fait regner leurs Loix*, & fait reconnoître l'autorité & la puissance légitime, *& ce grand Corps qui est la Cour des Pairs est comme le lien de l'obéissance de tous les Ordres.* 1er vol. des Ordonnances de Louis XIV, p. 209.

31 Juillet 1648.

Déclaration de Louis XIV, enrégistrée en Lit de Justice, & cependant portant ces dispositions.

Les assemblées (des Etats) ont toujours présenté aux Rois les cahiers de leurs Remontrances, pour leur servir de matiere à faire des Loix & Ordonnances, ainsi qu'ils jugent le mieux, qui sont envoyées ensuite aux Compagnies Souveraines, établies PRINCIPALEMENT POUR AUTORISER LA JUSTICE DES VOLONTÉS DES ROIS & la faire recevoir par les Peuples *avec le respect & la vénération qui leur est due.*

Les Réglemens sur le fait de la Justice portés par nos Ordonnances d'Orléans, Moulins & Blois, seront exactement exécutés & observés SUIVANT LES VÉRIFICATIONS QUI EN ONT ÉTÉ FAITES EN NOS COMPAGNIES SOUVERAINES.

22 Octobre 1648.

Déclaration de Louis XIV, article 15.

Voulons *qu'aucun de nos Sujets*, de quelque condition qu'ils soient, ne soient à l'avenir traités criminellement que selon *les formes prescrites par les Loix de notre Royaume & Ordonnances, & non par Commissaires & Juges choisis*, & que l'Ordonnance du Roi, Louis XI, du mois d'Octobre 1467, soit gardée & observée suivant sa forme & teneur, & icelle interprétant & exécutant, *qu'aucun des Officiers de nos Cours Souveraines & autres ne puissent être troublés & inquiétés en l'exercice & fonctions de leurs charges par Lettres de cachet ou autrement, en quelque sorte & maniere que ce soit, le tout* conformément auxdites Ordonnances & à leurs Privileges.

18 Mai 1652.

Lettre de la Reine Régente au Parlement de Paris, sur l'enregistrement de l'Edit de création d'une seconde Chambre à la Cour des Aides.

La Loi *ne peut être lue & publiée* en aucun autre lieu où elle eût été adressante que *premiérement* il n'ait été procédé *par le Parlement* à sa lecture, publication & enrégistrement.

1667.

Défense des droits de la Reine, composée & imprimée par ordre de Louis XIV.

Qu'on ne dise pas que *le Souverain ne soit pas sujet aux Loix* de son Etat, puisque la proposition contraire EST UNE VÉRITÉ DU DROIT DES GENS que la flatterie a quelquefois attaquée, mais que les bons Princes ont toujours défendue COMME UNE DIVINITÉ TUTÉLAIRE DE LEURS ÉTATS.

18 Juin 1700.

Discours de M. d'Aguesseau en présentant les Lettres de M. le Chancelier de Pontchartrain.

Que manqueroit-il alors au parfait bonheur des Ministres de la Justice? M. le Chancelier leur épargnera jusqu'à la peine de former des vœux pour la conservation de leurs dignités. Plus jaloux de l'honneur des Magistrats que les Magistrats eux-mêmes, il apprendra à ses successeurs que la personne des Juges ne doit pas paroître moins sacrée à leurs supérieurs qu'à leurs inférieurs, qu'un Chancelier *s'honore lui-même en honorant les adjuteurs de son ministere*, & que s'il est le Juge de leur justice, il doit être encore plus le *conservateur*, & si l'on ose le dire, *l'Ange tutélaire de leur dignité.*

1715.

Le Roi déclare qu'il ne croit pouvoir rien faire de plus honorable pour le Parlement & plus avantageux *pour son service même* que de le rétablir dans son *ancienne liberté*..... Reconnoissance précise que *l'ancienne liberté avoit été blessée* par les tentatives du pouvoir absolu.

1723.

Le Garde des Sceaux d'Armenonville dit en Lit de Justice : vous êtes, Messieurs, *les dépositaires des droits sacrés de la Couronne & des libertés du Royaume*. Le Roi vous a confié cette portion de son autorité, usez-en avec *la fermeté que votre conscience exige*..... Fermeté & conscience sont inutiles & très-déplacées si toute volonté du Roi est Loi après une Remontrance.

1725.

Mémoire des Princes du Sang dans l'affaire des Princes légitimés.

Quelqu'entendu & quelque respectable que soit le souverain pouvoir des Rois, il n'est pas au dessus de *la nature même & de la Loi fondamentale de l'Etat*. C'est à cette sainte & inviolable maxime & à ses généreux défenseurs que la France fut redevable de son salut sous Charles VII, & que *la Maison de Bourbon doit la Couronne*..... Les actes des Rois qui blessent directement *les Loix fondamentales ne peuvent subsister par le défaut de pouvoir du Législateur*, ce n'est ici donner atteinte à l'autorité des Rois, ni la borner, de dire qu'ils sont eux-mêmes sujets à cette Loi primitive à laquelle ils sont redevables de leur Couronne.

1726.

Mémoire du Comte de Belle-Isle, au sujet de l'échange du Marquisat de Belle-Isle.

Ce ne sont jamais les Princes qui nous maltraitent,

leur sang & leurs sentimens s'y opposent; mais ceux qui les approchent & veulent nous en éloigner sans retour, *savent profiter des momens pour accumuler nos malheurs*, en joignant notre ruine à notre disgrace.

19 Juillet 1757.

Déclaration du Roi pour le Parlement séant à Toulouse.

Le Roi eut toujours l'intention de rappeller & d'affermir les anciens usages & les véritables principes, en y ramenant, dans chaque occasion, ce qui n'y étoit pas entiérement conforme.

15 Juin 1758.

Réponse du Roi au Premier Président du Parlement séant à Paris ; » aux Princes & Pairs appartient *le droit* » de venir prendre place au Parlement *quand ils le ju-* » *gent à propos ou qu'ils* y sont invités.

26 Juin 1759.

Réponse du Roi au Parlement séant à Rouen.

Je regarde les Loix de mon Royaume, comme le plus ferme appui de ma Couronne.

23 Juillet 1759.

Réponse du Roi au Parlement séant à Paris.

Il déclare que connoissant le vrai caractere de la Royauté, ses Sujets le trouveront toujours juste *toujours éloigné de toute extrémité*, qu'il ne desirera jamais que leur amour & leur plus grand bien, & qu'il ne veut regner que par esprit de *conseil*, de *justice* & de *raison*.

1763.

Lettre de M. de Lamoignon, Chancelier, au Parlement séant à Dijon.

Sa Majesté maintiendra toujours la *nécessité des enré-*

gistremens des Edits, Déclarations & Lettres-Patentes ; avant qu'ils puissent être *publiés & exécutés* dans le ressort des Cours..... Elle veut qu'il ne puisse être levé ni réparti *aucunes nouvelles impositions*, si elles ne sont autorisées par Edit, Déclaration ou Lettres-Patentes DUEMENT *enrégistrées*.

21 Novembre 1763.

Déclaration du Roi, qui reconnoît qu'un Edit n'est duement enrégistré qu'après la VÉRIFICATION qui en est faite dans les Cours *en la forme ordinaire*..... La même Loi porte que le Roi ne veut regner que par *l'amour*, par *la justice & par l'observation des* REGLES ET DES FORMES *sagement établies dans son Royaume*.

16 Janvier 1764.

Arrêté du Parlement de Paris, *suffisamment* garni de Pairs, au sujet des violences commises à Toulouse, dans lequel les Princes & Pairs, réunis aux autres Membres du Parlement, disent entr'autres choses :

Qu'en la personne des Magistrats, a été violé le droit de liberté dont les *Loix assurent la jouissance aux derniers des Citoyens*, & qu'elles ont cru devoir rendre encore plus sacré pour les Officiers de son Parlement, puisque leurs Compagnies seules peuvent les en priver, droit qu'ils partagent *avec les Princes du Sang Royal & les Pairs du Royaume*.

Que d'aussi funestes conseils ne tendent à rien moins qu'à changer la *constitution fondamentale du gouvernement Français*, à détruire la liberté légitime des Peuples, à ébranler *la stabilité du Trône*, à transporter la souveraine puissance entre les mains de ceux qui n'en doivent être que les instrumens..... Que la puissance du Monarque & le bonheur des Sujets, fondement de la durée des Monarchies, prennent leur source dans les Loix qui reglent *les droits respectifs* du Souverain & de ses Peuples, que de ces Loix les unes sont IMMUABLES, les autres peuvent être changées, *pourvu que ce changement n'altere pas les premieres.* . . . .

Que c'est la Loi qui commande, ou pour s'exprimer plus juste, le Souverain commande par la Loi, que dans ce cas, comme l'autorité doit être conforme à la Loi, la force EXÉCUTRICE ne doit pas non plus s'en écarter, & par conséquent comme le commandement *ne peut pas être arbitraire*, l'obéissance ne peut être aveugle, l'un & l'autre doivent toujours être réglés par la Loi.

Que sous un double aspect les Magistrats *représentent le Roi & les Sujets*, le Roi, pour ramener les Sujets, par la crainte des peines, à l'obéissance s'ils osoient s'en écarter; les Peuples, pour porter au pied du Trône le témoignage de leur soumission & de leur amour, & les expressions respectueuses de leurs plaintes & de leurs réclamations.

Qu'il a fallu revêtir les Magistrats d'une dignité qui ne pût jamais être avilie par les efforts de puissances qui tenteroient de se rendre intermédiaires, qu'il a fallu rendre *leurs personnes sacrées & inviolables*, leur assurer, ainsi qu'aux Loix, *une liberté indépendante du caprice de ceux dont les Loix gênent l'ambition.*

Que d'après la monstrueuse Déclaration, publiée dans un Lit de Justice tenu dans un *prétendu* Parlement le 23 Décembre 1420 .... Si le systême d'une obéissance *aveugle*, si le principe d'une *obéissance nécessaire à la volonté du Souverain, même la plus contraire aux Loix fondamentales*, lorsqu'elle est manifestée par des actes revêtus de son sceau, avoient prévalu; si le zèle des Magistrats avoit pû être étouffé par la violence ou ralenti par la crainte; si la généreuse résistance du Parlement avoit pû être détruite, ou *son libre consentement être suppléé par des transcriptions illégales* sur ses registres, ou des radiations de ses Arrêts conservateurs des Loix, la France ne seroit plus qu'une Province de l'Angleterre, & le Sang de nos Rois seroit sujet d'un Prince, qui, comme vassal de la Couronne, a autrefois fléchi le genouil devant eux.... Que le *vrai* Parlement demeura fidele & conserva précieusement le feu sacré de l'amour des Loix. . . . . *Qu'on ne peut ébran-*

ler les Loix, sans mettre en péril les Princes & les Sujets.

Que les Conseillers du despotisme ont dissimulé au Roi, qu'en renversant les Loix dont *l'immutabilité* assure la perpétuité de l'Empire dans son auguste maison, ils ne substituoient pour fondement au Trône *que la force qui peut être détruite par la force ;* qu'ils lui ont dissimulé qu'en voulant rendre esclaves les Français, *qui sont libres*, ils aliénoient le *Roi de ses Sujets, & les Sujets de leur Roi ;* qu'ils lui ont représenté les Loix comme des obstacles qui bornoient sa puissance, *& lui ont caché qu'elles en assuroient la durée*..... Qu'ils lui ont dissimulé que *l'opinion commande à la multitude, & que la multitude commande à la force.* Qu'enfin ils ont couvert leurs entreprises du voile spécieux de leur zele pour la gloire & l'autorité du Monarque, *lorsqu'ils n'avoient en vue que de satisfaire leur ambition & leur autorité personnelle.*

Ainsi parloient en 1764, non pas seulement les Magistrats, *MAIS LES PRINCES ET PAIRS délibérant DANS LEUR VÉRITABLE COUR ;* ils sont animés aujourd'hui des mêmes sentimens, ils le prouvent à toute l'Europe. (*b*)

La moitié des pieces qu'on pourroit recueillir n'est pas ici.

Au milieu de cette grande tradition les défenseurs du despotisme voudroient insérer cinq ou six *tentatives* qui ont été faites par les Ministres de l'autorité, comme si l'on avoit jamais nié ces *tentatives*, comme si elles n'étoient pas dans l'ordre de ces choses qui doivent nécessairement arriver, comme si la force pouvoit jamais se créer des titres à elle-même, comme si les droits de la Nation n'étoient pas imprescriptibles ; comme si enfin ces tentatives n'avoient pas été repoussées par des protestations & par la plus vive résistance de la part des Ministres des Loix.

(*b*) *Ce Recueil* commence par les établissemens de Saint Louis, *confirmés en plein Parlement par les Barons du Royaume*, & finit par la réclamation *des Princes du Sang & Pairs de France*, faite 500 ans après *en plein Parlement*, contre la violence exercée sur les Loix & sur les Ministres.

Au reste, des gens qui citent & impriment la Déclaration de 1756, enrégistrée en Lit de Justice, suivie de protestations & restée sans aucune exécution sous nos yeux, (c) peuvent bien citer aussi sous le *titre faux de Lettres-Patentes*, un simple discours tenu par François Ier à son Parlement dans son Conseil en 1527, & transcrit sur les seuls Régistres du Grand Conseil, Tribunal extrait du Conseil, & qui n'avoit alors que 29 ans de date.

Ils peuvent bien citer sous le titre également *faux de Lettres*, une simple Commission du *Conseil*, signifiée en 1638 à la IIIe Chambre des Enquêtes, & demeurée aussi sans exécution, ainsi que le prouve l'Edit même de 1641, qu'ils rapportent ensuite.

Ils peuvent bien citer un Edit enrégistré en Lit de Justice, & rédigé par un Ministre, qui disoit qu'il faut éviter *les épines des Compagnies qui font difficulté sur tout*, & duquel Montesquieu a dit à ce sujet, *quand cet homme n'auroit pas eu le despotisme dans le cœur, il l'auroit eu dans la tête* : Edit au reste qui n'a pas été plus exécuté que les autres, comme on le voit par l'Arrêt rendu au Parlement deux ans après, le 18 Mai 1643, qui défére à Anne d'Autriche la régence & la tutelle, & qui nomme Mazarin Surintendant de l'Education.

Ils peuvent bien encore citer deux articles de l'Ordonnance de Moulins, qui n'ont point été observés davantage, & dont Louis XIV en 1648 n'a ordonné l'exécution que selon les vérifications faites dans les Cours.

Ils peuvent bien se faire des moyens de toutes les occasions particulieres où les Magistrats ont reconnu eux-mêmes avec justice, que le Parlement ne doit pas se mêler des choses *de pure administration*, ainsi que la Vaquerie le disoit au Duc d'Orléans, qui vouloit entraîner le Parlement dans des cabales de Cour contre Madame de Beaujeu.

(c) Ils rappellent la Déclaration avec cette note, *que M. Basquier, Conseiller au Parlement, en est l'auteur* ; imputation vraie ou fausse, mais, dans tous les cas, belle leçon pour ceux qui auroient la bassesse de se sacrifier à l'autorité.

Ils peuvent se faire des moyens de toutes les occasions où les besoins pressans ont excité, dans quelques-uns de nos Rois, un mouvement d'humeur contre les Représentations de leurs Cours : ils sont bien modérés; & l'on doit leur savoir gré de s'être bornés, comme ils l'ont fait à sept ou huit citations; car s'ils le desiroient, on pourroit en parcourant quatre siecles, leur en administrer beaucoup plus qui prouveroient tout aussi peu que celles qu'ils ont choisies.

Par exemple, ils auroient dû se prévaloir de l'enrégistrement fait au grand Conseil, le 21 Mars 1580, d'une *Déclaration* VERBALE d'Henri III, aux Députés de cette Compagnie, *n'ayant voulu*, est-il dit, *pour certaines considérations en faire, ni publier d'autre Edit & Déclaration que cette Déclaration* VERBALE, *qu'il vouloit être de tel effet, force & vertu que s'il étoit porté par Edit publié en sondit Grand Conseil, & par* TOUS LES PARLEMENS DU ROYAUME; il n'est, comme on voit, fantaisie quelconque qui n'ait passé par la tête des Ministres. Nos Ecrivains auroient trouvé cette piece dans l'inventaire des Indults par Pinsson, tom. 2, pag. 652, & ils en auroient pu tirer la conclusion toute aussi raisonnable que les autres, qu'il est de droit public en France que le Roi peut faire des loix de vive voix.

Il est juste de les avertir très-sérieusement, qu'au moins quand on cite il faut être fidele.

On a peine à concevoir quel avantage ils espérent tirer dans nos débats, du gouvernement *très-militaire*, & de l'avis personnel du Roi de Prusse ; ils copient *l'une de ses Matinées :* s'il y avoit trop de gens de robe dans ses Etats, il a fort bien fait de les réduire, s'il craignoit leurs représentations & cette éloquence d'autant plus forte, dit-il, qu'elle est dénuée de la force, il a eu ses raisons apparemment, mais quoi qu'il en soit, pour être vrai, qualité essentielle dans tout homme qui parle au public, il falloit à la suite du morceau qu'on a transcrit, ne pas supprimer ce qui se trouve *immédiatement après*; d'autant que le passage est curieux : le voici, » j'ai souvent réfléchi sur les avantages que

» procure à un Royaume un Corps qui représente la » Nation, & qui est dépositaire de ses loix; je crois » même qu'un Roi est *plus sûr de sa Couronne*, quand » il la lui donne, ou la lui conserve; mais qu'il *faut* » *être homme de bien* & rempli de bons principes pour » permettre qu'on pese tous les jours nos actions. » Quand on a de l'ambition il faut y renoncer, je » n'aurois rien fait, si j'avois été gêné, peut-être pas- » serois-je *pour un Roi juste*; mais on me refuseroit le » titre de héros. « Voilà ce que les Apologistes, de l'Edit du mois de Décembre, ont cru tout simplement devoir ôter.

Nota. Il est bon d'observer que l'ouvrage dont il s'agit contient les regles suivantes.

Soutenez vivement, dit-il à son éleve, cette maxime que dépouiller ses voisins, c'est lui ôter le moyen de nuire..... il faut toujours chercher à duper les autres; c'est le moyen d'avoir de l'avantage ou du moins de se trouver au pair..... voulez-vous passer pour héros, approchez hardiment du crime...... voulez-vous passer pour sage, contrefaites-vous avec art.

On ne le croiroit pas si on ne le disoit; c'est dans un tel Ecrit qu'on va chercher des armes en faveur de l'autorité contre les droits de la Nation.

L'ACCOMPLISSEMENT

DES PROPHÉTIES,

Pour servir de suite à l'Ouvrage intitulé LE POINT DE VUE; Ecrit intéressant pour la Maison de Bourbon.

Nobis hoc maximè propositum est pessimis displicere, quorum quidem tametsi est numerosus exercitus, spernendus tamen est: quoniam nullo duce regitur, sed errore tantum temerè ac passim lymphante raptatur. Boet. de Consol. philos. Lib. primus.

LE Public qui a lu *le Point de vue*, a peut-être été tenté de ne regarder ce qu'il contient, que comme des raisonnemens foibles & des conjectures hasardées. Quel sera son étonnement quand il verra que les faits y sont conformes, & que nous ne voyons rien arriver qui ne soit l'accomplissement précis des Prophéties publiées par les Jésuites depuis 1763 ?

Un Ecrivain du Chancelier, dans une Brochure qu'il a rendue publique au mois de Mai 1772, & qu'il a eu l'effronterie d'intituler *le Vœu de la Nation*, nous fournit la clef de ces Prophéties, & en dévoile tous les mystères. Il pose les principes de tout ce qui s'est opéré, il en annonce les motifs, il en qualifie l'instrument, il en détaille les circonstances & en prédit les suites.

Dans la premiere partie (pag. 12) il divinise jusqu'à *l'intrigue & les passions des Cours*; & par-là il caractérise non seulement l'esprit qui les fait écrire, mais encore celui qui a inspiré les Prophéties, dont il montre l'accomplissement. Il dit : » Tout ce qui résiste à une » Puissance qui ne tient son droit & sa Couronne que » de Dieu, doit être retranché; parce que toute puis-

» sance établie par le droit divin *est présumée* ne porter » ses vues qu'au plus grand bien, & qu'il n'est pas » donné aux autres hommes de penser & de voir com» me le Monarque, qui ne peut & ne doit faire con» noître les puissans ressorts qui le font agir. « (Ibid. pag. 11 & 12.)

Ainsi il sera facile de justifier les Tibere, les Neron, les Caligula qui tenoient leur puissance de Dieu, & dont on ne pourroit juger les actions, faute de connoître *ces puissans ressorts* qui les ont fait agir; car il ne seroit pas plus permis de pénétrer dans les mysteres de leur conduite aujourd'hui, que lorsqu'ils regnoient, puisque leur impénétrabilité seroit de droit divin. C'est-là sans doute le comble du déraisonnement.

L'impiété en même-tems ne sauroit être portée plus loin. C'est non-seulement l'idolâtrie de la créature, mais encore l'idolâtrie du crime, réduite en systême pour la destruction des Sociétés établies par l'autorité de Dieu; & la doctrine que l'Antechrist doit prêcher à la fin des siecles ne sera point différente ni plus destructive.

Certainement ce ne peut être celle de l'esprit de Dieu, qui ne gouverne le monde qu'avec sagesse & équité, & qui nous apprend lui-même qu'il ne faut pas croire le trouver dans les commotions. *Non in commotione Dominus.* 3 Reg. Cap. 19, 11.

Seroit-il difficile de deviner quelle classe d'hommes est capable de cet excès d'impiété? L'Auteur anonyme va vous dispenser de toute recherche à cet égard.

Cette espece d'hommes possede, selon lui, l'esprit prophétique, celui sans doute qui animoit Malagrida quand il prédit la mort prochaine du dernier Roi de Portugal, qui expira ensuite entre ses bras.

D'ailleurs l'Anonyme dans sa seconde Partie, explique une Prophétie frappante de ces nouveaux inspirés. Il falloit, dit-il en parlant du Chancelier actuel, au sujet de ces commotions universelles qui consternent, qui effraient la Nation, & qui seroient capables de la porter jusqu'au désespoir, *il falloit un génie transcen-*

dant pour opérer tous ces changemens, & *ce génie fut annoncé à la France dès 1763.* (d)

En même-tems il rapporte la Prophétie qui contient cette annonce, en des termes qui sembleroient faits pour servir de coloris au portrait de Cromwel, & il les tire sans mystere d'une Lettre imprimée à Avignon en 1763.

Les voici :

» Du sein des Magistrats & des Ministres qui veil-
» lent nuit & jour pour le bonheur de l'Empire, il
» sortira un génie élevé, ardent, actif, vigoureux,
» tranchant & opiniâtre : la réforme de la Justice lui
» paroîtra plus simple qu'à Frédéric..... *Ce grand évé-*
» *nement n'est pas éloigné.* »

A l'époque de 1763 l'on a donc cru pouvoir prédire & l'élévation du Chancelier, & ses projets dévastateurs, comme des événemens certains & fort peu éloignés.

Quels ont été dans ce cas les mobiles de son élévation ? Quels sont les créateurs de ses plans politiques, & les auteurs véritables des attentats dont il n'est, comme on le voit, que l'instrument odieux ? Il ne faut pas être devin pour les reconnoître : l'Ecrivain du Chancelier que nous venons de citer, a craint même que l'on ne s'y trompât ; il remarque par une note, que cette Prophétie, dont il assure que le Chancelier a été l'objet, & dont il lui fait l'explication expresse, a été imprimée à Avignon en 1763. (e)

On sait qu'à la même époque cette Ville étoit le refuge des Jésuites & l'arcenal de leurs batteries.

C'est là par conséquent qu'ils préparoient l'élévation du Chancelier, en le tirant du *sein des Magistrats*, pour le placer *dans celui des Ministres.* C'est là qu'ils mesuroient les forces de ce *génie tranchant & opiniâtre*, & qu'ils concertoient cette *réforme de la Justice*, à laquelle ils le destinoient. S'ils ne l'avoient point con-

(d) On peut lui dire avec Seneque, *pestiferaris est valere ad nocendum.* Le pouvoir de nuire est un pouvoir qui convient à la peste.

(e) Lettre sur le prêt à intérêt, adressée à M. l'Archevêque de Lyon, & imprimée à Avignon en 1763. ibid. pag. 6, note 1.

certée,

certée, comment en auroient-ils pu prédire *la facilité* ? Et quelle certitude pouvoit leur faire assurer que *ce grand événement n'étoit pas éloigné*, sinon celle des mesures qu'ils avoient prises avec leur Dieu tutélaire (*f*) pour le faire naître ?

Un instant avant l'espérance qui avoit fait imprimer cette Prophétie d'Avignon, on prédisoit de même à tout le Royaume l'extinction de la Maison de Bourbon, qui se machinoit effectivement en Espagne ; & cela parce que le Roi de France ne forçoit point ses Parlemens à recevoir comme une Loi absolue l'Edit du mois de Mars 1762, qui avoit eu un succès tout contraire à celui que les Jésuites s'en étoient promis.

En conséquence un Jésuite séditieux, (le Pere d'Ambrin) persuadé que le Roi lui-même outrageoit sa Compagnie, osa prêcher à Brest pendant le mois de Juin suivant : » que tout bon Chrétien ne devoit reconnoître » *sur la terre* d'autre Roi que Jesus-Christ ; & que qui- » conque veut exercer quelque droit de la Royauté, en- » treprend sur l'autorité inaliénable de Jesus-Christ.

» Malheur, (s'écrioit-il ensuite d'un ton de Prophete, » ou plutôt d'Energumene) malheur à quiconque n'est » point pénétré de cette vérité. Déja une main invisible » trace *l'Arrêt du Prince* sur la muraille (*g*).

Une Sentence rendue par contumace, à la Sénéchaussée Royale de Brest le 26 Août suivant, condamna ce Prédicateur criminel à être pendu. Elle fut exécutée par effigie contre le coupable, publiée & imprimée.

Mais sa Compagnie avoit déja conduit ses intrigues de maniere qu'elle avoit recouvré assez de crédit à la Cour, pour le soustraire à la peine de son crime de lèse-Majesté.

Cette même intrigue ayant fait naître d'autres circonstances, & la Compagnie *caméléonne* concevant de plus en plus un nouvel espoir pour l'avenir, changea cet arrêt de mort qu'elle avoit eu la hardiesse de prononcer

(*f*) L'Auteur du *Vœu de la Nation* donne ce nom au Chancelier, & l'invoque comme *Dieu tutélaire*. partie 1, pag. 13.

(*g*) La Sentence de Brest du 26 Août 1762, fut imprimée dans le tems.

contre le Prince & sa Race, en un décret de séduction & d'obsession de sa personne, pour le faire servir à ses vengeances futures, & telle fut sa marche.

Elle crut d'abord avoir besoin de créer ce principe : *Que tout ce qui résiste à une Puissance qui ne tient son droit & sa couronne que de Dieu, doit être retranché.* Le Parlement avoit résisté à l'enrégistrement de l'Edit du mois de Mars 1762 ; il étoit facile de conclure que cette résistance le soumettoit à la peine d'être retranché. C'étoit l'événement qui devoit être annoncé par la Prophétie d'Avignon dès le mois de Juillet de la même année (1762). La Société Prophéteſſe osa se flatter des ressources qu'elle trouvoit pour procurer l'accompliſſement de sa prédiction future, en se faisant gloire du grand nombre de ses partisans;

Le nombre des sujets (disoit alors un écrit sous le titre de *Lettre au Roi*) *qui gémissent des excès commis contre les Jésuites, l'emporte sur le nombre de ceux qui les approuvent.*

(h) Cette Lettre parut avoir de grands succès pour la Compagnie qui l'avoit écrite, en se servant de la main d'un Evêque attaché à ses intérêts.

Aussi-tôt par un nouvel Ecrit de ses Sectateurs les plus zélés, (i) elle se donne pour *un corps tout Royaliste*, (k) & qui ne combat qu'en *faveur de l'autorité Royale.*

(l) Mais pour juger combien cette assertion est impudente, il suffit de jetter les yeux sur les *Lettres Ultramontaines*, écrites, selon les expressions même de l'Auteur, *par un soi-disant Docteur de la sapience*, qui se flatte que le Parlement ne peut le *discerner dans la foule*, tandis qu'il *assiste réguliérement à ses délibérations*,

(h) Lettre écrite au Roi par M. l'Evêque D. P. & l'Arrêt du Parlement de Rouen qui la condamne, en date du 2 Juillet 1762, pag. 3 & 4.

(i) Le Président d'Eguille & autres Magistrats & Congréganistes du Parlement d'Aix.

(k) Mémoires présentés au Roi par deux de ces Magistrats, & l'Arrêt du Parlement de Besançon du 12 Janvier 1763, qui les a condamnés, p. 11.

(l) *Ibid.* p. 5.

& qui ajoute que le mortier qui couvre sa tête, la garantit de la foudre (*m*).

10. On sait que rien n'intéresse davantage l'autorité Royale que les quatre articles contenus en la Déclaration faite par l'assemblée du Clergé de France le 19 Mars 1682, & confirmés par l'Edit du même mois, registré en Parlement le 23.

Or c'est à détruire ces grands points de nos libertés, pour leur substituer les maximes de l'Institut Jésuitique, que les Jésuites & leurs partisans dirigent toutes leurs vues : & c'est au contraire parce que les Parlemens défendoient ces mêmes points, comme des Loix fondamentales précieuses pour le Trône & pour la Nation, que leurs calomniateurs ont prétendu qu'ils devoient être détruits, & que le Chancelier, objet de leurs Prophéties, n'a fait qu'exécuter leurs desseins.

Le Docteur de la sapience nous en donne la preuve. » Si S. Charles (Borromée Archevêque de Milan) cesse » d'aimer la Société, comme vous le prétendez, (dit-il » aux Docteurs de la Faculté de Droit de Paris dans sa » troisieme lettre) c'est uniquement parce qu'un de ses » Membres *eut l'impudence de prêcher* dans la Cathédrale » de Milan, *une doctrine favorable aux quatre articles* » *de votre Clergé*, désavoués par votre Clergé (*n*).

» *Si ces quatre vérités, révélées en France*, dit-il ailleurs, sont regardées à Rome & dans tous les autres » pays *Catholiques*, comme autant *d'erreurs contraires à* » *la révélation*, ne s'ensuit-il pas que vous êtes Catholi- » ques Français, & non pas Catholiques Romains (*o*)?

(*m*) *Septieme Lettre d'un Docteur de la Sapience*, p. 705. Ces expressions paroissent désigner M. l'Archevêque de Paris, qui n'est point *dans la foule*, qui assiste aux délibérations du Parlement en qualité de Pair, & à qui cette qualité attachée à sa mitre, sert de mortier pour couvrir sa tête. La premiere de ces lettres est dite imprimée à *Tivoli*, & ce nom désigne énigmatiquement le Château de Conflans. La 2, la 3, la 4, la 5 ont pour couverture les armes du Clergé de France, & le nom de Guillaume Desprès son Imprimeur. Les six premieres ont été écrites pendant le cours de 1765, & la derniere est datée du 1. Janvier 1766.

(*n*) La troisieme Lettre Ultramontaine d'un Docteur de la sapience, p. 209.

(*o*) Le même, Lettre 6, pag. 411.

Enfin les vérités doivent, selon lui, céder à la doctrine d'un libelle séditieux, intitulé, LETTRE D'UN PARISIEN, qui contient *tout ce que l'on peut desirer sur la fameuse question des quatre articles* (p).

Selon le même Docteur, l'Assemblée de 1682, que le Parlement, dit-il, *met si fort au dessus de tous les Conciles, & dont il consacre les délibérations*, n'enseigne que des erreurs contraires à la révélation, & que *les Evêques ont cru devoir publiquement rétracter, avec la permission, ou plutôt à l'exemple du Roi* (q).

C'étoit donc le Parlement qui, en soutenant les quatre articles de 1682, soutenoit l'autorité Royale, & ses calomniateurs étoient ceux qui attaquoient le Trône, en attaquant la sagesse de ces quatre articles.

Mais ce qu'il y a de surprenant, c'est que le Docteur de la sapience soit assez impudent pour substituer l'esprit de despotisme qu'enseigne l'Institut, aux maximes respectables de notre Monarchie, en disant : » Je sais que » de grands Ministres d'Etat, & Richelieu en particu» lier, découvroient dans l'Institut de la Société l'art » sublime de gouverner des hommes libres, & l'art plus » difficile encore, de lier inséparablement la grandeur » & la puissance du Prince, au bonheur & à la prospé» rité des sujets. » (r) Il est clair que c'est à cette école que le Chancelier actuel a appris à devenir un grand Ministre ; en faudroit-il davantage pour conclure qu'il est l'ennemi de la Nation, du Trône même, & de toute la famille de Bourbon ?

2°. On sait encore que nos Rois sont protecteurs des Saints Canons ; c'est même un point de leur serment lors de leur Sacre, ainsi que nous l'atteste la préface de la Pragmatique Sanction rédigée par le Concile national de Bourges ; & ce droit Royal est un de ceux que les Rois ne peuvent abdiquer (s).

(p) *Ibid.* Note à la page 420 & 421.

[q] Le même, Lettre 7, page 701.

[r] Le même, Lettre 4, page 237.

[s] „ *Sed & speciali debito juramenti in nostri diadematis susceptione adjiciat, & aliis Coronæ regni & Delphinatûs nostri rerum „ præstitis, ad idipsum astringimur pariter & obligamur.* " Pragmat. [illegible] in principio. *Te participes Ministerii nostri non*

Cependant les Jésuites & leurs partisans cherchant à le tourner en ridicule, par le nom d'Apostolat extérieur, osent assurer que *Louis le Grand lui-même ne pouvoit rien contr'eux, parce que l'Apostolat extérieur n'existoit pas encore pour lui* (t) : mais que rien n'est moins efficace *pour hâter l'extermination du Jésuitisme que l'Apostolat extérieur de Louis XV, à qui*, dit le Docteur de la Sapience, *les Parlemens viennent d'accorder leurs pouvoirs* (u).

C'étoit donc encore un fait certain que les Parlemens défendoient l'autorité Royale sur ce second point ; & ce sont les Jésuites qui font profession de l'attaquer.

On vient de voir tout nouvellement que le Chancelier actuel étoit entré dans leurs vues, pour donner atteinte au droit du Roi par rapport à l'examen des Bulles qui arrivent de Rome : il a fallu que l'Espagne daignât veiller à la conservation de nos libertés, fondées sur la sainteté des anciens Canons de l'Eglise universelle (x).

3°. On sait enfin qu'il est de la dignité Royale qu'aucun sujet du Roi ne prête serment de fidélité qu'à lui seul ; tellement que la promotion au Cardinalat, qui suppose le serment de fidélité à la Cour de Rome, fait vaquer l'Evêché & tous autres bénéfices que le promu possede dans le Royaume, si le Roi ne veut bien les lui conserver, en recevant de lui un nouveau serment de fidélité.

ignores, disent les Evêques dans le Sacre, *ita ut sicut nos in interioribus Pastores, Rectoresque animarum intelligimur, ita tu contra omnes adversitates Ecclesiæ Christi defensor assistas*. Oraison du Sacre pour le couronnement, Cérém. Franç. p. 21. *Mediator Dei & hominum te Mediatorem Cleri & Plebis constituat*. Ibid. p. 22. *Quos ab unitate Ecclesiæ error Schismaticorum dissociat, ad unitatem pro vestrâ mercede studete revocare*. S. Gregor. Papa. Epist. ad Brunichildem Reginam. Voy. Dom. Bouquet, tom. 4, pag. 23, c.

[t] Lettre 4 d'un Docteur de la Sapience, pag. 207.

[u] Lettre 1 du même, pag. 26.

[x] *Antiqui mores obtineant... & in aliis Provinciis privilegia serventur Ecclesiis*. Can. 6, Concil. Nicæni Œcumenici 1, anno 325.

Ecclesias autem Dei quæ sunt in barbaricis Gentibus, gubernari oportet secundum eam, quæ obtinuit, Patrum consuetudinem. Can. 2, Conc. Constant. Œcumen. 2, an. 383. *Placuit igitur sanctæ & Œcumenicæ Synodo, servari unicuique antiquam consuetudinem*. Can. 8, Conc. Ephes. Œcumen. 3, anno 431.

Cependant le Docteur de la Sapience soutient qu'*il n'y a jamais eu d'Evêque en France qui n'ait prêté entre les mains du Nonce le serment de fidélité au Pape* (y). Proposition doublement offensante pour la Souveraineté, soit parce que la soumission due au Pape dans l'ordre spirituel, *ne peut être comparée au lien* d'un serment de fidélité, soit parce que le Nonce n'ayant aucun Tribunal en France, ne peut être en droit de recevoir un pareil serment, sans choquer les Loix du Royaume & l'indépendance du Monarque (z).

C'étoit donc une imposture manifeste dans les Mémoires présentés au Roi en 1762, par les Congréganistes du Parlement d'Aix, de donner les Jésuites pour *un Corps tout Royaliste*, & qui *ne combat qu'en faveur de l'autorité Royale*.

En annonçant ce prodige, le même écrit, (qui après avoir été présenté au Roi fut aussi-tôt imprimé & répandu dans tous ses Etats) accusa principalement tous les Parlemens du Royaume qui vengeoient les Loix & le Trône, *d'introduire en France un droit public qui réduiroit les Rois à une puissance sans réalité* (a) : *de se proposer l'entier anéantissement du droit législatif*, parce qu'ils avoient tous refusé d'enrégistrer l'Edit du mois de Mars précédent, & de *ne se servir de l'autorité du Roi que pour l'anéantir* (b), puisqu'ils s'opposoient unanimement à ce que cet Edit maintînt les Jésuites en France.

» Dans six ans, s'écrioit l'Auteur de cet Ecrit, l'Anglicisme le plus outré formera l'esprit de la moitié de » la Nation (c).

[y] Lettre premiere d'un Docteur de la Sapience, p. 42.

[z] *De juramento, ut nulli alteri per Sacramentum fidelitas promittatur nisi nobis, & unicuique proprio seniori ad nostram utilitatem & sui senioris*. Capitular. lib. 3, cap. 1, voyez Baluze, tom. 1, p. 755. *Item*, Capitul. Karoli Magni anni 805, tertio cap. 13, voyez Baluze, tom. 1, p. 431.

[a] Mémoires adressés au Roi par deux Magistrats du Parlement d'Aix, pag. 8 & 9, & l'Arrêt du Parlement de Besançon du 12 Janvier 1763, page 7.

[b] *Ibid.* page 4.

[c] *Ibid.* page 11. Le Roi d'Angleterre est Monarque ; il jouit de tous les droits attachés à ce titre, ainsi que le prouve le Recueil même de nos libertés. Louis XV a permis en 1731 d'y placer le

Tel est le cri de ralliement qu'il propose aux troupes de sa secte : & pour relever leur courage, il a soin de faire entendre que plus de la moitié de la France, qu'il appelle *la réunion des ames fermes*, est non-seulement opposée aux Parlemens, mais encore dans *la résolution de rompre une malheureuse chaîne qui alloit*, ajoute-t-il, *tout entraîner, si on la laissoit achever de se former* (d).

Qui pourroit s'empêcher de voir dans cette *réunion des ames fermes* (telles que le Président d'Eguille) le germe de la ligue qui s'est élevée contre nos Loix fondamentales, & contre les maximes de nos Peres ? Qui ne reconnoîtroit dans les événemens arrivés depuis le mois de Décembre 1770, tous les caracteres des événemens prédits, la vengeance des hommes intrigans qui ont formé la révolution, qui la dirigent, & qui en 1765 disoient (en parlant de M. de Monclar, Procureur Général au Parlement de Provence) *c'est assez de lui rappeller qu'on a vu des Martyrs survivre à leurs bourreaux.*

Ainsi s'exprime le Docteur de la Sapience dans sa sixieme Lettre publiée cette même année ; & il cite Séneque comme son Martyrologiste. *Superstes aliquis fuit suo Carnifice*, dit-il avec ce Philosophe Payen (e).

Remontrance des Hybernois, qui forme la premiere Partie du Tome II. Elle contient 54, nombre 1, page 21, l'apologie des Catholiques d'Angleterre, & de leur déclaration sur l'autorité Royale, pareille à celle présentée au Roi Jacques I, l'an 1604, où il est dit, article 2, *agnoscimus. . . Majestati vestræ nos debere quidquid subditus suo Principi & Monarchæ debet.* Louis XV a reconnu par là, & la raison le dicte, que ses droits en qualité de Monarque, ne sont point différens, par leur nature de ceux du Roi d'Angleterre, à qui appartient la même qualité, avec toutes ses prérogatives essentielles, ce qui n'exclut point les Loix & Usages particuliers à chaque Nation. Celui donc qui crie contre l'*Anglicisme*, crie évidemment contre la *Monarchie*, proprement dite ; & il ne déguise son langage que pour tromper le Peuple Français par sa haine ordinaire contre les Anglais. Mais parce que les Anglais sont hommes, voudrions-nous cesser de l'être ? Le Chancelier de l'Hôpital, dans le discours qu'il fit à l'ouverture des Etats d'Orléans l'an 1561, disoit : qu'*en France tenir les Etats étoit anciennement tenir le Parlement, dont a été retenu le nom en Angleterre & Ecosse.*

(d) Arrêt du Parlement de Besançon déja cité, p. 5.

(e) Sixieme Lettre d'un Docteur de la Sapience, p. 486.

» Il est naturel de penser, dit-il ailleurs, parlant des » Jésuites, qu'ils vengeront leur innocence, en démasquant la calomnie qui les poursuit. » (f) Dès sa premiere Lettre, il annonce déja *la syndérese que la Constitution APOSTOLICUM cause à M. Joly de Fleury, ou qu'elle lui causera* (g).

Ce sont donc ces Martyrs qui se vengent charitablement des Loix & des Magistrats qu'ils appelloient leurs *bourreaux*. C'est ce plan de vengeance que M. le Chancelier exécute pour réhabiliter la mémoire des Prophetes de son élévation, en s'abandonnant tellement à leurs inspirations, qu'il se montre transporté de leur enthousiasme aussi fanatique qu'impie ; & qu'il en adopte jusqu'aux expressions prophétiques, & aux figures de Rhétorique.

Ce plan, & les Edits qu'il devoit enfanter, étoient encore prédits par le Docteur de la Sapience.

» Si un Avocat, dit-il, avoit assez de courage pour » dire que le Parlement de Paris a porté contre les Jésuites, contre les Evêques, contre son propre Pasteur, » contre le Chef de l'église, des Arrêts déplacés en » tout tems, & par conséquent en tout lieu ; *si cet Avocat s'avisoit ensuite de mettre les Edits à la place des* » *Arrêts*, que penseroit, que diroit Mr Omer Joly de » Fleury (h) ?

Il ne manque à cette Prophétie que le nom de l'Avocat (c'est-à-dire du Patron gratifié depuis du titre de *Dieu Tutélaire*) qui devoit *mettre des Edits à la place des Arrêts.*

Plusieurs Prophetes de cette espece avoient dès-lors répandu dans le public, que la vengeance des Jésuites éclateroit bientôt par la destruction des Parlemens.

Un Arrêt rendu par celui de Provence le 27 Mars 1765, condamnoit la *Lettre d'un Chevalier de Malte*, celle *d'un Cosmopolite*, les *Reflexions impartiales*, & l'*Avis important*, qui étoient quatre Libelles remplis de

[f] Deuxieme Lettre du même, page 91.
[g] Premiere Lettre du même, page 31.
[h] Premiere Lettre du même, même page.

cette Prophétie, & pareils en ce point à deux autres intitulés : *Tout se dira*, & *Tout est dit*.

Le Docteur de la Sapience ne perd pas une occasion aussi favorable de prendre la défense de ses Confreres ; & par la même inspiration, il prédit de nouveau les mêmes événemens, mais d'une maniere si claire, & si assurée, que l'on ne peut douter qu'ils étoient dès-lors promis à la Société Prophétesse.

» Mr. Ripert frémit, dit-il, (en parlant de Mr. Ripert » de Monclar) il est saisi d'un tremblement universel, » lorsqu'il vient à réfléchir qu'il est possible que la Nation » indignée ouvre enfin les yeux sur l'iniquité des Ma- » gistrats ; *qu'elle demande*, & *qu'elle obtienne l'extinc- » tion des Parlemens*, *pour la dédommager de l'extermi- » nation des Jésuites*.... Il craint, continue-t-il, que » la vérité rentrant dans tous ses droits, n'acheve *ce » qu'elle a déja commencé*, en dévoilant à tous les yeux » l'indignité des manœuvres que *l'esprit d'anarchie* & » d'irréligion a suggéré aux Auteurs bien connus d'une » *révolution* aussi subite qu'effrayante... Mr Ripert craint » en un mot, ce que le Clergé de France souhaite, ce » que *la portion la plus saine de la Magistrature desire*, » ce que *le plus grand nombre des Citoyens ose espérer* : » il craint que les Jésuites ne soient rappellés (*i*).

Ailleurs le même Prophete avoit disposé à l'accomplissement de sa prédiction, en préparant le thême de cet Avocat, patron des Jésuites, qui pour opérer tant de grandes choses, devoit *mettre les Edits à la place des Arrêts*.

Afin d'y réussir, il lui étoit prescrit de *faire comprendre aux Rois qu'ils sont les instituteurs & les créateurs des Parlemens* ; d'accuser ces derniers comme coupables de croire à *la nécessité de la Loi sacrée de l'enregistrement*, & de leur faire un crime *sur-tout de l'unité du Parlement en France*, *malgré la multiplicité des Classes*, *de sa coexistence avec la Monarchie*, *de son influence dans la Législation*, *& de sa* (prétendue) *indépendance originaire* (*k*).

[*i*] Sixieme Lettre du même, datée du 5 Juillet 1765, p.
[*k*] Quatrieme Lettre du même, page 238.

Après cela, M. de Maupeou doit-il paroître autre chose qu'un écolier du College de la Sapience, qui a joué le rôle dont on l'a instruit, & qui n'est rien que l'écho de ses Docteurs ? Il les a respectés même dans leurs anachronismes & dans leurs mensonges les plus mal-adroits : il n'est que ce qu'ils l'ont fait ; & c'est par leur génie qu'il lui a été donné de tromper son Souverain pour la ruine des Loix & de sa Patrie.

L'Auteur du Libelle intitulé : *Le Vœu de la Nation*, qui en faisant voir l'accomplissement de leur Prophétie, a expliqué l'énigme des causes secrettes de nos maux, nous laisse d'autant moins lieu d'en douter, qu'il regarde comme un point capital du prétendu bonheur de la France, celui de n'avoir plus rien à craindre des *Requisitoires* qui molestoient les Citoyens (*l*).

Est-il quelqu'un qui ignore quels sont ces prétendus Citoyens qui avoient ainsi à redouter les Requisitoires, & qui effectivement en ont tant occasionné par toutes sortes de crimes contre la Société civile ? Ils avoient besoin de leur Dieu tutélaire pour étouffer la Justice & ses organes, afin de pouvoir dorénavant tout oser & tout entreprendre avec impunité.

Ce n'est pas tout encore, on peut de plus donner la preuve juridique que les principes même, tant du Chancelier que de l'Ecrivain votant pour lui, sont ceux dont la jeunesse étoit imbue chez les Jésuites dès le regne de Henri IV, parce que le despotisme est l'ame de leur Institut, & que leur Société, capable de se former des dogmes, une morale & des loix qui soient à toute main, & variables suivant les circonstances, semble avoir pris à tâche de réaliser la Fable de Pandore, dont la boëte funeste renfermoit tous les maux de l'univers.

Un manuscrit original sorti de la Bibliotheque du College de Clermont, lequel contient des observations sur celles de Regnault d'Orléans, écrites entiérement de la main d'un Jésuite enseignant la Jeunesse vers l'an 1600,

(*l*) *Le vœu de la Nation*, Partie 1, p. 9. „ Tel Citoyen aisé de la „ Province n'achetoit souvent une charge, dit l'anonyme, que „ pour avoir le droit de vexer & de présenter des Requisitoires sur „ le plus léger prétexte contre ses propres Concitoyens.

étale dès la premiere page des principes de despotisme, dont ce que l'on voit aujourd'hui n'est que le commentaire ou l'exécution. Si l'on trouve un peu plus de modération dans ce Jésuite, c'est, sans doute, parce que ses disciples ou ses confreres, profitant de ses grandes vues, ont travaillé depuis lui à les étendre encore davantage. Voici ses termes :

» Le Roi.... peult abolir par ses Edictz les Coutumes » générales, sans ouyr les Estatz (*m*), n'étant pas tenu » de rendre raison de ses loix à ses subjectz..... Il peult » faire & défaire les loix selon que la commune utilité » le demande. Il peult réduire toutes les mesures..... à » une mesure générale, *néantmoings* (c'est-à-dire non-» obstant) *les Privileges* de ses Subjectz, à l'humeur » desquels il n'est subjeck, AUTREMENT IL NE SE-» ROIT PAS SOUVERAIN.

Ensuite il propose (pages 22 & 23) de démembrer le Parlement de Paris, sur les mêmes motifs que le Chancelier a employés depuis, & de créer deux Parlemens nouveaux, *l'un à Poitiers*, & *l'autre à Lyon*, auxquels il donne des arrondissemens qui sont, à peu près, ceux que le Chancelier a adoptés pour les deux Conseils Supérieurs établis dans ces deux Villes (*n*).

Voilà de quelle maniere l'esprit de l'Institut forma de

[*m*] Le principe contraire est reconnu par Henri IV, en qualité de Roi de Navarre, dans des Lettres Patentes du 27 Novembre 1551, pour l'autorisation de la Coutume de Béarn. „ Nous réservans, dit ce Monarque, à Nous & à nos successeurs, de pouvoir „ les [Coutumes] corriger & réformer toutefois & quantes il nous „ plaira, & qu'*il sera trouvé bon par Nous & les Gens des trois* „ *Etats être utile & nécessaire* pour le bien public, & le bien de „ notre service.

Louis XIV a soutenu contre le Roi d'Espagne, qu'*il ne pouvoit être dérogé aux Coutumes sans le consentement des Peuples*. Considérations sur le contrat de mariage de la Reine, page 77. Ce Monarque a encore établi la même vérité, tant dans le *Traité*, que dans le *Dialogue sur les droits de la Reine*.

[*n*] Le Manuscrit que l'on cite est à la suite des Observations de Regnault d'Orléans, Jésuite, avec lesquelles il ne forme qu'un même volume, relié en parchemin. Au *Prospectus* est écrit : *Collegii Parisiensis Societatis Jesu*. Sur le dos il est coté doublement, savoir, au haut, *Observ. de Franc.* 250. Et au bas, *lig.* 15, 36.

grands Ministres, & inspire aux plus ignorans *l'art sublime* de gouverner des hommes libres.

Ce n'est donc pas témérairement que l'Auteur de l'écrit intitulé : LE POINT DE VUE, a avancé que les Jésuites sont les vrais promoteurs de la désolation publique, ainsi que les séducteurs cachés du Prince ; & que le Chancelier leur éleve, leur favori même dans sa jeunesse, n'étoit que l'instrument passif de leur vengeance contre le Roi & la Nation, qu'ils ne divisent que pour les perdre l'un après l'autre (*o*).

L'on a regardé jusqu'ici comme une chimere la *révélation* de Catherine de Médicis ; mais on ne peut plus douter de sa réalité après l'accomplissement.

Cette Princesse, qui consultoit sur la succession des Rois ses descendans, *vit d'abord Henri IV, ensuite Louis XIII, puis Louis XIV, & enfin une troupe de Jésuites qui devoient abolir la Monarchie, & gouverner eux-mêmes.*

Elle vit conséquemment ce qui se passe aujourd'hui. Son rêve n'est point une imagination après coup.

Le tableau qui le représente, a plus de cent cinquante ans, & se voyoit en 1715 au Palais Royal.

Il y a plus de soixante ans que l'Auteur de *l'Espion dans les Cours des Princes Chrétiens*, l'a imprimé dans sa quatre-vingt-huitieme Lettre pour l'année 1660.

Il ne nous doit donc rester qu'un étonnement affreux d'avoir été si peu attentifs à tant d'indications ; & l'unique parti à prendre est de s'empresser de prévenir les suites funestes qui nous menacent, après avoir connu leur effrayant principe.

[*o*] *Hi caput à reliquo distingunt corpore ; corpus*
Et caput ut perdant ; nec enim consistere possunt
Divisimque juncta sibi natura creavit.

Poësies de Coquille sur les Etats de Blois de 1576, imprimées à Nevers l'an 1590.

L'AVOCAT NATIONAL,

OU

Lettre d'un Patriote au Sieur Bouquet, dans laquelle on défend la Vérité, les Loix & la Patrie contre le Système qu'il a publié dans un Ouvrage intitulé Lettres Provinciales. (*)

MONSIEUR,

SI les Citoyens vouloient se donner la peine de rapprocher vos objections des Principes, & consulter eux-mêmes les sources d'où vous tirez votre étalage d'érudition, je pourrois me dispenser de discuter votre Systême. Si même on vouloit donner quelque attention suivie à un Ecrit (*a*) qui a précédé votre Ouvrage, on y trouveroit abondamment de quoi renverser tout l'édifice que vous avez élevé à si grands frais. Mais le grand nombre, ou n'a pas assez de patience, ou manque de loisir pour un travail de cette nature. Cependant la

(*) *Lettres Provinciales ou Examen impartial de l'origine, de la Constitution, & des Révolutions de la Monarchie Françaiſe, par un Avocat de Province, à un Avocat de Paris.* Chez Merlin, Libraire, Rue de la Harpe à St. Joseph, 400 pag. in-Octavo. Cet Ouvrage précédé d'un Avertissement, comprend 1°. 12. lettres. 2°. Des Observations sur trois *Cours* (imaginaires) que l'Auteur appelle l'une *Législative*, l'autre *de Pairie*, & la troisieme *Palatine* 3°. Un Tableau de ces trois Cours prétendues, en trois Colonnes; 4°. un Recueil de pieces (données pour) Justificatives, avec leur Traduction; 5°. enfin des notes sur le tout en forme de Commentaire.

(*a*) Inauguration de Pharamond, ou Exposition des Loix fondamentales de la Monarchie Françaiſe.

matiere est des plus importantes ; elle intéresse toute la Nation pour le présent, & pour les siecles à venir : elle intéresse aussi le Monarque qui jaloux du titre de JUSTE, déteste tout Ecrivain mercenaire (b) qui prétendroit lui forger des titres imaginaires, pour l'engager à envahir les droits de son Peuple.

Avez-vous eu Monsieur, toutes ces considérations présentes à l'esprit, quand vous vous êtes chargé d'une commission aussi délicate ? Si dans un esprit de paix & d'équité vous eussiez discuté les raisons réciproques, de maniere qu'on eût apperçu que l'amour seul de la Vérité & de la Justice vous eût mis la plume à la main, alors on vous eût cru sur votre parole, lorsque vous paroissez jaloux *d'un suffrage guidé par l'amour de la vérité & de la Patrie*, (c) ou lorsque vous exigez *que le Public ne juge qu'après une instruction pleine & impartiale de part & d'autre*. Mais quand on voit d'un côté que vos Adversaires sont réduits au silence, & que toute réclamation est suivie d'Ordres rigoureux, que de l'autre on sait que vous êtes payé pour les attaquer, quelle idée le Public doit-il avoir de la droiture de vos intentions ? Croyez-vous triompher avec gloire d'ennemis qui ne peuvent se défendre, sans s'exposer à la prison ou à l'exil ? Dans cette position, ce me semble, *l'amour de la Vérité & de la Patrie* auroit dû vous dicter, 1°. de ne point accepter, encore plus de ne pas solliciter un pareil travail, & une récompense. 2°. De rapporter toutes les raisons de vos Adversaires de bonne foi, & avec exactitude, de les réfuter, si vous êtes convaincu réellement qu'elles ne soient pas bonnes ; de ne pas tronquer ou citer à faux les Monumens qui doivent servir à décider la question. J'en appelle à vous sur la justice de ma plainte. Il n'est pas un Citoyen éclairé qui ne vous ait fait ce reproche ; & quelle impression ne doit il pas faire sur un Français ? Si aveuglé par l'amour de l'argent, vous vous êtes persuadé que vous étiez de

(b) Le Sieur Bouquet, Avocat, soudoyé par M. le Chancelier pour faire cet Ouvrage, est venu à bout de grossir ses revenus suffisamment pour avoir un Equipage.

(c) Avertissement, N. 2, pages 3. & 4.

bonne foi, j'espere que vous rendrez hommage à la vérité lorsque vous aurez vu le *Tableau de ce que ce Systême a d'effrayant pour toutes les Classes des Citoyens depuis le Roi, jusqu'au moindre des Sujets.* Sujet de cette Lettre.

Il est permis, Monsieur, aux Hommes de Lettres d'imaginer des systêmes sur des matieres qui n'influent point sur le bonheur de la Société. Ce sont alors des jeux d'imagination qui peuvent divertir pour un moment les lecteurs; & s'ils se trouvent faux, on sait encore gré à l'Auteur d'avoir voulu éclairer ses semblables : on encourage même ses talens pour d'autres travaux, en lui faisant espérer des succès. Mais qu'un Ecrivain hardi & téméraire se joue du repos & de la tranquillité de vingt millions d'hommes, qu'il sacrifie ces biens inestimables à l'amour du systême; c'est, M. ce que j'ai de la peine à concevoir, & je ne puis me résoudre à en croire mes yeux, lors même que je vois les tentatives que vous faites dans votre Ouvrage pour construire un systême qui dénature la Constitution du Gouvernement Français.

Les Monumens anciens, les Chartes, les Traités, les Conditions expresses faites par les différentes Provinces de France lors de leur réunion; le Serment du Sacre, les Edits de nos Rois, les Dissertations des Savans, les Histoires de la Nation fondées sur toutes ces Pieces, ont formé dans l'esprit de tout homme instruit une idée du Gouvernement Français. Cette idée choque vôtre Systême. Il étoit donc nécessaire de la combattre. Mais en le faisant directement, on eut été révolté. Alors vous adoucissez la chose. Il vous suffit de *faire naître des doutes à la Nation sur sa propre Constitution.* (*d*) D'abord vous ne voulez pas qu'on s'en rapporte à des auteurs d'ailleurs célebres, parce qu'il ne résulte de leurs Ouvrages qu'une idée de *Constitution compliquée, bizarre & monstrueuse.* (*e*) Ensuite vous allez plus loin, tout ce qu'on a dit sur cet objet est peu concluant. » On ne nous a donné jusqu'à présent, » ajoutez-vous, que des *notions si contradictoires & si*

§ I. Le Provincial jette insidieusement des doutes sur la nature du Gouvernement Français.

(*d*) Avertissement, N. 1, page 3.
(*e*) Ibid. N. 18, page 29.

» *bizarres sur la Constitution de notre Gouvernement* ; » que les Sujets les plus attachés à leur Prince croient » bien faire d'en interdire la recherche & l'examen. (*f*)

Quoi, Monsieur, tout ce qu'on a écrit jusqu'à présent est *affligeant pour un Sujet attaché au Prince* ? Tous ceux qui nous ont précédé sont donc coupables du crime de n'avoir vu dans les Monumens anciens que des choses injurieuses au Prince. Eh ! Monsieur, quel aveu ! Vous décelez, vous-même, ceux que vous appellez *Sujets attachés au Prince* ? Ce sont sans doute ces vils adulateurs qui n'ayant d'autres sentimens que ceux d'esclaves, veulent absolument avoir un *Despote*, un *Maître*. Il n'est pas étonnant qu'ils craignent la lecture de nos anciens Monumens qui réclament tous pour *la liberté des Francs*, & n'appuyent la grandeur des Rois que sur l'avantage de commander à *des hommes libres*. Convenez, M, que votre petite supercherie est accompagnée d'une grande mal-adresse.

Ainsi à votre gré, personne ne connoît la Constitution Française ; » & vous vous proposez de démontrer » que le plan en fut conçu dans de bonnes têtes, & » arrêté après de profondes réflexions : en un mot » vous promettez que *l'esquisse que vous en tracez justi-* » *fiera le jugement que M. Bossuet en a porté*. (*g*) « Permettez-moi, Monsieur, de vous arrêter-là. Monsieur Bossuet a porté un jugement sur ce plan. . . . . Mais il étoit donc connu de ce savant Prélat. Il a donc vu, ainsi que vous, qu'il avoit été *conçu dans de bonnes têtes*. (*h*) Et vous nous disiez tout à l'heure, qu'on ne nous en avoit donné jusqu'à présent que *des notions si contradictoires, si bizarres*. Conciliez, Monsieur, toutes ces choses, car de pareilles contradictions n'indiquent pas un *plan concerté par une bonne tête*, & après de profondes réflexions.

L'illustre Bossuet dit, que la Constitution Françaisé est » la meilleure qu'il soit possible, & la plus con- » forme à celle que Dieu lui-même a établie « ; mais

(*f*) Lettre 11, N°. 4, pages 182 & 183.
(*g*) Avertissement, N°. 10, page 18.
(*h*) Ibid, p. Ibid.

il ne dit pas cela en l'air : c'est d'après des notions claires qu'il porte ce jugement. Au milieu de toutes les variations de la Monarchie Française, il observe qu'il y a une chose qui n'a jamais varié, c'est que *le Gouvernement n'a jamais été arbitraire*, c'est-à-dire, *qu'il y a toujours eu dans cet Empire des Loix contre lesquelles tout ce qui se fait est nul de plein droit* (i). Voilà ce qui lui a donné la notion du Gouvernement Français comme du *meilleur possible*. Effectivement un Royaume peut-il être mal gouverné quand il l'est par les Loix; & peut-il l'être mieux que lorsqu'on ne s'en écarte pas, & que tout *ce qui s'en écarteroit seroit réputé nul de plein droit*? Voilà, Monsieur, des notions précises, claires, intelligibles, & dignes des *bonnes têtes qui ont conçu le plan de notre Gouvernement*.

Par une suite de ce plan, le Roi est *Roi par la Loi*. Ce n'est que par elle que lui & sa Famille ont droit au Trône. Il ne peut rien changer à cet ordre qui existoit avant lui, qui l'a fait ce qu'il est, & qui le met dans l'impuissance de s'en écarter. Voilà pour le Souverain un des Articles de notre Constitution.

Quant au droit des Citoyens, il y a une autre Loi non moins invariable, & à laquelle le Roi lui-même déclare *être dans l'impuissance de toucher*. C'est celle qui assure aux Citoyens *la propriété*, *la liberté*, *la vie*. Elle existoit avant toute Société. La Société même n'a été formée que pour se procurer plus efficacement ces avantages : & le Prince n'a été établi que pour être le lien & le chef de la Société, par conséquent le premier surveillant contre toute infraction faite à cette Loi.

Notions précises de la Constitution Françaile puisées dans les Monumens de la Nation.

Suivez, je vous prie, Monsieur, cette gradation. La premiere Loi qui est celle de la Nature, & qui est commune à tous les individus isolés, ou en Société, assure à tout Homme un droit constant à la *Propriété*, à la *Liberté* & à la *Vie*.

Pour se procurer plus efficacement ces avantages, les hommes sont convenus de se réunir en Société. Par là le foible & le fort sont mis de niveau. La Société pro-

(i) Politique Sacrée par Bossuet, liv. 2, art. 1er. Prop. 1[?].

cure également à l'un & à l'autre la protection qui leur assure *Propriété*, *Liberté* & *Vie*. La Condition de la Société est que chacun contribue au bien commun, c'est-à-dire, au maintien de ces trois objets. Voilà une seconde Loi, dont la Sanction (*k*) est que quiconque s'en écartera sera privé des avantages de la Société.

La Société ne tarde pas à s'appercevoir qu'il lui faut un Chef pour être la réunion, & le centre de toutes les volontés particulieres. Elle fait une troisieme Loi qui concerne le choix d'un Chef dont toute l'occupation soit de veiller au bien commun, & de conserver à chaque individu les trois avantages qui sont l'objet & la fin de la Société.

Enfin ce Chef est un ou plusieurs. C'est ici que la Loi est arbitraire. Chaque Peuple dirigé par les trois Loix dont on vient de parler, établit une espece de Gouvernement tel qu'il le croit convenable pour parvenir à la fin de la Société.

Les Français se sont déterminés pour un seul appellé *Monarque*. Voilà, à proprement parler, la premiere Loi fondamentale, établie par les Français pour leur Gouvernement. Mais cette Loi, qui n'est faite que pour maintenir les trois autres, ne peut jamais les abroger. Elle leur sera toujours subordonnée.

Dans la suite les inconvéniens qui résultent du choix souvent répété du Souverain, apprennent aux *Français* qu'il faut établir un ordre pour la Succession au Trône. Alors ils font une seconde Loi fondamentale qui est de rendre la Couronne héréditaire. D'abord les Femmes n'en sont pas exclues. Les Freres sont admis à partager le Royaume. Ensuite on regle que la Couronne sera indivisible, & qu'elle passera toujours à l'Aîné à l'exclusion des Femmes. C'est une troisieme Loi fondamentale du *Gouvernement Français* qui a toujours été suivie depuis Hugues Capet.

Le bien de la Société exigeoit encore, que le Domaine

(*k*) « *La Sanction* est cette partie de la Loi qui renferme la peine établie contre ceux qui la violeront. » Principes du Droit Naturel par Burlamaqui, Chap. X, § 11, pag. 60 de l'Edition de Genève, in-4°, 1747.

de la Couronne fût inaliénable, que celui du Monarque appartînt à la Couronne, c'est-à-dire, à l'Etat, afin que les acquisitions que le Monarque pourroit faire aux dépens de l'Etat ne fussent pas perdues pour lui, & passassent au Successeur. On a encore fait ces deux Loix qui sont aussi fondamentales.

Je ne crois pas, Monsieur, que vous contestiez des choses aussi évidentes par l'Histoire. Je ne crois pas non plus que vous vouliez nier que le Souverain ne peut pas toucher à ces Loix qui doivent être pour lui un *objet sacré*.

Mais ce ne sont pas les seules Loix fondamentales. Ces Français si ennemis du joug Romain l'auroient-ils secoué avec tant de courage, pour s'en imposer un nouveau, en se choisissant un Chef dont la volonté fût leur seule & unique Loi? La foiblesse humaine sollicitée par l'intérêt particulier, & par les passions, aveuglée par la flatterie eût bientôt changé en Despote & en Tyran le Conservateur des Droits inséparables de la nature de l'homme, si nos Peres n'y eussent mis un frein capable de préserver le Citoyen de l'oppression, & le Prince de l'envie d'opprimer. Ils suivirent ce qu'ils avoient vu pratiquer dans la Germanie d'où ils étoient venus. *Nec Regibus infinita aut libera potestas; magis autoritate suadendi, quàm jubendi potestate* (*l*). Ce plan de Gouvernement si bien assorti (*m*) à des hommes li-

(*l*) Tacit. de Morib. German.

(*m*) Notre Monarchie au rapport de la Rocheflavin, *n'est point un Royaume absolu où la volonté du Roi est Loi, sa parole Arrêt*. . . . . En laquelle maniere ont commandé plusieurs Empereurs Romains, ou à mieux dire Tyrans, usurpans autorité entiere sur la vie & la mort, biens & honneurs des Sujets. . . . Mais ce Royaume & Monarchie de France est réglée & policée, est composée & mixtionnée de trois sortes de Gouvernement ensemble. . . . . Notre Etat Public de France est Royal, pour y être en premier lieu un Roi seul & Souverain Seigneur par dessus tous pour l'imbécillité d'un Conseil, Gouvernement, & prudence d'un seul homme, fort prudemment fut du commencement institué une forme de Sénat, c'est-à-dire, une bonne & notable Compagnie, & Assemblée d'excellens Personnages, pour maintenir la Loi, & la Justice en vigueur; & ce faisant, *vérifier & approuver les Loix*, Edits, Ordonnances, Graces, Dons, Aliénations, Octrois, & autres choses de pareille importance au Public. Laquelle *autorité du Sénat* est appellée par

bres, & à des *Francs*, n'a pas été ané nil par la conquête des Gaules. Les *Francs*, cette Nation que la Loi Salique appelle *Gens profunda Consilio* (n) auroit été

Platon *un Contrepoids à la puissance Royale*, salutaire au Corps universel de la chose publique: car c'est un point tout résolu au fait politique, qu'il n'y a rien qui tant le conserve & maintienne que la médiocrité de puissance conservée en son moyen par *un juste Contrepoids des Etats Politiques ensemblement*, même de celui qui est composé des Gens sages & choisis. Comme aussi au contraire il n'y a rien qui tant les fasse trébucher que fait *l'excessiveté du pouvoir entreprins outre mesure par un seul*; étant ainsi que la grandeur & puissance ne se contient volontiers en sa mesure, sinon par nécessité, laquelle ôtée, il est nécessaire que tout vienne en décadence & abandon. Qu'ainsi soit, laissant à part plusieurs autres Exemples, on trouve que la Royauté ne prit fin en la Ville de Rome que par l'outrecuidée puissance entreprinse par les Rois, ne tenant plus compte du Sénat, ni de la liberté du Peuple. . . . . .

„ A cause de quoi, cette *Monarchie de France a deux principales bornes & sûres brides*, pour icelle tempérer, & empêcher qu'elle n'aille à l'abandon par la volonté effrénée d'un seul; à savoir *la Religion*. . . . l'autre, *la Justice par laquelle sont leurs Loix. . . . modérées & tempérées*; & lesquelles la débonnaireté & prudence de nos Princes n'a accoutumé estimer tant brides que colonnes fermes, sur lesquelles leur puissance est sûrement appuyée, pour en être plus ferme, & plus durable. “ *La Roche-flavin* des Parlemens de France, Liv. XIII, Ch. 17, n. 9 & suiv.

Le même Auteur dit encore „ *les Parlemens* n'ont été seulement établis pour le jugement des affaires & procez entre parties privées, mais ils ont aussi été *destinés pour les Affaires Publiques, & Vérification des Edits* Car tout ainsi que sous Charlemagne & ses Successeurs on n'entreprenoit chose de conséquence au Royaume, que l'on n'assemblât *le Parlement composé des Princes, Prélats, Barons, & plus apparens du Royaume*, pour avoir l'œil sur cette Affaire, aussi ce Parlement ayant été arrêté, fut trouvé bon que *les volontés générales de nos Rois n'obtinssent point lieu d'Edits, sinon qu'elles eussent été émologuées & vérifiées en ce lieu*. Laquelle chose se pratiquoit du commencement sans hypocrisie & dissimulation, déférant nos Rois grandement aux Délibérations de la Cour. . . . Si que *la première & principale autorité des dits Parlemens, c'est de vérifier les Ordonnances & Edits du Roy; & telle est la Loy du Royaume, que nuls Edits, nulles Ordonnances n'ont effet, & on ne les tient point pour tels s'ils ne sont vérifiés aux Cours Souveraines, & par la libre délibération d'icelles* “ : même Liv. Ch. 1 & suiv.

(n) Préface de la Loi Salique faite sous le Regne de Clovis I, dans le Recueil de Bignon, page 11, celui d'Ecard, page 3 & le tome 4 de Dom Bouquet, page [illegible].

dépourvue de sens au point d'abandonner ce qu'elle a de plus cher à la discrétion d'un mauvais Prince, d'un favori ambitieux. Non, Monsieur, l'amour du Systême ne nous aveuglera pas au point de le penser; & quand toutes ces vraisemblances ne nous décideroient pas, nous ne pourrions résister aux Textes formels qui attestent que ces principes ont dirigé nos Ancestres pour le maintien de leurs Droits. Ils ont fait des Loix pour que les Citoyens ne fussent pas opprimés, & ils ont établi un Tribunal pour protéger la liberté & la vie. Quant aux Impôts, ils n'ont jamais souffert qu'on en mît sans leur consentement. Ils ont fait des Loix pour empêcher toute Imposition arbitraire, & assurer leur propriété. C'est dans les Usages observés de siecle en siecle qu'il faut lire ces Loix. Cette suite de Monumens & de faits prouve plus qu'une Loi écrite & non suivie. Etoit-il besoin qu'on écrivît que le Prince n'exigera pas des Sujets tout ce que bon lui semblera? Ce sont de ces choses évidentes qu'on n'écrit pas, & que l'on réduit en pratique.

D'après cela, on conçoit que Bossuet a eu raison d'appeller le Gouvernement Français, *le meilleur Gouvernement possible*, parce que le Prince peut tout pour la Loi, & rien contre.

Que pensez-vous, Monsieur, de cet exposé? Y a-t-il là rien de bizarre, d'embarrassé, de contradictoire? Vous voyez que nous n'avons pas besoin de toute votre érudition pour nous faire des idées d'une chose qu'il nous intéresse tant de connoître. Quelle présomption, Monsieur, d'accuser toute la Nation de méconnoître la nature de son Gouvernement, & de vous donner pour le seul clair-voyant en cette matiere.

Avec ces notions, un bon esprit peut dissiper tous les nuages que vous tâchez de répandre sur notre Constitution: mais vous étourdissez les Gens par vos citations; & vous vous donnez d'avance les honneurs de la victoire. Je vais donc discuter vos autorités, & laisser parler les Auteurs mêmes. Chacun pourra juger qui de vous ou de moi a l'avantage de son côté.

§ II. Le Sieur Bouquet prive la Constitution Monarchique de sa fin essentielle & naturelle.

La Sagesse de nos Ancêtres éclate principalement dans l'admission de ce principe vraiment social, que tout doit aboutir au bien commun des Peuples, & que les Rois n'ont la disposition de l'Etat, que pour y procurer, par la maturité des Délibérations Communes, auxquelles ils président, le salut général de tous les Citoyens.

Telle est la fin essentielle de toute Monarchie Sociale, & le moyen naturel d'y parvenir. Telle est spécialement la Constitution de la Monarchie Française. Selon le Président l'Allouette, elle *est & doit estre telle qu'elle a été du commencement dressée & construite sur le plan, modelle & ordonnance de six points fondamentaires, qui sont les inviolables, essentielz & déterminez decrets du Droit Français* (o).

Le premier de ces points consiste en ce que *l'Empire soit par devers un seul, qui ait toute-puissance supérieure & souveraine en l'Etat* (p).

Mais comme la toute-puissance de la Divinité même n'agit que suivant les Loix que sa sagesse & sa providence lui prescrivent; c'est en cela principalement que la puissance des Dieux de la Terre doit en être l'image.

Ainsi le Président l'Allouette pose, en même tems, pour sixieme point fondamental de la Monarchie : » que » par l'aide & avis DU CONSEIL GENERAL, au- » quel se représente le Corps universel de tout l'Etat, » il soit pourvû à l'entretenement & sûreté d'icelui (q).

Apprenez ici, Monsieur, que c'est être bien novice en fait de Droit Public de s'imaginer, que ces deux Loix Fondamentales soient inconciliables entr'elles, & que l'exécution de la derniere soit tellement contraire à la plénitude de la Souveraineté qu'elle n'en doive laisser au Roi que *l'ombre vaine*; tandis qu'elle est au contraire le moyen, seul naturel, seul efficace, pour parvenir à la fin salutaire que Dieu même a prescrite à la Souveraineté (r).

[o & p] De Launay sur Loisel, Préface p. 50 & 51.
[q] De Launay ibid.
[r] „ Sapientiâ tuâ [Domine] constituisti hominem ut dominetur creaturæ, quæ à te facta est, ut disponat Orbem terrarum in æquitate & justitiâ, & *in directione* cordis judicium „ judicet. " Sap. cap. 9, v. 2 & 3.

Si vous consultiez les Monumens de notre Histoire, (pour y apprendre & non pour y altérer *les Maximes avouées & défendues par nos Pères*;) vous verriez premiérement, la Nation demander pour elle & pour ses Rois, lors de leur Sacre, sur-tout la grace de les faire arriver à cette fin du bien commun, & de reconnoître, en même temps, la nécessité d'employer pour moyen les Délibérations communes *cunctorum in Commune salutem disponat*, c'est-à-dire, qu'il ne prenne QU'EN COMMUN les mesures concernant le salut de tous (*s*).

Vous y verriez en second lieu que pour rendre sensible la nécessité absolue de ce moyen, & pour faire sentir aux Rois qu'ils sont effectivement dans *l'heureuse impuissance* de s'en croire indépendans, nos Ancêtres ont établi la maxime conséquente que *le Roy est toujours mineur*.

C'est un fait attesté par une Requête présentée à Charles IX au nom de ses Sujets qui s'expriment en ces termes. » Ce que nos Anciens nous ont laissé & fait entendre quand ils ont dit que *le Roi est toujours Mineur*, n'est pas pour à tous coups contrevenir à ses » Contrats & Promesses, comme l'ont interpreté leurs » Successeurs mal advisés, mais pour l'advertir qu'il » *ne doit rien administrer sans bon & légitime Conseil*; » ce qui est conforme à une autre Loy inviolablement » gardée, par laquelle le Roi ne peut aliéner pour cinq » sols de son Domaine: qui sont toutes choses ordonnées pour les Mineurs (*t*).

Ainsi comme l'on ne peut douter que le Salut du Peuple ne soit la Loi suprême (*u*) de tout bon Gouvernement, c'est également une maxime constante en France que ce salut dépend des *Délibérations communes, à l'autorité des quelles*, selon l'expression de Saint Louis, aucun de nos *Rois n'a droit de se soustraire* (*x*).

Deux Regles de tout bon Gouvernement

[*s*] Cérémon. Franç. p. 13.

[*t*] Recueil de toutes les choses mémorables advenues depuis le 28 Octobre, jusqu'à présent [1568], page 76.

[*u*] *Suprema Lex esto salus Populi.*

[*x*] *Consilium Optimatum sluerint quod non possit aliquis Regum subterfugere.* Mathieu Paris, année 1244, p. 877. Ed. 1571.

Le Serment solemnel qu'ils prêtent à la Nation lors de leur Sacre, se réfere entiérement à ces deux regles importantes, ainsi que l'Auteur de *l'Inauguration de Pharamond* l'a prouvé (*y*).

Je ne répéterai pas ce que chacun peut lire dans cet Ouvrage que le Public a si bien accueilli, je me contenterai d'ajouter ici quelques autorités dont il n'a pas fait usage.

Ire Regle. Le Salut du Peuple est la Loi suprême.

C'est de la premiere de ces deux Regles dont parloit Gontran Roi de Bourgogne, lorsqu'il disoit dans son Ordonnance de l'an 585 pour la confirmation du second Concile de Macon : » Si nous n'avons un soin attentif & scrupuleux du Peuple qui nous est sujet, il nous devient impossible d'échaper à la colere de ce Roi Suprême, dont la puissance nous a confié à nous-mêmes la faculté de regner (*z*). «

» Ayez plus de zele, écrivoient les Evêques des Provinces de Rheims & de Rouen à Louis de Germanie en l'an 858, pour consacrer vos jours à l'utilité & au salut de vos Peuples, que de desir de vivre pour vous-même, en *vous livrant à vos volontés propres*, si vous n'oubliez pas que vous êtes mortel, & que vous devez rendre compte à Dieu de vos actions (*a*). «

C'est pour s'être écarté de la Loi inviolable de l'utilité publique, & n'avoir suivi que leurs volontés arbitraires, que Louis le Débonnaire & ses Enfans sont tombés dans les malheurs dont Nithard, petit-fils de

[*y*] *Inauguration de Pharamond*, pag. 7, 64, 65, & 96 de la premiere édition, & au quatrieme tome des *Efforts de la Liberté & du Patriotisme, contre le Despotisme du Sieur de Maupeou, Chancelier de France, ou Recueil des Ecrits Patriotiques publiés pour maintenir l'Ancien Gouvernement Français* [1773] pag. 147, 171, 183 & 184.

[*z*] *Nam nec nos, quibus facultatem regnandi superni Regis commisit auctoritas, iram ejus evadere possumus, si de subjecto Populo sollicitudinem non habemus.* Recueil de Dom Bouquet, Tom. IV, page 117. B.

[*a*] Vos plus studeatis aliis vivere in salutis suæ utilitatibus quàm vobis ipsis *in propriis voluntatibus*, si scieritis vos esse morituros, & vos credideritis de factis propriis rationem Domino reddituros. Capitular. Karoli-Calvi, tit. 27, cap. 11, tom. 2, pag. 113, de la *Collection de Baluze*.

Charlemagne nous a fait la peinture. Cet Historien illustre les attribue à cette cause, & donne en conséquence ces avis importans aux siécles futurs.

» Que chacun apprenne, disoit-il en l'année 844, *combien il y a de démence à négliger l'utilité publique, & à se livrer insensément à ses volontés privées & propres* ; puisque l'un & l'autre offensent tellement le Créateur que les Elémens mêmes s'élevent contre *une telle extravagance*..... C'est, continue-t-il, ce que nous allons prouver très-facilement par des exemples dont presque tout le monde a encore connoissance (*b*). «

» Car sous le regne de Charles-Magne Prince d'heureuse mémoire, qui est décédé, il y aura bientôt trente ans, le Peuple de ce Royaume n'étant conduit que par *la seule voye publique* (qui est en même-tems la voye droite, & dès là *la voye de Dieu*) goûtoit par cette raison les fruits d'une paix & d'une concorde universelles. «

» Mais maintenant parce que chacun suit au contraire les sentiers qu'il lui plaît de choisir pour son intérêt particulier, on ne voit par-tout que dissentions, on ne voit que querelles ouvertes. Alors l'abondance & la joie regnoient; maintenant c'est la disette & l'abattement. Alors les Elémens même se montroient favorables *à chaque Souverain* ; mais à présent, c'est à tous, c'est par-tout, qu'ils sont devenus contraires : suivant qu'il est écrit dans les oracles divins ; *& l'Univers* entier s'élevera contre les insensés pour leur faire la guerre (*c*). «

[*b*] *Hic quisque colligat quâ dementiâ utilitatem publicam negligat, privatisque ac propriis voluntatibus insaniat*, dum ex utrisque Creatorem adeò offendat, ut etiam omnia Elementa ejus vesaniæ contraria reddat : quodque, hujuscemodi exemplis penè adhuc omnibus notis perfacilè probaturus accedam. Nithard, Histor. Lib. IV, n. 7, Dom Bouquet, tom. 7, p. 33.

[*c*] Nam temporibus bonæ recordationis Magni-Caroli, qui evoluto jam penè anno trigesimo decessit, quoniam hic Populus *unam* [eandemque rectam, & per hoc *viam Domini*], *publicam* incedebat, pax illis atque concordia ubique erat. At nunc è contrà quoniam quisque semitam quam cupit, incedit, ubique dissentiones & rixæ sunt manifestæ. Tunc ubique abundantia atque lætitia nunc ubique penuria, atque mœstitia. Ipsa Elementa tunc CUIQUE REGI congrua : nunc autem omnibus ubique con-

Un Monarque ne peut donc faire la félicité des Peuples, & maintenir son Royaume, qu'en marchant, à l'exemple de Charles-Magne, par *la seule voye publique des Loix ; cette voye droite qui est en même tems celle de Dieu.*

Si au contraire on l'engage dans les sentiers multipliés de l'intérêt particulier, qui forment *la voye des insensés*, il y sera suivi, & même dévancé par la foule des mauvais Citoyens qui voudront s'enrichir en dépouillant les bons, qui désoleront le Royaume, & finiront par s'emparer de la Puissance du Prince dont ils auront abattu tous les soutiens.

Un autre Historien nous fait également observer que tel est le danger inévitable auquel un Prince s'expose, lorsqu'il souffre que l'intérêt particulier devienne le seul principe du Gouvernement abandonné à ses Ministres. « Quand chacun des Grands n'est occupé que de ses intérêts propres, & qu'il n'a que de l'indifférence & du mépris pour ceux du Public (dit le continuateur d'Aimoin) il en résulte nécessairement un renversement total de l'ordre, qui fait passer dans des mains privées les biens destinés à la Société commune. Le Roi lui-même, ne conservant plus alors que l'ombre vaine de la Souveraineté, se trouve au dépourvu, & pour ainsi dire dans l'indigence de toutes choses (*d*) ».

Motifs de la conduite des Princes du Sang

C'est avec des lumieres aussi pures que celles de Nithard, & d'après l'expérience des siecles passés, que nos Princes du Sang Royal ont su, comme cet Historien judicieux, discerner *les voyes des insensés*, de *la voye unique des Loix*, par qui se maintient l'intérêt public.

Ils ont suivi invariablement cette voye, parce qu'ils

---

exalta pridem scriptura divino munere prolata testatur : *& pugnabit Orbis terrarum contra insensatos.* [lib. sap. cap. v, vers. 21]. Nithard loco citato. Dom Bouquet, tom. 7, pag. 33.

Il est surprenant que nos Historiens modernes n'aient pas fait attention à ce passage important de Nithard, ni au modele qu'il donne de la vraie maniere d'écrire l'Histoire.

[*d*] « Quia privatis studens quisque primorum, negligens autem publicorum, perversâ vice, dum publica in privata vertuntur, nomine tenus Dominus factus, fit omnium penè indigens. » Continuator Aimoin. lib. 5, cap. 3.

le devoient (e) au Roi, à la Nation & à Dieu. Ils ne pourroient l'abandonner, sans trahir à la fois leur devoir & leur honneur (f). On ne les croira jamais capables d'une telle lâcheté, sur-tout si on considère que c'est au seul bien public qu'ils ont eu le courage de sacrifier leurs intérêts particuliers, & les motifs les plus propres à séduire leurs cœurs, s'ils eussent été susceptibles de foiblesse.

Ils ont dit, comme Louis de Germanie & Charles le Chauve disoient au sujet de Lothaire II, leur neveu (année 865). » Donnons à ce Prince un Conseil salutaire : obtenons de lui qu'il fasse réflexion sur le seul moyen qu'il puisse avoir de sauver son ame devant Dieu, comme sa gloire devant les hommes, & de conserver sans affoiblissement *le Royaume*, qui ne *lui a été confié* que *pour en procurer le salut général*. Que de là naisse le bonheur d'un Peuple, qui est celui de Dieu ; qu'il jouisse des Loix & de la Justice ; qu'il voye regner la paix & la tranquillité publiques (g). «

Ces sentimens des Princes du Sang, sont les derniers qu'ait pu exprimer celui d'entr'eux dont nous regrettons la perte. Ils ont augmenté la confiance de ce Prince Chrétien, & ont ajouté à ses mérites (h). Attachement de M. de Clermont à sa Protestation.

[e & f] M M. les *Princes du sang* tiennent toujours à leur célebre *Protestation du 4 Avril 1771*, & n'abandonnent point la cause Nationale. Ils se rappellent sans cesse ce que leurs Peres firent imprimer en 1716, dans leur *Affaire contre les Princes Légitimés*, que „ *la Qualité de Prince du Sang emporte avec elle* „ *l'obligation de soutenir les Loix de l'Etat, & de s'opposer à* „ *tout ce qui peut y donner atteinte*. " Réflexions sur le Mémoire de M. le Duc du Maine, page 4.

[g] „ Si tale Concilium mandemus qualiter & ipse coram „ Deo salvus, & coram seculo honoratus esse valeat, & Ecclesia, „ & Regnum, *quod illi ad salvationem communem est sollicitum esse* „ possit ; & Populus Dei salvus sit, & Legem ac Justitiam & „ Pacem & tranquillitatem habeat. " Article 8 de la deuxieme partie du Capitulaire publié en l'Assemblée Générale de Toucy l'an 865, dans la collection de Baluze, tom. 2, pag. 206.

[h] M. le Comte de Clermont dans ces momens terribles où l'homme parle du fond de son cœur [*Nam veræ voces tum demum pectore ab imo ejiciuntur*. Lucret. Lib. 3, vers. 57] rappella les motifs & les Principes de sa Protestation, recommanda instamment aux autres Princes les intérêts de la Nation, & les

Louis VI, surnommé le Gros, dans des Lettres accordées en faveur des Sujets particuliers de l'Eglise de Chartres, la vingtieme année de son regne, reconnoît formellement que ce sont les Loix Fondamentales de la Monarchie qui imposent aux Rois *l'obligation* par Etat *de défendre & de protéger* leurs Sujets; & il appelle ces Loix TRÈS-SACRÉES, pour marquer en même tems l'impuissance où sont les Souverains d'y déroger jamais. » Car ce qui est sacré, dit Théodoric Roi d'Italie, écrivant à Clovis I., c'est ce qu'il n'est point permis de violer, ni d'ébranler par aucune espece d'innovation (*i*). «

Regardant donc les Loix Fondamentales du Royaume comme inébranlables par essence, & de Droit Divin naturel, Louis VI en rappelle les dispositions qui reglent les devoirs de la Royauté en ces termes:

» Comme suivant les dispositions des Loix très-sacrées, la Puissance Royale doit, en vertu de l'Office qui lui est enjoint, vaquer le plus qu'il soit possible à la défense & au maintien de l'honneur des Eglises, ceux à qui Dieu a confié une si grande puissance ne peuvent répondre à cette grace qu'en donnant leur soin, avec une attention remplie de sollicitude à pourvoir tant à la tranquillité qu'à la paix des mêmes Eglises, & à les décorer, ainsi que les biens qu'elles possédent, de certain privilege d'honneur, pour la gloire de Dieu tout-puissant par qui les Rois regnent (*k*). «

» C'est le devoir Royal, disoit aussi Philippe Auguste dans son testament, (année 1190) de pourvoir

conjura d'y demeurer toujours attachés comme lui. Ce trait suffiroit seul pour rendre la mémoire de ce Prince à jamais précieuse aux Français. M. Louis Bourbon-Condé, Comte de Clermont, né le 15 Juin 1709, mourut le 16 Juin 1771.

[*i*] „ Hoc enim sacrum est, quod nullâ permittitur commotione violari. " Dom Bouquet, tom. 4, n. 7, p. 4, lett. D.

[*k*] „ Cùm, *justâ Sacratissimarum Legum instituta*, Regia potestas ex injuncto sibi officio Ecclesiarum defensioni & honori vacare plurimùm debeat, operæ pretium est, eos, quibus tanta permissa potestas à Deo, earum tranquillitati & paci attentiori curâ sollicitudinis providere, & ad laudem Dei omnipotentis, per quem Reges regnant, Ecclesias & earum res quodam honoris privilegio decorare " Spicileg. Dacherii. tom. 13, cap. 35, pag. 309.

en toutes manieres aux avantages de ses Sujets ; & de préférer l'utilité publique à son utilité paticuliere (*l*). «

Le Chevalier, Avocat de la Puissance Séculiere dans le *Songe du Vergier* dédié à Charles V, surnommé le *Sage*, en 1374, n'a point de plus grand principe.

» Vous devez savoir, (dit-il au *Clerc*, Avocat de la puissance spirituelle) que, en ce que tous les gouverneurs de la chose publique sont, soient Roys ou autres, ils doivent avoir toute leur pensée & intention au salut de la chose publique, & *en tant ils doivent* préférer le bien & le salut de la chose Publique à leur propre salut : « (*m*) *ce qui est, pour un Prince, le plus haut degré de gloire*, ajoute le texte latin (*n*).

L'auteur de ce songe, parlant à Charles V, lui-même dans la conclusion de son Ouvrage, lui présente cette vérité comme inséparable de la justice de son regne & de sa propre félicité

» Chacun, dit-il à ce Prince, doit naturellement douter le Roi & amer, comme dit l'Apôtre. Car cellui plus singuliérement tend au bien commun & au Gou-

(*l*) „ Officium Regium est Subjectorum commodis omnibus providere, & suæ utilitati privatæ publicam anteferre. „ *Codice Juris Gentium. Diplomatico* auctore Godefrido Guillelmo *Leibnitz*, parte 1, anno 1190, n. 3, pag. 2. Recueil des Ordonnances par de Laurieres, tom. 1, pag. 19.

[*m*] *Songe du Vergier*, liv. 1, chap. 34. Traité des Libertés de l'Eglise Gallicane, tome 2, partie 2, page 28. Cet Ouvrage composé sous les yeux & par les ordres du Roi de France Charles V, à qui il fut dédié, a pour objet les entreprises de la Cour de Rome. Il fut composé en 1370, ou même en 1374. C'est à tort que quelques Ecrivains l'ont attribué à *Philippe de Maizieres*, Ministre d'Etat sous Charles V, ou à *Jean de Vertus*. [Ce dernier n'a jamais existé]. On a plus que des conjectures pour attribuer cet Ecrit à *Raoul de Presles*. Cependant *Charles-Jacques de Louviers* passe assez communément pour en être l'Auteur. Plusieurs disent même qu'il en fut récompensé par une place de Conseiller d'Etat. *Le Songe du Vergier* [du Clerc & du Chevalier] fut d'abord imprimé en françois in-folio en 1501. On le réimprima en 1516 in-4o. *Goldast* l'inséra dans son Recueil *de Monarchia*. Il se trouve aussi au 2nd. vol. de la derniere édition de 1731, du *Recueil des Libertés*. Voyez la derniere édition du Diction. Historique de Moreri ; & la Bibliotheque Historique de la France par le P. le Long.

[*n*] „ *Quod est in Principe gloriosissimum.* „ Somnium viridarii, lib. 1, cap. 34. Apud Goldastum tom. 1, pag. 67, lin. 42.

vernement de la chose publique, *& non pas à son privé & singulier prouffit: car aultrement son Royaulme ne seroit pas juste ne raisonnable.* Et parle N.º 8. par le Prophete Ezéchiel, contre tels Princes qui tendent à leur prouffit commun, en disant..... *tristes & dolens soient les Princes & les Pastours qui quierent leurs propres & singuliers prouffits* (o). «

Et pourquoi juge-t-il ainsi? C'est, parce que, selon lui, la Souveraineté doit nécessairement *être tempérée, juste, & droite : & est la Seigneurie Séculiere principalement établie pour le prouffit des Subjets* (p).

Charles VI, qui avoit reçu ces leçons en avoit fait la regle de sa conduite. La maniere énergique dont il s'exprimoit en 1385, est bien digne d'un Prince, qui ne vouloit point porter mal-à-propos le titre précieux de BIEN-AIMÉ, dont ses Peuples l'avoient décoré; mais qui cherchoit au contraire à leur prouver que, sentant le prix de ce témoignage d'amour, il étoit jaloux d'y répondre par le retour le plus tendre.

» Comme rien n'intéresse aussi essentiellement la gloire de Notre Majesté Royale, dit-il, que le devoir d'employer tous les jours & toutes les nuits de notre regne, & de mettre perpétuellement toute notre application & toutes nos pensées pour parvenir, de notre part, à procurer, sans cesse, à nos Sujets quelque chose qui leur soit utile & qui plaise à Dieu; aussi voulons nous employer nuit & jour tous nos Conseils pour faire ensorte que nos Sujets, & spécialement les personnes Ecclésiastiques, jouissent de toute tranquillité, & soient exempts de toute molestation & vexation indues (q). «

[o] Songe du Vergier, liv. 2, Conclusion & Présentation au Roi, tom. 2, p. 146, du Traité des Libertés, 3e. Partie. *Principes & Domini temporales ad bonum commune debent intendere, non privatum. Alioquin enim regimen ipsorum esset injustum & perversum. Unde Dominus talibus Rectoribus comminatur per Ezechielem 34.* Apud Goldastum, tom. ibid. p. 227, liv. 21.

[p] Songe du Vergier, liv. 2, ch. 157, p. 67. Apud Goldastum, cap. 313, p. 202, lin. 46 & 47. „ *Secundùm Aristotelem in* „ *Politicis, principatus secularium temperatus; justus & rectus* „ *est institutus, principaliter propter bonum commune Subditorum.*

[q] „ Cùm nostram Regiam Majestatem deceat omnes dies &

A quoi il ajoute que c'est *une des obligations étroites qu'il a contractées lors de son Sacre* (r). «

En effet, on ne douta jamais que la Justice Divine n'en eût fait une charge expresse de la concession du Trône, & c'est sur ce motif que le Procureur-Général du Roi, Jean de Nanterre, fondoit l'appel qu'il interjetta de la Légation du Cardinal la Balue en 1484.

» La Justice Céleste, disoit ce Magistrat, a accordé des Rois aux Nations, & elle a élevé leurs trônes sur la terre, afin qu'appuyés de leurs secours, la Sainte Eglise de Dieu & ses Ministres fideles puissent goûter le repos dans une tranquillité de paix ; & afin qu'ils défendent & protégent le Peuple qui leur est soumis contre toutes vexations & oppressions (ſ). «

Cette fin du bien Public & Social est tellement celle de toute Souveraineté ; & en même-tems elle est si absolument indispensable, que selon Théodoric II, Roi d'Italie, (regnant par le droit de conquête) *le seul délai de la part d'un Roi, lorsqu'il est question de procurer ce qui doit être utile à ses Peuples, est une espece d'injustice que la délicatesse de son cœur doit se reprocher* (t).

Aussi voyons-nous que la Grande Chartre d'Angleterre a prescrit que les Rois jureroient, en termes exprès, non-seulement *de ne point refuser*, mais encore

noctes cùm omni lucubratione & cogitatione jugiter perducere, ut semper aliquid utile & Deo placens à nobis Subditis nostris præbeatur, & in hoc expendere consilia dieque noctéque volumus ut nostri Subjecti, præsertim viri Ecclesiastici sub omni quiete existant, illicitâ molestiâ & vexatione liberati. » *Lettres de Charles » VI, contre les exactions de Rome*, données l'an 1385. Preuves » des Libertés, tom. 2, part. 1, chap. 22, n. 8, p. 8.

[r] » Et inter cætera ad quæ, causa nostræ Regiæ celsitudinis, » dùm infulas Regias in nostra coronatione suscepimus EX DEBITO » JURAMENTI ASTRICTI &c. » Ibid.

[ſ] Providit ex alto Justitia Reges... ipsorumque Solia evexit in terris, ut Ecclesia Sancta Dei [&] ejusdem Ministri fideles, eorum freti præsidio, in pacis tranquillitate quiescant ; & ut Populum sibi subditum à cunctis molestiis & gravaminibus tueantur & protegant. Preuves des Libert. tom. 1, part. 2, ch. 13, no 15, p. 48.

[t] *Apud conscientiam nostram læsionis genus est profutura tardare.* Theodoric, Epist. ann. 510, Dom Bouquet, tom. 4, p. 7, no. 13.

de ne point différer de rendre à un chacun le Droit & la Justice qui lui appartiennent (u).

Jacques I, à qui les Catholiques de cette Isle présenterent en 1604, un Acte par lequel ils reconnoissoient formellement qu'*ils lui devoient, en sa qualité de Monarque, tout ce que des Sujets doivent à leur Prince & Monarque tant par le Droit Naturel que par le Droit Divin* (x), Jacques I, dis-je, s'est exprimé de la maniere la plus intéressante sur le premier point de Droit Public dont nous parlons ici, en prescrivant lui-même les devoirs & la prérogative d'un Monarque dans les Discours célebres qu'il fit en 1603 & 1609 aux Assemblées de son Parlement.

» Je préférérai toujours, en faisant de bonnes Loix & des Constitutions utiles, le bien Public & l'avantage de l'Etat à mes avantages propres & à mes intérêts particuliers (dit ce Monarque dans le premier de ces Discours) persuadé, comme je le suis, que l'avantage & le bien de l'Etat, réunissent mon plus grand avantage à ma félicité temporelle; & que *c'est en ce point décisif qu'un Roi légitime différe entiérement d'un Tyran.* Car il est certain que toute la différence qu'il y a entre un Roi juste & un tyran, ou un usurpateur du Trône, consiste en ce point essentiel, qu'au lieu qu'*un tyran superbe & ambitieux s'imagine que son* Royaume & son Peuple sont uniquement faits pour satisfaire à ses desirs & à ses volontés arbitraires (y) : un Roi juste & équi-

[u] *Non negabimus, non differemus cuiquam Jus & Justitiam.* Grande Chartre, ch. 9.

[x] *Agnoscimus tandem & agnoscemus Majestati vestræ nos debere, quidquid Subditus suo Principi & Monarchæ: sive Jure naturæ, sive ex verbo Dei, debet.* Traité des Libertés de France, tom. 2, part. 1, ch. 5, § 4, page 21.

[y] Le VIe. Concile de Paris, tenu l'an 829, & Hincmar Archevêque de Rheims dans sa Lettre à Carloman, expriment la même vérité en parlant des Officiers du Roi en ces termes : *Cum justitia & æquitate gubernare intelligant... Scientes se ad hoc positos esse, ut Plebem salvent & regant, non ut dominentur & affligant: neque ut Populum Dei suum æstiment, aut ad suam gloriam sibi illum subjici,* QUOD PERTINET AD TYRANNIDEM ET INIQUAM POTESTATEM. Hincmar. ad Carolomannum, cap. 14: apud Goldastum, tom. 1, p. 7, & Concil. Parisiens. 6, part. 2, cap... apud Harduinum, tom. 4.

table

table se regarde au contraire *comme" établi pour faire ensorte que son Peuple jouisse tranquillement de ses biens*, & de ce qui lui appartient en propriété. «

» Un Roi, disoit ce même Prince dans son discours prononcé en 1609, s'oblige par un double Serment à observer les Loix Fondamentales de son Royaume. L'un est un Serment tacite, qu'il fait en qualité de Roi, & par la nature même de sa Dignité, en vertu duquel il s'engage, mais très-étroitement, à protéger son Peuple, & les Loix (dont dépend l'utilité commune de ses Sujets.)

» L'autre, est un Serment exprès qu'il prête le jour de son Couronnement.

» De sorte, continue-t-il, que *tout Roi juste* dans un Royaume établi sur des fondemens durables, est obligé d'observer *la Paction qu'il a faite avec son Peuple* & de conformer son Gouvernement aux Loix de sa Patrie « .....

» Ainsi tous les Rois qui ne sont pas tyrans ou parjures, *seront bien aises de se contenir dans les limites des Loix qu'ils ont juré de respecter*; & ceux qui leur persuadent le contraire sont des viperes à fuir, ou plutôt sont une peste aussi à craindre pour les Rois eux-mêmes que pernicieuse pour leurs Etats (z). «

C'est donc une vérité du droit des gens, & puisée dans le droit naturel, que la fin de toute Monarchie est le bien commun des Peuples : vérité reconnue par Louis XIV, qui l'exprime en disant : » le salut d'un Peuple si fidele est pour nous une Loi suprême qui doit l'emporter sur toute autre considération (*a*). «

Vérité confirmée d'ailleurs par la révélation Divine & que la femme de Thécua exprimoit d'une maniere encore plus noble quand elle disoit à David que *toute Parole d'un Roi doit être comme le Sacrifice* : (*b*) « ce

[z] Loke, du Gouvernement Civil, traduit de l'Anglais, p. 287 & suivantes, les mêmes passages y sont rapportés avec de légeres différences de Traduction.

[*a*] Lettres Patentes sur la Renonciation du Roi d'Espagne, données au mois de Mars 1713, registrées le 15.

[*b*] Fiat verbum Domini mei Regis, sicut sacrificium. Reg. lib. 2, cap. 14, v. 17.

Sacrifice par excellence, appellé perpétuel, qui ne s'offroit qu'en vue du bien commun ou pour le Peuple en général; ensorte que c'étoit l'Etat ou le Roi qui subvenoit aux dépenses de son entretien.

Il faut en dire autant du moyen de parvenir à cette fin; & nos Peres étoient trop éclairés sur une telle matiere pour n'être pas convaincus qu'il n'y en avoit aucun ni plus naturel ni plus juste, ni plus sûr en toute occasion, que celui *des délibérations communes* (*d*).

IIe. Regle. Ne rien faire que par Délibération commune.

C'est la seconde regle dont j'ai parlé, & dont il me reste à examiner l'autorité d'une maniere plus particuliere.

Il seroit d'autant plus impossible de la contester ou de la révoquer en doute que tous nos monumens en attestent l'existence.

Louis XI qui pour l'avoir méprisée, s'étoit exposé aux plus grands dangers, en reconnut enfin le pouvoir salutaire, & il tâcha d'en persuader son fils dans l'Ouvrage qu'il fit composer pour son instruction sous le titre de *Rozier des Guerres*.

» Un Roi, dit-il, doit toujours user & faire *par conseil & par bonne & meure délibération* : car de tant que sa puissance est grande, de tant est plus périlleux, pour lui & pour son Royaume, de *ensuivir ses volontés sans conseil* (*e*). «

Cet hommage rendu, par le plus absolu de nos Rois, à la regle fondamentale des délibérations communes, doit convaincre les esprits les plus opiniâtres de sa sainteté inviolable.

Elle est une premiere conséquence nécessaire du serment du Roi, lors de son sacre.

Il promet à Dieu & à son Peuple de procurer *la paix*

[*d*] Charles, Duc de Berry & frere du Roi Louis XI, nous atteste cette vérité comme fondée sur les mœurs Françaises; puisque, selon Gaguin, il demandoit que l'on pût tenir une Assemblée du Clergé, des Grands & du Peuple pour traiter des Affaires communes suivant la Coutume des Anciens : *ut more Majorum, Concilio Cleri, Procerumque & Populi contracto, de rebus communibus agi posset.* Gaguin, annal. fol. 1426.

[*e*] Rozier des Guerres pour l'éducation de Charles VIII, ch. 3, par. de Justice, pag. 20 & 21.

dans son Royaume ; & quand ce serment ne seroit point aussi exprès qu'il l'est en effet dans le rit du sacre, on vient de voir qu'il est renfermé dans l'acception même du titre de Roi, selon Jacques I, Roi d'Angleterre.

Or il n'est rien de plus étroitement lié à cette obligation de procurer la paix du Royaume, & *rien n'intéresse aussi essentiellement cette paix*, suivant l'Auteur du *songe du Vergier*, que *la convocation du conseil national*; en sorte que *le Chevalier*, qui soutient dans le même songe la cause de la puissance royale, fait un mérite à Charles V, surnommé *le Sage*, de ce qu'il ne se dispense jamais de suivre cette regle (*f*), *car* dit-il ailleurs, *le Royaume n'est pas bien gouverné qui n'est disposé par le conseil des sages* (*g*).

Cette même regle est singuliérement reconnue & d'une maniere bien authentique par Philippe IV, dit le Bel, lors qu'à la tête de toute la Nation il assure qu'un Roi n'a point d'autre moyen de se conduire selon sa dignité que d'avoir recours à *la sagesse des Prélats & autres personnes sages ; & qu'il est nécessaire que le Royaume soit gouverné par leur conseil dont la maturité & la fidélité sont le caractere, & dont une prévoyance toujours circonspecte fait le mérite* (*h*).

C'est pourquoi Saint Louis disoit : *que pour aucune chose il ne mariroit sa fille outre le gré de ses Barons* (*i*).

Tous les Capitulaires de nos anciens Rois établissent ce point sacré de la constitution Française & il ne s'en trouve aucun, en matiere intéressant l'Etat, qui n'ait été fait par le conseil & consentement des représentans de la Nation & dans ses diétes générales.

» A ces diétes, dit Hincmar, se rendoit la généralité de *tous les anciens*, tant Clercs que Laïcs. Savoir,

[*f*] *Ad pacem Populi spectat quod Consilia vocat.* Miles lib. 10 Somnii Viridarii, cap. 135, apud Goldastum, tom. 1, pag. 108, lin. 20.

[*g*] Songe du Vergier, liv. 1, ch. 138, p. 144.

[*h*] Sapientiâ videlicet Prælatorum & Sapientium etiam aliorum quorum fidelis maturitate Consilii & providentiâ circumspectâ Regi habet & dirigi Regnum ipsum. *Lettre de Philippe le Bel au Pape Boniface.* Preuves des Libertés, tom. 1, ch 5, no. 14, col. 1.

[*i*] Joinville, Hist. de St. Louis, 1ere édition, ch. 80, fol. 141.

ceux qui tenoient un rang ſupérieur pour donner de l'ordre à la délibération (en commençant les premiers à propoſer leurs avis); & *ceux d'un rang inferieur* pour recevoir cet avis (préparatoire), & cependant pour *traiter également* la matiere en queſtion, & le confirmer non pas en vertu d'aucune contrainte que la puiſſance leur imposât; mais en ne ſuivant que les lumieres de leur propre intelligence & la liberté de leur opinion (*k*). «

Telle eſt la forme la plus eſſentielle de notre droit national, puiſque c'eſt d'elle ſeule que les Rois mêmes reçoivent *la faculté* de faire des Loix pour l'intérêt commun; ſuivant les expreſſions de Louis le *Débonnaire*, que vous verrez ci-après.

Cette forme de gouvernement eſt même ſi inhérente à la conſtitution de la monarchie Françaiſe, que dans la préface de la loi ſalique, ſous le regne de Clovis I, *la Nation* ſe donne pour qualité diſtinctive, celle de *Profonde dans le Conſeil* (*l*), qualité qui ne pouvoit lui appartenir qu'à raiſon des délibérations communes.

Peut-on n'être pas révolté de l'inſolence d'un Ecrivain mercenaire qui oſe traveſtir l'éloge que la Nation elle-même ſe donne dans la loi ſalique (*Gens profundæ Conſilio*), pour la repréſenter *badine à la tête des Armées, badine au milieu des Conſeils* (*m*)?

Et vous, Monſieur, n'allez-vous pas plus loin, quand vous prétendez priver *la Nation* de tout conſeil? Elle *n'eſt*, dites-vous, *qu'une modification accidentelle du Gouvernement* (*n*). Vous n'exceptez pas même de la

[*k*] In quo placito generalitas Univerſorum majorum tam Clericorum quam Laïcorum conveniebat: Seniores, propter Conſilium ordinandum: Minores propter idem Conſilium ſuſcipiendum, & *interdùm* pariter tractandum; & non ex poteſtate, ſed ex proprio mentis intellectu vel ſententiâ confirmandum. *Hincmar*. ep. 3, cap. 29.

[*l*] „ *Gens Francorum* inclyta, auctore Deo condita, fortis in „ armis, *profundaque in Conſilio*, firma in pacis fœdere.... Juxta „ morum ſuorum qualitatem deſiderans Juſtitiam. „ Recueil de *Lindenbrog*, pag. 11; *Dom Bouquet*, tom. 4, pag. 122; *Eccard*, pag. 3. Celui-ci lit: *firma pacis fœdere*.

[*m*] *Reponſe à l'Auteur de la* CORRESPONDANCE.

[*n*] *Lettres Provinciales*, Lettre 11, no. 9, pag. 875.

proſcription *l'Aſſemblée générale des Etats du Royaume* (*o*).

Par-là vous livrez le Monarque à ſa ſeule volonté propre, vous le ſéparez de tout *Corps ou Aſſemblée de l'Etat* (*p*), c'eſt-à-dire de la Nation. Comment ne voyez-vous pas que c'eſt détruire la Monarchie que de lui ôter le moyen ſalutaire de parvenir à la fin ſociale pour laquelle elle eſt établie ? » Car il n'y a qu'une ſeule maniere ſalutaire de régir les Peuples, dit la Loi des Wiſigoths (Nation conquérante), & c'eſt celle de ne point ſe renfermer dans les bornes injuſtes de *la volonté propre*, mais de ſuivre en tout *la Loi abſolue de la proſpérité commune*, & de couvrir de ce bouclier l'étendue univerſelle de la Société [*q*]. « Principe dont la vérité divine nous atteſte la certitude, puiſqu'il eſt écrit de Salomon que » *c'étoit par un effet tout particulier de l'amour de Dieu envers ſon Peuple, qu'il avoit établi ce Prince pour le gouverner* [*r*]. « Salomon lui-même ne croyoit pas pouvoir être *digne du Trône de ſon Pere*, ſi ſes actions n'étoient pas agréables à ce Peuple de Dieu, & s'il ne le gouvernoit, non pas ſelon ſa volonté propre, mais ſelon la Juſtice [*ſ*]; il nous apprend enfin que l'on doit faire conſiſter la ſageſſe dans la docilité à écouter les conſeils [*t*], parce que *le ſalut Public ſe trouve où il y a beaucoup de conſeils* [*u*].

Mais ce n'eſt pas ſeulement à proſcrire tout conſeil que vous employez vos efforts. La Loi elle-même, qui preſcrit à chacun de concourir à *la proſpérité com-*

[*o*] Ibid. no. 10, pag. 176.
[*p*] Ibid. Lettre 3, no. 12, pag. 72.
[*q*] „ Illa regendarum tantumdem ſalus eſt Plebium, quæ non „ ſuos fines *privatâ voluntate* concludit, ſed quæ Univerſitatis li„ mites, *communi proſperitati. Lege* deffendit. „ *Loi des Wiſigoths*, liv. 2, tit. 1, art. 6. La *Collection de D. Bouquet*, tom. 4, p. 292, A.
[*r*] „ Quia dilexit Dominus Populum ſuum, idcircò te regnare „ fecit ſuper eum. „ *Paralip.* liv. 2, ch. 2, v. 11.
[*ſ*] „ Et erunt accepta opera mea, & diſponam Populum tuum „ juſtè, & ero dignus Sedium patris mei. „ *Sap.* ch. 9, v. 12.
[*t*] „ Qui autem ſapiens, audit conſilia. „ *Proverb.* ch. 12, v. 15.
[*u*] „ Salus autem ubi multa *conſilia*. „ *Proverb.* ch. 11, v. 14.

mune,, que les Barbares même ne pouvoient se dispenser de reconnoître, n'a point à vos yeux cet avantage. Il semble au contraire que cette Loi vous gêne, puisque croyant en appercevoir quelques traces dans une Lettre écrite par Saint Rémi à Clovis I, vous les faites disparoître au moyen d'une traduction infidele placée à côté du texte.

Saint Rémi consoloit Clovis sur la mort de la Princesse Alboflède sa Sœur. Et voulant retirer ce Monarque du chagrin où il étoit plongé, il lui écrivit en ces termes:

» *Manet vobis Regnum administrandum & Deo auspice, procurandum. Populorum Caput estis, & Regimen sustinetis* (*x*). «

C'est-à-dire, » souvenez-vous que vous avez un Royaume à administrer, & *auquel vous devez vos soins*, sous la protection de Dieu. Vous êtes le chef des Peuples, & *chargé du poids* de leur Gouvernement. «

Traduction infidele du Sr. Bouquet.

Le Provincial sous le nom duquel vous vous cachez, a des vues fort différentes de celles de Saint Rémi. Il traduit ainsi:

» N'oubliez pas que l'administration du royaume vous concerne, & *même son aggrandissement*, par le secours de Dieu. Vous êtes le chef des Peuples, & c'est à vous à les gouverner. (*y*). «

Premiérement, vous faites dire à votre Provincial, *c'est à vous*, pour ne point traduire *Regimen sustinetis*: vous êtes *chargé du poids du Gouvernement*. Et ce qu'il y a de singulier, c'est que vous refusez de reconnoître dans ces termes l'idée d'une Puissance civile & sociale. Vous prétendez au contraire qu'ils désignent un généralat, & vous soutenez qu'ils expriment très-clairement la puissance du général (*z*).

Secondement, au lieu de rendre les expressions, *Deo auspice, procurandum* (auquel vous devez vos soins sous la protection de Dieu) vous avez mieux aimé y subs-

[*x*] *Lettres Provinci.* Recueil, pag. 10. & la *Collection de Dom Bouquet*, tom. 4. page 51. n. 13.

[*y*] *Ibid.* Recueil, pag. 10.

[*z*] *Ibid.* pag. 10. note 5.

tituer un sens différent dans votre traduction. *Et même*, dites-vous, *son aggrandissement*, (vous concerne) par le secours de Dieu.

Procurare Regnum, aggrandir un Royaume, quelle traduction! De grace, Monsieur, rendez au Public le service de faire un nouveau Lexique pour lui apprendre la signification des mots. Permettez que je vous demande pourquoi la Royauté de Clovis auroit eu pour fin directe d'aggrandir son Royaume? Il faut que vous ayez une idée bien étrange de la puissance royale, puisque pour éviter de reconnoître qu'elle doit être consacrée à l'utilité commune du Peuple Français, il vous plaît de dire qu'elle est destinée à subjuguer des Peuples Etrangers, ce qui est contraire à toute raison, à la fin légitime de la Royauté, & aux dogmes même du Christianisme [a]. Il faut cependant convenir que vous avez parlé du *bien public* en deux endroits de votre Ouvrage.

Dans le premier, vous citez Platon qui fait consister *la parfaite félicité d'un Royaume* en ce *que le Prince soit obéi de ses Sujets, que le Prince obéisse à sa Loi, & que la Loi soit droite & toujours dirigée au bien public* [b].

Dans le second, vous citez l'Auteur du *Télémaque* qui dit que » non-seulement l'origine du pouvoir des Monarques les avertit de n'en faire usage que pour le bien de leurs Peuples; mais qu'il est même de leur in-

[a] *Notre foi & religion chrétienne*, dit Claude de Seissel, Archevêque de Turin, *ne qu'un Prince fasse la guerre pour la guerre pour la gloire mondaine, ne pour* AGGRANDIR *seigneurie, mais tant seulement pour la défendre, & pour la garder d'outraige*. Histoire de Louis XII, par Seissel, pag. 41.

[b] *Lettres Provinci*. Lett. XI. n. 6. pag. 173. La même maxime est dans un *Discours du Chancelier Olivier prononcé devant le Roi Henri II*. Recueil de Divi Mémoires servant à l'Histoire 1623, & dans le *Traité des Droits de la Reine*, composé par ordre de Louis XIV, & imprimé à l'imprimerie royale, pag. 314. C'est là que le provincial du sieur Bouquet a pris sa citation sans l'avoir voulu dire. Platon a en outre écrit dans ses Epitres que " la *parfaite constitution* d'un état *est* celle *où la loi commande aux hommes* en maîtresse absolue, & *où les hommes ne sont que les tyrans de la loi*. "

térêt de n'en pas abuser [c]. Pourquoi ne pas dire que la premiere citation est de Louis XIV, & tirée du *Traité des droits de la Reine ?* Mais ce silence n'est rien en comparaison du projet que vous formez d'en réduire l'autorité à celle de simples conseils spéculatifs qu'il faut aller chercher au pays des Romans, ou qui n'ont de force dans la pratique qu'autant que le Monarque trouve son intérêt personnel, & fait consister *sa splendeur dans le bien-être de ses Peuples* [d]. Supposé encore *que ses Ministres entrent dans ses sages vues*, dites-vous, *en n'exigeant des Peuples que ce qui est absolument nécessaire pour subvenir aux besoins de l'Etat, & le soutenir dans son ancienne splendeur* [e].

Car alors il est clair que vous subordonnez l'intérêt public à l'intérêt privé du Monarque ; & que vous érigez non-seulement la volonté du Prince, mais encore celle de ses Ministres en regle souveraine du Royaume, & en arbitre absolu du choix & de la valeur des principes du Gouvernement auxquels ils voudront bien être soumis.

C'est avec aussi peu de sagesse, que le rédacteur du préambule de l'Edit de Février 1771, parlant *des Loix Fondamentales que le Prince est dans l'heureuse impuissance de changer*, tâche d'affoiblir la force de ce principe, en réduisant cette impuissance radicale à une simple *impuissance de convenance*, & d'utilité personnelle, puisqu'il ne lui assigne point pour cause l'immutabilité même des Loix Fondamentales; mais seulement la disposition morale du Prince à les conserver, en considérant que *son intérêt s'y trouve inséparablement lié avec celui de ses Peuples*.

De là il s'ensuivroit 1°. que l'intérêt du Prince seroit de niveau à celui de la nation, & que l'un, comme l'autre, devroit être la fin directe du gouvernement politique ; au lieu qu'il est très-certain que le premier ne doit entrer pour rien dans cette fin, & qu'il ne peut jamais être que subordonné au second,,, suivant le prin-

[c] *Ibid.* Lettre XI. n. 14. pag. 180.
[d] *Ibid.* 51. n. 6. pag. 1 2.
[e] *Ibid.* n. 15 pag. 180.

cipe reconnu expressément par Louis XIV, que *le salut du peuple est pour les rois une loi suprême, qui doit l'emporter sur toute autre considération* (*f*).

Il s'ensuivroit 2°. qu'il n'y auroit aucune loi sacrée par sa nature, puisque les plus inviolables n'auroient point d'autre *garantie* de leur stabilité que la réunion de l'intérêt du prince avec celui de ses peuples. Et dans le cas où il ne verroit, ou ne voudroit point voir son intérêt propre dans celui des sujets de l'État, & se formeroit à lui-même des intérêts opposés, il ne reconnoîtroit plus la qualité de loi fondamentale dans celle qu'il auroit résolu de violer, ou d'abroger, & seroit persuadé qu'il en a réellement le pouvoir. C'est ce qui arriva au Roi Charles VI, lorsqu'il crut qu'il lui étoit permis d'exhéréder le Dauphin.

Combien de moyens la flatterie ne trouve-t-elle pas, pour aveugler le Prince sur ses intérêts & sur ceux de ses peuples ? N'a-t-elle pas même abusé de ce principe indubitable que *le Souverain & les sujets ne sont qu'un ?* Au lieu d'en conclure que le Souverain ne peut avoir d'intérêt véritable & légitime que dans l'utilité commune de ceux à qui il commande, l'adulation a même osé faire prononcer publiquement au Monarque (il y a déja quelques années), que *son peuple n'a point d'autres intérêts que les siens.*

Il s'ensuivroit 3°. que, sans l'intérêt du Prince, il n'y auroit aucune loi fondamentale, & que celles qui n'auroient pour objet direct que l'intérêt de la nation, ne pourroient jamais avoir le titre, ni l'immutabilité de loix fondamentales. Par conséquent la loi de la franchise nationale établie directement contre l'intérêt privé du Prince, n'auroit par elle-même aucune stabilité, & la nation des *Francs* n'existeroit que précairement.

Telles sont les conséquences naturelles de l'altération du principe le plus important, & le plus sacré de notre monarchie. On affecte de ne le reconnoître que pour établir en même temps les moyens faciles de le violer, en lui ôtant son efficacité réelle.

[*f*] Ci-devant pag. 209, note *a*.

La conformité de sentiment & même d'expressions avec ceux des édits étranges qui ont couvert la France d'exils & de proscriptions, *manifeste la vénalité de votre* plume. De si tristes effets auroient dû, ce semble, jetter quelques doutes dans votre esprit; mais rien n'est capable de vous arrêter. Après avoir dénaturé les principes de la constitution monarchique, sans égard pour les intérêts de la nation, puis-je espérer, M. que vous serez sensible à l'injure que vous faites au trône en déshonorant Sa Majesté, & en flétrissant la gloire de la royauté. Je vais cependant le tenter.

§ III. Ce systême nouveau déshonore la majesté du trône.

Oui, Monsieur, votre systême tend à déshonorer la majesté du trône, & à flétrir la gloire de la Royauté.

I. En la concentrant dans la volonté propre & absolue, & en fondant l'usage de cette volonté sur le droit d'une prétendue conquête, ce qui n'est autre chose que le despotisme.

Je viens de vous faire voir que c'est dégrader la puissance Royale, que de ne lui donner d'autres bornes que celles de la *volonté propre* & particuliere.

1o. en le fondant sur la *volonté absolue*, & sur le *droit de conquête.*

L'écriture sainte, aux principes de laquelle Bossuet a jugé que notre constitution étoit conforme, la loi des Visigoths que nous avons citée, la lettre des Evêques à Louis de Germanie, & l'autorité de Nithard qui s'en exprime d'une maniere si sublime, ne laissent aucun doute sur ce point (*g*).

Sans son évidence incontestable, le droit public *seroit* réduit à l'incertitude la plus funeste, & il n'existeroit ni *Loix sacrées*, ni *loix fondamentales.*

Aussi ne forme-t-il qu'une seule & même vérité avec les deux regles que nous avons démontrées plus haut.

Comme elles le droit public est en même temps de droit divin, (*h*) de droit naturel & du droit des gens: avec elles, il est la base de tout droit social & politique.

Or, toutes ces autorités commandent à la puissance royale; votre provincial lui-même en convient; (*i*) &

[*g*] *Voyez ci-devant page 200 & 201.*

„ [*h*] Dominator hominum, justus dominator in timore Dei. Reg. lib. 3. ch. 23. v. 3. Ecce in Justitia regnabit Rex & Principes in Judicio præerunt. „ Isai. cap. 32. v. 1.

[*i*] Let. 11. n. 7. pag. 173.

les Rois ne peuvent se dispenser de les respecter comme les divinités tutélaires de leurs états, parce qu'elles émanent toutes de Dieu qui éleve ou qui abaisse les trônes de la maniere qui lui plaît, & qui protege les sociétés humaines.

Cependant c'est *cette volonté propre*, cette volonté *insociale*, condamnée par tant d'autorités irréfragables, que vous assignez pour loi essentielle de la Royauté, & que vous entreprenez en même temps de faire admettre pour absolue. Vous prétendez que c'est à elle seule que tout doit obéir. Selon vous cette volonté n'a pas même besoin de conseil pour prescrire des loix à la société entiere, ainsi qu'il a été remarqué; mais toute la sagesse d'un Monarque se réduit à s'asseoir sur son trône, où personne n'a droit de lui opposer un seul mot (*k*).

« Ce que nos Rois, dites-vous, ont ordonné étant sur leur trône, ou ce qui est la même chose, dans leur Lit de Justice, a toujours été réputé Loi. C'est à ce sujet que s'applique la premiere Loi de notre Droit François. QUI VEUT LE ROI, SI VEUT LA LOI : *Quod Principi placuit, Legis habet vigorem.* » Sur quoi vous citez Loisel en ses Institutes, Art. I. pag. 1. Vous avez sans doute voulu dire Liv. I. Tit. 1. Regle 1. (*l*) Mais ces maximes bien éloignées d'être le sens véritable de la regle de Loizel, ne sont au contraire qu'un commentaire que vous avez fait d'un texte de Grégoire de Tours, & vous l'avez même altéré en le traduisant.

De ce commentaire où vous interposez Loisel lui-même, vous avez formé la premiere Loi de votre *Colonne Législative* (*m*), & votre Traduction infidele en forme une autre. C'est celle qui ne permet pas d'opposer un *seul mot* à ce que le Roi dit *lorsqu'il siege sur son trône* (*n*).

Examen de la 1ere. Loi de la Colonne législative du Provincial.

Il est aisé de démontrer que ces deux Loix prétendues Fondamentales, n'ont d'existence que dans votre imagination.

[*k*] Tableau pag. 232. Col. 1.
[*l*] *Recueil des Pieces*, note G. pag. 45. & 46.
[*m*] *Tableau des 3. Cours* pag. 225. Colon. 1.
[*n*] *Ibid.* p. 232. Colon. 1.

D'abord il est faux que la Regle de Loisel ait jamais eu le sens que vous prétendez lui donner en la traduisant en Latin, *quod Principi placuit*, *Legis habet vigorem*, c'est-à-dire, ce qui a plu au Prince a force de Loi.

Convenez, M, que cette explication Latine que vous donnez au texte de Loisel est de pure fantaisie, & néanmoins vous la placez, comme si elle faisoit partie du texte que vous citez. Lisez le Commentateur de Loisel, vous verrez que la regle dont il s'agit a un sens tout opposé.

Discussion de la Regle *si veut le Roi, si veut la Loi.*

« Dans le Droit Romain, dit de Launay, la Loi qui y est appellée Royale ou de l'Empire N'EST PAS LEGALE, pour ainsi dire, COMME CELLE DE NOS INSTITUTES, car elle veut que ce qui a plu au Prince ait l'autorité d'une Loi.... mais nos Institutes Coutumieres nous donnent à entendre que la Loi est la volonté du Roi, & non pas que la volonté du Roi, soit une Loi (*o*).

Votre explication est donc non-seulement fausse, mais elle indique de votre part de la mauvaise foi ; & c'est une insulte que vous faites à la majesté du trône.

Cette regle de Loisel n'est rien autre chose, (comme on le voit dans de Launay, que nous venons de citer)

[*o*] *De Launay* page 10 & 11. Ce Commentateur eût dû dire que toute volonté contraire à la Loi n'est jamais la volonté du Roi, suivant la pensée de *Braclon sur les Loix d'Edouard le Confesseur. Non est Rex ubi dominatur voluntas & non Lex.* Braclon, Lib. 1. Cap. 8. & ailleurs *Potestas Regis est Potestas Legis.* Car, dit le savant Gerson, " Le Roi est pour le bien Public ; & il n'y a que le Tyran qui rapporte tout a son utilité & À SA PROPRE VOLONTÉ'. „ *Rex est pro bono publico, Tyrannus autem omnia non nisi ad propriam suam veriùs utilitatem & voluntatem.* Gerson, Considerat. VI. in Opuscul. *Contra Adulatores Principum.* L'Auteur des *Maximes véritables & importantes pour l'Institution d'un Roi* [Joly, Grand Chantre de l'Eglise de N. D. de Paris] expliquant cette Regle de Loisel soutient qu'elle doit s'entendre de cette sorte. " *Qui veut le Roi, veut bien aussi la Loi*, qu'elle signifie que le Roi doit gouverner suivant la disposition de la Loi, qui est un contrat Synallagmatique, lequel se forme de deux pièces également essentielles, savoir de la *Proposition* qui en est faite de la part du Roi, ou du Peuple d'une part, & de l'*Acception* libre de l'autre. „ pag. 137 & 138. de la premiere édition de 1652, & pages 157 & 158. de la seconde édition de 1653. „

sinon la Loi REGIA elle-même, autrement dite *de l'empire* [p]. Elle revêtit la personne d'Auguste de tout le pouvoir législatif, & lui en laissa l'exercice arbitraire [q]. Réflexions sur la loi *Regia*.

Elle fut faite sous le Consulat de Caïus-Sentius-Saturninus, & de Quintus-Lucretius-Vespillo, qui concouroit avec l'an 735, de la fondation de Rome, suivant l'ere de Varron, ou 733, suivant celle de Caton. Dion Cassius atteste ce fait, en disant que « cette année on accorda à Auguste la permission ou le privilege spécial de faire telles réformations qu'il jugeroit nécessaires, & d'établir toutes les Loix nouvelles, qu'il croiroit utiles, en les intitulant de son nom » [r].

On lui avoit déféré l'Empire avec son septieme Consulat, ainsi que le même historien nous l'apprend, c'est-à-dire l'an 726 de la fondation de Rome, suivant l'ere de Varron, que Dion a adoptée; car ce septieme Consulat commença avec l'année 727 de cette ere. Auguste par conséquent étoit dans la neuvieme, ou même entroit déja dans la dixieme année de son Empire, lorsque la loi *Regia* le rendit l'arbitre unique de la Législation. En voici les termes tels qu'ils ont été conservés sur une table de cuivre gravée, lors de l'avénement de Vespasien à l'Empire.

QU'IL AIT DROIT ET PUISSANCE DE METTRE EN VIGUEUR, ET DE FAIRE TOUTES CHOSES EN MATIERES DIVINES, PUBLIQUES ET PRIVE'ES, QU'IL JUGERA ETRE UTILES DANS L'USAGE, OU INTE'RESSER LA MAJESTE' DE LA RE'PUBLIQUE. [s]

[p] Leg. 3. Cod. de Testamentis, elle est encore appellée par Justinien: *Augustum privilegium*: dans la loi Uniq. § 14. Cod. de Caducis tollendis.

[q] *Antiquit. Roman.* Syntagma ab Heineccio, Lib. 1. Tit 2. n. 64. pag. 88. *Anno 735 facultatem ei dederunt emendandi omnia suo arbitrio, ac Leges quas vellet ferendi.*

[r] Dion. Liv. 54. pag. 604. B.

[s] *Quæcumque ex usu, Reipublicæ Majestate, divinarum, humanarum, publicarum, privatarumque rerum, esse censebit, ei agere, facere, jus potestasque sit: ita uti divo Augusto...,* fuit, Table de cuivre conservée dans la Basilique de St. Jean de

La fin que cette Loi proposoit à l'Empire d'Auguste étoit sage & sociale, puisqu'elle devoit être *l'utilité publique & la gloire de l'Etat*. [t]

Ce Prince, par cette raison, n'étoit pas entiérement despote, car il ne pouvoit croire qu'il commandât pour son intérêt propre; ce qui fait le caractere du despotisme, suivant Aristote & les meilleurs publicistes. Cependant, quoiqu'il ne fût point despote dans le droit, il le devenoit, en quelque sorte, par le fait, en ce qu'il demeuroit seul juge de ce qui pouvoit appartenir au bien public; & qu'ainsi le moyen de parvenir à la fin qui lui étoit proposée se réduisoit à son propre conseil. C'étoit livrer *la majesté de la République* au caprice de son Chef; & par conséquent les compromettre sans cesse l'un avec l'autre.

Une inconséquence aussi grave dans la loi *Regia* ne pouvoit manquer de rendre illusoire le bien qu'elle paroissoit avoir eu pour objet, & dès lors elle entraînoit nécessairement la perte de l'Empire Romain, dont la constitution monstrueuse n'a pas même de nom dans la science politique, à qui on n'en peut donner d'autre que celui de *puissance arbitraire*, & dont la seule idée fait concevoir une interruption nécessaire de l'ordre social.

Mais cette Loi qui donnoit à Auguste le pouvoir de gouverner militairement (c'est à dire, qui, en le faisant Monarque par rapport à la fin qu'elle lui prescrivoit, le faisoit despote par rapport au moyen dont elle lui laissoit l'usage] n'étoit certainement pas de l'es-

Latran, & rapportée par Gruter dans son Recueil des Inscriptions, pag. 242. Heineccius Lib. 1. Tit. 2. n. 67. pag. 91.

[t] Il ne pouvoit donc, aux termes de la Loi, en établir aucunes, qui n'eussent que son avantage personnel pour objet, ni s'attribuer à soi-même des droits ou des privileges nouveaux. En effet, il eut recours au peuple lorsqu'il voulut depuis en obtenir d'autres, comme l'Histoire le prouve, Heineccius Liv. 1. Tit. 2. n. 66. pag. 89. C'est pourquoi cette Loi fut appellée *Regia* qui signifie moins une *Loi Royale* qu'une Loi de *Régie*, d'*Administration*. Voyez la Dissertation de Gronovius sur la loi *Regia*. Rec. des Discours de Barbeyrac. Edition de 1731, à Amsterdam, Tom. 1.

sence de la souveraineté, puisqu'Auguste avoit regné neuf années sans jouir de la prérogative fatale qu'elle lui octroya.

Elle étoit si accidentelle à l'Empire [pour lequel elle fut dans la suite un principe de ruine] elle étoit si exorbitante, si peu regardée comme une Loi de l'Empire, qu'il falloit, comme on le voit par la table gravée pour Vespasien, la renouveller à chaque avénement de regne, & que les bons Princes mêmes, comme nous l'allons voir, en avoient horreur. Elle étoit accidentelle à l'Empire.

Valentinien & Théodose en apperçurent effectivement tout le danger; & loin d'en profiter après leur avénement, ils se hâterent d'y opposer une Loi plus sage & plus digne d'eux.

Elle eût sauvé leur trône, si au lieu de n'être qu'un palliatif, qui ne devoit durer que le temps de leur regne sans obliger leurs successeurs, elle eût été portée de maniere à pouvoir former une loi fondamentale, c'est-à-dire si elle eût acquis ce degré d'autorité par l'assemblée & le consentement unanime de tous les ordres de l'Empire, afin d'en bannir à jamais la loi *Regia*, avec toutes celles qui en étoient nées; mais ce trait de sagesse étoit réservé à la supériorité des lumieres de Charlemagne. La Loi de Valentinien & de Théodose dont nous faisons mention est la sixieme, au Code *de Legibus*, & elle est ainsi conçue. Valentinien, Théodose & *Charles-Magne* en ont reconnu le danger.

« Nous trouvons bon & conforme à l'humanité, que si à l'avenir il s'éleve quelque cas, en matiere publique ou privée, qu'il soit nécessaire de régler, comme présentant une espece générale, & qui ne se trouve point comprise dans les Loix anciennes, un pareil cas soit auparavant examiné & discuté, tant par tous les grands de notre Palais, que par votre très-glorieuse compagnie, vénérables Sénateurs: & si tous en général, tant vous-mêmes *que les Juges*, trouvez bon que dans ce moment il en soit rédigé un dispositif de Loi, & que dans cet état vous en donniez de nouveau vos opinions en une assemblée générale tenue à cet effet; qu'enfin s'il se trouve que tous soient d'un même avis, alors seulement la résolution soit publiée dans le Palais sacré, où demeure Notre Majesté, afin que ce consentement universel soit confirmé par notre autorité. Sachez donc, vénérables Sénateurs, que dorénavant aucune Loi ne doit être promulguée par notre clémence en aucune autre maniere qu'en observant la forme ci-dessus prescrite, car Nous reconnoissons évidemment que *les Regles qui seront établies avec votre* conseil, influeront sur le bonheur de l'Empire & sur notre propre gloire. [u]

Rien ne prouve mieux ce que j'ai dit, que la loi *Regia* n'étoit pas même essentielle à l'Empire pour lequel seul elle fut introduite, & qu'elle est tout à fait exorbitante par rapport à la souveraineté en général. Aussi est-il certain que cette Loi n'a jamais été faite ni même proposée en France. Jamais elle n'a fait partie de notre Droit François, qu'elle ne pourroit qu'obscurcir dans quelques têtes ignorantes. Elle est trop *illégale*, selon l'expression de Delaunay : elle est trop injuste & trop inhumaine, suivant le jugement des Empereurs Valentinien & Théodose, pour pouvoir compatir avec une Monarchie légitime & sociale, & principalement avec celle des *Francs*.

Par conséquent, Monsieur, l'explication que vous avez mis dans la bouche de votre Provincial dégrade la dignité de la couronne des Francs, en tirant son autorité d'une Loi de *l'Empire* & non de la volonté de la Nation, qui a pu seule régler la maniere dont elle vouloit être gouvernée. Vous avez puisé cette explication odieuse dans les Institutes de Justinien, où il est

[u] " Humanum esse probamus, si quid de cætero in Publicâ privataque causâ emerserit necessarium, quod formam generalem & antiquis Legibus non insertam exposuerit, id ab omnibus antea tam Proceribus nostri Palatii, quam gloriosissimo Cœtu vestro, Patres Conscripti, tractari ; & si universis, tam Judicibus quam vobis, placuerit, cùm legata (lisez legalia) dictari ; & sic ea denuò, collectis omnibus censeri, & cùm omnes consenserint tum demum in sacro Palatio, numinis Consistorio, recitari ; ut universorum consensus nostrâ auctoritate confirmetur. Scitote igitur, Patres Conscripti, non aliter in posterum Legem a nostrâ Clementiâ promulgandam, nisi supra-scripta forma fuerit observata ; benè enim cognoscimus quod vestro Consilio fuerit ordinatum, id ad beatitudinem nostri Imperii, & ad nostram gloriam redundare." *Leg. 6. Cod. de Legibus.* "

dit

dit que, « ce qui a plu au Prince a la force de Loi, attendu que par la loi *Regia*, qui avoit été portée relativement à son Empire, le peuple lui avoit octroyé & transmis en sa personne toute l'étendue de son autorité & de sa puissance. » [x] On voit, par ce Texte, dont vous avez rapporté la premiere ligne, & supprimé les suivantes, que Justinien lui-même ne prétendoit pas jouir d'une telle prérogative à raison de la nature & de l'essence de la Souveraineté, mais seulement en vertu de la concession exorbitante ou du privilege de la loi *Regia*, qui ne concernoit que la législation, *ut potè quum lege Regiâ.... Populus ei & in eum omne suum imperium & potestatem conferat*, dit-il, dans le Digeste, en rapportant les paroles d'Ulpien. [y]

En remarquant ailleurs, avec raison, que notre *droit public ne dérive point des loix Romaines*, [z] vous ajoutez : « Vous avez très-bien observé, Monsieur, que sur ce premier point de notre histoire, il faut éviter deux écueils également dangereux ; *l'un de faire dériver notre droit public de celui des Romains* ; l'autre de l'assimiler *en tout* aux mœurs des Germains. » [a] Vous reprochez ensuite à l'abbé du Bos d'avoir donné contre le premier écueil, en faisant *émaner l'autorité de nos rois de celle des Empereurs* Romains, afin d'en conclure qu'elle *devoit être également absolue & despotique*...... EN VERTU *de cette loi Romaine à laquelle on a donné le nom de loi royale.* [b]

Enfin vous entreprenez dans le paragraphe suivant, de prouver *l'erreur & le danger* d'un pareil *Systême. Le réaliser*, c'est, de votre propre aveu, *introduire le*

[x] " Quod Principi placuit legis habet vigorem : quùm lege *Regiâ*, quæ de ejus imperio lata est, Populus ei, & in eum, omne imperium suum & potestatem concedat. ,, *Instit.* Lib. 1. Tit. 2. §. 6.

[y] Leg. 1. Dig. *De Constitutionibus Principum.* On a déja remarqué que dans la loi Unique §. 14. au Code *de Caducis tollendis* Justinien n'appelle la loi *Regia* qu'un *privilege*, *Augustum Privilegium.*

[z] Let. 2. n. 1. pag. 55.

[a] *Ibid.*

[b] *Ibid.* pag. 56.

Despotisme en France; [c]. & en conséquence vous le déclarez *une dangereuse opinion, qui, loin d'accréditer l'autorité, la détruit, en la rendant arbitraire.* [d]

Contradictions du Provincial.

Toute la France est d'accord avec vous sur ces principes, qui suffisent seuls pour expliquer les contradictions bisarres de quelques-uns de nos Ecrivains que la flatterie a égaré dans le labyrinthe des loix Romaines. Bodin, par exemple, qui n'en cite presque jamais d'autres dans *sa République*, & l'Abbé du Bos, sont évidemment de ce nombre. Mais quand vous les avez suivis l'un & l'autre dans leurs égarements; quand vous avez cité nommément la loi *Regia*, ou de l'Empire, pour expliquer *la premiere Loi de notre Droit François* [e], comment n'avez-vous pas vu que c'étoit vous exposer à tous les reproches faits à l'Abbé Dubos, & dont vous aviez reconnu la justice ? & pourquoi l'avez-vous imité en vous efforçant à votre tour de *réaliser*, quoiqu'avec plus de mal-adresse, ce *systême qui introduit le despotisme en France* ? Que votre Provincial réponde s'il l'ose ? Qu'il soit lui-même en ce moment son juge. N'est-il pas convaincu, par sa propre bouche, d'avoir donné une explication fausse de la regle, *que veut le Roi, si veut la Loi* ? Et ses tentatives pour l'ériger en Loi Fondamentale de la France, ne tendent-elles pas à déshonorer absolument la Royauté, puisque c'est la travestir en Despotisme.

Explication naturelle de la regle de Loisel, *Qui veut le Roi si veut la Loi.*

Cette regle, QUI VEUT LE ROI, SI VEUT LA LOI, ne fut jamais qu'un axiome coutumier concernant les Jurisdictions subalternes, & c'est *dans les coutumes* que Loisel l'a puisée, s'il n'en est pas l'auteur. Si on vouloit la traduire en latin, il faudroit dire : *Qui vult Regem, is ipse vult Legem* ; c'est-à-dire celui qui veut le Roi, celui-là même veut la Loi. Le premier mot, *qui* est visiblement un nominatif, il signifie, *celui qui*, & jamais, *ce que*. A l'égard du *si*, où il n'est qu'un enclytique, c'est-à-dire, un simple ornement du Discours, où il a le même sens que le pronom démonstratif *celui-*

[c] Ibid. n. 3. pag. 46.
[d] Ibid. pag. 47.
[e] Recueil pag. 45. & 46. note g.

là, cela, ce. On pourroit le rendre aussi par l'adverbe *aussi*, & le traduire en Latin par *eo ipso*. Prouvons ce double fait par des exemples :

I. Ce *Si* est enclytique. « C'est chose impossible, dit *le Songe du Vergier*, que le Roi, étant Roi, puisse renoncer à la Souveraineté, s'il ne renonce à tout son Royaume ; comme c'est chose impossible, *feu si soit sans chaleur.* [f]

C'est-à-dire, que le feu soit sans chaleur. *La Seigneurie Séculiere*, dit-il ailleurs, *si doit estre tempérée, juste & droite.* [g] C'est-à-dire, doit être tempérée, juste & droite. Dans ces deux exemples, l'on ne peut s'empêcher de reconnoître que le *Si* est enclytique, puisqu'il seroit permis de le supprimer sans altérer le sens.

Mais voici deux autres exemples qui le prouvent encore mieux. Le même Songe dit : « Après la mort de *Saphat*, ses filles représenterent sa personne & *si* lui succéderent. [h] » C'est ce qui est rendu en ces termes dans le Texte Latin : *post mortem* SAPHANT *filiæ suæ representaverunt personam suam, & successerunt ei.* [i]

Dans un autre endroit l'Auteur rapporte ces expressions Latines : *Dominus est qui judicat Reges terræ, qui aufert spiritum Principum, & non est qui de manu sua possit evadere.* Or, en les traduisant ensuite, il s'exprime ainsi. « Dieu est celui qui juge les Roys de la terre, & oste l'esprit des Princes : & *Si* n'est aucun qui de sa main puisse échapper. [k] » On voit donc que ces mots *Si n'est*, expriment le Latin, *non est* ; comme dans l'exemple précédent les mots, *successerunt ei*, expriment le François, *si lui succéderent*. Par conséquent ce *Si*, dans l'ancien François, n'est souvent qu'un enclytique ; & notre premier point de fait est démontré.

[f] *Songe du Vergier*, Liv. 2. Ch. 190. pag. 178. Lig. 30 & suivantes.

[g] *Ibid.* Liv. 1. Chap. 155. pag. 67.

[h] *Ibid.* Liv. 1. Chap. 141. pag. 147. il cite le quatrieme Liv. des Rois, Chap. 1.

[i] *Somnium Viridarii*, lib. 1. cap. 186. *apud Goldastum*, tom. 1. pag. 140. lig. 18 & 19.

[k] *Songe du Vergier*, liv. 1. chap. 131. pag. 158.

II. Lorsque *Si* n'est pas un simple ornement, ou particule énergique du discours, il a le même sens que le pronom démonstratif, *celui-là*, *cela*, *ce*.

Le songe du Vergier le prouve encore, quand il fait allusion à un passage de Salomon, en disant : « Le courroux & l'indignation du Prince, *si est* le présent de la mort. » [l] Il cite ailleurs le même passage & le traduit de la sorte : « *ira Regis munus mortis*, l'ire & l'indignation du Roi *c'est* le présent de la mort. » [m]

On voit que les mots, *si est*, ou *c'est*, expriment le même sens dans ces deux exemples par conséquent, *Si*, a la force du pronom, *ce*, qui s'emploie comme une espece de neutre. On peut donc le rendre également bien par, *celui-là*, ou *celle-là*, quand il a rapport à un nom qui marque une personne, ou qu'il suppose ce nom ; car alors il est pronom personnel, & ne peut être pris neutralement. J'ai donc démontré le second point de fait, comme le premier. Voici un dernier exemple, tiré encore *du Songe du Vergier*, où tous les deux sont prouvés à la fois. Il y est dit : « *La chose laquelle si est par-tout, si n'est en nulle part.* » (n) Le premier de ces deux *Si* n'est qu'un enclytique, le second fait les fonctions du pronom démonstratif, comme si nous disions, *la chose qui est par-tout, celle-là même n'est nulle part* ; ou, en s'exprimant par l'adverbe : *la chose qui est par-tout, par cela même, n'est nulle part ; quod ubique est, eo ipso nusquam est.* (o)

Il faut d'ailleurs remarquer que cette phrase ne fait que traduire ces expressions de Séneque : *Nusquam est*,

[l] *Ibid.* liv. 1, chap. 26, pag. 25, à la fin.

[m] *Ibid.* liv. 11. *Conclusion*, pag. 146.

[n] *Ibid.* liv. 1, chap. 133, pag. 137.

[o] Le même Songe, liv. 1, ch. 18, dit : *tout ce qui est donné à Dieu & à Sainte Eglise, si doyt estre converty en Saincts usages & piteables.* C'est ce qui se trouve dans le texte latin exprimé de cette sorte ; *quæ enim sunt Deo data, eo ipso sunt piis usibus dedicata* ; apud Goldastum tom. 1, pag. 66, lib. 1, cap. 18, lin. 60 & 61. Ainsi le, *si*, du François est rendu par *eo ipso* du latin.

qui ubicumque est (p). Or, si l'Auteur les eut traduites plus littéralement, il auroit dit : *qui est par-tout, si n'est nulle part.*

Il n'y a rien de plus ressemblant à la construction de la Regle : *Qui veut le Roi*, &c., & par conséquent cette explication jusqu'ici est portée au dernier dégré d'évidence. Car, que l'on prenne la *Si* de cette Regle de Loisel soit pour enclytique, soit comme tenant lieu du pronom démonstratif, ou de l'adverbe *mêmement*, cela est indifférent pour le sens que nous lui donnons. Enfin, dans cette même Regle, *le Roi & la Loi*, sont les régimes du verbe *veut*, puisque le mot, *qui*, est son nominatif.

Or *vouloir le Roi*, c'est l'avouer pour Seigneur, s'avouer de sa Seigneurie. *Vouloir la Loi*, c'est se reconnoître justiciable, ou sujet à recevoir *jugement & Loi*, (q) c'est-à-dire justice dans le Tribunal de la Seigneurie Royale dont on s'avoue dépendant.

La 25e. Regle du 1er. livre de Loisel exprime la chose en ces termes : « L'adveu emportoit l'homme, & estoit justiciable de Corps & de Chastel où il couchoit & levoit. »

Sur quoi Loisel observe que l'Ordonnance de Charles IX. a changé cette regle, quant aux délits, qui sont punis où ils sont commis. Rien n'est donc plus faux à tous égards que ce que vous avez pris pour

[p] Somnium Viridarii, lib. 1, cap. 178, apud Goldastum tom. 1, pag. 109, lin. 35.

[q] *Loy signifie Justice en nos coutumes*, selon Loiseau des Seigneuries, chap. 16, art. 47. *Jugement & Loi lui veux faire*, dit le *Roman de la violette*. Et même cette acception du terme de *Loi*, pour signifier *Justice*, étoit si commune qu'elle se trouve répétée plusieurs fois dans le 5e. Article du *traité de paix*, qui fut *conclu entre la Comtesse d'Artois & les nobles de ce pays* au mois de Décembre 1315. L'objet de cet Article est d'établir comment la souveraine pourra être contrainte légitimement, lors *qu'elle deffroit de faire droit ou Loy* ; & la voie de l'y contraindre est *la cessation du service dans les Tribunaux*, qui est indiquée non-seulement comme légitime, selon le Droit des Gens, mais encore comme nécessaire & de devoir réciproque, après avoir employé celle des Remontrances. Leibnitz, Codice Juris Gentium Diplomatico, part. 1, pag. 87. Cette seule piece suffiroit pour justifier les Parlemens.

la premiere Loi de notre Droit François, & dont vous avez formé le premier article de votre colonne législative.

Examen de la 2de. Loi de la Colonne législative.

La seconde Loi prétendue que vous avez employé pour étayer celle-ci, est encore plus imaginaire, puisqu'elle n'existe que dans votre traduction. Quelle étrange maniere de fabriquer des Loix ! Ce n'est pas assez, voyons quel respect vous portez aux anciens monuments.

Vous avez imaginé une Loi, mais il falloit lui donner un air d'antiquité. Pour cela vous avez secours aux anciens monuments ; & s'ils ne disent pas ce que vous voulez, vous les altérez. C'est par ce moyen commode que vous avez fait voir à votre Provincial, dans Grégoire de Tours, la Loi de la *volonté absolue* & du *silence respectueux*.

En l'année 584 le Roi Gontran imputoit en pleins États un crime de trahison à Gontran-Bozon. Celui-ci trouvant mauvais que le Roi, sur son trône, parût se déclarer lui-même son accusateur, il lui reprocha hardiment cette action, comme étant aussi injuste qu'indécente à sa dignité Royale. « Vous êtes, lui dit-il, un maître & un Roi ; vous êtes assis sur un trône, & personne *n'a osé* vous répondre sur ce que vous avancez » (r).

Par ce début Gontran-Bozon prétendoit se plaindre de ce que la terreur de la Majesté Royale fermoit la bouche aux témoins qui, sans cela, auroient été en état d'attester son innocence. « Car je proteste, ajouta-t-il, que je suis innocent sur ce point. » (s)

A défaut de témoins qui parlassent à sa décharge, les Loix de son siecle, & de son pays, lui accordoient un autre moyen de se purger de l'accusation : C'étoit celui de proposer le combat à son accusateur. Ne pouvant proposer l'un à son Roi, il lui représente que le titre de l'autre est trop contraire à sa dignité, & qu'il doit se

(r) "Tu, inquit, Dominus & Rex in Solio resides; & nullus tibi ad ea quæ loqueris AUDET respondere", *Greg. Tur.* An. 584. & dom Bouquet, Tom. 2, pag. 296.

(s) Insontem enim me de hâc causâ profiteor. Ibid.

restreindre à celui de Juge, afin que la partie soit égale. « Mais, continue Bozon, s'il est quelqu'un semblable à moi, qui me porte secrettement le coup d'une pareille accusation, qu'il parle. C'est à vous, ô Roi plein de bonté, d'ordonner que l'affaire soit remise *au jugement de Dieu*, afin qu'il fasse connoître le coupable, après que nous aurons combattu en sa présence dans un même champ de bataille. » (t) Certainement il est impossible de trouver, dans le Discours de Bozon, que lorsqu'un Roi est placé sur son trône, il n'est permis à personne de lui répondre un seul mot, puisque ce Discours même est la preuve non seulement que Bozon répondoit au Roi Gontran; mais encore qu'il le faisoit avec la plus grande fermeté, & jusqu'à rappeller à ce Prince les devoirs de justice dont il s'écartoit, en faisant le personnage d'accusateur. C'est ce que la Loi des Wisigoths défendoit par un motif très-raisonnable, en demandant : quel seroit celui qui oseroit s'élever en aucune maniere contre un Roi qui prendroit sur lui-même de proposer ses prétentions en quelque matiere que ce pût être ? » (u) Cependant votre Provincial supposant que dans le Texte de Grégoire de Tours il y a *Audes*, au lieu de *Ausus est*, se sert de ce petit changement d'un temps passé en un temps présent, pour faire naître avec le secours de l'addition de deux autres mots favorables à son idée, une Loi digne d'être placée dans sa colonne Législative, quoiqu'évidemment il ne soit question, dans l'Auteur, de rien moins que de Législation. Voici le Texte dont il abuse avec sa traduction à côté :

Le St. Bouquet *falsifie les Textes* en les traduisant, & par ce moyen fabrique des Loix.

Tu, inquit, Dominus & Rex, in folio resides, & nullus tibi ad ea, quæ loqueris AUSUS EST *respondere.*	« Vous êtes Seigneur & Roi, & *lorsque* vous résidez sur le trône, personne *n'ose* répondre à ce que vous dites. »

[t] " At si aliquis est, similis mihi, qui hoc crimen impingat occulte, veniat nunc palam, & loquatur, tu ô Rex piissime ponito [illegible] hoc in Dei judicio, ut ille discernat cum nos in unius campi planitie viderit dimicare.

[u] " Si Rex voluerit de se qualibet propositionem allegare [illegible]

Que l'on ôte de cette traduction les deux mots, *lorsque*, qui y sont ajoutés exprès ; que l'on y rétablisse, *n'a osé*, au lieu de *n'ose* ; dès-lors votre Loi prétendue disparoît. Elle est donc aussi chimérique que la premiere : & loin que l'une & l'autre puissent être des regles de Législation, on peut dire qu'elles sont des erreurs diamétralement opposées à toute Législation, & qui feroient l'opprobre du Législateur, le fut-il à titre de conquête.

On oppose au Provincial les vrais principes de la Législation tirés de la Loi des Wisigoths.

On peut, sans doute, s'en rapporter sur les vrais principes de Législation à la Loi même des Wisigoths, si l'on ne se pique pas de plus de barbarie que l'histoire en attribue à cette Nation conquérante.

« C'est, disoit-elle, dans l'inviolabilité de la Loi que consiste la Législation d'où dépend absolument le salut des peuples. » (x)

Nous avons déja vu par le Sacre même de nos Rois qu'un monarque ne doit *former qu'en commun les dispositions qui intéressent le salut général.* (y)

« Ceux qui à tort & à travers s'efforcent de venir à bout des vues dont ils s'entêtent, (continuent les Wisigoths) portent des Loix selon leur bon plaisir, *& se revêtissent d'un personnage bizarre dont une partie tient de la majesté & l'autre de l'ignominie* ; ensorte qu'à leur égard c'est la Loi publique qui devient le monument de leur déshonneur personnel ; car, par ce moyen, ils couvrent de l'apparence des Loix les choses les plus contraires aux Loix, tandis qu'ils n'auroient dû se servir de la vigueur de la Loi que pour arracher ce qui porte ombrage aux Loix. » (z)

quis ei audeat ullatenus resultare? *Leg. Wisig.* lib. 2, tit. 3, art. 1. *Dom Bouquet*, tom. 4, pag. 307.

[x] *Cum salus tota Plebium in conservando Jure consistat.* Leg. Wisigoths, lib. 2, tit. 1, art. 9, *dom Bouquet*, tom. 4, p. 287.

[y] *Cum Electoribus, in commune, salutem disponat.* Cerem. Franç. pag. 13.

[z] " Veniunt enim, ut cuicumque, in contentionem, Leges pro arbitrio suo ferunt, induunt sibi fictam de gravitate ac pudore personam ; adeò ut illis fit Lex publica, inhonestas privata : sicque, obtentu Legum, contraria Legibus adoptarunt, qui, vigore Legis, obvia Legibus evellere debuerunt ". Lex Wisig. ibid. Les premiers mots de cet article pourroient aussi se traduire : *Ceux*

Au contraire un Législateur qui en fait le personnage véritable doit, selon la Loi de la même Nation, ne manier jamais aucun des intérêts publics qu'avec un amour vraiment paternel, & se restreindre à ne gouverner que ses affaires privées avec la puissance de maître. a

« Etant certain, ajoute encore cette Loi, que celui qui a le soin de pourvoir au salut des autres sera bien moins embarrassé de faire agir les rênes du gouvernement en conformité du *consentement universel* que de faire admettre, par l'usage de la puissance qu'il s'attribue, ce qu'il auroit décidé selon son jugement particulier. » b

Tels sont les principes de Législation que tout Législateur sage, que toute nation éclairée & honnête, doit reconnoître & chérir. Pour peu que l'on ait d'idée de nos Loix fondamentales, & que l'on ne se laisse point aveugler par la flatterie ou l'esprit de système, on reconnoîtra aisément, Monsieur, dans les principes dont vous avez rempli votre livre, les erreurs dangereuses d'un système insocial qu'on doit éviter avec le plus grand soin, si l'on conserve quelque respect pour les vérités saintes de la religion, l'humanité & la patrie.

Bisarrerie des raisonnemens du sieur Bouquet.

Nous ne nous arrêterons pas à l'idée bizarre que vous avez employée pour prouver que dans notre Législation le terme Latin *Consensus*, ne signifie que *la voix Consultative* c. Vous avez prétendu découvrir la même signification dans le mot François *Acquiescement*. Cela s'appelle donner, en deux mots la preuve certaine que vous ne savez ni le Latin ni le François. Mais je ne puis passer sous silence un trait de votre

qui se portent jusqu'au point de se roidir contre tout le monde, & mettent au jour des Loix, &c.

a „ *Erit* quæcumque sunt publica, patrio affectu ; amore ; „ quæcumque privata, herili dispensaturus ex potestate. " *ibid.* Art. 8.

b „ Ut aliena provisor salutis commodius ex *Universali Consensu* exerceat Gubernaculum, quam ingerat ex singulari potestate judicium " *ibid.* Art. 5.

c *Lettre* 7, n. 7, 8, & 9, pag. 114 & suivantes. *Avertiss.* n. 29, pag.

subtilité dans le raisonnement. « La Loi, avez-vous dit dans votre Avertissement, n'en acquiert le nom & l'effet que lorsqu'elle est connue, *consentie*, & même exécutée. » *d*

La généralité de cette proposition négative, annonce bien certainement qu'il faut que le Législateur obtienne toujours le consentement de ses peuples, ou de leurs représentants, pour faire une Loi ; puisque, sans cela, elle ne mériteroit *ni n'acquéreroit* pas même *le nom de Loi*.

Cependant vous renversez une vérité aussi générale, & la réduisez à rien par les deux phrases suivantes. Dans la premiere vous restreignez le consentement, à *l'obligation personnelle d'exécuter ce qui étoit arrêté, dans le cas où il seroit revêtu des formes légales*. *e* Cette restriction suppose, quoiqu'il en soit, qu'il faut toujours un *arrêté* ; & par conséquent une délibération, un consentement libre à cet arrêté, pour que le Législateur en puisse former une Loi.

Dans votre seconde phrase, vous dites « nos Rois ont toujours eu la sage précaution de demander l'avis, & *quelquefois* même l'acquiescement de leurs sujets au projet de la Loi, en exigeant leurs souscriptions. » *f*

Ainsi *la Loi qui n'acquiert jamais ce nom* que quand elle est *consentie*, le reçoit cependant presque toujours sans ce consentement, car ce n'est *que quelquefois* qu'il est demandé. Cette demande n'est même pour lors qu'une sage précaution.

Celle de demander l'avis ne devient pas moins illusoire & elle n'est à son tour qu'une cérémonie d'ostentation, parce que, dites-vous, si les *Hauts Seigneurs doivent aider le Roi de leurs conseils, c'est à lui de choisir ceux qu'il faut suivre*. *g*

Non-seulement il peut mépriser les avis, mais il peut également n'en demander aucun ; car, selon vous, « il est de l'essence d'une Monarchie purement Royale

d Avertiss. n. 28, pag. 30.
e *Ibid.*
f *Ibid.*
g Recueil, pag. 190, note F.

que le Monarque ait seul le droit de Législation, mais qu'il ne l'exerce qu'après avoir pris *l'Avis* des Grands de l'Etat ou de son Conseil, qu'il notifie ses Loix *par la Publication*, ou par l'Enrégistrement; cette partie du Droit public n'est qu'accidentelle à la Monarchie Royale; & c'est par cette raison qu'elle est susceptible de changement. » *h* Voilà un raisonnement d'une rareté singuliere; c'est en vérité tourner en dérision les Principes & la Raison; c'est donner aux Législateurs la facilité de se jouer des Peuples, ainsi que de leur propre gloire.

J'ai cru devoir réfuter ces deux chimeres de la *volonté propre* & de la *volonté absolue*; parce que de ces deux sources découle toute la suite de vos erreurs; & que vous les regardez vous-même comme le *point capital* *i* de tout votre systême.

On ne peut douter d'ailleurs que tout l'ensemble du systême ne porte sur la fausse idée de conquête, puisque vous l'assurez de la maniere la plus formelle.

« Nos Rois, dites-vous, ne doivent compte qu'à Dieu de l'administration de leurs Etats; *ce qui est fondé* sur ce qu'ils ne les tiennent *pour la plus grande* partie, que de Dieu & de l'épée. *k* L'ensemble du systême roule sur la fausse idée de Conquête.

Ce fondement posé, voici avec quelle rapidité vous édifiez ou plutôt vous renversez les Monarchies.

Armide étoit moins prompte à bâtir des Palais. (Boileau.)

« L'indivision du pouvoir souverain est nécessaire (dites-vous d'un ton d'oracle) lorsqu'il s'agit d'un Gouvernement que le Monarque ne tient que *de Dieu & de l'épée*; & l'égalité que la nature a mise entre les hommes, cesse lorsqu'ils sont obligés de se soumettre à un Conquérant. » *l* Car Dieu, qui décide du sort des armes a légitimé le Droit que la conquête procure à ce Conquérant sur les vaincus & sur ceux qui se sont rendu ses Sujets par Capitulation. Il ne doit *compte qu'à*

h Lettre 11, n. 5, pag. 171.
i *Lettre* 6, n. 25, pag. 106.
k *Recueil*, pag. 23, note L.
l *Lettre* 11, pag. 178 & 179.

Dieu & qu'à lui-même d'un pouvoir qu'il ne tient que de *Dieu* & de *l'épée*. „ Il est toujours le maître d'éten-

Mais une Autorité qui n'a à rendre compte à personne est pernicieuse à celui qui commande & à ceux qui sont commandés, dit Platon; la raison en est claire : c'est qu'une pareille autorité n'est séparée de l'Anarchie que par une ligne. Aristote dans sa Politique [liv. 4, ch. 10.] la regarde comme *le dernier point de la tyrannie*; & déclare qu'elle n'est *point supportable dans une Nation libre*. Voilà sur quel fondement Louis XIV protestoit, en 1667, „ qu'il ne vouloit pas imiter l'exemple de Philippe II Roi d'Espagne, qui avoit osé avancer *que les Rois n'avoient point d'autre Tribunal sur la Terre que celui de leur conscience*. „ *Traité des Droits de la Reine*, pag. 18.

Au contraire, il est constamment certain qu'ils y en ont plusieurs. Le plus secret est celui *du cœur* de leurs sujets, où il est si flatteur pour eux de regner, que sans cela on peut dire qu'ils ne regnent qu'en *parade*. Il leur est d'autant plus important d'être jugés favorablement à ce tribunal, qu'ils y subissent, malgré toute leur puissance, un jugement qui peut non seulement leur faire perdre l'estime & l'amour de ceux qu'ils gouvernent, mais encore flétrir leur mémoire jusqu'à la postérité la plus reculée. Celle des Sardanapales, des Nérons, des Caligula, & parmi nous celle des Zuentibolde est dévouée à l'exécration de la postérité de tous les Siecles. Quel contraste avec le regne de Charlemagne dont tout bon François ne prononce le nom qu'avec un respect aussi profond que s'il regnoit toujours! „ Ce Prince semble avoir mérité exclusivement le nom de Grand, parce qu'il a aimé son Royaume. „ C'est l'éloge que lui donne Thégan, Biographe de Louis le Débonnaire, *Benè & utiliter regebat, & diligebat regnum*. [Dom Bouquet, tom. 6, pag. 751.] Ce peu de mots apprend aux Successeurs de ce Monarque, que c'est le cœur des Sujets qui distribue la gloire & l'immortalité aux Souverains : C'est pour leur indiquer la route qui y conduit qu'on les avertit lors de leur Sacre de se faire aimer de leur Peuple en l'aimant eux-mêmes avec tendresse; *fidelibus sui Regni sit magnificus & amabilis & pius* (Cerem. Franç. pag. 19.) & de lui être agréables par leurs bonnes actions; *bonis operibus te gratiosum & amabilem faciat* (Dominus) 1ere. Bénédiction après le couronnement.) Mais le plus effrayant de tous les Tribunaux d'ici bas est celui que Dieu lui-même érige quelquefois sur le marche-pied de son Trône, lorsqu'il veut punir les abus du pouvoir souverain, & que d'une voix foudroyante, qui annonce ses vengeances, il demande aux Rois, *pourquoi foulez-vous mon peuple sous vos pieds, & pourquoi écrasez-vous la face des pauvres* [Isai. 3. 15.] car il s'est réservé *d'enlever dans son indignation les Rois qu'il n'a élevés que dans sa colere*, [Osée 13. 11.] pour servir de verges à sa justice & châtier ce peuple, dont il daigne ensuite écouter les gémissemens & le recours à sa toute puissance. Quand ce moment est arrivé, quand il juge qu'il est temps de tendre la main à ceux qui sont sans res-

dre ou de restreindre l'exercice de ce pouvoir qu'il confie & délégue, soit à des particuliers, soit à des Corps de Jurisdictions, les membres de ces Corps, Sujets du Roi, ne peuvent, sans se rendre coupables de rébellion, abuser de l'autorité déléguée pour arrêter, faute d'Enregistrement, l'exécution des Ordonnances de leur Souverain. » n Il faut en outre « que les Grands de l'Etat attestent qu'ils tiennent du Monarque leur Rang, leurs Droits & leurs Privileges o. » Car nos Ancêtres, *suivant l'usage des Germains, combattoient pour le Prince, & le Prince pour la Conquête.* p Ainsi, dites-vous, en France, le Conseil, le Parlement, le Clergé, n'ayant jamais eu la faculté de s'assembler, sans un ordre émané du Roi; ces Corps n'ont été, *dans tous les temps* de notre Monarchie, qu'une forme accidentelle de notre Gouvernement. q Il en est de même, ajoutez-vous, de l'assemblée des Etats. » r

Et de là, comme si vous aviez établi que les *Francs* sont une Nation conquise & sous le joug, vous concluez audacieusement que « l'Autorité des principes, & l'opinion unanime des plus célebres Publicistes qui nous les ont attestés, se réunissent pour prouver que dans une Monarchie Royale, lors sur tout qu'elle s'est formée par voie de conquête & de Capitulation, on ne peut y admettre, soit dans les Grands de l'Etat,

sources, & de prêter l'oreille au cri attendrissant des malheureux. [Ps. 12.] qui oseroit alors lui dire vous ne devez point vous servir de tel ou tel moyen? Quel mortel auroit le droit ou de régler son bras en lui prescrivant de ne se déployer que jusques à un certain point, avec des réserves & de certaines mesures, ou de déterminer le choix des instruments qu'il trouve propres à ses desseins, & qu'il employe toujours de la maniere qui lui plaît? Personne ne doit sonder la profondeur de ses Conseils, ni entreprendre de juger les voyes de sa sagesse: mais tout ce qui respire doit les adorer avec tremblement, & savoir qu'il est horrible d'être exposé à la rigueur de ses Jugements. *Son souffle seul suffit pour abattre tous les Rois de la terre, & rien n'est capable de les soustraire à sa main.* Job. 10. 7.

n Lettr. 12. n. 13. pag. 179.
o Lettre 12. n. 2. pag. 183.
p Lettre 4. n. 8. pag. 78.
q Lettre 11. n. 9. pag. 176.
r Même Lettre n. 10.

soit dans les Parlements, soit même dans l'Assemblée des Etats, une puissance *intermédiaire* établie pour restreindre ou arrêter l'exercice de la Puissance Royale. » *f*

Mais, dans le cas même de *Capitulation*, ces actes étant des Traités susceptibles de toutes les conditions permises par le Droit des Gens & par les bonnes mœurs, pourquoi seroit-il impossible d'y admettre celles qui conserveroient la liberté de la Nation capitulante en conservant l'Autorité Légitime des Corps établis pour la maintenir & la défendre ? Il n'y a certainement que la passion, le préjugé, l'intérêt propre qui puissent juger impossible une chose si raisonnable, & qui fait tout à la fois la sûreté du Monarque & le bonheur des Peuples.

Tout votre systême, qui ne tend qu'à réduire les *Francs* en servitude, *t* s'écroule d'ailleurs par ses fondements, dès qu'il est démontré que la Monarchie Françoise ne s'est nullement formée par la voie de conquête. Or vous avez vu ci-devant que le Royaume de Clovis existoit *antérieurement* à ses conquêtes, *u*, puisqu'il l'avoit reçu des mains de ses Peres qui l'avoient gouverné *long-temps en paix* ; & que la Monarchie s'étoit *établie par la profondeur du Conseil de la Nation* *x* d'où il suit bien évidemment que le Conseil National ne fut jamais, & n'a pu devenir une chose accidentelle au Gouvernement François.

Le Royaume Paternel de Clovis n'étoit que la moindre portion de cette Monarchie, dont la principale consistoit dans *le Royaume des Ripuaires*. *y* Il n'y a pas lieu de douter du fait, soit parce que les deux trônes étoient remplis par des Princes du même sang,

f *Ibid.* n. 16. pag. 180. & 182.

t *Qui in captivitatem duxerit, in captivitatem vadet .... hic est patientia & fides sanctorum.* Apocal. Cap. 13. vers. 10.

u " Gratulamur quod Gentem Francorum *priscâ ætate* residem, feliciter in novis prœlia concitasti. Theodoric, Roi d'Italie, à Clovis, l'an 496. Dom Bouquet, tom. 4, pag. 2, D.

x Ci-devant pag. 212.

y C'est pourquoi ce Royaume fut le partage de Théodoric ou Thierry, l'aîné des fils de Clovis I. & par la même raison, c'est encore sa Loi qui est celle du trône ainsi que de ses droits payables suivant la fixation du sol Ripuaire à 12 deniers.

& descendus de *Priam*, surnommé *Pharamond*, (a) soit parce que *la Loi des Francs*, étoit celle qui régissoit également les deux Royaumes. Ce furent les enfants de Clovis qui, en revisant séparément cette ancienne Loi en firent naître deux autres. Elles nous sont parvenues, l'une sous le nom de *Loi des Francs*, spécialement dite *des Ripuaires*; & l'autre sous le nom de *pactes de la Loi Salique* (a) PACTUS LEGIS SALICAE. (b) Le premier demeura, & est encore aujourd'hui la Loi du Trône. C'est la Loi Ripuaire qui fixe la Majorité des Rois à quatorze ans accomplis, & qui regle le taux de tous les droits du Domaine Royal, comme je le pourrai démontrer dans un autre temps.

Le Royaume des Ripuaires étant devenu vacant par l'extinction de la branche qui y regnoit, Clovis persuada à ces Peuples de le choisir pour leur Roi, suivant le récit de Grégoire de Tours. « Si vous l'avez pour agréable, leur dit-il, [an. 509. ou environ] jettez les yeux sur moi afin que vous soyez sous ma défense. » « Les Ripuaires entendant cette proposition y applaudirent, tant par le son de leur pavois que par leurs acclamations, continue le même Historien; & ayant élevé ce Prince sur un bouclier *ils l'établirent Roi pour regner sur eux.* » [c] Le titre de cette Royauté

[a] Pharamond ou Paramond est le surnom du premier de nos Rois, qui paroît avoir eu pour nom propre, celui de *Priam* que portoit son ayeul. Eccard sur Leibnitz *de origine Francorum* p. 256. Ce surnom de Pharamond est composé de *fara*, qui signifie ligne ou lignée & de *Amund*, qui se dit encore dans le pays où il a régné pour signifier contrée ou *à côté*; & cela parce que le Royaume de ce Prince s'étendoit à côté du Rhin, le long des bords de la Meuse & de la Moselle. *Faras hoc est generationes vel lineas*, dit Paul le Diacre Lib. 2. *de gestis Langobardorum*. Eccard. ibid. p. 255.

[b] *Theodoricus Rex Francorum Senior . . . ex veteri Salicâ Lege pro suis subditis Legem Ripuariorum condidit.* Eccard sur la préface de la Loi Salique. *Dom Bouquet* Tom. IV. Pag. 122. Note p.

b *La Loi Salique*, dans les auteurs cités, & dans *Baluze* tom. 1. pag. 282.

[c] " Consilium vobis praebeo, si videtur acceptum : Convertimini ad me ut sub meâ sitis defensione : at illi ista audientes, plaudentes tam parmis quam vocibus, eum clypeo evectum super se Regem constituunt. *Greg. Turon.* lib. 2. cap. 40. *Dom Bouquet*, Tom. 2. pag. 184. c.

n'étoit donc ni la conquête ni la volonté absolue, mais la défense & la protection; ce qui forme l'essence des trois Sermens du Sacre où cette Loi primitive & fondamentale se trouve seulement plus détaillée. Le Royaume propre de Clovis n'en avoit point d'autre, puisqu'il n'étoit qu'une portion de la même Monarchie, & régie pareillement par la Loi des Francs.

Ce fut encore à ce titre que [l'an 496] Clovis devint Roi des Provinces de la Germanie & de la Neustrie, suivant que St. Rémy l'atteste dans son Testament, dont l'acte est rapporté par Flodoard, Historien du dixieme Siecle [*d*] & ce Prince ne dût un accroissement aussi considérable de sa Monarchie qu'à l'élection des Peuples. Voici les te. 's dont Saint Rémy se sert en parlant de la Race Royale de Clovis. « Je n'admets d'indulgence dans l'anathême que je prononce, que par rapport à la Race Royale. C'est pour l'honneur de la Sainte Eglise, & pour la défense des pauvres [ou des peuples] que, par *une décision* faite de concert *avec mes freres* [les Catholiques des Gaules] *& tous les autres Evêques de la Germanie & de la Neustrie, je l'ai choisie*, afin de l'élever au rang suprême de la majesté Royale, & de la faire regner à perpétuité..... & elle a été consacrée pour le trône, par l'onction du St. Chresme » [dans la personne de Clovis.] [*e*]

Il seroit également facile de prouver que si Clovis a remporté des victoires contre les Goths & vaincu Syagrius, si par ce moyen il est devenu maître des Provinces qu'ils possédoient, ce sont les Peuples de ces mêmes Provinces qui l'ont secondé & autorisé, ensorte qu'il n'est devenu leur Roi que par leur volonté. Aussi Grégoire de Tours attribue-t-il tous les succès de ce

[*d*] Flodoard décéda l'an 963. âgé de 76. ans. Il a écrit *l'Histoire de l'Eglise de Rheims*, traduite depuis par *Chesneau*.

[*e*] *Generi tantum modo Regio, quod ad honorem sanctæ Ecclesiæ, & pauperum* [vel Populorum] *unà cùm fratribus meis* [id est Christianis Gallarum] *& Episcopis omnibus Germaniæ atque Neustriæ in regiæ majestatis culmen, perpetuò regnaturum statuens, elegi..... & per.... Sacri Chrismatis unctionem ordinatum in regem, parcens statuo*, &c. Chesneau, Traduct. de Flodoard, fol. 29, lettre A.

Prince

Prince *au désir ardent qu'avoient les Peuples des Gaules de vivre sous la domination des Francs.* [f] Ce desir nous prouve invinciblement que Clovis faisoit usage des traités plutôt que du Droit de conquête ; car aucun peuple ne desire l'esclavage.

On ne peut pas même dire que les ancêtres de ce Prince ayent établi la Monarchie par voye de conquête. Grégoire de Tours, dans le prologue du cinquieme Livre de son Histoire, dit nettement que les Rois, qui avoient précédé Clovis, n'avoient fait aucune conquête par la force des armes, puisqu'il nous assure que ce même Prince a été *le premier de tous qui se soit signalé par des* victoires. (g)

Il est faux que la Monarchie Françoise ait éte établie par voie de *Conquête.*

Ce témoignage du pere de notre Histoire est d'autant plus décisif qu'il est conforme à l'ancienne Préface, qui avoit servi à la rédaction de la *loi Salique* faite par Clovis, peu de temps après sa conversion. En insérant ce dernier Texte de Grégoire de Tours dans votre Recueil de pieces Justificatives ; [h] vous eussiez dû appercevoir la foiblesse d'un systême qui ne porte que sur des fondemens chimériques & romanesques. Puisque la Conquête prétendue de Clovis n'a d'existence que dans votre imagination, je ne m'arrêterai pas à présent à examiner chaque partie de votre systême. Il me suffit de l'avoir exposé, pour faire remarquer qu'il n'est que le développement le plus hardi du Gouvernement fondé sur la volonté propre & sur la volonté absolue. J'ai fait voir, que même de votre propre aveu, il n'en résulte autre chose que le Despotisme. (i)

Le faux principe de la Conquête ne sert qu'à rendre la conséquence plus indubitable, & à aggraver l'atteinte portée à l'honneur du Monarque, qui loin de tenir par aucune espece de liens au Corps de la Nation, en

[f] *Multi jam tùm ex Galliâ habere Francos Dominos summo desiderio cupiebant.* Greg. Turon. lib. 2, n. 36. *Dom Bouquet*, tom. 2, p. 181.

[g] » Recordamini quid CAPUT VICTORIARUM VESTRARUM Clodovechus fecerit. « *Greg. Turon.* lib. 5, in Prologo. *Dom Bouquet*, ibid. p. 232.

[h] Recueil, pag. 22.

[i] Voyez ci-devant pag. 236 & 244.

seroit, non pas le Chef, le Législateur & le Roi, mais le Conquérant perpétuel. De pareilles idées font horreur à l'esprit François; parce qu'elles détruisent la noblesse & la liberté naturelle de la Nation.

Mais votre Provincial méconnoît absolument cet esprit, & il est tellement vendu à l'adulation qu'il ne voit dans toute notre Histoire que des preuves du Despotisme. Pour se convaincre de ce fait, il suffit de l'entendre, & de le suivre. « La Souveraineté de Clovis, acquise sur les Romains, ou anciens Gaulois fut de deux especes. L'une fut absolue & Despotique sur les Personnes & les biens conquis par la force des armes: L'AUTRE NE FUT QUE ROYALE sur les Personnes & les biens qui ne furent conquis que par voie de Capitulation. » (k)

Voilà, il faut en convenir, une alliance bien monstrueuse: celle du Despotisme & de la Monarchie Royale; c'est un prodige bien singulier qu'un Etat qui renferme deux souverainetés, si opposées qu'on ne peut concevoir l'une sans détruire l'autre. Vous donnés à la premiere une supériorité décidée, & n'accordés à la seconde qu'un degré inférieur: vous la jugés donc visiblement la moins entiere: par conséquent la moins parfaite & la moins digne. *L'autre*, dites-vous, *ne fut que Royale*. Ce que vous répétés plus d'une fois. C'est une conséquence exacte de vos principes. De là il suit que la plus digne & la plus entiere a dû attirer l'autre à elle, & lui communiquer l'éminence de sa dignité, afin de ne former ensemble qu'un seul tout.

La Monarchie Françoise est donc, selon vous, entiérement Despotique, ou pour s'exprimer avec moins de contradiction, cette Souveraineté n'est point Monarchique mais Despotique. Et elle doit être telle encore; parce que *C'est* PLUS *par la force des armes*, dites-vous, *que par des Capitulations que Clovis l'a fondée pour ne former qu'un même Royaume*. (l)

Suivant vos nouveaux principes que vous avez même osé faire insérer dans les papiers publics, « tout se réduit à examiner si la Conquête a été absolue, & si elle a

[k] *Lettre* 4, n. 4, p. 75 & 76.
[l] Recueil, pag. 22, note K.

été faite au profit d'un seul conquérant : ou si la conquête *pour la plus grande partie* ne s'est faite qu'en vertu des Capitulations & au profit de plusieurs conquérans. Dans le premier cas, la Monarchie sera Despotique ; puisque le Conquérant s'est rendu, *par la force des armes*, maître des Personnes & des biens. Dans le second cas, la Monarchie *ne sera que* ROYALE. Les *villes* & les *Cantons qui se rendent*, SANS Y ETRE CONTRAINTS PAR LA FORCE DES ARMES, *conservent*, pour le moins, *leur liberté* & *la propriété de leurs biens*. » (*m*)

Ainsi il faut pour être conséquent que vous admettiés que toute la Souveraineté de Clovis étoit Despotique ; puisque vous prétendés que ce Prince, en tenoit, au moins, la plus grande partie de la force de ses armes. Dans cette supposition elle n'étoit rien moins que Monarchie, car l'idée seule d'une Monarchie Despotique est monstrueuse. (*n*)

Il est vrai que malgré cette supposition décisive, vous voulés néanmoins paroître persuadé que la Monarchie Françoise *est Royale*, c'est pourquoi vous ajoutés : « il s'en faut *de beaucoup* que toutes les villes & tous les pays des Gaules ayent été conquis par la force des armes ; *un grand nombre* de villes & de districts ou pays se sont soumis à la Souveraineté du Roi Clovis par des Capitulations, dont le principal Article a été la conservation de leur liberté, de la propriété de leurs biens, & même de leurs coutumes & Jurisdictions. » (*o*)

Mais il n'y a dans tout cela qu'une contradiction manifeste avec vos principes ; puisque vous prétendés que nos Ancêtres n'ont combattu que pour le Prince, &

[*m*] *Lettre* 1, note 7 & 8, pag. 52.

[*n*] L'Etymologie même du terme de MONARQUE fait concevoir *un Chef* ou *un Magistrat Suprême* qui dirige tout l'Etat par le moyen des Loix. Le titre de DESPOTE fait concevoir, au contraire, un maître absolu qui ne gouverne ni en Magistrat suprême, ni suivant les Loix, parce qu'il ne connoît de Droit que le sien, ni de regle que sa volonté privée. En voyant unis ces idées nous pouvons dire *Jungentur jam gryphes equis*.

[*o*] *Lettre* 3, pag. 70.

le Prince pour la Conquête. [p] Vous fondés expressément tout votre Systême : 1o. sur ce que nos Rois ne tiennent leurs états, *pour la plus grande partie* que *de Dieu* & DE L'EPE'E. 2o. Sur ce que les Grands mêmes de l'Etat tiennent du Monarque leur Rang, leurs Droits & leurs Privileges ; par conséquent, & à plus forte raison, les autres Sujets, soit médiatement, soit immédiatement.

Au moyen des *Fiscs royaux* le Prov. réduit tout le Royaume en un Pays *conquis*.

D'ailleurs, pour vous tirer de l'incertitude, où vous étiés, sur le plus ou le moins d'étendue de la Conquête, lorsque vous avés écrit votre troisieme *Lettre*, & pour sortir enfin du Dédale de vos contradictions à cet égard, vous avez trouvé depuis un fil précieux, dans les *Fiscs Royaux*, c'est-à-dire, dans les possessions particulieres du Domaine Royal. « Les Fiscs Royaux, [*Commentaire sur les pieces justificatives*] n'ont pu provenir que de la Conquête. Leur nombre prouve quelle a été l'étendue de cette conquête. » [*] Or il n'y a aucune Province du Royaume où le Domaine Royal ne s'étende ; & vous ajoutés même que

[p] Le Droit *de Conquête*, ou le Droit du plus fort auquel on attache la puissance destructive, est la violation de tous les Droits, un vrai brigandage Il ne peut être appellé *Droit* que par un conquérant féroce, qui dans l'ivresse de sa fureur, s'imagine que les malheureux qu'il a vaincus sont faits pour souffrir tout ce que lui dictent ses caprices. Ce Droit barbare ne peut sembler légitime qu'à des Esclaves assez aveugles pour croire que tout est permis à des oppresseurs parce qu'on est trop foible pour leur résister. Mais dès que les Tyrans ne sont plus armés des forces dont ils ont abusé, la liberté naturelle rentre dans tous ses Droits. Il est donc évident que pour former un Gouvernement stable, il faut que la sûreté commune en soit la base & le fondement. Sans cette relation réciproque qui réunit tous les membres de la Société, & les fait concourir à la défense commune, il seroit impossible qu'elle ne fut pas détruite „ Le Droit „ de Conquête, dit Montesquieu, n'est par un Droit. Une So„ciété ne peut être fondée que sur la volonté des associés. Si „ elle est détruite par la conquête, le Peuple redevient libre, il „ n'y a plus de nouvelle Société ; & si le vainqueur en veut „ former, c'est une tyrannie. “ Mais en France, le Droit du Roi est dans le cœur des Sujets. Malheur à qui lui enleveroit cette affection en faisant envisager aux Sujets que son Droit est fondé sur son Epée !

* Recueil, pag. 96, note Z.

« les fisce ont consisté en terres conquises & érigées en seigneuries *dans toutes les parties de la Gaule* [q]. Il n'y a donc, sur ce pied, aucune partie de la Gaule, ou du Royaume actuel, qui ne soit de la Conquête. Par conséquent il n'y en a aucune qui ne soit de la Souveraineté despotique de Clovis.

Si, pour donner le change à ceux de vos Lecteurs que l'idée du Despotisme révolteroit trop, vous voulés bien mettre de la différence entre cette espece odieuse de Souveraineté, & la puissance Royale que vous appellés toutes deux Monarchiques, cette différence ne consisté, à dire le vrai, que dans les mots. En effet, lorsque dans cette vue vous traitez de la distinction *essentielle* que vous concevez *entre le Despote & le Monarque* [r] vous ne la faites consister qu'en ce que « le premier devient propriétaire & maître absolu des Personnes & des biens, tandis que le second *règne sur des Personnes Libres & propriétaires de leurs biens*, [ſ] » Mais vous ne vous contentés pas de soutenir que les Grands de l'Etat ne tiennent que du Monarque leur Rang, leurs Droits & leurs Privileges; vous établissés encore que *les Droits & Devoirs dûs à la Souveraineté sont, par leur nature, illimités* [t] D'où il résulte que la puissance Monarchique ne différe du Despotisme que dans la maniere de l'exercer, & plutôt par son nom seul que par sa nature. Car *des Droits illimités par leur nature*, dont on suppose que le Souverain jouit sur tous les biens du Royaume, réduisent nécessairement à rien celui de la Propriété des Sujets.

Aussi ajoutés-vous que *le Monarque & le Despote ne tiennent* leurs couronnes que de *Dieu* & de *l'épée*, [u] parce que vous ignorés ou ne voulés pas comprendre, que le Despote, mettant sa volonté propre à la place de celle de Dieu, est une idole qui *offense essentiellement*

[q] Même recueil, *Loco citato.*
[r] *Avertissement*, n. 17, pag. 18.
[ſ] *Ibid.*
[t] *Lettre* 5, n. pag. 91 & n. 4, 5, pag. 92.
[u] *Avertissement*, n. 17, p. 18.

le Créateur, ſuivant Nithard, & dont l'orgueil eſt le *comble de l'extravagance*: (*x*) l'Écriture Sainte lui donne même le nom *d'hypocrite*, que l'original Hébreu exprime ſouvent par celui *d'impie*, & dont le ſens littéral déſigne un perſonnage monſtrueux, qui ſe couvre de fauſſes couleurs pour empêcher de reconnoître combien il eſt odieux & juſqu'à quel point il choque l'ordre naturel (*y*). Auſſi doit-on croire qu'un Souverain de cette eſpece ne regne que par *la permiſſion de Dieu*, mais nullement *par ſa grace*, ſuivant le ſixième Conciſe de Paris (*z*) & le titre de Monarchie ne peut convenir à ſon Empire. (*a*)

Le Monarque au contraire règne *par la grace de Dieu*; en conſéquence il doit exercer & remplir ſon miniſtere *ſelon la volonté de Dieu* (*b*) c'eſt-à-dire, ſelon *la juſtice & la droiture* (*c*). Le nom de Roi, qu'il porte, lui rappelle ſans ceſſe que ſon devoir eſt celui *d'un Gouverneur* chargé *de la direction* de la choſe publique (*d*) & qu'il ne peut devenir un maître abſolu comme le Deſpote.

[*x*] „ Quâ dementiâ utilitatem publicam negligat, ac propriis „ voluntatibus inſaniat, dum ex utriſque Creatorem adeò offen„ dat, ut etiam elementa ejus veſaniæ contraria reddat. " *Nithard.* Hiſt. lib. 4, n. 7, *Dom Bouquet*, tom. 7, p. 33.

[*y*] *Regnare facit hypocritam propter peccata Populi.* Job. ch. 34, v. 30, cité par le ſixieme Concile de Paris, liv. 2, ch. 3. Harduin tom. IV, pag. 1339, c. *Hypocrita* propriè, *qui alieno colore infectus* Vatable ſur Job, ch. 8. v. 13.

[*z*] „ Qui piè & juſtè & miſericorditer regnant, ſine du„ bio per Deum regnant; qui verò ſecùs, non ejus munere ſed „ permiſſu tantùm regnant. " Ibid. *Le Concile eſt de l'an 829, ſous le regne de Louis le Débonnaire.*

[*a*] Jamais perſonne ne s'eſt aviſé de dire *la Monarchie Ottomanne*; mais on dit l'*Empire Ottoman.*

[*b*] „ Rex miniſterium ſibi commiſſum *ſecundum voluntatem* „ Dei exercere & adimplere debet. " VI, *Concil.* pariſ., lib. 2, cap. 2, ibid. pag. 1325. D.

[*c*] *Regem à Deo conſtitutum juſtè & rectè decet gubernare Subjectos.* Chartre de Pepin le Bref du 8 Novembre 755, *Dachery*, tom. 13, pag. 255.

[*d*] *In throno regiminis poſitus eſt.* VI, Concil. Paris, lib. 2, cap. 2, p. 1335, E, *nomen* Regis *intellectualiter hoc retinet, ut ſubjectis omnibus rectoris officium procuret.* ibid. cap. 1, page 1332, E.

Celui-ci tient de *l'épée ;* parce qu'il est un *fléau de Dieu* (e), mais il n'en est pas ainsi du premier, qui n'a pas même d'Epée à lui. Celle qu'il porte est l'Epée de l'Etat, qui ne lui a été confiée que comme Chef de l'Etat, & pour l'avantage commun. Le célebre Abbé Suger fait connoitre bien clairement ce que l'on doit penser sur ce point, quand il parle du Sacre de Louis VI. dit le Gros dont il étoit Chancelier, dans la vie qu'il a écrite de ce Prince. Il nous dit que *l'on ôta à Louis le Gros l'épée qui servoit à son usage* particulier, & qu'il avoit portée tant qu'il n'étoit que de la Classe des Citoyens : ou plutôt qu'on la rejetta, comme n'étant pas propre à la Dignité dont on le revêtoit ; & qu'alors on le ceignit de L'EPE'E NATIONALE (*ecclesiastico gladio*) pour faire vengeance des malfaiteurs.

Ce que l'on doit entendre par *l'Epée au roy.* Le Monarque tient-il le Royaume de son Epée ?

Le Continuateur d'Aimoin rapporte les mêmes circonstances en mêmes termes, si ce n'est que Suger, ayant désigné l'Epée particuliere du Prince par les termes de *Scholaris* (f) *militiæ gladio ;* le Continuateur d'Aymoin la désigne par ceux de *peculiaris gladio*, qui reviennent au même sens & qui en sont l'explication.

Au surplus ni l'un ni l'autre ne disent que l'épée de

[e] „ De talibus Dominus per prophetam : dabo, inquit, Re„ gem in furore meo. Oseæ 13. Et VI, *Concil Paris*, lib. 2, cap. 3, ibid. pag. 1338, c.

[f] Quelques-uns, comme l'auteur du *Cérémonial François*, tom. 1, p. 125, ont substitué le mot *Sæcularis* à celui de *Scholaris*, dont s'est servi l'Abbé Suger ; parce quils n'ont pas entendu ce que signifioit *Gladio Ecclesiastico ;* & qu'ils ont ignoré 1o. que le terme de *Scholaris* étoit destiné à marquer particuliérement l'épée que portoit l'Ordre ou la *Classe* des Chevaliers ; c'est-à-dire, le second Ordre de la Nation. 2o. Que le terme *Ecclesia* signifioit l'Assemblée de l'Etat, ou le Corps de cette Nation. C'est ce que l'on voit par la tradition du Sceptre dans le Rit des Sacres, où l'on dit au Roi : *Sanctam Ecclesiam, populum videlicet Christianum, tibi à Deo commissum, regiâ virtute ab improbis defendas.* [*Baluze*, tom. 1, p. 308.] Le Roi n'avant point d'autre épée que celle de l'Etat, c'est par cette raison que nous disons encore aujourd'hui *l'Epée Royale*, plus communément que *l'Epée du Roi :* de même que nous disons *le Bâton Royal, le Manteau Royal*, & non pas *le Bâton du Roi, ni le Manteau du Roi.*

l'Etat, *l'épée nationale* [que l'on appelloit aussi de St. Pierre, ou de Charlemagne, & quelquefois *la Joyeuse*] soit donnée au Prince pour le revêtir de la prérogative d'un Droit de Conquête, ni pour lui attribuer *des Droits illimités* sur la propriété des Citoyens : mais ils assurent au contraire qu'elle ne lui est confiée qu'afin de s'en servir pour les venger de toutes les especes de malfaiteurs qui troubleroient cette propriété & la tranquillité publique. Aussi, ajoûtent-ils, que le sceptre & le bâton Royal ne sont rien autre chose que des simboles *de la défense* que le Roi doit à ses peuples. [g] Défense qui, selon Louis le Grois lui-même, est *un devoir enjoint à la puissance Royale par les Dispositions de ces Loix très-sacrées*, auxquelles il lui est impossible de donner atteinte. [h]

Voilà sans doute une de ces notions que vous avés trouvées si bizarres dans nos Historiens, & que vous écartez pour y substituer celle-ci, savoir que le *Roi tient de son épée*. Mais quels sont les Autheurs qui les premiers ont avancé cette maxime ? Et dans quel temps l'ont-ils produite ? Le premier de ces Autheurs est Juvenal des Ursins dans la vie de Charles VI. [i] Comme il écrivoit sous Charles VII. & avoit encore la tête remplie des fausses idées que font toujours naître des temps de troubles, il n'est pas surprenant qu'il ait avancé cette fausse maxime. Peut-être est-ce le même motif qui l'a fait adopter à Loisel. [k] Ecrivant sous

[g] *Abjectoque Scholaris militiæ gladio, Ecclesiastico ad vindictam male factorum accingens, Diademate Regni gratulanter coronavit. Nec non & Sceptrum & virgam, & per hæc Ecclesiarum & pauperum,* [peut-être *populorum*] *defensionem, & quæcumque Regni insignia, approbante Clero & Populo devotissimè contradita.* Suger, in vita Ludov. Grossi, cap. 13, pag. . .

[h] Ci-devant pag. 204 & 205. C'est en vertu de la tradition même du sceptre que ce *devoir est enjoint* au Roi, comme on l'a vu ci-devant note r, pag. 207, cette même forme subsiste encore dans le Rit des Sacres jusqu'à nos jours, ainsi que l'on peut s'en convaincre dans le *Cérémonial François*. Charles VI reconnoissoit donc ce Rit pour Loi Fondamentale ou comme contenant les principes des Loix Fondamentales du Royaume.

[i] *Hist. de Charles* VI, pag. 27 & 419.

[k] *Loisel*, liv. 1, regle 2.

Henry IV. qui les armes à la main avoit fait valoir ses Droits contre les fureurs de la Ligue qui les lui disputoient, il a pu ne considérer que le courage de ce Prince & ses victoires, sans faire attention à la Loi qui lui assuroit le trône & dont il ne demandoit que l'exécution. Il a pu aussi perdre de vue que c'est moins à ses victoires que ce Prince a dû la possession paisible de la Couronne, qu'à sa conversion à la Religion Catholique & aux Arrêts des Parlemens de Tours & de Chaalons, & sur-tout à l'Arrêt des Membres restans du Parlement de Paris du 28 Juin 1593. Cet Arrêt portoit que « la Cour n'aiant jamais eu d'autre intention que de maintenir la Religion Catholique sous la protection d'un Roi Catholique & François, elle ordonne qu'on fera des Remonstrances au Duc de Mayenne, à ce qu'aucun Traité ne se fasse pour transférer la Couronne en la main des Princes étrangers.... & qu'il ait à employer l'autorité qui lui est commise pour empêcher que sous prétexte de la Religion, la Couronne ne soit transférée en main étrangere contre les Loix du Roïaume, & que dès à présent elle déclare tous les Traités faits & qui se feront pour l'établissement d'un Prince étranger nuls & de nul effet, comme faits au préjudice de la Loi Salique & autres Loix Fondamentales. »

Il est faux qu'Henri IV. ait occupé le Thrône à titre de Conquête.

Cet Arrêt déconcerta les Ligueurs, ramena un grand nombre de ceux qu'un zele fanatique avoit armés contre leur Souverain. Aussi ce Grand Prince avoit-il coutume de dire qu'il *devoit sa Couronne à ses bonnets quarrés.*

Si Loisel a avancé la maxime dont il s'agit dans le sens où vous la cités, il est surprenant que tous ces faits, encore récens lorsqu'il écrivoit, ne l'aient point éclairé sur ce point. Depuis lui, il a plu à quelques Modernes, qui n'ont pas réflechi aux circonstances dont je viens de parler, de dire que Henri IV & ses successeurs par conséquent, tenoient le Roiaume à titre de *conquête*, & ainsi *ne tenoient que de leur épée.* Mais il suffit de rapprocher cette idée de ce que je viens de rapporter, pour se détromper; supposé que la flatterie qui est toujours portée à favoriser ces maximes soit capable de revenir sur ses pas & de rendre hommage à la vérité.

Quand même je n'aurois pas des faits aussi clairs & aussi décisifs, il ne faut qu'un peu de réflexion pour sentir l'absurdité de cette idée de *Conquête*. Car Henri IV. n'a pu seul remporter des victoires. Le nombre des Protestans en France n'étoit pas assez considérable pour contrebalancer les forces des Catholiques jointes à celle de l'*Espagne*. *Il a donc été soutenu par un très-grand nombre* de Catholiques. Or les Protestans & les Catholiques qui composoient son parti faisoient la plus saine & la majeure partie de la Nation. Donc c'étoit cette majeure partie qui étoit Conquérante. Henri IV. n'a pu s'attribuer le Droit de Conquête sur la partie conquise, qu'autant que la partie Conquérante le lui auroit cédé. Où est consignée cette cession ? Dailleurs ces prétendus Publicistes ne se contentent pas d'étendre le Droit de Conquête sur la partie conquise, ils y assimilent aussi la partie Conquérante. Et sur quel fondement cherchent-ils à *asservir ainsi toute la Nation. Henry*, le bon Henri, l'idole des François plus de 160 ans après sa mort, pour reconnoître les services que la majeure partie de la Nation lui avoit rendus en le plaçant sur le Thrône de ses Ancêtres, l'auroit traité comme conquise ! Quand tout le reste de sa vie ne prouveroit pas le contraire, quelle apparence que ce Prince eut poussé jusques là l'ingratitude, & que la Nation l'eut souffert patiemment ?

Après cette courte digression qui est importante, je reviens, M, à votre maxime, & je dis qu'on peut aisément trouver dans différents points de notre Histoire ce qui a *donné lieu à la fausse Maxime de* Juvenal des Ursins. Les papes pendant plusieurs siecles se sont cru les maîtres & les arbitres des Couronnes. Nos Rois se sont constamment opposés à ces chimériques prétentions; ils ont répeté sans cesse qu'il ne relevoient d'aucune Puissance sur la Terre, & ne tenoient que de Dieu *& d'eux mêmes*. C'est ce qui paroît plus clairement par l'Histoire de St. Louis qui en grand Roi & en Souverain éclairé a su soutenir sa Dignité & contenir les Papes dans les justes bornes de leur puissance. Une des Loix de ce St. Roi porte. « Li Rois n'a point de Souverain ès choses temporieux, & il ne tient (*l*) (c. a. d. selon Louis XIV. il ne releve) que de Dieu & de lui » (*m*).

Cette Loi est évidemment dirigée contre la Cour de Rome; Les disputes fréquentes de St. Louis & de ses Prédécesseurs avec quelques Papes ambitieux l'avoient forcé a appuyer sur cette maxime incontestable. Mais il ne s'agissoit nullement d'établir quels étoient les Droits du Souverain sur ses Sujets. Jamais pareille question n'a été agitée sous ce Grand Roi.

L'adulation n'a pas manqué dans la suite de faire valoir contre la Nation cette maxime qui n'étoit dirigée que contre une Puissance étrangere; On a substitué à ces mots *de lui*, ces autres, de *son épée*, interpolation criminelle, qu'on reprochera éternellement à Juvénal des Ursins, & à Loisel qui l'a copiée, & qu'il est impardonnable à vous, M, d'avoir adoptée, puisque vous avés sous les yeux tant de monumens qui ont dû vous faire sentir la fausseté & la nouveauté d'une telle maxime qui assimile le Monarque au Despote & déshonore la Majesté du Thrône François.

Je me flatte M. d'avoir démontré que l'ensemble de

[*l*] *Comes Hannoniæ vulgo dicitur tenere suam ditionem à Deo & Sole, id est à nemine mortalium.* Cap. III, note 9, fol. 12, lib. *De feud. Dialogue sur les Droits de la Reine*, pag. 64, n. 6. Cette citation est expliquée. *Ne reconnoit que Dieu & le Soleil pour Seigneur Dominant.*

[*m*] Etablissement de Saint Louis, liv. II, chap. 13. Recueil *Ordonn. par de Laurieres*, tom. 1, pag. 261. Si Saint Louis dit qu'il *ne tient que de Dieu & de lui*, c'est pour exprimer qu'il ne tenoit sa Couronne d'aucune Puissance Etrangere, soit Ecclésiastique, soit Séculiere. Mais il ne faut pas croire que ce Prince se soit imaginé qu'il ne tint point sa Couronne de la Nation. Il connoissoit l'instrument libre dont Dieu s'étoit servi pour lui donner cette Couronne. Il savoit que le Seigneur même dit indifféremment dans l'Ecriture Sainte, le Roi que j'ai élu, ou le Roi que vous avez élu. Le Roi Robert nous a appris à concilier ces deux vérités, quand il a dit: *C'est la libéralité de la Nation Française, qui par un effet de la miséricorde Divine, nous a élevé à la Dignité suprême du Royaume.* „ *Divinâ propitiante clementiâ, nos* GALLICA LIBERALITAS *ad Regni provexit fastigia.* " Chartre de l'an 1015, dont l'original est aux Archives de l'Eglise de Beauvais. Ce bon Prince y prend la qualité de ROBERT LE FRANÇAIS. *Regnante* ROBERTO FRANCO.

votre Systême, & vos 3. Points Fondamentaux, la *volonté propre*, la *volonté absolue*, & *la conquête*, n'ont été imaginé que pour servir de baze à l'établissement du Despotisme. J'ay prouvé que les 3. Maximes que vous invoqués sur ces trois points, sont aussi chimériques que contraires à nos Loix Fondamentales. Ce n'est donc pas sans raison que j'ai dit que vous avez fait tout ce qui étoit en vous, pour déshonorer la Majesté du Législateur & celle du Trône.

II. Vous déshonorés encore la Majesté du Thrône en démembrant la Roïauté.

2o. Le Sr. Bouquet dégrade la Majesté du Législateur, & celle du Trône, en démembraut la Royauté.

Si, en séparant le Monarque de tout Corps & assemblée de l'Etat, vous privés la Monarchie de sa fin Sociale, ce que j'ai prouvé, vous portés encore, par cette séparation, une plus grande atteinte à la puissance même du Chef de l'Etat; parce qu'elle ne peut exister entiere & parfaite, sans l'union la plus étroite de ce Chef avec le Corps auquel il préside & dont il fait partie.

Les Grands & les Ordres du Royaume ne sont point des puissances *intermédiaires* qui interceptent la Souveraineté; mais ils sont ses membres mêmes & ses nerfs.

Jamais un Roi n'est si grand que quand il préside l'assemblée de ses Etats; puisque c'est alors, pour user des expressions du Président l'Allouette, que se manifestent à ses yeux *les vrais tendons & ligamens qui font l'assemblage & soutenement de l'Etat* (n).

C'est alors qu'il *manie* véritablement *le sceptre*, (o) selon l'expression de Grégoire de Tours. C'est alors qu'il jouit de toute la Majesté du Monarque; & que sa puissance se montre dans toute sa plénitude, puisque l'on apperçoit *son unité & unique Domination*, dit le même Président, *conjointe & resserrée en ses membres & pieces d'Etat, requises & nécessaires pour en former & parfaire l'édifice* (p). C'est donc alors que le

[n] De Launay sur Loisel, préface, pag. 51.

[o] *In ea urbe* [Parisiorum] *Reges Francorum maximè sceptra tractare consueverant*, pour dire, tenoient leurs Etats. Dom Bouquet, tom. 2, pag. 580.

[p] De Launay, ibid.

Roi jouit proprement & pleinement DE L'INTÉGRITÉ ET DE LA PERFECTION DE SA ROYAUTÉ; en sorte que son autorité Royale se trouve *énervée, démembrée & mutilée*, toutes les fois que l'on prétend séparer sa personne du Corps de la Nation dont il est le Chef.

Ce n'est pas seulement le Président l'Allouette qui nous donne cette idée vraiment majestueuse, c'est encore Philippe le Bel à la tête de toute la Nation, qui l'exprime de la maniere la plus énergique au commencement d'un *Mémoire concernant les Templiers*, que ce Prince faisoit adresser au Pape, & qui s'est conservé jusqu'à ce jour au trésor de Chartres.

» Très Saint-Pere, qui êtes sur la Terre *le Vicaire* » *spirituel* de Jésus-Christ, comme Souverain Pontife: » (porte ce mémoire au nom de l'assemblée générale » de son Royaume) notre Sire le Roi de France, » *Vicaire temporel*, dans son Royaume, de Jésus-» Christ, comme Roi, (se présente ici) revêtu de » toute l'intégrité & perfection de son être Royal » avec tous ses membres: (TOTUS ET INTEGER » CUM OMNIBUS MEMBRIS SUIS) sçavoir; les Prélats, les Barons & Chevaliers; les Communautés & *Fideles du peuple de son Royaume*. (q)

Pourroit-on imaginer un crime plus énorme & plus atroce que celui qui aboutiroit à démembrer cet être Royal, composé du Chef de l'Etat Vicaire de Jésus-Christ & des Barons, Chevaliers, Prélats & Fideles d'entre le Peuple (r)?

[q] Beatissime Pater, qui estis..... Vicarius spiritualis in terris summi præsulis Jesu-Christi.... Dominus noster Franciæ Rex. Domini Jesu-Christi, in Regno suo, temporalis Vicarius, *totus & integer cum omnibus membris suis*, Prælatis, Capitulis, Clero, & Ecclesiâ, Baronibus & Militibus, Communitatibus & Fidelibus Populi Regni sui. P. DUPUY, *condamnation des Templiers*, note 37, p. 96.

(r) Le Parlement de Rouen dans ses Remontrances du 19 Mars 1771. explique d'une maniere frappante les avantages qui résultent de l'union du Souverain avec la Nation.

,, Mais puisque les efforts de la Magistrature sont impuissans, ,, puisque l'on est parvenu à rendre suspectes les instances des ,, Princes [illegible] & des Grands du Roïaume, daignez,

C'est cependant ce crime dont vous vous êtes rendu coupable, lorsque vous avés retranché, d'un seul coup, tous les membres de la Royauté, en prétendant que leur union nécessaire avec le Chef de l'Etat n'est qu'une forme accidentelle de notre Gouvernement. L'idée seule d'un pareil Système est un triple crime de Leze-Majesté; & c'est ainsi précisément que Comines le caractérise, en parlant de ceux qui désaprouvoient l'Assemblée des Etats de Tours de l'an 1483.

» L'on pouvoit estimer lors, dit-il, que cette bonne » Assemblée estoit dangéreuse : & disoient *aucuns de* » *petite condition & de petite vertu*, & ont dit par » plusieurs fois depuis, que c'est *crime de Leze-Ma-* « *jesté* que de parler d'assembler les Etats, & que c'est » pour diminuer l'autorité du Roy. *Ce sont eux* (au » contraire) *qui commettent ce crime envers Dieu & le* » *Roy & la chose publique*. (*f*)

Ceux-là, selon du Haillan, *voudroient* faire *Tyrans nos Roys* (*t*) & *telle opinion*, semble au Chancelier de

,, Sire, consulter la Nation assemblée. Serés-vous jamais plus ,, grand que quand à la tête de la plus puissante Nation, balan- ,, çant vous-même au milieu de vos Sujets, ce qui peut nuire ,, ou servir à leur bonheur, vous rassûrerés par leur concert ,, l'Empire des Loix, vous ranimerés l'amour de la vertu, celui ,, de la Patrie, vous resserrerés les liens de la soûmission & du ,, respect ?

,, C'est là que les hommes vertueux, interrogés par leur Sou- ,, verain sur les maux de leur Patrie, parleront avec cette noble ,, Franchise qui n'appartient qu'a la vérité. Là vous connoitrés ,, vos vrais serviteurs, ceux qui désirent tout pour l'Etat & rien ,, pour eux. L'intérêt personnel s'exilera de lui-même de cette ,, Auguste Assemblée. Quel Citoïen oseroit alors élever une voix ,, perfide, & mentir à son Roi en face de la Nation ? Les Princes ,, de votre Sang trop peu consultés sur les intérêts de l'Etat, ,, éloignés souvent du Trône par l'intrigue de Ministres intéressés, ,, seront rapprochés de votre Personne. Tous les ordres élevés ,, par leur (Souverain) jusqu'à lui, admis à l'éclairer sur l'in- ,, térêt commun, donneront à leur Roi le spectacle touchant de ,, la réunion la plus avantageuse pour tous. ,, *Recueil de toutes les* ,, *Réclamations* [du Royaume] *au sujet de l'Edit de Xbre* 1770. N. 20. p. 231.

[*f*] Vie de Louis XI. Liv. 5. Ch. 18. vers le milieu.

[*t*] Du Haillan, de l'état des Affaires de France. Edition de 1572. p. 29.

l'Hôpital, *avoir peu de raison.* (*u*) En effet seroit-il raisonnable de séparer le Chef de ses membres ?

Cependant cet esprit qui sépare le Chef du reste de l'Etat est devenu un point si important du nouveau Systême politique, & la révolution que l'on s'efforce d'opérer dans les anciens Principes de nos peres, pour ôter à la Nation toute influence sur son Gouvernement est deja parvenue à un tel point, que les personnes qui tiennent au Ministère, regardent comme un crime de prononcer seulement le nom de *la Nation Françoise.* Ce nom, pour LA MAJESTE' duquel ils ne devroient avoir que du respect, effraye leurs oreilles serviles, comme s'il dérogeoit à l'autorité Royale.

L'orgueil d'Auguste, lors même qu'il se faisoit revêtir du Despotisme, respectoit encore, comme nous l'avons vu dans la loi *Regia* elle-même, cette *Majesté indélébile de la République.* Mais les attentats de l'intérêt particulier ne connoissent plus aucunes bornes ; après avoir foulé aux pieds la Majesté de la Nation, il ne tardera pas à tourner ses forces orgueilleuses contre la Majesté Royale. (*x*)

Notre Gouvernement n'est point national, dit la Ligue formée par l'intérêt particulier, & vous, M, qui en êtes le Défenseur, vous ajoutés qu'il ne convient pas de donner au Roi *la seule qualité de premier Magistrat dans l'Assemblée générale de la Nation* (*y*).

Quelle idée voulez-vous donc nous faire prendre du Gouvernement François, du Gouververment de cette Nation *profonde dans le Conseil?* (*z*) Est-il celui d'un troupeau de bêtes ? Est-il insocial & barbare ? Le nom

(*u*) Discours à l'ouverture des Etats de Tours du 13. Xbre. 1561.

(*x*) Cum namque ex solido Res.publica corpore constet.
Cujus Rex Caput est, nos illo in corpore membra :
Hi Caput à reliquo distinguunt corpore ; corpus
Et caput ut perdant ; nec enim consistere possunt
Divisim, quæ juncta sibi natura creavit.

Guy Coquille *Poëme sur les Etats de Blois de l'an* 1576. imprimé en 1590.

(*y*) Avertissement du Provincial n. 14. pag. 16.

(*z*) *Profunda in Consilio* ; préface de la Loi Salique. Suprà.

même de Monarque désigne-t-il autre-chose que ce Magistrat suprême, ce Chef unique de la Nation ? Un Roi de France peut-il ambitionner un plus haut dégré de gloire ? Peut-il être en effet plus grand, que d'être le premier Magistrat & le Chef unique d'une Nation aussi libre qu'illustre, dont il fait partie, & qu'il doit chérir & respecter, de même qu'elle le respecte & le chérit ?

Bossuet relevoit la dignité de nos Rois par la premiére de ces qualités, dont Charlemagne lui-même se faisoit honneur, (a) ce Prince qui a laissé les Rois vulgaires autant au dessous de lui qu'ils se croyent au dessus de leurs Sujets.

Le Rit du Sacre leur assigne la seconde : car en leur donnant l'anneau Royal on leur dit : *vous êtes aujourd'hui établi le Chef & le Prince du Peuple.* (b) C'étoit sous ces deux titres que saint Remy honoroit Clovis I ; quand il lui écrivoit : *Vous êtes le Chef de vos peuples & vous êtes chargé de les régir.* (c)

Que deviendroit un Roi si la Nation cessoit de le reconnoître pour son Chef ? N'est-ce pas son union avec le Corps national qui fait toute sa force & sa puissance ? *Le Prince estant le Chef nécessaire de son Estat, la premiere personne que l'on y reconnoisse*, dit Louis XIV, & *sans lequel il ne se peut former un Corps politique* (d), n'est-ce pas à maintenir cette Constitution dans son intégrité qu'il doit occuper sa sagesse ? De là dépend la santé véritable, ou plutôt la vie, & du Chef & du Corps, en sorte que c'est en ce point, suivant l'expression du Sacre, que consiste *toute la dignité & la gloire de l'autorité Royale.* (e)

Cette autorité enfin n'est-elle pas celle même dont

(a) *Ego Karolus gratiâ Dei ejusque misericordiâ donante Rex & Rector Regni Francorum.* Præf. Capitul. 1. An. 789. Baluz. Tom. I. Pag. 110.

(b) *Hodie ordinaris Caput & Princeps Populi.* Cérém. Franç. pag. 14.

(c) *Populorum Caput estis & regimen sustinetis* Lettre de St. Remy à Clovis I. Dom Bouquet Tom. IV. pag. 51. n. 13.

(d) Considérations sur le Contrat de Mariage de la Reine p. 69.

(e) Illo regnante sit SANITAS CORPORIS IN PATRIA, & la

la Nation s'est dessaisie pour en revêtir irrévocablement le Prince & sa race ? & le Prince ne l'aviliroit-il pas en déshonorant sa source primitive ?

Mais ces vérités ne sont pas faites pour être du goût de ces ames basses & rampantes, l'opprobre de la Nation, qui osent porter leurs mains prophanes sur ses droits sacrés & en disposer en son nom. Vils esclaves, nés pour obéir sous la verge, ils voudroient tout ramener à l'esclavage, parce qu'ils sont incapables de s'élever par le mérite de l'honneur & de la vertu : affamés de dignités & de richesses, ils n'exaltent le Despotisme du Monarque que pour l'exercer eux mêmes & s'engraisser du Sang du Peuple. Aveuglés par leur intérêt propre, ils oublient que le Roi de France ne peut jamais être ni un *Sophi* de Perse, ni un *Sultan* de Turquie. (*f*)

pax inviolata sit in regno, & dignitas gloriosa Regalis oculis omnium fulgeat. *Cérém. Franç.* On y lit *Corporum* au lieu de *Corporis* ; mais c'est une faute de Copiste, comme il est prouvé par les trois derniers Sacres où l'on lit *Corporis*.

(*f*) Les Ennemis de Bonheur public font toute sorte de personnages. On voit ici qu'ils redoutent l'Assemblée des Etats de la Nation, ils la représentent même comme contraire à l'autorité du Monarque ; & il y a quelques années qu'un de leurs Ecrivains la sollicitoit dans une *Lettre écrite par un Docteur de la Sapience, aux Docteurs de la Faculté de Droit de Paris* du 18 Mars 1765. " S'ils " entendoient les mauvais propos des Nations voisines, ils tâche- " roient d'engager *les* 3. *Etats* à déclarer bien haut qu'eux *seuls* " *représentent la Nation*, & que *les Magistrats la jouent*. " (Pag. 127.)

On reconnoît aisément à ces traits le génie de ces hommes qui semblent destinés à troubler l'harmonie & la paix dans tous les Etats. On croiroit, à les entendre qu'ils s'intéressent beaucoup à la Nation, puisqu'ils la plaignent d'être *le jouet* des Magistrats, & qu'ils lui indiquent la ressource des Etats-Généraux. Mais c'est un leurre que la suite des événements n'a que trop dévoilé. Leur dessein étoit d'indisposer la Nation contre les Magistrats ; & lorsqu'ils auroient réussi dans ce projet détestable, d'avoir des Ecrits tous prêts pour enlever à la Nation ses Etats-Généraux, 1°. en les mettant en opposition avec l'autorité du Prince ; 2°. en contestant ce qu'il y a de plus évident dans notre Histoire, sur l'utilité, l'ancienneté de ces Assemblées, leur liaison avec la Constitution de la Monarchie. Les Textes ne coûteront rien à falsifier ; on poussera la fourberie jusqu'à établir un Droit de conquête. Par ce moyen le Monarque est tout, la Nation n'est rien. Point de Loix Fonda-

Il est tems d'en venir au 3me point de votre Systême qui met le comble à votre audace.

mentales, sinon celle qui maintient la Couronne dans la Race Royale. Il est aisé de gouverner un seul homme, on le trompe sans grande peine, on l'investit de maniere à empêcher la vérité de pénétrer jusqu'à lui. C'est alors la Cabale qui regnera, & fera tomber tout le poids de sa colere sur ceux qui ont osé, ou qui oseront lui résister.

Quant à l'accusation formée contre la *Magistrature* de s'être crue seule *représentant les Etats-Généraux* ; C'est une calomnie démentie formellement par les Remontrances de presque tous les Parlemens lors de l'Edit de Décembre 1770. On en peut voir un exemple dans les Remontrances du Parlement de Rouen déja citées (p. 253. & 254.) Il est vrai que ces Compagnies ont eu recours un peu tard à ce moyen légal. Mais quand on fait attention à l'opposition invincible de la Cour à ces Assemblées, aux violences qu'une pareille demande eût infailliblement occasionnées ; on craint de prononcer trop rigoureusement contre ces généreux Citoyens qui ont tant souffert, & souffrent encore pour la liberté nationale. Cependant il est certain qu'ils eussent dû refuser, il y a long-tems d'enrégistrer tout Edit bursal, vû que le nombre en devenoit excessif, & que la Nation seule peut accorder les impositions. Ils eussent dû, ce me semble, exposer que leurs pouvoirs ne s'étendoient pas jusques là, & que les Etats de Blois de 1557 (en leur donnant le pouvoir *d'accorder, modifier ou refuser* les Edits dans l'intervalle d'une tenue à l'autre), n'avoient pas prétendu leur donner le Droit de les remplacer pendant plus de 200 ans, & encore moins de consentir à des levées de deniers qui excedent la moitié des revenus des biens du Royaume. Qu'il soit permis de le dire en passant, les Nobles, & les Militaires par leur jalousie contre la Magistrature, par le plaisir secret qu'ils trouvoient a la voir humiliée, par leur aveugle & stupide obéissance aux Ordres illegaux d'un Ministre, n'ont-ils pas contribué beaucoup plus que les Magistrats a l'établissement du Despotisme de fait. Par exemple, que des Mousquetaires, Gens communément de naissance distinguée, se soient chargés d'exécuter les Ordres pour la fameuse Nuit des *Oui*, ou des *Non* ; qu'ils les ayent exécutés avec tant de hauteur, & d'insolence ; que leurs Commandans en ayent toléré l'exécution ; que les Maréchaux d'Armentieres, de Richelieu, les Ducs de Lorges, de Harcourt, de Fitz-James, les Comtes de Périgord, de Rochechoüart, de la Tour du Pin, de Clermont-Tonnerre, de Russey, ayent été les Ministres de la vengeance, & de l'ambition d'un MAUPEOU. (V. cy-après Note (u) Pag. 260) ; Que dans une Troupe de Gens armés à qui on ordonne d'investir le Temple de la Justice il n'y en ait aucun qui se dise à lui-meme, & a ses semblables, *Quel est donc le crime de tant d'hommes, dont il n'y a qu'un moment, les paroles étoient pour nous autant d'oracles ?* Voila de ces faits que les Etrangers se persuaderont avec peine, & qui aux yeux de tout homme sensé atténuent beaucoup l'inculpation faite a la Magistrature ! |

3°. Ce n'étoit pas assés de déshonorer de tant de manieres la Royauté, vous allez jusqu'à la partager. Flatteur excessif du Chancelier vous osés l'associer à la dignité Royale; & le placer non seulement à côté du Monarque, mais beaucoup au dessus, quant à l'autorité effective; & cela en vertu de la même Loi Fondamentale qui rend la personne du Roi sacrée.

3°. Il déshonore de même la Royauté qu'il partage entre le Roi & le Chancelier

Par une suite de cette idée bizarre, vous avez établi dans votre Avertissement, *la prééminence du Législateur & de son Chancelier sur les Tribunaux Souverains*: & vous avez dit expressément, « la même loi fondamen» tale qui met le Législateur tellement au dessus des » Tribunaux Souverains établis pour l'exécution des » Loix, qui se réserve de faire grace aux coupables, » de confirmer ou annuller les Arrêts, *a communiqué » cette prééminence* au dépositaire & à l'organe des » Loix. *Celui qui représente immédiatement le Législa» teur, ne doit compte de son Ministère qu'à ce Légis» lateur.* » (g)

Il y a tant d'erreurs dans cette Loi prétendue fondamentale qu'il sera à propos de l'examiner une autre fois plus amplement. Je me contente, en ce moment, de vous demander, si vous avez jamais oui dire que *le Chancelier* fut le *dépositaire & l'organe des Loix*, qu'il partageât la *prééminence Royale en vertu d'une Loi fondamentale*, qu'il fût indépendant de tous les Tribunaux, & qu'il représentât *immédiatement le Législateur.* Pourquoi si cela étoit ainsi, cet Officier ne tenoit-il que le trente-septieme rang, dans les Etats de 1067 sous Philippe I, comme on le voit dans le *Recueil des Archives de Saint Martin des Champs, imprimé en* 1606 sous le titre de *Martiniana?*

Mais le Dauphin, possesseur présomptif de la Cou-

Si on ajoute à toutes ces lâchetés la haine implacable qu'a vouée aux Parlemens le Corps Ecclésiastique, & sur-tout le *Corps Episcopal*, qui pour se livrer avec plus de liberté à une conduite contraire à son état, & exercer sans obstacle le despotisme religieux, favorise en tout le despotisme civil, & se déclare l'ennemi de la liberté publique; qui ne sera surpris que la Magistrature ait produit tant d'ames patriotiques?

(g) Avertissem. note 39. p. 43 & 44.

Suivant le Sr. Lou-cœt, le Chancelier est au dessus du Dauphin, & de tous les Sujets.

ronne, les Princes du Sang Royal, à qui elle est substituée, la Reine elle-même, qui n'est pas Législatrice, sont certainement soumis aux Loix, ainsi qu'au Législateur. Tous se font gloire de cette soumission: & le Chancelier simple officier ou *Notaire* du Roi, simple *Greffier* de la Nation, la croira indigne de lui? Disons mieux, il se croira au dessus de tous ces rangs augustes, & il en exigera les respects? Ils lui seront même dûs, s'il est le seul *illustre*, (comme on va voir bientôt que vous avés osé le supposer) & s'il est vrai qu'il *représente immédiatement le Législateur*, d'une maniere si sublime qu'il en partage *la prééminence* la plus incommunicable.

Voilà donc M. LE DAUPHIN & nos PRINCES DU SANG ROYAL obligés de fléchir, comme nous tous, devant un sujet *pris au Hasard* (h) & *parvenu* à la

(h) Généalogie de *René-Charles-Nicolas-Augustin* DE MAUPEOU.

I. *Vincent Maupeou*, ou *Meaupeou* Notaire.

II. *Pierre* I. Domestique-Trésorier du Duc de Joyeuse, & Ligueur.

III. *René* I. Président de la Cour des Aides de Paris.

IV. *René* II. Président de la Premiere Chambre des Enquêtes au Parlement de Paris.

V. *René* III. Président aux Enquêtes du Parlement.

VI. *René-Charles* cy-devant Vice-Chancelier, Pere de *René-Charles Nicolas-Augustin* Chancelier.

Diction. Généalogiq. Héraldique, Tom. 2. P. 492. Mémoire Manuscrit par d'Hozier, fait en 1706 par ordre de Louis XIV. Diction. des Arrêts par Brillon, aux mots NOTAIRES PARISIS, & Epitaphe de Pierre (I.) Maupeou dans l'Eglise de la Magdeleine en la Cité de Paris, près la porte de la Sacristie; & un *Mémoire imprimé* de 43. Pages in folio, signé BARBOT, Avocat au Conseil, intitulé; *Avertissement & inventaire de production que met & donne par devers le Roi, & Nos Seigneurs de son Conseil, Dame Anne de Longueval Veuve du Marquis de Senetaire Comte de Lestrange Accusatrice, contre... Guillaume de Maupeou*, &c...

Ce Mémoire fut donné au Conseil dans une Instance qui étoit la suite du *Procez Criminel* instruit *par Commission* au Presidial de Nismes, contre les Auteurs & Complices de l'*Assassinat commis en la ville de Privas en Languedoc le 13 octobre 1671*.

I. *Vincent Maupeou* seps Ayeul du Chancelier, *Notaire* à Paris, étoit Gendre de Ferdinand Bastonneau, aussi Notaire. Une Déclaration du Roi Henry II. donnée à Saint Germain en Laye le 1. Aoust 1552. régistrée le 13 septembre suivant permet à *François*

Dignité de Chancelier, parce que vous avés imaginé que cette *Dignité est Royale*. Cette imagination bizarre

Bastonneau, & à *Vincent Maupeou*, Notaires au Châtelet de Paris, de passer conjointement tous contrats quoiqu'ils soient *Beau-Pere & Gendre. Diction. des Arrêts de Brillon*, aux mots NOTAIRES-PARENTS. *Code de Henry* II Tom. 1. Cotte Q. fol. 9. *Blanchard* dans sa *Compilation Chronologique des Ordonnances*, Année 1550. fait aussi mention de cette Déclaration. Le Diction. Général. Hérald. ne remonte pas jusqu'à *Vincent*. D'Hozier y remonte, & le dit pere de *Pierre* I. Un Auteur contemporain en parle de maniere à faire détester sa mémoire. *Il fut bassement dévoué aux Chefs de la Ligue, & plaça son fils puisné Pierre I, au service du Duc de Joyeuse, projettant par ce moyen, de sortir de la roture, & d'élever sa famille.*

II. Ce *Pierre* I. Quadrisayeul du Chancelier, fils Puisné de Vincent Maupeou fut Domestique & Trésorier d'Anne Duc de Joyeuse, Amiral de France, Beau-frere de la Reine (Louise de Loraine) Epouse du Roi Henry III. Il profita du crédit du Duc auprès de ce Prince qui en 1550, s'étoit déclaré Chef de la Ligue. La récompense des services qu'il avoit rendu à ceux de ce parti, fut des *Lettres d'Ennoblissement*. D'Hozier les date de 1587, & le Diction. Général. Hérald. de 1586. Cette derniere date paroit la véritable. Les services rendus à la Ligue étoient communs à la Famille, Vincent Notaire avoit fourni les fonds à la caisse de Pierre le Trésorier. Celui-cy associé avec 2. autres partisans mania les finances du Royaume, & amassa subitement une fortune considérable: ses exactions & ses pilleries le dévouerent à l'exécration publique. Les Lettres d'ennoblissement furent accordées à Pierre I, & à son frere ainé, qui suivant le Diction. Général. Hérald. est Auteur de la branche des *Maupeou-D'Ableiges*. Pierre I. ennobli quitta la Trésorerie, & devint *Auditeur des Comptes*. Son Epitaphe porte qu'il quitta cette Charge à cause de son grand âge, & donne pour *services* rendus à l'Etat, ceux qu'il avoit *rendus à la Ligue*. Il mourut en 1608, Seigneur de Bruyeres, de Mousseau, ou Moussey (*Moussel*) & non pas de *Noisi*, comme l'a dit l'Auteur du Diction. Général. Hérald. Il avoit épousé Marguerite Lesnee, dont il laissa 4. Enfans, 2. fils, & 2. filles.

L'ainé des fils fut *Pierre II*. Maitre des Comptes, selon l'Epitaphe de la Magdeleine, & non pas Président aux Enquêtes. La Chancellerie de Ponchartrain fut sa petite-fille. (*Diction. Général. Hérald.* & le *Manuscrit de d'Hozier*.

III. Le Puisné fut *René I*, qui à sa mort de son Pere étoit Président de la Cour des Aides à Paris. Il eut 7 enfans. (*Diction. Général. Hérald.*) Les 4. Ainés servoient dans l'Infanterie. L'un d'eux fut surnommé ARDIVILLIERS. Le 5e. nommé Jean mourut Evêque. Le 6e. fut René II. Président de la premiere Chambre des Enquêtes au Parlement de Paris. René I. eut un 7e. fils nommé GUILLAUME *qui fut Président au Parlement de Metz*. Le Diction. Général. Hérald. ne fait aucune mention de celui-cy.

n'est fondée que sur ce que vous avez trouvé un Dadon qui prend la qualité de *Chancelier de la dignité Royale*

Ce Guillaume, dissipa sa fortune, & ayant commis des prévarications, fut obligé le quitter sa charge de Président à Metz. Il s'insinua dans une famille illustre, & épousa le 17 Juillet 1669. Marie de Hautefort Dame de Lestrange, Veuve de Charles de Séneterre-Marquis de Chateauneuf. Cette Dame avoit 2. fils, le Marquis, & le Chevalier. La Veuve du Marquis peint Guillaume de Maupeou, comme un *scélérat intriguant & de mauvaise foi, qui avoit porté le trouble, le déshonneur, & le deuil dans cette famille illustre.* " A peine, porte son *Mémoire imprimé*, page 4, „ ce mariage infortuné fut-il accompli, que ce beau-Pere commença à faire éclater sa malice, & mit en œuvre sa longue „ habitude, & l'expérience qu'il avoit acquis dans l'art de chicanner. „ Il avoit fait signer à la Veuve du Marquis de Séneterre, en l'épousant, le même jour, & chez le même Notaire 9. obligations simulées montantes a cent cinq mille Livres, au nom de 3. personnes différentes ; Ce fut la matiere d'autant de procez. Il forma au nom de sa femme pour quinze cent mille livres de demande vers le Marquis de Senectere. Cette affaire portée d'abord au Parlement de Paris fut évoquée, & renvoyée au Parlement de Grenoble où elle fut jugée le 17 Juillet 1671. Guillaume de Maupeou fut débouté de toutes ses demandes, & le Marquis de Sénectere fut déclaré créancier de sa mere d'une somme de cent cinquante trois mille deux cent dix livres avec intérests. Cet Arrêt fut le signal du désespoir dans l'ame de Maupeou. Il éclata d'abord en menaces, & forma ensuite la conspiration la plus détestable contre le Marquis de Sénectere. (L'auteur de l'écrit à jamais célèbre intitulé : LA CORRESPONDANCE a confondu ce *Guillaume* avec *Vincent* 3e. Ayeul du Chancelier. Guillaume n'étoit seulement que son Sur-Grand-Oncle.) Il chercha des complices pour l'exécution du crime qu'il avoit médité. Il séduisit le Chevalier * * * âgé de 17. ans. *Maupeon-Ardiviliers* son frere, Capitaine d'Infanterie qui faisoit des recrues, lui envoya des soldats d'élite. Le Marquis de Sénectere s'étoit rendu à Privas, afin de faire procéder à l'exécution de l'Arrêt de Grenoble. Il se logea malheureusement dans une maison située sur la Place de Privas, près de celle qu'occupoient Guillaume de Maupeou, sa femme, & le Chevalier * * *. Ceux-cy faisoient espionner toutes les démarches du Marquis de Sénectere. Le 23. Octobre 1671. sur les 4. heures du soir, ce Seigneur suivi d'un seul laquais traversoit la place de Privas, & étoit à 2. ou 3. pas de la porte de sa maison. 30 assassins postés aux fenêtres, & aux meurtrieres que l'on avoit fait exprès à la maison de Guillaume de Maupeou le fusillerent par derriere, & il demeura sur la place. Guillaume de Maupeou & ses complices partirent la nuit suivante, & se retirérent à Montelimar.

La Marquise de Sénectere mit sa plainte devant les Juges Royaux de Villeneuve-de-Berg qui décréterent Maupeou, & plusieurs autres de prise de Corps. Un Arrêt du Conseil du 23. Octobre ordonna

ou, comme nous dirions aujourd'hui, *Chancelier de*

que " par le Sieur de Bezons Intendant de Languedoc, ou tel autre
„ Juge par lui subdélégué, il feroit informé tant des attroupemens
„ faits dans la Ville de Privas par les dits Maupeou, & sa femme,
„ le Chevalier ***, Ardivilliers & autres, que de l'assassinat
„ par eux commis en la personne du Sieur Marquis de Sénec-
„ *tere, pour ensuite, être leur procès fait & parfait par le Sieur*
„ de Bezons avec les Officiers du Présidial de Nismes, interdisant
„ la connoissance de cette Affaire à tous autres Juges. ". Le Sieur
de Bezons nomma en conséquence les Sieurs Fabriques & Chazel Conseillers au Présidial de Nismes pour informer de cet assassinat jusqu'à jugement définitif, avec injonction à Huchard Garde de la Prévôté de l'Hôtel de se transporter sur les lieux pour tenir la main à l'exécution des *ordres des Commissaires*, auxquels seroit apportée l'Information commencée par les Juges de Villeneuve-le-Berg. Le Sieur Lesdigueres Gouverneur du Dauphiné fit arrêter la Dame de Maupeou, & plusieurs de ses complices. Guillaume de Maupeou avoit pris la fuite. Le 17. Mars 1672 plusieurs accusés furent condamnés & exécutés à Nismes, d'autres furent envoyés aux Galeres. Enfin le 21, autre Jugement qui condamne la Dame de Maupeou au bannissement hors du Royaume, avec défense d'y rentrer à peine de la vie, sursis au jugement du Chevalier ***, attendu l'ordre du Roi, les défauts & contumace contre Guillaume de Maupeou & autres déclarés bien obtenus, & iceux vrais contumaces, & comme tels condamnés, savoir *Guillaume de Maupeou*, & quelques autres *à avoir la tête tranchée*, leurs *biens acquis & confisqués*, & en *l'amende de 3000 Livres*: d'autres étoient condamnés à *être rompus vifs*, ou pendus. Ce Jugement fut exécuté par effigie.

En 1673 *Guillaume de Maupeou* fut *arrêté prisonnier à Paris*. Le Sieur Daguesseau Intendant en Languedoc successeur du Sieur de Bezons fut commis par Arrêt du Conseil, pour, avec le Présidial de Nismes, faire, parfaire & juger en dernier ressort le procez de Maupeou & de ses complices. " Par Jugement du 22.
„ Janvier 1675, sur les Conclusions du Procureur du Roi, après
„ que *Guillaume de Maupeou* eût subi interrogatoire sur la Sel-
„ lette, il auroit pour les cas résultans du Procez été *condamné au*
„ *bannissement à perpétuité hors du Royaume, en trois cent mille*
„ *Livres envers la Dame Veuve de Sénectere pour dommages &*
„ *intérêts, & en mille Livres d'amende envers le Roi, le surplus*
„ *de ses biens acquis & confisqués, & avec dépens.* „

En 1684 Le Chevalier *** Prisonnier depuis 15 ans au Château de Grenoble fit présenter des Placets au Roi Louis XIV. qui par Arrêt de son Conseil renvoya la révision du Procez au Grand-Conseil, ordonna l'apport des procédures faites en Languedoc, & la translation du Chevalier *** au Fort-l'Evêque. Après bien des procédures au Grand-Conseil, entre la Veuve du Marquis de Sénectere, & le Chevalier *** l'Affaire fut portée au Conseil du Roi en *1687*, & M. DE MAILLARD fut nommé

la Couronne. Vous avez cru que cela signifioit *Chant*

RAPPORTEUR. C'est dans cette Instance que la Dame Veuve de Sénectere donna le Mémoire imprimé d'où est extrait tout le détail des faits que l'on vient de lire. Ce Mémoire est accompagné d'un Tableau gravé représentant le Corps du délit.

Le Chancelier *arriere-Neveu de Guillaume de Maupeou* a profité des *circonstances* pour supprimer une Procédure aussi honteuse à la mémoire de son sur-grand-oncle. Il a fait enlever furtivement le sac du Greffe du Grand-Conseil.

Eheu! quam pereunt brevibus ingentia causis!

Claudian.

Sans doute que les minutes originales n'existent plus dans le Greffe du Présidial de Nismes.

IV. *René* II. *frere ainé de ce Guillaume*, & Bisayeul du Chancelier mourut le 22. Mai 1694 Président de la premiere Chambre des Enquêtes au Parlement de Paris.

V. *René* III. fils du précédent, & ayeul du Chancelier, étoit Président aux Enquêtes en 1706, lorsque d'Hozier fit par ordre de Louis XIV. le *Mémoire cy-devant cité.*

VI. *René-Charles* fils de René III. *petit neveu de Guillaume* a été Premier-Président du Parlement de Paris, depuis 1743 jusqu'en 1757. Ses trahisons répétées l'ayant rendu suspect & désagréable à cette Compagnie, elle songea à faire l'examen légal de sa conduite. Etant informé, que l'on avoit rassemblé des preuves de ses délits multipliés, & que la dénonciation alloit en être faite à la rentrée de la Saint Martin, il prévint le coup en donnant sa démission. En 1768, le Roi le nomma *Vice-Chancelier* (pendant la disgrace de M. de *Lamoignon.*) Il présenta ses provisions au Parlement de Paris pour les enrégistrer. La Cour délibéra par un *refus formel.* Cette Compagnie, & toutes les autres du Royaume, n'ont jamais reconnu ce *Vice-intrus.* Elles avoient constamment refusé toute correspondance avec lui.

VII. Enfin, *René-Charles-Nicolas-Augustin*, digne fils du précédent, & arriere-petit-neveu de Guillaume, après avoir été Premier Président du Parlement de Paris, depuis 1763 jusqu'en 1768, est devenu Chancelier, conformément à la prophétie publiée dans une Lettre imprimée à Avignon en 1763, dont l'Auteur de *l'Accomplissement des Prophéties* a fait mention (Recueil des Ecrits Patriotiques intitulé, *Les Efforts de la Liberté & du Patriotisme*, tom. 4, pag. 241.)

Si ces deux derniers personnages n'étoient pas assez connus, & sur-tout le dernier par LA CORRESPONDANCE, la *Lettre de la main de Louis XV*, à M. Berryer, mort Garde des Sceaux en 1762, suffiroit pour les caractériser. Le Monarque y attestoit „ qu'il connoissoit *le pere & le fils* pour *de très-malhonnêtes* „ *gens, dont falloit se défier, sur-tout du fils qui est un* „ COQUIN. " Cette Lettre originale est entre les mains de M. de L. . . . . de B. . . . . . . Président à Mortier du Parlement (exilé). Le Lecteur ne sera pas fâché de juger de la

celior de dignité Royale, c'est-à-dire avec dignité Royale. (*i*)

Dans la crainte que l'on ne m'accuse de vous imputer gratuitement une idée aussi ridicule, j'observe qu'elle est conséquente à vos principes.

Efforts du sieur Bouquet, pour prouver que le chancelier participe à la dignité Royale.

Effectivement vous avez remarqué, dans une autre Note, que » la dignité de Chancelier est encore désignée par la qualité d'HOMME ILLUSTRE: qualité, » ajoutez-vous, *que prenoient alors les Rois eux-mêmes*, » & qui ne paroît avoir été communiquée qu'aux trois » premiers Officiers de la Couronne, le *Maire du* » *Palais*, le *Référendaire ou Chancelier* & le *Comte* » *du Palais*, parce que *la qualité d'illustre* étoit aussi

ressemblance que peut avoir le portrait du Chancelier, avec celui de la *Destruction*, fait par *Olivier de la Marche* dans une Piece de vers allégorique, intitulée : *Le Chevalier délibéré*, *ou la vie & la mort de Charles*, *Duc de Bourgogne*, *qui trépassa devant Nancy en* 1486

Arropos d'un habit divers
Surparé d'étrange maniere,
Bandulé, couleurs en travers
Dentelé de terre & de vers;
Séant en pompeuse chayere,
Contenance montroit *très-fiere*,
Tenant un dard de *disiance*
Contre tel qui gaires n'y pense.
Son Maréchal fut *cruauté*,
Qui tint des liches l'ordonnance
Son Hérault étoit *volonté*,
Portant un blazon diapré
De couleur de *Mécconnoissance*.
Son CHANCELIER étoit *doublance*
Portant le sceau, *non me souffie*
Armoyé de, *nul ne s'y fie*.

Mémoires de l'Académie des Inscriptions, tome 2, pag. 688 & 689. Il y faut lire *surparé*, au lieu de *fut paré*, & *non me soucie*, au lieu, de *dont me souffis*. Olivier de la Marche, Page, ensuite Gentilhomme de Philippe *le Bon*, Duc de Bourgogne, fut Maître d'Hôtel, & Capitaine des Gardes de Charles, Successeur de ce Prince. Le Comte de Charolois le fit Chevalier à la Journée de Montlhéry l'an 1465. Il mourut à Bruxelles le 1er. Février 1501. On a de lui des Mémoires ou Chroniques (estimés des Connoisseurs) imprimés à Lyon en 1562.

[i] *Regia dignitatis Cancellarius*. Recueil, pag. 99, note h.

» la plus éminente chez les Romains. » (*k*) Ainsi, selon vous, la qualité *d'illustre* étoit un attribut de la dignité Royale. Or c'est après avoir fait une Note pour avertir que *Dadon étoit qualifié* HOMME ILLUSTRE; *parce qu'il étoit référendaire, c'est-à-dire Chancelier* (*l*) que vous avez saisi l'occasion d'en ajouter une autre, afin de relever ces termes : *Dado Regiæ Dignitatis Cancellarius*, que vous dites avoir trouvé ailleurs. (*m*) Si même cette seconde note n'étoit pas transposée, par une faute de votre Imprimeur, elle se trouveroit suivre immédiatement la premiere; par conséquent elle a été destinée à l'explication du titre *d'illustre*, & à faire conclure qu'en le partageant ainsi avec le Roi, le Chancelier participe en effet *à la dignité Royale*.

Afin de conserver cette prééminence au Chancelier, d'une maniere exclusive, vous avez eu grand soin d'observer : 1o. » qu'il a succédé à la place du *Grand-Sé-* » *néchal*, premier Officier de la Couronne, Ministre » d'Etat & Président né de la Cour Souveraine de la » Grande-Sénéchaussée de France « (*n*) dont vous faites émaner le Parlement & la Chambre des Comptes sous Philippe Auguste; (*o*) 2o. que ce Grand-Sénéchal est le même que le Comte Palatin ou du Palais; (*p*) 3o. que tous les Hauts-Seigneurs & Grands-Of-

[*k*] Recueil, pag. 42, note a.
[*l*] Ibid. pag. 98, note f.
[*m*] Ibid. pag. 99, note h.
[*n*] Avertiss. n. 38, pag. 48.
[*o*] Ibid. note 22, pag. 24, & observations, n°. 11, pag. 211. Si le Parlement a été établi sous Philippe II, qui commença à regner l'an 1179, dans ce cas, que le Provincial nous dise donc pourquoi il cite lui-même une *convocation du Parlement, faite par le Roi Robert* [lett. 12, p. 197]; & pourquoi d'ailleurs ce Prince, qui succéda à Hugues Capet l'an 997, est surnommé *le Pere du Sénat*, ou du Parlement, par un Historien qui avoit vécu sous son regne, & qui écrivoit sa vie peu après son décès. *Roberto imperante & regente*, dit le Moine Helgaud son Biographe. *Securi viximus, neminem timuimus Patri pio*, PATRI SENATUS, *patri omnium bonorum, felix anima & Salus*. Du Chesne, tom. 4, p. 70, B. Le Parlement existoit donc sous le Roi Robert, & sa Cause étoit regardée dès lors comme celle de la Patrie, comme celle de tous les Gens de bien.
[*p*] Avertissem. no. 20. p. 23. & no. 21. p. 24.

ficiers de la Couronne étoient sous les ordres du Comte du Palais; (q) 4°. que ce Comte du Palais, *ou Prince Aulique*, avoit l'administration de l'Etat. (r) Ce qui vous a semblé digne de former la derniere Loi de votre Colonne Palatine. (ſ) 5°. Vous attribués les mêmes prérogatives au Maire du Palais (t), & vous en faites deux autres Loix de cette troisieme Colonne de votre Tableau. (u)

Mais cet Officier, dites-vous ailleurs, étoit *Ministre de tout l'Etat*, il en avoit *l'administration générale*. (x) De là, vous donnez à conclure que le Comte Palatin & le Chancelier, avoient d'abord partagé l'Office de Maire, après sa suppression.

Le Prove accumule sur la tête du Chanc. toutes les Dignités de la Couronne.

Vous observez encore que le Maire du Palais avoit plus d'autorité que les autres Officiers Palatins, parce qu'il représentoit plus particuliérement la personne du Roi, (y) qu'il avoit une prétérence sur tous les *Hauts-Seigneurs* & les Grands-Officiers de la Couronne. (z) Enfin, c'est une Loi de votre Colonne Palatine, que ce même Officier *tenoit la place du Roi dans le Placité, & que les Ducs ne pouvoient rien faire ni ordonner sans y être par lui autorisés*. (a) Cette complaisance à décrire en toute occasion les prérogatives du Maire du Palais est fondée sur votre prétention de les réunir toutes dans le Chancelier, tant de son chef que comme successeur du Comte.

Ainsi, vous supposez que le Chancelier réunit en sa personne les trois Grands-Offices de la Couronne, qui selon vous, donnoient seuls le privilege de partager avec le Roi le titre d'*Illustre*. En même temps que vous attribuez au Chancelier ce titre unique, vous lui transmettez toute l'autorité de Maire & de Comte Palatin.

[q] Recueil p. 150. note e.
[r] Ibid. p. 159. note u.
[ſ] Tableau p. 138. col. 3.
[t] Recueil p. 152. note i & k.
[u] Tableau p. 228. col. 3.
[x] Tableau ib. & Recueil p. 152. note i.
[y] Recueil p. 68. note y.
[z] Ibid. p. 129. note i.
[a] Tableau p. 337. col. 3.

Comme ces deux Officiers, il est supérieur à tous les Officiers du Palais. Comme le Comte, il est *l'Organe des Jugemens; (b) & l'autorité du Roi n'est employée que pour rendre la Décision ou le Jugement.* (c) Comme Chancelier, il représente immédiatement le Législateur, il est *l'Organe des Loix.* (d) Comme le Comte du Palais, il est encore Ministre d'Etat; (e) mais comme le Maire, il représente plus particuliérement le Roi, & il doit être Ministre de *tout l'Etat*; (f) c'est-à-dire, Premier Ministre.

D'ailleurs, si dans les Jugemens le Roi ne donne *sa voix ni pour ni contre*, s'il confirme seulement *le Jugement des Juges*, (g) de maniere que son autorité ne soit employée que *pour le rendre plus authentique*, (h) *& ordonner de l'exécuter*, (i) ainsi que vous le prétendez, même par rapport à votre Cour Législative; (k) il s'ensuit bien évidemment que le Chancelier, Organe des Jugemens, a une autorité bien plus effective, en cette partie, que le Roi lui-même *qui ne juge point.* (l)

Cependant *les Affaires portées à la Cour Législative, n'y étant pas terminées, selon vous, par la Puissance judiciaire, mais par la puissance Législative; en sorte que la décision devienne une Loi* qui doit être insérée *dans le Code des Loix*; (m) & que l'on puisse *dire que c'est la principale source de nos Loix antiques:* (n) ne s'ensuit-il pas avec une égale évidence, que le Chancelier a dans ses mains cette *principale source de nos Loix*; tandis qu'il ne laisse au Roi, *qui ne juge point*, d'autre autorité que celle de confirmer ses Jugemens,

[b] Recueil p. 108. note y & Avertissem. p. 37. & 33. & 38.
[c] Recueil p. 136. note a.
[d] Avertissem. no. 39. p. 43 & 44.
[e] Avertissem. no. 38. p. 48.
[f] Tableau p. 218, col. 3.
[g] Recueil p. 83. note o.
[h] Ibid. p. 136. note a.
[i] Ibid. p. 109. note y.
[k] Ibid. p. 136. note a.
[l] Avertissem. no. 32. p. 36.
[m] Recueil p. 75. note u.
[n] Ibid. p. 151. note g.

destinés à être des Loix pour l'avenir, ou *d'en ordonner l'exécution* par le même Organe des Jugemens?

Cette source des Loix dépendra d'autant plus souverainement de ce dernier, qu'il partage encore avec le Roi la prééminence de confirmer ou annuller les Arrêts. (*o*)

Suivant le Prov. le Roi ne juge pas, il confirme seulement les Jugemens du Chancel. qui est la principale source des Loix.

Faut-il être bien pénétrant pour appercevoir le dessein d'exécuter ce plan flatteur, & d'établir en effet cette Cour Législative *universelle pour tout le Royaume*, (*p*) dans le projet qui a été formé de n'y laisser qu'un seul Parlement auquel toutes les Loix fussent vérifiées, indépendamment de la Nation ou de ses représentans légitimes? Et n'est-ce pas de cette maniere que l'on vouloit donner à la France un Code nouveau qui renversât toutes ses Loix Municipales, sous le prétexte d'une uniformité qui ne peut éblouir long-temps que des esprits bornés & superficiels?

Charles Quint s'étant laissé séduire par une idée de ce genre, voulut établir une pareille uniformité dans les Pays-Bas seulement. Mais il reconnut bientôt que l'exécution de ce projet *surpassoit toute sa puissance*, quoique portée alors au plus haut dégré par la victoire de Pavie. (*q*)

Le savant Grotius en a depuis jugé de même; & Louis XIV l'a regardé comme un projet que l'on eut honte de proposer, (*r*) & qui *ne pourroit jamais réussir.* (*s*)

A-t-on besoin pareillement d'une étude bien profonde, pour découvrir que donner au Chancelier une puissance aussi vaste, en y ajoutant, pour comble, non-seulement l'indépendance des Loix & des Tribunaux, mais encore le droit de tenir cette *prééminence* de la même Loi Fondamentale qui rend la Personne du Législateur sacrée: c'est-à-dire assez nettement qu'il ne la tient pas même du Roi? N'est-ce pas supposer égales & faire aller de pair les deux autorités du Roi

Suivant le Provincial, le Chancelier tient sa prééminence

[o] Avertissem. no. 39. p. 43.
[p] Lett. 6. no. 14 p. 105.
[q] Traité des Droits de la Reine p. 396. pour 296. & Dialogue sur les mêmes droits p. 51.
[r] Ibid.
[s] Traité des Droits &c. p. 398. pour 298.

& de son Chancelier, que de les faire descendre l'une & l'autre d'une *même Loi Fondamentale*? Ou plutôt, n'est-ce pas rendre le dernier absolument indépendant de son Souverain, qui ne peut jamais se mettre au dessus des Loix Fondamentales, & à qui on a eu soin d'en faire faire l'aveu dans son Edit du mois de Février 1771?

ce de la même Loi Fondamentale qui rend la personne du législateur sacrée.

Jamais, il faut en convenir, les Maires du Palais n'ont été si loin. Ebroin, le scélérat Ebroin, n'auroit jamais été rasé, s'il eût eu le droit d'invoquer une Loi Fondamentale qui l'eut mis au dessus de tous les Tribunaux.

Dangers de cette partie du Système.

Si cependant, malgré leur sujettion aux Tribunaux du Royaume, les Maires ont eu assez de pouvoir pour faire descendre leurs Maires du Trône & s'y placer; que n'auroit-on pas à craindre d'un Officier qui joindroit, à toute leur autorité, la prééminence incommunicable de la Personne Sacrée du Roi, qui auroit *après lui tous les Parlemens, & sous lui tous les Juges qui y ressortissent médiatement ou immédiatement, avec les Ministres de la Justice*? (t) N'est-il pas palpable que rien ne pourroit, dans ce cas, lui résister, & que ni le Roi, ni par conséquent la Nation entiere ne seroient point à l'abri de ses attentats? Il lui suffiroit d'oser entreprendre: &, pour y réussir, de s'être fait des créatures aux dépens du Roi lui-même & de l'Etat.

J'ai donc eu raison de dire que votre Système nouveau déshonore la Royauté, & la démembre tout à la fois, en la partageant entre le Prince & son Chancelier.

Avant de passer au nouveau grief, je ne puis omettre une réflexion qui justifiera le reproche que je vous ai fait d'avoir vendu votre plume au Sieur de Maupeou.

De tous les articles de votre Ouvrage, aucun n'est aussi étendu que celui qui concerne le Chancelier. Vous avez mis à contribution tous les Monumens pour accumuler sur sa tête toutes les Charges & dignités possibles. Enfin, vous les mettez au dessus des Loix, il n'est justiciable de personne: & s'il peut obséder le

[t] Observations sur le Tableau p. 210.

Monarque au point de fermer tout accès aux plaintes, vous lui assurez une entiere impunité. Jamais avant vous un tel Systême n'avoit été imaginé. Qui peut donc vous avoir engagé à le publier? *Cui prodest scelus is fecit.* Le Sieur de Maupeou qui savoit qu'il s'étoit rendu coupable du crime de Leze-Majesté-Nationale, craignant que si le regne des Loix reparoissoit, on ne tardât pas à lui faire son Procès, comme au Chancelier Poyet, a voulu préparer de loin une sorte de défense, ou au moins embrouiller la matiere, afin de se sauver à la faveur de l'obscurité. Cet homme qui ne connoît ni ne respecte aucune Loi, aucun usage, aucune prérogative, est forcé de rendre justice aux Magistrats. Il sait que leur présenter une Loi, un Traité, un Titre, c'est leur montrer un devoir à observer : il sait qu'ils le respecteront, voilà le motif de sa confiance. Mais si les Magistrats respectent la Loi, il faut qu'elle leur soit connue clairement : il faut que les Titres soient précis. Que penseront-ils quand ils verront ce que j'ai opposé à votre raisonnement, à vos citations? Quelle effrayante perspective pour l'auteur de nos troubles! ...... Est-il étonnant qu'il soit attaché à sa magistrature nouvelle? Il n'a rien à craindre de pareils juges. Leur existence dépend de la sienne. Mais tous leurs efforts & les vôtres, M, ne le sauveront pas du jugement terrible que la Loi a déja prononcé contre lui. (*u*)

§. IV. Il rend inutiles le Conseil d'Etat, & détruit tous les Tribunaux Souverains.

Si nous passons du Trône aux Tribunaux chargés des fonctions honorables de rendre la Justice, nous trouverons qu'ils ne sont pas à l'abri de vos incursions. Il est aisé de voir par ce qui précéde, que, selon vous, le Conseil d'Etat est parfaitement inutile ; & les autres Tribunaux Souverains ne le sont pas moins, puisque d'un seul coup vous les supprimez tous par

[*u*] Le Sieur de Maupeou pour arrêter les plaintes qui s'élevoient de toutes parts contre l'ouvrage du Sieur Bouquet, & sur-tout celles de M. le Dauphin, l'a dénoncé lui-même, & l'a fait supprimer par Arrêt du Conseil du. . . . 1773. C'est ainsi qu'il fait croire à ceux qui n'examinent pas les choses, qu'il blâme le Systême, qu'il improuve le Livre, & qu'il n'a pas payé l'Auteur pour le composer. C'est au Lecteur judicieux à prononcer sur ce procédé.

l'universalité des *trois Cours Souveraines de la Nation*; que *les trois Etoiles*, dites-vous, *ou Fleurs de Lis de France n'ont point cessé, de représenter*; (x) dont vous présentez le *Tableau*, (y) *pour en rendre plus sensible l'existence permanente*; (z) & dont le ressort *s'étendoit sur tout le Royaume.* (a)

En tout cas, s'il peut exister d'autres Tribunaux que ces trois Cours Souveraines *universelles & permanentes*, ils ne seront visiblement que Tribunaux inférieurs.

D'un côté ils ne pourront juger sinon à la charge que le Roi veuille bien *confirmer ou annuller les Arrêts* qu'ils rendront; (b) d'un autre côté, vous les soumettez tous expressément à la prééminence de la Cour Législative, à qui vous attribuez *la révision des Jugements* (c) de toute autre Cour, même des deux Cours Universelles qui sont l'objet des secondes & troisiemes Colonnes de votre Tableau, & que vous qualifiez l'une Cour de Pairie, & l'autre Cour Palatine. Pour cette révision, *le Roi seul* aura *voix délibérative.* (d) Il en sera de même de tous les Jugements qui seront à rendre dans les cas pour lesquels il ne se trouve *point de Loi* qui les décide, (e) & il seront décidés par *voie Législative.*

Vous privez en outre les Cours Souveraines du Droit de notifier les Loix & d'en être les Dépositaires; parce que, *dites-vous*, *si l'Enrégistrement dans les Cours Souveraines tenoit lieu de cette notification, ces Cours donneroient le caractere légal aux Arrêtés.... rédigés par le Roi en son Conseil*, (f) & *pour la notification desquels on peut faire usage des Affiches.* (g)

Enfin vous ne leur laissez qu'une existence précaire & momentanée, le Roi étant *toujours le maître d'é-*

[x] Avertissem. note 26. p. 23.
[y] Pag. 325. & suivantes.
[z] Avertissem. no. 21. p. 23 & 24.
[a] Lett. 6. no. 14. p. 105.
[b] Avertissem. no. 39. p. 43.
[c] Lett. 6. no. 15. p. 106.
[d] Ibid.
[e] Recueil p. 82. note n. & lett. 6. no. 11. p. 105.
[f] Recueil p. 32. note i.
[g] Avertissem. no. 34. p. 38.

tendre

tendre ou de restreindre leur pouvoir; (*h*) comme de le révoquer entiérement.

§. V. Ce Systême nouveau offense le Corps entier de la Nation.

Tout ce que j'ai dit jusqu'à présent, prouve que vous dégradez aussi le Corps entier de la Nation, laquelle ne seroit plus celle des Francs, mais, suivant les grandes idées de votre Provincial, seroit au contraire une Nation vaincue & asservie sous le joug du Despotisme & de la volonté propre.

Après en avoir défiguré la Constitution, vous cherchez à répandre l'incertitude sur tout ce qui *vous paroît* capable de la faire connoître.

Vous avancez que l'on ne trouve *qu'erreurs & contradictions dans ce que nos plus anciens Auteurs ont écrit sur l'Origine & la Constitution de notre Monarchie. Pour vouloir remonter trop haut*, ajoutez-vous, *ils se sont perdus dans la nuit des temps* (*i*) N'est-on pas autorisé à croire plutôt que c'est vous qui desirez que l'on s'y perde avec vous ?

D'autre part, vous jettez du soupçon sur le Dépôt National des Loix & des Actes Publics anciens; & sans doute pour détruire l'authenticité de nos Monumens.

Ce dépôt, dites-vous, » a été exposé à tant de vi- » cissitudes, qu'il est difficile de trouver aujourd'hui » des Titres originaux, ou assez authentiques, pour » juger de la fausseté de ceux qui ont été fabri- » qués depuis pour y suppléer « (*k*). En conséquence vous déclarez falsifiés les Registres les plus anciens qui se trouvent au Parlement de Paris, prêtant pour motif à la falsification prétendue, celui d'établir l'Unité des Cours Souveraines (*l*) & leur supériorité sur le Chancelier que vous traitez d'une *idée bizarre*. (*m*) Au contraire, vous décidez que les Registres du Trésor du Chancelier, sont le seul dépôt vraiment authentique; (*n*) & que *cet Officier de la Couronne n'a ja-*

[*h*] Lett. 11. no. 13. p. 179.
[*i*] Lett. 1. no. 5. p. 51.
[*k*] Avertissem. no. 30. p. 34.
[*l*] Avertissem. no. 37. p. 42.
[*m*] Ibid. no. 39. p. 43 & 44.
[*n*] Ibid. no. 33. p. 37.

mais cessé d'être le Dépositaire & l'Organe des Loix. (o)

Toutes ces assertions blessent la Nation dans son honneur & dans ses plus grands intérêts, en même-temps qu'elles sont injurieuses aux Magistrats, qui ont joui de sa confiance dans les différens siecles. Mais ce qui est plus sinistre encore, elles tendent, en détruisant les liens de confiance & d'amour, qui doivent unir le Monarque & ses Sujets, à les constituer dans une espece d'état de guerre, ou d'opposition d'esprit & d'intérêts.

Nous allons voir quelles sont les atteintes que la Nation reçoit dans toutes les classes de ses Citoyens.

§. VI. Les Pairs de France.

Une des principales prérogatives des Pairs de France consistant à ne pouvoir être jugés, pour tout ce qui concerne leur Pairie, ou leur personne, que devant la Cour des Pairs : que devient une si haute prérogative, si les Jugemens mêmes de cette Cour sont sujets *à la révision de la Cour Législative*, (p) autrement appellés *Lit de Justice* (q) dans votre style nouveau ; sur-tout si le Roi, ayant *seul voix délibérative* (r) *ne juge cependant point*, (ſ) & par conséquent ne décide que par l'organe du Chancelier, organe lui-même des Loix & des Jugemens, qui se *rendent en cette prétendue Cour dans la forme Législative*? (t)

§. VII. Les Grands de l'Etat.

Premiérement, j'ai fait voir que vous soumettez les Grands de l'Etat sans exception, au Chancelier comme Successeur du Comte & du Maire du Palais ; c'est-à-dire, comme Ministre né de tout l'Etat, & qu'en leur imposant l'obligation *d'aider le Roi de leurs conseils*, non-seulement vous supposez que le Roi ne les suivra qu'à son gré, mais encore que cette formalité de prendre l'avis des Grands, est *susceptible de changement*, parce que, selon vous, elle n'est qu'accidentelle à la Monarchie. (u)

[o] Ibid. no. 38. p. 42 & 43.
[p] Lett. 6. no. 12. p. 105. & no. 15. p. 106.
[q] Ibid. no. 10. p. 104.
[r] Ibid. no. 15. p 106.
[ſ] Avertissem. no. 32. p. 36.
[t] Lett. 6. no. 11. p. 105.
[u] Lett. 11. no. 5. p. 171.

Secondement, j'ai encore fait voir que le Rang, les Droits & les Privileges des Grands, sont déclarés par vous tenus du Roi ; & vous ajoutez en conséquence, que *la Grandeur & la Dignité en France consistent à servir le Roi de plus près, ou plus utilement.* (x)

On ne raisonneroit pas d'une autre maniere à Constantinople ; & par ce moyen, il n'y a plus ni rang, ni grandeur, ni dignités héréditaires & propres, tout cela dépendra de l'Emploi que le Prince voudra bien accorder à son service : tout cela naîtra & expirera en même temps avec cet emploi & au gré du Prince ; parce que d'après les principes nouveaux, *le Roi est toujours le maître d'étendre ou de restreindre l'exercice du pouvoir qu'il confie, soit à des Particuliers, soit à des Corps.* (y)

La rigueur du service sera même telle que les Grands, qui recevront les ordres du Roi par écrit *ou de vive voix*, seront obligés de les faire exécuter sous *peine de mort* ; parce que telle est la Loi que vous avez portée dans la Colonne Législative. (z) L'exemple sanglant de la Saint Barthelemi, n'auroit-il pas dû éloigner de vous l'idée d'une pareille Loi ? Quel sujet de réflexions !

Les Hautes-Justices particuliérement ne seront plus qu'un Droit précaire dont l'exercice sera restreint, étendu ou supprimé suivant le bon plaisir du Gouvernement. Car, c'est sur-tout aux *Jurisdictions* (a) que vous appliquez le principe que l'on vient de voir il n'y a qu'un instant ; & si vous admettez que *la puissance publique subalterne a été annexée aux Seigneurs & aux Offices héréditairement dans la ligne masculine*, (b) c'est une grace qui vous a paru mériter un correctif dans l'Errata, où vous avertissez *le Lecteur que vous n'avez point prétendu que tous les Offices fussent héréditaires &* *inamovibles.* (c) §. VIII. Les Hauts-Justiciers.

[x] Recueil p. 81. note 1.
[y] Lett. 11. no. 13. p. 179.
[z] Tableau p. 232. col. 1.
[a] Lett. 11. no. 13. p. 179.
[b] Lett. 2. no. 6. p. 60.
[c] Errata final sur la page 60.

Le premier pas contre les Hauts-Justiciers sera d'assujettir les Juges que les Seigneurs établissent, à faire sceller leurs Lettres d'Institution en la Chancellerie de France, parce qu'il en résultera un émolument pour le Chancelier ; & le second sera de les obliger à recevoir des Provisions du Roi. Car ces Juges exercent *une puissance publique qu'on ne peut*, dites-vous, *& qu'on ne doit tenir que du Souverain Législateur*. (d) Par conséquent, dira-t-on avec vous, ils ne peuvent en *faire aucune fonction*, *sans avoir obtenu des Provisions du Roi*. (e)

Si on veut vous en croire, c'est dans le Comte ou Juge Territorial de l'Evêché du Mans que vous en avez trouvé l'exemple, & dès-lors vous en faites une Loi générale de l'Etat.

Le Droit d'accorder le Sceau ou des Provisions, sera certainement accompagné de celui de les refuser, ou même de les faire acheter, & ce sera un moyen de s'assurer des créatures dévouées au Chancelier contre leurs propres Seigneurs : bientôt on jugera que la Puissance *Publique*, faisant partie de la Souveraineté, *ne peut & ne doit résider que dans la main du Monarque*, (f) & *qu'il est de principe qu'il n'étoit pas même au pouvoir de Charles le Chauve d'aliéner à perpétuité une partie des Droits de la Couronne*. (g) De là on tirera cette conséquence que les Hautes-Justices ne peuvent & ne doivent appartenir en propre qu'au Roi seul, & qu'elles ne sont point de nature à être patrimoniales.

D'autres principes fortifieront encore ceux-là, afin de les ôter d'abord à l'Etat Ecclésiastique Régulier, d'autant qu'il ne convient d'attaquer les Ordres du Royaume que les uns après les autres ; l'on fera voir ensuite que l'Etat Ecclésiastique Séculier doit reconnoître les mêmes Loix, & l'on finira par en faire l'application aux Seigneurs Laïques. On dira peut-être alors que, sans cela, le Monarque ne jouiroit point de la

[d] Recueil. p. 129. note i.
[e] Ibid.
[f] Lett. 10. no. 2. p. 158.
[g] Ibid.

Souveraineté, & qu'il n'en auroit que l'ombre vaine.

Déja un des ces Ardélions, que le Chancelier paye pour faire son éloge, ose le louer d'avance de l'exécution future de ce projet ravisseur.

» Je n'oublierois pas, dit-il, les Hautes-Justices, dont la multiplicité est un abus intolérable. La Justice doit se rendre dans toute l'étendue du Royaume au nom du Souverain. *Les Hautes-Justices seront bientôt rendues Royales*, en assujettissant au Droit de Sceau les Provisions que les Seigneurs accordent aux Officiers. « (h)

Il admire principalement la surcharge qui en résultera, pour le Public, par *le produit immense des droits de Sceau, petit Sceau, Archives*, &c. ; *à quoi seroient assujettis tous les actes judiciaires de toutes les Jurisdictions, & dont celles des Hautes-Justices étoient exemptes.* (i)

C'est ainsi que l'on nous promet la Justice gratuite, & qu'en s'occupant à dévaster l'Etat pour se parer de ses dépouilles, on amuse le Public par des belles phrases, qui ne sont aux yeux des gens sensés, que de plattes ironies. L'impiété de ces adulateurs sans pudeur, va jusqu'au point de proposer le Chancelier à nos adorations sous la qualité *de Dieu tutélaire.* (k) Quel Dieu ! *Similes illis fiant omnes qui confidunt in eis.*

Les Femmes si mal traitées dans presque tout l'Univers, le sont un peu moins en France & dans quelques pays policés. Vous semblez leur envier ces petits avantages. Votre système destructeur de *l'utilité publique* leur enleve des privileges dont elles ont joui sans interruption. § IX. Les Femmes.

Comme la puissance publique Souveraine, dites-vous, a été unie à la Couronne héréditairement dans la ligne masculine ; ainsi, la puissance publique subalterne, a été annexée aux Seigneuries & Offices aussi héréditairement *dans la lignée masculine.* « De cette

[h] Brochure faussement intitulée : *Le Vœu de la Nation* ; c'est le 95me Volume des productions à la Chancellerie, 1ere part. p. 9 & 10.

[i] Ibid. p. 13.

[k] Lettr. 2. no. 6. p. 63.

sorte les femmes deviennent incapables, par le défaut de leur sexe, de toute Seigneurie subalterne, de même que de la Couronne, & cela par une Loi Fondamentale aussi imprescriptible que sacrée.

L'usage contraire ne pouvant donc être qu'un abus, les Hautes-Justices seront réunies au Domaine toutes les fois qu'il ne se trouvera que des Femmes pour en recueillir la succession, parce que l'on jugera non seulement que leur sexe ne peut compatir avec l'exercice de la puissance publique, mais encore que les Offices auxquels cette puissance est annexée ne doivent point être inamovibles, & qu'enfin tout rang & toute dignité, devant consister *à servir le Roi*, les Femmes n'y peuvent aucunement prétendre.

Ce n'est pas avec ce dédain que nos anciens Gaulois jugeoient des Femmes.

Opinions que les Anciens Gaulois avoient de leurs Femmes.

» Étant sur le point de passer les montagnes des Alpes, (dit de Launay en parlant de la capacité d'être arbitres, dont les Femmes jouissent en France), il se forma dans leur Armée deux Partis, qui, sans l'entremise de leurs femmes, alloient ruiner la Nation : & leurs avis, qui la conserverent, furent si sages, que depuis ils n'entreprenoient aucune affaire, tant de guerre que de paix, sans les consulter : de sorte même que par le traité fait entr'eux & Annibal, il fut arrêté que, s'il arrivoit que les Carthaginois prétendissent avoir reçu quelque tort des Gaulois, les Gauloises décideroient leurs differends. (*l*)«

Il falloit que ces Femmes eussent donné aux Nations étrangeres une grande idée de leur équité, & c'est, sans doute en s'humanisant par leur commerce avec les Gaulois, que les Germains apprirent à révérer les Femmes, *non par adulation, & comme s'ils en faisoient des divinités*, dit Tacite, (*m*) mais parce qu'elles sont les *Filles de la Patrie*, dont elles forment une portion & à laquelle elles sont singuliérement attachées.

C'est à l'occasion de la 35me regle du 1er livre des

[*l*] De Launay sur Loisel p. 246.

[*m*] *Non adulatione nec tanquam facerent Deas*. Tacit. De Morib. German. Mém. de l'Academ. des Inscriptions, t. V, p. 311.

Institutes Coutumieres de Loisel, que de Launay, son Commentateur, rapporte ces deux premiers traits historiques à la gloire du sexe, pour prouver que cette regle *ne dit rien d'extraordinaire, en disant qu'en France les Femmes reçoivent* des compromis & *des arbitrages.* (n)

On les y a même vu remplir toutes les fonctions de la Pairie; & si l'on excepte la Couronne seule, (parce qu'elle n'a rien de commun avec les autres biens, qu'elle n'est ni Fief ni Aleu, & qu'elle ne se défere qu'en vertu de sa substitution en ligne masculine d'aîné en aîné,) il n'y a aucune autre Dignité Civile, ni aucune Seigneurie dont les Femmes soient incapables d'hériter, quoique les mâles, en pareil degré de succession, leur soient ordinairement préférés en vertu de statuts particuliers.

C'est donc mal à propos encore que vous avez présenté les Seigneuries & Offices comme héréditaires en la seule ligne masculine.

Le droit si sacré de la propriété des Citoyens est également sacrifié aux nouveaux principes. Vous répondez admirablement au desir de celui qui vous a dit, comme à ces faux Prophetes dont parle l'Ecriture: *ayez des visions qui nous plaisent & qui nous flattent agréablement.* (o)

§. X. Les Propriétaires en général.

Ce ne sont pas les seuls propriétaires d'effets Royaux ou de Finances, de Charges & d'Offices qui doivent trembler. Les uns & les autres, mais nommément les premiers, ont à se reprocher leur imprudence d'avoir exposé leur fortune à la merci d'Edits de création de Rentes ou d'Offices, qui ne pouvoient avoir l'autorité d'endetter l'Etat, ni d'obliger les Successeurs au Trône, puisqu'ils n'étoient pas des Loix délibérées avec la Nation; mais ceux mêmes qui peuvent se flatter d'être les meilleurs Citoyens, & de tenir plus solidement à la Patrie par les possessions de fonds, ne s'en trouveront pas plus assurés. Toute espece de propriété ne devient plus

(n) De Launay, ibid.
(o) Dic nobis placentia.

qu'une *ombre vaine*, dès que l'on suppose quelque réalité aux principes nouveaux que vous voulez ériger. Car, si *les droits & devoirs dûs à la Suzeraineté*, [c'est-à-dire, ainsi que l'avez expliqué vous-même, ceux qui concernent le Roi *comme conquérant, & comme Seigneur Dominant*], *sont limités & restreints à ce que porte le titre ou la coutume*; on ne doit pas s'imaginer, dites-vous, qu'il en puisse être de même des *droits & devoirs dûs à la Souveraineté*. [p]

Faut-il être Jurisconsulte, ajoutez-vous, *pour appercevoir l'erreur* dans laquelle on s'engageroit en confondant *les qualités de Souverain & de Suzerain*, [q] afin de confondre en même temps les droits qu'elles peuvent donner à exercer? Ceux-ci doivent *dériver de contrats Synallagmatiques* (r) qui les ont fixés irrévocablement, mais *les droits & devoirs, dûs à la Souveraineté* n'ont pour titre que la Couronne, *ils sont illimités*, (s) & même ils sont tels par leur nature » étant, » dites-vous *par leur nature illimités*, ils ont dû augmenter ou diminuer relativement à l'accroissement » ou diminution des besoins du Roi & de l'Etat. [t]

En conséquence il vous semble raisonnable & plausible qu'ils puissent se porter non-seulement jusqu'à demander aux Sujets une portion des revenus, mais encore à exiger, sans leur aveu, la moitié même de tout leur avoir.

Le Provincial convaincu de faux dans une citation d'un Capitulaire de Charlemagne.

Pour prouver cette conséquence bien digne de votre Systême, & qui paroît en être le principal but, vous supposez gratuitement & sans preuves que sous le Regne heureux de *l'Empereur Charlemagne la contribution en argent fut générale, & à un tel taux, que celui qui avoit la valeur de six livres, en payoit trois & les autres à proportion*; & que *l'on apprécioit jusqu'aux vêtemens*. [u]

Je dis que vous supposez ce fait, parce qu'il n'en est pas question dans l'article 19 du second Capitulaire de

[p] Lett. 5, no. 4, pag. 91. [q] ibid.
[r] ibid. no. 3, pag. 90.
[s] ibid. no. 4, pag. 91.
[t] ibid. no. 5, pag. 92.
[u] ibid. no. 7, pag. 93.

l'an 805 que vous citez en preuve. Cet article ne parle en effet d'aucune espece de contribution ; mais seulement de la maniere d'exiger l'amende appellée *Ban d'Armée* ou *Ban de trompette*, [x] laquelle étoit encourue par ceux qui, au mépris de la convocation pour se rendre sous les drapeaux de l'Armée, avoient négligé d'y venir faire le service, auquel ils étoient obligés personnellement.

Cette amende, selon les Loix, devoit être de soixante sols ; [y] mais par l'article dont il s'agit, & qui est en même temps le 14 du troisieme Livre des Capitulaires, la Diete du Royaume fait un réglement qui sert de mitigation à la rigueur de la régle générale. 1o. Elle établit que cette amende ne sera exigée que sur le mobilier. 2o. Elle accorde une remise à ceux dont les facultés auroient été épuisées par le paiement entier d'une somme aussi forte, pour ce siecle-là. 3o. Elle ordonne qu'afin de connoître ceux qui seront dans le cas de jouir de cette modération, le mobilier des délinquans sera estimé, sans y comprendre ni les *vêtemens de leurs femmes & enfans*, [z] ni même les leurs propres, puisque le texte du Ré-

[x] *Heribannum* peut signifier l'un & l'autre. 1o. *Here* signifie *armée* ; les Loix de St. Edouard ont un titre de *Heretboiis* où il est dit *Heretoches*, *latinè ductores exercitûs*, sur quoi Eccard s'explique ainsi ; HERE, *exercitus* : TOO, *Dux*, *Rex*, *Linguâ Gallicanâ vel Belgicâ*. 2o. *Here* signifie trompette *Buccinam* ; la Loi Salique le prouve t. 67, c. 1. *Si quis alterum Hereburgium clamaverit, hoc est, Strio portium, qui quis æneum portare dicitur in quo striæ concinunt.* Baluze tom. 1. p. 332. On sait que *Ban* signifie *Proclamation*. Ainsi *heribannum* ne signifie jamais une imposition, ni une contribution.

[y] Si quis liber, contemptâ jussione nostrâ, cæteris in exercitum pergentibus, domi residere præsumpserit, plenum heribannum *secundùm Legem Francorum*, id est, solidos sexaginta, sciat se debere componere. Capitular. an. 801, cap. 1, Baluz. tom. 1, p. 347.

[z] *Et Uxores eorum vel Infantes non fiant despoliati pro hâc re de eorum vestimentis.* Capitular. lib. 3, cap. 14, item 2 & 3, capitul. anni 805, cap. 19 & 21, *Baluz.* tom. 1, p. 757, 427 & 434.

Une virgule, placée après ces mots *pro hâc re*, a fait croire au Sr. Bouquet que l'on estimoit jusqu'aux vêtemens ; au lieu qu'elle doit être placée après *Vestimentis*, ce qui fait un sens tout opposé. Le bon sens ne permettoit pas de douter du déplacement de cette virgule ; mais l'article 258 du 5e. livre des Capitulaires en doit convaincre. *Ità ut Uxores eorum vel Infantes non fiant expoliati pro*

glement spécifie toutes les autres parties du mobilier qui doivent entrer dans l'estimation, en n'y comprenant les étoffes qu'au cas qu'elles ne soient point employées. [a] 4°. Enfin il est réglé, par forme de déclaration interprétative, que ceux qui se trouveront avoir un mobilier de la valeur de six livres payeront l'amende totale ; que l'on n'exigera pas plus de trente sols de ceux dont le mobilier n'excédera pas la valeur de trois livres ; & qu'au dessous ils ne payeront plus que le quart de l'estimation de leur mobilier.

La preuve certaine qu'il ne s'agit dans cette Loi, ou Déclaration, que d'un Réglement nouveau pour le paiement de l'amende, faute d'avoir satisfait à l'obligation personnelle du service militaire, est textuellement écrite dans l'Edit publié à Pistes l'an 864, sous le regne de Charles le Chauve (b). Cet Edit, article 27, cite la Loi dont il est ici question, & ordonne qu'elle sera exécutée en ces termes :

» Et ceux qui étant d'une telle condition libre auront négligé de faire leur service, payeront l'amende dite *Heribannum* (Ban de trompette ou d'Armée), suivant le réglement *contenu en l'Article XIV du troisieme Livre* des Capitulaires de nos Pere & Ayeul « (c).

hâc re de eorum vestimentis, porte cet article, en plaçant la virgule après *vestimentis*, Baluz. tom. 1, pag. 873.

[a] *Pannis integris* ibid. *omnibus latis citatis.*

[b] PISTES étoit un Château bâti par Charles-le-Chauve, à 4 lieues de Rouen, & une lieue de la Ville du *Pont-de-l'Arche*, où ce Prince avoit fait construire sur la Seine le pont de pierre qui a donné son nom à cette Ville. Le Château de Pistes étoit situé sur la rive gauche de la *Seine* en remontant à Paris, au pied de la montagne appellée *Côte des deux Amans*, entre la Riviere d'*Eure*, & celle d'*Andelle*, ou d'*Audelle*. Ce lieu sert de Port pour embarquement des bois de la *forêt de Lyons*. Il porte encore aujourd'hui le nom de *Pistres* que l'on prononce *Pître*. Le Château n'existe plus, on en voit seulement des vestiges. Les Seigneurs du Sol sont le Marquis de Pont-Saint-Pierre, & le Chapitre de la Cathédrale de Rouen. L'ancêtre de *MM. de Pont-Saint-Pierre* avoit eu ce terrein en partage, lors de l'établissement des Normands, sous le Duc Rollon. Il fut *premier Baron de Normandie*, & sa famille conserve encore aujourd'hui ce titre.

[c] *Et qui de talibus* (*Hominibus liberis*) *hostem dimiserint*,

Cet exemple de Charlemagne ne pouvoit être mieux choisi pour prouver tout le contraire de ce que vous en avez choisi, puisqu'il fait voir que ce Prince juste ne croyoit pas pouvoir faire un réglement nouveau en matiere d'amende, ni modifier une loi établie à ce sujet, sans la délibération & le concours de la Nation assemblée; à plus forte raison, ne s'attribuoit-il pas la puissance d'imposer arbitrairement aucun tribut à ses Sujets. Je conviens, M. qu'un exemple comme celui de Charles-Margne eut été un grand appui pour votre systême; mais il faut que vous n'ayez pas la moindre idée de la Souveraineté, pour prêter au plus grand Prince qu'ait eu notre Monarchie, des vues aussi basses, & des prétentions aussi injustes. Quand le texte ne seroit pas aussi formel qu'il est, la raison & l'humanité auroient dû vous faire dire: Charles-Magne étoit un grand Prince, donc il n'a pas cru qu'il lui fut permis de prendre la moitié du bien de ses Sujets.

Il attribue gratuitement ses idées à Charles-Martel.

Vous n'êtes pas plus heureux, quand vous cherchez à vous autoriser de l'exemple de Charles-Martel. » Il » paroît, dites-vous, que les guerres continuelles » obligerent ce Prince à augmenter si considérablement le taux des Droits Regaliens qu'un grand nom» bre des Seigneurs Ecclésiastiques refusa de les ac» quitter; ce qui donna lieu, ajoutez-vous, à la réu» nion de leurs Bénéfices Régaliens. » (d)

Je cherche par-tout la preuve de cette allégation, & je vois que ce n'est de votre part qu'une conjecture. Je suis donc dispensé de la discuter. Mais, en supposant qu'elle fut fondée, il ne seroit pas difficile de concevoir qu'un Maire du Palais, tel que Martel, ont pu former des entreprises contre les Droits de la Nation; puisqu'il se permettoit le projet d'établir sa race sur le Trône de ses Maîtres: & d'ailleurs vous convenez, vous-même, en propres termes, que l'Ordre Ecclésiastique refusa de payer ce que Martel exi-

beribannum JUXTA DISCRETIONEM *quæ in progenitorum nostrorum tertio libro Capitulorum, Capitulo XIV continetur, persolvant.* Baluz. tom. 1, pag. 187.

(d) Lett. 5, no. 6, pag. 92 & 93.

geoit induement. Est-ce donc dans les exactions d'un Ministre trop puissant, & qui vexe les Peuples pour se mettre en état de ravir la Couronne, que l'on doit découvrir nos Loix Fondamentales? Est-ce dans une telle source que l'on doit puiser la preuve des droits légitimes du Monarque, qui, en cette qualité, *étant inférieur à Dieu, & Supérieur à des Hommes libres*, est obligé de *rendre à Dieu, ce qui est à Dieu, & à ses Sujets, ce qui est à ses Sujets*, suivant que l'écrivoient les Evêques des deux Provinces de Rheims & de Rouen, à Louis de Germanie, en 858. (e)

On sait que Martel a été accusé d'avoir ravi des biens Ecclésiastiques : mais on étoit bien éloigné de penser qu'il en eut eu le droit. Son usurpation étoit au contraire si odieuse, qu'on le regardoit comme capable de lui avoir attiré une damnation éternelle. On fut même jusqu'à supposer qu'elle avoit été révélée à St. Euchert, Evêque d'Orléans : & quelque absurde que soit cette fable, qui a été très-grossiérement interpolée dans l'article 7 de la lettre à Louis de Germanie, dont nous venons de parler, (f) elle ne laisse pas de prouver

[e] Vos qui sub Deo estis & super homines estis, reddite quæ sunt Dei, Deo; & sicut Cæsar æquus, quæ Subditorum sunt, Subditis reddite. Capitul. Kar. Calvi, tit. 27, c. 12, Baluz. t. 2, p. 112.

[f] L'interpolation de la Fable, sur le fait de la damnation de Charles Martel, n'est provenue que d'une note marginale faite par quelque esprit crédule, & qui ensuite a été insérée dans le texte par un copiste ignorant. Elle commence à la 22e. ligne de la page 109 du second tome de *Baluze*, par ces mots : *quia verò* : & finit à la 15e. ligne de la page suivante par ceux-ci : *reserre audivimus*. La différence du style, l'allongement de l'article, l'interruption du sens, la rendent si visible qu'il est étonnant que Baluze ne l'ait pas retranchée du texte pour la rejetter dans une note. Au contraire si on la retranche, rien n'est plus suivi que le sens de l'article, qui réclame l'autorité des Loix Civiles & Canoniques en ces termes : *Quapropter sicut & illæ res ac facultates de quibus vivunt Clerici, ita & illæ sub consecratione immunitatis sunt de quibus debent militare vassalli, & pari tuitione a regia potestate in Ecclesiasticis usibus debent muniri. Sed & Sacri Canones a Spiritu Sancto dictati, eos qui facultates Ecclesiasticas diripiunt, & res Ecclesiasticas* [peut-être *Ecclesiæ patrum*] *indebitè usurpant, Judæ, traditori Christi, similes computant.* Il est évident que la seconde partie de cette phrase est la suite de la premiere, & que la fable les désunit sans raison ni goût. Hincmar de Rheims, auteur de

de quoi il suit, on avoit regardé les usurpations tyranniques de Martel.

Au surplus, comment ne sentez-vous pas que vos principes anéantissent le droit de propriété de tous les Citoyens, & ne laissent d'autre propriétaire véritable que le Souverain? Serai-je encore, Monsieur, obligé de prouver que le Droit de Propriété a toujours été constamment celui de la Nation Française, que la volonté du Monarque n'est pas suffisante pour en priver les Sujets, que ses maximes n'ont jamais varié jusqu'en 1770, ÉPOQUE FATALE OU UNE AMBITION VENIMEUSE, *mêlée avec une frénésie de bassesse, a saisi l'esprit de plusieurs, & les a tellement dénaturés de l'humeur Française, qu'ils estiment blasphèmes, ce que nos Ancêtres ont cru droits Sacrés?* (g) Non, M., je ne puis que vous plaindre si vous avez des doutes sur des choses de cette évidence. Renoncez à la manie du systême, & vous verrez comme le reste de la Nation.

» Je conçois bien, dites-vous, que de cette franchise des héritages appartenans aux Seigneurs & aux Villes libres, il faut conclure que Clovis & ses Successeurs n'ont pu par aucun Edit rendre ses héritages serfs, ou même les assujettir à la directe féodale ou censuelle, sans l'Assemblée & Consentement des Seigneurs & des Cités; puisque *cette franchise dérive de la constitution du Gouvernement*, & qu'elle est par conséquent établie sur *une Loi Fondamentale.* (h)

On pourroit encore m'opposer, avez-vous ajouté ailleurs, « qu'il est de fait certain que nos Rois, de la premiere & de la deuxieme race, convoquoient des Assemblées générales de la Nation pour y traiter les affaires importantes de l'Etat : que celle de la contribution à ses besoins étoit, sans contredit, l'une des plus importantes : que sous la troisieme race, elle a été

contre la Lettre n'étoit pas capable d'en manquer jusqu'à ce point; & son style est trop connu pour s'y méprendre.

[g] Remontrances du Parlement d'Aix au Roi en 1614. Recueil des *Preuves des Libertés de France.* Chap. 7, nomb. 65.

[h] Lett. 5, no. 9, pag. 90.

un des principaux motifs de la convocation des *Trois* Etats, qui ont représenté les anciennes Assemblées générales de la Nation ; que *ce n'est que de leur consentement que les contributions ont été imposées & perçues* ; & qu'encore aujourd'hui le Clergé, premier Corps de l'Etat, est en possession de ne contribuer aux besoins de l'Etat que par des dons gratuits, desquels il fait l'imposition & la perception.

Vous répondez que » nos anciens monumens font trop souvent mention des Assemblées générales, pour que ce fait puisse être révoqué en doute. (i) « Mais la certitude de ce fait ne vous empêche pas de suivre votre erreur avec opiniâtreté, & vous croyez éluder une objection aussi solide, en disant : » que dans un Etat Monarchique, le Souverain a seul & sans aucun partage, la voix délibérative en matiere de Législation & de Gouvernement de l'Etat. « (k) Ensorte que les Etats-Généraux ne sont assemblés, selon vous, que pour user *d'humbles Requêtes & Supplications que le Roi reçoit ou rejette ainsi qu'il bon lui semble.* (l) Cela étant, M. à quoi bon tant d'érudition, tant de citations ? Il eut été plus court de dire : *le Droit du Roi est de faire ce qu'il veut. Donc tout exemple contraire ne prouve rien contre moi.* Il n'est plus besoin de fouiller les Monumens. Vous avez puisé ce faux principe dans la République de Bodin ; & il ne faut pas s'en étonner, parce que cet Auteur, à ce qu'il paroît, s'étoit proposé dans cet Ouvrage de n'en point connoître d'autres que ceux de la *Loi Regia* ou de l'Empire, dont nous avons parlé ci-devant, & qui, de votre aveu même, introduiroit le Despotisme en France.

Mais Bodin lui-même parloit d'un ton bien différent, dans les Etats de Blois de 1576, comme on peut facile-

(i) Lett. 5, no. 9, pag. 95.

(k) Lett. 7, no. 4, p. 108 & 109.

(l) Ibid. no. 14, p. 117.

Le contraire de ces faux principes est établi par Louis XI dans le *Rozier de Guerres*, où ce Prince n'a pas hésité de dire que, *le meilleur Roy qui soit, est celui qui n'est pas subject à sa volunté, & qui fait toutes choses qui sont bonnes & proffitables à son Peuple.* Ch. 3, pag. 25 & 26.

ment s'en convaincre par la Harangue qu'il y prononça & qui lui fit donner la qualité d'*Homme de bien.*

» Si on vouloit réduire les Députés à 18 ou 20 per» sonnes, dit-il, ce seroit réduire les Etats *du petit-pied.* » Jaçoit qu'il n'y eut homme en l'Assemblée qui put » être vaincu par présens, ni par promesses : Si est-ce » qu'il seroit à craindre que la peur & la crainte qu'ils » auroient en *la présence du Roy* & de tant de Princes » & Seigneurs, les pourroient faire changer & varier : » comme on disoit que Louis XI, avec 18 personnes » qu'il convoquoit par forme d'Etats, disposoit *à son* » *bon plaisir* de tout ce qu'il vouloit ; & faisoit enten» dre que c'étoit les Etats. Et en cette façon il mit les » Rois hors de page. [m]

Cause des Variations de Bodin sur les vrais principes.

Cet Orateur, dont les Etats approuvérent formellement les raisons, ne pensoit donc pas pour lors qu'il dépendît du Roi de décider, *à son bon plaisir*, pour ou contre le vœu des Etats. S'il a tenu depuis un langage si contraire à ses lumieres & aux principes de la Nation, c'est la flatterie seule qui l'a mis dans sa bouche.

Quant à vous qui ne craignez pas d'imiter la bassesse de Bodin, je vous demande si Charlemagne n'étoit pas Monarque, & même le plus grand Monarque qui ait jamais existé.

Or sous ce regne si supérieur à tous les autres, la maxime contraire à celle de la République de Bodin, mais conforme à l'opinion des Etats de Blois, faisoit la gloire du Prince & la félicité de ses Sujets. On en trouve la preuve incontestable dans un Capitulaire de l'an 803. Cette année même la Classe inférieure du Peuple témoigna à Charlemagne qu'elle desiroit que les Ecclésiastiques fussent exemptés du service Militaire, dont originairement une partie de leurs Domaines se trouvoit chargée ; & la Requête présentée à cette fin s'exprime en ces termes.

[m] Harangue de Bodin, dans le *Recueil* fait par lui-même *sur les Etats de Blois*, p. 323 & 324. Henry III approuva aussi les motifs de cette Harangue, & Bodin en fait la remarque en ces termes : *le Roy ne se put tenir de dire que Bodin étoit homme de bien.* Cet éloge auroit dû l'empêcher de perdre de vue les principes qui le lui avoient mérité.

» Nous vous prions tous avec instance d'accorder cette
» exemption ; *parce que nous ne voulons point absolument*
» *consentir* à ce que les Ecclésiastiques marchent avec
» nous pour un tel service. [n]

La réponse de ce Monarque est très-remarquable. » Nous voulons faire connoître à tout le monde, dit-il, que non-seulement nous souhaitons d'octroyer ce que vous avez demandé avec prieres ; mais encore que nous sommes très-disposés à accorder tout ce que vous imaginerez pour l'avantage de l'Eglise & de ses Ministres, ou pour celui de tout le Peuple, & pour le vôtre en particulier. «

» Nous vous accordons donc *sans délais* ce que vous desirez, & comme vous l'avez demandé. «

» En conséquence lorsque nous serons assemblés à la Diete générale, *sous la protection de Dieu*, (s'il nous conserve les jours) nous avons à cœur que cette concession soit rédigée par écrit & *reçoive une forme stable par le concours de tous nos fideles Sujets*, (aux termes de votre demande) afin qu'elle demeure inviolablement assurée pour notre Regne, celui des nôtres, & tous les temps à venir, *par le plus ferme secours de Dieu*. «

» Nous ne faisons absolument aucune difficulté ni d'établir les réglemens, qui regardent l'intérêt général de l'Etat & qui conviennent à tous les Ordres, ni d'en faire jouir, pour l'amour & en vue de Dieu tout-puissant, soit les fideles (ou sujets) de sa sainte Eglise soit les nôtres : & dans la Diete générale qui suivra *immediatement*, si-tôt que le plus grand nombre des Evêques & des Comtes en sera d'accord, nous ferons confirmer (une seconde fois) le même Arrêté, ainsi que vous l'avez encore demandé. « [o] Charlemagne étoit bien

[n] Obnixè omnes precamur, & ut concedantur rogamus ; quia nullatenùs volumus adsentire ut nobiscum ad talia pergant. Voyez Baluze, tom. 1, pag. 406.

[o] Omnibus notum esse volumus quia non solùm ea quæ... fieri rogitastis concedere optamus, sed quidquid pro Sanctæ Dei Ecclesiæ & Sacerdotum sive totius Populi & vestra utilitate inveneritis concedere paratissimi sumus. Et modò ista, sicut petistis, concedimus, & quando, vitâ comite, Deo auxiliante, ad Generale Placitum venerimus, sicut petistis, Consultu omnium Fidelium

éloigné

éloigné de penser qu'un langage si digne de lui, dérogeât à sa dignité Souveraine.

Au contraire dans la seconde Diete générale qu'il avoit promis de faire tenir pour donner, par une seconde confirmation, le caractere de *Loi perpétuelle*, [p] à l'Arrêté de la premiere, ce même Prince a soin de déclarer que c'est *d'après l'avis de tous ses Sujets* [q] *qu'il se corrige lui-même* (en relâchant des droits de son Domaine Royal pour satisfaire à la demande de la Classe inférieure de son Peuple) *afin que ses Successeurs reçoivent dans cette conduite un exemple à imiter.* [r]

La flatterie aura beau épuiser ses subtilités pour prouver qu'un Souverain ne peut être assujetti à la volonté de ses Sujets, cet exemple seul détruit ses vains raisonne-

nostrorum, scriptis firmare; nostris, nostrorumque, atque futuris temporibus irrefragabiliter manenda, firmissimè Domino amminiculante, cupimus. Modò [*id est, nunc, adhuc*] ea quæ generalia sunt, & omnibus conveniunt ordinibus statuere; ac cunctis sanctæ Dei Ecclesiæ nostrisque fidelibus, ob Dei omnipotentis amorem & recordationem, tradere, parati sumus & ad proximum Synodalem nostrum conventum ac generale placitum, ubi plures Episcopi & Comites convenerint, ista, sicut postulastis, firmabimus. Capitul. 8, an. 803, Baluz. tom. 1, p. 407, 408, 409 & 410.

[p] La confirmation dans une seconde Diete formoit la différence que l'on mettoit entre une Loi perpétuelle & un simple Capitulaire ou Arrêté d'une seule Diete. *Legem quam noster edidit Princeps stabili robore firmamus, atque ut futuris temporibus observetur pari sententiâ definimus.* Capitul. lib. 6, cap. 324, Baluz. tom. 1, pag. 978.

[q] Le texte porte *de tous nos Nobles*, mais la qualité de *Noble* désignoit alors tout Citoyen libre: ce qui subsistoit encore jusqu'au Regne de Henry I. La Chronique de St. Benigne de Dijon, parlant d'Halynard qui fut sacré Archevêque de Lion l'an 1046, dit, *hic fuit oriundus Burgundiâ, nobiliam utrorum exortus prosapiâ, nam Pater ejus Lingonum, Mater verò Heduorum civis extitit.* Spicileg. Dacherii, tom. 1, p. 461. D'autrefois le terme de *Nobles* signifioit particulierement tous ceux qui avoient part à l'administration de la Justice & aux Affaires de l'Etat. *Comites & Centenarii, & cæteri Nobiles Viri, legem suam pleniter discant.* Capitul. lib. 5, cap. 260. Item lib. 6, cap. 193, *Comites & Centenarii, Nobiles Viri, legem suam plenaliter discant.* Baluze, tom. 1, pag. 876 & 971.

[r] Secunda vice, propter ampliorem observantiam, ... Consultu videlicet OMNIUM Nobilium Nostrorum, nosmetipsos corrigentes, posterisque nostris exemplum dantes. Baluz. tom. 1, p. 409.

mens, & prouve que c'est la dignité même du Monarque qui l'astreint à se rendre au desir de ses Peuples ; parce que l'ayant reçue d'eux, il ne doit en faire usage que pour eux.

C'est encore en vertu de cette dignité qu'il doit sacrifier jusqu'à ses Droits les plus légitimes, si l'utilité publique demande ce sacrifice ; & il n'hésitera jamais de le faire, s'il aspire à la gloire de Charlemagne.

Absurdité du systême qui donne au Monarque des Droits illimités.

Il est donc également impossible, sans ternir l'éclat du titre de Monarque, d'avancer qu'il donne au Prince, qui le posséde, des *droits illimités* sur les biens ou sur les personnes de ses Sujets, dont il est obligé au contraire de protéger la franchise naturelle.

Cette franchise seroit chimérique si le Prince étoit le maître d'imposer des taxes à sa volonté : & s'il pouvoit, en qualité de Souverain, ce qu'il ne devroit pas même prétendre, de votre aveu, en qualité de Conquérant.

Rien n'est plus opposé aux maximes de nos Peres que le systême de ces *Droits illimités*. Il n'est en derniere analyse que le fruit de vos rêveries ; & il seroit la honte de la Nation Française, ainsi que celle de son Souverain.

Premiérement c'est une maxime aussi ancienne que le Royaume, que *tenir en franc-aleu, c'est tenir de Dieu tant seulement :* à quoi Loisel a ajouté de son chef : *fors quant à la Justice.* [*]

1e. Preuve de la Franchise nationale, tirée de ce que tenir en franc aleu, c'est tenir de Dieu tant seulement.

Cet Auteur a puisé cette regle dans la Somme Rurale de Bouteiller qui dit : » tenir en Aluez, si est tenir terre *de Dieu tant seulement*, & ne doivent cens, rentes, ne dettes, ne servage, relief, n'autre nulle quelconque redevance, à vie ne à mort, mais tiennent les tenants *franchement de Dieu*, & y ont toute Basse-Justice. « [*s*]

Le même principe se lit dans un acte du 12e. siecle (an 1131) concernant l'exhumation de St. Gerard Abbé

[*] Loisel, liv. 2, tit. 1, reg. 18, il auroit dû dire seulement : *fors quant à la Haute-Justice.*

[*s*] *Somme Rurale*, liv 1, Pag. 490. Il est étonnant que malgré cette Loi fondamentale les Seigneurs soient venus à bout d'envahir la Basse-Justice sur les Aleus. Nous en avons vu dépouiller des particuliers & même des Corps de Communes, qui en étoient en possession immémoriale ; l'ignorance des Juges leur ayant persuadé que toute Justice devoit être tenue en *fief*.

de Brogne, au Comté de Namur, décédé l'an 959.

Il y est exprimé que le Monastere de Brogne possède ses biens avec la même liberté & la même franchise dont ils avoient joui quand ils étoient possédés par St. Gerard son fondateur, *lequel ne les avoit tenus que de Dieu seul & de ses prédécesseurs.* (t) Aubert le Mire qui rapporte cet acte, rapporte auparavant un Diplôme de l'Empereur Henry, en date de l'an 932, qui confirme la fondation de St. Gerard de Brogne. Ce Diplôme prouve que les biens dont il s'agit, & que ce Fondateur *avoit tenus de Dieu seul & de ses prédécesseurs*, n'étoient autre chose que ses biens *patrimoniaux.* (u) Secondement si l'on recherche quelle est l'autorité de ce principe, on trouvera qu'il n'est pas moins établi par le Droit divin & naturel que par le Droit social de la Nation des Francs; & qu'il a toujours été la Loi fondamentale la plus sacrée de la Monarchie Françaife.

Le Clerc, l'un des interlocuteurs *du Songe du Vergier*, prouve le premier de ces points en alléguant la décision respectable de St. Augustin, (x) *qui tient expressément*, dit-il, *que toutes choses que nous tenons nous appartiennent de Droit divin.* (y)

Vérité certaine par l'autorité divine elle-même; puisque c'est à tous les hommes que Dieu a dit dans la personne d'Adam: *remplissez la terre & soumettez la*; (z) que c'est de tous qu'il s'est expliqué en ces termes: *faisons l'homme à notre image & ressemblance, & qu'il commande à toute la terre*; (a) qu'enfin il est écrit par l'inspiration de Dieu qu'il *a donné la terre aux enfans des hommes.* (b) Mais il n'est dit nulle part que Dieu ait donné aux Rois *des Droits illimités* sur les biens de ceux qui, possédant ainsi de Droit divin & naturel, tiennent leur

[t] *Possederat à solo Deo & prædecessoribus.* Codice piarum donationum à Miræo, cap. 85, p. 269, lign. pénult.

[u] ibid. Cap. 30, pag 123 & sequentib.

[x] St. August. 22 Quest. VII, cap. I.

[y] Songe du Vergier, liv 2, ch. 156, pag. 72.

[z] Replete terram & subjicite eam, Gen. 1, 28.

[a] Faciamus hominem ad imaginem & similitudinem nostram & præsit... bestiis universæque terræ, ibid. v. 26.

[b] Terram autem dedit filiis hominum. Psal. 113.

2e. Preuve tirée du Droit de propriété, constant par tous les Monuments de notre Histoire.

propriété de Dieu, aussi *franchement* que le Souverain en tient sa Couronne.

Cette franchise est en même temps le Droit social de la Nation Française ; car, selon l'expression de deux de nos Rois, *ce Royaume est dit & nommé le Royaume des Francs* : & il convient *que la chose en vérité soit accordant au nom.* (*c*)

En conséquence le Droit commun essentiel & inaliénable de ce Royaume & de la Nation des Francs consiste imprescriptiblement dans cet axiome : *Nul Seigneur, nulle charge ni servitude, sans titre exprès ; ou au moins, sans possession ancienne & cause raisonnable.*

Un Jugement rendu par le Duc & *la Duchesse* de Bourgogne fournit la preuve bien précise que cet axiome est une Loi fondamentale, à laquelle le Souverain lui-même ne peut donner atteinte.

C'est la Chronique de Beze en Bourgogne qui fait mention de ce jugement vers l'an 1100. (*d*)

Les Officiers d'Eudes ou Odon, Souverain du Duché de Bourgogne, pendant le Regne de Philippe I, Roi de France, avoient imposé & levé pour la table Ducale une taille de cinq sols sur un lieu justiciable de cette Abbaye.

L'Abbé Etienne, ayant *interjetté appel de cette injustice*, vint plaider sa cause devant le Duc & la Duchesse au Tribunal de leur Justice Souveraine à Dijon. Il établit *par titres & autres preuves littérales* la franchise qu'il réclamoit pour les Sujets de son Abbaye ; & ajouta, *avec une noble* liberté, que le lieu, dont il s'agissoit, *ne devoit absolument aucune contribution ni au Duc, ni à ses*

[*c*] Lettres de Louis X, dit le Hutin, du 3 Juillet 1315. Recueil des Ordonn. par de Laurieres, tom. 1, p. 583. Autres de Philippe V, dit le Long, du 23 Fevrier 1318, ibid. p. 650, *francus verè nomine & re nobilis.* Frederic I, Imper. in actis Adriani IV Papæ apud Baron. an. 1151.

[*d*] Chronic. Beluense apud Dacherium, tom. 1, p. 619. Cet endroit de la Chronique n'est point daté : mais le Jugement fut rendu sur *l'appel* de l'Abbé Etienne, élu l'an 1088 [ibid. p. 606]. Il en est fait mention postérieurement dans un acte daté de l'an 1098 [ib. p. 611] sous le Pontificat du Pape Urbain, & après dans un autre acte daté du Pontificat du Pape Paschal, Successeur d'Urbain [ib. p. 615] ; or Paschal II succéda à Urbain II, le 12 Aoust 1099.

Officiers, *ni à aucun homme vivant*; & que ſes habitans n'étoient obligés à rien payer, *ſinon à Saint Pierre & à l'Egliſe de Beze*.

Sur quoi le Duc & la Ducheſſe prononcerent la reſtitution des cinq ſols que leur Prévôt avoit perçus : & celui-ci préſent au jugement fut obligé de l'exécuter ſur le champ, en donnant ſa fourrure pour gage de la ſomme, juſqu'à ce qu'il l'eut effectivement reſtituée. (e) Il faut donc que le Souverain ait un titre poſitif, pour pouvoir exiger la moindre ſomme de ſes Sujets : & il répugne à la Juſtice du Trône qu'il puiſſe ſe donner ce titre ſelon ſa volonté.

Le ſeul titre légitime pour percevoir l'impôt, eſt une Loi conſentie par les Sujets.

Le ſeul titre capable d'autoriſer une impoſition publique, outre les Droits Seigneuriaux ordinaires & accoutumés, c'eſt la Loi, & aucune Loi ne peut être établie que par l'avis & le conſentement libre des Peuples ou de leurs repréſentans, dans une diete générale du Royaume. [f]

C'eſt là où Louis le Débonnaire reconnoît que *Dieu lui accorde la faculté Légiſlative*; & hors delà ce Prince n'imagine ſeulement pas qu'il puiſſe ſe l'attribuer. [g]

Nos Loix Fondamentales & tous les monumens de

[e] Miniſtri Ducis Odonis, præpoſitus & alii, ſuper terram noſtram, quam S. Petrus & Eccleſia Beſuenſis habet in Baleneua, querelabant conſuetudines malas, ſcilicet talliam pro cibo Ducis : pro quâ re acceperunt quinque ſolidos de hominibus, *pro hac injuriâ*, Dominus Abbas Stephanus *proclamationem faciens* ad Ducem ſuprà dictum & ad Ducillam uxorem ejus, inde ex utraque parte terminaverunt placitum apud Divionem ; ad quod pergens D. Abbas Stephanus, armatus ſuis cartis, ſuisque teſtimoniis, *liberaliter* diſſeruit quod ſupra dicta terra *penitùs duc.*, neque ſuis Miniſtris, *nullam debebat conſuetudinem nec alicui viventi*, *niſi Sancto Petro*, *& Beſuenſi Eccleſiæ*. Hoc audiens Dux & uxor ejus ſtatim fecerunt reſtituere ſupradicto Abbati illos quinque ſolidos per Erveium præpoſitum. Ille quoque non habens in promptu nummos, abſtulit pelles ſuas de collo ſuo. ibid.

[f] Legem quam noſter edidit Princeps ſtabili robore *firmamus*, atque ut futuris temporibus obſervetur *pari ſe tenacitate definimus*. Capitul. lib. 6, cap. 324. Baluze tom. 1, pag. 973.

[g] Si qua ſunt... in publicis rebus emendatione digna, quæ pro temporis brevitate efficere nequivimus, in tantùm differendum illud dignum judicamus *donec*, favente Domino, *conſultu fidelium facultas nobis id efficiendi ab eo tribuatur*. Capitul. an. 816, cap. 29. Baluze tom. 1, pag. 570.

Preuve tirée des Historiens.

notre Histoire, déposent de concert en faveur de ce même point de notre droit national, si incontestable, principalement à l'égard des Impôts, que, sans cela, le Royaume des Francs n'existeroit même pas.

Le premier témoignage est celui d'Aimoin, qui écrivoit dans le Palais de Charles-Magne, où la Royauté se présentant à ses yeux dans le plus haut éclat qu'elle ait jamais eu, il ne pouvoit lui venir en pensée d'en diminuer les prérogatives légitimes. Selon cet Historien, Clotaire Ier., tenta d'obliger toutes les Eglises des Gaules à payer au fisc Royal la troisieme partie des fruits qu'elles recueilloient, & il proposa à cet effet un Edict [an 553]; mais *par la résistance* de l'Evêque *Injuriosus*, cet Edit fut annullé *dès les premieres tentatives.* [h] *Cilz établissemenz*, dit la chronique de Saint Denis, *fu quassez par la contradiction des Evesques qui assentir ne s'i voloient.* [i]

Le second témoignage est celui de Grégoire de Tours. Ce saint Prélat raconte que Chilperic I fit faire [année 580] des Rôles d'impositions, *aussi nouvelles qu'onéreuses dans toute l'étendue de son Royaume*, & qu'il en résulta une infinité d'émigrations. [k]

Les malheurs qui désolerent sa propre famille, ouvrirent bientôt les yeux de la Reine sur cette injustice, qu'elle en regarda comme la cause, & elle dit au Roi son mari : » Si vous le trouvez bon, venez & brûlons tous *ces Rôles iniques*. Contentons-nous, pour notre fisc de ce qui a suffi au Roi votre pere, & à Clotaire votre Ayeul. Après ce discours, qu'elle prononça (continue l'Historien) *en se frappant la poitrine*, elle ordonna de lui représenter les Rôles, qui concernoient les Villes de son Domaine, & les jetta

[h] Proposuit autem Chlotarius Edictum, ut cunctæ Ecclesiæ Galliarum fisco tertiam partem solverent fructuum : quod, resistente Injurioso Pontifice, in ipso exordio tentamentorum est cassatum. Aimoin. lib. 2, cap. 27. Dom Bouquet, tom. 3, p. 60, D, an. 553.

[i] Dom Bouquet, tom. 3, p. 197, D.

[k] Chilpericus verò Rex descriptiones *novas* & graves in omni regno suo fieri jussit, quâ de causâ multi relinquentes civitates illas vel possessiones proprias alia regna petierunt. Greg. Turon. lib. V. cap. 29. Dom Bouquet, tom 2, pag. 250.

au feu. (*l*) Ensuite se tournant vers le Roi, elle lui dit : pourquoi différez-vous, faites ce que vous me voyez faire, *afin que*, si nous souffrons la perte de nos enfans, objets de notre tendresse, *nous evitions au moins la peine éternelle ?* Alors le Roi pénétré de repentir jusqu'au fond du cœur, livra au feu tous les volumes des Rôles, & il fit partir des Officiers pour défendre d'en faire de semblables. (*m*)

Il brûla pareillement, selon Aimoin, les *Cahiers qui contenoient la Loi exécrable de ces impositions*. (*n*)

C'est Frédégonde, Reine cruelle; c'est Chilperic, qui pensent & agissent ainsi, dans un moment de remords passagers. Mais l'article de la mort en fera nécessairement éprouver de bien plus terribles à tous les Princes, qui, s'étant rendus coupables de la même injustice, ne l'auront jamais réparée.

C'est dans ce moment que deux Despotes, Louis XI & Lous XIV ont desiré d'avoir mieux regné, & d'avoir procuré le bonheur de leurs Peuples, en respectant les Loix de leur Patrie.

Le troisieme témoignage, est celui des Loix mêmes sous la premiere race. Preuve tirée des Loix

Chilperic Ier, (année 580), défendant d'établir à l'avenir de nouveaux impôts, ne faisoit que rendre hommage à la Loi Fondamentale, qu'il se reprochoit d'avoir violée; & Clotaire II, son successeur, la con-

[*l*] Nunc, si placet, incendamus omnes descriptiones iniquas; sufficiat fisco nostro, quod suffecit patri, Regique Chlotachario. Hæc effata Regina, pugnis verberans pectus jussit libros exhiberi, qui de civitatibus suis per Marcum venerant : projectisque in ignem, iterùm ad Regem conversa. Greg. Turon. lib. v, cap. 35. Dom Bouquet ibid. pag. 253.

[*m*] Quid tu, inquit, moraris ? fac quod vides à me fieri, ut & si dulces natos perdimus, vel pœnam perpetuam evadamus. Tunc Rex compunctus corde tradidit omnes libros descriptionum igni; conflagratisque illis, misit qui futuras prohiberent descriptiones. Greg. Turon. ibid.

[*n*] Ut libellos, *quibus nefanda continebatur Lex*, manu propriâ voracibus traderet flammis. Aimoin. lib 3, cap. 31. Dom Bouquet, tom 3, pag. 82. *Il geta*, dit la Chronique de St Denis, *& ardi au feu les Autentiques, en quoi la Loi estoit escripte pour le Pueple grever*, ibid. p. 226, c.

firma par une loi solemnelle du 18 Octobre 614, où il traite *d'impiété* tout ce qui est contraire à la franchise naturelle de la Patrie de France.

» Nous devons être persuadé, dit-il, dans son préambule, que le vrai moyen de faire fructifier la félicité de nos Etats, ce qui dépend de la protection de Dieu, c'est d'être jalouse, jusqu'au dernier point, de garder inviolablement, pendant notre regne, les usages, établissemens & loix qui, par sa miséricorde, ont été sagement introduits dans notre Royaume, & de prendre des justes mesures sous l'autorité de Jesus-Christ, pour réformer généralement, par la teneur de notre présent Edit, tout ce qui a été pratiqué ou établi contre l'ordre de la raison; afin que dorénavant pareilles choses n'arrivent plus, ce dont la bonté divine nous préserve! (*o*) En conséquence l'article 8 de l'Edit de ce Prince ordonne expressément que: dans tous les lieux, où quelque charge nouvelle se trouvera avoir été établie, par *entreprise impie, & où le Peuple réclame* contre l'impôt, cette usurpation sera réformée avec bonté, après l'examen que la justice exigera. « (*p*) Ainsi les loix se joignent aux témoignages Historiques en faveur de la franchise nationale: & le regne de Dagobert I nous en fournit une troisieme, qui n'est pas moins précise que les deux précédentes. C'est un Auteur contemporain qui nous en a conservé la mémoire dans la vie de Saint Sulpice, Evêque de Bourges.

» L'ennemi de tout bien, dit-il, & l'ancien séducteur du genre humain.... suggéra à un des principaux Gouverneurs des Provinces de Gaule, d'impo-

[*o*] Felicitatem regni nostri in hoc magis magisque divino intercedente suffragio, succrescere non dubium est, si quæ in regno, Deo propitio, nostro bene acta, statuta atque decreta sunt, inviolabiliter *nostro studuerimus tempore custodire*; & *quæ contrà rationis* ordinem acta vel ordinata sunt, ne in antea (quod avertat Divinitas) contingant, disposuerimus, Christo præsule, per hujus Edicti nostri tenorem generaliter emendare. Baluze tom. 1, p. 21, & Dom Bouquet tom. IV, pag. 118.

[*p*] Ut ubicumque Census novus impiè additus est, & à Populo reclamatur, justà inquisitione misericorditer emendetur. Baluze *tom.* 1, *pag.* 23, & *Dom Bouquet tom.* IV, *pag.* 118.

for sur le Peuple de Bourges & les Prêtres de ce Diocese, *une contribution exécrable.* Saint Sulpice essaya de lui persuader de ne point mettre à exécution *un ordre aussi impie*, & n'ayant pu y réussir, il députa un de ses solitaires vers le Roi Dagobert, pour lui reprocher la cruauté de cet Officier, en lui annonçant qu'il étoit menacé d'une mort soudaine, s'il ne se corrigeoit & ne changeoit de vie..... A cette annonce le Roi est frappé de la plus grande crainte, & la frayeur lui fait une telle impression, qu'aussi-tôt il reconnoît sa faute, déteste son crime, en versant un torrent de larmes, & *sans avoir peur de ternir l'éclat éminent de sa dignité Royale par un repentir*, il remplit avec satisfaction tout ce qu'un si grand Evêque lui avoit fait représenter par son disciple. En conséquence, il se hâte d'abolir *la contribution insitée, les rôles impies sont déchirés*, & le salut est rendu au Peuple.....

» Mais, ce qui est encore plus digne d'admiration, le Roi fit donner *une Déclaration générale, portant prohibition de réitérer à l'avenir cette exaction impie.* Quant au Commissaire inhumain qui y avoit présidé, (& qui n'avoit pas voulu se rendre à de premieres défenses du Roi), ce Prince en vengea la Nation de la maniere qui convenoit, & il perdit ignominieusement la vie, dont il ne méritoit pas de jouir. « (q)

[q] „ Ille totius bonitatis æmulus & humani generis deceptor antiquus... Principem quemdam Galliarum Provinciarum... urget ut Bituricam Plebem cum Ecclesiæ sacerdotibus *nefando censu* conscribit. B. Sulpicius... alloquitur blandè, *ut impiam desinat prosequi jussionem*... Mittit è suis solitarium quemdam... ut sævitiam *principis redargueret*; qui, *nisi melioris vitæ* emendatione mutasset, interitum repentinum ei imminere nuntiaret... Quo Rex audito, nimio deterretur metu, & tanto pavore concutitur, ut statim *agnitâ culpa*, lugens delictum cum lacrymis, regali absque fastigio pœnitudinem gerens, libenter impleret quæ à tanto sacerdote per discipulum fuerant intimata. Velociter *insuetus aboletur Census*, descriptio rescinditur impia, salus tribuitur Populo..... mirabiliter quoque Rex adjecit, ut *generalis daretur autoritas* ne inposterum *impia executio* iteraretur in Plebe. Assessorem verò atrocem, qui commendationi Regis assensum non præbuit, digna perculit ultio, & vitam, quâ fruebatur indignè, amisit illicò cum dedecore. Ex vitâ S. Sulpicii, Autore Anonymo coævo. “ *Dom Bouquet* tom. 3, p. 510 & 511.

Preuve tirée de la Lettre des Evêques des Provinces de Rouen & de Reims à Louis de Germanie.

Le quatrieme témoignage est celui des Evêques des Provinces de Rheims & de Rouen, dans leur fameuse Lettre à Louis de Germanie, (année 858). Ils y représentent à ce Prince : » qu'étant Roi & portant le nom de Seigneur, il doit toujours envisager celui qui est au dessus de lui, qui est le Roi des Rois, & le Seigneur des Seigneurs, & duquel il emprunte lui-même le nom de Roi & de Seigneur, afin de se souvenir, sans cesse, que, comme Dieu gouverne le monde selon des regles d'équité, ce n'est que pour gouverner de la même maniere, qu'il éleve un homme sur tous ses semblables, (selon le livre de la sagesse); ensorte, ajoutent ces Evêques à ce Prince, qu'il ne peut se dispenser d'imiter ce modele suprême de la divinité s'il veut regner avec elle. « (r)

De ces principes du droit divin, les mêmes Prélats concluent qu'un Roi, *pour être un Souverain équitable, doit rendre à son Peuple, ce qui est à son Peuple*; (s) & en conséquence, c'est à titre de précepte rigoureux qu'ils donnent à Louis de Germanie la regle de conduite suivante : » ne desirez point d'exiger de vos Comtes ni de vos Sujets, au delà de ce que la Loi ou la Coutume, qui ont eu lieu sous le regne de votre pere, permettent que l'on perçoive des biens ou des personnes qui sont qualifiés Francs. « (t) Les héritages appellés *Francs*, *Franchises* ou *Libertés*, n'étoient autre chose que des terres publiques octroyées soit à des Communes, soit à des particuliers qui en payoient une redevance, les uns réelle, les autres personnelle;

[r] Oportet ut, qui Rex estis & Dominus appellamini, in illum semper suspenso corde suspiciatis à quo, videlicet Rege Regum & Domino Dominantium nomen Regis & Domini mutuatis : & sicut ille *disponit orbem terræ in æquitate & ad hoc* (sicut in libro Sapientiæ dicitur cap. 7,) *constituit* hominem ut ipse similiter faciat, imitamini illum, si vultis regnare cum illo. Capitul. Kar. Calvi tit. 27, cap. 11, Baluz. tom. 2, p. 112.

[s] *Vos qui sub Deo estis, & super homines estis, reddite quæ sunt Dei Deo : & sicut Cæsar æquus, quæ Subditorum sunt Subditis reddite.* ib. cap. 12, p. 113.

[t] „ Neque à Comitibus vel Fidelibus vestris plus studeatis quam Lex & Consuetudo fuit tempore Patris vestri, de hoc quod de Francis accipiunt, exquirere. " ib. cap. 14.

(*u*) mais toujours fixée par les termes de la concession, ou bien par la possession, qui suppléoit au titre primitif. Il fut interdit aux uns & aux autres de disposer de ces propriétés, & ils ne pouvoient aliéner sans la permission du Prince, sous le prétexte d'éviter *que la République ne perdit ce qu'elle devoit percevoir à cet égard.* (*x*) Mais Charles-Magne & Charles le Chauve se contenterent ensuite que l'on ne put transmettre de pareils héritages, sinon à la charge de fournir le service auquel ils étoient obligés. (*y*)

Le dernier de ces Princes exprime la raison sur laquelle l'interdiction d'aliéner fut révoquée en ces termes, que nous employons pour cinquieme témoignage de nos Loix Fondamentales. » Si quelqu'un des Francs de ces qualités, dit-il, veut transporter ou vendre de ses biens, nous ne lui défendons pas de le faire, à condition que le droit Royal ne perdra pas, sans raison, ce qui lui appartient duement, parce que nous ne voulons imposer à personne aucune de ces coutumes *injustes*, *établies par innovation*, & que nous trouvons avoir été publiées par l'article 47 du quatrieme livre des capitulaires de nos prédécesseurs. « (*z*)

C'est donc absolument tout ce qui tend à gêner ou à diminuer la *propriété* libre des biens ou des personnes; c'est tout impôt, par sa nouveauté seule, que nos Loix défendent comme une injustice, dont les bons Princes doivent avoir horreur, & rien n'est capable de déroger à cette franchise absolue que l'antiquité du titre particulier, ou la Loi générale elle-même, lorsqu'elle est librement consentie & agréée par les Peu-

[*u*] Illi Franci qui Censum de suo capite vel de suis rebus ad partem Regiam debent. Edicto Pistensi, anni 864, cap. 28, Bal. tom. 2, p. 187.

[*x*] Ut Respublica quod de illis habere debet non perdat, ibid.

[*y*] Ibid. & Capitul. Karoli-Magni 30, anni 812, cap. 11, Bal. tom. 1, pag. 498.

[*z*] „ Si quis, de talibus Francis, de suis rebus tradere vel vendere voluerit, non prohibemus, tantùm ut jus Regium, quod sibi debetur, sine ratione non perdat: quia injustas consuetudines, noviter institutas, imponere cuique non volumus, quas in quarto Libro eorumdem Capitulorum prohibitas Capitulo quadragesimo-septimo legimus. “ Edicto Pistensi, cap. 28. Bal. tom. 2, p. 188.

ples, car autrement elle ne mérite pas même ce nom. Ce n'est, comme on l'a déja vu, qu'*au moyen de ce consentement de leurs Sujets, que Dieu donne aux Rois la faculté de faire un Acte* d'aussi grande conséquence pour la Société. (*a*)

Cette franchise, inaltérable par son essence, n'a pas été moins constante sous la troisieme race de nos Rois, tant que les droits de la Nation n'ont pas été sacrifiés à la force, ou plutôt tant qu'elle-même, respectée par ses voisins les plus jaloux comme une Nation qui *joint la plus haute prudence à la plus sage circonspection* (*b*) n'a pas nourri dans son propre sein de perfides citoyens qui osent lever l'étendart de la félonie jusqu'à attenter à *Sa Majesté*; & la traiter comme un vil troupeau d'esclaves.

Preuve par le témoignage de Philippe le Bel & Philippe le Long.

Toutes les Assemblées de ses Etats sont une preuve sans réplique du fait que nous avançons : mais nous nous contenterons de citer pour sixieme témoignage, celui de Philippe le Bel & de Philippe le Long, confirmé par les décisions expresses des Etats de 1303 & 1483.

Le premier de ces deux Princes demanda une aide ou subside à l'occasion de besoins urgens du Royaume, &, pour en légitimer l'imposition, il obtint le consentement de ses Sujets, & principalement celui des Evêques & des Barons du Royaume, sous le prétexte que les circonstances ne permettoient pas l'assemblée entiere des Etats généraux.

Le motif du consentement, donné par les Seigneurs, est exprimé en ces termes : » pour ce que ladite Ordonnance nous semble convenable. . . . . . & si peu gréveuse *selonc le Cens* & la besoigne, que *nul ne la doit refuser*, nous y consentons : & en témoin de ce, avons fait mettre nos sceaux à ces présentes Lettres. « (*c*) Elles sont datées de Château-Thierry, le 3 Octo-

[*a*] Donec, favente Domino, consultu Fidelium facultas nobis id efficiendi ab eo tribuatur. Ludov. Pius, capitular. anni 816, cap. 29, Baluz. tom. 1, p. 570.

[*b*] Inito consilio circumspecta prudencia Francorum respondit. Matth. Paris, anno 1239, pag. 518, lin. 3.

[*c*] Recueil des Ordonn. par de Laurieres, tom. 1, p. 409.

bre 1303, & le Prince lui-même s'y exprime de telle sorte. » Cette aide nous recevrons, sans ce que il court préjudice, ne ancien droit amenuisse, (c'est-à-dire diminué,) ne nouvel acquis à nous ne à autre, & pour ce qu: nos dits Féaux & *Sougiez nous fasse plus volontiers*, plus prestement, plus gracieusement l'aide dessus dite, nous..... promettons..... faire bonne & loyale monnoye de petits tournois & parisis de poids. (*d*)

On voit par là, 1°. que jusqu'au siecle de Philippe le Bel, toute espece de contribution s'appelloit *Cens*. 2°. Que la prohibition, portée par les Capitulaires, d'imposer aucun cens nouveau, étoit la Loi toujours subsistante de l'Etat. 3°. Que cette loi ne faisoit que conserver *l'ancien droit* national d'une *franchise absolue*. 4°. Qu'une telle franchise ne devoit jamais être altérée, *ni diminuée*, & qu'aucun fait contraire ne pouvoit attribuer au Souverain *le droit* d'y donner la moindre atteinte. 5°. Que la *volonté libre des Sujets* est le seul moyen légitime d'autoriser une imposition: & qu'il faut nécessairement que l'Ordonnance, ou la loi nouvelle qui l'établit ou la proroge, *leur semble convenable*, pour qu'ils ne la *doivent refuser*; qu'ainsi ils ont le droit incontestable de refuser toute imposition, & tout Edict, qui tend à cette fin, dans le cas où l'un & l'autre ne leur paroissent point convenir au bien public ni à leur ancienne franchise.

Le même Prince demanda une autre subvention pour la guerre de Flandres; afin qu'elle lui fut accordée, il assembla les Etats de son Royaume, & il reconnut que cette subvention étoit *une grace*, dont il étoit redevable à la volonté libre de ses Peuples.

C'est en ces termes exprès qu'il s'en explique dans ses Lettres du 9 Juillet 1304, qui débutent ainsi: » Comme *en Conseil & traité* d'Archevêques, Evêques, Abbez, & autres Prélaz, Doïens, Chapitres, Convenz, Collèges, & plusieurs autres personnes d'Eglise séculiers & Religieux, exempts & non-exempts, Ducs, Comtes,

[*d*] Ibid.

Barons, & autres Nobles de nôtre Royaume, *nous soit octroyé de grace*, &c. « (e)

Philippe V, dit le Long, ne s'exprime pas moins énergiquement dans des Lettres données l'an 1318, par rapport à un subside accordé par la province de Berry, raison pareillement de la guerre de Flandre. Elles sont datées du 17 Novembre 1318, en voici les termes textuels : » Et comme li dit noble de la ditte Terre de Berry, ... *de leur propre volonté & pure libéralité*, nous ayent octroyé & donné la quinziéme partie de tous les fruits, nous voullans que *leur ditte libéralité* ne leur puisse ne doie estre à euls ne à leurs hoirs préjudicial ne domaigeuse ou temps à venir, voullons, Ordonnons & leur Octroyons *que nous, ne nos successeurs ne puissent dire que par cette grace & ce service* qu'ils nous ont fait & donné, *aucun droit nouvel*, autre que nous n'avions avant cette grace, *nous soit acquis contr'euls;* ne que nous, ne nos successeurs pour raison de cette grace, *leur duïens* (*f*) *demander aucun service ou aucunes redevances*, AUSQUELS ILS N'ETOIENT TENUS A NOUS *avant la ditte grace*. (g)

Après des reconnoissances aussi formelles, & que Louis XV lui-même a fait recueillir au nombre des Loix du Royaume, comment ose-t-on dire que nous n'en avons point de précises pour empêcher que l'on n'attribue au Souverain des droits *illimités* sur les biens de ses Sujets ? Philippe le Long ne déclare-t-il pas clairement qu'il n'en a aucun à prétendre avec décence ou justice, & que ses Sujets ne sont *tenus* à aucune redevance envers lui, mais qu'ils lui octroyent par *pure libéralité* ce que le besoin de l'Etat exige ? Veut-on absolument des Loix formelles ? des décisions précises ? on n'en trouvera pas moins sous la troisieme race de nos Rois que sous les deux premieres.

Nicole Gilles nous en fait connoître une sous le regne de Philippe de Valois, & dit qu'en l'an 1338, en ensuivant » le privilege de Loys Hutin, Roi de

[e] Recueil des Ordonn. tom. 1, p. 412.
[f] Lisez *duïens* pour *duissions*, c'est-à-dire, *puissions avec décence*.
[g] Recueil des Ordonn. tom. 1, pag. 677 & 678.

France & de Navarre, fut conclud par les gens des Estats de France, présent ledit Roy Philippe de Valloys, qui s'y accorda, *que l'on ne pourroit imposer ne lever taille en France sur le Peuple, si* urgente nécessité ou évidente utilité ne le requerroit, & *de l'octroy des Gens des* Estatz. « (h) A quoi Savaron ajoute, dans sa Chronologie, que cette Ordonnance a été insérée dans *le Rosier de France*, fait sur la fin du regne de Louis XI, (i) ce Prince, qui auparavant s'étoit cru absolu, & qui ne s'étoit instruit du contraire que par les désordres qui sont toujours la suite nécessaire d'une prétention si injuste.

Les Etats tenus à Tours l'an 1483, trouverent très-mauvais que l'on eut, pendant le même regne, donné atteinte à cette Loi sacrée, & ils n'en attribuerent la cause qu'à la cupidité de ceux *qui vouloient eulx enrichir de la substance du Peuple;* en conséquence ils arrêterent *que toutes les tailles & autres aydes, équipollens aux tailles extraordinaires, qui avoient eû cours, fuient du tout tolluës & abolies : & que,* EN ENSUIVANT LA NATURELLE FRANCHISE DE FRANCE, *& la Doctrine du Roy saint Loys, . . . ne seroient imposées ne éxigées les dittes tailles ne aydes équipollens à tailles, sans premiérement assembler lesdits trois Etats, & déclarer les causes & nécessitez du Roy & du Royaume pour ce faire, & que les Gens desdits Etats le consentent, en gardant les privileges de chacun Pays.* (k)

Ces Loix, que nous avons cru devoir réunir ici sans craindre d'interrompre à cet égard l'ordre chronologique dont nous reprendrons ensuite le fil, n'établissoient aucun droit nouveau; mais elles confirmoient seulement cette *franchise naturelle de la France*, qui n'intéresse pas moins essentiellement la Majesté du Prince que celle de la Nation entiere. Cet intérêt est facile à concevoir si l'on s'en rapporte à Louis XI lui-même;

[h] Nicole Gilles, fol. 157, b. de ses annales de France.
[i] Savaron, Chronol. des Etats généraux, p. 80.
[k] Cahier des Etats de Tours, pag. 91.

par ce Prince nous enseigne dans le *Rozier des Guerres* » que quand les Roys ou les Princes ne ont regard à la Loy, ils ostent au Peuple ce qu'ils deussent laisser, & ne leur baillent pas ce qu'ils deussent avoir, & en ce faisant ils font leur peuple serf, & perdent le nom de Roi : *Car nul ne doibt estre appelle Roi fors celui qui regne & seigneurie sur les Francs.* Car, ajoute-t-il, les Francs de nature ayment leurs Seigneurs; mais les serfs naturellement les héent, comme les esclaves leurs Maîtres. Un Roy régnant en droit & en justice, est Roy de son Peuple : & s'il regne en iniquité & violence, combien que ses Sujets le tiennent à Roy, toutes fois leur volonté & leur courage s'incline à un autre. « (*l*) C'est donc devenir criminel de leze-Majesté au premier chef que de vouloir insinuer aux Rois qu'ils sont *Seigneurs & Maîtres de nos corps & de nos biens*, & qu'ils ont le droit d'en disposer à leur volonté. Eux-mêmes doivent *abhorrer ce droict rien moins que Royal, rien plus que tyrannique*, dit Claude Despence, célebre Théologien, adressant la parole à Henry II, *car* (Achab) *le premier qui voulut user de ce droict*, mourut misérablement, *réprouvé de Dieu avec toute sa postérité.* (*m*)

» Or sus avant, chiens & flateurs de Cour, continue Despence, allez, alléguez dorenavant ce droit de non Royal, mais Barbare, mais Turcique, mais Scythique, ou si pis se pouvoit dire. « (*n*) Et en effet il est tel que selon le Prophete Elie il rend justement ceux qui se l'attribuent les ennemis irreconciliables de Dieu & des hommes. (*o*)

Preuve tirée du Songe du Vergier.

Le septieme témoignage en faveur de la franchise nationale, se tire du Songe du Vergier.

Le Chevalier, l'un des interlocuteurs de ce Songe, & l'Avocat, comme nous l'avons déja dit, de la puis-

[*l*] *Rozier des Guerres*, chap. 3, par. de justice, p. 16.
[*m*] 3, Reg. c. 21, ỳ. 19 & seq.
(*n*) Institution du Prince Chrétien, par Claude Despence, ch. 8, édit. de 1548. Cet Auteur illustre est décédé en 1571.
(*o*) Et ait Achab ad Eliam : num invenisti me inimicum tibi? qui dixit : inveni, eò quòd venundatus sis, ut faceres malum in conspectu Domini, 3, reg. c. 21, v. 20.

sance

sance Royale, loin d'être opposé aux maximes précédentes, soutient seulement qu'il y a des cas où le Roi a droit *de demander nouvelles aydes de ses Subjectz* : mais en convenant néanmoins que » s'il veut jouer aux detz ou autrement en vanitez déprendre *le Sien*, comme en Chateaux réparer & faire de nouvel qui ne sont pas nécessaires à la *défense* de la chose publique; certes, en ce cas, *il ne doit nulles aides demander à ses subjectz* : & se de fait il le fait, il est tenu de tout restituer. « (p) Si en pareil cas, il ne peut même *demander Aide*, à plus forte raison ne peut-il point l'imposer par sa seule volonté ; & s'il est tenu de restituer ce qu'il auroit obtenu sans une raison fondée sur la nécessité de la chose publique, peut-il être exempt de cette restitution, soit devant Dieu, soit devant les hommes, s'il exige quelque chose par la force, & en contraignant la liberté de ses Peuples ? » Réguliérement, dit le texte latin du songe que nous venons de citer, le Prince ne doit rien demander à ses Sujets, sinon ce qui est de convention faite entr'eux & ses prédécesseurs tout uniment & de bonne foi, sans dol ni contrainte. « (q)

Preuve par l'Arrêt contre les Annates, sous Charles VI.

Nous trouvons un huitieme témoignage d'autant plus considérable qu'il est rendu de concert par l'Université de Paris, par le Parlement & par le Roi Charles VI. Un *Arrêt contre les Annates*, prononcé le 11 Septembre 1406, nous le fournit, & c'est Louis XIV qui l'a fait recueillir au nombre des preuves de nos libertés. Cet Arrêt contient les raisons alléguées par l'Université, pour faire proscrire l'abus des Annates : & le Parlement en met le récit dans la bouche du Roi même en cette sorte. » Car, ainsi que disoit notre dite fille, s'il s'agissoit d'un Gouvernement séculier où le

[p] *Songe du Vergier*, lib. 1, chap. 136. *Traité des Libertés*, tom. 2, pag 139.

[q] Regulariter non debet Dominus petere à Subditis, nisi ea de quibus ante eum (lis. inter eos) & ejus antecessores *planè* ac bonâ Fide, sine dolo & coactione convenit. Somn. Viridar. lib. 1, cap. 141 apud Goldastum, tom. 1, pag. 111, lin. 23 & 24. L'Auteur dit *planè* tout uniment, afin d'exclure de la détermination des Peuples qui octroyent toute espece de répugnance & de nécessité.

Prince employât tous ses efforts pour enlever & ravir tant au noble qu'à celui qui ne l'est point les revenus de la premiere année de tous les héritages transférés à quelque titre que ce put être, qui est celui qui ne jugeroit point qu'un tel Prince est un tyran ou un destructeur de ses Etats ? Et qui pourroit supporter un Gouvernement de cette nature ? « (*r*)

L'Université de Paris, ni Charles VI lui-même, ne pensoient donc pas que la qualité de Monarque attribuât des droits illimités sur les biens des Sujets ; & pour se convaincre encore mieux que la doctrine de la fille ainée de nos Rois étoit bien opposée à cette maxime pernicieuse, il est bon d'entendre le plus illustre de ses Chanceliers, le docte Gerson, défenseur zélé de la personne sacrée des Souverains.

» *C'est une erreur*, dit-il, d'insinuer à un Roi & à un Prince souverain qu'il peut, par un droit qui lui appartienne justement, *user de ses Sujets & de leurs biens suivant sa volonté*, en leur imposant toutes sortes d'exactions *à son bon plaisir* & sans autre titre naissant de l'utilité ou de la nécessité publique ; car agir de cette maniere & sans aucune raison, ce seroit tyranniser & non pas regner. » (*s*)

Nicolas de Clémangis, disciple de Gerson, décide en conséquence de la même doctrine, qu'*il n'appartient pas au Roi d'établir des exactions de nouvelle invention, si ce n'est dans une extrême nécessité & d'après le consentement public & la délibération en Conseil des trois Ordres du Royaume ; mais quoique la nécessité*, ajoute-t-il, *ait pu forcer à de telles im-*

[*r*] Nam, ut eadem filia nostra dicebat, in Politiâ sæculari quis principem, tam a nobili quàm ignobili Annatas primas omnium hæreditagiorum excipere & extorquere satagentem, non tyrannum aut suæ politiæ eversorem censeret, & talem Rectorem sustinere valeret.) Preuves des Libertés, part. 1, ch. 22, no 11, tom. 2, p. 15.

[*s*] „ Error est Regem & Principem informare, ipsum justo suo jure Subjectis suis & eorum bonis ad suam voluntatem uti posse, absque alio titulo publicæ utilitatis aut necessitatis, imponendo quascumque exactiones ad libitum suum. Nam hoc pacto sine ullâ ratione agere tyrannisare esset, non regnare, Gerson. in Opusc. contrà adulatores Principum, “ *Consid.* 6.

positions, elles doivent toujours n'être que pour un tems, & cesser aussi-tôt que la nécessité, qui en est la cause, vient à cesser elle-même. (t)

Le neuvieme témoignage est celui de Jean Juvénal des Ursins, Archevêque de Rheims. Ce Prélat, quoiqu'il eût écrit dans la vie de Charles VI, que *le Roi ne tenoit sa Couronne que de Dieu & de son Epée*, ne s'en crut pas moins en droit de faire à Charles VII, la Remontrance vigoureuse qui suit : — Preuve tirée du témoignage de Juvenal des Ursins.

» On m'a rapporté qu'il y a en votre Conseil *un*, qui en votre présence dit, à propos de lever argent du Peuple, duquel on alléguoit la pauvreté, que *Peuple toujours crie & se plaint, & toujours paye* : qui fut mal dit en votre présence ; car c'est plus parole qui se doibt dire en présence d'un tyran inhumain, non ayant pitié & compassion du Peuple, que de vous qui estes Roi très-Chrétien, quelque chose qu'aucuns dient de votre puissance ordinaire, *vous ne pouvez pas prendre le mien. Ce qui est mien n'est pas votre*, peut bien estre qu'en la justice vous estes le Souverain, & va le ressort à vous : vous avez votre domaine, & chacun particulier le sien. « (u)

Le dixieme témoignage est contenu dans la vie de Louis XI, écrite par Commines sous le regne du successeur de ce Prince, vers 1486. » Y a-t-il Roi ne Seigneur sur terre, dit cet écrivain, *qui ait le pouvoir*, outre son domaine, de mettre un denier sur ses Sujets, *sans octroy & consentement* de ceux qui le doivent payer, si non par tyrannie & violence ? — Preuve par Commines dans la Vie de Louis XI.

Notre Roi, continue-t-il, est le Seigneur du monde qui le moins a cause d'user de ce mot : *j'ai privilege de lever sur mes Sujets ce qu'il me plaist : car*

[t] Ad Regem non pertinet novas exactionum adinventiones, nisi in extrema necessitate & de publico trium Ordinum consensu atque consilio instituere. Quas si necessitas imponi exposcit, semper tamen debent temporales esse, & cessante necessitate desistere. Lib. de lapsu & repar. Justitiæ cap. 17, n. 2. Nicolas de Clémangis est décédé en 1417.

[u] *Manuscrit de la Bibliotheque de M. du Puy*, cité par Joly Grand-Chantre de l'Eglise de Paris en son Recueil de *Maximes pour l'institution d'un Roi*. Edit. de 1652, p. 374 & 375.

nelui, ne autre; ne l'a. Et ne lui font *nul honneur* ceulx qui ainsi le dient, pour le faire estimer plus grand; mais le font haïr & craindre aux voisins, (x) qui pour rien ne vouldroient estre de sa Seigneurie... Mais si nostre Roi, ou aultres qui le veulent louer & aggrandir, disoient : *j'ai les Subjets si bons & si loyaulx qu'ils ne me refusent chose que je leur sache demander...* Il me semble que cela lui seroit grand loz; (& en dis la vérité), & non pas dire : *je prens ce que je veulx & en ay privilege*, il me le fault bien garder. Le Roi Charles le Quint ne le disoit pas; aussi ne l'ay-je pas oui dire aux Rois, mais bien à leurs serviteurs, à qui il sembloit qu'ils fesoient bien la besoigne. Mais, selon mon avis, *ils méspreno ient envers leur Seigneur*, & ne le disoient que pour faire les bons varlets : & aussi ne sçavoient qu'ils disoient. « (y)

Preuve dans la leçon faite par Duchâtel à François I.

Voici un onzieme témoignage plus frappant encore. C'est la leçon généreuse que fit Duchâtel, Evêque de Tulles, à François I, dont il étoit alors Bibliothécaire, & dont il devint depuis le Grand Aumônier. L'Auteur de la vie du Chancelier de l'Hôpital nous l'a transmise en ces termes :

» Un jour le Chancelier Poyet, (z) dit au Roi François I, devant une foule de Courtisans, qu'il étoit *le Maître absolu des biens de ses Sujets*. Juste Ciel! (s'écria aussi-tôt Duchâtel) comment ose-t-on essayer d'inspirer de tels sentimens à *un Prince qui a des Loix à suivre & à respecter*? Voilà, Sire, voilà les détestables maximes sur lesquelles se formérent les Caligula & les Néron; *& c'est en admettant ces principes affreux qu'ils devinrent l'exécration du genre humain*. Fallût-il même prévenir la ruine entiere de l'Etat? vous

[x] *Dicam planè quod sentio*: (dit Théodoric II Roi d'Italie, écrivant à trois autres Rois) *qui sine Lege vult agere, cunctorum disponit regna quassare.* Dom Bouquet, tom. IV, pag. 90.

[y] Commines, *Vie de Louis XI*, liv. 5, ch. 18.

[z] Poyet, ce vil adulateur, dont le nom est en horreur à toute la France ne tenoit un langage si criminel, que parce qu'il vouloit profiter de l'autorité arbitraire du Roi, dont il comptoit abuser, pour s'enrichir des dépouilles des Peuples : & en effet ses malversations le firent dans la suite condamner ignominieusement.

ne devez pas ignorer qu'avant de vous servir de nos biens, il vous faudroit obtenir notre consentement. « (a) Sur quoi le Biographe anonyme fait réflexion, que *si l'on fut étonné de la noble audace de Duchâtel, on n'eut pas moins à admirer la grandeur d'ame du Roi, qui voulut disputer avec lui de générosité, & lui marquer qu'il lui savoit gré de la fermeté qu'il montroit à défendre les véritables intérêts du Prince & ceux de l'Etat.* (b)

A cet onzieme témoignage, nous joignons le fait notoire que Louis XIV lui-même étoit si persuadé de la justice de ce principe, que, quand on voulut, pour la premiere fois, l'engager à la violer, & à établir les impôts par ses Edits, il répondit franchement : *je n'ai pas ce droit.* Aussi ses derniers remords furent-ils principalement de ce qu'il se l'étoit attribué par la terreur de sa puissance. C'étoit en effet avoir abusé contre ses Peuples, des victoires qu'il devoit à leur courage, & ce sera, aux yeux de la Patrie, une tache imprimée pour toujours à sa mémoire.

Aveu de LOUIS XIV. Ses remords tardifs.

Enfin, un dernier témoignage qui sera transmis à la postérité, nous démontre que ces maximes nationales sur la franchise & propriété entiere de nos biens, étoient parvenues jusqu'à nous, malgré les ministeres déshonorans des *Poyet*, des *Richelieu*, des *Mazarin*, &c, &c, &c, ... & que toujours intactes dans le droit, quoique souvent violées dans le fait, elles étoient encore indubitables, en 1770, jusqu'à l'époque précise de l'Edit illégal qui est venu, comme un orage subit, offusquer la Monarchie, ériger la servitude en principe, & introduire le despotisme dans toute sa rigueur.

La derniere preuve de la franchise nationale se tire de l'ordre donné par le roi regnant d'imprimer l'Histoire de France de l'Abbé Velly, qui est contraire à l'autorité illimitée.

La nouvelle Edition de *l'Histoire de France par l'Abbé Velly*, venoit de paroître dans cette même année. Le Roi, à qui elle avoit été dédiée, non-seulement en avoit agréé la dédicace, mais encore l'avoit fait imprimer à son Imprimerie du Louvre, & avoit

(a) Vie du Chancelier de l'Hôpital, pag. 33 & 34, édition de 1764 avec permission.
(b) Ibid.

souscrit pour cinq cens Exemplaires, que SA MAJESTÉ a fait distribuer aux personnes qu'elle vouloit en gratifier.

Or, cet Historien atteste, de la maniere la plus forte, les maximes dont nous traitons; car, en rapportant la réponse hardie qu'Aldebert, Comte de Périgord, fit à Hugues-Capet & à Robert, son fils, déja *Roi-désigné*, il s'exprime de la maniere qui suit :

» Ce Seigneur assiégeoit la Ville de Tours, qui appartenoit alors au Comte Eudes, surnommé *le Champenois*.

» *Les Rois*, dit un ancien Auteur, (c) *n'oserent l'en empêcher par la voie des armes*, (d) mais ils lui envoyerent seulement demander, qui l'avoit fait Comte ? *Eh ! qui donc les a fait Rois ?* répondit froidement Aldebert, qui continua le siege, & emporta la place. Ce seul trait suffit, dit Velly, pour confondre *l'ignorance ou l'adulation* de quelques modernes, qui osent avancer que tous les Sujets de la Monarchie tiennent leurs biens de la libéralité de nos Rois, qui en ont fait ou des Seigneurs ou de simples Propriétaires, ou des Bourgeois taillables. On ne s'arrêtera point, continue-t-il, à démontrer *l'absurdité* d'une opinion si contraire au témoignage de l'Histoire. On observera simplement que c'est mal faire sa cour à des Princes qui abhorrent sincérement les maximes tyranniques du Mahométisme. Nos Rois, toujours persuadés que LES BIENS DES FRANÇAIS SONT AUSSI LIBRES QUE LEURS PERSONNES, ne s'en sont jamais regardés que comme les Protecteurs. « (e)

Le Roi auroit-il procuré si généreusement la réimpression de cette Histoire ? Auroit-il fait distribuer en

[c] Hist. Aquit. Fragm. tom. 4, collect. de Duchesne.

[d] S'ils ne le pouvoient par cette voie, ils avoient droit de le faire par celle des Loix ; en faisant citer le Comte soit à la Cour des Pairs soit à la Diete générale. Cette derniere citation étoit indiquée par les Capitulaires.

[e] *Hist. de France*, tom. 2, pag. 421 de l'édition in-4o. de 1770 & tom. 2, pag. 257, de l'édition in-12 de 1755.

Omnia Principis esse dicimus ad tuitionem, non ad fruitionem vel proprietatem : quod aiunt, ad defensionem non ad dispersionem, disoit St. Léonard à la tête d'un Concile d'Angleterre sous Henri III.

don les cinq cens Exemplaires pour lesquels il avoit souscrit, s'il n'eut effectivement abhorré les maximes tyranniques, si celles que défend Velly, n'eussent été naturelles à son cœur?

Comment concevoir, que malgré cette certitude de la pureté des intentions du Roi, & peu de mois après une telle circonstance, qui les rendoit si publiques à tous ses Sujets, le despotisme ait cependant trouvé des partisans & des esclaves, & que notre liberté & la gloire de nos Rois ayent rencontré tant d'ennemis?

Vous êtes, M, un de ces ennemis, & si vous avez cru par une conjuration aussi criminelle, faire votre cour au Monarque, profitez de cette leçon de Commines: *certes* (de tels serviteurs) *méprennent envers leur Seigneur*, voulant ainsi *faire les bons varlets: & aussi ne savent*-ils ne *ce qu'ils disent* ni *ce qu'ils font.*

§ XI. L'Etat Ecclésiastique Régulier.

C'est principalement contre l'Etat Ecclésiastique que vous vous livrez sans ménagement aux phrénésies de l'esprit du despotisme. Dans votre systême, aucune Communauté Réguliere ne pourroit plus compter sur la propriété des Seigneuries qu'elle posséde; parce » qu'en effet, dites-vous, il paroît contraire à l'Etat Monastique, que ceux qui ont renoncé aux honneurs de ce monde, possédent des Seigneuries qui en sont la cause productive. « (*f*)

Non-seulement ses Seigneuries, mais ses biens en général seront en proie à l'épée militaire & aux intérêts particuliers de la Ligue, qui se donnera pour servir le Roi; parce que, selon une de vos notes: » la premiere charge des biens dans tout Gouvernement sagement administré, est la contribution au service du Roi & de l'Etat. « (*g*)

Cette maxime pourroit peut-être en imposer, parce qu'elle contient quelque chose de vrai. Mais pour sentir de quel mérite elle est au sens des Ligueurs modernes, il est à propos de la rapprocher de la prétendue piece justificative, qu'elle a pour objet de justifier à son tour, & de cette autre assertion de votre com-

[*f*] *Recueil* pag. 161, note z.
[*g*] Ibid. note a.

mentaire ; la » vérité est, qu'il n'y a eu de consacré à Dieu que ce qui étoit nécessaire au culte de la Religion. « (h)

C'est donc au nécessaire le plus étroit que l'on prétend réduire l'État Monastique, en vertu de cet axiome nouveau, auquel nous ne croyons pas que l'on puisse, sans blasphême, donner le nom de vérité. Mais qui seront les Juges de l'étendue & des bornes de ce nécessaire? Ceux-là même qui voudront envahir les biens consacrés à Dieu, & à qui on propose, pour exemple, la conduite tyrannique & violente d'un certain *Centulse qui avoit la qualité de chef des Officiers du Palais* sous le Roi Dagobert I.

Par là vous désignez ce Comte ou ce Prince du Palais, à l'autorité duquel vous soutenez, que le Chancelier a succédé.

A la persuasion de cet homme aussi artificieux qu'injuste, le Roi Dagobert enleva aux Monasteres plusieurs biens *consacrés aux Saints*, dit la chronique Bénédictine; (i) & il les distribua à ses Soldats. Cette chronique regarde, à la vérité, cet enlévement comme un attentat à la propriété des Citoyens, qui ne convenoit nullement à la qualité de *chef de la République*, dont Dagobert étoit revêtu, & qui n'étoit que le fruit de la séduction de Centulse, homme malheureusement trop adroit, dit-elle, & trop propre à persuader ses desseins au Prince.

Mais ce n'est pas en cela qu'*examinateur impartial*, vous faites cas de la chronique, dont le jugement vous paroît partir d'un fanatisme religieux, incapable de concevoir ce grand axiome, qu'*il n'y a eu de consacré à Dieu, que ce qui étoit nécessaire au culte de la Religion*, & qui, ignorant que *l'Empire Français a toujours été une Monarchie*, (k) *ignore que dans cette espece de gouvernement le Monarque est le Prince ou premier Administrateur de la chose publique.* (l) En con-

[h] Ibid. pag. 159, note 1.
[i] Sæc. 1, *Benedict.* pag. 376, anno. . .
[k] L'Auteur n'entend, par ce terme de *Monarchie*, que le *Despotisme*.
[l] Recueil pag. 159, note 2.

séquence, & comme s'il résultoit de ce mélange de vérités & de blasphêmes, que les Moines ou Religieux n'ont point la propriété de leurs biens, si ce n'est au plus jusqu'à concurrence du nécessaire putatif, & que même aucun Citoyen n'a que précairement l'administration de ses propriétés, vous admirez non-seulement que l'on eut ravi au Monastere de *Vertave*, ou plutôt de *Vertou*, la moitié des fonds qu'il possédoit comme *nobles*; (c'est-à-dire, comme ne devant rien ni à l'Etat ni à aucun autre) : mais encore que Centulfe, auteur d'un conseil aussi injuste, eut été choisi par le Roi, pour l'exécuter. Ce choix certainement aggravoit la violation du Droit public : & cependant l'un & l'autre vous ont tellement plu que, par votre maniere de traduire, vous les avez érigés en axiome de Gouvernement. *Le Roi*, dites-vous, *ordonna, & Centulfe exécuta.* (*m*)

Le fanatisme despotique vous transporte même jusqu'à comparer cet ordre despotique & indigne d'un Monarque, à un Capitulaire de Charlemagne, (*n*) qui étoit une Loi de tout l'Etat assemblé, & dont nous avons parlé ci-devant, pag. 288, note *o*. Centulfe, après cette premiere exécution militaire, ne fut pas encore content, il mit en œuvre le mensonge pour persuader au Roi Dagobert que ce Monastere, déja dépouillé de la moitié de ses biens, en conservoit encore, beaucoup plus que d'autres du même canton, il ajouta que le tiers seul de ce qui lui restoit seroit suffisant pour le nombre des Religieux qu'il y avoit vus, qu'ainsi il étoit possible de diviser ce restant, & de leur en ôter de nouveau la moitié. Centulfe n'avoit pas moins que nos ligueurs d'aujourd'hui, l'art funeste de trouver des prétextes à tout, & de substituer à la raison des mots, qu'ils savent faire retentir aux oreilles de ceux qu'ils veulent empêcher de faire usage de leur jugement.

[*m*] Ibid. pag. 160.

[*n*] Ibid. p. 160, note y. Charlemagne loin d'autoriser de pareils crimes les avoit formellement défendus sous peine de sacrilege. *Prohibemus omninò, sub pænâ sacrilegii, generaliter omnibus christianarum Ecclesiarum rerum invasiones* &c, Baluze tom. 1, pag. 528.

» Pourquoi ces Moines, disoit-il, à qui il est ordonné de se contenter d'un vivre & d'un habillement médiocres, seront-ils possesseurs de grands fonds ? qu'ils ayent la vie, & qu'ils souffrent que nous ayons plus d'aisance qu'eux, nous qui portons les armes, & qui faisons le service pour le Roi notre Seigneur. Par ce langage, ajoute la chronique, il persuada au Roi que la chose se fit ainsi, & pour l'exécuter il fut nommé commissaire. «

Mais un langage aussi dangereux ne l'étoit pas encore assez à votre gré, à celui de ceux pour qui vous écrivez. Il a fallu que votre traduction y ajoutât des couleurs utiles à votre systême, & que vous en relevassiez sur-tout la derniere phrase, par cet air de sublimité despotique : *le Roi ordonna & Centulfe exécuta.*

Le Sieur Bouquet convaincu de ne pas entendre les auteurs qu'il traduit.

Voici le texte latin du discours de Centulfe, tel que la Chronique le rapporte. *Ut quid hi, quibus jubetur victu & mediocri habitu contentos esse, magnorum erunt possessores prædiorum ? vivant : & nobis militantibus, & Domino Regi servientibus potiora habere permittant.* Quoiqu'habile traducteur vous ne vous êtes pas douté qu'il falloit un point interrogant après *prædiorum* ; vous avez joint à ce mot le verbe, *vivant*, dans le texte, & vous l'avez fait imprimer ainsi. Par conséquent vous n'avez pu entendre clairement la premiere partie du discours de Centulfe ; vous avez entassé deux verbes, absolument incompatibles, sous un même nominatif. L'écolier le moins instruit eut-il fait cette méprise ?

Quant à la seconde partie de ce discours, vous n'avez pas sans doute apperçu que le mot, *paucibra*, écrit avec la diphthongue, étoit une faute grossiere de copiste, qui, ignorant tout à la fois le latin & l'orthographe, avoit ainsi écrit, au lieu de *potiora* : & comme, sans cette correction, il n'est pas possible d'y trouver un sens raisonnable ; il faut en conclure que vous avez traduit par instinct ce que vous n'entendiez pas.

Au reste, votre instinct vous a très-bien servi, car vous avez enchéri sur Centulfe lui-même, en ajoutant à son discours ce que celui-ci avoit sans doute oublié d'y insérer ; & vous le faites parler d'un ton dogmatisant. » Car, pourquoi (lui faites-vous dire) des » Moines, *qui font vœu de pauvreté*, auroient-ils » de grands héritages, *qui ne doivent appartenir* qu'à » ceux qui servent le Roi & l'Etat ? « (o) Quoi donc! le *vœu de pauvreté* particuliere, que fait chaque Religieux, & qui n'est autre chose que celui de la vie commune, privera son Ordre des propriétés qu'il possède, pour l'entretien de cette vie commune? Et il suffira qu'un Ordre ait de grands biens pour qu'ils *ne doivent appartenir qu'aux Militaires.*

Sont-ce là les maximes connues de *la Nation Françaife* qui *regarda* toujours *la Justice comme la vertu destinctive de ses mœurs ?* (p) Si on admettoit ces maximes nouvelles que vous proposez, que deviendroit le droit de propriété, non-seulement des Ordres Religieux, mais aussi de tous les Citoyens ? Car ces Ordres sont véritablement aux droits de quelques Citoyens, qui, en les dotant, leur ont transmis la même propriété dont ils jouissoient avant d'avoir fait cette donation.

Voilà donc les monumens que l'on nous donne pour *la vraie source de nos Loix Fondamentales !* Qui ne seroit indigné en voyant l'audace de l'esprit de systême parvenu jusqu'à cet excès, de nous proposer les crimes les plus inhumains pour des Loix ? Quoi, vous transformez nos Souverains en ennemis publics de l'Etat, en destructeurs des Corps qui le composent, & vous ne craignez pas d'assigner, pour regle de leur conduite, l'exemple d'un Dagobert I ? Ce Prince fut si universellement détesté de ses Sujets, qu'il perdit une bataille considérable, *beaucoup plus, parce qu'il avoit aliéné l'esprit de ses Sujets, en les dépouillant sans cesse*, dit l'appendix de Grégoire de Tours, *que par la valeur de ses ennemis.* (q)

[o] Centulfe ne prétextoit point le vœu de pauvreté pour s'arroger la propriété des biens monastiques ; il se contentoit que les Moines lui permissent de jouir de plus d'aisance qu'eux-mêmes.

[p] Juxta morum suorum qualitatem desiderans justitiam. Prolog. Leg. Salicæ. Bignon, pag. 11.

[q] *Istamque victoriam, quam Winidi contra Francos meruerunt, non tantùm Sclavinorum fortitudo obtinuit quantùm dementatio*

Que l'on ne dise pas que les Ordres Religieux sont inutiles à l'Etat. Si nous ouvrons nos Annales, nous voyons qu'ils furent les premiers mobiles du rétablissement de Louis le Débonnaire sur le Trône, qu'ils ont contribué à la cessation des Guerres privées, & qu'ils ont rendu les plus grands services à l'Agriculture, aux Lettres & aux Sciences. (r)

Austrasiorum, dum se cernebant cum Dagoberto odium incurrisse, & assiduè expoliarentur. Anno 631. Appendix Greg. Turon. No. 68. Dom Bouquet, tom. 2, p. 439 & 440.

(r) Les biens possédés par des Communautés Religieuses, étoient dans l'origine des Terres incultes, des marais, des forêts immenses, refuge de brigands. Les travaux des Moines y ont porté à la fois, la culture, la fertilité, l'instruction, la sûreté. Des Hameaux, des Villages, des Bourgs, des Villes même se sont peu à peu élevés au tour de leurs habitations. L'Etat y a gagné des Citoyens par l'abondance des productions du sol. Mais les Religieux sont endettés, ils construisent souvent des édifices magnifiques. Tant mieux, ils font circuler l'argent parmi les malheureux, & leur procurent des ressources. Leurs terres n'en sont pas moins cultivées, ni les pauvres moins soulagés. Si les Communautés doivent, c'est un bien pour les particuliers dont elles sont en quelque sorte les fermiers. L'argent peut-il être placé plus sûrement ! Les fermiers des Monasteres sont à leur aise, lorsque ceux des Seigneurs sont, la plupart du tems, écrasés par des Amodiateurs. Les Communautés dans les Provinces, sont presque la seule ressource des pauvres dans les tems de misere & de calamités. La plupart des Seigneurs habitent les grandes Villes, & dévorent les Campagnes, sans leur être d'aucun secours, ou par des travaux ou par des aumônes. Que l'on compare les possessions des Seigneurs & des particuliers à celles qui dépendent des Monasteres, on verra celles dont les habitants sont le plus à leur aise. Enfin leurs biens sont ceux de la Société entiere, puisque chacun peut y prétendre pour soi, & pour les siens. Sortis des grandes Maisons, peut-être seroient-ils perdus pour elles à jamais ; elles y trouvent aujourd'hui des ressources qui leur manqueroient absolument, au moyen des bénéfices qui servent de récompense aux services rendus à la Religion & à la Patrie. La saine Politique exige donc que l'on conserve les Communautés, en remédiant aux abus qui peuvent s'y être glissés.

Dans le premier âge de notre Monarchie, les Moines étoient les seuls qui tinssent la plume. *Recherches de Pâquier*, l. v, chap. 24. *Hist. de France de l'Abbé Velly*, tom. 1, p. 597 & 215, de l'édit. in-12. Les excellents Manuscrits des Ouvrages des Anciens sortis des Monasteres sont les fondemens de toute notre Littérature. C'est d'après ces monumens que l'on a donné au Public, depuis l'invention de l'Imprimerie, tant d'excellens Ouvrages en tout genre. L'ignorance qui ne voit rien au delà du présent accable les Moines

§ XII. L'Etat Ecclésiastique Séculier.

Ce fut de même aux Evêques, & à leur crédit sur l'esprit des Peuples de la Gaule Romaine, que Clovis dût l'établissement de son Empire dans ces Provinces. Saint Remi, Evêque de Rheims, & Saint Avite, Evêque de Viennes, lui furent plus utiles que n'auroient été des Armées plus nombreuses; & les Laïques avoient tort, sous Charles le Chauve, de reprocher au Clergé que ce n'étoit point lui qui avoit contribué ni à l'établissement ni à la propagation de la Monarchie Françaisc. (s)

Le Clergé, qui en est le premier Ordre, ne lui est pas moins cher en cette qualité, qu'il lui est utile par l'enseignement d'une Religion sainte que la France regarde avec raison comme *son premier rempart.* (t) On peut même dire, avec vérité, que le Clergé a été le principal appui de la Nation, & de la sagesse de ses Loix, aussi long-temps qu'il s'est préservé des fausses idées du pouvoir ultramontain, & qu'il n'a point banni de son cœur les sentimens du bien public, pour y introduire ceux de l'esprit des Corps, dont le desir de la domination est le ressort principal.

Votre systême vous éblouit au point de fouler aux pieds ce qu'il y a de plus sacré & de plus respectable. La Religion, ses Ministres, les Droits les plus légitimes de ce premier ordre du Royaume, rien ne peut vous arrêter. On sait que la modestie & l'humilité, sont aussi étroitement recommandées au Clergé sécu-

de déclamations aussi frivoles qu'excessives. Ce n'est point aux Lettres à les outrager. L'Histoire ne peut leur être que favorable: en justifiant leur Institution, elle leur en retrace l'esprit, elle les rappelle à la pureté de leur origine. Que les Religieux dans les Campagnes soient des cultivateurs charitables, que dans les Villes ils soient des Littérateurs laborieux; que par-tout ils soient vertueux & occupés utilement; qui pourra les accuser d'inutilité? *Encyclopédie, mot Bibliothèque, Hist. de François I, par M. Gaillard de l'Acad. des Inscrip.* tom. 7. *L'Ami des Hommes, par le Marquis de Mirabeau.*

[s] Non tibi sit curæ, Rex, quæ tibi referunt illi felloncs atque ignobiles, hoc fac quod tibi dicimus, quoniam cum nobilis, & non cum istorum parentibus tenuerunt parentes tui Regnum. *Baluz.* tom. 2, pag. 120.

[t] *Fidei munimina tribuat*, prolog. Leg. Salicæ.

lier, qu'au Clergé régulier, Saint Paul nous l'enseigne lui-même. *Lors que nous avons de quoi vivre & de quoi nous couvrir, contentons-nous-en*, dit cet Apôtre. (x) Par conséquent le Clergé séculier n'est pas plus à l'abri que le Clergé régulier, de l'application odieuse que vous faites des maximes de Centulfe & de son commentateur.

Mais cette premiere conséquence n'est pas la seule atteinte dont les Droits du Clergé Séculier, & surtout ceux des Evêques, soient menacés par votre nouveau systême.

Premiérement, » fonder un Monastere, dites-vous, » & *l'affranchir de toute autorité Ecclésiastique* ou sé» culiere, c'est un des principaux droits de la Mo» narchie Royale : c'est une preuve certaine que l'E» glise est dans l'Etat, & non l'Etat dans l'Eglise » (y.) Ailleurs vous avez remarqué, comme un point important de notre Droit Public, » que ce n'est point de » la part du Monarque, entreprendre *sur l'autorité Ec-* » *clésiastique & spirituelle* que de soustraire un Mo» nastere *à la Jurisdiction Episcopale*, & de le mettre » sous la garde Royale ; ce qui, avez-vous ajouté, » l'assujettissoit en même temps à la Régale (z).

Cette maxime vous a paru en effet *si importante* que vous en avez formé une des Loix de votre *Colonne Législative*, & vous y supposez que *les Papes ont reconnu le Droit de nos Rois d'accorder* aux Monasteres *des Privileges d'exemption par des sanctions Royales* (a).

Le Sieur Bouquet attribue au Souverain l'autorité ecclésiastique.

Secondement vous soumettez à cette Loi singuliere, & enfantée par l'ignorance, toute espece de discipline Ecclésiastique, sans excepter même celle qui concerne la collation des Ordres sacrés & de l'Episcopat ; & ayant trouvé un Evêque qui s'étoit fait sacrer sans la participation du Métropolitain, en vertu d'une jussion de Clotaire I, » vous avez regardé cette entreprise

[x] *Habentes autem alimenta & quibus tegamur, his contenti simus*. Epist. 1 ad Timoth. cap. 6, v. 8 & Prov. cap. 27, v. 26.

[y] *Recueil*, note a, Pag. 96 & 97.

[z] Ibid pag. 100, note k.

[a] *Tableau*, col. 1, pag. 237.

» inouie comme une Loi générale de l'Etat; & vous » dites que l'on voit par là qu'en matiere même de » discipline Ecclésiastique, nos Rois accordoient des » exemptions; mais qu'il falloit une Loi du Prince, » *decretum Regis*, pour affranchir d'une Loi Ecclé» siastique » (*b*). On ne raisonneroit pas autrement en Angleterre : mais jamais on n'a raisonné de la sorte en France. Charlemagne reconnoissoit qu'un pouvoir de cette nature surpassoit toute sa puissance (*c*).

Troisiémement vous subordonnez la Puissance Spirituelle à la Puissance Royale, de telle maniere que, selon vous, » non-seulement il faut des Letres Pa» tentes du Roi pour assembler les Evêques; *mais de* » *plus*, c'est le Roi qui propose l'objet de leurs Dé» libérations, & leur en donne les Articles (*d*).

» Le Synode, ou Concile, dites-vous encore, fai» soit des Arrêtés ou Capitulaires, appellés définitions, » mais en matiere de culte extérieur de la Religion, » ils n'avoient force de Loi qu'après que le Prince les » avoit *confirmé par son autorité supérieure* ».

On avoit cru jusqu'à présent que les deux Puissances étoient tellement distinctes, que l'une ne pouvoit être supérieure à l'autre, parce que *toutes les deux procédent immédiatement de Dieu* par leur nature (*e*). Mais vous découvrez *la supériorité* de la Puissance Royale dans le cas où elle n'exerce que le droit de protection des Canons & de nos Libertés; soit pour empêcher que de nouvelles définitions irrégulieres n'y donnent atteinte, par rapport à la Discipline extérieure; soit pour appuyer, du secours de son bras & de son autorité *coactive*, celles qui ne sont point des innovations.

Les deux Puissances se doivent des secours & des

[*b*] Recueil, pag. 43, note b.

[*c*] „ Ista verò, *quia vires nostras excedunt*, in judicio Episcoporum, juxtà Canonicam Sanctionem definienda, relinquimus. “ *Capitul.* lib. 7, cap. 281, *Baluz.* tom. 1, pag. 1088.

[*d*] *Recueil*, pag. 30, note t.

[*e*] *Immò ambæ potestates, spiritualis & temporalis, ab eodem fonte, scilicet à Deo, immediatè processerunt*, Somn. Viridar., lib. 1, cap. 78. Apud Goldastum, tom. 1, pag. 84, lin. 27.

égards réciproques pour contribuer de concert au bien public qui est leur fin; mais on n'en peut jamais conclure que celle qui donnoit le secours, ou qui veilloit prudemment à ce qu'il ne pût être porté aucune atteinte à son indépendance & à ses libertés, fût pour cela supérieure à celle qui, réclamant son secours, se pique en même temps de lui faire connoître qu'elle ne forme aucune entreprise préjudiciable à la paix qui doit les unir étroitement.

§ XIII. Le Clergé en général. Suivant vous, le Clergé n'est plus le premier Ordre de l'Etat. Ce premier Ordre *est composé des Pairs de France & des Grands Officiers de la Couronne* (*f*).

Il est vrai que, par l'usage où vous êtes de tomber en contradiction, vous vous contentez, dites-vous ailleurs, que *les Ducs, les Comtes & les Grands Officiers de la Couronne*, soient comme *les Evêques & les Abbés du premier Ordre de l'Etat*, & tiennent *le même rang dans l'Assemblée générale* (g).

Mais c'est confondre absolument les deux Ordres, pour ne point reconnoître le droit, dont le Clergé a toujours joui, de composer le premier, en y admettant (mais seulement à sa suite) les Corps de Gens Lettrés, qui par cette raison, sont appellés, *Conscholastici*, dans le Sacre de Philippe I.

Il ne vous suffit point de toucher au rang du Clergé, c'est principalement les *Franchises* & les *Immunités* ou *Privileges* de cet Ordre qui vous font ombrage, vous soutenez » que lorsque l'Eglise est entrée dans l'Etat, elle n'a point cessé d'être soumise à la souveraineté du Monarque, en tout ce qui concerne le culte extérieur, *& la contribution aux besoins de l'Etat*.... mais que cette Souveraineté a toujours été tellement concertée & tempérée, que les Sujets *ont paru donner volontairement & librement*, ce qu'ils devoient à la Souveraineté & à l'Etat, qu'on appelloit également *Dons* ce qu'on devoit au Souverain, tant comme sujet que comme vassal » (*h*).

[*f*] *Avertissem.* no. 20, pag. 23 & no. 25, pag. 27.
[*g*] Lett. 6, no. 7, pag. 105.
[*h*] *Avertissem.* no. 19, pag. 21.

Les

Les Tributs, dites-vous encore, *sont appellés Dons* (i). Tout autre que vous eut conclu de là qu'il ne peut être imposé aucun *tribut*, sans le consentement de ceux qui doivent le payer ; & que les Rois n'ont d'autres droits que ceux qui leur ont été octroyés par la libéralité de leurs Sujets : mais vous avez découvert, dans cette qualité même de *Dons*, que *les Tributs s'établissent & se perçoivent par la seule volonté du Roi* (k).

Ce principe vous étoit nécessaire : votre imagination vous l'a fourni, & vous l'avez mis en usage pour répondre à votre objection, que le Clergé conserve *jusqu'aujourd'hui la possession notoire de ne contribuer aux besoins de l'Etat que par des Dons gratuits, desquels il fait l'imposition & la perception* (l).

Ainsi vous donnez pour certain que les *Dons gratuits* du Clergé ne sont tels que de nom, & qu'au fond ils sont de vrais tributs aussi nécessaires & aussi rigoureux que les Droits dûs par un Vassal ; que même ils sont de nature à être *imposés & perçus par la seule volonté du Roi*. Il est vrai qu'en ce point vous êtes très-conséquent. Car s'il étoit certain, comme vous voudriez le faire croire, que le Roi eut la puissance légitime d'exiger, à titre de tributs rigoureux, ce que la Nation ne lui a jamais dû ni accordé qu'à titre de *Dons volontaires*, d'*Aides*, d'*Octrois*, il n'y auroit aucune raison solide de distinguer les *Dons gratuits* du Clergé, & le Roi auroit également le pouvoir de les convertir en tributs de rigueur, & même arbitraires.

Ce seroit en vain que le Clergé croiroit pouvoir sauver *ses Droits*, en les couvrant des noms de *privileges* & d'*immunités* ; soit parce qu'il ne seroit pas en état d'en représenter la concession primitive, & que, dans ce cas, sa possession seroit incapable de les maintenir contre le Trône, dont les Droits véritables sont imprescriptibles comme ceux de la Nation, soit parce qu'en cette qualité de privileges ils seroient pré-

[i] Lettr. 4, no. 6, pag. 77.
[k] Lettr. 5, no. 9, pag. 93.
[l] Ibid. no. 9, pag. 95.

fendus émanés des Rois, qui n'auroient pas eu l'autorité, *n'étant qu'Administrateurs*, d'aliéner à perpétuité les revenus de la Couronne. C'est donc le titre de la franchise Nationale que le Clergé doit envisager comme le sien : & quand il a eu le courage d'en maintenir la possession, il n'a pas réduit ses efforts, dignes d'éloges, à défendre de simples privileges, mais il a voulu conserver *des Droits* qu'il tenoit de la Nation, avant même l'établissement du Trône, & qu'il ne pouvoit ni ne devoit abandonner. Si on attaque ces Droits respectés jusqu'à ce jour, & qui doivent l'être à jamais, c'est attaquer de nouveau la franchise de toute la Nation, dont l'autre portion n'a été privée (de cette franchise naturelle) que par le fait de Louis XIV. C'est en même temps lui donner à réfléchir sur cette usurpation récente, dont les suites sont si funestes. C'est lui montrer la nécessité actuelle non seulement de maintenir avec constance la liberté dont jouit encore son premier Ordre ; mais aussi de réclamer avec courage celle que mal-à-propos elle a laissé affoiblir, par rapport aux autres Classes de Citoyens ; & qui, de sa nature, est imprescriptible comme elle est inaliénable.

§ XIV. Tout annonce la ruine de la Nation. Elle ne peut s'en préserver que par l'unanimité de tous les Ordres pour conspirer au bien public.

Le détail, dans lequel nous sommes entrés, doit persuader, à tout bon Français, que votre nouveau Systême politique attaque la Constitution de la Monarchie, blesse la puissance ainsi que la gloire du Monarque, & offense la Patrie entiere avec tous ses Citoyens que vous proposez de livrer, sans réserve, à la domination de l'intérêt privé, & à celle des ennemis particuliers ligués contre leur repos, pour les priver de leurs biens, de leur liberté & de leur honneur.

Que penser, après cela, de l'audace d'un de vos perfides associés, qui, dans le délire de l'adulation, a osé dire au Sieur de *Maupeou* qu'il *a su nous rendre heureux (m)*. Cet Auteur forcené l'encourage à de nouveaux forfaits contre sa Patrie & contre son Roi, en continuant ainsi :

[m] *Le vœu de la Nation*, 1ere. partie, pag. 12.

» Tout ce qui résiste à une puissance qui ne tient son Droit & sa Couronne que de Dieu, doit être retranché, parce que *toute Puissance* établie par le droit divin *est présumée ne porter ses vues qu'au plus grand bien ; & qu'il n'est pas donné aux hommes de penser & de voir comme le Monarque qui ne peut & ne doit faire connoître les puissans ressorts qui le font agir* » (n) Voilà un trait de la flatterie la plus basse qui fut jamais ; mais l'Ecrivain anonyme y met ensuite le comble, quand du ton le plus impie, comme s'il parloit d'un Grand Lama, & non pas d'un *Roi très-Chrétien*, qui sait que les Princes mêmes sont des hommes mortels ; il poursuit ainsi :

» Les motifs qui l'animent sont toujours justes ; c'est le principal caractere de la Monarchie : (la sagesse préside aux Conseils des Rois) : *c'est l'Assemblée des Justes*, où les passions *& les intrigues* se trouvent amorties, pour faire place au bien que le Souverain présent impose & prescrit dans tous les cœurs » (o).

Quoi ! il n'y a point de *passions*, point d'*intrigues* à la Cour ! . . . L'Assemblée *des Justes* dans cette ligue audacieuse qui a conspiré pour la destruction de tous les Corps, de tous les Etats du Royaume, & est parvenue à étouffer la voix de la vérité jusques dans le Conseil même ! L'audace de ces ennemis de la Patrie nés pour le malheur de leurs Concitoyens, & intéressés à perpétuer les maux publics, est le comble de l'outrage pour la Nation, & pour le Monarque. Le reste de l'Europe semble déja ne considérer les Français, que comme un Peuple tombé en léthargie, & dont les forces ne peuvent être redoutables. C'est par une suite de cet avilissement que notre Gouvernement n'a eu connoissance du démembrement & du partage de la Pologne, que par les papiers publics ; & que l'Angleterre a osé interdire à nos vaisseaux armés la sortie de nos Ports, & fixer le nombre de ceux qui en sortiront à l'avenir (Mars 1773).

Quel est le Français attaché à son Prince qui peut

[n] Même Ecrit, pag. 11 & 12.
[o] Même Ecrit, pag. 12.

lire sans douleur ces réflexions humiliantes qu'une Nation étrangere vient de répandre dans le monde entier ? » Rarement un Tyran devient un bon Prince ; mais le meilleur des Princes peut tout d'un coup devenir un Tyran : Tibere & Néron même furent aimés au commencement de leurs regnes, ils finirent par devenir l'exécration du genre humain. De nos jours même, nous avons vu un Monarque aimé, adoré de ses Peuples, il le méritoit ; le Démon du despotisme a soufflé dans son cœur, & l'idole du Peuple voit chaque jour briser ses autels (*p*). » Que le Sieur de Maupeou nous dise si on eut osé écrire pareille chose, il y a 10 ans ?

Dans des circonstances aussi tristes, tous les Ordres de la Nation ont un intérêt plus pressant que jamais, de conserver cette unanimité précieuse & cette concorde générale, pour le bien public & pour la gloire du Roi, si étroitement prescrite par nos Loix anciennes. Cette liaison précieuse de tous les membres entr'eux & à leur Chef a toujours été considérée comme le principe unique du salut de l'Etat ; & dans ces temps où la Monarchie est si visiblement menacée de sa ruine, elle devient le seul moyen efficace pour l'en préserver.

Rien de plus formel pour établir ce devoir doublement sacré, que l'article 10e de la Loi donnée à Kiersy sur Oise, en l'Assemblée générale de la Nation qui y fut tenue l'an 856.

» Sachez, dit cet article, en parlant du Roi même & de ses Sujets, sachez que le Roi, notre Sire, est tellement réuni pour ne faire qu'un même Corps (*q*) avec tous ses Sujets fideles de tout Ordre & Etat ; &

[p] *Observations sur les Déclarations des Cours de Vienne, de Petersbourg & de Berlin, au sujet du démembrement de la Pologne* 1773 in-8o, pag. 41, note 19.

[q] Tel est le sens de *Adunatus*, qui se lit en cet endroit du texte, & de *Adunati*, qui se trouve plus bas. La loi de Coulaines de l'an 844, dans son Prologue exprime également cette *unité sociale*, produite par l'union intime du Chef de l'Etat avec ses membres, en la comparant à celle de l'homme composé d'une ame & d'un corps. *Ut veluti unus homo in unius Ecclesiæ corpore.* Capitul. Karoli Calvi, tit. 1, in prolog. *Baluz.* tom 2, pag. 3, in fine.

nous ses Sujets fideles de tout Ordre & Etat, (soit avec lui soit entre nous; (r) que si Sa Majesté, par fragilité humaine faisoit quelque chose de contraire au PACTE qui nous unit de la sorte, nous l'avertissons, avec l'honnêteté & le respect qui conviennent à sa qualité de Seigneur, *de corriger & réparer un tel abus*, (s) & de conserver à chacun dans son Ordre les Droits que la Loi lui assure (t) ».

» Et si quelqu'un de nous, dans quelque Ordre qu'il soit, agit envers le Roi au préjudice de ce pacte, & qu'il soit tel que le Roi juge à propos de l'avertir de se corriger, qu'il le fasse; mais si la cause est telle que le Roi ne doive ainsi l'avertir familiérement, (alors) *qu'il l'envoye par devant ses Pairs pour en connoître suivant les regles*; & que (*là*) celui qui ne veut point se conformer aux justes obligations de ce pacte, *ni à la droiture de la Loi*, & qui refuse à son Seigneur le respect qui lui est dû, subisse jugement selon l'exactitude de la justice. Et s'il ne veut point s'y soumettre; mais s'il est contumax & rebelle, & que l'on ne puisse le faire changer de résolution, *qu'il soit par tous chassé de la Societé de nous tous, & du Royaume* (u). «

[r] *Et nos cum illo adunati & sic sumus omnes* &c. Ci-après note (u), pag. suiv.

[s] Art. 12 du *Traité fait à Confluent* le 5 Juin 860. *Baluze*, tom. 2, pag. 142. Il est important pour la stabilité d'un Royaume, dit S. Grégoire, que toute faute connue soit au plutôt réparée, *tunc regnum stabile creditur, cum culpa, quæ cognoscitur, citiùs emendatur.* Epist. ad Brunichildam. *Dom Bouquet*, tom. IV, pag. 32, d. Un bon Prince, dit Théodoric II, Roi d'Italie, loin de se refuser en cela aux desirs de ses Sujets, met sa gloire à les prévenir; parce qu'il n'y a pas de honte à changer pour faire le bien. *Non occurritur sub Principe benigno remedia postulare Subjectos; quoniam supplicationem præcedit humanitas . . . Licet Principem semper humaniora censere, dum VARIETATIS non habet VITIUM, quod pro beneficio fuerit immutatum.* Epist. ad Provinciales in Galliâ ibid. pag. 7, d.

[t] *Et sciatis quia sic est adunatus (Senior noster) cum omnibus suis fidelibus in omni ordine & statu, & nos omnes sui. Fideles de omni ordine & statu, ut si ille juxta humanam fragilitatem, aliquid contra tale pactum fecerit, illum honestè & cum reverentiâ, sicut seniorem decet, ammonemus ut ille hoc corrigat & emendet, & unicuique in suo ordine debitam Legem conservet.* Baluze tom. 2, p. 82.

[u] *Et si aliquis de nobis in quocumque ordine contra istum pac-*

» Et si le Roi, notre Sire, *ne vouloit point* conserver à un chacun dans son Ordre les Droits que la Loi lui assure, & que lui-même, ainsi que ses prédécesseurs, ont octroyés à nous & à nos prédécesseurs tant par la droite raison que par la bonté dont il doit user dans les occasions, en sorte qu'après avoir été averti par ses fideles Sujets, *il ne veuille point se rendre à leur intention*, (x) sachez que Sa Majesté est tellement liée avec nous & nous avec elle, pour n'être ensemble qu'un seul Corps (y); & que de notre part nous sommes tous, par sa volonté & son consentement, si fermes (à garder cette union,) les Evêques & les Abbés avec les Laïcs, & les Laïcs avec les Ecclésiastiques, qu'aucun de nous n'abandonne son Pair (ou concitoyen) afin que (par ce moyen) notre Roi, *quand même il le voudroit* (ce qu'à Dieu ne plaise) *ne puisse faire à l'égard de quelqu'un* ce qui seroit contraire aux droits que la Loi lui donne, à la droite raison, & aux regles que la Justice établit dans les Jugemens » (z). Là se borne l'obéissance due aux Rois, même à ceux

num in contra illum fecerit, si talis est ut ille indè eum ammonere valeat ut emendet, faciat. Et si talis est causa ut indè illum familiariter non debeat ammonere, & ante suos pares illum in rectam rationem mittat, & ille qui debitum pactum, & rectam Legem, & debitam Seniori reverentiam non vult exhibere & observare, justum Justitiæ judicium sustineat, & si sustinere non voluerit & contumax & rebellis extiterit, & converti non potuerit, à nostrâ omnium Societate & Regno ab omnibus expellatur. Ibid.

[x] Se rendre à l'intention de ses Sujets n'est point oublier sa Souveraineté, c'est au contraire l'exercer de la maniere qui peut seule procurer le nom & le mérite de bon Prince. Voyez ci-devant la note *f*.

[y] Voyez ci-devant la note *q*.

[z] „ Et si Senior noster Legem unicuique debitam & à se, & à suis antecessoribus nobis, & nostris antecessoribus perdonatam, per rectam rationem & misericordiam competentem, unicuique in suo ordine conservare non voluerit, & ammonitus à suis fidelibus suam intentionem non voluerit, sciatis quia sic est ille nobiscum & nos cum illo adunati, & sic sumus omnes, per illius voluntatem & consensum, confirmati, Episcopi atque Abbates cum Laïcis, & Laïci cum viris Ecclesiasticis, ut nullus parem suum dimittat, ut contra suam Legem & rectam rationem, & justum Judicium, *etiamsi voluerit* (quod absit) *Rex noster alicui facere non possit.* " Baluze, *loco citato*.

qui le sont par ce que l'on appelle *Droit de conquête* (*a*), suivant la décision expresse du XIIe Concile de Tolede, car *on doit obéir à un Roi*, disent les Peres de ce Concile tenu sous le Roi Ervige, *en tout ce qui contribue à son salut, en tout ce qui tend à procurer l'avantage de la Patrie* (*b*). Cette décision dérive immédiatement de ce principe reconnu par Louis XIV : *Le salut du Peuple est une Loi suprême qui doit l'emporter sur toute autre considération* (*c*). Elle est par conséquent fondée sur le Droit naturel & social qui n'est pas différent du Droit divin. Enfin Louis XV lui-même a permis de recueillir cette décision parmi les preuves de nos Libertés, comme ayant été reconnue de tout temps pour une Regle incontestable du Royaume des Francs.

Je crois, M., avoir prouvé que *votre système est effrayant pour toutes les Classes des Citoyens depuis le Roi jusqu'au moindre des Sujets*. Je n'ai point comme vous altéré les Auteurs, traduit infidélement les textes, contourné les expressions pour les ramener à un Système. Les monumens de tous les Siecles de la Monarchie ont parlé le même langage, attesté les mêmes droits dans la Nation ; les mêmes devoirs dans le Souverain, les mêmes fonctions dans les Parlements ou Assemblées générales de la Nation ; & de cet ensemble il résulte évidemment que la Nation a conservé jusqu'en 1770 la forme du Gouvernement, *dont le Plan a été concerté dès le commencement par de si bonnes têtes*. La durée de ce Gouvernement pendant tant de Siecles, prouve au moins par l'expérience que, comme le dit Bossuet, *la Constitution Française* est la meilleure qu'il soit possible. Au lieu que si on adop- Conclusion.

[a] Voyez ci-devant pag. 244, note *p*.

[b] *Obediendum est Regi quidquid saluti ejus proficiat, & Patriæ consuluerit.* Concilium Toletanum XII. Can. 1, *anno Christi* 680. Regni Regis Ervigii 10. *Traité des Libertés de l'Egl. Gallic.* tom. 1, partie 1, no. 7, pag. 66.

[c] *Le salut d'un Peuple si fidele est pour nous une Loi suprême qui doit l'emporter sur toute autre considération.* Lettres Patentes de Louis XIV sur la Renonciation du Roi d'Espagne à la Couronne de France, du mois de Mars 1713, registrées le 15.

toit votre Systême, elle seroit la plus mauvaise, puisqu'elle ne seroit pas différente du Despotisme ou du Gouvernement arbitraire. L'histoire des Empires Despotiques est une preuve continuelle que cette forme de Gouvernement est sujette à des révolutions fréquentes, à des séditions, à des révoltes où l'on se joue de la vie du Prince, de sorte qu'on pourroit réfuter victorieusement votre systême sur le Gouvernement Français, en disant : il subsiste depuis plus de douze Siecles, donc il n'est pas arbitraire, mais fondé sur des Loix qui obligent le Souverain comme le reste des Sujets.

Cette maniere de raisonner vous étonnera, & vous me mettrez sans doute au nombre de ceux qui ont *des notions contradictoires & bizarres sur notre Gouvernement*, mais le Public sera à portée de juger qui de nous deux entend mieux les textes, en développe mieux les raisonnemens, & conserve à la Nation sa dignité, sa liberté, ses droits naturels & conventionnels. C'est, M., ce qui m'a dirigé dans l'examen de votre systême. Si j'aimois moins la vérité, & ma Patrie, je n'eusse pas poussé si loin une discussion aussi dégoûtante par les sophismes, les faux raisonnemens, la mauvaise foi, l'adulation basse, les idées folles qu'on rencontre à chaque page de votre Ouvrage. Mais j'ai cru devoir à ceux de mes Concitoyens qui pourroient être ébranlés par cet air de confiance que vous prenez, de leur faciliter les moyens de se convaincre de vos ignorances en fait de Droit Public. Je ne prétends pas avoir relevé tout ce qu'il y a de répréhensible, l'entreprise seroit longue ; cependant si le Public paroît le desirer, j'emploierai volontiers le loisir que me laisse M. le Chancelier, à défendre la cause de la Nation. Le témoignage de ma conscience, la *douce* satisfaction d'avoir consacré à ma Patrie un travail qui lui peut être utile, me dédommageront des désagrémens qui en sont inséparables, & même, si Dieu le permettoit, de la perte de ma liberté.

Et vous, M., qui de votre aveu, n'avez écrit que pour complaire au Sieur de Maupeou, si le mécontentement qu'a causé votre Ouvrage à M. le Dauphin, eût été suivi d'une détention, quelle eut pu être alors votre consolation ? Si le Sieur de Maupeou lui-même qui vous a sollicité de prendre la plume & de publier votre systême, au moment du danger vous tourne le dos & vous fait fermer la porte de son Hôtel (*d*) ; si ce roseau sur lequel vous vous appuyez plie à l'instant du besoin, & vous perce la main, quels reproches n'avez-vous pas à vous faire ? Si au Regne de la violence succédoit celui des Loix & de la Justice, que la Patrie se plaignît des atteintes que vous avez donné à ses droits, de l'attentat que vous avez formé à sa liberté, quelle ressource trouveriez-vous contre la juste sévérité de la Loi ? votre conscience plus rigoureuse encore que la Loi, vous reprocheroit d'avoir sacrifié toute la Nation au desir de plaire à un homme qui est son ennemi, qui est l'horreur & l'exécration de la France & de toutes les Nations. On plaint un homme abusé, mais on déteste l'adulateur qui sans caractere, sans opinion, sans égard pour la vérité & la justice, n'écrit que pour plaire à celui dont il attend des faveurs. C'est à vous de voir ce que vous devez faire pour réparer l'outrage que vous avez fait à la PATRIE, si toutefois ce nom a pour vous quelque réalité.

A Paris, ce 1 Janvier 1774.

Je suis, &c.

[*d*] Lorsque le premier volume des *Lettres Provinciales* du Sr. BOUQUET a été supprimé par Arrêt du Conseil, les Exemplaires ont été saisis (pour la forme) chez le Libraire *Merlin*, & portés au dépôt du Château de la Bastille. Cependant deux mois après, ce même Libraire a débité l'Ouvrage avec un second Volume.

LETTRE

*A M. le Comte de *** ancien Capitaine au Régiment D***.*

Sur l'obéissance que les Militaires doivent aux Commandemens du Prince.

MONSIEUR,

JE vous renvoie l'*Essai général de Tactique*. J'ai lu sur-tout avec satisfaction le Discours préliminaire. Il étoit digne d'un Citoyen vertueux de consacrer à la Patrie les prémices de ses veilles. Le tableau qu'il fait de l'Europe politique, ses vues sur les différens vices du Gouvernement des Etats, annoncent un génie clairvoyant, une ame noble, & pénétrée de cet *amour du bien Public qui échauffe, & fait palpiter le cœur des vrais Citoyens* (e). Ces vues faites pour rallumer le feu sacré des vertus Patriotiques prêt à s'éteindre, ne sauroient être trop répandues.

Je cede à vos instances, M., & je joins ici quelques réflexions que je crois capables de détruire la fausse idée que les Militaires ont de l'obéissance qu'ils doivent aux Commandemens du Souverain.

La matiere est délicate & difficile. D'un côté il faut éviter d'autoriser la licence d'un mauvais Prince qui voudroit devenir le tyran & l'oppresseur de son Peuple, au lieu d'en être le Pere & le Protecteur. De l'autre côté, il est fort dangereux d'établir des principes capables de persuader trop aisément au Militaire qu'il peut résister à son Souverain ; car ce n'est que par une sage & parfaite obéissance de la part de ceux qui sont chargés de faire exécuter le Commandement du

[e] Expression de M. Louis de Brancas, Comte de Lauraguais, Auteur de l'*Extrait du Droit-Public de France*, publié en 1771.

Chef de la Société ; que l'Etat peut être gouverné d'une maniere utile & salutaire à toute la Société.

Une premiere maxime incontestable dans cette matiere, c'est que *nul homme ne peut exiger de son semblable une obéissance aveugle en toute occasion.*

Nul homme ne peut exiger une obéissance aveugle.

L'homme, en qualité d'être doué de raison, ne peut sans déroger à sa nature, renoncer à l'exercice de sa raison. La raison n'est autre chose que la faculté de discerner le vrai du faux, le bien du mal.

Quand elle lui a fait connoître le vrai ou le bien, il n'existe aucune puissance qui ait le droit de lui faire dire le contraire, & par conséquent de le faire agir contre ce que lui dicte sa conscience. Quiconque voudroit s'arroger le droit *d'être obéi sans examen*, usurperoit la puissance de Dieu qui seul peut exiger de l'homme une telle obéissance, parce que lui seul est infaillible, c.-à-d. incapable de tromper & de se tromper.

Encore Dieu lui-même ne nous défend-il pas l'usage de notre raison, pour examiner s'il a réellement parlé, & si ce n'est pas un prestige, une illusion ; il nous prescrit même cet examen préalable, parce qu'il réprouve tout culte qui n'est pas raisonnable, *rationabile obsequium*, dit St. Pierre. Dès qu'il est constant que Dieu a parlé ; c'est alors qu'il veut être cru sur sa parole ; & notre raison nous dicte qu'une telle obéissance est légitime, parce qu'elle est fondée sur la véracité de Dieu.

Une seconde maxime parallele à la premiere, c'est que *nul homme ne peut promettre une obéissance aveugle.*

Nul homme ne peut la promettre.

Elle est évidente, pour peu qu'on réfléchisse sur la premiere. D'ailleurs s'engager à une obéissance aveugle, c'est s'engager à faire le mal connu comme tel ; c'est prendre la volonté de l'homme pour une regle infaillible ; c'est mettre l'homme à la place de Dieu ; c'est méconnoître la Loi naturelle qui est la regle nécessaire & immuable de tous les hommes, & sur laquelle doivent être jugés, & les Souverains & les Sujets.

De ces deux proportions il suit que dans l'état même d'*esclavage*, l'obéissance *aveugle* ne peut être ni exigée ni promise, parce que rien ne peut dispenser l'homme

L'état d'*esclavage* ne peut pas renfermer l'obligation d'obéir aveuglément.

des devoirs naturels en quelque état qu'il se trouve.

Qu'on juge par ces principes si un Militaire est obligé à une obéissance aveugle en toute occasion.

Ces maximes sont de tous les âges, de tous les pays, & pour toutes les circonstances, puisqu'elles sont la regle de tous les hommes en qualité d'êtres raisonnables.

L'obéissance aveugle est incompatible avec l'idée de Société ou de Gouvernement.

Si on considere l'obéissance, relativement à l'idée de Gouvernement, ou de Société régie par un Chef, on y trouvera encore d'autres raisons de restreindre l'obéissance.

1o. Tout Gouvernement est établi pour procurer le bien & le salut commun.

2o. C'est au Gouvernement établi, de prescrire ce qui est utile à la Société, & chaque membre de la Société est obligé de s'y conformer.

Ces deux vérités ne doivent point être séparées. Comme elles doivent diriger ceux qui commandent, elles doivent aussi être la regle de ceux qui obéissent. Si celui qui est dépositaire de l'Autorité ne doit pas se livrer aveuglément à une volonté arbitraire & capricieuse, mais avoir pour but le bien & le salut de l'Etat, le Sujet ne doit pas non plus croire que tout ce qu'on lui commande est utile à la Société. Il ne peut abdiquer sa raison, jusqu'à regarder comme bon & utile ce qui tend évidemment à la subversion totale de la Société.

De là il suit qu'il ne peut, sans crime, ni donner son suffrage à de pareils Ordres, ni contribuer à leur exécution. Par ex. un Sujet ne doit point obéir à un Prince qui veut réduire ses Sujets en esclavage, qui feroit périr des innocens sans forme de procès, &c. Parce que cela est évidemment contraire au but du Gouvernement.

Donc l'obéissance aveugle est incompatible avec l'idée de Société & de Gouvernement.

Elle l'est encore davantage avec l'idée de Gouvernement où il y a des Loix fondamentales.

Elle l'est encore davantage avec celle d'un Gouvernement obligé de se conformer à des Loix fondamentales qui reglent soit le droit de succession au Trône, soit la maniere dont les Loix doivent être faites & exécutées.

Dans un tel Etat, ces Loix fondamentales sont la regle du Souverain & des Sujets. Le Souverain doit les maintenir dans leur intégrité, autrement il agiroit contre le titre de sa Souveraineté : les Sujets ne doivent pas souffrir qu'on y porte la moindre atteinte, à moins que ce ne soit la Nation qui consente elle-même à changer sa Constitution. La Loi qui maintient le droit des Citoyens doit être aussi précieuse pour le Souverain, que celle qui lui assure le droit de regner ; & les Citoyens ne peuvent sans crime & sans parjure violer la foi qu'ils doivent à leur Souverain. C'est l'observation constante de toutes les Loix qui peut seule faire jouir le Prince & les Sujets du bonheur qu'ils se sont proposés, lorsqu'ils se sont réunis en Société. Jamais un bon Prince ne verra avec chagrin que ses Sujets sont éclairés sur leurs droits : c'est dans cet attachement que consiste toute sa force & sa sûreté ; parce que plus les Citoyens aimeront leur Constitution, plus ils aimeront aussi un Souverain qui la respecte & la protege.

Donc dans tout Gouvernement où il y a des Loix fondamentales, l'obéissance est nécessairement limitée, & par conséquent elle ne doit point être aveugle.

Cas où l'obéissance doit être illimitée.

L'obéissance ne peut être illimitée, lorsque la volonté du Souverain ne sera que l'expression de la volonté publique. Mais elle seroit aveugle, insensée, criminelle, si un tyran substituoit sa volonté propre à celle de la société à laquelle les sujets sont unis par des liens antérieurs, & bien autrement sacrés que ceux qui les attachent au Prince. Ceux qui refusent d'obéir à ce pouvoir injuste, nuisible, & que la Société désaprouve, loin d'être des *Rebelles*, sont des *Citoyens fideles à la Patrie*. Le tyran est alors le seul rebelle : il résiste à la volonté générale contre laquelle il ne lui est point permis de s'élever. Le Peuple est toujours en droit de réclamer contre la violence de son Chef, si celui-ci passe les bornes du pouvoir légitime. Ceux donc qui conjointement avec un tyran conspirent contre la société dont ils sont membres, ressemblent à des enfans dénaturés qui aideroient un voleur à piller la maison de leur pere. La Patrie a droit de les punir du crime dont ils se rendent coupables en soutenant son ennemi.

Il est des bornes que le pouvoir Royal ne sauroit

franchir : autrement le sujet ne seroit plus qu'un instrument purement passif. La vertu est toujours dans le cœur de l'homme pour l'avertir quand il doit obéir ou résister. Les Loix de la nature & de la raison sont connues de tous ceux que l'intérêt, le préjugé, ou la passion n'ont point totalement aveuglé; tous sont à portée de juger si les ordres qu'on leur donne y sont opposés ou conformes. L'obéissance aveugle n'est pas même faite pour les esclaves. Le Citoyen n'est jamais tenu de sacrifier son honneur & sa vertu : il n'obéit qu'à ce qu'il sait que l'autorité a droit de lui commander; & jamais l'autorité n'a droit de rien commander de contraire à la nature, à la Justice, au bien-être de la société auxquels elle est subordonnée. Pour qu'un Prince châtiât justement ses sujets, il ne lui suffiroit pas d'alléguer en général qu'ils n'ont pas exécuté ses ordres : il faudroit de plus qu'il fût prouvé qu'ils pouvoient faire en honneur & en conscience ce qu'il leur avoit commandé. Les actions criminelles ne peuvent donc être ni légitimement ordonnées par le Souverain, ni innocemment exécutées par les Sujets.

Moyens de juger quand on ne doit pas obéir.

Si un Tyran furieux ordonnoit à quelques-uns de ses Sujets d'égorger ceux de leurs concitoyens qui refuseroient d'obéir à ses volontés arbitraires ; s'il vouloit les employer à priver les citoyens de leur liberté, de leur propriété, & des autres avantages dont la nature & la société leur garantissent l'usage ; si un tyran anéantissoit les Loix de l'Etat qu'il gouverne, malheur aux sujets qui se conformeroient à ses ordres !

Différens degrés de lumiere dans les citoyens, d'où naît une obligation plus ou moins étendue de ne point obéir.

C'est une obligation rigoureuse pour tous les ordres des citoyens de refuser d'exécuter des commandemens aussi illégaux. Plus ils sont éclairés sur les Loix de l'Etat, plus ils sont élevés en dignité, plus ils tiennent à l'Etat par leurs emplois, plus ils doivent concourir au maintien des Loix, & résister à tout ce qui tend à les anéantir. Tout homme qui connoît l'injustice des ordres qu'on lui donne, & les exécute, se rend donc complice de l'injustice ou du crime ; & la soumission dans ces occasions est une véritable lâcheté. Le refus d'obéissance, dans les cas où ce seroit être infidele que d'obéir, ne peut être qu'une nouvelle preuve de soumission, de respect & d'amour, & d'une fidélité à toute épreuve. Il me semble que ces principes doivent servir de regle à tous les citoyens.

Application de ces principes aux Militaires.

Mais *un Militaire est-il un Citoyen?* Il vaudroit autant dire, la Patrie en lui confiant l'emploi honorable de la défendre, lui a-t-elle enlevé la qualité d'être raisonnable? Le glaive qu'elle lui a mis en main, doit-il être employé indistinctement contre les ennemis, & contre ses concitoyens? A-t-il abdiqué l'usage de la raison au point de ne voir que par les yeux d'un seul homme, & de n'agir que par ses ordres? Si les gens de guerre doivent obéir à l'aveugle, quand il s'agit de marcher contre les ennemis du dehors, courront-ils sans hésiter sur leurs freres, leurs amis, leurs voisins, parce que le Prince le veut? Si cela étoit ainsi, on ne verroit dans un Militaire qu'un bourreau, ou plutôt un assassin. En effet, le bourreau obéit à la Loi, exécute l'Arrêt légal des Juges préposés par la société pour faire parler cette Loi : au lieu que le Militaire qui porte la mort & le carnage par-tout où le dirige le caprice du Prince, ne peut être qu'un assassin. Vous êtes, sans doute, surpris, M., que des principes aussi clairs, aussi évidens soient si méconnus.

Que les Militaires lisent l'Histoire avec le desir d'y trouver des idées justes sur les principes de notre constitution Monarchique, & sur leurs devoirs; ils y verront que cette doctrine n'est point nouvelle, & qu'elle a été mise en pratique dans tous les temps, & les éloges dont la postérité accompagne le récit des actions des Grands Hommes qui ont préféré le bien de la Société à leur intérêt personnel, les animent à suivre de si beaux exemples. Je vais, M., en rappeller quelques-uns tirés de notre Histoire.

Exemples de Militaires qui ont refusé d'exécuter des Ordres injustes.

Saint Nizier étant appellé à l'Evêché de Treves vers l'an 526, disoit le jour de son Sacre, » La volonté de Dieu sera faite, & la volonté du Roi ne sera accomplie dans rien de tout ce qui sera mal, par la résistance que j'y apporterai. » (*Vies des Peres par Grég. de Tours*, Chap. 18.)

On doit obéir au Roi, disoient les Peres du Concile de Tolède, en tout ce qui peut contribuer à son salut, en tout ce qui tend à l'avantage de la Patrie. *Obediendum est Regi quidquid saluti ejus proficiat, & Patriæ consuluerit.* (Concil. Toletani XII. Can. 1. Anno J. C. 680. Regni Regis Ervigii) In. *Traité des libertés de l'Egl. Gallic.* Tom. II, Part. I. N° 7, pag. 66, Edition de 1731.

Le célebre Hincmar, Archevêque de Reims, ayant été accusé par ses ennemis d'avoir favorisé l'invasion que Louis, Roi de Germanie, frere de Charles-le-Chauve fit en France en 858, ce Prince voulut l'obliger à lui prêter un nouveau serment de fidélité, suivant une formule qu'il lui fit proposer au Concile de *Pontion*, ou *Ponthieu*. Cette formule parut à Hincmar une innovation contraire à l'ancien serment de fidélité que faisoient les Evêques d'être *fideles au Roi*, *selon leur savoir & pouvoir, en ce qui seroit de leur Ministere, ainsi qu'un Evêque doit lui être fidele, en ce qui est de droit & de raison*, » *sicut Archiepiscopus per rectum Imperatori fidelis esse debet* » (Hincmar, Tom. II. n. 61. pag. 836 & 837.) parce qu'on y avoit ajouté la promesse d'être fidele & obéissant, & de prêter aide EN TOUTES CHOSES. *In omnibus scilicet fidelis & obédiens adjutor ero.* (Ibid. p. 836.)

Le Prélat soutint qu'une clause aussi générale étoit absolument contraire à l'usage établi par rapport au serment que les Sujets doivent aux Princes, & même à celui que les Maîtres exigent de leurs serfs. *Contrà consuetudinem juramenti quod Principes & Domini suis subjectis & etiam servis jurare debent adscripsit* (p. 835). » Le savant Auteur de cette formule nouvelle, disoit cet Evêque, avec une ironie piquante, eût bien dû examiner, avant de la proposer, si un Evêque doit obéir & prêter aide, lorsque par surprise faite à sa Religion, le Prince commanderoit ou feroit ce qui ne conviendroit point au ministere Episcopal. » *Si fortè Dominus noster, quod absit, subreptione aliquid jusserit vel egerit, quod Episcopali ministerio non conveniat, videre debuerat hic scriptor sagacissimus, si obediens*

diens & adjutor in hoc illi Episcopus esse debeat (p. 835 & 836.) Hincmac ajoute affirmativement, » qu'il n'y a aucun homme qui puisse remplir l'obligation envers un autre de lui être fidele & obéissant, & de lui prêter aide en toutes choses, sans exception, à moins d'interpréter ces expressions de l'habile Auteur de la formule, comme si l'on supposoit (ce qu'il faut souhaiter) que celui à qui nous jurons ainsi, ordonnera & fera toujours des choses dans lesquelles nous devions & puissions lui obéir, & pour lesquelles nous puissions & devions lui être en aide. » *Et non puto ut ullus homo sit qui alteri homini in omnibus fidelis & obediens & adjutor insimul esse possit; nisi fortè illo genere locutionis hanc illius viri docti sententiam intelligamus ... ut videlicet cupiamus eum ea semper jubere ac semper agere, quibus debeamus & valeamus obedire & ad quæ illi debeamus & valeamus adjutores esse* (pag. 836).

Le Regne de Henry III fournit un Exemple de résistance à des ordres particuliers qui sera toujours l'objet des plus grands éloges. Mézerai dit que le Roi comptant sur la fidélité & le courage de Crillon Mestre de Camp du Régiment des Gardes, pensa qu'il pourroit lui servir d'exécuteur pour la mort du Duc de Guise. L'ayant donc fait venir dans son cabinet, il lui exposa les insolences du Duc, l'extrêmité où elles l'avoient réduit, & le conjura de le délivrer de ce méchant homme, & de le faire arquebuser quand il entreroit dans le Louvre. Crillon répondit au Roi en jurant, comme il avoit coutume, que » bien qu'il fût *capable* de tout entreprendre pour le service de S. M., il *ne l'étoit point de commettre un assassinat*, que s'il lui plaisoit, il feroit mettre l'épée à la main au Duc de Guise, se vantant de lui passer la sienne dans le ventre, dût-il s'enferrer avec lui. » (Hist. de France par Mézerai, T. III, p. 737 de l'Edit. de 1685 in-fol.)

Quelques justes que soient les commandemens des Rois, dit à ce propos le P. Daniel, ils sont quelquefois de telle nature, qu'un honnête-homme ne peut avec honneur se charger de l'exécution. Il leur faut (aux Rois) des ames basses, & mal nées, dont ils ne manquent jamais, pour être dans ces occasions les ministres de leur justice. Une sorte de bienséance les oblige à les récompenser ; mais ils ne doivent jamais le faire par un emploi de confiance, ni par leur estime. C'est ainsi que Henri III en usa à l'égard de Loignac, Capitaine des quarante-cinq, dont il s'étoit servi pour tuer le Duc de Guise (Histoire de France par Daniel, tome XIII, page 161 de l'édition in-12.)

Après la convention d'Amboise, sous le Roi de France Charles IX, en 1563, les Allemands, Reitres, & Lansquenets furent payés des deniers du Roi, & renvoyés dans leur Pays, avec un ample sauf-conduit pour traverser le Royaume. La Reine Cathérine de Médicis, qui gouvernoit alors, (femme vindicative, & infidelle à sa parole, pour peu qu'elle crut avoir intérêt d'y manquer), écrivit à Tavannes, Commandant en Bourgogne, d'attaquer les Allemands en route, malgré leur sauf-conduit, & de les détruire. *Tavannes ne voulut pas violer un traité de paix, il refusa prudemment d'obéir.* (Esprit de la Ligue, tom. 1, liv. 2.)

Ce même Monarque que sa politique inhumaine détermina à immoler à sa religion ceux de ses sujets qui avoient embrassé la réforme, non content de l'affreux massacre qu'il en fit faire sous ses yeux, dans la Capitale, le jour horrible de la Saint Barthelemy, avoit fait expédier des ordres pour qu'on exerçât les mêmes cruautés sur ces sectaires infortunés dans le reste du Royaume. La sagesse des Gouverneurs de Places & de Provinces qui refuserent d'exécuter ces ordres sanguinaires a rendu leurs noms précieux à la postérité.

Honorat de Savoye, Comte de Tende, Marquis de Villars, Gouverneur de Provence, le Marquis de Gordes, Lieutenant de Roi en Dauphiné, Éléonor de Chabot-Charny, Gouverneur de Bourgogne, Saint Héran, Gouverneur de l'Auvergne, Thomassear de Cursay, Lieutenant de Roi à Angers, empêcherent sagement le désordre, répondant aux porteurs des ordres pour le massacre » qu'ils ne pouvoient croire une chose si barbare, & si contraire aux dernieres nouvelles que le Roi leur avoit envoyées ; que la sévérité, & les supplices n'ayant fait jusque-là qu'irriter les Huguenots, il seroit mieux de les ramener à leur devoir par les voies de douceur & d'humanité, que de les porter à une extrême rage, par une telle perfidie. «

Philibert de la Guiche, Gouverneur de Macon, fit que la prison servit d'azile aux Protestans.

Jean Hennuyer, Docteur de Paris, qui avoit été premier Aumônier & Confesseur du Roi Henri II, après la mort de ce Prince, devint Evêque de Lisieux. Il y avoit douze ans qu'il gouvernoit son Diocese, en instruisant son Peuple, & l'édifiant par l'exemple de toutes les vertus Chrétiennes, lorsqu'en 1572, le Lieutenant de Roi en cette Ville alla lui communiquer les ordres qu'il venoit de recevoir pour faire massacrer tous les Calvinistes. » Non, non, lui dit le saint Evêque, je m'oppose, & je m'opposerai toujours à l'exécution d'un pareil ordre. Je suis le Pasteur de Lisieux, & ces hommes qu'on vous commande d'égorger sont mes ouailles. Quoiqu'elles soient égarées, étant sorties de la bergerie dont le Souverain Pasteur m'a confié la garde, je ne perds pas espérance de les y voir rentrer. Je ne vois point dans l'Evangile que le Pasteur doive souffrir qu'on répande le sang de ses brebis : au contraire j'y vois qu'il est obligé de verser le sien pour elles. Retournez-vous en donc avec cet ordre qu'on n'exécutera jamais, tandis que Dieu me conservera la vie qu'il ne m'a donnée que pour l'employer au bien spirituel & temporel de mon troupeau. » Mais, répliqua le Lieutenant de Roi, donnez-moi donc par écrit, pour ma décharge, le refus que vous faites de laisser exécuter les ordres du Roi. » Très-volontiers, dit le Prélat, je connois la bonté du Roi, & je ne doute nullement que je n'en sois bien avoué. En tout cas, je me charge de tout le mal qui en peut arriver, dont je vous garantis. » Hennuyer écrivit & signa un *Acte authentique de son opposition & de ses réponses*. Cet écrit étant parvenu au Roi, il retira ses ordres (*f*).

[*f*] *Histoire du Calvinisme par Maimbourg*, liv. VI, pag. 486, de l'édition in-4o. *Esprit de la Ligue*, liv. IV, tom. 3. Jean Hennuyer

Le Vicomte d'Ortez qui commandoit à Bayonne, homme violent, mais qui abhorroit les lâchetés, ne permit point à la populace de se soulever contre les Protestans. Sa réponse aux Lettres du Roi à ce sujet, étoit conçue en ces termes. » Sire, j'ai communiqué le commandement de V. M. à ses fideles Habitans & Gens de guerre de la Garnison. Je n'y ai trouvé que bons citoyens & braves soldats, mais *pas un bourreau*. C'est pourquoi, eux & moi, supplions très-humblement V. M. de vouloir employer nos bras & nos vies en choses possibles, quelques hasardeuses qu'elles soient, nous y mettront jusqu'à la derniere goutte de notre sang. (Hist. de France par Daniel, Tom. XIII, Pag. 262 ».

Le Maréchal de Lesdiguieres en 1616, se fit un mérite de désobéir aux ordres précis du Roi Louis XIII, réitérés plusieurs fois, parce qu'ils lui paroissoient injustes, contraires à la parole que le Roi avoit donnée à un Prince allié de la Couronne, & honteux à la Nation Française. » Je vais, disoit-il, au secours de M. le Duc de Savoie, contre l'intention & les ordres précis de la Cour : Mais *il faut savoir désobéir en certaines occasions à son Prince*, pour le servir selon ses véritables intérêts. » (Histoire du Connétable de Lesdigüieres, Liv. IX. Chap. 2 & 3.)

Quelle différence, M., entre les Militaires du temps passé, & ceux d'aujourd'hui ! Une Lettre de Cachet, un mot d'un Ministre les fait trembler. Aussi rampans que l'ami de Séjan, (g) ils croient que le pouvoir du

né à St. Quentin au Diocese de Laon en 1497, nommé par François II à l'Evêché de Liseux en 1558, mourut en 1578. Son portrait se voit encore dans le réfectoire de la Maison de Navarre de Paris. Il étoit Doyen de la Faculté de Théologie. Il a vécu sous les Regnes de Charles VIII, de Louis XII, de François I, de François II, de Charles IX & de Henry III.

[g] M. Térentius Chevalier Romain accusé d'avoir été l'ami de Séjan (après la disgrace de celui-ci) se défendit en disant à Tibere. „ Ce n'est point à nous à juger ni les objets, ni les motifs de vos graces. Les Dieux vous ont donné le pouvoir suprême, & ne nous ont laissé que le mérite de l'obéissance. *Non est nostrum æstimare quem suprà cæteros, & quibus de causis extollas : tibi summum rerum judicium Dii dedere ; nobis obsequii gloria relicta est.* " (Tacit. annal. lib. VI, c. 8 ...) Tel est l'effet de la flatterie honteuse

Monarque est sans bornes, & que l'obéissance aveugle aux commandemens les plus injustes, les plus contraires au bien de l'Etat, fait toute la gloire, toute la distinction d'un Officier de la Couronne, d'un Pair de France, d'un Prince du Sang.

L'Histoire de Bretagne fournit un fait plus ancien, & à peu près du même genre que ceux que l'on a rapporté plus haut. Le Duc de Bretagne Jean IV, en 1387, ayant résolu de perdre le Connétable de Clisson, le conduisit dans le Château de l'Hermine qu'il venoit de faire bâtir dans la Ville de Vannes, sous prétexte d'en faire la visite, & l'y fit retenir par des gardes apostés. Le soir même le Duc donna ordre à l'Officier gardien du Château de faire mettre le Connétable dans un sac, & de le jetter à la mer sécretement, & qu'il ne manquât pas d'exécuter cet ordre la nuit suivante, à peine de la vie. Cet Officier (Messire Jean de Bavalan) homme de grande sagesse que le Duc avoit employé avec succès dans plusieurs ambassades, lui représenta l'horreur, l'injustice, & les conséquences d'une telle action. Le Duc furieux déclara qu'il vouloit être obéi. Cependant Bavalan suspendit l'exécution des ordres qu'il avoit reçu. Pendant la nuit, le Duc cédant à un sentiment plus impérieux que la haine, se troubla; le remords chassa le sommeil de ses yeux. Dès la pointe du jour il fit venir Bavalan, & lui dit avec émotion, *est-il mort?*... Bavalan ignorant le changement qui venoit de se faire dans l'ame du Prince, répond: je vous ai obéi. *Quoi*, dit le Duc, *Clisson est mort?*... Oui, Monseigneur, repartit Bavalan, cette nuit il a été noyé. Le Duc désespéré ordonne à Bavalan de se retirer; il s'abandonne à la douleur, ne veut plus voir personne, refuse de prendre aucune nourriture, & se condamne lui-même à la mort. Ses gémissemens & ses cris se font entendre. Se Ecuyers & ses Domestiques s'empressent pour le soulager, sans pouvoir pénétrer la cause de ses maux,

& de l'avilissement odieux qui ne conviennent qu'à des Regnes semblables à celui de Tibere, & qui caractérisent les ames basses & intéressées.

Bavalan informé de la triste situation du Duc, & voyant que son repentir étoit véritable, crut devoir calmer les agitations de son esprit, & le rappeller à la vie. Il se présente à lui malgré ses défenses, & lui dit qu'il avoit osé suspendre l'exécution de ses ordres, & que le Connétable vivoit encore. Le Duc transporté de joie se jette au cou de Bavalan, loue sa prudence, lui dit que c'est là le plus grand service qu'il lui ait jamais rendu, & lui donne une récompense. (Hist. de Bretagne par Dargentré, Liv..... & par Dom. Morice, Tom 1. Pag. 398.)

Villaret qui a rapporté ce trait d'Histoire (Hist. de France, Tom. XI. Pag. 444), donne Bavalan (*b*) pour un Officier vertueux, digne par sa sagesse & son courage de servir à jamais de modele aux serviteurs & Ministres des Souverains : mais cet Officier n'auroit-il pas mieux fait de ne pas promettre d'obéir, & de *refuser son ministere*, comme Crillon & le Vicomte d'Ortez ? Leçon importante, ajoute Villaret, pour les Grands, & pour ceux qui les approchent. Heureux les Princes qui trouvent des Sujets assez généreux pour leur désobéir lorsqu'ils commandent un crime !

Ces traits Historiques sont la preuve d'un grand courage civil, vertu beaucoup plus rare, & souvent plus utile que le courage militaire. Et quel est l'homme Chrétien, quel est le Citoyen vertueux qui ose blâmer des Sujets généreux d'avoir désobéi dans de telles circonstances ?

De la conduite parallele de ces Grands-Hommes avec celle qu'ont tenue les Grands dans la derniere Révolution.

La Protestation des Augustes Princes du Sang-Royal, & de plusieurs Ducs & Pairs, est un monument à jamais mémorable de ce courage civil. Un exemple aussi frappant eût dû donner le ton à toute la Noblesse Française, & l'engager au moins à ne pas prêter son ministere à l'oppression des Citoyens généreux qui se sacrifioient pour la Patrie. Mais que pouvoit-on espérer dans un siecle où l'intérêt particulier est le mobile des grands & des petits, où à peine connoit-on le nom de Patrie, où l'on ne peut parler de bien public, sans devenir suspect, & risquer sa liberté ?

[*b*] Il n'existe plus aucun rejetton de la famille de *Bavalan*.

M. le PRINCE DE BEAUVEAU a la générosité de refuser d'être l'instrument de la destruction du Parlement de Toulouse, il est dépouillé de son Commandement en Languedoc, & il se trouve une ame assez basse pour se revêtir de ses dépouilles. M. le DUC DE DURAS croit devoir plus à la Nation qu'à sa fortune, & refuse son ministere pour la destruction du Parlement de Bretagne, on lui enleve le Commandement de cette Province où il venoit de rétablir le calme, & sa place devient la récompense des lâchetés, des perfidies, des trahisons du Duc de Fitz-James (*i*). On se consoleroit si on ne voyoit dans la liste des Officiers-Généraux qui ont été les valets du Sieur de Maupeou, que les noms des *Fitz-James*, des *Richelieu*, des *de Lorges*. La honte & le déshonneur sont attachés depuis long-temps à ces noms; mais quelle douleur pour les Citoyens, d'y voir les noms des Comtes de...., des d'*Armentieres*, des *Harcourt*, des *Rochechouart*, des *Clermont-Tonnerre*, des *Périgord*, des *La Tour-du-Pin*, des *Ruffey*. Le regret & la douleur que ceux-ci ont témoigné dans l'opération injuste dont ils s'étoient chargés, ne les justifieront pas. La Patrie leur a dit, & leur dira toujours, *Fils ingrats, vous pleurez en me plongeant le poignard dans le sein, & vous croyez que vos larmes sont capables d'effacer ce parricide?* ....

Je le répéte, M., ce doux nom de Patrie est presque absolument méconnu, & tout conspire à le faire oublier: le Gouvernement, en rapportant tout au Chef & ne faisant jamais considérer que lui; les Sujets, en adoptant le langage insensé des Courtisans. Un Mili- Le mot de Patrie est oublié.

[i] M. d'Agay-de-Mutigney Intendant en Bretagne a été rappellé, parce qu'il avoit refusé d'aller à Rennes violer la Justice dans son temple. Ce Magistrat ne connoit point de nécessité impérieuse plus forte que le cri de la conscience & la loi du devoir. *Majora Legum quam hominum imperia* (Tacit.) Quel contraste avec la conduite odieuse des membres du Conseil qui n'ont pas rougi *d'assister* les exécuteurs des prévarications criminelles du Chancelier! Ce rôle convenoit parfaitement aux *Calonne*, aux *Bastard*, aux *Flesselles*, qui avoient dès long-tems fait leurs preuves; mais devoit-on présumer que les *Guinard de Saint-Priest*, les *Tyroux de Crosne*, les *Pajot de Marcheval*, fussent leurs complices......?

taire dit qu'il *sert le Roi* : s'il parloit autrement, & qu'il osât dire qu'il sert la Patrie, il se fermeroit la porte des graces. C'est le Roi qui distribue les dignités, on ne pense qu'à lui, on ne parle que de lui, comme si ce n'étoit pas la Patrie qui, par les mains de son chef, confie à chacun l'emploi honorable dont elle le croit digne. L'homme en place dit qu'il est *serviteur du Roi*, qu'il exécute les ordres *du Roi son maître* : expressions favorites des Militaires, mais qui ne conviennent que dans un Gouvernement despotique où il n'y a qu'un maître & des esclaves ; expressions qui auroient fait horreur à nos Peres, mais avec lesquelles nous sommes familiarisés, parce que nous avons pris les sentimens des esclaves. Ah ! M., engageons nos Concitoyens, & sur-tout les Militaires à ne pas méconnoître la Patrie, à ne prononcer ce nom sacré qu'avec attendrissement, à ne pas confondre les volontés d'un seul homme avec celle de la Patrie, & il ne sera pas difficile de les dissuader de cette obéissance aveugle que l'on exige d'eux pour écraser leurs freres, & leurs Compatriotes.

Abus de l'expression : *Le Roi mon Maître.*

C'est donc évidemment par un abus d'expression que les Militaires disent qu'ils sont les *Serviteurs du Roi*. Les Serviteurs d'un Roi sont ses *Domestiques*, les *Officiers* & Gens de sa maison. Les Militaires appartiennent à l'Etat, & servent la Patrie dont le Roi est le Chef.

Les Gens de guerre d'aujourd'hui sont accoutumés à un Commandement absolu : ils ne tiennent à leur pays que comme ces lierres qui étouffent peu à peu l'arbre dont ils ravissent les sucs nourriciers. Cependant ils se croient les défenseurs de la Patrie, tandis qu'ils ne sont trop souvent que l'instrument fatal de l'ennemi domestique occupé sans cesse des moyens de la mettre ou de la retenir dans les fers. On leur a persuadé que dans l'intérieur de l'état, l'obéissance est aussi nécessaire que dans un combat contre les ennemis ; & pour fomenter l'inquisition la plus odieuse, on les a rendu ennemis de leurs Compatriotes, contre lesquels ils ont sans cesse le poignard levé. Ils ne réfléchissent pas, (dit le Comte de Boulainvilliers, Hist. de l'anc.

Danger, pour les Militaires eux-mêmes, que le principe de l'*obéissance aveugle* ne se tourne contr'eux.

Gouvern. de la France, tom. 3. pag. 13.) que quand lassés du métier, ils voudront se reposer dans la condition des Citoyens, d'autres qui auront pris leurs places, les enchaîneront à leur tour, en suivant leur exemple. Aussi les Militaires sont-ils intérieurement haïs & méprisés. La Nation ne voit en eux que ses Geoliers & ses Bourreaux.

Nourri dans les principes d'une obéissance servile, accoutumé par état à une discipline rigoureuse qui lui défend de raisonner sur les ordres qu'il reçoit, le Soldat est communément un esclave, & devient par là même l'ennemi de la liberté de ses Concitoyens. Dès que les Chefs commandent, il méconnoît tous les rapports qui le lient aux autres hommes; il plongera, si l'on veut, l'épée dans le sein d'un Citoyen, de son frere, de son ami. En un mot l'homme de guerre, de même que le dévot fanatique, ne se croit pas fait pour penser, il devient cruel, inhumain, sans pitié; il commet le crime sans remords, quand ses Chefs lui disent qu'il faut le commettre. La plupart des Soldats semblent dire à leurs Chefs, ce que Lucain a mis dans la bouche de Lœlius, Officier de Cæsar. » Faut-il frapper mon frere, ou enfoncer l'épée dans la gorge de mon pere, ou bien la plonger dans le sein de mon épouse enceinte, ma main quoiqu'à regret va se prêter à tout. «

Pectore si fratris gladium, juguloque parentis
Condere me jubeas, plenæque in viscera partu
Conjugis, invitâ peragam tamen omnia dextrâ.

Pharsal. Lib. 1. vers. 361

C'est aux défenseurs de la Patrie d'examiner si leur profession n'est pas dégradée par un service bas & mercenaire? Car chez les Officiers supérieurs, comme chez les subalternes, les mobiles principaux sont la paye, les appointemens, les récompenses, les gratifications. Le véritable honneur doit faire sentir à l'Homme de Guerre, qu'une réputation intacte est la premiere de toutes les récompenses. Il doit distinguer le mal nécessaire que les circonstances l'obligent de faire aux ennemis de l'Etat, d'avec le mal inutile, le brigandage, la vexation, la cruauté, dont l'honnête homme

L'obéissance aveugle est incompatible avec l'honneur de la Profession Militaire.

ne doit jamais devenir l'instrument. Seroit-ce donc un mérite militaire que de terrasser une multitude de Citoyens sans défense, & à qui on fait encore un crime d'opposer la plus légere résistance? & n'est-il pas infiniment plus beau d'avoir par sa vertu, au péril de sa vie, & de son emploi, sauvé des milliers d'hommes, que d'en avoir immolé quelques-uns dans des assauts & des batailles? Dans les Républiques Grecque & Romaine, le Soldat étoit aimé & respecté. Armé contre l'ennemi commun, il n'eut jamais marché contre ses Compatriotes.

Anciennement les Armées Françaises examinoient le sujet de la Guerre. Elles n'y suivoient le Prince que lorsqu'il défendoit l'intérêt de la Patrie. Elles ne se croyoient pas obligées de satisfaire son ambition personnelle, son desir d'augmenter sa fortune, de s'emparer de quelqu'autre Couronne. Lorsque la Patrie n'étoit point intéressée à la dispute, les Princes étoient obligés de s'arranger par arbitrage, ou de se battre entr'eux. L'Etat entier ne devoit pas souffrir pour une querelle qui lui étoit étrangere. (*Agathias*, *Historia de Francis*) Lib. 1, pag. 12, édit. de 1660. Et *Maximes du Droit Public Français*, tom. 2, ch. VI, 6e. Objection.

Ces maximes pourront paroître étranges à des hommes accoutumés à mettre le Prince à la place de la Nation; elles révolteront, sans doute, les ames avilies, en qui la dégradation est devenue héréditaire: Elles paroîtront fausses à des aveugles qui n'ont aucune idée des Droits de la *Société*: Elles seront traitées de séditieuses par des flatteurs & des courtisans mercenaires que des intérêts méprisables unissent toujours avec le pouvoir le plus injuste. Mais la vérité de ces Principes frappera tous ceux qui remontant au but de la Société, aux sentimens inhérens à la nature humaine, aux Droits inaliénables des Nations, ne s'en laisseront point imposer par des mots. *Obéissez sans examen à l'autorité,* nous crie le Despotisme. *Obéissez plutôt à la Nature, à la Justice, à la Patrie*, nous crie l'intérêt général dont la voix est faite en tout tems pour commander aux Citoyens.

Conclusion.

Je suis, &c. . . . .

A *** Ce 15 Avril 1774.

LETTRE

DE M. LE CHANCELIER,

A M. LE GARDE-DES-SCEAUX, 1774.

J'AI patiemment attendu jusqu'à ce jour, mon cher Vicaire, que vous me rendissiez hommage de l'opération brillante que vous venez de faire, vous croyant assez juste pour reconnoître que la gloire n'en étoit due qu'à moi; mais il me paroît que les louanges de mon ami *Séguier* vous ont enivré : la tête vous a tourné au haut de cette roue de fortune, où vous n'êtes parvenu qu'en me grimpant sur les épaules ; vous êtes ingrat envers moi, qui me suis dévoué à l'anathême public pour semer les palmes que vous venez recueillir dans les champs de la Justice; moi je suis plus équitable, je viens vous remercier de ce que vous avez assuré ma besogne, & l'immortel honneur qui m'en doit revenir.

Dépouillons l'un & l'autre nos Simarres, nos préjugés, nos ressentimens, & parlons but à but ; laissez à la foule insensée, laissez à la Valetaille du Palais le plaisir de me honnir, & de mettre ma petite effigie au haut d'un Gibet, en pendant avec celle du grand diable d'Abbé Terray; ces rumeurs éphémeres ne peuvent rien : rarement les grands Hommes jouissent pendant leur vie du fruit de leurs travaux & de leur célébrité ; les brigues, les jalousies, les haines particulieres, les intérêts privés obscurcissent avec le voile de la calomnie leurs nobles efforts pour le bien, empoisonnent leur gloire, & flétrissent leur réputation ; mais le temps amene la vérité, & la postérité épurée de tous ces levains & dégagée de tous ces préjugés, plante enfin sur leur tombe un inutile laurier dont on couronne leur mémoire. C'est donc à l'avenir que j'en appelle, mon cher Vicaire, & j'accepte l'augure que m'a donné sur son jugement, l'ami Séguier, en disant, page 12 : *ce qui blesse dans le moment, devient tôt ou tard l'objet de l'admiration.* Mais en attendant que cet arrêt soit rendu & confirmé par nos neveux, les gens sensés du siecle verront que j'ai entrepris, & consommé une chose difficile, grande & utile, que vous êtes venu après cela en recueillir la gloire, & recevoir les acclamations du Peuple, les éloges des Courtisans & les bienfaits du Roi. Vous ne vous attendiez pas, mon cher Vicaire, comme on vous l'a fort bien dit, à vous trouver un jour à la tête de la Magistrature; mais vous vous attendiez peut-être encore moins, lorsque je vous fis partir pour votre exil, que vous en reviendriez pour me suppléer, & mettre ma besogne au net. Qu'importe après tout à la bonté de cette besogne, que ce soit les anciens Conseillers qui jugent aujourd'hui au Parlement ou ceux que j'avois ramassés à la hâte, & placés là par *interim.* Si j'ai cherché à satisfaire quelques petits ressentimens particuliers en appesantissant sur les premiers le joug de l'autorité, si pressé par les circonstances, je n'ai pas assez trié les Sujets, à qui j'ai remis la gloire & la balance de Thémis, je n'ai pas moins fait baisser ces têtes altieres & indomptées, qui osoient dans leurs folles prétentions vouloir en soutenir le poids avec le Monarque. C'est moi, mon cher Vicaire, qui ai ouvert les yeux du Maître sur les abus qui ont frappé le jeune Monarque, que les Tribunaux avoient laissé introduire dans leur sein, & qu'ils cherchoient à étendre de plus en plus : c'est moi qui ai osé dire à LOUIS XV, ce que son petit-fils vous a répété dans son Edit, que son autorité pouvoit être éclairée, mais ne devoit jamais être combattue : c'est moi qui ai fait cesser ce combat vraiment scandaleux entre la volonté du Maître & celle de ses Magistrats dépositaires de ses Loix, qui se renouvelloit chaque fois qu'il émanoit du Trône quelqu'acte qui blessoit leur orgueil, ou sur lequel la Cour n'avoit pas acheté leur suffrage : en un mot, c'est moi qui ai forgé, pour ces sujets révoltés, les fers avec lesquels vous les avez conduits en silence dans leur exil, dans leurs maisons, & de leurs maisons au Palais ; fers que vous avez si adroitement couverts des fleurs de votre éloquence, en vous écrivant que vous *vous estimez heureux d'être l'organe de la volonté suprême.* Oui, vous êtes heureux, mon cher Vicaire, mais c'est d'être venu après moi ; de n'avoir plus eu que des pardons à accorder, quand j'avois eu la tâche difficile d'infliger des peines ; d'avoir trouvé des esprits mûris par leurs revers, humiliés, ennuyés, fatigués de leur inaction, qui ne demandoient qu'à obéir, pourvu que le Maître eût l'air de revenir à eux. Croyant avoir tout gagné, parce que j'étois immolé à leur vengeance, ils n'ont pas vu, ou ont feint de ne pas voir, que c'étoit mon génie encore qui les maîtrisoit & les subjuguoit par un homme, qui après trente ans de repos rappellé aux affaires, étoit nécessité de justifier ce coup de rappel glorieux par quelque coup d'éclat. Il a vu que les circonstances avoient renforcé le parti de l'ancien Parlement ; que mon nouveau s'étoit avili par les écarts scandaleux de plusieurs de ses Membres. Il a jugé à propos de faire exécuter tout-à-coup ce changement de scene pour se faire applaudir à l'Opéra, bien décidé au fond de ne pas s'écarter de mes principes, qu'il savoit être fondamentaux pour l'autorité Royale, & ayant assez de finesse & de goguenarderie pour avoir l'air de contenter les deux partis, & n'en satisfaire aucun. Vous avez enfin été heureux, trois fois heureux, d'avoir eu affaire à un jeune Prince qui a le cœur droit & sensible, l'ame ferme & vigoureuse, auquel vous avez fait entrevoir la douceur de se réunir avec les Princes de sa famille, & à qui vous avez présenté le moyen flatteur de donner une marque de sa bonté en consolidant son autorité, & ne perdant pas de vue, que la Justice devoit régler les efforts de sa clémence. Moi, je n'ai été aidé de personne, je n'ai eu qu'à détruire, & souvent j'ai été contrarié par tout le monde ; il m'a fallu pour combattre l'hydre des Parlemens, employer les bras engourdis d'un Monarque foible, irrésolu, inappliqué, qui m'abandonnoit la garde de sa Couronne, me laissoit seul le soin de la défendre, & cherchoit à dissiper dans les bras de sa Maîtresse, les ennuis & les soucis du Trône, auquel je ne pouvois parvenir qu'à l'aide des êtres méprisables qui l'environnoient, *forcé de me servir* de ces vils instrumens pour faire triompher une bonne cause, & d'employer le fumier pour faire reverdir la tige flétrie des Lys. Jouissez cependant de mon ouvrage; mais ne perdez pas de vue ces deux points incontestables, où les Membres actuels du Parlement, corrigés & soumis, obéiront sans murmure aux Edits promulgués au Lit de Justice de 1774, & alors c'est moi seul qui les auroit réduits; ou ils se livreront à de nouveaux excès, & encoureront la forfaiture pour laquelle je les ai fait punir, & alors c'est encore moi qui vous auroit donné l'emplâtre à ce mal; mon pauvre Parlement de 1771 reprendra ses fonctions que je lui ai confiées au Lit de Justice tenu cette année-là. Ainsi, mon cher Vicaire, agissant pour moi, vous n'agirez que par moi: puissiez-vous n'être pas réduit à cette extrêmité! puissiez vous parvenir à donner une consistance honorable au Grand-Conseil, après l'avoir proméné, joué, laissé vilipender! puissiez-vous être assez adroit pour faire vivre en paix & en concorde, ces enfans de deux Lits! Je vous verrai, sans envie, béni par la fanatique populace, fêté, courtisé par Messieurs; j'attendrai que la révolution qui vous a porté au haut, vous laisse tomber par terre; je me repose, à ce sujet, sur vos Confreres, les Ministres actuels, qui pour être plus gens de bien que ceux du Regne précédent, n'en sont pas moins des hommes, & qui pis est, des Courtisans.

Peut-être pourrez-vous venir un jour dans les environs de Sthuy. M le Duc d'Aiguillon s'est bien rapproché du Duc de Choiseul en allant habiter Verret. Ce qui seroit plaisant, ce seroit de nous réunir un jour tous les quatre, de faire un Wisth ensemble, d'avoir le bon esprit de rire des folies de ce bas monde, premiérement des nôtres, & de laisser à la Divine Providence, qui veille sur les enfans & sur les ivrognes, le soin des Empires: en attendant, mon cher Vicaire, je reprends ma qualité inamovible de Chancelier, & je profite des prérogatives de ma dignité pour terminer sans cérémonie cette Lettre.

Fin du sixieme & dernier Volume.

TABLE
DES OUVRAGES
Contenus dans le sixieme Volume.

Fin de la Table.

www.ingramcontent.com/pod-product-compliance
Lightning Source LLC
Chambersburg PA
CBHW071155230426
43668CB00009B/966
* 9 7 8 2 0 1 3 4 7 6 1 8 8 *